Harro Müller-Michaels
Deutschkurse

HARRO MÜLLER-MICHAELS

DEUTSCH-KURSE

Modell und Erprobung angewandter Germanistik in der gymnasialen Oberstufe

Scriptor

Für Sigrid, Olaf, Juliane

CIP-Kurztitelaufnahme der Deutschen Bibliothek

Müller-Michaels, Harro:
Deutschkurse : Modell u. Erprobung angewandter Germanistik in d. gymnasialen Oberstufe / Harro Müller-Michaels. – Frankfurt am Main : Scriptor, 1987.
ISBN 3-589-20842-2

Umschlagentwurf: Maria Geitmann unter Verwendung der Federzeichnung „Prometheus" (um 1770) von Johann Heinrich Füssli, mit freundlicher Genehmigung des Kupferstichkabinetts der Öffentlichen Kunstsammlung Basel
Satz: Robert Hurler GmbH, Notzingen
Druck · Bindearbeiten: Druckerei Parzeller, Fulda
Vertrieb und Auslieferung: Cornelsen-Velhagen & Klasing Verlagsgesellschaft mbH, Bielefeld
Printed in West-Germany
ISBN 3-589-20842-2

Wenn der Forscher in seiner Nische ist, wenn er seine Methode, seine Tasse Tee, seine Pressure-Groups hat, hört er auf zu produzieren und reproduziert. Er geht nicht mehr hinaus, er geht nicht mehr auf den dunklen Speicher, seine Barthaare zittern nicht mehr bei einem kaum wahrnehmbaren Signal, und bald schläft er ein in der Wiege des immer Gleichen. Wollen Sie Entdeckungen machen? Dann lassen Sie den Käse.

Michel Serres

VORWORT

Die Studie versucht, der Didaktik eine neue Dimension zu erschließen. Sie gibt einen Bericht von drei Jahren Deutschunterricht in der Oberstufe eines Bochumer Gymnasiums auf eine Weise, die weder das eigene Handeln beschönigen noch die begrenzten Möglichkeiten in einem Grundkurs beklagen will. Sie möchte vielmehr einen Beitrag für eine nachvollziehbare, überprüfbare Beschreibung unterrichtlicher Praxis leisten. Wie ich immer wieder durch die Video-Anlagen meinen Unterricht für Kollegen und Studenten geöffnet habe, so möchte ich durch diesen Bericht die am Deutschunterricht interessierten Lehrer und Leser teilhaben lassen an konkreten Unterrichtsprozessen.

Diese Dimension einer Praxiserforschung ist insofern neu, als die Didaktik sich bisher im wesentlichen darauf beschränkt hat, Modelle, Konzepte, Entwürfe für die Praxis zu entwikkeln, zu begründen und, in Ausnahmefällen, auch zu erproben; sie hat es nicht mehr als ihre Aufgabe angesehen, die Modelle in konkrete Unterrichtsabläufe zu integrieren, sie mit anderen Inhalten zu verknüpfen, den Unterricht auszuführen und anschließend auszuwerten. Die Arbeitsteilung zwischen Theoretikern und Praktikern ist inzwischen so weit gediehen, daß der/die eine entwirft und der/die andere ausführt. Theoretisches und praktisches Handeln aber müssen wieder aufeinander bezogen werden, wenn Praxis sich ändern und Theorie mehr als ein unverbindliches Gedankenspiel sein soll.

Da Lernen sich nur in längerfristigen Prozessen vollzieht, etwa durch Wiedererkennen, Anwenden in neuen Zusammenhängen, Experimentieren mit neuen Sehweisen und Einsichten, kann Praxiserforschung auch nicht punktuell (eine Unterrichtseinheit, „Vierzig Tage eines Studienrats“), sondern nur in längeren Zeiträumen erfolgen. Selbst erfolgreiche Einzelexperimente sagen noch nichts über einen nachwirkenden Lernerfolg. Im Gegenteil: isolierte Modellerprobungen werden, im günstigsten Fall, als abgehobene reizvolle Ablenkungen von den Schülern erlebt, die ohne Verbindlichkeit für den normalen, nachfolgenden Unterricht bleiben.

In der Aussage über die notwendige Verknüpfung von Theorie und Praxis ist schon angeklungen, daß die leitende Intention dieser Studie nun nicht nur darin besteht, vorhandene Praxis nachzuschreiben und zu analysieren. Wie eine Theorie, die nur im Irrealis bleibt, ist eine Praxis ohne eine theoretisch formulierte Perspektive notwendigerweise folgenlos. Worum es uns geht, ist die Überprüfung eines theoretischen Modells von veränderter Praxis unter den Bedingungen eben dieser Praxis. Ich habe immer wieder formuliert, wie ich mir einen anderen Deutschunterricht vorstelle, welche Ziele er verfolgen, welche Inhalte er behandeln, welche neue Methoden er vermitteln sollte; im Abschnitt A 3. c) werde ich darauf noch einmal ausführlicher eingehen. Im Kern geht es um die Vermittlung einer neuen kulturellen Praxis, in der an Gegenständen der Kunst und an Modellen der Wissenschaft nicht nur das *analytische Denken* in der Form von Interpretationen, des Nachzeichnens, des Erklärens, sondern vor allem das *synthetische Denken* in der Form von Rezeptionshandlungen, Antworten auf der Ebene der Fiktion, Auslegungen aus gegenwärtiger Perspektive geübt werden. Mehr im produktiven Weiterdenken als im rezeptiven Nachdenken entwickelt sich jene Selbständigkeit, die Voraussetzung für wissenschaftliches Arbeiten der Schüler ist.

Nach der Entwicklung dieser Theorie einer Rezeptionspragmatik (Müller-Michaels 1978) wäre es, in der geläufigen Form didaktischer Diskurse, üblich gewesen, diesen Ansatz auszubauen, durch Ausgrenzung des rein Analytischen sowie Angriffe auf Vertreter dieser Position, zu radikalisieren und durch Unterrichtsmodelle abzusichern. Durch eine intensivere Diskussion in didaktischen Publikationsorganen hätte der eine oder andere Lehrer, angeregt durch die Beweisführungen, einzelne Modelle in der Praxis erprobt und die Tragbarkeit des Ansatzes überprüft. Ich bin aber den völlig unüblichen, wenngleich naheliegenden, anderen Weg gegangen: den Ansatz nicht für eine theoretische Diskussion, sondern für die Arbeit in der Praxis auszuformulieren. Damit ist er nicht mehr ein allein durch Theorie geschliffenes Konstrukt, sondern ein durch die Praxis geformtes Modell, das vielleicht seine theoretische Schärfe verloren, dafür aber an praktischer Plausibilität gewonnen hat.

Das Unternehmen war natürlich, was Extensität und Intensität der Arbeit angeht, wesentlich aufwendiger als die Verfertigung rein didaktischer Diskurse im praxisfernen Raum. Knapp sechs Jahre lang hat mich das Projekt beschäftigt: Von August 1980 bis Anfang Mai 1983 war ich wöchentlich mehrmals in der Schule, vom Herbst 1983 an war ich dann mit diesem Manuskript beschäftigt. Die normalen dienstlichen Verpflichtungen in der Universität liefen in diesem Zeitraum, keineswegs reduziert, weiter. So unterlag der Versuch auch dem Zeitdruck, den ein normales Lehrdeputat an den Gymnasien erzeugt.

Adressaten dieser Studie sind vor allem die Deutschlehrer, die sich, möglicherweise auch in Abgrenzung gegenüber der vorgetragenen Position, bestätigt oder angeregt sehen können. Vielfach wird beklagt, daß Lehrer nicht mehr belehrbar seien, daß sie an dem einmal bewährten Methodenkonzept unbeirrbar festhielten und Innovationen daher nur über Referendare in die Schule gelangen könnten. Was als Ignoranz gegenüber fachwissenschaftlicher und fachdidaktischer Theorie erscheint, ist vielfach nichts anderes als Abwehr besserwisserischer Gelehrsamkeit, welche Anwendung von Theorien, Gebrauch von Wissen, Umsetzung in Praxis für eine weniger bedeutsame Tätigkeit als den Umgang mit reiner Theorie hält. Die Lehrer zeigten sich immer dann aufgeschlossen gegenüber neuen Theorien, wenn man sich ihren eigenen Problemen gegenüber öffnete; diese Aufgeschlossenheit sollte mein Unterricht und soll auch dieser Bericht zum Ausdruck bringen. An den großen Kreis der Deutschlehrer, die einerseits ihre täglichen Probleme wiedererkennen, aber auch andererseits Anregungen für eine veränderte Praxis, die nicht radikal mit den vertrauten Mustern bricht, gewinnen möchten, wendet sich dieser Bericht vor allem. Ich selbst verbinde mit diesem möglichen Interesse der Lehrer auch die Hoffnung, daß der eine oder andere sich ermuntert sieht, Form und Gegenstände von Fallstudien, zunächst über Halbjahressequenzen, selber auszuprobieren und möglicherweise zu verbessern.

Die Studie wendet sich aber genauso intensiv an die Kollegen in den Hochschulen. Fachdidaktiker müssen diskutieren, ob und inwieweit die neue Dimension einer Praxiserforschung, die die Chronologie der Lehr- und Lernprozesse nicht mehr in systematische Zusammenhänge auflöst, auch theoretisch weiterführt. Für Literaturwissenschaftler könnte interessant sein, was von den Forschungsergebnissen bleibt, wenn sie für Bildungsprozesse fruchtbar gemacht werden, und wie Nichtfachleute auf Literatur unmittelbar, ohne Zwischenschaltung von wissenschaftlichen Erkenntnissen, reagieren. Sprachwissenschaftler finden Material für die Analyse von Unterrichtsdialogen und für eine sinnvolle Ergänzung abstrakter Beschreibungen durch anschauliche Formen des Denkens. Erziehungswissenschaftler werden vielleicht angeregt, über Allgemeinbildung und Wissenschaftspropädeutik grundsätzlicher, als es hier geschehen konnte, neu nachzudenken und Fallstudien in anderen Gegenstandsfeldern anzumahnen. In all den Fällen werden die Ergebnisse dieser Studie nur Anstöße geben können, ohne Einsichten vorwegzunehmen.

Schließlich sind auch Kulturpolitiker, insbesondere Verfasser von Richtlinien angesprochen, die an kontrollierter Innovation auf der Grundlage heutiger Praxis interessiert sind; ebenso die Publizisten, die Kulturpolitik kritisch begleiten, und auch Eltern, die engagiert den Unterricht in einem Fach verfolgen, das sie, mit Recht, für die Allgemeinbildung als besonders bedeutsam erachten.

Ohne vielfache Hilfe und Unterstürzung wäre der Bericht nicht zustande gekommen. Danken möchte ich zuerst den Schülerinnen und Schülern, die den Versuch er- und getragen haben wie jede andere Unterrichtsstunde. Vor allem habe ich Anlaß, dem Direktor der Heinrich-von-Kleist-Schule, Herrn Rudolf Demmer, für Entgegenkommen, Unterstützung und Gespräche bei der Durchführung des Unterrichts zu danken. In Fragen der Organisation des Oberstufen-Unterrichts und bei der Auswertung hat mich sein Vertreter, Walter Rennkamp, hilfreich beraten. Den Lehrern, vor allem natürlich mit der Fakultas Deutsch, aber auch dem Beratungslehrer des Jahrgangs sowie dem Oberstufenkoordinator bin ich zu manchem Dank für Entgegenkommen, Verständnis und Hilfestellung, zu sehr großem Dank bin ich Luise Berg-Ehlers verpflichtet, die nicht nur den Versuch konkret angeregt, sondern immer engagiert, hin und wieder auch kritisch begleitet hat.

Da ich das Literaturverzeichnis nur auf die zitierte Literatur begrenzt habe, kommen manche Namen von Kollegen, denen ich Anregungen bei der Konzeptbildung, bei dem Verständnis eines dialektischen Bezugs von Theorie und Praxis, bei der Festlegung der Methode der Fallstudie verdanke, nicht vor. Ihnen allen möchte ich auf diesem Wege danken, stellvertretend den Mitgliedern der Sektion „Handlungsforschung und empirische Forschung" auf dem V. Symposion Deutschdidaktik 1983 in Ludwigsburg. Besonderer Dank gebührt meinen Mitarbeitern Steffen Kratz, Gerhard Rupp und Edda Weigand, die die Modellbildung und Auswertung mit diskutiert, manche Anregungen gegeben und, wo es ging, mich entlastet haben. Darüber hinaus danke ich Johannes-Peter Meier und Volker Pruß für Erstellung der Register und Korrekturen, Marie-Theres Bochnig für die Arbeiten am und mit dem Manuskript.

Bochum, im Januar 1986 Harro Müller-Michaels

Inhalt

A. VORAUSSETZUNGEN UND ZIELE DES VERSUCHS

1. In der Nachbarschaft stillgelegter Zechen: Das Gymnasium in Gerthe, seine Schüler und Lehrer

a) Die Schule

Aus dem Süden Bochums, von der Ruhr-Universität aus, führt der Weg nach Gerthe in Richtung Nordosten. Über eine Stadtautobahn, benannt nach der Partnerstadt Sheffield, fährt man mit dem Auto an den Opel-Werken vorbei und hat den Eindruck, zwischen der Unterführung unter der B 1 und der Überführung über die A 43 Bochum zu verlassen. Nach einer Kreuzung, die den Castroper Hellweg als Fortsetzung des Sheffieldrings leicht nach rechts führt, liegt der Ortsteil Gerthe dann unvermittelt vor dem Autofahrer. Rechts und links hinter Baum- und Vorgartengrün tauchen Siedlungen auf, durch die man durch Ampelschaltungen schnell durchgedrückt wird. Auf dem Rosenberg hat jedes Jahrzehnt seit 1920 Spuren der Geschichte des Siedlungsbaus hinterlassen, viele Schüler des Gymnasiums kommen aus diesem Wohngebiet. Über den Castroper Hellweg haben sie es bis zur Schule nicht weit: Kurz vor dem Eingang in das ältere Gerthe liegt auf der rechten Seite das 1977 fertiggestellte Schulzentrum, in rotem Backstein und zweigeschossig gebaut. Im Gegensatz zu anderen Bochumer Vororten fällt auf, daß nur wenige Hochhäuser aus dem Stadtbild aufragen; auch die eng aneinandergesetzten Gebäude in den Siedlungen sind in der Mehrzahl zwei- bis dreigeschossig. Die Dimension des Menschenmaßes ist nicht verlorengegangen.

Aus dem Ortskern von Gerthe mit seinen Zechensiedlungen von 1880 (am Kray), von 1905 (Schwerin- und Heinrichstraße, an deren Anfang das Schulzentrum liegt), 1920 (Lothringer Straße) kommen kaum Schüler; ebenso wenige aus den kleinen Siedlungen mit ihren eingeschossigen Einfamilienhäusern, die immer noch, wie Bauerndörfer mit Rufabstand, inmitten von Feldern liegen; eher kommen sie aus den alten Wohngebieten an den Rändern kleinerer, eingemeindeter Orte: Kirchharpen (südöstlich vom Rosenberg) und Hiltrop (nordwestlich der Schule, angrenzend an die Stadt Herne).

Bis auf die wenigen erhaltenen Bauernhöfe im Ortsteil (angrenzend an Dortmund) ist das Stadtbild geprägt von der Geschichte der Zeche Lothringen. Am 2. Juli 1872 hatte man begonnen, den ersten Schacht abzutäufen. In jener Zeit hatte Gerthe knapp 600 Einwohner. Mit der Kohleförderung begann der Zuzug von Arbeitskräften; bis 1914 wurden insgesamt fünf Schächte in Betrieb genommen und rund um die Zechenanlage immer neue Siedlungen gebaut. Der unterschiedliche Baustil gibt noch heute dem Ortskern sein ganz eigenes Gepräge, das man neuerdings, durch eine kleine Fußgängerzone, gut auf sich wirken lassen kann.

1911 waren es in Gerthe 8300, 1929, zum Zeitpunkt der Eingemeindung nach Bochum, 15600, nach dem Krieg bis 1967 immer mehr oder weniger über 11000 Einwohner; heute leben noch 9500 Bürger in diesem Stadtteil. Am 28. 4. 1967 war die Förderung auf der Schachtanlage Lothringen eingestellt worden. Ein Ort mußte sich auf die Suche nach neuen Arbeitsplätzen für seine Bewohner begeben. Neue Industrieansiedlungen auf dem alten Zechengelände und an seinem südlichen Rand konnten das Arbeitsangebot der Gewerkschaft Lothringen bisher nicht erreichen.

Die Zechen wandern seit Mitte des vorigen Jahrhunderts, vom Ruhrtal aus, immer weiter nach Norden und haben heute längst das Ruhrgebiet verlassen. Meine Autofahrt von Querenburg nach Gerthe folgt der Spur des wandernden Bergbaus und den ihm folgenden Ersatzansiedlungen: von der Ruhr-Universität, in den Jahren der Zechenstillegungen Mitte der 60er Jahre gegründet, vorbei an den Opel-Werken, den Industriegebieten Harpener Feld und J. Baumann-Straße am Rosenberg bis hin zur Kleist-Schule mit ihrem Neubau aus der

Mitte der 70er Jahre. Die Neubauten der Bildungseinrichtungen signalisieren zugleich den erhöhten Bildungsanspruch neuer Industrien, Handwerke und Dienstleistungen.

Die Geschichte des Gymnasiums in Gerthe reicht zurück in die Zeit des Endausbaus der Schachtanlagen vor dem zweiten Weltkrieg. 1919 wurde zunächst eine Realschule eingerichtet, die, nach langen Kämpfen, 1927 in eine Oberrealschule umgewandelt wurde. Zur Zeit des Nationalsozialismus erhielt die Schule den Namen Heinrich von Kleists: Man hatte wohl mehr den Dichter preußisch-nationaler Gesinnung gesehen als den viel bedeutenderen der menschlichen und bürgerlichen Freiheiten.

Eng mit der Wiedereinführung der von den Nationalsozialisten abgeschafften Koedukation im Jahre 1970 war auch die Planung der neuen Gebäude verbunden. Die alte Oberrealschule, in der Parallelstraße zur Zechenanlage erbaut, mehrmals erweitert, wurde entschieden zu klein; ein paar hundert Meter weiter südlich, am Rand des alten Ortskerns, entstand das neue Schulzentrum aus Haupt-, Realschule und Gymnasium.

Erst nach der Zechenstillegung und mit Erweiterung der Kapazität stieg die Schülerzahl des Gymnasiums: Lag sie noch 1960 bei 255, so stieg sie 1970 auf 400; bis 1980 dann aber auf 1030. Der Höchststand an Schülern wurde im Schuljahr 1981/82 mit 1055 Schülern erreicht; bis 1983 war die Zahl wieder auf 985 gesunken. Mit dem Gymnasium im südöstlichen Vorort Linden zusammen gehört die Kleist-Schule im nordöstlichen Vorort Gerthe zu den kleinsten höheren Schulen Bochums. Dies ist eher ein Vor- als ein Nachteil; selbst bei dem Angebot an Wahlmöglichkeiten in der Oberstufe hat man rechtzeitiger über eine Konzentration auf bildungsintensivere Fächer nachdenken müssen als etwa in den Innenstadt-Schulen, in denen bis heute die sogenannte freie Wahl aller Fächer möglich ist.

b) Die Schüler

Das Gymnasium ist gegründet worden, um das Bildungsangebot für die Kinder aller an der Zeche und in deren Umfeld beschäftigten Eltern zu sichern. Der Chronist der Schule schreibt noch 1952, aus Anlaß des 25jährigen Jubiläums der Schule:

> „Insgesamt ergibt sich das Bild einer Schule, deren Schüler sich vor allem aus dem werkschaffenden Volke ergänzt. ‚Bergmann‘, ‚Steiger‘, ‚Kokereiarbeiter‘ sind die immer wiederkehrende Berufsangabe der Väter in den Klassenlisten. Es wäre ungerecht zu verkennen, daß ein großer Teil unserer Eltern den Söhnen den Besuch der höheren Schule nur unter sehr empfindlichen persönlichen Opfern ermöglichen kann. Sie erleben zu deutlich in ihrem Alltag, was der erfolgreiche Abschluß der höheren Schule für das spätere Leben bedeuten kann."

Die Berufsbezeichnungen der Väter – ich blicke nur auf die Schüler, die das Abitur 1983 bestanden haben – sehen 1980 ganz anders aus: Monteur, Maschinist, Kraftfahrer, Maler, Gartenbautechniker, Gastwirt, Postbeamter, Vermessungstechniker, kaufmännischer Angestellter, Industriekaufmann, Arzt, Lehrer. Niemand von ihnen hat mehr mit dem Bergwerk zu tun; es fehlen weitgehend (bis auf zwei von 19) auch die Kinder von Eltern, die selbst schon Abitur gemacht und ein Hochschulstudium abgeschlossen haben.

Es gibt gute Gründe, daß die Schulverwaltung den Lehrern den Zugang zu den Daten der Herkunft der Schüler erheblich erschwert hat. Die Schülerbögen dürfen Angaben über die Berufe der Eltern nicht mehr enthalten. Ich selbst war in diesem Punkt auch nie neugierig und habe mir die wenigen Angaben erst bei der Abfassung des Manuskripts beschafft. Sie reichen für eine Zuordnung zu sozialen Schichten auf keinen Fall aus. Gleichwohl ist erkennbar, daß bei der Herkunft nach wie vor obere Unterschicht und untere Mittelschicht überwiegen würden. Die Ausgangsbasis für die Berufsentscheidung der Kinder grundlegend zu verbessern, ist daher sicher ein wichtiges Motiv für die Wahl der Schulform Gymnasium durch die Eltern.

Das Schulzentrum mit den verschiedenen Schularten begünstigt die Übergänge in die anderen Schulformen: Von den fünf Schülerinnen aus meinem Kurs, die in der Jahrgangsstufe 11 ins Gymnasium gekommen waren, haben drei das Abitur in demselben Jahrgang, teilweise sogar mit Belegung von Latein, gemacht; ein Schüler aus der Hauptschule hat es ein Jahr später geschafft. Dies ist sicher kein statistisch auch nur annähernd repräsentativer Befund, gleichwohl ein signifikantes Beispiel.

Auch die Schülerlaufbahnen dürften nicht untypisch für eine Schule mit derartiger Schülerpopulation sein. Wählt man die Höchstbelegung des von mir betreuten Kurses zu Beginn von 11/2 (Februar 1981) als Ausgangspunkt, dann ergibt sich bei den 26 Schülern (Schüler 27 und 28 kommen in 12/2 bzw. 13/1 hinzu) folgendes Bild:

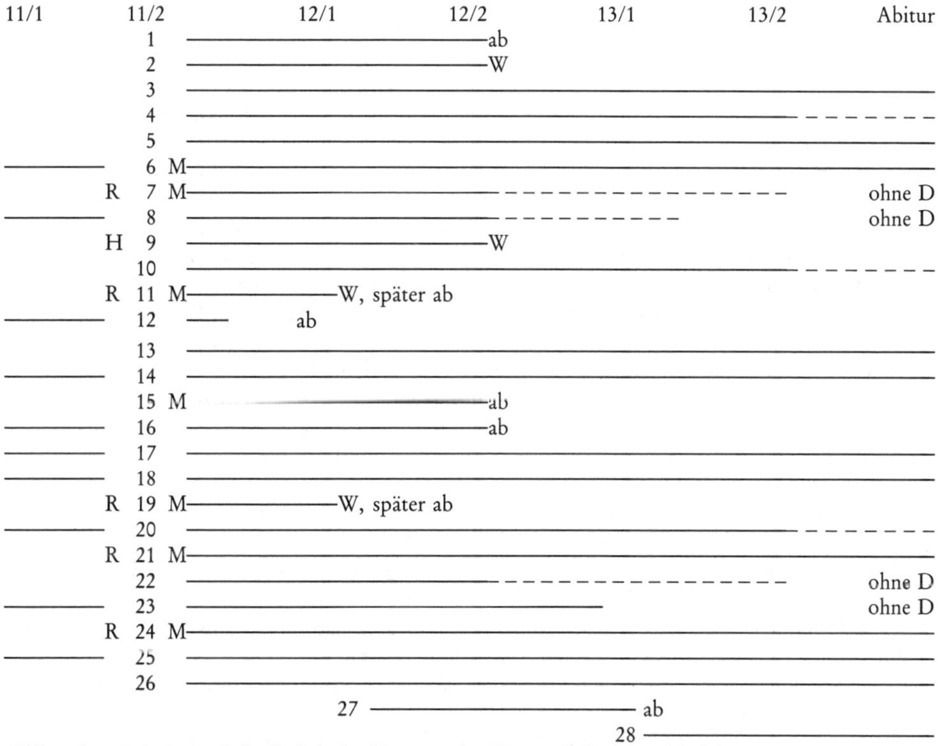

(Abk.: ab = Schüler verläßt die Schule; H = aus der Hauptschule; M = Mädchen; ohne D = ohne Deutsch im Abitur; R = Realschule; W = Wiederholung der Jahrgangsstufe; – – – = nur mdl. Leistungen)

Das Bild ist statistisch ganz plastisch: Die Hälfte der 28 Schüler (21 Jungen, 7 Mädchen) sind bis zum Abitur im Kurs (von den 14 Abiturienten sind nur noch zwei Mädchen); sechs sind davon aus dem Halbjahr 11/1 noch dabei; ein Viertel (7), davon drei Mädchen, verläßt die Schule ohne Abitur; vier Schüler (davon zwei weiblich) machen ohne Deutsch (dafür in einer Fremdsprache) ihr Abitur in demselben Jahr; zwei Schüler legen das Abitur ein Jahr später ab, und einer kommt noch in 13/1 aus einem Parallelkurs dazu. Trotz der freien Kurswahlen zeigt sich doch eine relative Stabilität des Kurses, der kontinuierliche Arbeit, wenigstens in Ansätzen, möglich macht. Eine Zweidrittel-Stabilität wäre allerdings noch besser.

Die Geschlechterverteilung (21 : 7 bzw. 14 : 2) ist in dem Kurs ganz untypisch: Von den 100 Schülern zu Beginn der Jahrgangsstufe 11/1 waren 56 Jungen und 44 Mädchen, und von den 71 Abiturienten waren 32 weiblichen Geschlechts. Vielleicht ist das Prinzip der Kurszusammensetzung (Abwahl von Religion) eine Erklärung für die Unterrepräsentanz der Mädchen. Wenn ich im folgenden von Schülern spreche, meine ich immer beide Geschlechter;

nur wenn das Geschlecht erheblich für die Beobachtung ist, werde ich es sprachlich kennzeichnen. In der Regel ist es nicht der Fall; denn Mädchen wie Jungen finden sich in allen Leistungsstufen auf der Gaußschen Normalverteilungskurve. Auffällig war nur die Einsatzbereitschaft der fünf Mädchen, die in 11/1 aus der Realschule gekommen waren.

Manche wichtigen (d. h. qualitativen) Beobachtungen lassen sich in die Tabelle nicht eingravieren; so z. B. die Feststellung, daß die Schüler, die durch großherzige Versetzungsordnungen von 11 nach 12 und von 12 nach 13 kommen, deutlich erkennbar, nicht die Hochschulreife erlangen werden. Belegbar ist, daß drei der Schüler meines Kurses, die ohne Mühe nach 13/1 versetzt worden waren, nicht einmal die Fachhochschulreife erlangt hatten; einer gab in einem Gespräch offen zu, deshalb das Abitur machen zu müssen, obwohl er gar nicht studieren wolle. Er hat natürlich, wie die anderen, die das nicht ganz so direkt aussprachen, das Abitur geschafft. Drei weitere Schüler/-innen hatten in der 13 erhebliche Schwierigkeiten, die Punktzahl für die Zulassung zu erreichen. Durch geschickte Wahl der Fächer, wobei im Notfall die Fächer mit den schlechteren Noten aus der Wertung für die Abiturzulassung herausgenommen und in den Abiturbereich (wo jedes Ergebnis vierfach zählt) verlagert werden, ist das Abitur in den meisten Fällen nur noch Formsache. Wenn die Kulturpolitiker wirklich, wie sie den Hochschulen gegenüber immer wieder versichern, mit dem Abitur die Studierfähigkeit der Absolventen garantieren wollen, dann müssen sie an diesem Punkt Entscheidendes ändern. Nur mit Fachhochschulreife sollte man in die 13 versetzt und zum Abitur zugelassen werden können. Ich finde daher die bildungspolitischen Überlegungen sehr sinnvoll, die nach der Jahrgangsstufe 12, etwa durch ein credit-system, die Fachhochschulreife mit einem Zeugnis (Abitur I) zu verleihen. Mit der Aufwertung dieses Abschlusses wäre man nicht nur bei der angestrebten 12jährigen Regelschulzeit, sondern man würde auch denen, die nicht studieren wollen, die Chancen für die Berufswahl verbessern und sie von dem Zwang, für eine Lehre Hochschulreife nachzuweisen, befreien. Die Jahrgangsstufe 13 wäre überdies vorzugsweise, in engerer Kooperation als bisher mit den Hochschulen, für die Qualifikation für ein Hochschulstudium reserviert. Detailliertere Überlegungen zu diesem Plan müssen an anderer Stelle vorgetragen werden.

Die Konfession der Schüler ist überwiegend evangelisch. Wiederum nur bei zwei von 19 habe ich die Angabe „katholisch" gefunden. Das Bekenntnis war aber ohnehin für diesen Kurs unerheblich, weil alle Schüler Religion abgewählt hatten, so daß parallel zu meinen Schulstunden der Religionsunterricht auf dem Stundenplan lag. Dies habe ich, spätestens bei der Mythenreihe in 12/2, aber auch bei Fragen, die kulturkundliches Wissen betrafen, immer wieder sehr bedauern müssen.

Vom Alter der Schüler her gab es keine Auffälligkeiten: Von den 19 späteren Abiturienten sind zehn zwischen August 1963 und März 1964 geboren, sie wurden im Laufe des ersten Oberstufenhalbjahres 17 und waren noch 19 Jahre alt, als sie das Abitur machten; sechs Schüler waren zwischen Dezember 1962 und Juni 1963 geboren, also beim Abitur 20 Jahre alt; nur drei waren beim Abitur noch 18 Jahre alt (Juni bis September 1964 geboren).

c) Die Lehrer

Der jüngste der Schüler ist vier Tage nach meinem 2. Staatsexamen geboren worden. Das Alter der Schüler markiert den Abstand, in dem ich, durch den Wechsel an die Hochschule, keinen Unterricht über einen längeren Zeitraum hinweg mehr gegeben hatte. Zwar habe ich Praktika (in der Form von Blockveranstaltungen in den Semesterferien oder Tagespraktika im Semester) an vielen Schulformen betreut, Unterrichtsstunden gegeben, Lehrmaterialien erprobt, und zwar noch an einer einklassigen Volksschule, dann aber auch an Grund-, Haupt-, Real-, Gesamtschulen in Niedersachsen, Bayern und Nordrhein-Westfalen, aber mit der Verwicklung in die Theorie war der Abstand zur Praxis immer mehr gewachsen. Die mangelnde Erfahrung mußte ich mit Beginn des Unterrichts durch genauere Vorbereitungen wieder wettmachen. Dennoch haben sich im ersten Quartal typische Anfängerfehler wieder eingeschlichen: Häufung von Fragen, schnelle Rückbindung des Gesprächs an den Lehrer, zu lange Abschnitte mit Informationen, unklare Aufgabenstellungen. Die Schüler aber haben das kaum registriert, höchstens für eigene Aktivitäten, die ich als Unruhe wahrnahm, genutzt. Ihnen fiel eher das Neue auf: keine regelmäßigen schriftlichen Hausaufgaben, Ermunterung zu freien Assoziationen bei Interpretationen, Ausfüllen von Fragebögen, freies Erzählen und Schreiben. So jedenfalls haben sie es anderen Deutschlehrern und Referendaren berichtet.

Und das Lehrerkollegium? Als ich am 4. 8. 1980 zur Konferenz am Schuljahrsbeginn mitten unter den Lehrern saß, hatte ich zum ersten Mal in meiner beruflichen Arbeit das Gefühl, jetzt doch schon zu den älteren zu gehören. Statistisch gesehen war ich tatsächlich etwa acht Jahre älter als der Durchschnitt: Im Schuljahr 1982 wurde ein Durchschnittsalter des etwa 50köpfigen Kollegiums von 36 Jahren errechnet. Mit dem außergewöhnlichen Wachstum der Schülerzahl zwischen 1970 und 1980 erhöhte sich auch der Lehrerbedarf erheblich. Der Leiter der Schule erklärte aber immer wieder in Gesprächen, daß er nicht bereit gewesen sei, der Versuchung zu erliegen, der andere Schulen nicht widerstanden und längst bereut haben: sich vom Computer der Schulaufsichtsbehörden blind Lehrer, ohne Ansehung der Fächerkombination, Examensnoten und des Persönlichkeitsprofils, zuweisen zu lassen. Seine Kollegen Direktoren hätten da nur „Pyrrhussiege" errungen; ihm wäre ein qualifizierter Lehrer wichtiger gewesen als die Zuweisung von zehn Stellen nebst Inhabern, die er vorher nie gesehen habe. 1982 schreibt er zu dem Thema in der Schulzeitung (Heft 7):

> „Mit großer Genugtuung und mit viel Selbstbewußtsein können wir am Abschluß dieser Entwicklung feststellen, daß es uns [...] gelungen ist, das unmöglich Scheinende zu verwirklichen. Beständig und systematisch verfolgten wir das Ziel, gute Lehrer nach Gerthe zu holen, ein möglichst homogenes Kollegium zu bilden. Nicht in jedem Fall erreichten wir unser Vorhaben, Rückschläge blieben nicht aus, Wünsche werden wir bleibend haben. Das Ergebnis im ganzen aber darf als durchaus gelungen gelten."

Daß dies nicht nur ein subjektiver Eindruck, sondern ein objektivierbarer Befund ist, geht allein aus der Tatsache hervor, daß in den letzten Jahren drei Schulleiter für Bochumer Gymnasien aus dem Kollegium der Kleist-Schule kamen. Längst sprechen auch die Lehrer des Gerther Gymnasiums selbstbewußt davon, das Kollegium sei „handverlesen" (im Gegensatz zu: vom Computer zugewiesen). Wären alle Direktoren und Kollegien von solcher Umsicht geleitet gewesen, dann hätten wir heute noch Planstellen wenigstens für die Qualifizierteren der Hochschulabsolventen.

Die Lehrer selbst finden in der Mehrzahl wichtig, daß eine Schule außerhalb des Einzugsbereichs des Bildungsbürgertums der Stadt qualifizierte Lehrkräfte hat. Die törichte Rede von der „Bringschuld der Schüler" der Oberstufe jedenfalls war seltener zu hören als in den Gymnasien der Innenstadt und des Südens, wo die Schüler aus den Bücherschränken und Diskussionen mit den Eltern tatsächlich etwas mitbringen, das den Unterricht bereichert und erleichtert. Das Selbstbewußtsein war auch die Bedingung, sich überhaupt auf ein Experiment einzulassen, bei dem man Türen des Klassenraumes für Beobachtungen öffnet, sich auf fachliche Diskussionen einlassen, Fragen nach dem, was man immer und ohne Bedenken tut, ertragen und Anregungen geben muß, ohne daß das für den ungeübten nebenamtlichen Lehrer aus der Universität allzu kritisch klingt. Es gab keinen Augenblick, in dem ich das Gefühl hatte, nicht einer der Kollegen unter allen anderen zu sein.

Es gibt auch genügend Indizien dafür, daß die Schüler nichts Besonderes an der Situation fanden; mit Ausnahme der Tatsache, daß etwa siebenmal im Schuljahr Kameras im Unterrichtsraum aufgebaut waren, woran man sich aber schnell gewöhnte. Wie gegenüber jedem neuen Lehrer überwog die Skepsis die Neugier. Schon als wir am 15. 8. 1980 zum ersten Mal die Videoanlage aus dem Auto holten, kam aus irgendeinem Kofferradio hinter den Fenstern, aus denen die Schüler uns zusahen, das damals viel gehörte Lied von Pink Floyd:

> „We don't need no education
> We don't need no thought control
> No dark sarcasm in the classroom
> Teachers leave the kids alone".

2. Die wissenschaftliche Methode der Untersuchung: Das Fallstudienkonzept

Das Unternehmen ist neu. Wohl gibt es einzelne Berichte, vor allem in den Fachzeitschriften, aus der Praxis, aber es sind isolierte Einzelstunden, über die informiert wird, meistens noch dazu in der systematischen, standardisierten dreistufigen Form von Sachanalyse, Zieldiskussion und Realisierung. Realisierung meint zudem eher die denkbare Vielfalt methodischer Möglichkeiten als den Rechenschaftsbericht über bereits erprobten Unterricht. Es soll hier nicht bestritten werden, daß solche Modelle Hilfen für den Unterrichtenden sein können und auch gewesen sind. Meine Überlegungen zum Dramenunterricht etwa sind von dieser Art Modellbildung, an deren Entwicklung auch praktische Erfahrung Anteil gewonnen hat. Aber sie sind in den meisten Fällen eben keine Berichte und Deutungen tatsächlich abgelaufenen Unterrichts. Es sind Beispiele einer Konjunktiv-Didaktik, die ihre Funktion für jeweilige Neu- oder Umorientierung von Praxis gewinnen kann, die aber folgenlose Planspiele bleiben, wenn sie niemals Ernstsituationen ausgeliefert werden.

Neben den Einzelfallkonstruktionen und auch -beschreibungen gibt es die systematischen Darstellungen praktischer Probleme, die aus isolierten Einzelbeobachtungen Schlüsse ziehen, die der Praxis ebenfalls Orientierungen liefern können. In letzter Zeit sind eine Reihe von Studien etwa zum Rezeptionsverhalten von Schülern (Heuermann 1982), zu Verstehensprozessen im Literatur- und Sprachunterricht (Willenberg 1986), zur Aufsatzkorrektur (Ivo 1982) erschienen, in denen Dokumente tatsächlichen Unterrichts vielfältig ausgewertet worden sind. Auch solche Untersuchungen sind wichtig, würden aber noch an Bedeutung gewinnen, würde der Stellenwert der Probleme im Zusammenhang eines längerfristig angelegten Konzepts und des tatsächlich abgelaufenen Unterrichts deutlicher.

Fallstudien sind also einerseits erforderlich in Ergänzung zu den Modellkonstruktionen und zu den systematischen Studien zu ausgewählten Problemstellungen, andererseits aber sind sie ein Erfordernis praxisorientierter Disziplinen, insofern nur in ihnen Praxis in den Zusammenhängen theoretisch behandelt wird, in denen sie selber abläuft: als Abfolge von Sequenzen in konkreten Lernsituationen, mit all ihren Behinderungen und Chancen, die Lernprozesse initiieren und abschließen und von gleichbleibenden Intentionen und wechselnden Zielen bestimmt sind. Nur in den Fallstudien ist der Forscher Element des Handlungsfeldes, das er untersucht. Methodisch ist es orientiert an der teilnehmenden Beobachtung in sozialen Feldern.

a) Erfahrungsorientierte Untersuchungen: Kasuistische Fachdidaktik

Auch wenn es für unsere Studie kein unmittelbares Vorbild gibt, so gibt es doch schon Vorläufer, die mehr als nur Einzelstudien oder Kleinsequenzen dargestellt haben. Hans-Georg Kemper (1974)* beschreibt auf der Grundlage des hermeneutisch orientierten Konzepts einer kasuistischen Didaktik des Deutschunterricht des zweiten Halbjahres eines 10. Schuljahres 1972, um Unterricht „in seinem kontingenten Verlauf erkennbar“ (S. 92) zu machen. Die Umsetzung eines didaktischen Plans in den Unterricht steht im Mittelpunkt der Darstellung, weniger aber das Wechselspiel von Planung, Unterrichtsgeschehen, Revision des Planungskonzepts, Initiierung und Überprüfung von Lern- und Verstehensprozessen. Um Verstehen von Unterricht geht es zunächst und vor allem in solchen Unterrichtsdarstellungen, aber noch nicht, wie in unserem Fall, um Eingreifen aufgrund von Verstehen. Kemper weist aber schon auf ein zentrales Problem von Fallstudien hin, das auch für mich noch

* Jahreszahlen in runden Klammern beziehen sich auf die Ausgabe, nach der zitiert wird.
Wenn das Jahr der Erstveröffentlichung von dem der zitierten Ausgabe abweicht und für den Zusammenhang von Bedeutung ist, so wird es in eckigen Klammern angeführt.

nicht hinreichend gelöst ist: die sprachliche Darstellung, die immer in der Gefahr ist, entweder in der Form der Nacherzählung, ganz dem Horizont zu verfallen, den sie beschreiben will, oder aber, vorschnell kritisch resümierend, die Ebene der konkreten Situation zu verlassen, die ihr Thema ist.

„Pädagogische Kasuistik" nennen auch Hartmut Eggert, Hans Christoph Berg, Michael Rutschky ihren Erfahrungsbericht aus der zweiten Jahreshälfte einer 10. Klasse 1973/74. Sie unterrichten aber nicht selber, sondern beobachten und analysieren Unterricht, in dem sie hospitieren, aber auch in wöchentlichen Projektgruppensitzungen mit planen helfen. Als „anteilnehmende Beobachtung" wird in der Studie die Methode bezeichnet, mit deren Hilfe Lehrer über ihre eigene Praxis aufgeklärt werden sollen, um Voraussetzungen für eine „Verbesserung pädagogischer Praxis" zu schaffen. Auch in diesen Unterrichtsanalysen steht die Frage, was denn mit den Unterrichtsinhalten in konkreten pädagogischen Situationen geschieht, ganz im Mittelpunkt der Auswertung, weniger Abläufe von Lernprozessen, ihre Abhängigkeit von Lehrerimpulsen, Kontingenzen von Inhalten, langfristige Ergebnisse bestimmter Methoden, Brüche von Intentionen, die zum Wechsel des Lehrens führen. Aber auch diese Berliner Gruppe weist auf das Darstellungsproblem hin, indem sie die beiden Formen der Aufzeichnung von Unterricht erläutert: den Bericht,

> „der eng am Stundenverlauf [...] sowie am Sinngehalt der einzelnen Schüleräußerungen orientiert bleibt und vorsichtig abgesetzt situative Deutungen vorschlägt (ihn schrieben zwei Hospitanten gemeinsam); und eine andere Form, die wir dann zur Unterscheidung (und wegen ihrer Konnotationen) ‚Rezension' nannten: in ihr wird die Unterrichtsstunde von einem Hospitanten strikt im Hinblick auf ihm wesentliche Eindrücke berichtet und ausgelegt." (Eggert u. a. 1975, S. 16)

Was die Darstellung an Lebendigkeit und Lesbarkeit auf diese Weise gewann, verlor sie häufiger an Genauigkeit des Ablaufs und Nachweises von Gründen für die Ergebnisse. Als Beobachter von fremdgestalteten Prozessen wäre sie aber ohnehin bei Begründungsversuchen wohl nur auf Spekulationen angewiesen gewesen.

b) Elemente des Fallstudienkonzepts: Teilnehmende Beobachtung, Perspektivität, sprachliche Darstellung

Von solchen Vorläufern unterscheidet sich unsere eigene Untersuchung zunächst und vor allem durch die Längerfristigkeit des Unternehmens, durch die Innovationsabsicht, durch das theoriegeleitete Handeln, verbunden mit praxisorientierter Reflexion. Unterricht ist nicht nur Exempel für eine Theorie, sondern selber Element dieser Theorie. Ich kann hier noch nicht ein schlüssiges Konzept von Fallstudien entwerfen und begründen; Gerhard Rupp (1986) hat es in seinen umfänglichen „Fallstudien aus dem Schulalltag": „Rezeptionshandlungen im Literaturunterricht" versucht. Es sollen an dieser Stelle nur einzelne Merkmale unserer Studie hervorgehoben und erläutert werden.

Teilnehmende Beobachtung

Die Methode ist angelehnt an die teilnehmende Beobachtung wissenschaftssoziologischer Feldforschung. Deren Vorteil ist die Beglaubigung durch einen Zeugen des Geschehens:

> „Gerade in der teilnehmenden Beobachtung hat der Forscher die Chance, den Ablauf geschichtlicher Entwicklung (als Fallgeschichte oder sogar als Geschichte einer strukturellen Problemkonstellation im Medium der faktisch ablaufenden Interaktionsgeschichte), so wie er sich ‚tatsächlich' ereignet, direkt zu beobachten oder besser noch: mitzuerleben." (Arbeitsgruppe Bielefelder Soziologen 1973 S. 474/475)

Als Lehrer ist der Zeuge zugleich einer der maßgeblichen Akteure. Thema der Untersuchungen in teilnehmender Beobachtung sind nicht Elemente des Handelns und Versuche zu deren Typisierung, sondern die tatsächlichen Abläufe, ihre leitenden Intentionen, die Abfolge der Be-Handlungen, Gründe für Kontingenzen und Brüche, Erfolge und Mißerfolge des Lehrens und Lernens.

Perspektivität

Die mangelnde Objektivität der Untersuchung, die in der Identität des Lehrers und Beobachters liegt, ist dann zugleich ihr Vorteil: Die alleinige Perspektive des Handelnden macht objektive Tatsachenaussagen wie in der empirisch-analytischen Forschung unmöglich. Was die Untersuchung an Objektivität, Validität, Repräsentanz der Egebnisse verliert, gewinnt sie an Begründungen von Handlungen und Beobachtungen. Nur der Handelnde selbst ist in der Lage, Gründe für Methodenwechsel, inhaltliche Sprünge und Schwerpunktwahl, für Antworten auf Widersprüche anzugeben. Analysierende Beobachter können nur den äußeren Ablauf registrieren und auswerten, nicht aber die Tiefenstruktur von Motiven des Handelns oder Gründen für didaktische Abläufe erschließen oder aufgrund von Befunden in das Handlungsfeld eingreifen. Auch der Handelnde ist nicht vor Irrtümern, ideologischen Vorurteilen sicher, aber selbst dann erscheint die Praxis nicht nur in der Oberflächen-, sondern in einer Begründungsstruktur.

Gleichwohl wäre unter den Prämissen einer Handlungsforschung im Schulfeld die Notierung aus verschiedener Perspektive sehr sinnvoll, schon um beständige Beobachtungen gleicher Art zu ermöglichen. Neben den Planungsaufzeichnungen und dem Gedächtnisprotokoll des Lehrers wären Protokolle von zwei Beobachtern und zwei Schülern für die Auswertungsdiskussion sehr hilfreich. Die zwei zusätzlichen Protokollanten haben wir in einer Phase eingesetzt (12/2), als ich nicht selber in dem Kurs unterrichtet habe und für Beobachtungen zur Verfügung stand. An der Erläuterung des Ertrages des Unterrichts, der Begründung für das Zustandekommen der Ergebnisse, ändert sich wenig, wohl aber an den Einzelheiten, die beobachtet und ausgewertet werden. Damit sind Mehrfachprotokolle ein deutlicher Ausdruck der Vielfalt von Eindrücken, die ein und dieselbe Stunde vermitteln kann.

Wenn auch Fallstudien nicht zu objektiven Ergebnissen führen können, so doch zu plausiblen und gültigen Einsichten. Das überzeugendste Beispiel für diese Art plausibler Empirie durch Fallstudien sind die Untersuchungen zur Kindersprache von Clara und William Stern (1965), die auf den „Sprachgeschichten zweier Kinder in chronologisch-synchronistischer Darstellung“, so der Titel des ersten von drei Teilen der Studie, beruhen. Nicht statistische Genauigkeit, Gültigkeit und Zuverlässigkeit der Untersuchungsmethoden sind der Maßstab gewonnener Einsichten, sondern deren argumentative Überzeugungskraft und Nachvollziehbarkeit für ähnliche Situationen.

Sprachliche Darstellung

Die wechselnde Perspektive des gleichzeitig beobachtenden und handelnden Lehrers verursacht eine wechselnde Darstellungsform, die nicht immer kenntlich gemacht werden kann:

(1) Am häufigsten ist der *resümierende Bericht,* der längere Passagen des Unterrichts zusammenfaßt, um die Ablaufstruktur sichtbar zu halten. An Details läßt sich in den Routineabläufen wenig Sinnfälliges beobachten. Dadurch erscheint das Resümee gerechtfertigt.

(2) Um den Deutschlehrern den interpretatorischen Ansatz und aus dieser Sinnrichtung wichtige Einzelbeobachtungen zu verdeutlichen, werden *Interpretationsabläufe* skizziert, die dem Planungskonzept entnommen und auch entsprechend, also im wesentlichen lehrerzentriert, vermittelt worden sind (vgl. die „Faust“-Behandlung bis zur Gretchenhandlung). Da Unterricht über Literatur für mich auch ein Austausch von Deutungshorizonten durch Lehrer und Schüler ist, kann und muß auch der Lehrer, gerade bei komplexeren Texten, seine Bedeutungsvermutungen und -beweise einbringen, wenn er denen der Schüler an anderer Stelle Spielraum gibt, ohne sich mit seiner Deutung durchsetzen zu wollen. Solche lehrerzentrierten Interpretationsabläufe in die Studie zu integrieren, war notwendig, um den Lehrern analoge Versuche zu ermöglichen.

(3) An wichtigen Punkten, etwa Feststellung von Ergebnissen, werden *Dokumentationen* eingebracht. Wenn es ging, wurden Wortprotokolle unmittelbar nach dem Unterricht notiert, häufiger sind es Ausschnitte oder Dialogpartien aus transkribierten Videoaufzeichnungen, von denen noch knapp 20 vorliegen. Leichter zugänglich waren schriftliche Schülerar-

beiten bei Hausaufgaben, in den Kursmappen und bei Klausuren. Sie konnten und durften, auch bei mäßigen Ergebnissen, nicht fehlen, um vergleichbaren Untersuchungen oder Unterrichtserprobungen Material zu liefern. Hin und wieder werden auch Aufzeichnungen aus dem Tagebuch zitiert, das mit gleichbleibender Intensität zu führen mir nicht immer gelungen ist.

(4) Nicht immer werden *Interpretationen der Beobachtungen* deutlich von den Berichten und Dokumentationen getrennt, sondern gehen unmittelbar aus ihnen hervor. Nur so konnte die Änderung des Unterrichtsablaufs argumentationszugänglich gehalten werden, wie etwa bei der Aufgabenstellung zum Thema Krieg zu Beginn von 11/2, bei der gegen das oberflächliche gedankliche Spiel bei Analysen Betroffenheit erzielt werden sollte.

(5) Die *Chronologie* als Prinzip der Darstellung konnte nicht immer beibehalten werden, um Gegenstände und Absichten nicht unnötig auseinanderzureißen: Die Hinführung zu den Romanen (12/1) lag jeweils Wochen vor Beginn der Behandlung, um den Schülern Lesepausen zu lassen; in der Darstellung werden die Gegenstände zusammenhängend behandelt. Auf der Hinführung zur Produktion, zu Rezeptionshandlungen und Interpretationen lag ein besonderes Gewicht meines Versuchs, dem wird durch die eigenen Abschnitte „Methodisches" Rechnung getragen. Da die meisten der Arbeiten erst gegen Ende der Halbjahre zu den Zeugniskonferenzen eingesammelt wurden, liegt ein Sinn darin, den Abschnitt jeweils an den Schluß der Halbjahresberichte zu setzen. Die Chronologie des Unterrichtsablaufs wird also durch die *Systematik* der Gegenstände und Methoden ergänzt.

(6) Es ist schon angedeutet worden, daß der Unterrichtsversuch nicht nur Demonstration eines vorgängigen Konzepts, sondern selber Teil der didaktischen Beweisführung sein wollte. Ein Modell läßt sich ohnehin nicht abbildhaft in Wirklichkeit übersetzen, sondern erfährt im Kontext konkreter Situationen Modifikationen, neuen Handlungssinn, widersprüchliche Einschätzungen, bis hin zur Auslösung von Konflikten, von Änderungsimpulsen. Oft genug haben Studenten, wenn ich in Vorlesungen Unterrichtsausschnitte zur Demonstration meiner theoretischen Annahmen benutzen wollte, anderes, wenn nicht gar Widersprüche in ihnen entdeckt. Wie theoretische Feststellungen, so sind auch Situationen der Praxis interpretationsfähig. Handeln im Praxisfeld wird, im Konzept der Handlungsforschung (vgl. dazu – im Anschluß an Wohlrapp – Müller-Michaels 1980, S. 232) zu *praktischer Argumentation,* wie andererseits didaktische Argumentation im Blick auf praktische Fragen theoretisches Handeln genannt werden kann.

Zwar habe ich den Anspruch erhoben, daß meine Langzeitfallstudie neu in der Art und ihrem Ergebnis und ohne unmittelbares Vorbild sei. Ein mittelbares Vorbild gibt es aber doch. Adolf Reichwein, ab 1930 Professor für Geschichte und Staatsbürgerkunde an der Pädagogischen Hochschule Halle, ging, als er 1933 aus dem Dienst der Hochschule entlassen wurde, freiwillig an die einklassige Schule in Tiefensee bei Berlin und schrieb drei Jahre später seinen Bericht über die Tätigkeit: „Schaffendes Schulvolk" [1937]. Als Mitglied des Kreisauer Kreises schloß er sich später dem Widerstand gegen Hitler an und wurde am 20. 10. 1944 hingerichtet. Ich habe das Buch 1965 als Assistent an der Adolf-Reichwein-Hochschule in Osnabrück kennengelernt und als Tradition einer neuen Form von Praxisreflexion empfunden, die fortzusetzen sei.

Das Vorwort zu Reichweins Bericht könnte auch meine Studie einleiten:

> „Mit dieser Schrift lege ich nicht einen *Plan* vor oder einen *Vorschlag,* wie es gemacht werden sollte, sondern den Bericht einer *Wirklichkeit.* Nicht die *Gestaltung* einer *möglichen,* einer gedachten Erziehungsgemeinschaft ist hier vorgezeichnet, sondern die *Gestalt* einer *verwirklichten,* einer bereits geleisteten Arbeit nachgezeichnet. Und doch enthält diese Darstellung nicht nur ein ‚Bildnis', sondern öffnet den Blick auf die Gründe und geistigen Vorgänge, die zu jener Wirklichkeit führten. Es ist der Versuch, Bericht und Deutung in einem zu geben." (Reichwein 1964, S. 13)

Der Unterricht selber, der hier dargestellt wird, stellt sich unter den Anspruch, den ein Vater der von Reichwein unterrichteten Kinder formuliert hat:

> „Der Professor? Wissen Sie, der hat unsere Kinder *frei* gemacht."

3. Ziele des Unterrichtsversuchs

a) Erkundung der Praxis: Eine neue Aufgabe für die Fachdidaktik

Ihren Aufstieg als neue Disziplinen an den Hochschulen seit Mitte der sechziger Jahre hatten die Fachdidaktiken vor allem ihrer konsequenten Praxisorientierung, vornehmlich in den geisteswissenschaftlichen Disziplinen, die, wie die Germanistik, im wesentlichen Lehrer ausbildeten, ihren beharrlichen Fragen nach der Geltung und Wirkung neuer Erkenntnisse und Methoden der Wissenschaften in Bildungsprozessen, ihrem Engagement für die Nichtfachleute zu danken. Von diesen Verdiensten blieb in der Folgezeit nur weniges noch. Das lag zu einem Teil an den Fachdidaktikern selber, die, nach der Integration der Pädagogischen Hochschulen in die Universitäten und Gesamthochschulen, sich in die Fachwissenschaften zurückzogen. Das lag auch an fachinternen Zwängen, zunächst die Felder der Forschung und Lehre systematisch abzustecken, Methoden zu diskutieren und vor allem das Fach bei den Diskussionen um die neuen Studien- und Prüfungsordnungen immer wieder gegenüber den älteren Disziplinen zu verteidigen. Dieser inneruniversitäre Legitimationsdiskurs führte schnell weg von den praktischen Fragen, für die die Fachdidaktiken eigentlich zuständig waren. Schließlich lag das auch an den bildungspolitischen Rahmenbedingungen: Die Professionalisierung der Lehrerausbildung war kaum vollzogen, da schwenkten die meisten Bundesländer mit Hinweis auf die zu vielen Lehrer, die angeblich ausgebildet würden, wieder um und bauten die Lehramtsstudienteile, also auch die Fachdidaktiken, wieder ab. Konsequenz und Beharrlichkeit bei der Verklammerung von Theorie und Praxis ist also gefragt.

Knapp 16 Jahre war ich zum Zeitpunkt des Beginns des Versuchs von der eigenverantwortlichen Gestaltung von Unterricht entfernt. Zwar hat es über schulpraktische Studien von Studenten, über Erprobung neuer Unterrichtsmaterialien immer wieder sporadischen Kontakt mit Schule und Schülern verschiedener Klassenstufen und Schulformen gegeben, aber die unmittelbare Erfahrung dünnte immer mehr aus. Die den Hochschulunterricht belebenden Anekdoten wiederholten sich zunehmend oder wurden aus fremden Kontexten entliehen, die Publikationen wurden zunehmend abstrakter und mündeten in einer Metatheorie der Deutschdidaktik: Beschreibung und Kritik fachdidaktischer Positionen nach 1945 (Müller-Michaels 1980). Wenn aus der Fachdidaktik eine pragmatische Philosophie der Fachwissenschaften werden sollte, mußte die Dimension der Praxis, die sie reflektiert, unmittelbar wiedergewonnen werden.

Manche Kollegen, mit denen ich das Konzept auf Symposien und Tagungen diskutiert habe, waren von dieser Konsequenz nicht überzeugt: Wenn schon eine Fülle von didaktischen Argumentationen, von neuen Modellen des Lernens, von Lehrbüchern und -materialien keine Änderung von Praxis bewirkt hat, was sollte dann ein einziges Experiment beweisen oder gar ändern? Meine Argumentation war umgekehrt: Nur ein Modell, das bis in praktische Zusammenhänge hinein gedacht und ihnen ausgeliefert worden ist, kann Folgen für eben diese Praxis haben; und zwar weniger als Anregung zur Nachahmung denn als Anstoß für eigene neue Planungsüberlegungen. Kein Arzt käme auf die Idee, eine Behandlungsmethode zu übernehmen, nur weil sie plausibel erscheint, sie muß sich vielmehr in der Praxis bewährt haben.

Das Wirkungsfeld der Praxis läßt sich nun nicht in sporadischen Experimenten, sondern nur unter kontinuierlichem Handlungsdruck erkunden. Der Eindruck, der aus kurzfristigen Unterrichtsexperimenten folgt, kann sogar trügen, wenn er nicht in das Spannungsfeld anderer Aufgaben, des Langzeiteffekts und der Zwänge des Unterrichts gestellt wird. Konkreter gesprochen: einzelne Versuche mit produktiver Rezeption wären sicherlich erfolgreicher verlaufen, wenn sie nicht mit den anderen Formen des Textumgangs, der fortwirkenden Konkurrenz dieser Methoden und der Verpflichtung zur Notengebung zu vermitteln gewesen wären. Die in drei Jahren zu bewältigenden Aufgaben kennenzulernen, Wirkungen des

Lehrens und Lernens über einen längeren Zeitraum zu studieren, Zwänge des Unterrichts und der Institution Schule sowie deren Einwirkung auf das Lernen und das Unterrichtsklima zu beobachten, waren zunächst und vor allem Ziel des Versuchs. Ich kam also nicht mit dem Gestus des besserwissenden Professors, sondern vor allem mit der Neugier des neuen Kollegen in die Schule. Jenes „Ich will es wissen", das wir von Figuren aus der Literatur hinreichend kennen, das ich als Neugier bei den Schülern wecken wollte, war auch für mich primär Antrieb für das Experiment. Damit eng verknüpft war aber auch das Bedürfnis, die Generation der 17jährigen Schüler zu Beginn der achtziger Jahre kennenzulernen, mit ihnen zu sprechen, sie anzuregen und mich anregen zu lassen. Ich habe denn auch immer wieder Anlässe gesucht, die solchen Meinungsaustausch über die Generationen hinweg ermöglichten. Die Denk- und Handlungsweise war doch deutlich anders als die der Studenten, mit denen ich im universitären Alltag von Lehre und Prüfungen in jenen Jahren zu tun hatte. Es war eine anregende Zeit, in der ich mit Jugendlichen zwischen 17 und 25 Jahren arbeiten und diskutieren konnte.

b) Dokumente für die Theorie: Anschauungsmaterial für den Hochschulunterricht

Im Durchschnitt alle sechs Wochen, mindestens aber einmal bei jeder Sequenz, habe ich Unterrichtsstunden von Mitarbeitern aufzeichnen lassen, so daß im Laufe der drei Jahre eine kleine Videothek entstand: Einführungen in einen neuen Gegenstand, Kernstellen-Interpretationen, Abschlußdiskussionen, Argumentationen, Inszenierungen dramatischer Szenen, Schülerdeutungen zu besprochenen Werken sind gespeichert. Die Unterrichtsmitschnitte dokumentieren wechselnde Gruppierungen im Kurs, Veränderungen bei einzelnen Schülern, typische Unterrichtsgespräche, Schülermeinungen zu kanonischen Texten, Konstanz und Variation im Lehrstil. Vor allem für die Vorlesungen zu didaktischen Entscheidungsprozessen, zu neuen Methoden im Literaturunterricht, zur Aktualität von Klassikern, zu Beurteilungsproblemen bieten die Unterrichtsdokumente anschauliches Material zur Stützung und Erläuterung von Thesen und Argumentationen. Außerdem lassen sie sich nicht, wie resümierende Darstellungen, auf einen Nenner bringen, sondern liefern Anregungen für Diskussionen.

Die Lehrveranstaltungen haben damit nicht nur an Anschaulichkeit und Plausibilität, sondern auch an anregenden Widersprüchen zwischen Aufzeichnung und Kommentar gewonnen. Dazu gehört auch, daß manche Ergebnisse ernüchternder waren, als das theoretische Modell versprochen hatte. In solchen Augenblicken war ich nicht immer sicher, ob eine Desillusionierung durch Praxis bei Studenten, die noch voller Ideale über das durch Unterricht Erreichbare stecken, wirklich richtig ist. Ehrlicher aber war es in jedem Fall und darüber hinaus geeignet, in die Praxis so einzuführen, daß sie später nicht als Schock erfahren werden mußte.

Am Ende von 11/1 hatte ich am 30. 1. 1981 den Kurs zu Gast in der Vorlesung. Ein Ausschnitt aus der Abschlußstunde zu Günter Grass' „Katz und Maus" stand zur Diskussion. Unmittelbar nach der Zeugniskonferenz war der vorgeführte Unterricht, im Gegensatz zu meinen theoretischen Forderungen, reichlich lehrerzentriert: Gezielte Fragen lenkten auf zentrale Probleme des Textes, wichtige Antworten blieben nicht aus. Daran vor allem machten die Studenten ihre Kritik fest: Warum ich denn den Unterricht nicht freier, ungezielter, schülerorientierter habe laufen lassen? Meine Antworten, daß ich schließlich Ergebnisse habe dokumentieren wollen, daß das Schuljahr schon fast zu Ende sei, daß ich vor der Kamera niemanden aufrufen wolle, der sich nicht meldet, befriedigte sie nicht, und sie wandten sich direkt an die Schüler. Und die gaben unmißverständlich zu verstehen, daß mit ihrer Mitarbeit überhaupt nur zu rechnen sei, wenn der Lehrer gleich zu Anfang sage, wo das Ganze hin soll. Ein unmittelbares Interesse an der Sache könne niemand voraussetzen, das stünde höchstens und nicht in jedem Fall am Ende.

Als ich einige Tage später einen der Schüler auf der Treppe fragte, wie ihm die Begegnung mit den Studenten gefallen habe, antwortete er nur lakonisch: „Die haben noch ziemlich viele Illusionen, nicht?"

Nach meiner Überzeugung kam auch der wissenschaftlichen Diskussion die Beweisführung mit Beispielen aus der Praxis zugute. Praxis entwickelte sich aber schnell vom Anschauungsobjekt zum Auslöser theoretischer Diskurse, wie etwa in der Kanonfrage. Um die Festlegung auf einen Kanon der im Laufe von drei Jahren zu behandelnden literarischen Werke konnte ich mich nicht mehr mit schönen didaktischen Worten von der Offenheit der Lektüreentscheidung herumdrücken. Was theoretisch möglich ist: ein ganzes Heft einer didaktischen Zeitschrift zum Kanonproblem zu machen (Diskussion Deutsch, 1982, H. 64), ohne auch nur auf einen Kanon oder wenigstens einzelne als zentral eingeschätzte Werke einzugehen, ist praktisch unmöglich (vgl. meine Antwort in DD 68, Müller-Michaels 1982, S. 598–602). Eine Theorie, die sich auf die wichtigen praktischen Entscheidungsprozesse nicht mehr einläßt, macht sich selbst überflüssig. Das Beispiel verdeutlicht, daß die konkrete Entscheidung für eine Lektüreliste unter bestimmten Lernbedingungen ein Beitrag zu dem theoretischen Problem didaktischer Auswahlentscheidungen, daß aber zugleich die praktische Bedeutsamkeit eines Problems auch ein Urteil über die Relevanz theoretischer Fragestellungen ist. Wo sich Theorie von der Praxis so weit entfernt, daß sie nicht mehr miteinander vermittelt werden, ist das gleichermaßen bedenklich für die Theorie, weil sie sich des Maßstabs beraubt, an dem sie gemessen werden kann, wie für die Praxis, weil sie die Orientierung über die Richtung des Weges verliert, den sie gehen will.

Auch die Frage, ob und was in den drei Jahren der Oberstufe gelernt wird und welches der Anteil des Deutschunterrichts und des Lehrers daran ist, läßt sich nur durch Langzeituntersuchungen im Praxisfeld beantworten. Mit der Untersuchung zur Entfaltung von Verstehensprozessen in der gymnasialen Oberstufe (Müller-Michaels 1984a) habe ich versucht, einen Anfang zu machen. Auch hier wird die Praxis, mehr als zu einem Beleg für die Theorie, zu einem Prüfstein theoretischer Konstruktionen und ihrer Leistungsfähigkeit. Praxis, in der Lehre vielleicht nicht mehr als Beleg und Dokumentation für Theorie, wird in Forschungszusammenhängen selbst zu einem Element von Theorie, insofern sie selber schon theoriegesättigt (unhinterfragte Annahmen, tradiertes Repertoire, unausgesprochene Erwartungen) und theoriefordernd (Lösung offener Fragen) ist. Aus diesem Grunde spreche ich bei meinen Untersuchungen von der Praxis als praktischer (im Gegensatz zu theoretischer) Argumentation, weil sie eben nicht nur Beleg in einem didaktischen Diskurs, sondern Element in ihm ist. Das ändert nichts an der grundsätzlichen Annahme von der Vorlauffunktion der Theorie und ihrem Primat in der Didaktik.

c) Impulse für eine andere Praxis: Das Konzept des produktiven Umgangs mit Literatur und Wissenschaft: Rezeptionshandlungen, produktive Vernunft, Verstehen als Applikation, Literatur als Erkenntnisform

Neugier auf die unterrichtliche Praxis und die in ihr arbeitenden Schüler und Lehrer oder Anregungen für Lehre und Forschung hatten schon bewirkt, daß in meinen Berufungsvereinbarungen ein Passus über die Erlaubnis zu nebenamtlichem Unterricht stand. Für den konkreten Entschluß aber reichte diese erklärte Absicht noch nicht aus. Dazu bedurfte es zusätzlich eines konkreten Plans und des Kontaktes zu einer Schule. Beides kam 1977/78 dann zusammen: Das Kleist-Gymnasium hatte von meinen Interessen an der Arbeit in der Schule gehört und die Kooperation angeregt. Ich selbst hatte in meiner Bochumer Antrittsverlesung das Konzept einer Rezeptionspragmatik entwickelt (Müller-Michaels 1978). Lehrer, Studenten, aber vor allem Examenskandidaten, die in den Referendardienst kamen, rieten mir dringend, daß ich nun aber auch, wenn die richtigen Gedanken Folgen haben sollten, eine Methodik schreiben oder selbst Unterricht halten müsse. Damit war der konkrete Anlaß da, den alten Plan auch in die Tat umzusetzen.

Meine Überlegungen zu einem veränderten Literaturunterricht gingen von der rezeptionsästhetischen Annahme aus, daß jedes literarische Werk sich erst im Akt der Rezeption vollendet. Gleich einer Partitur bedarf das Buch, angefüllt mit Schriftzeichen, einer Inszenierung durch die Phantasie des Lesers, um wirk-lich zu werden. Die aktive Umsetzung von Druckseiten, aber auch von Bühnengeschehen oder Fernsehbildern in den Anschauungshorizont von Lesern und Hörern ist der Schlüssel zur Welt der Fiktion. Diese Aneignung gelingt verständlicherweise leichter bei solchen Werken, die über die Bühne oder den Fernsehschirm schon eine Realisierung mit den Augen von Regisseuren erfahren haben, als bei denen, die lange nicht mehr rezipiert worden sind. Aus dieser Beobachtung erklärt sich die Attraktivität, die solche Texte haben, die im Fernsehen gesendet worden sind. Bei den durch die zeitliche Distanz oder sprachliche Hermetik fernerliegenden Werken bedarf es entscheidender Lesehilfen zur Realisierung des Geschriebenen.

Die Fähigkeit zu aktiver Aneignung älterer und modernerer Literatur, zum Zugriff auf ganz verschiedene Formen und Medien literarischer Werke, galt es vor allem zu stärken, um den Umgang von Nichtgermanisten mit Texten auf ein neues, breiteres Fundament zu stellen. Diese Fähigkeiten zum Aufschließen fremder, fiktionaler Welten war natürlich kein Selbstzweck, sondern diente vor allem der Entfaltung von Phantasie und Denken der Heranwachsenden, der Verlebendigung von Tradition sowie der Überprüfung ihres Geltungsanspruchs und schließlich auch der Förderung einer kulturellen Praxis, die dialogisch abläuft und (Mit-)Menschlichkeit zum Thema macht.

Das Konzept zielte deutlich gegen eine eingefahrene Methode der Literaturvermittlung, in der den Schülern aufgegeben ist, den einen Sinn literarischer Texte zu ermitteln, ohne daß ihre eigene Deutungsperspektive einbezogen wird. Im günstigsten Fall ist dieser eine Sinn der von der literaturwissenschaftlichen Forschung ermittelte, im ungünstigsten ist es der, der sich im Kopf des Lehrers festgesetzt hat. Die Schwierigkeiten des Textes sind in diesen Fällen wie eine mathematische Aufgabe zu lösen. Eine solche ganz auf eine angeblich objektive Deutung ausgerichtete Analysearbeit hat sich die philologische Interpretation historischer Literatur zum Vorbild genommen, ohne über deren Instrumentarien zu verfügen. Die sozialgeschichtliche Interpretation der siebziger Jahre ist nur eine Variante dieser sogenannten objektiven Interpretation, insofern sie durch Kontextuierungen zu dem einen Text die Deutungsrichtung vorgibt und dann auch einklagt. Das interpretierende Subjekt hat in diesen werk- bzw. kontextbezogenen Beweisführungen keinen Platz.

Abgesehen davon, daß Schule die sehr akribisch gewordene philologische Textarbeit mit den unzureichenden Voraussetzungen, die Schüler mitbringen, nicht imitieren kann, sollte sie es auch gar nicht versuchen. Der Deutschunterricht findet nicht für zukünftige Germanisten statt, sondern für kundige Laien aller möglichen Berufs- und Tätigkeitsfelder. Sie zu einer breiten kulturellen Praxis zu befähigen ist entschieden wichtiger, als sie zu Germanisten ohne Studium auszubilden. Der Umgang mit Literatur mußte vielfältiger werden, als sich in der Nachahmung philologischer Literaturinterpretation in der Schule eingebürgert hat.

In die auf der Grundlage dieser Überlegungen entwickelte Rezeptionspragmatik sind mehrere theoretische Annahmen eingegangen, die sich um die Begriffe Rezeptionshandlungen, produktive Vernunft, Verstehen und ästhetisches Denken bündeln lassen.

Rezeptionshandlungen

Eine intensive Förderung von unterschiedlichen Methoden der Rezeption ergibt sich nach den Vorüberlegungen als dringlichste Forderung. Neben die streng philologische Interpretation (strukturalistische, hermeneutische, sozialgeschichtliche) mußten Formen des Umgangs treten, die das Repertoire des Zugangs zur Literatur erweiterten und damit die Vielfalt des Gebrauchs und der Deutungen wieder öffnen halfen. Ich habe einzelne der Rezeptionshandlungen benannt und erläutert, vor allem die, die sowohl in alltäglichen wie auch in wissenschaftlichen Zusammenhängen gebräuchlich sind (Müller-Michaels 1978): Kommentieren, Redigieren, Transformieren, Übersetzen, Rezensieren, Zitieren, Interpretieren. Seit jener

Zeit sind in fachdidaktischen Publikationen immer wieder neue Vorschläge für eine produktive Rezeption gemacht worden, auf die ich hier nicht näher eingehen will. Die von mir geplanten Handlungen tauchen alle in dem praktizierten Unterricht auf, besonders eingehend habe ich folgende herausgefordert:

Kommentierungen hermetischer Texte (Goethes „Faust" in 11, Rilkes „Malte" in 12, Nelly Sachs' Gedichte in 13),

Transformationen von Gedichten, Berichten, Einfällen in dramatischen Szenen („Verrat", „Kinderkreuzzug" und „Schülerträume" in 11),

Rezensionen zu Film und Buch (Pasolinis „Ödipus"-Verfilmung, 100 Bücher der ZEIT in 13),

Erzählungen zu Problemen, literarische Versionen, alternative Lösungen von Schlüssen in Romanen und Dramen (von 11 bis 13).

So wurden im Unterricht nicht nur Texte nach einem sich zumeist eher wild als systematisch durchsetzenden Schema gedeutet, sondern es wurde frei assoziiert, umgeschrieben, in eine andere Gattung übersetzt, ein Mythos neu erzählt, literarische Kritik geübt, es wurden alternative Episoden zu Romanen erfunden, Skizzen für Aufführungen/Verfilmungen angefertigt, Szenen gespielt und auf Video aufgenommen; und dies alles nicht nur sporadisch, sondern durchgehend. Gerade Schüler, denen der strenge methodische Zugang zur Literatur den Deutungsspielraum eher verschloß als öffnete, fanden auf diese Weise ihren Weg zur Literatur. Für die anderen wurde der Zugang vielfältiger und damit abwechslungsreicher. Da die eigene Phantasie und das selbständige Nachdenken allerdings stärker herausgefordert wurden, waren diese Wege häufig mühevoller als der standardisierte, vorbereitete Gang zu dem einen zugelassenen Sinn. Die Rezeptionshandlungen wurden daher nicht immer begeistert begrüßt. Dies war nur einer der Gründe, warum ich, im nachhinein betrachtet, zu zaghaft im Einsatz dieser literarischen Handlungsform gewesen bin. Der Druck der geltenden Interpretationsnorm war durch die wechselnden Kurszusammensetzungen und die Anforderungen an die Klausuren ein weiterer Grund. Hinzu kam weiterhin der Zeitdruck, der, vor allem während der Semester mit ihren Belastungen, wenig Zeit zur Vorbereitung ließ. Routine wird in solchen Fällen zur Entlastung

Produktive Vernunft

Mit der Betonung eines vielfältigen, mehr oder minder methodisch geregelten, von Assoziationen gelenkten, gleichwohl in plausiblen Zusammenhang gebrachten Umgangs mit Literatur wird das Ziel eines Unterrichts deutlich, dem es weniger auf die Rekapitulation von Wissen als auf selbständige Deutungsarbeit ankommt. Im Begriff der produktiven Vernunft bündeln sich Zieldimensionen eines entphilologisierten Unterrichts, der sich weniger der methodischen Strenge wissenschaftlicher Disziplinen verpflichtet weiß als vielmehr der Entfaltung von Fähigkeiten, die den selbstbestimmten Gebrauch wissenschaftlicher Methoden überhaupt erst ermöglichen. Vernunft meint dabei die Orientierung an einer Rationalität, die sich menschlichen Zuständen verpflichtet weiß. Dieses vernünftige Denken kann sich sowohl auf die Analyse von Texten und Situationen wie auch auf die Verfertigung eigener Reden beziehen. Das Ziel philosophischer Bildung, das J. Mittelstraß (1981) mit „Sich im Denken orientieren" allgemein faßt, gilt für jeden Unterricht im kulturwissenschaftlichen Bereich, der Voraussetzungen für wissenschaftliche Arbeit, und damit wirklich Wissenschaftspropädeutik, schaffen will: zu begründungsorientierter Analyse von Texten und Konstruktionen neuer Zusammenhänge anzuleiten.

Produktiv nenne ich die Vernunft, insofern sie nicht nur überlieferte Gedanken, ästhetische Bilder, fiktionale Zusammenhänge nachzuvollziehen und bewundernd, in demütig musealer Haltung, anzuerkennen, sondern sie in die Gegenwart und die nahe Zukunft fortzudenken weiß. So etwa sollen die Schüler bei der Besprechung des „Woyzeck" von Büchner das Drama nicht nur in seiner strukturellen Komposition und in seiner historischen Situierung deuten lernen, sondern zugleich fragen, inwieweit die Bedingungen von Unterdrückung fortwirken und wie die Zustände sein müssen, in denen auch Menschen wie Woyzeck und Marie auf wirklich menschliche Weise leben können. Am „Faust“ interessierte einige Schüler zu Recht, wie weit im Gebrauch „mephistophelischer Mittel“ man gehen darf, um möglichst viel zu wissen, alles zu erreichen und intensiv zu leben. Die literarische Tradition kennenzulernen, sich ihr auszuliefern, in ihre Denkweisen einzurücken ist der eine Pol der Ziele des Deutschunterrichts, der aber des zweiten Pols bedarf: gegen die Tradition, aus gegenwärtiger Sicht zu denken. Erst die produktive Vernunft ist bildend, weil sie das neu erworbene Wissen in weiterreichenden Zusammenhängen anzuwenden weiß.

Verstehen als Applikation

Mit der Betonung der produktiven gegenüber der rekapitulierenden Fähigkeit war auch eine Neubestimmung des Verstehens von Literatur, expositorischen Texten sowie wissenschaftlichen Modellen nötig geworden. Verstehen konnte nun nicht mehr als ein „Einrücken in ein Überlieferungsgeschehen“ (Gadamer 1972) verstanden werden, in der das deutende Subjekt von sich abzusehen hat, sondern in der Arbeit an der Tradition entfaltet sich „die Kraft der Reflexion“ (Habermas 1971), die sich auch gegen die Übermacht der Tradition stellen kann. Verstehen bedeutet dann nicht nur, Aufklärung über ältere und modernere Texte und Modelle zu erlangen, sondern vor allem Einsicht über sich selbst und die eigenen Denkvoraussetzungen zu gewinnen. Fremdreflexion verbindet sich mit Selbstreflexion.

Ich habe daher immer wieder das applikative Element hermeneutischer Deutungen betont: Erst in der Auslegung auf die gegenwärtige Situation gewinnt ein Text oder ein Modell seine aufschließende, d. h. bildende Kraft. Dabei sollte nicht bestritten werden, daß philologische Textarbeit (Edition, Kommentar, Interpretation) weitgehend auf Applikation verzichten muß, um den Quellen und ihrer Situierung im Kontext ihrer Zeit historisch gerecht zu werden, und daß dies auch im Studium geübt werden muß. In Zusammenhängung von Bildung aber, die nicht nur in Spezifika der Germanistik stecken bleiben, sondern sich im allgemeinen Denken öffnen will, ist die Applikation konstitutives Element von Verstehen, insofern sie die Anknüpfungspunkte schafft, von denen aus der fremde historische Gegenstand seine Bedeutung für das Subjekt gewinnt, indem es seinen Denkhorizont erweitert. Ich habe aus diesem Grunde die Applikation nicht als Akt bestimmt, der zur Explikation hinzutritt, sondern als deren Voraussetzung gefaßt:

> „Bedeutung gewinnt ein historisches Werk zunächst für den Deutenden selber, bevor die Bedeutung im Rahmen der Entstehungszeit gewonnen werden kann. Der erste Bezugsrahmen für das Verständnis eines literarischen Werkes ist der Horizont des Interpreten und erst der zweite ist der seiner historischen Einbettung. Ein Werk, das über den Horizont seiner Zeit nicht hinausreicht, kann mit den Mühen der Sinn-Zuweisungs-Arbeit nicht rechnen.“ (Müller-Michaels 1984a, S. 85)

Damit ist zugleich ein wichtiges Auswahlkriterium für Literatur genannt: die Bedeutsamkeit, die ein Werk für Probleme der Gegenwart und des Subjekts erlangen kann. Auch bei den historisch ferneren Werken jedenfalls gilt es, den Versuch zu wagen, Bezüge über die Zeiten hinweg herzustellen. Auf diese Weise entstünde ein Dialog, in dem einerseits der Text etwas auszudrücken, zu fragen, anzuregen vermag, dem die Schüler antworten oder durch eigene Fragen entgegnen können, und in dem andererseits die Schüler Fragen, Feststellungen, Vermutungen an den Text richten, zu denen der Text etwas sagt. Dadurch wird nicht nur der Wissens- und Denkhorizont der Heranwachsenden erweitert, sondern auch der ältere Text mit Anschauung gefüllt und lebendig in der Überlieferung gehalten.

Bei der näheren begrifflichen Bestimmung dieses dialogischen Verstehens von applikativer Hermeneutik zu sprechen ist insofern nicht hinreichend, weil ja die Applikation integratives Element des Verstehens sein soll und nicht durch sie zusätzlich bestimmt werden kann. Mit Mittelstraß (1981) würde ich daher lieber von konstruktiv-hermeneutischem Verstehen im Gegensatz zu historisch-hermeneutischem sprechen, weil damit das produktive Weiterdenken, die Rekonstruktion auf zwei Zeitebenen, der der Entstehungs- und der Rezeptionszeit, das gegenwärtige systematische Interesse an den Gegenständen mehr als der

Nachweis von historischen und ideologischen Bedingungen der Texte und Modelle sowie der Vorurteilsstruktur der Verstehenden selber betont wird. Nur im ersteren Fall kann das Subjekt dazulernen, den Horizont erweitern, im zweiten wird es höchstens zum Nachweis gelangen können, daß das eigene Denken noch den Gesetzen unterliegt, die es ermittelt. Diese Vorzüge konstruktiver Hermeneutik unterstreicht Mittelstraß:

> „Dieses Vorgehen unterscheidet sich daher auch einerseits von einer bloßen Aneignung von Vorgeschichte durch die *Absicht zu lernen*, d. h. durch die Bereitschaft, das eigene systematische Wissen auf seine mögliche Erweiterung oder Veränderung hin zur Disposition zu stellen, und andererseits von einer historischen Hermeneutik durch das *Vermögen lernen zu können*, d. h. Bildungsprozesse als Erweiterung oder Veränderung bereits zur Verfügung stehender begründeter Orientierungen zu begreifen." (Mittelstraß 1981, S. 126)

Die Methode der Erschließung bezeichne ich daher auch nicht als hermeneutischen Zirkel, der immer wieder zu dem Identischen zurückkehrt, sondern als hermeneutische Spirale, die die Prozeßhaftigkeit des Denkens und Deutens unterstreicht.

Literatur als Erkenntnisform

Die Praxis einer falschen Wissenschaftspropädeutik im Fach Deutsch hat zur Folge, daß Literatur und Sprache ausschließlich zu Objekten der Erkenntnis gemacht worden sind: Sie sollten nach denselben Methoden und mit denselben Ergebnissen traktiert werden, wie in Literaturwissenschaft und Linguistik. Literaturunterricht sollte sich zudem nicht vom Mathematik-, Chemie- oder Geschichtsunterricht unterscheiden, insofern Gesetzmäßigkeiten in den unterschiedlichsten Gegenstandsbereichen entdeckt und angewendet werden sollen. Es ist keine Rede mehr davon, daß Literatur, wie alle Kunst, nicht nur Objekt, sondern auch Mittel der Erkenntnis, darin der Wissenschaft durchaus ebenbürtig, sein will. Über der verbissenen, detailbesessenen Analysearbeit in Unterricht und Klausuren geht der ästhetische Charakter des Untersuchungsobjekts allzu leicht ganz verloren. Mein Unterricht sollte ein Stück der anschaulichen Erkenntnisform, die Kunst ist, wieder deutlicher herausstellen. Daß dies im Kontext von Lehrplanforderungen, des Unterrichts im Umfeld und der Herkunft der meisten Schüler kein leichtes Vorhaben war, wird in den Kursberichten offenkundig. Aber wenn die Erkenntnisfunktion fiktionaler Literatur nicht mehr vermittelt wird, kann man sich im Deutschunterricht auf die Behandlung linguistischer Modelle und expositorischer Literatur beschränken. Aus der Intention eines Unterrichts über Kunst als Erkenntnisweise ist auch erklärbar, daß in den Kursen sprachwissenschaftliche Themen und umfangreichere Analysen expositorischer und appellativer Texte zurücktraten; sie werden hinlänglich im Fremdsprachenunterricht behandelt.

Wie es zu der Eliminierung des Ästhetischen aus der Ästhetik in den Unterrichtsplänen gekommen ist, läßt sich an dieser Stelle schwer beantworten. Sicher ist, daß unser Zeitalter stolz darauf ist, sich ein wissenschaftliches zu nennen. Was wissenschaftlich beweisbar, ist auch richtig, und was als richtig sich durchsetzen soll, muß wissenschaftlich bewiesen werden. Daß gerade in unserem Jahrhundert mit Wissenschaft auch das Falsche, inhumane Erfindungen und menschenverachtende Maßnahmen entwickelt und bewiesen wurden, tat dem Wissenschaftsglauben keinen Abbruch. Ein Korrektiv für Fehlentwicklungen der Wissenschaften war und ist die Kunst. Gerade aber die Politiker, die auch für die Lehrpläne der Schulen verantwortlich sind, haben genau aus diesem Grund, daß Kunst und Literatur Wirklichkeit aus anderer, kritischer, nachdenklicher Perspektive zeichnen, ein wohl eher skeptisches Verhältnis zu ihr. Seit Platons „Staat" ist diese Tatsache allerdings bekannt.

Noch bevor die Wissenschaften im 19. und 20. Jahrhundert ihren Aufstieg erfuhren, waren sie eng mit den Künsten verflochten. Die Philosophische Fakultät ist aus der Artistenfakultät hervorgegangen, in der ars und scientia demselben Ziel der Erkenntnis dienten. Abstrakte und anschauliche Form von Erkenntnis waren zwei Pole in demselben Bestreben um Wahrheit. Der Begriff der „anschauenden Erkenntnis", von Christian Wolff geprägt, fand in die Ästhetiken des 18. Jahrhunderts vielfältigen Eingang und wurde vor allem zur Erläuterung der Absichten der Fabeln gebraucht. Es ist Aufgabe einer eigenen Studie, die Fortentwicklung dieser richtigen Einsicht in den Ästhetiken des 19. und 20. Jahrhunderts zu belegen. Im Unterricht habe ich die Lebendigkeit der Idee einer autonomen ästhetischen Erkenntnis u. a. an Texten der zeitgenössischen Autoren Max Frisch (11/1), Ernst Bloch (12/2), Christa Wolf und Günter Grass (13/2) zu demonstrieren versucht. Darüber hinaus waren die anderen, produktiven Umgangsformen der diversen Rezeptionshandlungen darauf ausgerichtet, Erkenntnisse der Literatur handelnd zu begreifen. In diesem Kontext eines sowohl wissenschaftlichen wie ästhetischen Umgangs mit Literatur wird die Antinomie von Interpretation und Rezeption vielleicht verständlicher. Auch sie ist nicht erst von mir entdeckt, sondern bekannt, seit Künste und Wissenschaften in ihren Mitteln und Zielen auseinanderzufallen begannen. Allenfalls ist sie daher eine Aktualisierung des einerseits individuell-kongenialen und andererseits objektiv-analytischen Zugangs zur Literatur, von denen schon A. Boeckh [1886] gesprochen hat (vgl. Boeckh 1966, S. 86 u. 168).

Literatur aus dem eindimensionalen, wissenschaftsmethodisch eingegrenzten Zugang wieder zu befreien, ist schon deshalb nötig, um die Vieldeutigkeit der anspruchsvolleren Literatur zu erhalten. Im Wissenschaftstrieb sorgen die Vielfalt von Büchern und Lehrmeinungen dafür, daß literarische Werke nicht auf eine Aussagedimension verkürzt werden können. In der Schule ist, gerade unter dem Druck, für alle Schüler gleiche Voraussetzungen zu schaffen, die Tendenz immer wieder unabweislich, einen nachvollziehbaren Verstehensweg vorzuschlagen, an den die Schüler sich dann auch gern halten möchten. Um so wichtiger ist es dann, durch die Betonung des applikativen Elements von Verstehen, des selbständigen und freien Zugangs zum Werk auch bei methodisch strengeren Interpretationen die Mehrdeutigkeit von Literatur zu retten. Dies kann im Extremfall dazu führen, daß widersprüchliche Deutungsansätze gleichermaßen richtig sein können: Kohlhaas als gerechter Richter und maßloser Rebell, der Roman „Effi Briest“ als Abbild der Gesellschaft um 1900 und als Kritik gegen sie, Brechts Theater als Demonstration politischer Ideen und als Theater der Mitmenschlichkeit. Literatur, wie alle Kunst, ist der einzige Gegenstand des Schulunterrichts, bei dessen Analyse mehrere Lösungen gleichermaßen akzeptabel sein können; entscheidend ist die Perspektive der Betrachtung und deren konsequente argumentative Verfolgung und Stützung. Diese Einzigartigkeit muß sich auch methodisch zum Ausdruck bringen: in der Freiheit zu Entdeckungen von vielfältigen Zugängen, Wahrheiten und zur Verknüpfung mit eigenen (auch eigenwilligen) Anschauungen. Sie sollte aber auch dem Fach Deutsch jenen festen Platz im Kanon der Schulfächer sichern, der in den letzten Jahren verloren zu gehen drohte.

d) Wiedergewinnung des Auftrags zur Allgemeinbildung: Vermittlung von Orientierungswissen, Ausbildung von Handlungsfähigkeiten, Entfaltung von Interessen und Kompetenzen, Festigung von Verantwortlichkeit

Mit der immer konsequenteren Ausrichtung der Schulfächer auf die ihnen zuzuordnenden Wissenschaftsdisziplinen nach der Saarbrücker Rahmenvereinbarung von 1960 mußten sie auch deren schnell wachsende Differenzierung und Spezialisierung nachvollziehen; die Lehrpläne des Faches Deutsch seit 1966 sind ein anschaulicher Beleg für den erfolgreichen Anpassungsdruck. In anderen Fächern wird es nicht anders gegangen sein. Die erklärte Absicht, dabei die allgemeine Studierfähigkeit zu erhalten, konnte nur noch deklaratorisch, nicht aber mehr substanziell aufrechterhalten werden. Im Bewußtsein des Auseinanderklaffens von Anspruch und schulischer Wirklichkeit haben die Kultusminister den Begriff der Allgemeinbildung dann ganz fallengelassen. Mit der 1972 eingeleiteten Neugestaltung der gymnasialen Oberstufe wurde als Ziel des Unterrichts die „allgemeine Studierfähigkeit“ neu bestimmt und durch die zwei Komponenten „Wissenschaftspropädeutische Ausbildung“ und „Selbstverwirklichung in sozialer Verantwortung“ erläutert; die zweite aber ist nur eine

Explikation eines Teils der ersten, insofern auch hier eine „Beherrschung von Prinzipien und Formen selbständigen Arbeitens“ verlangt wird. Daß in der Praxis von Forschung die Verwirklichung des eigenen Strebens nur in Gemeinschaft mit den anderen Forschern möglich ist, bedarf keiner besonderen Betonung. So ist denn auch der Katalog der Tugenden bei der Erläuterung des Ziels der „Selbstverwirklichung in sozialer Verantwortung“ den formalen Qualifikationen für wissenschaftliche Arbeiten abgelauscht:

> „Zielstrebigkeit, Sachlichkeit und Genauigkeit, verbunden mit Kritikfähigkeit, geistiger Neugier und Risikobereitschaft; ferner Konzentrationsfähigkeit, Beharrlichkeit und Ausdauer, verbunden mit Frustrationstoleranz und Belastbarkeit, aber auch mit Flexibilität und Umlernbereitschaft.“ (Ständige Konferenz der Kultusminister 1982, S. 5)

In einem solchen Konzept ist die Allgemeinbildung ganz in der Wissenschaftspropädeutik aufgegangen, eine eigenständige Zielrichtung markiert sie nicht mehr. Entscheidend aber wäre, wenn Unterricht nicht zu einem verkleinerten oder gar verzerrten Abbild von Hochschullehre verkümmern will, die Dimension des allgemeinen, des die Einzelfragen und -bereiche übergreifenden Fundaments in Wissen und Handeln, wiederzugewinnen, in dem das Einzelproblem seine Bedeutung erlangt. Wie wichtig solche Fragen zur Überschreitung von wohlgeordneten und gewissenhaft vermittelten Wissensbereichen sind, hat Hartmut von Hentig anschaulich gemacht:

> „Die Schule [...] hat eine Zone wohlgeordneter, handwerklicher, in sich homogenisierter Lernbereiche geschaffen, in denen die Herausforderung, die non liquets, die offenen Fragen – alles das, was nach Verständigung und Gewißheit schreit, weil es sie nicht hat – nur zufällig aufkommen können. Und eben dadurch wird verhindert, daß diese Bildung ‚allgemein‘ wird, nicht in dem jeweiligen Gegenstand aufgeht. Wer den Unterschied zwischen Moral und Wissenschaft, zwischen technischer und ästhetischer Gestaltung, zwischen Recht und Politik nie mit Schrecken wahrgenommen und in der Folge bedacht und verstanden hat, ist ein unsicherer und Unsicherheit verbreitender Bürger in unserer Gesellschaft.“ (Hentig 1980, S. 113)

Nun versucht Hartmut von Hentig im Oberstufenkolleg Bielefeld, diese philosophischen fächerübergreifenden Fragen in den wissenschaftsorientierten Fachunterricht zu integrieren, damit das Allgemeine im Besonderen standig bewußt bleibt. Was aber passiert, wenn Lehrer diese Fragen als nicht wissenschaftlich einstufen oder wenn sie gar, mit Vorstellungen von exakter Wissenschaft, dieses Orientierungs-, Verständigungs-, Wertewissen für unvereinbar mit Forschung erklären?

Meine Antwort auf die mit der Spezialisierung der Fachwissenschaften wachsende Schere zwischen den Zielen von Allgemeinbildung und Wissenschaftspropädeutik ist die Anbindung aneinander durch verknüpfende Prinzipien, wie etwa das der produktiven Vernunft in meinem Konzept neuer kultureller Praxis. Die entwickelte Vernunft ist in der Lage, sowohl wissenschaftliche Einsichten nachzuvollziehen wie auch deren Bedeutung kritisch zu bestimmen; sie kann Ordnungen von Wissensbereichen begründen, sie aber zugleich mit einer wissenschaftlichen Frage nach der Plausibilität wieder auflösen; sie ist geeignet, Sach- und Wertaussagen voneinander zu trennen, aber auch, wo notwendig, wieder miteinander zu verbinden.

Auch die anderen Elemente einer an produktivem Umgang mit Kultur und Wissenschaft orientierten Praxis – Rezeptionshandlungen neben philologischer Interpretation, applikatives neben explikativem Verstehen, ästhetische neben wissenschaftlicher Erkenntnis – sind geeignet, die verschiedenen Akzente der beiden Zieldimensionen deutlich zu machen, sie aber gleichzeitig mit dem gemeinsamen Fundament des Fragens, Suchens und Feststellens zu verbinden.

Vermittlung von Orientierungswissen

Was Allgemeinbildung für mich heißt, ist in einzelnen Bestimmungen schon deutlich geworden. Zunächst ist es das gemeinsame Orientierungswissen, in dem wir uns in Lebenswelt und Wissenschaft über Gegenstände verständigen. Es gibt Regeln des Sprachgebrauchs, die unabhängig von sprachwissenschaftlichen Konzepten gelten und in Grammatiken für einen begrenzten Zeitraum festgeschrieben werden. Es gibt Ordnungsvorstellungen zur Gliederung literaturgeschichtlicher Abläufe, die unabhängig von Erkenntnisinteresse und -methode immer wieder Ausgangs- und Zielpunkt von Forschung sind: Hohes Mittelalter, Barock, Klassik etc. Es gibt auch geltende Vorstellungen von der Gliederung des Gesamtbereichs von Texten, die ihren Niederschlag in der Dichotomie von fiktionaler und nichtfiktionaler Literatur gefunden haben. Schon im 19. Jahrhundert gab es diese Zweiteilung, wenn auch die Grenze etwas anders gezogen wurde: Poesie und Beredsamkeit. Wie eine verabredete Ordnung von Wissensbereichen durch eine wissenschaftliche Frage aufgelöst und zu einer neuen Vereinbarung, die auf Widerruf dann gilt, geführt werden kann, habe ich am Beispiel der Literaturarten in 11/2 demonstriert: die Ablösung der Zweiteilung durch Nachweis von differenzierteren Textintentionen und Realitätsbezügen, unter Zuhilfenahme einschlägiger Literatur (Iser, K. Hamburger) und Begründung von vier Literaturarten: appellative, expositorische, autobiographische und fiktionale Literatur. Die allgemeine Geltung dieser Neugliederung wurde unterstrichen durch Hinweise auf das Interesse verschiedener Disziplinen an unterschiedlichen Textsorten: der Rechtswissenschaft an den appellativen Texten, der Wissenschaften allgemein an expositorischen Darstellungen, der Geschichtswissenschaften an Autobiographien und der Erziehungs- und Literaturwissenschaft an erfundenen Geschichten. Allgemeines Wissen ist ein solches, das im Augenblick der Verständigung und darüber hinaus solange gilt, bis es in Zweifel gezogen und durch weiterreichende, konsensstiftende wissenschaftliche Beweisführung neu geordnet worden und damit neues Verständigungsmittel geworden ist. Dieses Wissen ist Grundlage des Redens und Streitens in den Gegenstandsgebieten.

Ausbildung von Handlungsfähigkeiten

Die besondere Betonung des Methodischen in meinem Konzept unterstreicht die besondere Bedeutung von Handlungsfähigkeiten für das Konzept der Allgemeinbildung. Beziehe ich mich nur auf die Gegenstandsfelder Sprache und Literatur, so ist zunächst darunter eine zunehmend differenzierte *Ausdrucksweise*, die komplexe Sachverhalte darzustellen in der Lage ist, in mündlicher und schriftlicher Rede zu verstehen sowie die Fähigkeit, auch umfangreiche und schwierige Werke mit Verständnis zu lesen. Wie wenig selbstverständlich die Anwendung dieser einfachen Fähigkeiten ist, hat die Romanreihe in 12/1 und die Lektüre kleiner philosophischer Abhandlungen in 12/2 gezeigt.

Grundlagen kultureller Handlungsfähigkeiten sind außerdem allgemeine methodische *Operationen*, wie z. B. das Ordnen von Gedanken und Wissen, Schlußfolgern aus Annahmen, Begründen von Feststellungen (vgl. die Reihe über Argumentation in 12/2) sowie Resümieren von Gelesenem, Erkennen des Wesentlichen, der Gedankenführung oder des Handlungs- bzw. Bilderzusammenhangs, Verknüpfung mit früher Gelesenem und Erfahrenem. Es sind all jene Fähigkeiten, mit deren Hilfe Sachverhalte, fremde Gedanken und Fiktionen zu erfassen und adäquat wiederzugeben sind.

Zur kulturellen Handlungsfähigkeit gehört schließlich auch ein eigenes *Urteilsvermögen*, das Erfahrenes oder Gelesenes in Zusammenhänge zu stellen weiß: einen Gedanken in eine Argumentationskette, ein Gedicht zu einem motivverwandten, eine abstrakte Aussage zu einer eigenen Erfahrung (oder umgekehrt), eine Beobachtung zu einer Gesetzmäßigkeit einordnen. Mit aller Vorsicht kann aus dem Fundus des erworbenen Wissens und Könnens auch eine Bewertung von Beobachtungen, Aussagen, Fiktionen versucht werden. Zwar ist dies häufig genug die Stunde der Neunmalklugen im Kurs, dennoch kann man Urteilskraft nur gewinnen, indem man Urteile fällt. Die meisten Schüler sind damit ohnehin vorsichtig, weil jedes apodiktische Urteil Widerspruch bei mindestens einem Mitschüler/einer Mitschülerin hervorruft und langatmige Verteidigungen der eigenen Feststellung zur Folge hat. Manchmal aber suchen Schüler auch den früheren Urteilsdisput, weil sie Mühen der Sachanalyse hinauszuschieben trachten und der Lehrer überdies immer so zufrieden dreinblickt, wenn mit Niveau gestritten wird.

Die Auswahl der Literatur war dazu angetan, auch ethische Urteile herauszufordern; sie waren bei allem in diesem Alter bekannten Rigorismus erstaunlich gerecht. Mit der Tötung Valentins hat Faust die Grenze überschritten, die bis dahin ein Verständnis für sein radikales Streben sehr weit gezogen hatte, ebenso reichte das Verständnis für Kohlhaas bis zum Opfer Unschuldiger auf seinen Rachefeldzügen. Der Untertan Heßling konnte mit keinem Mitgefühl, keinem entlastenden Argument rechnen, Innstetten bei den meisten Schülern auch nicht. Der Dorfrichter Adam fand demgegenüber sehr viel Verständnis, wie auch der Armeleuterichter Azdak Sympathie. Woyzeck (in der Bochumer Inszenierung von Karge/Langhoff) fand ebensolche Zustimmung wie Prometheus als der Widersacher aller alten Autoritäten. Sofern Literatur nicht die Gestaltung von (Mit-)Menschlichkeit und Autonomie des Menschen sowie der Zustände, die beides (immer noch) verhindern, war, wurde sie im Auswertungsgespräch dazu gemacht. So wurden Literaturstunden immer wieder Anlaß, die Urteilsfähigkeit, über das, was menschliche Zustände und humane Geselllschaftsformen sein können, zu stärken.

Entfaltung von Interessen und Kompetenzen

Zur Vorstellung von Allgemeinbildung gehört seit Wilhelm von Humboldt die umfassende Entfaltung aller menschlichen Kräfte. In seinem Bericht an den preußischen König [1809] schreibt er von den Bemühungen der Sektion des Kultus und Unterrichts im Ministerium des Innern und faßt sie zusammen:

„Ihr Bemühen ist daher, den stufenartig verschiedenen Schulen eine solche Einrichtung zu geben, dass jeder Unterthan Ew. Königl. Majestät darin zum sittlichen Menschen und guten Bürger gebildet werden könne, wie es ihm seine Verhältnisse erlauben, allein keiner den Unterricht, dem er sich widmet, auf eine Weise empfange, die ihm für sein übriges Leben unfruchtbar und unnöthig werde; welches dadurch zu erreichen steht, dass man bei der Methode des Unterrichts nicht sowohl darauf sehe, dass dieses oder jenes gelernt, sondern in dem Lernen das Gedächtniss geübt, der Verstand geschärft, das Urtheil berichtigt, das sittliche Gefühl verfeinert werde." (W. v. Humboldt 1903, S. 205)

Bei der Erläuterung der Methoden klang schon an, in welchem Umfang einzelne Handlungen die Entwicklung menschlicher und bürgerlicher Strebungen fördern: Rationalität der Beweisführung, Aufgeschlossenheit für das bisher Fremde, Sinn für Ausdrucksformen und -absichten des Ästhetischen, ethische Urteilskraft. Das Spektrum der Gegenstände Sprache und Literatur ist so breit, die Methoden des Umgangs mit ihnen so vielfältig, daß sie besonders geeignet erscheinen, Interessenvielfalt zu wecken und ganz unterschiedliche Kräfte der heranwachsenden Persönlichkeit zu bilden. Da ist zunächst und vor allem *Rationalität,* die sich in begründungsorientierter, die Ausdrucksmöglichkeiten der Muttersprache weit ausschöpfender Rede zeigt und bewährt. Ob Argumentationen versucht, Analysen von Thesen mitgeteilt, Ansätze zu Deutungen fiktionaler Literatur vorgetragen, wissenschaftliche Modelle nachvollzogen oder Werturteile gefällt werden, immer waren Begründungen, Beweise, Belege, Plausibilitäten gefragt. Der postmoderne Angriff auf den Logozentrismus mag in einigen Bereichen der Geisteswissenschaften zu neuen Einsichten oder auch nur zu überraschenden Perspektiven auf vertraute Gegenstände geführt haben (vgl. den kurzen Hinweis auf die Kohlhaas-Interpretation von H. Gallas 1981), für einen allgemeinbildenden Unterricht ist er entschieden abzuwehren. Die Verfehlungen unserer Rationalitätsgläubigkeit in den vergangenen 200 Jahren mögen groß sein, sie sagen aber wenig gegen einen vernünftigen Gebrauch des Verstandes, der das Maß des Menschlichen im Auge behält, und sie sind längst nicht so groß wie die Auswüchse einer Irrationalität, die nach 1848, 1914 und 1933 den Deutschunterricht zum Träger absoluter nationalistischer, menschenverachtender, vernichtungssüchtiger Gefühle hat werden lassen.

Vielleicht sind es diese Auswüchse, die Deutschlehrer dazu führen, fälschlicherweise auch Literatur, die auf Mit-Erregung, Weckung von Mitgefühl, Mitschwingen in Vollkommenheit aus ist, wie ein rationales Kalkül distanziert zu traktieren. Das spezifisch Ästhetische geht bei diesen streng analytischen Zergliederungen verloren. Gerade diese Literatur aber ist geeignet, *ästhetische Sensibilität,* d. h. die Fähigkeit, sich anrühren zu lassen, sinnlich wahrzunehmen, mitmenschlich zu reagieren, zu entfalten. Dies war, soweit ich sehe, bei Mahlke aus „Katz und Maus", bei Fausts Eroberung von Gretchen, bei Woyzecks Aufbegehren, bei Effis Leiden, bei Maltes Großstadteindrücken, bei der radikalen Selbstbestrafung des Oedipus der Fall. Systematisch gefördert wurde die Empfänglichkeit für sinnliche Qualität von Literatur bei dem freien Spiel, bei der Produktion einer eigenen dramatischen Szene von der Verfolgung im Dritten Reich, bei der Suche nach autobiographischen Dokumenten des Leidens, bei der Abfassung eigener Geschichten und Versionen, beim Vorlesen von Weihnachtsgeschichten. Es gehörte aber auch zu den Spielregeln, daß Emotionen, sobald sie übergroß wurden, in den rationalen Diskurs überführt und nicht als blinde Wut kultiviert wurden, z. B. bei der Auseinandersetzung mit einzelnen Thesen zu den Jugendprotesten oder mit Schurken (Wurm), Opportunisten der Macht (Untertan), Feiglingen in verantwortlicher Stellung (Innstetten). Nur die Vernunft kann helfen, auch bei übermäßiger Empfindung maßvoll zu antworten, mit dem Maß von Menschlichkeit nämlich.

Eine ästhetische Sensibilität, die sich ins Menschliche wandelt, ist Grundlage einer weiteren Dimension der Persönlichkeit, die vor allem durch fiktionale Literatur gefördert werden kann: die Befähigung zu *ästhetischer Erkenntnis.* In der Erläuterung meines Interesses an dem Experiment in der Schule habe ich die besondere Leistung ästhetischer Erkenntnis schon zu betonen versucht. Man kann es noch deutlicher formulieren: Wo wissenschaftliche Untersuchungen zu immer genauerer Analyse der Gegenstände gelangen, führt die ästhetische Anschauung zu ganzheitlicher Synthese der Erfahrung und Erkenntnis. Man kann z. B. die wachsende Entfremdung des Menschen von seinen Zwecken nach 1810 durch die Entwicklung der Wissenschaften, der Verwaltung, der Wirtschaft einzeln belegen, man kann sie aber auch über das Bild des Woyzeck als Ganzheit erfahren; über die Verlorenheit und Fremdheit des Individuums in der Gesellschaft, die Ursachen und ihre Überwindung, geben viele Einzelstudien Auskunft, die Aufzeichnungen des Malte Laurids Brigge aber vermitteln einen Gesamteindruck dieser Erfahrung; über die Frage von Schuld und Verpflichtung der nach dem Dritten Reich Geborenen gibt es vielerlei Ansichten mit unterschiedlichen Beweisführungen, allein das Gedicht „Ihr Zuschauenden" von Nelly Sachs faßt Wesentliches zusammen. Weitere Beispiele werden, so hoffe ich, bei den Fallbeispielen deutlich. Dabei soll ästhetische Erfahrung nicht die eigene Erfahrung ersetzen, aber sie soll Perspektiven eröffnen, die neue, eigene Erfahrungen, Erkenntnisse, Einstellungen ermöglichen. In diesem Verständnis sind Kunstwerke, vor allem vergangener Epochen, eine Fundgrube für die Erweiterung des eigenen Horizonts im Wissen, Empfinden und Urteilen über menschliche Angelegenheiten in Vergangenheit, Gegenwart und Zukunft.

Daß die ästhetische Form von Erkenntnis auch die Urteilskraft, nicht nur in bezug auf Kunst, stärkt, führt zur Verbindung von ästhetischen und *ethischen Urteilen,* die mit zu den allgemeinen Fähigkeiten einer Persönlichkeit gehören, die durch Allgemeinbildung zu entwickeln sind. Daß ganzheitliche Bildung und Erziehung sich erst im Ästhetischen vollenden, wissen wir seit Friedrich Schiller, dessen Programm der ästhetischen Erziehung als Ziel und Mittel von Bildung immer noch unabgegoltene Herausforderung ist. Ganz deutlich macht auch Erich Kästner [1953], wohin die Bildung ohne die Ausbildung der ästhetischen Empfänglichkeit führt: Der Plan einer neuen Erziehung nach dem Zweiten Weltkrieg

„gilt der Entwicklung und Pflege jener dritten Kraft, die sich am ehesten mit Begriffen wie ‚Phantasie' und ‚musisches Bedürfnis' umschreiben läßt und deren sträflicher Vernachlässigung die Fehlentwicklung ganzer Generationen zuzuschreiben ist. Dabei geht es nicht um Kinderkunst, sondern darum, daß ganze Menschen entstehen, statt gefährlicher und gefährdeter Zweidrittelgeschöpfe." (Kästner 1969, S. 210).

Zweidrittelgeschöpfe sind es in der Tat, denen die ästhetische Dimension von Wahrnehmung und Erkenntnis nicht zugänglich ist.

Festigung von Verantwortlichkeit

Einen letzten Punkt eines Verständnisses von Allgemeinbildung muß ich noch nennen, weil er erst die soziale Dimension der entwickelten Fähigkeiten der jungen Persönlichkeiten erfaßt und sich in der Gemeinsamkeit von Lernen und Bildung in Klassen und Kursen spiegelt. Die Verantwortlichkeit des Handelns und Urteilens gilt nicht nur der Entfaltung der eigenen Kräfte, sondern auch der der Mitschüler. Im Austragen von Konflikten über unterschiedliche Meinungen, Urteile, Auffassungen muß sich, bei aller Selbstbehauptung, ein Stück Verständnis für die andere Sehweise, Idee, Wertvorstellung entwickeln, wenn Gemeinsamkeit nicht aufgekündigt werden soll. Verstehen heißt, aus der anderen Perspektive sehen zu lernen. Das Verständnis ist auch Bedingung, um das möglicherweise falsche eigene oder fremde Urteil zu entlarven; in jedem Fall ist es Ausdruck der den anderen anerkennenden Mitmenschlichkeit und Toleranz.

Diese Dimension der Allgemeinbildung hat wohl im wesentlichen den Kultusministern vorgeschwebt, wenn sie von „Selbstverwirklichung in sozialer Verantwortung" sprechen, durch die „ethisch fundierte Einstellungen und Verhaltensweisen" gefördert werden. Für uns ist diese Fähigkeit aber nicht eine, die sich nur in wissenschaftlichen Erkenntnisprozessen zu bewähren hat, sondern vor allem auch bei dem Austausch von Vermutungen, Erfahrungen (einschließlich der Leseerfahrungen), Wissen, Meinungen. *„Dialogische Rationalität"* hat Bubner (1976) das Ziel genannt, das anzustreben ist. Der Dialog bekommt die Aufgabe der Aufklärung über wahre und täuschende Interessen und Auffassungen und wird zum alleinigen Medium praktischer Vernunft. Mehr noch:

> „Der Dialog fungiert hierbei nicht bloß als Medium des Beratschlagens und als intersubjektive Vermittlungsinstanz besserer Einsicht. Der Dialog rückt selber zum Garanten richtiger Praxis auf, er ist in eins *Ort und Maßstab* der Prüfung praktischer Vernunft. In ihn einzutreten heißt bereits, Rationalität praktisch wirksam werden zu lassen. Daraus folgt, daß der Forderung nach Vernünftigkeit in praktischen Dingen allein durch die Bereitschaft zum Gespräch und die damit verbundene Unterwerfung unter dessen Regeln genügt wird. Etablierung des Dialogs und praktische Vernunft werden letzten Endes synonym." (Bubner 1976, S. 227)

Dialogische Rationalität praktiziert nicht nur ein Stück Mitmenschlichkeit, sondern ist zugleich Bedingung, wissenschaftlichen Streit auszutragen und die Vorläufigkeit von wissenschaftlicher Einsicht zu ertragen und zu akzeptieren.

e) Neubestimmung von Wissenschaftspropädeutik: Bruch mit lebensweltlicher Erfahrung, Entwurf von Konzepten, Denken in Modellen, Übung in Entdeckungsprozeduren, Engagement für Problemlösungen

Waren die Ansprüche auf Allgemeinbildung, bis auf Aspekte unseres letzten Punktes, mit der Neuordnung der gymnasialen Oberstufe fast gänzlich aufgegeben worden, so unterlag das Ziel einer *Wissenschaftspropädeutik* sehr bald einem folgenreichen Mißverständnis: Schüler sollten in neue Gegenstände, Methoden, Ergebnisse der Wissenschaften eingeführt werden, vor allem in den neu geschaffenen Leistungskursen. Die Lehrer dieser Fächer gaben sich anfangs redliche Mühe, hinter den neuesten Einsichten der (auch personell) explodierenden Fächer herzuhetzen, aber so leicht waren sie nicht in ein Allgemeinverständnis für Schüler zu übersetzen, zumal sie oft gegen dieses allzu sichere allgemeine Einverständnis gerichtet waren (vgl. Soziolinguistik oder Literarische Wertung). Was bei diesem Verständnis einer Propädeutik als Einführung in spezielle Fächer und Fragestellungen herausgekommen ist, läßt sich in Beispielsequenzen mancher Lehrpläne und Unterrichtsreihen für Lehrer („Stundenblätter") ablesen: zwar Ausdruck guten Willens, aber von keinerlei Bedeutung für den Erwerb *allgemeinen* Wissens und Könnens, noch für die Übung in *speziellen* wissenschaftlichen Denk- und Frageweisen. Die falsche Auffassung von Wissenschaftspropädeutik als Demonstration einzelner, unzusammenhängender Forschungsergebnisse hat Gaston Bachelard [1938], ebenfalls gleichzeitig in Schule und Universität tätig, schon vor gut vierzig Jahren mit Bezug auf den Physikunterricht als „déformation professionelle“ charakterisiert und anschaulich erläutert:

„Balzac hat gesagt, die Junggesellen ersetzen die Gefühle durch Gewohnheiten. Genauso ersetzen die Lehrer Entdeckungen durch Lektionen. Gegen diese intellektuelle Indolenz, die uns nach und nach unseren Sinn für das geistig Neue raubt, bietet uns die Vermittlung der Entdeckungen am Leitfaden der Wissenschaftsgeschichte eine große Hilfe. Will man die Schüler befähigen, Erfindungen zu machen, so ist es gut, ihnen das Gefühl zu vermitteln, sie hätten Entdeckungen machen können.“ (Bachelard 1978, S. 355)

Gegen das besserwissende Lehren ex cathedra setzt er zu Recht die Bemühungen um Fähigkeiten, Entdeckungen nachzuvollziehen und selber zu machen. Problemstellungen nachzuzeichnen, aus denen wissenschaftliche Fragen entstanden sind, die Revisionen der Ergebnisse zu verfolgen, selbst Fragen anzuschließen, eigene Fragestellungen zu entdecken, ist eher Aufgabe eines wissenschaftspropädeutischen Unterrichts als Ergebnisse mitzuteilen, die im Augenblick der Vermittlung in der Schule in der Wissenschaft selten noch gelten.

Der heute in der Oberstufe praktizierten Form von Wissenschaftspropädeutik liegt ein weiteres Mißverständnis zugrunde, das sich nur historisch erklären läßt und hier nur angedeutet werden kann. Man glaubte, die Fülle aller wissenschaftlichen Disziplinen im Fächerkanon repräsentieren zu müssen, man hatte aber nur die Fächer der alten Philosophischen Fakultät vor 200 Jahren. Diese Fakultät war aus der alten Artistenfakultät mit ihren Fächern nach den septem artes liberales hervorgegangen und galt als Grundlage für das Studium in den drei klassischen Fakultäten Theologie, Jura, Medizin. Erst als auch die Artistenfakultät in die Berufsausbildung der Lehrer eingebunden wurde, stieg sie zu einer den drei anderen Fakultäten ebenbürtigen auf. Da etwa zur gleichen Zeit am Ausgang des 18. Jahrhunderts das Gymnasium neu gestaltet wurde, wurden die Fächer der Artistenfakultät gleichzeitig in die Pflicht genommen, die Allgemeinbildung an den Gymnasien zu sichern und sich zu Forschungsdisziplinen an den Universitäten zu entwickeln (zu den Einzelheiten vgl. Paulsen 1921, S. 267 ff.). Nur so ist zu erklären, daß es bestimmte Fächer sowohl an den Universitäten wie auch den Gymnasien gibt, andere, gerade die drei alten klassischen Fakultäten, aber nur an den Universitäten.* Wissenschaftspropädeutik im Verständnis der Kultusminister („fachspezifische wissenschaftliche Fragestellungen, Denkweisen, Methoden und Erkenntnisse sind die zentralen Gegenstände einer wissenschaftspropädeutischen Ausbildung“) ist schon deshalb falsch, weil es bei dieser Bestimmung keine Gründe gibt, Theologie, Jura, Medizin vom Fächerkanon auszuschließen. Was also nottut, ist zunehmend ein Verständnis zu entwickeln, das eher auf Prinzipien wissenschaftlicher Erkenntnisgewinnung als auf Gegenstände und Methoden von Fächern, die aus dem alten Artes-Kanon gleichsam naturwüchsig entstanden sind, gerichtet ist. Verzichtet man auf die Abbildung wissenschaftlicher Erkenntnisse auf dem weniger komplexen Niveau eines Schulfaches und macht die Fächer zum Erkundungsfeld für wissenschaftliche Entdeckungen, dann kann es auch bei dem historisch gewachsenen und neu gewichteten Fächerkanon bleiben, der immerhin den Vorzug hat, unmittelbarer zur Lebenswelt und deren Fragen zu sein als die der alten und auch neuen (z. B. Ingenieurwissenschaften) Wissenschaftsdisziplinen.

Welches sind nun die Prinzipien wissenschaftlicher Erkenntnisgewinnung, die an einzelnen Disziplinen entdeckt und in ihren Erkenntnisprozeduren geübt werden können, gleichwohl aber über die Grenzen der einzelnen Fächer hinausreichen? Ich kann mich bei der Bestimmung zunächst wieder nur an der Germanistik und dem Deutschunterricht orientieren, nehme aber an, daß einzelne Aspekte durchaus zu verallgemeinern sind.

* Religion ist da nur scheinbar eine Ausnahme, denn das Fach kann in der Schule entweder abgewählt werden oder wird durch philosophische Fragen (Ethik) bzw. soziale Probleme neu definiert, keinesfalls aber zur Propädeutik der Theologie.

Bruch mit lebensweltlicher Erfahrung

Anders als die Allgemeinbildung, die auf die Sicherung eines Fundamentes von Wissen und Handeln für die allgemeine Verständigung gerichtet sein muß, beginnt wissenschaftliches Fragen mit dem Zweifel an der geltenden Gewißheit. Im Verlauf der Erkenntnisgewinnung ist wissenschaftliche Erfahrung immer ein Bruch mit der lebensweltlichen Erfahrung. Spätestens seit der kopernikanischen Wende, in den Naturwissenschaften seither durchweg, ist wissenschaftliche Einsicht eine Entdeckung gegen den Augenschein. Sehr klar formuliert es wiederum Bachelard:

„Man hat oft gesagt, eine wissenschaftliche Hypothese, die auf keinen Widerstand trifft, sei nicht weit davon entfernt, eine nutzlose Hypothese zu sein. Und ebenso: was nützt eine Erfahrung, die keinen Irrtum richtigstellt, die schlicht und ohne Debatte wahr ist. Eine *wissenschaftliche Erfahrung* ist also eine Erfahrung, die der *gewohnten* Erfahrung *widerspricht.*" (Bachelard 1978, S. 44)

Wer das eigene Vor-Urteil, die für wahr gehaltene Einsicht, die geltende Erkenntnis nicht in Zweifel ziehen, wer nicht eine neue Frage formulieren, sie als Hypothese sichern und gegen Widersprüche verteidigen kann, ist noch nicht auf wissenschaftliche Erfahrung vorbereitet. Im Unterricht habe ich bis zum Schluß wenig Neigung zu einem solchen dynamischen Denken gespürt, das Sicherheiten aufzugeben bereit ist, um zu neuer Einsicht zu gelangen. Die Suche nach Evidenzen, Sicherheiten, Geltendem überwiegt wie bei den Alltagserfahrungen die Neugier des Entdeckens. Bachelard hat sich in seinem Buch mit den vielfältigen Erkenntnishindernissen im wissenschaftlichen Unterricht beschäftigt und sie u. a. als Stabilität der ersten Erfahrung, Neigung zu vorschneller Verallgemeinerung, ungenauem (metaphorischem) Sprachgebrauch, Eliminierung von Widersprüchen, Verlieren im Detail und in Zahlen identifiziert, erläutert und historisch belegt. Diese Hindernisse gelten auch, wenn auch durch die Gleichzeitigkeit des Strebens nach allgemeiner Bildung, in einem eingeschränkten Sinne für die Geisteswissenschaften. Interpretationen von Texten und wissenschaftlichen Modellen etwa sind zunächst Mittel, das eingeschränkte unmittelbare Verständnis zu erweitern, über das Sinnfällige, den Augenschein hinauszugelangen und überraschende Entdeckungen zu machen. Gerade dort aber, wo die Gewinnung einer ersten Erkenntnis sehr viel Mühe bereitet, bleibt sie sehr stabil und wird nicht durch einen Zweifel abermals aufs Spiel gesetzt, um weitergehende Entdeckungen zu machen, die längst nicht von der Gewißheit der ersten Erkenntnis sind. Unterricht, der auf Gewißheiten, vorgestellt als Ergebnisse von Forschung, aus ist, verstärkt die Stabilität der ersten Erfahrung. Damit hängen dann auch vorschnelle Verallgemeinerungen und Systembildungen zusammen, die das Denken bis zum Abitur stillstellen.

Nun wird man den Bruch mit der alltäglichen Erfahrung in den Geisteswissenschaften nicht insgesamt zu einem derart radikalen Prinzip machen können, wie es Bachelard getan hat, geht es doch bei wissenschaftlichen Fragen, etwa im Bereich Sprache und Literatur, um den Anschluß an lebensweltliche Erfahrungen. Vermittelt aber schon die ästhetische Erfahrung eine neue, überraschende, berührende Einsicht und Erkenntnis, so bedeutet wissenschaftliche Erfahrung noch viel mehr ein Durchbrechen und Erweitern der Denkhorizonte. Die Bereitschaft zu einem so verstandenen Bruch mit lebensweltlicher Gewißheit zu wecken, ist schon Aufgabe genug für einen wissenschaftspropädeutischen Unterricht. Wie weit der Unterricht der gymnasialen Oberstufe von einem solchen Ziel noch entfernt ist, wird jeder aufrichtige Lehrer bestätigen können.

Entwurf von Konzepten, Denken in Modellen

In der Lebenswelt hat man Gelegenheit, Erfahrungen in dem Umfeld, in dem man lebt und wirkt, ohne eigene Anstrengungen zu machen. Wissenschaftliche Erfahrung hingegen vermittelt sich nur über eine konkret gestellte Frage, die planvoll bis zu einer Antwort verfolgt wird. Die Fragen sind zumeist Hypothesen, die zu beweisen sind. Eine Hinführung zu wissenschaftlicher Arbeit bedeutet „Bildung von Konzepten" (Bachelard), Formulierung von

Fragen und Hypothesen, Konstruktion von Theorien, die die Untersuchung der Gegenstände lenken und neue Einsichten vermitteln. Gegen die evidenten Erfahrungen treten die konstruierten. Nicht mehr werden Erfahrungen zu Abstraktionen, sondern Abstraktionen ermöglichen Erfahrungen.

Die Form von Erfahrung aufgrund von Konzepten hat Max Frisch formuliert: „Erfahrung ist ein Einfall, nicht ein Ergebnis von Vorfällen." Den Text haben wir schon im ersten Halbjahr der Oberstufe besprochen und diskutiert. Immer wieder ergaben sich später Gelegenheiten, die Bildung von Konzepten zu verfolgen und ansatzweise zu üben: Wir haben Fragen zu Leseinteressen formuliert und fertige Fragebögen beantwortet sowie ausgewertet (11/1), ich habe mein Konzept der vier Formen von Literatur vorgetragen, und wir haben es gemeinsam überprüft (11/2), die Behandlung der Romane und Erzählungen wurde überführt in eine Typologie des Erzählens (12/1), der These, daß Mythen anschauliche Formen des Denkens seien, wurde besonders lange widersprochen (12/2), die analytische Technik im Drama wurde primär als Zeitumkehr der Handlung bestimmt (13/1), Epochen der Literaturgeschichte wurden mit Hilfe wechselnder thematischer Schwerpunkte (sehr vorläufig) beschrieben und die Wertigkeit der Verben wurde zum Ansatzpunkt von Beschreibungen der deutschen Sprache (13/2).

Diese und andere Beispiele, die auftauchen werden, demonstrieren, daß es nicht nur darauf ankommt, Konzepte, Fragen, Hypothesen, Theorien zu bilden, sondern sie zu einer Beobachtungssequenz zu verknüpfen, mit dem der jeweilige Gegenstand systematisch zu untersuchen ist. Wissenschaftliche Theorie gleicht einem Netz, mit dem der Forscher die Gegenstandsfelder untersuchen kann; dabei ist der Ertrag des Unternehmens immer abhängig von der Maschendichte des Netzes. Die Metapher vom Netz macht auch deutlich, daß sich kein Netz knüpfen läßt, mit dem alle Lebewesen im Wasser gefangen werden können. Auch Forschung kann und will niemals einen Gegenstandsbereich ganz und vollständig erfassen, sondern ist auf bestimmte, vorformulierte Einsichten aus und auf Reduktionen der Komplexität eingestellt. Es ist eine meiner Thesen, daß ganzheitliche und hochkomplexe Erfahrungen sich eher über Kunst als über Wissenschaft vermitteln.

Was also über die Bildung von Konzepten hinaus notwendig ist, ist in Modellen denken zu lernen, wie Theodor Wilhelm es nennt:

> „Als Zeitgenossen der zweiten Hälfte des 20. Jahrhunderts wissen wir aber, daß uns derlei anschauliche und erfahrbare ‚Exemplare' nur noch spärlich zur Verfügung stehen. Die atomare, mikrobiologische und technisch-apparative Welt ist dem Lernenden als eigene Erfahrung weitgehend verschlossen. Wir leben aus lauter sekundären Erfahrungen. Weder die reine Anschauung noch die reine Abstraktion schließen uns diese moderne Wirklichkeit auf. [...] Wir sagen: die Schule, deren Aufgabe in der Pflege und Ordnung der Vorstellungswelt besteht, muß ihre Schüler lehren, mit Modellen umzugehen und in Modellen zu denken." (Wilhelm 1969, S. 288)

Gerade die nicht unmittelbar zugängliche Welt der Geschichte, die Vielfalt der einzelnen gar nicht zugänglichen literarischen Werke, der Gedankengang der Argumentation können nur in Modellen erfaßt werden. Es hängt mit der Vieldeutigkeit von Literatur zusammen, daß Modellbildungen nicht so leicht gelingen können wie bei der Untersuchung von Sprache. Das In-Modellen-Denken-Lernen kann im Deutschunterricht besonders gut an Beispielen aus der Sprachwissenschaft geübt werden. Im Grundkurs wird das immer nur ansatzweise geschehen können (vgl. das Argumentationsmodell und das Modell der Dependenzgrammatik). Bei der systemsprengenden Kraft von Literatur haben Ordnungsversuche eher und wohl zu Recht dazu verleitet, die Ausnahmen zu suchen, die dem Konzept zuwiderlaufen. Die feinsinnigen Gegenstände rutschen immer wieder durch die Netze theoretischer Konzepte.

Das falsche Verständnis von Wissenschaftspropädeutik hat in den letzten 15 Jahren dazu geführt, daß im Deutschunterricht Methoden der Germanistik imitiert werden, so z. B. die sozialgeschichtliche Literaturanalyse oder das linguistische Modell der Transformationsgrammatik. Aufgabe einer recht verstandenen Wissenschaftspropädeutik wäre aber mehr, in unterschiedliche methodische Ansätze einzuführen, die nicht nur in einer Disziplin anwendbar sind. Empirische Erhebungen (siehe Leseinteressen, aber auch die Befragung über den Deutschunterricht kurz vor dem Abitur) wurden schon genannt. Das Gespräch über Freuds Traumdeutung (12/2) wurde zum Anlaß, auf die Traum-Analyse (über das Erzählen!) hinzuweisen. Die Behandlung von Gesetzestexten (11/2) ließ sich auf die Erläuterung der Funktion von Gesetzen und die Aufgabe von Kommentierungen durch Juristen ausdehnen, die von expositorischen Texten auf die Aufdeckung rhetorischer Muster. Die Elemente der Analyse von fiktionaler und fingierter Literatur wurden allmählich zu einer hermeneutischen Spirale verbunden, die die Untersuchungsaspekte auf die leitende Fragestellung hin ordnete. Zu den empirischen und analytischen Verfahren kamen die konstruktiven, mit deren Hilfe Modelle gebildet, Typologien entworfen, neue Zusammenhänge erläutert und Urteile begründet wurden. Dazu gehörte auch das ständige Bemühen, Beispiele, Belege, Quellen zu finden und einzuführen. Schließlich galt es, das Anwenden von Regeln, Gesetzen und theoretischen Übereinkünften in Situationen des Gebrauchs zu üben und dabei die fixierten Gesetzmäßigkeiten auf ihre Reichweite hin zu überprüfen.

Übung in Entdeckungsprozeduren

Weniger um die Einführung hochspezialisierter Wissenschaftsmethoden geht es also, als vielmehr um das Vertrautwerden mit Entdeckungsprozeduren, mit wissenschaftlicher Art von Beweisführung und Ergebnissicherung. Bei der Vermittlung ist entscheidend, daß die Prozeduren nicht demonstriert, sondern praktisch erprobt werden. Dies geschieht am leichtesten dadurch, daß, wie im Modell des genetischen Lernens, die Ergebnisse der Forschung in die Fragen zurückverwandelt werden, auf die sie Antworten geworden sind. Fremde Fragen können auch, gerade bei der Analyse von Literatur, zu eigenen Untersuchungen und Ergebnissen führen, wie auch eigene Fragen in ein Verhältnis zu älteren oder anderen Ergebnissen gesetzt werden können. Die Betonung des Ansatzes, des leitenden Interesses, der Fragerichtung reduziert zugleich die Erwartungen an die Ergebnisse, denn mehr als gefragt wurde, kann an Einsichten nicht erreicht werden. Eine Argumentation mit den vier Argumenttypen (12/2) kann nicht zu einer so differenzierten Redelehre führen wie die alte Rhetorik; und eine Redeanalyse nach diesem Muster wäre ein zu grobmaschiges Netz, das nur durch die alten rhetorischen Mittel enger geknüpft werden kann. Ergebnisse stehen also einerseits in Relation zur konstruierten Frage, andererseits aber auch zur gewählten Methode. Auch dies läßt sich in Entdeckungsprozeduren entdecken.

Engagement für Problemlösungen

Eng mit der Konzeptbildung hängt ein letzter hier zu behandelnder Punkt eines revidierten Verständnisses von Wissenschaftspropädeutik zusammen. Ich will nicht gerade von Tugenden, wohl aber von Einstellungen und Eigenschaften, die im Verlauf von Entdekkungsprozeduren zu stärken sind, sprechen und um den Begriff des Problemengagements zu bündeln versuchen. Denn läßt sich der Jugendliche auf eine wissenschaftliche Frage ein, muß er sie bereits als untersuchenswertes Problem identifiziert haben. Diese Neugier auf die Lösung eines (selbst formulierten) Problems war in meinem Unterricht am schwersten zu vermitteln und stellt sich auch selten von allein ein. Vielleicht ist der Anspruch zu hoch, aber ich bin nach dem Experiment der Überzeugung, daß es in der Oberstufe gelingen muß, diese Neugier, wenigstens an einzelnen Punkten, zu wecken, wenn denn an dem Ziel der Wissenschaftspropädeutik festgehalten werden soll. Ein solches cor inquietum, das von der Entschlossenheit jenes „Ich will es wissen“ getragen wird, ist jedenfalls eine entschiedenere Prämisse für wissenschaftliches Arbeiten als die Nachahmung von Proseminaren in Thematik und Ablauf. Jenes Streben schließt allerdings auch die Bereitschaft ein, mit dem beruhigenden Vorurteil zu brechen und tatsächliche neue Erkenntnisse zu gewinnen.

Im Verlauf der Arbeit kommen dann andere Eigenschaften ins Spiel, die eine Problemlösung ermöglichen: Ausdauer, Fähigkeiten zu selbständiger Materialbeschaffung, zu genauer

Beobachtung und zu Auswertung ohne vorschnelle Schlußfolgerungen, auch zu Denken in Zusammenhängen. Das Betreten von Pfaden, die bisher niemand gegangen ist, das Handeln ohne Sicherheit und ohne Autoritäten wird wohl erst im Studium – und auch dort nur in wenigen Fällen – erworben werden können.

Zur wissenschaftspropädeutischen Arbeit hingegen gehört schon, die Ergebnisse der Untersuchungen in ihrer Aussagekraft, Reichweite und Konsequenz abzuschätzen, sie der Diskussion auszusetzen, sie zu verteidigen und, wo die Beweisführung nicht hinreicht, auch zu revidieren oder als neue Hypothese zu formulieren. Die Diskussion der Ergebnisse kann in jenem rationalen Diskurs erfolgen, der als Element der Allgemeinbildung geübt wird, wenn auch die Tendenzen unterschiedlich sind: einmal Verständigung über das, was gelten soll, zum anderen über das, was bisher nicht gesichert erscheint und neuer Untersuchungen bedarf. Das Aufspüren ungesicherter Feststellungen und Behauptungen ist die beste Grundlage für die Bereitschaft zu lebenslangem Lernen und zugleich der beste Schutz vor dogmatischer Verhärtung von Urteilen, die nicht nur das Ende von Wissenschaft, sondern auch von humanem Umgang der Menschen miteinander sind.

4. Kriterien für die Auswahl und Anordnung der Unterrichtsinhalte

a) Auswahl und der Kanon: Historizität und Aktualität, Strukturalität und Anschaulichkeit, Wissen und Handeln, Exemplarität und Enzyklopädik

Über das Problem der Auswahl der Gegenstände für den Deutschunterricht der gymnasialen Oberstufe habe ich seit 1980 mehrmals geschrieben und dabei auch den Literaturkanon begründet, der in den Kursen auftauchen wird. Ganz allgemein läßt sich sagen, daß die Gegenstände so geartet sein müssen, daß mit ihnen möglichst viele der erläuterten Ansprüche auf eine produktive kulturelle Praxis, auf Allgemeinbildung und Wissenschaftspropädeutik eingelöst werden können. Diese Forderung zur didaktischen Maxime erhoben, würde aber immer zu den komplexesten Gegenständen führen. Das Ziel muß aber nicht jeden einzelnen Schritt des Weges bestimmen, sondern kann in bescheideneren Etappenzielen verborgen bleiben. Dabei geht der Weg nicht unbedingt vom Leichteren zum Schwereren, weil gerade der Zusammenhang der unterschiedlichen Zielvorstellungen und methodischen Möglichkeiten deutlich gemacht werden kann, noch bevor die analytische Auflösung in Teilelemente beginnt. Das war z. T. einer der Gründe, warum „Faust“ schon zu Beginn der Oberstufe behandelt worden ist.

Um die Auswahlentscheidungen rational zugänglich zu machen, habe ich einen Kriterienkatalog entwickelt, mit dessen Hilfe sich die Gegenstände, zunächst noch sehr grob, als Inhalte des Unterrichts begründen lassen (Müller-Michaels 1981). Ich gehe hier nur auf die Kategorien für die Literatur-Auswahl ein, die aber auch für Gegenstände des Sprachunterrichts in variierter Form verwendbar sein dürften:

Historizität und Aktualität bedeuten, daß der literarische Text Einblicke in die historischen Zusammenhänge vermitteln muß, aus denen er entstanden ist (was sind die Fragen, auf die er eine Antwort gibt?), zugleich aber mit seinem Sinnpotential in die Gegenwart hineinreichen muß, mit dem er den Schülern etwas sagen kann oder sie ihm etwas zu sagen haben (welche sind die Fragen, die noch immer gelten?). „Faust“ etwa ist aus der Erfahrung des neuzeitlichen Menschen erwachsen, der, aus der Tradition und aus der Verpflichtung auf Autoritäten entbunden, danach strebt, all seine Kräfte zu erproben und große Werke selbst zu schaffen. Daß die Ungeduld und das falsche Maß ihn leiten, führt zu den tragischen Verwicklungen, an denen er scheitert. Die Tragödien des Gelehrten, des Liebenden, des Baumeisters sind, insofern sie durch unmenschliche (mephistophelische) Mittel verursacht sind, gerade für Jugendliche nachvollziehbar, die im Spannungsfeld von Wissensanhäufung, erster Liebe und dem Wunsch, etwas zu bewirken, leben. Aus Anlaß der Entdeckung von Fausts Antrieb, zu wissen, was die Welt im Innersten zusammenhält, läßt sich auch über wissenschaftliche und lebensweltliche Neugier, versteckt in den Diskussionen um ein literarisches Modell und nicht in Form von Bekenntnissen, streiten.

Strukturalität und Anschaulichkeit meinen zunächst, daß die Literatur zum Studium wichtiger literarischer Formen anregen muß: Genres der Lyrik, der Epik und Dramatik, Autobiographien, Auszüge aus Poetiken, aus literarischer Kritik können Grundlagen für weiterführende eigene Entdeckungen in Literaturgeschichte und im literarischen Leben der Gegenwart werden. In unserem Fall (12/1) wurden Entdeckungen zu Formen des Erzählens in Romanen: auktorialer, personaler, mehrperspektivischer, Ich-Erzähler zu einem Fundament solcher Grundorientierung über die Epochen hinweg, auch wenn sie zunächst nur an einer Epoche theoretisch erarbeitet wurden. Um leichter zugänglich zu sein, aber auch um die anschauliche Form von Erkenntnissen und Erfahrungen, die Literatur ist, deutlich zu machen, sollten die einzelnen Werke von eindrücklicher Anschaulichkeit sein: einprägsame Bilder (Lyrik, Heines „Wintermärchen", dramatische Szenen), realitätsgesättigte Figuren (Dorfrichter Adam, Azdak, Woyzeck) und Geschichten (Berliner Romane Fontanes), Parabeln („Nathan", „Der kaukasische Kreidekreis"), humorvoll gezeichnete Episoden („Katz und Maus", Gerichtstag des Dorfrichters Adam, Gesten des Untertanen gegenüber seinem Kaiser). Zu dem Prinzip der Anschaulichkeit gehört auch, Texte immer wieder in Anschauung zu übersetzen: Anspielen von Szenen, Skizzieren von übersichtlichen Modellen, Ausmalen von Episoden durch die eigene Phantasie, Umsetzen eines Textes in eine andere Gattung oder ein anderes Medium. Dazu gehört schließlich auch, Umsetzungen von Dramen in eine Theaterinszenierung, eines Romans in einen Fernsehfilm zu erleben, zu analysieren und zu bewerten.

Wissen und Handeln sind gegenüber den bisher genannten Kriterien mehr auf die Methoden als auf Merkmale der Inhalte gerichtet. Dabei ist das Wissen zunächst auf Kenntnisse aus wichtigen Abschnitten der Literaturgeschichte und auf systematische Gliederung der Gattungen und Genres bezogen. Die Schüler sollten über die Behandlung von Einzelwerken einen Einblick in bedeutende Epochen der Literaturgeschichte und in Typologien zur Ordnung der vielfältigen literarischen Werke bekommen. Dann aber ist das Wissen auch auf Stoffe, Motive, Figuren der Literatur selber gerichtet. Es ist ja ein Merkmal der Literatur, daß bestimmte Motive, Stoffe und Themen zu verschiedenen Zeiten immer wieder aufgenommen und produktiv umgearbeitet worden sind (vgl. die antiken Mythen, biblische Episoden, Brennpunkte der Geschichte). Einzelne davon zu vermitteln ist ebenso Aufgabe des Deutschunterrichts, wie die zu behandeln, die immer wieder zur Artikulation von Erfahrungen in Alltagsgesprächen und in Mitteilungen über die Medien dienen: das Faustische, ein höfischer Wurm, das Prometheische, eine Odyssee, der verlorene Sohn, die blaue Blume etc. In der Begründung der Mythenreihe (12/2) werde ich erläutern, inwiefern gerade die Mythen und ihre literarischen Bearbeitungen den Mittelpunkt eines neu orientierten Deutschunterrichts bilden können.

Zugleich erweisen die Mythen sich, da sie immer wieder neu unter Betonung immer neuer Aspekte geschrieben worden sind, als Anregung für eigene Produktionen der Schüler. Denn Impulse zu Handlungen, die von literarischen Werken ausgehen sollen, beziehen sich nicht nur auf konventionelle wissenschaftsorientierte Methoden des Umgangs (Analysen, Deutungen, Wertungen), sondern vor allem auf die produktiven Rezeptionen: Erfinden von Fortsetzungen, vom Autor übersprungene Episoden der Handlungen, Änderung des Schlusses, dramaturgische Bearbeitung, Umkehrung der Zeitfolge in der Handlung, Textcollagen, Rezitationen und Inszenierungen, Zeichnen von Situationen und Modellen, Rezensionen und essayistische Kritik, Gestaltung eigener Versionen eines Motivs. Diese Rezeptionshandlungen antworten eher koproduktiv und synthetisch auf die Literatur als die analytischen

Methoden der Interpretation und Wertung, sind aber zur Erfassung des ästhetischen Charakters des literarischen Gegenstandes ebenso wichtig, weil sie auf die Vieldeutigkeit der Werke mit einer Vielfalt von Zugängen zu antworten erlauben.

Exemplarität und Enzyklopädik als Prinzipien sollen sicherstellen, daß die ausgewählten Gegenstände einerseits repräsentativ zur Gewinnung eines Verständnisses der Strebensziele und Leiden einer Epoche („Nathan“ und die Aufklärung, „Woyzeck“ und der Vormärz, „Malte Laurids Brigge“ und die Jahrhundertwende) sowie der Strukturen, Inhalte, Funktionen von wiederkehrenden Genres der Literatur sein sollen (analytisches Drama, Ich-Erzählung, engagiertes Gedicht, Elemente des Komischen, Tragischen etc.), daß sie andererseits aber auch in Zusammenhänge gestellt werden können, auf die Aufmerksamkeit und Lernen bezogen sind: „Nathan“ und die Frage „Was ist Aufklärung?“, „Woyzeck“ und Tendenzen, Themen, Formen sowie weitere literarische Beispiele des Vormärz, „Maltes“ Aufzeichnungen von Erfahrungen in Paris und die Entfremdung der Menschen in den Werken der Jahrhundertwende vom Naturalismus bis zum Expressionismus, „Groß und klein“ als Ausdruck von Sprach- und Orientierungslosigkeit in Werken der Gegenwart. Um die Behandlung der Einzelwerke mit solchen Zusammenhängen zu verknüpfen, bedarf es des begleitenden Studiums von Literaturgeschichten, des Bezuges auf Inszenierungen in Theater und Fernsehen sowie auf die außerschulische Lektüre der Schüler. Ohne solche Zusammenhänge verkümmert das einzelne literarische Werk bald zu einem beliebigen, belanglosen Stück von Schulerinnerungen und verfällt dabei schnell dem Vergessen.

Nun sind die erläuterten Kriterien keineswegs erschöpfend, nicht einmal in jedem Fall maßgeblich, wohl aber geben sie Orientierungspunkte für einen didaktischen Diskurs, was bis auf Widerruf im Unterricht behandelt werden sollte, wenn nicht Geschmacks- und unbegründete Werturteile weiterhin die Auswahl bestimmen sollen. Mehr als die Hilfe für die Kanondiskussion können und wollen sie nicht sein. Im übrigen folgen die aktuellen Entscheidungen allzu oft mehr praktischen Erwägungen als theoretischen Begründungen: Plötzlich reicht die Zeit nicht mehr für die Behandlung eines ganzen Romans der Gegenwart von Günter Grass oder Max Frisch, sondern nur noch für die Novelle „Katz und Maus“, durch Kursfahrten, Beanspruchung in Leistungskursen muß eine Roman-Lektüre entfallen, wobei die Schüler sich in der ihnen übertragenen Entscheidung allein vom Umfang leiten lassen, die Behandlung von mittelhochdeutscher Literatur scheitert an dem auf das Abitur verkürzte Halbjahr 13/2, andere Vorhaben werden durch Referendare und Praktikanten, aber auch durch Bedürfnisse der Lehre in Seminaren und Vorlesungen umgebogen oder aufgegeben. Interessen und Wünsche der Schüler hingegen haben keine Planungsänderung indiziert, höchstens Abkürzungen, Einschränkungen von Aufgaben und Reduktion von (Sekundär-) Lektüre. Aber vielleicht ist Schule, mein eigener Unterricht eingeschlossen, noch zu wenig auf die Weckung von Wissensbedürfnissen und Neugier eingestellt. Ich meine dabei nicht die angeblich aktuellen Bedürfnisse der Schüler, die zum Gegenstand von Projekten gemacht werden – Abschaffung von Hausaufgaben, Schülersprache untersuchen, Klassenfahrten vorbereiten –, sondern in komplexe Zusammenhänge einzudringen, wobei die Hilfe des Lehrers unabdingbar nötig wird.

Manches von dem, was ich unbedingt behandeln wollte, war unter dem Druck der begrenzten Zeit, der Möglichkeiten der Schüler und der Zwänge eines didaktischen Zusammenhangs der Gegenstände nicht zu machen. Besonders bedaure ich, daß die Literatur der Epochen vor der Aufklärung so kurzgekommen ist, denn sie ist viel deutlicher als die Literatur der Klassik auf Wirkung aus und verdeckt den belehrenden Charakter aller anspruchsvollen Literatur nicht. Ich vermisse auch Heine und Thomas Mann, weil sie mit der Ironie das Artifizielle, das andere der Fiktion, zum Ausdruck bringen und doch, doppelsinnig, auf das Leben ihrer Zeit bezogen bleiben, von dem sie sich über die Figuren ihrer Werke kunstvoll distanzieren. Immer wieder wollte ich Kafka in die Lektüre einbeziehen, weil vor allem er den Diskurs und die Koproduktionen zum Thema humane Zustände und Hindernisse auf dem Weg zu ihnen intensiv hätte anregen können. Es fehlen Romane des 20. Jahrhunderts, vor allem jene, die den Mythos als Orientierungspunkte eines menschlichen Lebens und Wirkens gegen den Druck von Erfahrungen wieder verwenden.

b) Anordnung und die Sequenzbildung: Vielfalt der Prinzipien, didaktisches Syntagma, kursübergreifende Verbindungen

Ein bisher nicht erläutertes Auswahlkriterium bildet die Verbindung mit dem zweiten didaktischen Grundproblem: die Anordnung der Unterrichtsgegenstände in einer Sequenz. Oft muß ein Werk schon deshalb für die Behandlung entfallen, weil es sich nicht in den konzipierten Zusammenhang fügt. Mit der Entscheidung für einen einzelnen Text, ein grammatisches Problem, eine Rezeptionshandlung, ein Fernsehspiel, einen Theaterbesuch ist es nicht getan; ebenso wichtig ist die Frage, in welchem übergreifenden Problemzusammenhang das einzelne ausgewählte Element stehen soll. „Faust" kann z. B. mit einem Überblick über eine Epoche der Literaturgeschichte, über Formen des Dramas, über das Thema Unbedingtheit menschlichen Strebens, über die Werke des Autors Goethe, über die Stoff- und Rezeptionsgeschichte, über Inszenierungen in Theater, Film und Fernsehen, über Methoden und Literaturanalysen eingebunden und damit in seiner Behandlung unterschiedlich akzentuiert werden. Es gilt jeweils zu entscheiden, in welchen Zusammenhang das einzelne Werk zu stellen ist. Dabei ist allerdings, entgegen Empfehlungen von Lehrplänen für ein identisches „Verknüpfungsprinzip" (z. B. Richtlinien Deutsch NW 1982, S. 88) für die gesamte Oberstufe, darauf zu achten, daß die Paradigmen wechseln, um die *Vielfalt der Aspekte* zu betonen, unter denen Sprache und Literatur betrachtet werden können. Das Prinzip der Variation in der Sequenzbildung schließt nicht aus, daß über gleichbleibende Fragestellungen (wie z. B. historische, systematische Ordnung der Gegenstände, Ausfaltung von Methoden, identische Motive) dennoch Verbindungen zwischen den Einzelgegenständen entstehen. Im Gegenteil: die Eindimensionalität von Betrachtungsweisen (historische vs. systematische, inhaltliche vs. formale, beschreibende vs. wertende) wird abgelöst durch Multiperspektivität, und zwar auf praktische, nicht nur auf theoretische Weise.

In didaktischen Vorlesungen mache ich den Unterschied zwischen Auswahl- und Anordnungsentscheidungen mit den Begriffen *Paradigma* und *Syntagma* im Verständnis von Roman Jakobson deutlich. In den Studien zur Kindersprache und Aphasie (1971) hat er zwei grundlegende sprachliche Operationen entdeckt, die das Kind allmählich erwirbt und der alte Mensch wieder verliert: Selektion als die Fähigkeit, aus Einzelheiten einer gemeinsamen Klasse (z. B. Wortarten) eine auszuwählen, und Kombination als die Fähigkeit, Verbindungen zwischen verschiedenen Elementen so herzustellen, daß eine Aussage entsteht. Die Selektion erfolgt im Paradigma, die Kombination im Syntagma. Nun ist das Bilden von didaktischen Sequenzen der Formulierung von Aussagen strukturell durchaus verwandt: Aus einer Fülle von Gegenständen, die in verschiedenen Paradigmen stehen (Epochen, Gattungen, Motive, Methoden), muß der Lehrer einzelne auswählen und sie zu einer sinnvollen Abfolge kombinieren. Will er z. B. in Formen des Erzählens einführen (vgl. 12/1), so gilt es zunächst, aus dem Paradigma von Romanen, Novellen, Erzählungen einzelner Werke, die den genannten Kriterien in etwa entsprechen, auszuwählen, um sie dann syntagmatisch miteinander zu verknüpfen. Dabei ist die Festlegung der Abfolge der Romane, in unserem Fall sowohl in historischer (1895–1910) wie auch systematischer Reihe (vom auktorialen zum Ich-Erzähler), nur ein Teil der kombinatorischen Operation. Es gilt ebenso, die Gegenstände in Beziehung zu Methoden und Rezeptionshandlungen zu setzen, die sinnvoll zu üben sind, und auch zu überprüfen, inwieweit die verschieden ausgerichteten Leseinteressen der Schüler im Kurs berücksichtigt werden können; bei der Beschreibung der Sequenz wird deutlich, in welchem Maß dies gelungen ist. Die komplexen Entscheidungsprozesse lassen sich in einer übersichtlichen, Jakobson nachgeahmten Graphik verdeutlichen:

paradigmatische	eine Gruppe ein		lesen gliedern schreiben um arbeiten durch	
syntagmatische	die	Schüler	analysieren	„Effi Briest“
Beziehung		Renate Torsten und Matthias Gruppe um Alfred		„Untertan“ „Malte“ „Buddenbrooks“

Die Graphik macht auch folgendes einsichtig: Da nicht nur ein Roman gelesen, nicht nur eine Handlung geübt, nicht nur eine Gruppe von Schülern angesprochen werden soll, müssen immer mehrere Elemente aus der paradigmatischen Ebene auf die syntagmatische Ebene gebracht werden. Diese Projektion des Äquivalenzprinzips von der Selektions- auf die Kombinationsachse gilt bei Jakobson für alle komplexeren Texte, d. h. für die mit poetischer Funktion. Nun will ich nicht den Anspruch erheben, daß didaktische Sequenzen Kunstwerke, oder auch nur ihnen vergleichbar, seien, aber immer handelt es sich um komplexe Gebilde mit verschiedenen Elementen von leitenden Interessen, Themen, Gegenständen, Methoden, Medien, die zu einem Supertext, einer Sequenz, verbunden werden und schon etwas von didaktischer Gestaltungskraft verraten.

Mit Verknüpfung zu einzelnen Sequenzen aber ist es noch nicht getan, denn es gilt auch, *Verbindungen über die Sequenzen hinweg* herzustellen. Sollen Schüler lernen, selbständig Bezüge von Einzelbeobachtungen in unterschiedlichen Zusammenhängen herzustellen, system- und disziplinübergreifend zu denken, so muß dies auch in den Kursen geübt werden. Wenn ein Schüler bei der Besprechung von Rezensionen an die wertende Form expositorischer Texte erinnert, die analytische Form des Dramas mit dem Aufbau eines Kriminalfilms im Fernsehen vergleicht, die Untertanenmentalität mit dem Problem des role-taking, das in Sozialkunde behandelt wurde, in Beziehung setzt, den Mythos vom Sisyphos zur Erläuterung seines Schulalltags heranzieht, dann leistet er jenen Transfer, der durch Anknüpfen an früher besprochene Zusammenhänge zustande gekommen ist. Mehr noch als vor dem Unterrichtsversuch bin ich, in Übereinstimmung mit Lerntheorien, heute der Auffassung, daß nur gelernt wird, was in anderen Zusammenhängen wieder auftaucht.

Um im Bild des Knüpfens zu bleiben: es gilt, Fäden auszulegen, sie mit anderen zu verknüpfen, sie eine Weile liegen zu lassen, dann wieder aufzunehmen und erneut zu knoten. So entsteht allmählich jenes Netz, das zur Untersuchung von Objektbereichen (in unserem Fall Sprache und Literatur) allmählich tauglich wird, jederzeit enger geknüpft oder auch erweitert werden kann. Wer anknüpfen kann, lernt leichter und mehr, als der, der nach immer neuen Netzen sucht und sich dabei leicht vergreift oder verheddert.

Der Unterricht ist also so angelegt, daß Themen, Methoden, systematische Einheiten behandelt werden, die später wieder auftauchen, und so Wissen, Erfahrung, Handlungsfähigkeit erweitern und intensivieren. In meinem Konzept waren immer neue Belege und Versuche mit Literatur als einer Erkenntnisform wichtig: vom Geschichtenerzählen (11) über die Mythenversionen (12) bis hin zu Christa Wolfs Gedankenexperiment von der Tilgung aller Leseerinnerungen in den letzten Stunden der Schulzeit (13). Damit zusammen hängt die Abgrenzung zur logischen, abstrakten Form der Erkenntnis, die durch Befragungen (11), Argumentation (12), Modellbildungen in den Wissenschaften (12 und 13) näher untersucht und geübt wurden.

Auch literaturgeschichtliche Epochen (Klassik, Biedermeier, Jahrhundertwende, Gegenwart) tauchen mit unterschiedlichen Beispielen in verschiedenen Kontexten und Jahrgangsstufen wieder auf, um das Wissensgerüst zu festigen.

Sehr wichtig ist auch, daß von 11/2 bis 13/1 allmählich ein System der Literatur entfaltet wurde, das von den vier Grundtypen – appellativ, expositorisch, autobiographisch, fiktional – ausging, um dann die expositorischen Texttypen weiter zu untergliedern und die Gattungen fiktionaler Literatur systematisch zu betrachten: Lyrik in 11/2, Roman in 12/1, Drama in 13/1.

In demselben Zeitraum wurde auch die Diskussion um dominante Funktionen von Literatur, von Aspekten der Grammatik und Rhetorik immer wieder aufgenommen und vor allem die hermeneutische Spirale einer wissenschaftspropädeutischen Textinterpretation vor jeder Klausur weiter vervollständigt. Ich habe sogar identische Texte in verschiedenen Zusammenhängen wieder aufgegriffen, so z. B. Goethes „Prometheus“, um den Grad von Verstehensfähigkeit zu überprüfen (vgl. Müller-Michaels 1984a).

An diesem Punkt scheint eine didaktische Diskussion dringend geboten, denn das mehrmals erwähnte falsche Verständnis von Wissenschaftspropädeutik hat dazu geführt, daß Sequenzen im Deutschunterricht immer mehr Themen des Hochschulunterrichts in der Germanistik ähneln. Bei der zusammenhanglosen Behandlung ganz verschiedener Themen im Unterricht wird übersehen, daß es erst Teil des Studienzieles an der Universität ist, daß Studenten mit den ihnen bereitgestellten Mitteln lernen sollen, historische und systematische Ordnungen zu entdecken und zu begründen. Schüler aber haben weder die Mittel noch das erforderliche Wissen oder auch Interesse, um solche Zusammenhänge, die ihnen die Lehrer vorenthalten, kompetent herzustellen. Wohl aber können sie dieses Denken in Zusammenhängen allmählich lernen, wenn Bezüge in der Sequenzgestaltung überhaupt herstellbar sind. In der Nachbildung von Wissenschaft und den Formen ihrer Vermittlung an den Hochschulen kann die Propädeutik der Wissenschaften auch verfehlt werden.

B. DIE KURSE DER SECHS HALBJAHRE

I. Geschichten aus dem Alltag – Literatur aus der Geschichte (11/1)

1. Funktionen der Literatur im Alltag

Von Anfang an sollte Literatur als Kunstform begriffen werden, die mit dem Leben der Menschen zu tun hat. Dies gilt auch und vor allem für die Literatur der Vergangenheit, die dem Gespräch der Nichtfachleute zugänglich zu halten ist. Nicht länger sollte sie als Objekt des Unterrichts erscheinen, das ersonnen wurde, um Schüler mit der Frage nach der einen Bedeutung zu quälen, der die Autoren der Bücher mit ihren Erfindungen gerade ausgewichen sind. Literatur sollte vielmehr als zugleich Gedankliches und Anschauliches verstanden werden, das in die Debatten ihrer Zeit eingreift, das Lösungen anbietet, Fragen stellt, Eindeutigkeiten aufhebt, Träume gegen die Realität setzt, Menschlichkeiten zeigt, und dies auf eine Weise, die mit dem Augenblick, für den sie erfunden wurde, nicht an Aussagekraft verliert, sondern über die eigene Zeit hinausragt. Auch die Literatur der Vergangenheit kann mit uns zu tun haben, wenn wir ihr auch unsere Fragen stellen und nicht nur archivarisch mit ihr umgehen.

Um die Bedeutung der Literatur im Alltag der Schüler zu ermitteln, machen wir zu Beginn des Halbjahres ein Gedankenexperiment, das von Soziologen in variierter Form schon häufiger angestellt wurde (vgl. dazu Wieder/Zimmermann 1976):

Ein Forscher aus einer fremden Kultur, sagen wir: von einem anderen Planeten, kommt in die industrielle Welt, sagen wir: ins Ruhrgebiet, und stellt fest, daß die Menschen hierzulande pausenlos damit beschäftigt sind, einander Geschichten zu erzählen: Die Eltern erzählen ihren Kindern Märchen zum Einschlafen, die Kinder berichten aus der Schule, Jugendliche erzählen immer wieder ihre Erlebnisse mit anderen Jugendlichen, vor allem auf Partys nehmen die Geschichten abenteuerliche Gestalt an, Arbeitskollegen erregen Aufmerksamkeit durch spannende Geschichten aus ihrer Freizeit, auf Bahnsteigen stehen die Menschen zusammen und reden aufeinander ein, und abends gehen die Leute ins Theater oder Kino, sehen zu, wie andere Leute auf der Bühne oder Leinwand miteinander reden, und sprechen nachher darüber, was sie gehört und verstanden haben. Eine Gesellschaft von Geschichtenerzählern hat unser fremder Forscher entdeckt. Was sind das für Geschichten, die da erzählt werden, und warum werden sie erzählt?

Die Frage gibt genügend Stoff für die Diskussion über die Funktion von Literatur im Alltag in den ersten Stunden der Oberstufe. Geschichten, die man sich erzählt, sind die Märchen und phantastischen Erzählungen, Erlebnisse aus dem Alltag in Schule, Arbeit, Freizeit, für einen bestimmten Zuhörerkreis zubereitet, Selbststilisierungen in der Unterhaltung, Problemskizzen verdrängter Erfahrungen, Liebesgeflüster, Episoden von anderen und Geschichten professioneller Schreiber, die wiederum durch eigene Erlebnisse angereichert werden. Und die Funktion dieser Geschichten? Das läßt sich zunächst nur im Plural sagen: Die Geschichten sollen beruhigen, ablenken, Handlungsweisen erklären, die eigene Rolle und die Bedeutung des anderen hervorheben, bisher nicht Erfahrenes wirklich werden lassen, eigene Erfahrungen ins Bewußtsein heben, über andere Deutungen der Wirklichkeit nachdenken. Als gemeinsamer Zug geht durch alle Typen von Geschichten das Bedürfnis, Erfahrungen, Verhalten, Wahrnehmungen als bedeutsam für sich oder andere erscheinen zu lassen. Geschichten aus dem Alltag werden somit immer nur als bedeutsame und damit deutungsbedürftige erzählt. Im Gegensatz zur Literatur von professionellen Autoren werden die

Deutungen von den weniger professionellen Erzählungen gleich mitgeliefert. Wieder und Zimmermann fassen ihr Gedankenexperiment daher völlig zu Recht mit dem Hinweis auf den Bedeutungskern von Geschichten zusammen:

„Die Geschichten der Menschen über sich selbst stellen Handlungen typischerweise als *motiviert* dar. Zumeist bedeutet das, daß die betreffende Handlung an der Erreichung irgendeiner antizipierten und erstrebten Sachlage orientiert war. Es bedeutet immer, daß die Handlung für den, der sie ausführt, irgendeine subjektive Bedeutung hat." (Wieder/Zimmermann 1976, S. 106)

Die Beispiele aus dem eigenen Erfahrungsraum lassen die Frage nach Problemen als Ausgangspunkt von Geschichten der Schriftsteller als konsequent erscheinen. Die Schüler nennen „Christiane F." und das Drogenproblem, aber auch die Rahmenerzählung in Storms „Der Schimmelreiter" und Brechts „Geschichten vom Herrn Keuner". „Der hilflose Knabe" beginnt: „Herr K. sprach über die Unart, erlittenes Unrecht stillschweigend in sich hineinzufressen." Die nachfolgende Geschichte ist Demonstration des Satzes, zu dessen Erläuterung auch andere Geschichten zu erzählen wären.

Den Zusammenhang von Erfahrungen, Problemen und Deutungen in Geschichten macht Max Frisch in seinen Tagebüchern immer wieder klar. Die Eintragung vom Februar 1969 (Frisch 1976, Bd. 11, S. 199) erzählt die Geschichte von dem Postangestellten Hürlimann, der aus Enttäuschung über die mangelnde Anerkennung seiner Arbeit mit Brandherden in der Telefonzentrale 30 000 Apparate auf einen Schlag ausschaltet. Das Problem, das Anlaß und Bedeutung der Episode zusammenfaßt, benennt der Schlußsatz der Eintragung: „auch solche, die jetzt viel Ungemach haben, zeigen sich nicht ohne Sympathie für diesen Hürlimann". Die Geschichte erzählt zwar das anekdotisch Einmalige, zielt aber auf einen Befund des denkbaren Allgemeinen. Weniger die einzelne Nachricht als das darin verborgene jederzeit Mögliche ist Anlaß von Diskussionen.

Max Frischs Erläuterungen „Vom Sinn eines Tagebuchs" [1950] fassen die Bedeutung der Eintragungen, des Notierens von Geschichten zusammen*:

„Schreiben heißt: sich selber lesen. Was selten ein reines Vergnügen ist; man erschrickt auf Schritt und Tritt, man hält sich für einen fröhlichen Gesellen, und wenn man sich zufällig in einer Fensterscheibe sieht, erkennt man, daß man ein Griesgram ist. Und ein Moralist, wenn man sich liest." (Frisch 1976, Bd. 4, S. 360)

Schreiben und Lesen heben die Eindimensionalität des Lebens auf und schaffen „eine Allgegenwart alles Möglichen":

„Unser Bewußtsein als das brechende Prisma, das unser Leben in ein Nacheinander zerlegt, und der Traum als die andere Linse, die es wieder in sein Urganzes sammelt; der Traum und die Dichtung, die ihm in diesem Sinne nachzukommen sucht [...]" (Frisch 1976, Bd. 4, S. 360/361)

– Literatur, die das Wirkliche durch das jederzeit Mögliche ergänzt, faßt in Bildern und Geschichten zusammen, was im analytischen Bemühen auseinandergefaltet wird. Daß Literatur und Kunst eine Erkenntnisform wie die Wissenschaften sind, wird den Schülern, die gerade erst wissenschaftliche Erklärungsmodelle entdecken, noch nicht einsichtig. Vielen, und gerade den Nachdenklicheren unter ihnen, bleibt die Ästhetik als Erkenntnisform bis zum Abitur ein Problem.

Um die Funktionsdiskussion nun nicht im Anekdotischen stecken zu lassen, um sie zusammenzufassen, analytischem Zugriff zu öffnen und sie merkfähig zu machen, wird die Zusammenfassung aus dem Einleitungskapitel des Funk-Kollegs Literatur 1 (1977) vorgelegt, diskutiert und abgeheftet:
- Lesen ist nützlich,
- Lesen kann unterhalten,
- Lesen kann gesellschaftsfähig machen.

Gerade der letzte Punkt ist aus den Alltagsgeschichten deutlich geworden. Er bietet auch eine Begründung für die Beschäftigung mit Literatur aus der Geschichte, insofern sie den

* Beide Frisch-Texte auch in: Text + Dialog. Düsseldorf 1979, S. 103–107.

Schülern ermöglicht, an der Diskussion über die Bedeutung von Literatur, die in der Öffentlichkeit ständig stattfindet, aktiv teilzunehmen.

Erfahrungen im Alltag, Gedanken der Dichter und systematische Ansätze von Literaturwissenschaftlern werden ergänzt durch Befunde einer empirischen Untersuchung zur Rolle des Buches in der gegenwärtigen Kultur. Mit dem Nachvollzug der Erhebungen zur Lesekultur von Schmidtchen 1967 und 1974 (1974) bekommen die Schüler zugleich einen ersten Einblick in Fragestellungen, Auswertungsgesichtspunkte und Ergebnisse empirisch-analytischer Verfahren im kulturellen Sektor. Damit tritt neben die künstlerische Erfassung der Welt der Versuch einer wissenschaftlichen Beschreibung von konkret benennbaren Erscheinungen. Ich hatte zur Einführung nur vier Fragen aus der Untersuchung ausgewählt (vgl. Anhang 1), beantworten und dann in Beziehung zu den Ergebnissen von Schmidtchen setzen lassen. Die Aussagen der 16- bis 17jährigen Schüler zu Beginn der Oberstufe wichen in wenigen Punkten erheblich von den Durchschnittswerten für die Gesamtpopulation der über 16jährigen Erwachsenen ab.

Erstaunlich ist die enorm hohe Zeit, die für das Schallplatten- bzw. Cassettenhören veranschlagt wird. Mit dem hohen Wert korrespondiert in gewisser Weise die besondere Rolle des Buches primär als Medium der Unterhaltung. Das Buch als Mittel der Weiterbildung in den Unterrichtsfächern und den persönlichen Interessengebieten ist noch nicht in dem Maße entdeckt, wie es später notwendigerweise der Fall sein wird.

Die zweite Frage an Bücherleser: „Was würden Sie ungefähr schätzen, wie oft Sie dazu kommen, ein Buch zur Hand zu nehmen – würden Sie sagen –" (Anh. 1, Tab. 2) zeigt in der Rangfolge der Antworten zu den sieben Vorgaben von „Täglich" bis „In den letzten 12 Monaten kein Buch gelesen" keine überraschenden Abweichungen in unserer Befragung: Insgesamt wird von den Schülern mehr gelesen als im Bundesdurchschnitt, und die 33% Nichtleser haben keine Anhänger unter den Jugendlichen auf dem Gymnasium.

3. „Bücher haben ja für Menschen, für ihr Leben eine recht unterschiedliche Bedeutung. Was würden Sie sagen, wie wichtig in Ihrem Leben Bücher sind – vielleicht nach dieser Leiter" (Vorlage eines Bildblattes mit einer Leiter)

„Es geht so: 10 würde bedeuten, Bücher sind für Sie sehr wichtig, ohne Bücher könnten Sie nicht leben. Null würde bedeuten, Bücher sind für Sie nicht so wichtig, ohne Bücher wäre Ihr Leben kaum anders. Welche Stufe würden Sie sagen?"

In Antwort auf diese Frage werden die mittleren Werte (wie auch im Bundesdurchschnitt) am häufigsten angekreuzt: 5–6: 35% (27%), 2–4: 30% (24%), 7–8: 20% (19%).

Die vierte Frage zielte in die Funktionsdiskussion, auch wenn sie hinter deren systematische Zusammenfassung umstrukturiert zurückfiel (Seite 46).

Die Ergebnisse sind in mancher Hinsicht überraschend: nicht nur daß sie einen anderen Gesamteindruck, sondern auch in einigen Details verschiedene Gewichte erkennen lassen. So gehen die Antworten auf die Fragen nach Erweiterung des Gedanken- und Sichtkreises durch Bücher sowie nach deren Unterhaltungsfunktion noch über die Werte der 1973 Befragten mit Abitur hinaus, während sie Lebenserfahrung und schlechtes Gewissen wesentlich weniger bedeutsam einschätzen. Erfahrungen werden noch sehr viel stärker aus der Begegnung in der unmittelbaren oder direkt über die Medien vermittelten Lebenswelt der Zeitgenossen gewonnen als über fremde Perspektiven nicht unmittelbar zugänglicher zeitlicher oder geographischer Räume. Auch der normative Druck, ein Pensum erledigen zu müssen, um mitreden zu dürfen, hat sich noch nicht in ein schlechtes Gewissen darüber umgesetzt, daß man eigentlich mehr lesen müßte. Auch die emphatischen Äußerungen vom „Zu-Sich-Selbst-Kommen" und der armseligen Existenz ohne Bücher werden übergangen. Immer wieder klingt der Unterhaltungswert der Bücher durch die Antworten, auch noch bei den ablehnenden Meinungen. Die mangelnde Geduld für ausgedehntes Lesen ist in der Höhe des Wertes für Schüler mit dem Ziel der Hochschulreife beachtlich. Der Befund hat sich im weiteren Verlauf des Unterrichts bestätigt und die Notwendigkeit, eine Sequenz mit umfangreicheren, schwerer verständlichen Werken zu entwickeln, unterstrichen.

Frage: „Über das Bücherlesen gibt es ja unterschiedliche Meinungen – zustimmende und ablehnende. Wie denken Sie darüber? Könnten Sie mir nach dieser Liste hier sagen, was auf Sie alles zutrifft?"

	% GKD 11/1	% Ø BRD
Zustimmende Meinungen:		
Bücherlesen bringt Lebenserfahrung	20	38
Bücherlesen bringt einen auf neue Gedanken, man erfährt viel Neues	85	38
Bücherlesen ist für mich eine Erholung	75	37
Ich mache mir manchmal Vorwürfe, daß ich nicht genug Bücher lese	35	30
Wenn ich ein Buch lese, habe ich das Gefühl, so richtig zu mir selbst zu kommen	5	26
Ohne Bücherlesen käme mir mein Leben ganz armselig vor	0	22
Ich bin eine richtige Leseratte, lese sehr gern Bücher	10	12
Ablehnende Meinungen:		
Im Fernsehen kommen soviel interessante Sachen, daß man nicht mehr soviel Bücher zu lesen braucht wie früher	40	46
Ein Mensch, der seine Arbeit hat, kommt ja heutzutage kaum zum Lesen	5	39
Mir fehlt einfach die Geduld, um lange zu lesen	30	31
Es gibt vieles, was spannender und interessanter ist als Bücherlesen	30	18
Ich lese lieber Romanhefte als Bücher	15	15
Bücherlesen ist anstrengend	5	14
Zum Bücherlesen ist mir meine Freizeit zu schade	5	9
Keine Angabe	0	2

Als gut einen Monat später bekannt wird, daß die Schulklasse (Jahrgangsstufe 8) eines Gymnasiums in Kassel Untersuchungen zum Fernsehkonsum von Schülern veröffentlicht hat (vgl. die Nachricht in der SZ vom 20. 9. 1980, Anh. 2), greifen wir die Diskussion der eigenen und fremden Ergebnisse noch einmal auf. Der zentrale Befund, daß Schüler zwischen 8 und 16 Jahren durchschnittlich 2 Stunden und 27 Minuten pro Tag (also 17½ Stunden pro Woche) vor dem Fernsehgerät sitzen, weckt kein Vertrauen in die Gültigkeit der Ergebnisse, auch wenn sie auf den Antworten von 1997 Schülern basieren. Nur die Frage nach den Lieblingssendungen provoziert eine Selbstbefragung, die aber auch mit der fremden Untersuchung schwer verglichen werden kann: Bei den Kasseler Tertianern rangierten Abenteuerfilme (62,3%) vor Western (58,6%), Gruselfilmen (40,7%) und Krimis (34%), bei den Bochumer Sekundanern (in absoluten Zahlen): Musiksendungen (20) vor „Chaos" (gemeint waren Muppets, Klimbim etc.) (14), Gruselfilmen (14) und Sport (12). Über das analytische Interesse an der eigenen kulturellen Praxis hinaus habe ich den Faden des vorläufig abgeschlossenen Themas in anderen Zusammenhängen wieder aufgenommen, um die gewonnenen Erfahrungen wachzuhalten, neue Einsichten auf die alten zu beziehen und der Zerstückelung und Isolierung des vermittelten Wissens entgegenzuwirken. Lernen, das sich nicht auf Vertrautes beziehen läßt, das nicht auf vorhandenem Wissen aufbaut, nicht selber Bezugspunkte für eigene Beobachtungen und damit selbständiges Lernen freigibt, führt nicht zu aktivem Wissensbestand, sondern höchstens zu oberflächlicher Speicherung.

Auf den ganzen Problemkomplex der Funktion der Literatur im Alltag kommen wir nach der Sequenz über Aufklärung und Klassik noch einmal zurück. Im Zusammenhang mit der Frage nach der Bedeutung von Geschichten für die Diskussion von Problemen im Alltag hatte ich eine Hausaufgabe für den 1. 10., die erst am 1. 12. von allen abgegeben wurde, gestellt. Es geht auch ohne massive Sanktionsandrohung, aber unendlich viel mühsamer und zeitraubender. Die Schüler sollten zwei Aufgaben lösen:

„Bei einem Gespräch neulich ging es um folgendes Problem bzw. Thema:
a) Dazu habe ich (hat man) folgende Geschichte erzählt: ...
b) Dazu hat der Schriftsteller ... folgende Geschichte erzählt: ..."

Unter b) kamen vor allem die Namen der Autoren, die den Schülern aus dem Mittelstufenunterricht vertraut waren. Max Frischs „Andorra" und das Problem der Diskriminierung von Juden und Außenseitern wurde auffällig oft benannt. Unter a) war verständlicherweise das Spektrum breiter: Da wurden Geschichten von Zweiradfahrern als Dokument der Rücksichtslosigkeit von Autofahrern, vom Vertrauensbruch zwischen Eltern und Kindern zur Verteidigung der eigenen Perspektive, von Umweltzerstörungen als Mißbrauch des Wachstums, von einem verlorenen Schaf, das sich nicht verloren fühlte, erzählt. Es wurden komplizierte Geschichten erfunden, so von einem meuternden Matrosen im 18. Jahrhundert, und mit dem Problem der Mündigkeit in der Aufklärung verbunden, das gerade im Unterricht diskutiert wurde. Und es wurde schließlich auch das Thema der Hausaufgaben in einer Geschichte anschaulich verdeutlicht:

Heute wurde vom Deutschlehrer die Aufgabe gestellt, eine Geschichte selbst zu schreiben, in der wir ein Problem behandeln sollen. Ich denke mir, so schwer kann das nicht sein, und ich habe ja auch noch lange Zeit. Doch die Zeit verrinnt. Ich werde zunehmend unruhig. – Ich frage dieses und jenes in der Schule, doch keine Antwort.

Ich gehe nach Hause, werfe die Schulsachen in die Ecke und setze mich an meinen Schreibtisch. Ich schau auf die Uhr. Es ist halb sieben. Morgen muß ich die Geschichte abgeben, die Geschichte, die noch nicht vorhanden ist. Ich starre aus dem Fenster. Es ist dunkel. Man sieht bloß die erleuchteten Fenster in den Hochhäusern. Ich kaue auf meinem Bleistift rum und beginne, Fratzen auf die leeren Blätter zu kritzeln. Verärgert werfe ich den Bleistift auf den Tisch, steh auf und gehe zur Stereoanlage. Ich lege eine Platte auf, zünde eine Kerze an und schmeiße mich in einen Sessel. Ich döse. Die Einfälle wollen nicht kommen. Unbehagen breitet sich aus. Ich steh' auf, stell die Anlage ab und setze mich wieder an den Schreibtisch. Ich schau ins Regal – Unordnung! Ich beginne zu räumen und zu sortieren. Die Zeit vergeht. Kurz nach acht. Ich erschrecke! Ich setze mich an den Schreibtisch und versuche, ganz konzentriert zu denken. Fehlschlag! Je mehr ich mich konzentriere, desto weiter schweifen die Gedanken aus. Tee trinken. Der Tee wird mich schon aufmuntern. Ich geh runter in die Küche, schalte das Radio ein und setze Wasser auf. Ich hole ein Glas, Zucker, einen Löffel und brüh den Tee auf. Es wird zehn. Ich versuche noch einmal an die Geschichte zu denken. Es hat keinen Sinn!

Raufgehen, ausziehen und ins Bett. Ich kann nicht schlafen. Was soll ich morgen sagen? Ich gehe nicht hin. Ich denke noch ‚scheiß Geschichte' und schlafe ein. Markus W.

2. Erste Einführung in die Literaturgeschichte: Aufklärung und Klassik

Mitten in die Diskussionen und Erzählungen über die Bedeutung von Literatur in der Gegenwart fiel die Begründung der Beschäftigung mit der Vergangenheit: Die Schüler sollten sich eine eigene Literaturgeschichte anschaffen und in dem Kapitel über die Aufklärung zu blättern und anzustreichen beginnen. Daß dabei die Fragerichtung: „Was bedeutete damals den Lesern die Literatur?" aus den gegenwärtigen Gesprächen auf die Darstellungen des zur Vergangenheit Gehörenden unterschwellig übertragen wurde, war durchaus beabsichtigt: gab es doch den verwirrenden vielfältigen Fakten eine strukturierende Perspektive.

Eine so frühe Beschäftigung mit der Geschichte der deutschen Literatur schien geboten, um nicht in die allgemeine Klage über die mangelhaften Geschichtskenntnisse der Oberstufenschüler einzustimmen (sie können am wenigsten für diese Versäumnisse), sondern etwas praktisch dagegen zu tun. Über diese pragmatische Begründung hinaus gab es für mich mindestens drei inhaltliche Argumente:

- den Gegenwartsbezug des Denkens mit Vorstellungen, Gedanken, Bildern, Geschichten aus der Vergangenheit zu konfrontieren und die Neugier auf den fremden Erfahrungsraum über anschauliches Material, das Literatur ist, wenigstens zu wecken;
- die Suche nach den Bedingungen, Voraussetzungen und Vorläufern der heutigen Rede über Literatur und Kunst, aber auch der eigenen Vorstellungen, Einbildungen, Erfahrungen zu unterstützen durch Begegnung mit fremden Denk- und Anschauungsformen, wie sie in der Literatur bearbeitet sind, und die Gewißheit zu stärken, daß mehr über sich selber lernt, wer Lebensbilder der Vergangenheit studiert;
- mit dem Einblick in literarische Werke der Vergangenheit sich an dem öffentlichen Gespräch über die Geltung der Tradition (wie es am Theater in Bochum gerade auch mit Schülern gesucht wird) zu beteiligen. Wer die Texte kennt, über ihre Entstehungsbedingungen und Wirkungsweisen gelesen hat und die Einschätzung der Literaturgeschichte kennt, kann Interpretationen und Aktualisierungen von Werken der Vergangenheit so beurteilen, daß seine Argumente gehört werden.

Es war nicht so leicht, die Entscheidung für eine bestimmte Literaturgeschichte zu begründen. K. Fingerhut (1981) hat versucht, Literaturgeschichten für die Schule zu charakterisieren und zu bewerten, so daß die Argumente nicht wiederholt zu werden brauchen. Ganz entscheidend hängt die Wahl von dem Ziel des Lehrers ab: Favorisiert er einen enzyklopädischen Überblick, wird er eher zu Albrecht Webers „Deutsche Literatur in ihrer Zeit" (1978/79) greifen; möchte er eher exemplarisch arbeiten, wird er die „Deutsche Literaturgeschichte" von Helmut Scheuer u. a. (1981) bevorzugen. Ich selbst habe den Band von Wolfgang Beutin u. a. (1979) „Deutsche Literaturgeschichte" damals (heute würde ich anders wählen) zur Anschaffung empfohlen, vor allem weil

- die Epochen nicht zu kleinschrittig begrenzt werden,
- die Darstellung anschaulich ist und von Bildern, Tafeln, Flugblättern, zeitgenössischen Stellungnahmen unterbrochen wird,
- Literaturgeschichte in Verbindung mit der allgemeinen Geschichte gesehen wird, ohne ständig nach einer 1:1-Entsprechung zu suchen,
- und eine Begründung für die Beschäftigung mit Literatur im Vorwort geliefert wird.

Daß ich in manchen Punkten ganz anderer Meinung war, hat bei der Würdigung von Literatur bei den Schülern eher die Einsicht gestärkt, daß Geschichtsschreibung etwas durchaus Subjektives ist, das man dadurch ausgleicht, daß man mindestens in einer zweiten Literaturgeschichte nachlesen muß. Dies galt vor allem bei der Einschätzung der Klassik, deren Autonomiekonzept der Literatur von Beutin u. a. als Flucht vor der Wirklichkeit der Französischen Revolution und ihren Folgen und nicht als kontrafaktisches Modell der Wirklichkeit gedeutet wird, das erst als aus den historischen Zusammenhängen genommenes Werk kritisch wirksam werden konnte. Die eher bescheidene Würdigung von Goethes „Faust" (S. 149) wurde Anlaß für die korrigierende Diskussion.

Warum nun der Beginn mit der Epoche der Aufklärung und Klassik? Ein Jahrhundert lang, von der Mitte des 19. bis zur Mitte des 20. Jahrhunderts, begann man die Literaturgeschichtsbetrachtung mit der mittelalterlichen Literatur, weil man, auf der Suche und bei der Verteidigung der nationalen Identität, sich der großen literarischen Denkmäler der Stauferzeit vergewissern und für die eigene Bedeutung Anleihen bei der hochgeschätzten ersten deutschen Güte der Kunst machen wollte. Aus anderen Gründen, der engen Verknüpfung von Literatur und Gesellschaft, der Formen literarischer Öffentlichkeit, des nicht auf Genialität und Autonomie gerichteten Literaturbegriffs, könnte heute ein Versuch mit dem Anfang bei mittelhochdeutscher Lektüre wieder gewagt werden. Ich hielte auch eine exemplarische Einführung in die Literatur des Barock bei einem zweiten Durchgang durch die Oberstufe für eine sinnvolle Alternative, wenn man etwa die Rolle der Gelegenheitsdichtung, das antithetische Lebensgefühl, das zwischen Leiden und Freuden der Gegenwart zerrissen wird, die emblematische Weise zu denken und zu gestalten betonte. Der Säkularisierung als Befreiung aus den Denk- und Glaubensfesseln der amtlichen Kirche käme man vielleicht näher über die gegenwärtigen Tendenzen zur Befreiung aus politischen und administrativen Zwängen. H.-G. Kemper (1980) hat die allgemeinen Tendenzen an plausiblen Beispielen anschaulich deutlich gemacht. In meinem Vortrag auf dem IVG-Kongreß in Göttingen 1985 (Müller-Michaels 1986) habe ich einen Zugang zur Barock-Literatur über die Richterfiguren in Dramen gesucht.

Die Argumente für die Einführung in die Geschichte der Literatur mit Werken der Aufklärung und Klassik hängen mit der inhaltlichen Begründung der Beschäftigung mit Geschichte überhaupt zusammen, werden nur im Blick auf eine besonders übersichtliche Epoche (Aufklärung) konkretisiert und können um folgende Stichpunkte gebündelt werden:

Die Epoche der Aufklärung ist als Umbruchphase zwischen der englischen und der Französischen Revolution relativ abgeschlossen und bestimmt von der *einheitlichen Idee* des zur Selbstbestimmung des Handelns und Denkens aufgerufenen Menschen. Die Darstellungen von vergeblichen und gelungenen Befreiungsversuchen stärken die Bereitschaft der jungen Leser, nach dem gemeinsamen Wissen über die historische Besonderheit dieser Epoche des Aufbruchs zu fragen. In ihr findet sich ein breites Angebot an unterschiedlichen Formen, Problemen und Tendenzen der Literatur, die eine Neugier auf eine Auseinandersetzung mit der Vergangenheit wecken können.

Neben die Beschäftigung mit der Geschichte einer Epoche tritt das Interesse an der *unvollendeten Aufklärung*, neben den historischen der systematische Aspekt. Die gegenwärtigen Diskussionen um die Funktionen der Literatur in der Öffentlichkeit hat ihren Ursprung in der Aufklärung; auch zeitgenössische Autoren beziehen sich immer noch auf Lessing, Schiller, Goethe oder F. Schlegel, wenn es um die Rolle der Literatur in der bürgerlichen Öffentlichkeit geht. Sie greifen auch auf Formen der Literatur zurück, die am Ausgang des 18. Jahrhunderts entwickelt wurden: das Erlebnisgedicht, die Autobiographie, das Parabelstück.

Die Ablösung des spekulativen durch das erfahrungswissenschaftliche Denken hat sich zur Zeit der Aufklärung endgültig vollzogen und wirkt fort, wenn heute über die Grenzen empirischer Erkenntnismethoden nachgedacht wird. Die fortwirkende Kraft der Aufklärung zeigt sich damit sowohl *substantiell* in Problemen und Formen der Literatur als auch *methodisch* im Zugriff auf die Erklärungen der Natur und des Menschen. Beide Argumente, nach Ursprüngen der gegenwärtigen Diskussion über Funktionen und Formen der Literatur sowie der Methoden des Forschens zu suchen, hängen mit der Auffassung zusammen, in den historischen Studien die Frage nach den Wurzeln des heutigen Denkens und Handelns zu stellen. G. Funke (1963) hat die Elemente zusammengefaßt, die die Aufklärung insgesamt ausmachen und auf ihre Gültigkeit hin überprüft werden können:

> „So unter anderem das sokratische Eingeständnis des Nichtwissens, das moralische Postulat zum Selbstdenken, den utilitaristischen Praxisbezug und die sich in der Entdogmatisierung und Entmythologisierung vollziehende Verselbständigung der Vernunft. Die innere Widersprüchlichkeit und den Prozeßcharakter der Epoche betonend, hebt er jedoch als Grundzug die Entdeckung der Perfektibilitäts- oder Fortschrittsidee hervor, die er als die große Errungenschaft des 17./18. Jahrhunderts bezeichnet. Maßgebend sei nicht mehr, *was*, sondern *wie* der Mensch sei; der Substanzbegriff des Humanen werde durch dessen Funktionsbegriff ersetzt." (Pütz 1978, S. 84)

Die Grenzen autonomer, absolut selbsttätiger Vernunft haben Horkheimer und Adorno (1947) markiert, wenn sie Spuren des aus der Bevormundung befreiten bürgerlichen Subjekts, das die Konsequenzen des eigenen Handelns nicht mehr reflektiert, bis Auschwitz nachzeichnen. Rationalität ist zur technischen Rationalisierung verkommen, die nach dem Maßstab des Humanen, dem sie ursprünglich verpflichtet war, nicht mehr fragt. Vor der Dialektik der Aufklärung kann nur der bestehen, der Vernunft an Moralität bindet, die den Aufklärern allerdings, und das wäre kritisch gegen Horkheimer/Adorno zu sagen, noch selbstverständlich war. Zu Recht hat Jochen Schulte-Sasse (1975) darauf hingewiesen, daß Lessing etwa neben die Vernunft das Herz gesetzt und das Gefühl als wichtigsten Faktor menschlicher Selbstverwirklichung erkannt hat. Das Herz wird zur maßgeblichen moralischen Instanz, die alle seine positiven Dramenfiguren gegenüber den einseitig rational gesteuerten Intriganten auszeichnet. Durch die Wirkungspoetik des Mitleidens überträgt sich die Moral des Herzens auf die wohlgesonnenen Zuschauer und scheidet die fortschrittliche von der in ständischem Denken verhafteten Menschheit. Im Mitgefühl wächst eine neue humane Gesellschaft, die sich ihrer moralischen Maßstäbe immer neu versichert – und sei es in der Diskussion über das Theater. Man könnte es dialogische Moralität nennen, was sich als Norm selbstbestimmten Handelns unter den Bürgern durchzusetzen beginnt und sie zu Gleichen vor dem Gesetz des Herzens macht. Das Konzept einer dialogischen Vernunft und Moral wartet noch immer auf seine Verwirklichung. Auch dies ist ein Teil fortwirkender Aufklärung.

Schließlich ist auch das *literarische Gespräch* der Gegenwart stark von Werken, Ideen und Autoren der Aufklärung bestimmt: Inszenierungen von Dramen Lessings, des Sturm und Drang auf dem Theater und im Fernsehen, Gedenkjahre für Autoren (Lessing 1981, Goethe 1982, Wieland 1983), die in den Medien ihre unübersehbaren Spuren hinterlassen und zur Beteiligung an der öffentlichen Wertung aufrufen.

3. Texte zur Aufklärung

a) Kernstellen von Kant und Lessing

Besser als an theoretischen Umschreibungen des Begriffs läßt sich die Stoßrichtung der Aufklärungsidee an einem quellenkritischen Befund verdeutlichen, der den Schülern aus ihrer Leseerfahrung vertraut sein dürfte:

Klekih-petra, Winnetous weißhäutiger Mentor, berichtet, bevor er sich für seinen geliebten Schüler opfert, über seine Vergangenheit als Lehrer in Deutschland: „In mir hatten die Ideen der Aufklärung Wurzel geschlagen. Meine Göttin hieß Vernunft. Mein größter Stolz bestand darin, Freigeist zu sein, Gott abgesetzt zu haben, bis auf das Tüpfelchen nachweisen zu können, daß der Glaube an Gott ein Unsinn sei.“ Da er keine Religion gehabt, so fährt er fort, habe er auch die weltliche Obrigkeit nicht gelten lassen und sich während der 48er Revolution an die Spitze von Rebellen gesetzt, was er seitdem durch selbstloses Leben bei den Indianern abbüße (vgl. dazu Pütz 1978, S. 58).

Die Textstelle legt die ursprüngliche Bedeutung des Wortes frei, die auf die Lösung des Menschen aus religiösen bzw. kirchlich-dogmatischen Zwängen verweist. Er tut das immer noch auf eine Weise, die sich gegen die Aufklärungsideen als Überheblichkeit, Verwirrung des Geistes und Maßlosigkeit in der politischen Praxis wendet, für die man schwer zu büßen hat. Bei der Überprüfung der Textvarianten nun stellt man fest, daß die genannten Sätze gar nicht von Karl May stammen, sondern vom Herausgeber der Bamberger Ausgabe 1951 eingefügt worden sind. Welche Brisanz muß in den Ideen gesteckt haben, wenn sie noch nach dem zweiten Weltkrieg als Gefahr für das Denken und Handeln der Menschen den Jugendlichen nachhaltig vor Augen geführt werden?

Dem Bedeutungskern nähern wir uns über die Beschäftigung mit Kants „Beantwortung der Frage: Was ist Aufklärung?“. Der Verlauf der Behandlung wird mit seinen wichtigen inhaltlichen Erläuterungen festgehalten. Als Quelle liegt den Schülern die Reclam-Sammlung „Was ist Aufklärung?“ (1978) vor. Bemerkenswert erschien zunächst, daß die Frage nach der Bestimmung von Aufklärung 1783 in einem Augenblick gestellt wurde, da literaturgeschichtlich die Epoche an ihr Ende gekommen ist: Lessing ist 1781 gestorben, die Bewegung des Sturm und Drang hat ihren Höhepunkt längst überschritten, Goethe hat mit seinen Gedichten „Grenzen der Menschheit“ und „Das Göttliche“ die Wendung zur Klassik eingeleitet. Die Aufklärung hat ihre Selbstverständlichkeit verloren und ist zum Problem geworden, das öffentlich diskutiert werden muß. Wenn Aufklärung schon nicht mehr literarisch praktiziert werden kann, soll sie wenigstens philosophisch verteidigt werden.

In Berlin hatte sich 1783 eine „Mittwochsgesellschaft" etabliert, eine „Gesellschaft von Freunden der Aufklärung", die in der Diskussion ihrer Mitglieder in Privatwohnungen und in Veröffentlichungen der „Berlinischen Monatsschrift" über Methoden der Wahrheitssuche, politische und soziale Reformen, pädagogische Ideen und eben über die philosophische Grundlegung der Epoche nach Gemeinsamkeiten in der bürgerlichen Öffentlichkeit suchte. Konkreter Anlaß für die philosophische Behandlung der Frage nach dem Ziel der Aufklärung war eine kritische Bemerkung des Pfarrers Johann Friedrich Zöllner in seinem Angriff auf die Zivilehe im Dezemberheft der Berlinischen Monatsschrift: „Was ist Aufklärung? Diese Frage, die beinahe so wichtig ist als: was ist Wahrheit, sollte doch wohl beantwortet werden, ehe man aufzuklären anfinge! Und doch habe ich sie nirgends beantwortet gefunden!" Gleichzeitig haben im September 1784 Moses Mendelssohn und Immanuel Kant die Frage beantwortet; Kants Abhandlung erschien dann aber erst im Dezember in der „Monatsschrift".

In der einleitenden Definition –

„Aufklärung ist der Ausgang des Menschen aus seiner selbstverschuldeten Unmündigkeit. Unmündigkeit ist das Unvermögen, sich seines Verstandes ohne Leitung eines anderen zu bedienen. *Selbst verschuldet* ist diese Unmündigkeit, wenn die Ursache derselben nicht am Mangel des Verstandes, sondern der Entschließung und des Mutes liegt, sich seiner ohne Leitung eines anderen zu bedienen. Sapere aude! habe Mut, dich deines *eigenen* Verstandes zu bedienen! ist also der Wahlspruch der Aufklärung."

– wird das Problem der Mündigkeit des Menschen an seinen Willen gebunden, Vormundschaften zu beseitigen. Erkenntnis ist weniger eine Sache der Verstandeskraft als vielmehr des entschlossenen Willens. „Aufklärung basiert nicht auf Logik, sondern auf Erkenntnisethik" (Pütz 1978, S. 40). Der Gebrauch des eigenen Verstandes ist das unabdingbare Mittel der Aufklärung; sie wird nicht durch beschränkten Verstand, sondern durch „Faulheit und Feigheit" behindert.

Die Selbstbestimmung, die der Aufklärer praktiziert, greift über in die Gesellschaft, in der sich immer mehr Mitglieder finden, die von ihrer Vernunft aktiv Gebrauch machen. Damit die Freiheit des selbstbestimmten Denkens nicht über die Grenzen hinausschießt und Aufklärung in Anarchie mündet, führt Kant die Modifikationen des öffentlichen und privaten Gebrauchs der Vernunft ein: Der Bürger, der in seinem Amt sich an die Normen der Gesellschaft hält (dies nennt Kant, anders als heute üblich, privaten Gebrauch), darf außerhalb des Amtes, als Gelehrter, die Normen in Zweifel ziehen und ihre Veränderung vorausdenken. Freiheit des Denkens ist nur die Freiheit der Gelehrten. Die Frage, wer denn als Gelehrter zu mündigem Gebrauch der Vernunft berechtigt ist, läßt Kant offen. Damit bleibt auch unklar, ob diejenigen, die angetreten sind, Vormünder zu entlarven, nicht selber zu neuen Vormündern sich entwickeln. Der Weg zum dialektischen Umschlag der Aufklärung wäre eröffnet. Theoretisch spricht Kant sich allerdings für einen prinzipiell unabschließbaren Prozeß aus:

„Ein Zeitalter kann sich nicht verbünden und darauf verschwören, das folgende in einen Zustand zu setzen, darin es ihm unmöglich werden muß, seine (vornehmlich so sehr an gelegentliche) Erkenntnisse zu erweitern, von Irrtümern zu reinigen und überhaupt in der Aufklärung weiter zu schreiten."

Am Schluß wird der Zusammenhang der Aufklärungsidee mit den „Religionsdingen" hergestellt und der Toleranzgedanke auf die Auseinandersetzungen vor allem mit der dogmatischen Theologie konzentriert. In der Besprechung wurde dieser Hinweis zum Anlaß, die ursprüngliche Diskussion genauer zu erfassen und gegen die Universalisierung des Begriffs seine historische Bedeutung für den theologischen Streit zu setzen.

Auch Lessings Antwort auf die Frage nach den Prämissen der Aufklärung steht im Zusammenhang mit Auseinandersetzungen mit der orthodoxen Theologie. Aufklärung wird auch für Lessing zu einem Wagnis mit den Mitteln der Vernunft, die Gewißheit aus Zweifeln wachsen läßt und sich nicht auf dogmatische Setzungen verläßt. Die ganze Debatte um die Edition der Fragmente des Reimarus durch Lessing ist ein anschauliches Kapitel des Kampfes um Wahrheit am Ausgang der Aufklärungsepoche. Man wird sie in ihren einzelnen

Schritten und inhaltlichen Schwerpunkten nur in einem Leistungskurs nachzeichnen können (vgl. dazu die Übersicht bei Barner u. a. (1977), S. 257 ff.). Im Grundkurs ging es weniger um die Inhalte des Streits als um das neue Verfahren der Erkenntnisgewinnung in „Eine Duplik" vom Januar 1778. Auch dieser Text handelt wieder von dem ethischen Problem der Mühen, die ein Mensch sich um die Wahrheit macht, und weniger von dem logischen Problem der Wahrheit selber:

> „Nicht die Wahrheit, in deren Besitz irgendein Mensch ist oder zu sein vermeinet, sondern die aufrichtige Mühe, die er angewandt hat, hinter die Wahrheit zu kommen, macht den Wert des Menschen. Denn nicht durch den Besitz, sondern durch die Nachforschung der Wahrheit erweitern sich seine Kräfte, worin allein seine immer wachsende Vollkommenheit bestehet. Der Besitz macht ruhig, träge, stolz [...]. (Lessing 1968a, S. 27)

Die letzte Wahrheit zu wissen, ist Sache Gottes allein, dem Menschen kommt sie nicht zu, sie macht ihn doch nur „ruhig, träge, stolz". Ihm ist es vielmehr aufgegeben, immer wieder nach vorläufigen Wahrheiten zu suchen, die erst dann zu gelten aufhören, wenn sie widerlegt sind. In den „Axiomata" [1778] macht Lessing das an dem Quecksilber-Beispiel deutlich. Um zu beweisen, daß Quecksilber unter Feuer verdampft, brauche man nicht alles Quecksilber aufzulösen, sondern dies nur durch einen Versuch zu belegen:

> „Guter Freund, alles Quecksilber, das ich noch über Feuer brachte, das verrauchte wirklich. Kennst du welches, das nicht verraucht: so bring' es, damit ich es auch kennenlerne; und du sollst Dank haben." (Lessing 1968b, S. 166)

Dieses induktive Vorgehen hat Lessing aus der jungen naturwissenschaftlichen Forschung übernommen, auf den religionsphilosophischen Bereich übertragen und zum allgemeinen Prinzip der Erkenntnis gemacht. An diesem Punkt ist Gelegenheit, die Schüler auf die unveränderte Gültigkeit dieses Forschungsprinzips der Falsifizierung von Forschungshypothesen hinzuweisen. Dies kann mit der Erläuterung der Grundannahmen Poppers in seinem Konzept des kritischen Rationalismus am plausibelsten geschehen, verteidigt er doch die rationalen Mittel der Überprüfung von Wahrheitsaussagen.

> „Im Falle einer wiss. Theorie hängt unsere Entscheidung [ob wir die Theorie annehmen oder nicht – H. M.-M.] von den Ergebnissen der Experimente ab. Wenn diese Experimente die Theorie bestätigen, so behalten wir sie bei, bis wir eine bessere gefunden haben. Wenn die Experimente der Theorie widersprechen, dann verwerfen wir sie."
> (Popper 1973, Bd. 2, S. 287)

> „[Der] Rationalismus besteht im Gewahrsein unserer Bemühungen, in der intellektuellen Bescheidenheit jener Menschen, die wissen, wie oft sie sich irren und wie sehr sie sogar in bezug auf dieses Wissen von anderen abhängen.
> [Der Rationalismus] besteht in der Einsicht, daß wir von der Vernunft nicht allzuviel erwarten dürfen; daß Argumente kaum je eine Frage endgültig lösen können, obgleich sie das einzige Mittel zum Lernen sind – ein Mittel, das uns zwar nicht mit einem Schlage Klarheit verschafft, das uns aber die Möglichkeit gibt, klarer zu sehen als zuvor."
> (Popper 1973, Bd. 2, S. 279)

Den Schülern am Beginn der Oberstufe ist diese Erkenntnismethode sehr sympathisch, auch wenn sie die Skepsis gegenüber der Begrenztheit der Vernunft bei Popper nicht teilen und das Falisfikationsgebot gegenüber Sätzen aus der Naturwissenschaft nicht gelten lassen wollen (Gesetze der Mechanik und Elektrotechnik werden als Beispiele genannt). Den Zweifel als Prinzip wollen sie nicht akzeptieren, da sie sich nichts davon versprechen, naturwissenschaftliche Grundlagenerkenntnisse in Zweifel zu ziehen. Aber vielleicht steckt dahinter auch nur das Bedürfnis, Sicherheit in bezug auf die Erkenntnisgewinnung durch erfahrungswissenschaftliche Verfahren zu bekommen, bevor man sie in Zweifel zu ziehen bereit ist. Die naturwissenschaftlichen Leistungskurse, für die die meisten Schüler sich inzwischen entschieden hatten, haben noch nicht begonnen.

Wie in den Alltagsgeschichten zu Beginn des Kursabschnittes werden auch in den Texten Geschichten zur Illustration von allgemeinen Aussagen erzählt. In „Eine Duplik" folgt auf den oben zitierten Absatz ein Bild, das den Unterschied zwischen den Methoden der Wahrheitssuche und der Wahrheitsgewißheit sinnfällig veranschaulicht:

„Wenn Gott in seiner Rechten alle Wahrheit und in seiner Linken den einzigen immer regen Trieb nach Wahrheit obschon mit dem Zusatz, mich immer und ewig zu irren, verschlossen hielte und spräche zu mir: wähle! Ich fiele ihm mit Demut in seine Linke und sagte: Vater vergib! Die reine Wahrheit ist ja doch nur für dich allein!"

b) Lessing „Nathan der Weise"

Methodisch hätte bei der Behandlung, adäquat der induktiven Methode, auch so vorgegangen werden können, daß man von den Schülern den allgemeinen Satz zu diesem Bilde hätte suchen lassen. Bei der Besprechung des „Nathan" gehen wir entsprechend vor und beginnen mit der Ringparabel, die zur Veranschaulichung der Antwort auf die Frage nach der wahren Religion von Nathan erzählt wird. Der „Nathan", der selber eine anschauliche Antwort in der Kontroverse um den rechten Weg der Wahrheitssuche war (vgl. die Entstehungsgeschichte des Dramas), enthält selbst wiederum an einer Kernstelle ein literarisches Modell zur Illustration einer abstrakten Aussage.

Schon in der Vorlage Lessings, der dritten Geschichte des ersten Tages aus Boccaccios „Dekameron", steht das Erzählen als Medium vergnüglicher Erbauung im Mittelpunkt. Filomena erzählt die Geschichte des Juden Melchisedech, „die euch vielleicht lehren wird, vorsichtiger zu sein, wenn ihr auf vorgelegte Fragen zu antworten habt". In diese Geschichte eingebettet ist wiederum das Gleichnis von den drei Ringen, das der Jude erzählt und sich damit Saladin zum Freunde gewinnt. Die Unterschiede gegenüber der Fassung in Lessings „Nathan" hat K. Eibl in drei Punkten zusammengefaßt:

„Er bettet die Geschichte ausführlicher ein, er läßt Nathan die Geschichte auch gemeinsam mit dem Sultan auslegen, und er führt die drei Brüder schließlich noch zu einem Richter, der entscheiden soll." (Eibl 1981, S. 13)

Die entschieden neue Deutung Lessings läßt sich schon an den ersten Worten Nathans festmachen, wonach der Stein im Ring

„[...] die geheime Kraft [hatte], vor Gott
Und Menschen angenehm zu machen, wer
In dieser Zuversicht ihn trug." (V. 1915 ff.)

Nicht mehr wer den rechten Ring besaß, sondern wer ihn in der Zuversicht trug, als hätte er ihn, konnte sich vor Gott und den Menschen angenehm machen. Die wahre Religion ist überhaupt nicht zu ermitteln, sie kann sich nur in guten Werken zeigen, und so fordert der Richter am Schluß der Erzählung:

„Es eifre jeder seiner unbestochnen
Von Vorurteilen freien Liebe nach"
„Es strebe von euch jeder um die Wette,
Die Kraft des Steins in seinem Ring' an Tag
Zu legen!" (V. 2041 ff.)

Die Entscheidung über die wahre Religion ist, wenn überhaupt, erst in 1000 Jahren nach dieser langen Bewährungszeit zu fällen: „Der Richter fordert damit ein radikales Umdenken, weg vom Begründungsdenken, hin zum Bewährungsdenken." (Eibl 1981, S. 20) Toleranz und Menschlichkeit werden zur ständigen Aufgabe des Menschen und erreichen nie jene Vollendung, die den einzelnen Menschen wahrheitssicher und selbstgerecht machen könnte. Dennoch steckt in dem Modell der Erzählung und ihrer Auslegung ein Fortschrittsoptimismus, der es bei entsprechendem Bemühen dem Menschen möglich macht, der Stufe der Vollkommenheit ein Stück näher zu kommen. „Dialektischer Determinismus" wird zu Recht jene Bindung an ein humanes Ziel des Denkens und Handelns genannt, das dem Menschen aber die Freiheit zur Selbsttätigkeit beläßt, ja belassen muß, damit er sich, entsprechend dem Rat des Richters, bewähren kann (vgl. Barners u. a. Hinweis auf Schilson, 1977, S. 289).

Dieses Streben des Menschen gilt natürlich und in erster Linie für die Frage nach der wahren Religion und der Wahrheit der Religionen, gilt aber auch für philosophische Einsichten sowie wissenschaftliche Erkenntnisse, wie ein Vergleich mit „Eine Duplik" zeigen kann, und gilt schließlich auch für politisches Handeln, denn der Erbe des Ringes soll „das Haupt, der Fürst des Hauses" werden. Der Patriarch bestätigt die politische Brisanz der Nathanschen Toleranzidee:

„Alle bürgerliche Bande
Sind aufgelöset, sind zerrissen, wenn
Der Mensch nichts glauben darf.
Hinweg! hinweg
Mit solchem Frevel!" (V. 2580 ff.)

Die Legitimation von Herrschaft durch gute Werke im Sinne der bürgerlichen Idee von Toleranz und Humanität ist der zweite wichtige Aspekt der Ringparabel, der auf richtige Grundannahmen der Aufklärungsepoche verweist. Demgegenüber können die beiden anderen Aspekte für das Verständnis des Dramas: Exposition des thematischen Komplexes „Weisheit" und die Utopie der „Menschheitsfamilie" im 2. Teil des Dramas (vgl. Eibl 1981) zurücktreten und in Grundkursen kursorisch behandelt werden. In unserem Zusammenhang war es wichtig, darauf hinzuweisen, daß der Literatur in den religionsphilosophischen Auseinandersetzungen der Zeit eine heuristische Funktion zukam: Lessing, dem es vom Herzog von Braunschweig verboten wurde, im Fragmentenstreit weiter Stellung zu nehmen, wich mit der Darlegung seiner Idee einer prozeßorientierten Wahrheit und Herrschaft auf das Theater aus: „Ich muß versuchen, ob man mich auf meiner alten Kanzel, auf dem Theater wenigstens noch ungestört will predigen lassen" (Brief v. 6. 9. 1778 an Elise Reimarus). Literatur wird zu einem anschaulichen Mittel im Verlauf der Auseinandersetzungen um die Wahrheit der Erkenntnisse und die Richtigkeit des Handelns. Was Oelmüller (1969) über die Ringparabel sagt, läßt sich auch auf den „Nathan" insgesamt übertragen: Das Drama ist ein Denkmodell, das auf seine Anwendbarkeit hin in einer bestimmten idealen historischen Konstellation (Jerusalem im Mittelalter) überprüft wird. Auf diese Weise wird Literatur zu einem Erkenntnismittel, dessen Tauglichkeit nur in fiktionalen Zusammenhängen überprüft werden kann, dessen Realisierung in gesellschaftlicher Praxis aber als Aufgabe bestehen bleibt.

c) Aufklärung und Sturm und Drang

In der ersten Szene des 1. Aktes klingt ein wichtiges Problem an, das zum tieferen Verständnis der Aufklärung führen kann: der Widerstreit zwischen Herz und Kopf, Empfindung und Denken, individueller und allgemeiner Gewißheit. In der Hochaufklärung, mit der literarischen Bewegung des Sturm und Drang, wird das Herz zur entscheidenden Kategorie im Streit, den Vernunft nicht schlichten kann. Um dies deutlich zu machen, ist es notwendig, den Sturm und Drang als literarische Bewegung mit der Aufklärung zu verbinden. Seit der umfangreichen Arbeit von Gerhard Sauder (1974) wird zu Recht bestritten, was sich als Denkstruktur der geisteswissenschaftlichen Literaturgeschichtsschreibung in Lehrplänen und Literaturgeschichten für die Schule in dem Vorurteil hält: der Sturm und Drang sei als deutsche literarische Bewegung eine konsequente Steigerung und Überwindung der Aufklärung und damit eine eigenständige Epoche. Demgegenüber hält Sauder fest: „Die Empfindsamkeit der Aufklärung war keine Tendenz *gegen* die Vernunft, sondern der Versuch, mit Hilfe der Vernunft auch die Empfindungen aufzuklären" (S. XV). Am prägnantesten zusammengefaßt wird die These von der Einheit der beiden Tendenzen im Jahrhundert der Aufklärung von Christoph Siegrist (1978). Die Darstellung eignet sich besonders gut für ein Korreferat zu dem Referat über die Literatur der Aufklärungsepoche, das nach der Besprechung des „Nathan“ angezeigt ist. Siegrist gibt das maßgebliche Stichwort der Komplementarität der beiden Strömungen und zeigt, wie aus der Radikalisierung des Vernunftprinzips neue autoritäre Strukturen erwachsen (oder auch zur Legitimation der bestehenden Ordnung gewonnen werden), die sich gegen das Autonomiestreben richten, dem es ursprünglich verpflichtet war. Um diesem Verdinglichungsprozeß vorzubeugen, wird mit dem empfindsamen Herzen eine moralische Instanz geschaffen, die über die Plausibilität von Vernunftgründen entscheidet. Selbstbestimmtheit ließ sich nun nicht mehr auf die Verstandeskräfte beschränken, sondern sollte sich auch auf die Gefühlsstärke beziehen. Glaubte man zur Zeit der einseitig rational bestimmten Aufklärung noch an die Macht der Vernunft und Tugend auf dem Weg von der Natur zur Glückseligkeit, so kommt nun das Sich-Selber-Fühlen hinzu, wie Herder schreibt: „Jeder handle nur ganz aus Sich, nach seinem innersten Karakter; sei sich treu – das ist die ganze Moral“. Konsequenzen dieser Befreiung des ganzen Menschen von allen fremdgesetzten Zwängen lassen sich auf den verschiedensten Gebieten in Schriften der Stürmer und Dränger verfolgen: politische Verfassung, Modell der Familie, Genieästhetik, Geschichtsinterpretation, die an Textauszügen exemplarisch erläutert werden können, wenn Raum für einen solchen Spezialkurs ist.

d) Goethe „Prometheus“

Entsprechend dem Konzept der Unterrichtsreihe wählen wir aber nicht die diskursive Erläuterung von theoretischen Erklärungsmodellen, sondern nach dem Referat aus Literaturgeschichten das literarische Beispiel. Auch im Blick auf die nachfolgende „Faust“-Behandlung erschien der „Prometheus“ besonders geeignet. Die Hymne steht in der Reihe mit anderen frühen Gedichten Goethes, die dem Sturm und Drang zuzurechnen sind: „Wanderers Sturmlied“, „Prometheus“, „Ganymed“ und „Harzreise im Winther“. Wir kommen aber nur dazu, „Prometheus“ zu behandeln. Schon hier zeigen sich die meisten Schüler überfordert, den angebotenen Deutungsspielraum auszuschöpfen, weil sie sich in der Mythologie nicht auskennen. Nicht nur die Schüler empfinden die Notwendigkeit, immer wiederkehrende Bilder – vor allem aus der antiken Mythologie und der christlichen Überlieferung –, mit denen man sich in Literatur und Alltag verständigt, kennenzulernen. Dies wird Thema einer eigenen Unterrichtsreihe (siehe 12/2). An dieser Stelle – im Zusammenhang mit der empfindsamen Literatur der Aufklärung und der Literatur als Erkenntnismittel – konzentrieren wir uns auf vier Punkte:

a) Die Figur des *Sprechers* in dem Rollengedicht, der sich gegen die Götter richtet („Mußt mir meine Erde / Doch lassen stehn“) und sich seiner selbst vergewissert („Hast du's nicht alles selbst vollendet, / Heilig glühend Herz?“). Die Selbstbehauptung zielt nicht gegen das Göttliche, das ausdrücklich anerkannt wird („[...] das ewige Schicksal, / Meine Herrn und deine“), sondern gegen die despotischen Götter. Die Stoßrichtung der Rede zwischen Anklage und Apologie zielt einmal gegen die Gottesbilder der Orthodoxie, aber durchaus auch gegen die mit uneingeschränkter Macht über die Menschen ausgestatteten weltlichen Herrscher (s. „Sklaverei“).

b) Die literarische Rede des Prometheus zeigt einen deutlichen *Aufbau* und den Gebrauch *rhetorischer Mittel.* Ausgehend von der Distanz zwischen Göttern und Menschen (Strophen 1 und 2) folgt die Begründung des Gegensatzes über erinnerte Episoden aus der Kindheit (Strophen 3 und 4) und die Verteidigung der wirklich höheren Mächte, die das Individuum in seiner Entfaltung nicht behindern (Strophen 5–7) bis hin zur Feststellung der Gottebenbildlichkeit (Strophe 8). Die Sprengung aller hindernden Grenzen korrespondiert mit der Hymnenform in freien Rhythmen und ungleichen Strophen. Vielfache rhetorische Mittel verstärken den Gestus der Herausforderung: Ausrufe, rhetorische Fragen, spöttische Wendungen, Behauptungen, die als Fragen formuliert sind, Gebet und Bekenntnisse.

c) Das Gedicht ist Ausdruck der *Aufklärung* und *Empfindsamkeit* zugleich. Daß hier jemand mit dem Mündigkeitspostulat der Aufklärung ernst macht, leuchtet unmittelbar ein. Das ließe sich mit Hinweis auf die Entstehungsgeschichte unterstreichen: Das 1774 entstandene Gedicht wurde von Jacobi ohne Wissen Goethes 1785 im Zusammenhang mit der Wendung gegen „die orthodoxen Begriffe von Gottheit" veröffentlicht. Goethe selbst war damit nicht einverstanden und veröffentlichte 1789 (!) das Gedicht zusammen mit „Ganymed" in einer Werkausgabe (vgl. dazu Conrady 1982, S. 209/210). Die rationale Apologie des autonomen, schöpferischen Individuums gipfelt in der Rechtfertigung des heilig glühenden Herzens als der maßgebenden moralischen Instanz. Das Individuum wird zum Genie, das nach eigenen Gesetzen schafft („nach meinem Bilde"). Der freie Künstler wird zum Bild des freien Gläubigen und des freien Bürgers.

d) Das Gedicht ist nicht nur eine Form der *Erkenntnis*, sondern stellt sie auch noch dar. Das Gefühl der Überlegenheit, das Herz als Organ der Wahrnehmung von Ungerechtigkeit und Unterdrückung, der Traum vom anderen Leben („Knabenmorgen – Blütenträume") sind die regulativen Instanzen im rationalen Beweis (vgl. dazu auch die Interpretation von Thomé 1983). Nicht nur im deduktiven Verfahren der spekulativen Theologie und Philosophie, auch nicht nur im induktiven Verfahren der Falsifikation, das die Schüler schon kennen, sondern auch in der empfindsamen Wahrnehmung und Gestaltung von Wirklichkeit in der Literatur werden Einsichten gewonnen. Dies zu erkennen ist wichtiger als voreilige Einführungen in wissenschaftspropädeutische methodische Zwänge.

4. Johann Wolfgang von Goethe „Faust"

Ein Hauptseminar für Germanisten über dieses Werk, das Goethe Zeit seines Lebens und die Wissenschaft seither ohne Unterbrechungen beschäftigt hat, ist ganz gut vorstellbar: Referate über Probleme neuerer Forschung anhand ausgewählter Sekundärliteratur, Diskussion über zentrale Streitpunkte wie z. B. das Werk als Einheit oder Reihung des Verschiedenen, Aufarbeitung der Stoffgeschichte, Analyse zentraler Szenen, Aufspüren von symbolischen Bezügen, vor allem im II. Teil, Nachweis verschiedener Versmaße und Genres in dem Drama, Überblick über Epochen der Rezeptionsgeschichte wären solche thematischen Schwerpunkte für die Behandlung des Faust im Studium. Aber in der Schule und noch dazu am Beginn der Oberstufe? Weder die allgemeine noch die besondere Lernsituation sind für geistige Anstrengungen dieser Art besonders günstig: Die Jahrgangsstufe 11 dient im wesentlichen zur Orientierung über die Vielfalt der angebotenen Fächer. Leistungen zählen noch nicht, der Blick geht in die Breite, noch nicht in die Tiefe. Viele Schüler, die gar nicht studieren wollen, werden eingeladen, die Vielfalt des Lernangebots zu genießen, so wie sie es beim Fernsehen zu tun pflegen, wenn sie einen Sonntag lang durchsehen, ohne aus dem Programm groß auszuwählen. Wenn den Schülern durch die Bildungsprogramme suggeriert wird, sie seien noch nicht gefordert, kann man verstehen, daß sie sich nicht gleich selber herausfordern. Hinzu kommt ihre persönliche Situation zum Abschluß der Pubertät, auf der Suche nach einer Identität, nach neuen Interessen und Weltbildern, die sie nicht aus der Schule zu gewinnen hoffen. Um sich auf sich selbst konzentrieren zu können, muß die Anstrengung aus dem Unterricht genommen werden: Da dreht plötzlich jemand sein nicht mehr benötigtes Namensschild um, damit ich lesen kann: „Ich bin 17 und ein armer Irrer", oder ein anderer verwickelt seinen Nachbarn in mittellaute Gespräche, um dann, wenn mein herausfordernder Blick an der Gruppe haften bleibt, laut dazwischen zu fahren: „Hör auf mit deinem pubertären Geschwätz!" Oder bei der Behandlung der Gretchen-Tragödie: Ich frage, wer die „Walpurgisnacht" gelesen hat, darauf antwortet Markus: „Die ist scharf!" Ich wende ein, daß Goethe die Sexualität doch sehr verschlüsselt dargestellt habe und ob jemand dafür ein Beispiel geben kann. Nach einigem Zögern meldet sich Norbert: „Ach! mitten im

Gesange sprang / Ein rotes Mäuschen ihr aus dem Mund". Darauf Gaby erschrocken: „Igittigitt". Mit dem folgenden Gelächter war man zugleich von dem Problem befreit.

„Faust" unter solchen Bedingungen? Nötig wäre eine Konzentration auf die Handlungselemente, vor allem im Teil I, eine Strukturierung und Reduktion des gesamten Stoffes, die Suche nach zentralen Erfahrungen, die der Text vermittelt und die bei den Schülern zumindest die Neugier wecken. In der Besprechung beschränken wir uns auf drei Themenkreise: Scheitern des Gelehrten, Gretchentragödie, Fausts Streben und Handeln. Dabei ging ich davon aus, daß der Wissensekel im ersten Teil von „Faust I" und die Suche nach sinnlichem Zugang zur Welt das besondere Interesse der Schüler, die die Wissensvermittlung mit Skepsis betrachten, auf sich zieht, aber sie fühlten sich dann vor allem durch das Schicksal Gretchens und den Gebrauch des mephistophelischen Zaubers angesprochen; Fausts Erkenntnisstreben fanden sie „ziemlich langweilig".

Für die Eröffnung der Besprechung habe ich die Anregung Horst Hartmanns (1973) aufgegriffen, an den Anfang der Behandlung die Studierzimmerszene II mit der Wette zwischen Faust und Mephisto zu stellen. Damit ist man mit dem Gespräch im Zentrum des Werkes, in dem Fausts Wünsche, Absichten sowie sein Charakter besonders deutlich werden, und zugleich am Scheitelpunkt der Handlung, wo die Gelehrten- in die Gretchentragödie übergeht. Wenn man in der Besprechung die Wette zwischen dem Herrn und Mephisto im „Prolog" mit einbezieht, wird eine Gliederung des Dramas erkennbar, die den Schülern einen Überblick verschafft, der sie nicht im Detail der Szenen ohne Einsicht in die Gesamtstruktur hängen läßt.

a) Der Teufelspakt (1. Stunde)

Ich versuche, den Ablauf des Unterrichts, die behandelten Schwerpunkte sowie deren Ermittlung aus Interpretation so genau wie möglich zu beschreiben. Bis zu den Klausuren ging alles, manchmal gegen meine Absicht, sehr lehrerzentriert. Der Unterrichtsstil lockerte sich erst mit Beginn der Gretchentragödie auf.

Mit dem Lektüreauftrag wird die Aufmerksamkeit schon auf die zentrale Szene des Studierzimmers gelenkt, und der Unterricht beginnt mit der Diskussion der Konditionen und Bedeutung der Wette. „Sprich die Bedingung deutlich aus" (Vers 1654) ist der Ansatzpunkt für die Erläuterung der Abmachung. Die Frage nach Fausts Vorstellungen läßt sich nur durch Widersprüche fassen („hast du Speise, die nicht sättigt?", V. 1678–87), so daß er im Blick auf die Erfüllbarkeit seiner Wünsche sehr skeptisch bleibt („was willst du armer Teufel geben?"). Als Mephisto immer noch meint, einen solchen Auftrag erfüllen zu können, formuliert Faust die Wette: „Werd' ich beruhigt je mich auf ein Faulbett legen [...]" (V. 1692) und faßt sie noch einmal als Widerspruch: „Kannst du mich mit Genuß betrügen". Nach der Abmachung schiebt er noch eine Erläuterung nach, die sinnfällig machen soll, wann die Bedingung eines absoluten Glücks erfüllt ist: „Werd ich zum Augenblicke sagen: / Verweile doch! du bist so schön!" (V. 1699f.). Faust ist sich sicher, daß es Genuß, Faulheit, Selbstgenügsamkeit, Ruhe für ihn nicht geben kann, während Mephisto seine Zeit von allein kommen sieht, Fausts Wünsche aber wohl verkennt, wenn er später (V. 1860f.) sein Vorhaben zum Gewinn der Wette präsentiert: „Den schlepp' ich durch das wilde Leben, durch flache Unbedeutenheit [...]". Diesem Plan steht von Anfang an der Wunsch Fausts nach Bedeutungstiefe durch Aufhebung widersprüchlicher Erfahrungen gegenüber. Die Chancen für Faust stehen von Anfang an besser als die für Mephisto.

Nach der Erläuterung der wichtigsten Zeilen am Scheitelpunkt der Handlung des 1. Teils geht es um die Frage nach Fausts Situation unmittelbar zu Beginn der Pakt-Szene, die mit seinem Fluch auf die Erscheinungen der Welt und die zentralen christlichen Tugenden: Liebe, Hoffnung, Glaube (V. 1587–1606) beantwortet werden kann. Seine Hoffnungslosigkeit, seine Zweifel und seine Verzweiflung machen ihn bereit, den Teufelspakt zu versuchen. Auch die Ziele, die Faust und Mephisto mit der Wette verfolgen, werden angesprochen:

Fausts Streben nach „den Tiefen der Sinnlichkeit“ und „glühende(n) Leidenschaften“ (V. 1750f.), die aber ihre widersprüchliche Ganzheit („Dem Taumel weih’ ich mich, dem schmerzlichsten Genuß, / Verliebtem Haß, erquickendem Verdruß“, V. 1766f.) nicht verlieren, während Mephisto durch den oberflächlichen Sinnengenuß Faust zu gewinnen hofft (V. 1851–1867).

Fausts Ansinnen, als Mensch stellvertretend für die Menschheit (V. 1770) die neuen Erfahrungen zu sammeln, leiten über zum Rahmen des „Prologs im Himmel“, in dem die Wette abgeschlossen wird, die Voraussetzung für den Teufelspakt ist. Der Herr geht zwar nicht auf das Wettangebot ein (wie später Faust), aber er läßt den Teufel gewähren. Auch in diesem Dialog reden die Gesprächspartner aneinander vorbei, weil sie von verschiedenen Prämissen ausgehen: Mephisto vom Menschen als unverbesserlicher, triebgebundener Kreatur, der Herr von ihm als einem Wesen, das Fehler, Irrwege durch Einsicht jederzeit überwinden kann. Ein Experiment über die richtige anthropologische Prämisse folgt mit dem Faust-Drama. Dabei ist Faust nicht nur Individuum, sondern Repräsentant der Menschheit, einer Menschheit, die sich am Ausgang des 18. Jahrhunderts anschickt, die eigenen Kräfte zu erproben und Autonomie zu gewinnen. Für H. J. Schrimpf (1981) ist Faust das Modell „des neuzeitlichen Menschen, der voraussetzungslos, jenseits von Überlieferung, Kirche und Autoritäten, von sich aus und ganz auf sich selbst gestellt die Wahrheit der Dinge, die Wahrheit von Natur und Menschenleben in Erkenntnis und Liebe unmittelbar ergreifen will [...]“ (1981, S. 87/88).

b) Stationen auf dem Weg (2. bis 6. Stunde)

Die Verzweiflung Fausts, der Fluch auf die Menschen, auf die Wissenschaft und die Religion haben ihn zum Teufelspakt gedrängt; in seinem Gelehrtendasein sieht er keine Möglichkeiten mehr, sich „dem Unendlichen“ zu nähern (V. 1815): „Ich fühl’s, vergebens hab’ ich alle Schätze / Des Menschengeistes auf mich herbeigerafft“ (V. 1810f.); das Drama des Gelehrten ist zu Ende, das Drama der Liebenden beginnt. Dieser Scheitelpunkt der Handlung gibt Gelegenheit, die Stationen wachsender Verzweiflung Fausts bis zum Schluß der Szene „Studierzimmer“ nachzuzeichnen. Damit werden zunächst zwar die vielfältigen Handlungselemente zugunsten der Haupthandlung überlesen, aber sie können danach dem Gesamtgeschehen leichter zugeordnet werden. An dieser Stelle können die Einzelheiten der Interpretation nicht weiter bis ins Detail hinein aufgeführt werden, weil es in diesem Zusammenhang mehr um Aspekte einer Einführung in den „Faust“ als um Einzelheiten des Textverständnisses geht; die sind im übrigen im Kommentar der Hamburger Goethe-Ausgabe und bei Requadt (1972) nachzulesen. So können wir uns hier auf die zentralen Aspekte der Behandlung in der Jahrgangsstufe 11 beschränken.

Am Anfang des Rückblicks auf den Handlungsverlauf bis zur Wette steht der Verdruß über die Tatsache, daß alle Wissenschaften den Menschen nicht zu tieferen Einsichten oder gar zur Besserung führen können. Wir interpretieren den Eingangsmonolog nicht so sehr auf die Zeit der Renaissance und die Auseinandersetzung mit der scholastischen Philosophie hin, sondern mehr im Blick auf die Aufklärung, in der die neuen empirischen Forschungsmethoden der Naturwissenschaften nichts zur Beantwortung von Fausts Frage: „Daß ich erkenne, was die Welt im Innersten zusammenhält“ (V. 382f.) beitragen. Das Herz als Organ der Wahrnehmung (V. 365) weist ihn dann auch tatsächlich als Zeitgenossen der Aufklärungsepoche aus.

Der Schritt zur Magie läßt bei Faust zwar noch einmal Hoffnung aufkommen, um dann aber in noch größere Enttäuschung über die begrenzten Möglichkeiten zu münden. Vor allem der Erdgeist, eine Elementarkraft, die Faust wohl rufen, aber nicht an sich binden kann, stürzt ihn in Verzweiflung, wenn dieser lakonisch feststellt: „Du gleichst dem Geist, den du begreifst, / Nicht mir!“ (V. 512f.). Der Erdgeist vertritt den „Tatensturm“, der rastlos hin und her weht, schafft und wirkt, während Faust verzagt und ohne Hoffnung resignativ in der Welt der Bücher verharrt. Das Prometheische („Ich Ebenbild der Gottheit", V. 516 und 614) seines Strebens versinkt im Staub der Bedeutungslosigkeit („Dem Wurme gleich' ich", V. 653); Selbst dem Zustand des Glücks ist die Sorge beigegeben (V. 644). Dies ist nicht nur der entscheidende Punkt, der Faust von Prometheus unterscheidet, sondern der sein weiteres Schicksal bestimmen wird, denn die Sorge ist es, die Faust am Ende seines Lebens blind haucht und damit sein Ziel, Einsicht in die Zusammenhänge des Lebens und der Welt zu gewinnen, endgültig in unerreichbare Ferne rückt. Die Sorge ist es auch wohl, die Faust in der Pakt-Szene so sicher macht, daß er die Wette gewinnen wird, weil ihm der absolute Genuß unmöglich erscheint, er ihn gleichwohl erhofft, um auch von der Sorge frei zu sein. In der Gretchentragödie werden wir genauer beobachten, wie jeder mephistophelische Erfolg von der Sorge begleitet wird. Was als Befreiung von der Sorge gedacht war, führt nur tiefer in sie hinein (zur Gestalt und Bedeutung der Sorge vgl. Schrimpf 1981, S. 98 ff.). An dieser Stelle nach der Erdgeist-Beschwörung sieht Faust nur noch einen Ausweg: den Selbstmord.

Nachdem er durch den Chor, der das Osterfest einleitet, noch einmal ins Leben zurückgerufen ist, er zunächst das Leben und Treiben der Menschen in der erwachenden Natur in ausgeglichener Stimmung wahrnimmt, wächst gerade aus der Begegnung mit dem Volk wieder die Resignation. Indiz dafür ist vor allem der zweite Gesprächsabschnitt mit Wagner (V. 1011 ff.), in dem Faust an das Unvermögen seines Vaters, der Ärzte und an sein eigenes angesichts der Pestepidemie erinnert. Selbst die verabreichte Medizin (Latwergen) beschleunigt eher den Krankheitsverlauf zum Tode, als daß sie zu heilen vermag. Die radikale Skepsis des Wissenschaftlers in bezug auf die Wirksamkeit seiner Einsichten steht dem biederen Optimismus eines Wagner gegenüber, der die Gewissenhaftigkeit im Denken und Handeln schon für den Erfolg der Wissenschaften selber hält.

Über eine Strecke beißt sich das Gespräch der Schüler an diesen beiden Gelehrtentypen fest, die auch in Kommentaren und Interpretationen immer wieder herausgestellt werden: dem neugierigen, auf tiefere Einsicht in die Vorgänge des Lebens sich stützenden, der eigenen Erfahrung mehr als der Spekulation vertrauenden, von Zweifeln gepeinigten *paracelsischen* Typ und den auf die Sammlung von Wissensbeständen orientierten, mehr den Buchstaben als den Sinnen trauenden, der spekulativen Idee in der Gelehrtenstube mehr als der Erfahrung draußen in der Natur verpflichteten *erasmischen* Typ. Goethe läßt den Lesern ja keine Wahl in der Entscheidung darüber, welche Figur ihm näher steht.

Die vorletzte Stufe auf dem Weg zum Teufelspakt markiert der Übersetzungsversuch in der 1. Studierzimmer-Szene. Faust setzt sich mehr mit dem Anfang des Johannes-Evangeliums auseinander, als daß er, getreu der Textvorlage, übersetzt. Seine Entscheidung für „Am Anfang war die Tat" (V. 1237) ist eher Ausdruck seines Strebens (wir haben gezählt, wie oft das „Ich" in den wenigen Zeilen vorkommt) als des Mühens um die Intentionen des Textes. Die Tat in Verbindung mit dem Schöpfungsakt ruft den Gedanken der Gottebenbildlichkeit zurück, der vom Erdgeist schon verworfen wurde. So muß, auch in Verbindung mit der Ohnmacht der Ärzte, gerade diese Übersetzung die alte Verzweiflung wieder wachrufen. Da kommt der Teufel gerade recht, um ihm einen Pakt anzubieten (V. 1414). Die Verzweiflung muß aber noch weiter bis hin zum Fluch auf seine gesamte bisherige Existenz und alle ihm vertrauten Werte, Fluch auf ein Leben, aus dem die Sorge nicht zu verbannen ist, wachsen, bis Mephisto auf das Angebot eingehen wird. Dafür wird aus dem angestrebten Pakt nur die Wette, die an Konditionen gebunden ist, die eine Einlösung für den Teufel erheblich erschweren.

c) Die zwei Seelen (7. Stunde)

Der Klausurplan für die Jahrgangsstufe 11 machte eine Unterbrechung der Faust-Behandlung nötig, um die erste Arbeit im Halbjahr vorzubereiten und zu schreiben. Wir sind Aspekte der Interpretation am Beispiel von Pfeffels „Der freie Mann" durchgegangen (vgl.

Methoden-Kapitel), und in der Klausur konnten die Schüler entweder G. A. Bürgers „Der Bauer an seinen Durchlauchtigen Tyrannen“ oder die Verse 1064–1125 aus der Szene „Vor dem Tor“ in „Faust I“ analysieren. Da 5 von 21 Schülern sich an die Faust-Deutung herangewagt hatten, gab die Rückgabestunde Gelegenheit, auf die Problematik der zwei Seelen in seiner Brust einzugehen. Die meisten Schüler deuteten die Verse im Zusammenhang mit den unterschiedlichen Interessen der Gelehrten als Suche nach Erkenntnissen in der Buch- und der Lebenswelt. Das ist natürlich auch richtig, wenn man die „Liebeslust“ in der Welt als Lebensorientierung und die „Gefilde hoher Ahnen“ als Traditionsaneignung über Bücher ansieht und als gleichzeitiges Interesse an Natur und Geschichte festmacht. Um hier die Widersprüchlichkeit wiederzuerkennen, die auch Fausts Wünsche im Zusammenhang mit der Wette kennzeichnen, war die Rückgabestunde wohl die falsche Situation.

d) Die Gretchen-Tragödie (8./9. Stunde)

In den Mittelpunkt wollte ich die Entwicklung der Liebesbeziehungen zwischen Faust und Margarete stellen, um wieder einen Faden für die Übersicht über den zweiten Abschnitt des ersten Teils zu legen und um auch hier auf das Modellhafte der Liebenden abzuheben, das schon die Charakterisierung Fausts bestimmt hat. Ich folge daher eher jenen Deutungen, die auf die Stilisierungen der Figur des Gretchens bis hin zu Anklängen an die Braut des hohen Liedes (vgl. das Schauer-Motiv V. 2757 oder 3187) verweisen als jenen, die Margarete eng an das kleinbürgerliche Milieu ihrer Herkunft binden, Faust aber zum Menschheitstypus hochwerten.

Mit dem Auftreten Margaretes, mit den ersten vier lapidaren, aber wirksamen Versen, die mitten in die Liebesgeschichte hineinführen, war zum erstenmal das ungeteilte Interesse des ganzen Kurses da. Einige Schüler haben in den von mir geplanten Ablauf der Behandlung eingegriffen und die Planung modifiziert, indem sie anregten, doch besser nach dem Einsatz und den Folgen des mephistophelischen Zaubers zu fragen. „Das ist heute doch auch noch so, daß die Leute meinen, mit Drogen und Zauber könnten sie ihre Lebensprobleme lösen“, artikulierte eine Schülerin ihr Interesse. Damit rückte allerdings wieder stärker Faust selber in den Mittelpunkt der Betrachtungen, seine Verfehlungen, seine Genüsse, seine Sorgen als das Schicksal Gretchens.

Gretchens Weg in die Enge

Szene	Auerbachs Keller	Hexenküche	Straße	Abend	Nachbarin Hans	
Plan			1. Begegnung (2605)	Betroffenheit (2717)		
Realisierung	Wein-Zauberei (2291)	Verjüngungstrank (2583)		1. Schmuckdiebstahl (2731)		2. Diebstahl (2877)

Fausts wachsender Irrtum

Ich stelle Planung und Realisierung des Unterrichtsablaufs zur Gretchentragödie einander gegenüber. Im Kernbereich sind die zu behandelnden Szenen identisch, nur die Aspekte bleiben verschieden.

Mit dem Eindringen in Gretchens Zimmer in der Szene „Abend“ und dem Verstecken eines Schmuckkästchens (V. 2731 ff.) ist der erste unerlaubte Eingriff durch Mephisto nach der Verjüngung in der Hexenküchenszene gegeben. Mephisto erreicht hier aber noch eher das Gegenteil von dem, was er eigentlich wollte: Statt daß Faust nach schnellem sexuellen Genuß sucht, verliebt er sich in das Mädchen („Mich drang's, so grade zu genießen, / Und fühle mich in Liebestraum zerfließen!“, V. 2722 f.). Dennoch will er, an die Zaubermittel gewöhnt, nicht nur seiner eigenen Person und deren Wirkung trauen, sondern dringt auf Beschaffung eines zweiten Schmuckkästchens, nachdem die Mutter das erste konfisziert hatte (V. 2854 ff.).

Der nächste Eingriff ist das „teuflische Lügenspiel“ (V. 3064) über den angeblichen Tod von Frau Marthes Mann, mit dem Mephisto Faust eine schnelle weitere Begegnung mit Gretchen erschleicht. Dieses Gespräch (V. 3179 ff.) führt aber wiederum tiefer in die Beziehungen hinein als zum oberflächlichen Sinnentaumel.

Immerhin ist Faust hier noch ohne persönliche Schuld, was sich in der Szene „Marthes Garten“ mit Fausts Bekenntnis zum Pantheismus, das die Schüler zu Recht an Prometheus erinnert, ändert: Faust gibt Margarete das Fläschchen mit dem Schlaftrunk, an deren Folgen die Mutter sterben wird. Mit einem weiteren Mord an Valentin (Szene „Nacht“) verstrickt sich Faust noch weiter in Schuld, die ihn wiederum noch stärker an den Teufel bindet. Die Szene kurz vor dem Tod Valentins beschäftigt die Schüler besonders stark (V. 3698–3762), weil sie hier eine gegen Mephisto gerichtete (bürgerliche) Moral entdecken, die Maßstab auch für Faust sein dürfte und seiner Genußfähigkeit Grenzen setzt. Sein schlechtes Gewissen begleitet ihn bis in die Szene „Kerker“, in der er Margarete zur gemeinsamen Flucht verleiten will. Auch der Gebrauch der mephistophelischen Zaubermittel hat es nicht vermocht, die Sorge vom Wege Fausts zu entfernen; sie ist seine Begleiterin geblieben. Daß Gretchen für die von Faust begangenen oder durch ihn ausgelösten strafbaren Handlungen büßen soll, leuchtet den Schülern nicht ein; einige bestreiten sogar, daß man so sicher sein könne, daß sie überhaupt hingerichtet würde, denn sie denke ja nur an die Exekution („Die Glocke ruft, das Stäbchen bricht“, V. 4590), die aber noch nicht vollzogen sei. Das sind die strengen Positivisten, die auch das „Ist gerettet“ (V. 4611) wörtlich nehmen möchten, und nicht nur im Sinne der höheren Gerechtigkeit, auf die wir uns schließlich einigen.

Straße	Garten	Marthens Garten	Am Brunnen	Nacht	Kerker
	Blumenorakel (3179)	Religionsgespräch (3414)	Hingabe (3577)		Verurteilung (4506 u. 4570)
Lüge Faust (3015)	Lüge Mephisto (3075)	Gift (3511)		Mord an Valentin (3698)	Versuch der Befreiung (4423)

e) Faust II (10./11. Stunde)

Schon vor der Klausur hatten die Schüler ihr Interesse bekundet, Faust II zu besprechen; allerdings war dies, wie die Diskussion ergab, mehr Neugier auf den Ausgang des Dramas als eine Bekundung der Bereitschaft zu genauer Analyse. So hatten sich zwei Schüler bereitgefunden, über den 2. Teil zu referieren, was nach den Herbstferien geschah. Das Referat vermittelte einen Überblick über das Geschehen und ging auf die Thematik der einzelnen Akte ein. Motive, Spiegelungen, Symbole kamen nur am Rande zur Sprache, so z. B. das Motiv des Strebens, die Philosophie des Abglanzes in der Welt, der Mummenschanz als Bild für gesellschaftliches Treiben oder das Motiv der Wiederbelebung (Fausts, Gretchens, Helenas). Im Gegensatz zu den Handlungselementen kamen diese Bemerkungen bei den Zuhörern nicht mehr an. Gilt, was der Direktor im Vorspiel über seine Zuschauer sagt, auch für die Schüler: „Man eilt zerstreut zu uns, wie zu den Maskenfesten, und Neugier nur beflügelt jeden Schritt“?

Auch das anschließende Unterrichtsgespräch verlor schnell wieder die Konzentration, nachdem von Fausts letztem Verbrechen die Rede gewesen war. Dies begeht er an Philemon und Baucis, deren Schicksal die Schüler noch einmal betroffen macht. Nicht aus Notwendigkeit, sondern einfach weil Faust die alte Hütte inmitten der von ihm kultivierten Küstenlandschaft stört, muß sie abgerissen werden. In einer rastlosen Welt, in der die Tat selber schon ein Wert ist, stört die Tatenlosigkeit und Kontemplation. Selbstzufriedenheit ist ein Stachel im Fleisch der Selbstüberschätzung. Faust ist zwar produktiv, indem er neues Land für die Menschen gewinnt, es urbar, befahrbar und bewohnbar macht, aber er verliert jedes Maß: „Menschenopfer mußten bluten“ (V. 11127). Wiederum ist es Mephisto, der Faust über die Grenzen zum Gebrauch von Gewalt treibt, die Disposition aber steckt in seinem eigenen absoluten Tatendrang. Die Aktualität dieses Gedankens einer an keine Grenzen gebundenen Produktivität, die noch dazu in der Wahl der Mittel ohne Skrupel sein kann, bindet noch einmal die Aufmerksamkeit.

Bei dem entscheidenden Wieder-Auftritt der Sorge und der Frage nach Fausts Erlösung läßt das Interesse spürbar nach, zumal die Referenten sehr eindeutig formuliert hatten, daß Mephisto beide Wetten verliert. Die Forschung hat auf diese Frage sehr viel mehr Mühe verwandt, wenn auch ihre Ergebnisse kaum andere sind.

Der Mord an den beiden Alten bringt Faust endlich zur Einsicht der Maßlosigkeit seiner Taten und zu dem glaubhaften Wunsch: „Könnt' ich Magie von meinem Pfad entfernen“ (V. 11404). Damit steht Faust wieder da, wo er vor der Wette mit Mephisto gestanden hat: der mühevollen Existenz eines Menschen, dessen Leben nicht ohne Sorge ist. Mit zwei Unterschieden: nicht mehr der Wissende, sondern der Handelnde steht der Sorge gegenüber, und: die Sorge, die durch den mephistophelischen Zauber beseitigt werden sollte, wächst nunmehr aus dem übermäßigen Gebrauch der teuflischen Mittel hervor. Noch weniger als der Gelehrte des I. Teils ist der Tatenmensch des II. Teils in der Lage zu erkennen, „was die Welt / Im Innersten zusammenhält“. So ist es konsequent, daß er erblindet.

Mit Blindheit geschlagen, kann Faust auch nicht mehr sehen, daß das, was er für Vollendung seines Jahrhundertwerkes hält, „Eröffn' ich Räume vielen Millionen“ (V. 11563), in Wahrheit das Ausheben seines Grabes ist. Zwar nicht als Wirklichkeit, aber doch als Vision bleibt seine Vorstellung wahr, daß es möglich sein muß, „Auf freiem Grund mit freiem Volk [zu] stehen“ (V. 11580). Dies hat er noch nicht schaffen können, daher konnte er auch nicht, wie in der Wette vorgesehen, den Augenblick festhalten wollen. So stirbt er, ohne sein Streben vollendet zu haben, aber doch zugleich seine Lösung von Mephisto damit bewirkend. Die Freiheit von teuflischen Mitteln ist der erste Schritt zu der Verwirklichung der Utopie eines freien Volkes auf freiem Grund. Fausts Schicksal wird zum Bild für die Geschichte der Menschheit, ganz im Sinne der Schlußverse: „Alles Vergängliche / Ist nur ein Gleichnis“ (V. 12104 f.).

f) Die Abschlußdiskussion (12. Stunde)

Die abschließende Diskussion wurde aufgezeichnet und drehte sich um die Bewertung der unterrichtlichen Behandlung. Bei allem Interesse für die Gestalt und das Schicksal Fausts fanden die meisten Schüler die Besprechung zu ausgedehnt, obwohl sie doch tatsächlich, gemessen an der Vielfalt der Aspekte in dem gesamten Drama, eher den Charakter einer Einführung gehabt hat. Ihnen fehlten sowohl die formalen Voraussetzungen, einen komplexen Text konsequent zu lesen, Lesen als Mühe zu begreifen, die nach mehr als dem Selbstverständlichen sucht, als auch inhaltliche Elemente, z. B. Überblick über Goethes Leben, Kenntnisse des Faust-Stoffes oder mythischer Elemente, selbst Philemon und Baucis kannte niemand, weil Latein offenbar eher zu den abgewählten Fächern gehört und die wenigen Teilnehmer der Lateinkurse nicht bis zu Ovid vorgedrungen waren.

Zum Schluß kam das Gespräch auch noch auf die beiden Zusammenhänge, in denen das Faust-Drama in der Sequenz gestanden hat. Zum einen die Epochenfrage: Das Beispiel zeigt die Veränderung der Konzeption, Struktur und Thematik gegenüber der Aufklärungsdichtung in der Verlagerung auf das Sinnbildhafte, die Ideen, den Verzicht auf die unmittelbare Wirkung, den Gebrauch klassischer Formen, Lösung der Themen und Probleme aus den konkreten historischen Zusammenhängen, Suche nach dem Allgemeingültigen in der einmaligen Erscheinung. Da zur Zeit der Klassik keine Poetik geschaffen wurde, die das Selbstverständnis der Autoren zum Ausdruck gebracht hätte, kann man es mit diesen Andeutungen bewenden lassen (zur Vertiefung vgl. Conrady 1977).

Zum anderen die Frage nach der Funktion der Literatur: Im „Vorspiel auf dem Theater" wird das Problem aus drei Perspektiven diskutiert. Der Dichter, ein Vertreter der klassischen Autonomieästhetik, ist auf der Suche nach dem „Echten", das ohne Konzessionen an das Publikum gestaltet ist; der Direktor, pragmatisch auf die Möglichkeiten und Grenzen seines Publikums fixiert, tritt für ein Kaleidoskop von Ereignissen ein, die jedem etwas bringen; die lustige Person schließlich ist für ein lebendiges Schauspiel, das Bilder aus dem vollen Menschenleben zeigt, mit dem man sich verbunden, von dem man sich aber auch zu lösen weiß. In diesem Wechsel von Wiedererkennen und Abweisen der Probleme kommt es zu Identifikationen und kritischer Distanzierung und damit zur Erfüllung der beiden zentralen Funktionen des Unterhaltens und Belehrens, in den Worten der lustigen Person: „So wird der beste Trank gebraut, / Der alle Welt erquickt und auferbaut"

5. Prosa der Gegenwart

a) Warum und was erzählt ein Erzähler?

Im ursprünglichen Konzept für den Kursplan war nach der Behandlung der Epochen Aufklärung und Klassik vorgesehen, eine Einführung in den Realismus mit einer Novelle und in die Gegenwart mit Beispielen aus der Lyrik nach 1945 zu vermitteln. Das Experiment mit der Befragung zur Epoche des Realismus und die wenigen Wochen bis zur Zeugniskonferenz haben eine Änderung des Plans notwendig gemacht: Wir haben mit Günter Grass' „Katz und Maus" [1961] das Genre Novelle beibehalten, mit dem Erzähler einen Autor der Gegenwart und zugleich die Geschichte von Jugendlichen zur Zeit des zweiten Weltkrieges gewählt.

Der Besprechung des Textes wurden Erörterungen zweier poetischer Konzepte der Gegenwart vorausgestellt: „Unsere Gier nach Geschichten" [1960] (1976, Bd. 7, S. 262–264) von Max Frisch und „Vom mangelnden Selbstvertrauen der schreibenden Hofnarren unter Berücksichtigung nicht vorhandener Höfe" von Günter Grass [1966]. Die Ausführungen von Max Frisch schließen unmittelbar an den zu Beginn des Kurses behandelten Text „Vom

Sinn eines Tagebuchs" und an Überlegungen an, die sich die Schüler beim Erzählen ihrer eigenen Geschichte gemacht haben: Kann man gleich loserzählen oder braucht man einen Problemkern, um um ihn herum ein Ereignis zu erzählen? Markus hatte mit seiner Geschichte deutlich gemacht (vgl. S. 47), daß die Not des Erzählens der Mangel an einer zündenden Idee ist, und so machte er die Not selber zur Idee. Die Schüler können dem Tenor der Aussagen von Max Frisch zustimmen, daß Erfahrungen erst über Geschichten mitteilbar und plausibel werden. Skeptischer sind sie bei den einzelnen Feststellungen, über die wir sprechen.

Gleich die erste Beobachtung: „Ich erzähle nie, wie es war, sondern wie ich mir vorstelle, daß es wäre, wenn ich es nochmals erleben müßte" wird nicht akzeptiert, weil es doch eine Gewißheit über die Vergangenheit gäbe, die man als Wahrheit gegenüber allen subjektiven Umdeutungen verteidigen müsse. Sie geben dann aber zu, daß es schon mal geschieht, daß sie selbst in ihren eigenen Geschichten über Fehlschläge, Mißerfolge, peinliche Situationen besser wegkämen, als es in Wirklichkeit gewesen wäre. Sie stellten sich dann so dar, wie sie sich wünschten, sich verhalten zu haben. Das sei aber nicht immer so und schon gar nicht allen Zuhörern gegenüber.

Dem zweiten Punkt, unserer „Gier nach Geschichten", stimmten sie zunächst zu, nicht aber der generalisierenden Behauptung: „Alle Geschichten sind erfunden". Es gäbe schon Geschichten, die wahrer sind als andere; anders gäbe es gar keine Gewißheit mehr. Auch könne man über Erfahrungen durchaus abstrakt und in Lehrsätzen und nicht nur in Geschichten reden – sonst gäbe es keine naturwissenschaftlichen Gesetze, die schließlich aus Beobachtungen und Erfahrungen hervorgegangen sind.

Daß gerade in diesem Fall eher eine Idee, ein Kalkül, eine theoretische Annahme die Beobachtung lenkt, war für die Schüler nicht einsichtig, und so hielten sie daran fest, daß aus vielen Einzelerlebnissen sich eine Erfahrung destillieren lasse. Frisch dagegen behauptet: „Erfahrung ist ein Einfall, nicht ein Ergebnis aus Vorfällen." Richtig fanden sie wiederum den nachfolgenden Satz: „Der Vorfall, ein und derselbe, dient tausend Erfahrungen." Man brauche nur mal zuzuhören, was so alles nach einer Fete erzählt werde, dann könne man oft gar nicht glauben, daß man selber auch dabei gewesen sei, weil man alles so total anders gesehen habe. Auch der Satz: „Jeder Mensch erfindet sich eine Geschichte, die er dann, oft unter gewaltigen Opfern, für sein Leben hält" wurde aus eigener Erfahrung bestätigt: Wenn man sich bei einer Bank vorstellt, erzählt man anders aus seinem Leben, als wenn man bei einem Tischler lernen wolle. Und bei dem Anerkennungsgespräch als Wehrdienstverweigerer müsse man aufpassen, daß man sich mit den Erzählungen nicht in Widersprüche verwikkele.

Die Schwierigkeiten, die Schüler mit dem Status fiktionaler Texte haben, führten dazu, daß ihnen die 4. These bedeutungslos blieb: „Wenn Menschen mehr Erfahrungen haben als Vorkommnisse, die als Ursache anzugeben wären, bleibt ihnen nichts anderes übrig als ehrlich zu sein: sie fabulieren." Warum gerade Dichter so viele Erfahrungen machen sollen, war überhaupt nicht einzusehen. Da auch ich nicht an das Genie im Dichter glaube, konnte ich die Schüler in diesem Punkte keines Besseren belehren. Wohl aber brach die alte Schwierigkeit auf, daß ihnen noch nicht zu vermitteln war, wie das gegenwärtige Bewußtsein die Vergangenheit mitdeutet, daß es gar Vergangenheit ohne den gegenwärtigen Zugriff nicht gibt, und wie Literatur, Bilder, Einbildungen, Spiegelungen Erkenntnisse bilden, Erfahrungen konstituieren, die sich über Geschichten lesbar machen. Auch wenn sie diese Beurteilung nicht für sich übernommen haben, ist ihnen klar geworden, wie in der Moderne die Sicherheit über die Bedeutung des Erzählten, die souveräne Perspektive, der Glaube an die Allmacht rationaler Einsicht verloren gegangen sind. Damit haben sie immerhin einen ersten Zugang zum Erzählen in diesem Jahrhundert gewinnen können (zu den Zitaten vgl. Frisch 1976, Bd. 7, S. 262–264).

Weitete sich das Gespräch über Max Frisch über den Text hinaus in die eigenen Erfahrungen hinein aus, so reduzierte sich das über Grass' „Vom mangelnden Selbstvertrauen der schreibenden Hofnarren unter Berücksichtigung nicht vorhandener Höfe" auf die Entgegensetzung von engagierter und unterhaltender, von politisch einflußnehmender und lukullisch genossener Literatur. Die Anspielungen im Text auf die Narren in den Dramen Shakespeares wurden ebenso wenig verstanden wie auf die sich als engagiert definierenden Autoren der Gegenwart, die sich als Handwerker im sozialistischen oder bürgerlichen Staat begriffen sehen wollen – von der verdeckten Auseinandersetzung mit Brecht, wie Grass sie im Stück „Die Plebejer proben den Aufstand" [1966] im gleichen Jahr geführt hatte, ganz zu schweigen. Da sie mit den Begriffen schreibender Hofnarr, domestizierter Schriftsteller, Lukullisches, bloße Fiktion nicht viel anfangen konnten, half nur eine logische Rekonstruktion der Begriffe in ihrem Verhältnis zueinander, die als Tafelbild versucht wurde, damit ging aber die ironische Stoßrichtung gegen die Brecht-Epigonen verloren:

	Hofnarr ohne Hof oder: Dichter	domestizierter Schriftsteller
Produkt	l'art pour l'art närrische Utopien	engagierte Literatur realistische Bekenntnisse
Wirkung	bloße Fiktion lukullisch	eingreifende Fiktion belehrend
Stellung	Zeitgenosse voller Witz exzentrisches Einzelwesen	Berater der Höfe Gewissen der Nation

Daß Grass sich selbst (und wohl auch Max Frisch) als Hofnarren sieht, war nach dieser Gegenüberstellung allen klar. Allen unklar aber blieb, wieso gerade der Hofnarr sich zum politischen Helfer einer Partei machen kann, wie Grass es getan hat. Die Dialektik zwischen der Tätigkeit der Dichter, die keine Kompromisse kennt, und der als politischer Redner, der nur wirkt, weil er in seiner Dichtung nicht direkte Wirkung anstrebt und Grenzen verwischt, war sichtbar nicht angekommen. Wohl aber ließen sich Verbindungen herstellen zur Erläuterung der Funktionen der Literatur zu Beginn des Kurses und bei der Besprechung des "Vorspiels auf dem Theater" im „Faust". Diese Gegenüberstellung wurde zu Beginn des neuen Kurshalbjahres wieder aufgegriffen und weiter vertieft.

b) Günter Grass „Katz und Maus"

Zum Abschluß des 1. Halbjahres wurden Aspekte zum Verständnis von Grass' „Katz und Maus" behandelt. Von mir aus sollte das Gespräch unmittelbar an die Erzählproblematik, genauer: die Funktion des Schreibens, anschließen, weil die Absichten des Erzählers mehrmals im Text erläutert werden. Die Schüler lenkten die Aufmerksamkeit ganz auf die Situation zu Beginn der Erzählung und darin auf die Hauptfigur Mahlke. Die Situation im 1. Kapitel konnten sie nur mit Mühe bestimmen – eben weil der Erzähler assoziativ und mit einigen Rückblenden arbeitet: Die Handlung beginnt im Sommer 1940 und wechselt zwischen dem Gymnasium Conradinum der katholischen Kirche in Danzig-Langfuhr und dem vier Kilometer entfernten Badeort Brösen an der Danziger Bucht mit dem Wrack eines polnischen Minensuchbootes, das zu Beginn des Krieges gesunken war, hin und her. Als „Held" des Geschehens wird Mahlke gesehen, der darauf aus ist, nachdem er im Schwimmen seine Kameraden eingeholt hat, immer der Größte zu sein, um von seinem Mangel, dem übergroßen Adamsapfel, abzulenken. Alles Tun dient ausschließlich der Kompensation. Das Sinnlose seiner Aktivitäten könne man schon daran erkennen, daß er sich aus dem gesunkenen Boot das besorge, was er schon besitze: einen Schraubenzieher und ein Madonnen-Amulett.

Trotz seiner Kräfte, seines Willens, seiner Frömmigkeit bleibt er aber eine „komische Figur" mit „hochrot abstehenden Ohren und seitlich verbogenen [...] Knien", (Grass 1974, S. 7). Damit sind wir denn doch bei dem Erzähler Pilenz und seinen Bewertungen. Dieser Erzähler ist es, der den körperlichen Mangel dadurch öffentlich bewußt macht, daß er eine

Katze auf den Adamsapfel ansetzt und damit Mahlkes Kompensationsaktivitäten in Gang setzt. Er ist es auch, der sich, halb aus schlechtem Gewissen, halb aus Neugier, gezwungen sieht, die Geschichte Mahlkes aufzuschreiben. Es ist eine fiktive, eine erfundene Geschichte, die der Autor Grass eine seiner Figuren erzählen läßt. Die Abstufungen des Erzählens durch den Autor, seinen Erzähler und die anderen Figuren, die Genre-Überschreitungen (wie kommt der doch naive Pilenz zu differenzierteren Bewertungen?) und Kommentierungen zu verfolgen, das dürfte nur in Leistungskursen möglich sein; auch viele Germanistik-Studenten haben damit noch ihre Schwierigkeiten. Verständlich aber ist das doppelte Interesse Pilenz' an Mahlke: auf der Handlungsebene hinter ihm her zu sein, ihn zu verfolgen und herauszufordern (siehe die Katze am Hals oder den Fuß auf dem Büchsenöffner) und auf der Ebene der Niederschrift Rechenschaft abzulegen über eben dieses Interesse und die Eingriffe in das fremde Leben. „Greifen Sie zur Geige oder schreiben sie sich frei [...]“ (ebd. S. 79) rät der Pater Alban aus dem Kolpinghaus in Düsseldorf dem immer noch auf Mahlke fixierten Pilenz 1959. Die zweifache Verknüpfung des Pilenz mit der Handlung als Erzähler und als Figur mache ich an einem Tafelbild deutlich:

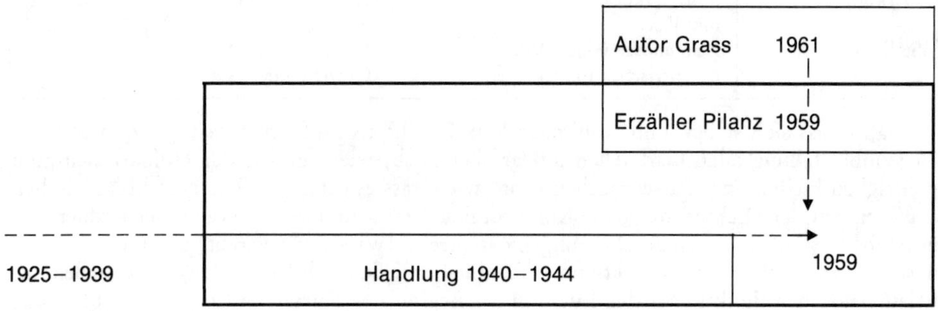

Das Spiel von Katz und Maus wird zum Bild für die wechselnden Handlungsimpulse auf beiden Ebenen: Pilenz wird dem Mahlke zur Katze, die ihn verfolgt und provoziert, Mahlke wechselt selbst in die Rolle der jagenden Katze, die nach Kompensationsstückchen sucht: u. a. Schraubenzieher, Amulett, Büchsenöffner, Puscheln, Shawl, Grammophonkurbel, Schlips, geklautes und verliehenes Ritterkreuz. Von Natur aus eher ein Verfolgter, wird er durch die Herausforderungen in der Klasse und beim Militär selber zum Verfolger. Und auch auf der Erzählebene wechseln die Rollen: Pilenz, der hinter dem Leben Mahlkes herjagt, wird zum Verfolgten seines Schicksals, von dem er sich nicht mehr lösen kann.

Zur nächsten Stunde, für die eine Charakteristik Mahlkes in den ersten vier Abschnitten aufgegeben ist, kommt Alfred mit blauen Puscheln ("[...] denn es war Mahlke, der [...] die sogenannten Puscheln in die Welt setzte“, ebd. S. 31). Auch andere Schüler fühlen sich durch die Figur des großen Mahlke angesprochen, von seiner unkonventionellen Art, von seiner Entschlossenheit, von seinem Mut. Seine bizarren Einfälle (er wollte schließlich Clown im Zirkus werden) wurden ebenso genannt wie sein unangepaßtes Verhalten im Jungvolk (S. 21) und seine Rettungstaten (Abstreifen des Präservativs von der Klinke, S. 19; Rettung des Untertertianers aus dem Bugraum des Minensuchbootes, S. 45).

Andere Schüler, fast alle Mädchen, wenn ich mich richtig erinnere, bleiben bei ihrer skeptischen Einschätzung. Schließlich hat Mahlke selber den Anschluß an die Gruppe gesucht, die er zum Publikum seiner „komischen Einfälle“ degradiert. Seine Taten sind nicht Ergebnis selbständigen Denkens, sondern Ausdruck seiner Beifallssucht („Beifall tat ihm gut und besänftigte seinen Hüpfer am Hals“, S. 20). Das Boot wird ihm zur Bühne für sein Geltungsbedürfnis (S. 22). Norbert faßt das Unbehagen an der Figur zusammen: „das ist ja totaler Wahnsinn, was der da macht, der verrennt sich, das macht er alles nur wegen der Kompensation.“

Das ständige Streben nach Ausgleich der eingestandenen Deformation führt eben auch zu Gewalttätigkeiten. Das Gespräch über die Onanie-Olympiade wird sprachlich sehr verhalten und auf sympathische Weise behutsam geführt, im Ergebnis aber sehr entschieden: Man erkenne, wie Mahlke ohne Bedenken gegen seine Überzeugung handele, nur um es den anderen zu zeigen und Beifall zu kassieren. Und dann prügele er auch noch Tulla, die ihn zu seinem Erfolg angestachelt habe. Ganz ähnlich vernichtet Mahlke später Panzer (und in ihnen Menschen) gegen seine Überzeugung („Weißt ja, wie wenig ich davon halte: Militär, Kriegspielen und diese Überbetonung des Soldatischen", S. 74). Und dann, als ihm als Ritterkreuzträger der Auftritt in der Aula des Gymnasiums verwehrt wird, schlägt er den Direktor. Die Verteidiger Mahlkes halten dagegen, daß beide ja wohl zurecht verprügelt würden, denn sie hätten ihn zu den Taten erst provoziert. Dem sei nicht zu widersprechen, ändere aber nichts an der Tatsache, daß sein Geltungsdrang ihn skrupellos mache. Die Motive von Mahlkes Handeln werden vom Erzähler noch einmal im 3. Abschnitt zusammengefaßt:

Für Mahlke gab es „nur die katholische Jungfrau Maria. Nur ihretwegen hat er alles, was sich am Hals tragen und zeigen ließ, in die Marienkapelle geschleppt. Alles, vom Tauchen bis zu den späteren, mehr militärischen Leistungen, hat er für sie getan oder aber – schon muß ich mir widersprechen – um von seinem Adamsapfel abzulenken. Schließlich kann noch, ohne daß Jungfrau und Maus überfällig werden, ein drittes Motiv genannt werden: Unser Gymnasium, dieser muffige, nicht zu lüftende Kasten, und besonders die Aula, bedeuteten Joachim Mahlke viel, und zwangen Dich später, letzte Anstrengungen zu machen." (S. 29)

War schon bei den Anfangskapiteln die Beteiligung an dem Unterrichtsgespräch eher dürftig, so ließ sie in den letzten beiden Unterrichtsabschnitten (4 Stunden) weiter nach. An dem bisher wiedergegebenen Gespräch hatten sich ein Stamm von 4 Schülern und abwechselnd 3 „freie Mitarbeiter" beteiligt; bei 21 Kursteilnehmern genau ein Drittel. Ein weiteres Drittel hörte mehr oder weniger aufmerksam zu, konnte und wollte aber nicht in das Gespräch eingreifen, selbst wenn einer von ihnen aufgerufen wurde. Beispielhaft ist die Antwort von Gabi, die die Besonderheiten des Bildes auf dem Umschlag der „Danziger Trilogie 2" beschreiben sollte und nach einer längeren Bedenkzeit nur herausbrachte: „Ich weiß das – aber ich kann dat nich sagen." Das letzte Drittel schließlich war völlig uninteressiert, geistig apathisch und nur körperlich anwesend. Es war konsequent, daß diese Schüler in den folgenden Stunden, als die Zeugniskonferenz schon stattgefunden hatte, ganz wegblieben. Indizien sprechen dafür, daß es die beiden letztgenannten Drittel nicht geschafft hatten, den Text ganz zu Ende zu lesen.

Mit der Lektüre der Kapitel V–VIII wurde die Aufgabe verbunden, nach Hinweisen auf die zeitgeschichtlichen Hintergründe der Handlung zu suchen (vgl. dazu auch Tiesler 1975). Das Ergebnis dieser Recherchen war deprimierend. Von den zahlreichen Andeutungen und Ausführungen zu den kriegerischen Auseinandersetzungen vor allem mit Polen konnte niemand etwas berichten; es blieben drei knappe Hinweise auf „das Krematorium zwischen den Vereinigten Friedhöfen" (S. 5), die polnischen Flotteneinheiten (S. 22) und die Verschleppung des Lehrers Brunies ins KZ Stutthof (S. 32). Meine eigenen Aufzeichnungen aus der Vorbereitung vorzutragen, hielt ich für sinnlos, weil das nur zu einer unverarbeiteten Aufzeichnung geführt hätte. Statt dessen haben wir die drei Reden in Kapitel V und VII näher untersucht (im übrigen eine Fundgrube für die in der Oberstufe beliebten Redeanalysen).

Der Leutnant (Abiturjahrgang 1936) ist in seiner „sympathisch unbeholfenen Art" (S. 39) und in seiner Krieg als Sport (miß-)verstehenden Ausdrucksweise nahe an seinem Publikum. Wie er Tore beim Handballspiel warf, so leicht holt er jetzt die feindlichen Flugzeuge vom Himmel. Euphemismen für das Sterben und die Gefahren sind unübersehbar: Der Luftkampf läuft zwar nicht „wie ne Kanickeljagd", aber wie ein „Karussell"; „er mußte in den Bach", „von vierundvierzig auf der Latte" deuten das Spielerische des tödlichen Treibens an, das die Grausamkeiten verklären soll („immer die liebe Sonne hübsch im Rücken"). Auch von den Opfern wird nicht gesprochen, nur davon, daß die auf der eigenen Seite „nicht umsonst gefallen sein dürften" (S. 41).

Gegen die krampfhafte Oberflächlichkeit, die Krieg als die Fortsetzung der Sportstunden mit anderen Mitteln mißversteht, setzt die Rede des Direktors auf die falsche, die bei Schiller geliehene Tiefe, die den Einsatz des eigenen Lebens fordert, ohne die Frage nach dem Ziel zuzulassen (S. 42).

Auch die Rede des Kapitänleutnant zur See (Abiturjahrgang 1934) wird von den bedeutungsusurpierenden Floskeln des Direktors eingeleitet, wobei er diesmal u. a. Freiheitskriege und Freiheitssänger (z. B. Arndt) für die Aufwertung national-sozialistischer Eroberungszüge ausleiht. Der „Kaleu" spricht weniger aktionistisch als der Leutnant, schwelgt mehr in Naturschilderungen und technischen Details, die den meisten Zuhörern längst bekannt sind. Er wendet sich mehr an die Lehrer, den Deutschlehrer mit seiner Eichendorff-Schwärmerei vor allem, als an die Schüler. Die Naturzeichnungen suggerieren, daß es beim Krieg um die selbstverständliche Auseinandersetzung von Arten geht, wobei die stärkere siegt: Einmal ist der todbringende Kampf gar eine Hochzeit, ein anderes Mal wandelt sich ein ausgedehnt beschriebenes „bukolisches Wölkchen" (S. 54) in ein feindliches Flugboot, das seine Jagd allerdings erfolglos abbrechen und abdrehen muß. So bietet der Krieg den Rahmen für die Erfüllung privater Jagdgelüste, die auch noch honoriert werden; er bietet ihn auch Joachim Mahlke für seine Kompensationsgier. Allzu leicht aber wird auf der individuellen wie auf der staatlichen Ebene aus der Katze die Maus (siehe Mahlkes Untertauchen oder den Hinweis auf den Abschuß des Leutnants 1943, S. 40).

Bei der Besprechung der restlichen Kapitel IX–XIII ging es um das doppelte Katz-und-Maus-Spiel zwischen Mahlke und Pilenz: Pilenz' Verfolgungen von Mahlke im Herbst und Advent 1942; Mahlkes Ruhe, Frömmigkeit und Artigkeit zu Hause (IX); die Begegnung beim Urlaub vom Arbeitsdienst und erste Nachrichten von Mahlkes Panzerabschüssen (X); Pilenz entdeckt in Latrinenkritzeleien und Geschichten im Februar 1944 wiederum Spuren von Mahlke, der zur gleichen Zeit für seinen Fronteinsatz mit dem Ritterkreuz ausgezeichnet wird (XI); Pilenz verfolgt Mahlke bei seinem Besuch in der Schule, wo dieser gern seine Rede loswerden möchte (XII); schließlich bewegt Pilenz den Freund, mit ihm auf das Boot zu kommen, wo dieser in der Versenkung verschwindet (XIII). Das Jagen nach Kompensation hat für Mahlke ein Ende, er ist ohne Beifall, ohne Publikum wieder so bedeutungslos, wie er am Anfang war. Pilenz allerdings hat seine Verfolgung des bewunderten Außenseiters noch nicht aufgegeben.

Ausgehend vom Schluß der Novelle, wird noch einmal nach dem Interesse des Erzählers gefragt, der doch offenbar in einem gespannten Verhältnis zu Mahlke steht, wenn er sich einerseits zu den Beifallsspendern gesellt, die Aufzeichnungen teilweise als Zwiegespräch anlegt, andererseits aber in der Sprache Mahlke und seine Einfälle in komischer Distanz gestaltet und dessen Untergang am Schluß nicht gerade verhindert. Das Schuldgefühl vor allem ist es, das ihn zum Schreiben zwingt. Dann aber auch die Bewunderung für das ungenierte Verhalten des Außenseiters, dem er gern nachgeeifert hätte, dem er aber schließlich nur nachläuft und den er (mit der Katze) behelligt. Das Schreiben ist schließlich für ihn, was die Jagd nach symmetrischem Ausgleich des Knorpels für Mahlke ist: Kompensation eines Mangels; bei Pilenz eines Mangels an Entschlußkraft und Originalität. So schwimmt er mit dem Strom hinter Mahlke her, hinter den Führern des Dritten Reiches und auch noch hinter Pastor Albans Ratschlägen. Er ist wie viele seiner Zeitgenossen Mitläufer im verbrecherischen Staat, immerhin allerdings seiner Schuld bewußt und bereit, sie schreibend abzuarbeiten.

Die Frage nach der Rolle von Schule und Kirche in diesem allgemeinen Mitläufertum zielte ins Leere. Auch die Hinweise darauf, daß die Kapelle aus einer Turnhalle entstanden war (S. 13), die Turnhalle wie eine Kapelle aussah (S. 56) oder Mahlke die Funkerkabine im gesunkenen Schiff zur Marienkapelle umgebaut hat (S. 48), halfen nicht viel weiter. Die Zitate: „Es gab zwischen Säulen eine Lessingbüste aus Gips" (S. 42) und „Die marmorne Gedenktafel für die Gefallenen beider Kriege mit noch ziemlich viel Platz. Lessing in der Nische." (S. 91) ließen die Erinnerung an die Literatur der Aufklärung kurz aufleuchten und mit der Feststellung verbinden, daß hier die Aufklärung zur reinen Dekoration verkommen sei. Unmündigkeit habe sich ausgebreitet, ohne daß man aber von „selbstverschuldet" reden könne.

Schließlich versuchte ich es mit einem produktiven Impuls über Pilenz' Frage: „Wer schreibt mir einen Schluß?" (S. 11) Der Restkurs von 13 Schülern wußte keinen besseren als den vorhandenen: Wäre der Tod Mahlkes Gewißheit, verlöre die Figur an nachwirkender Lebendigkeit, fände Pilenz ihn wieder, wäre er nicht mehr der Mahlke der Erzählung. In der vorliegenden Fassung bliebe „alles so schön offen".

6. Methodisches

Mit der Behandlung der thematischen Schwerpunkte des Kurses geht die Einführung in Arbeitstechniken und Erkenntnismethoden einher. Die Sequenzbildung entweder an inhaltliche Probleme oder an Verfahren und Methoden zu orientieren, wie es manche Lehrpläne aus vorgeblich theoretischem Interesse tun, entspricht nicht den praktischen Bedürfnissen. In einer Sequenz werden mehrere Prinzipien miteinander verbunden, aufeinander bezogen, in Gesprächen bewußt gemacht, damit auch die Schüler auf mehreren Ebenen zugleich denken und handeln lernen, die richtigen Mittel am richtigen Ort einzusetzen und Bezüge zu erkennen lernen.

a) Arbeitstechniken

Anfangs müssen immer wieder *Arbeitstechniken* für richtiges Lesen, für die Beschaffung und Speicherung von Informationen besprochen und geübt werden. Dazu gehören vor allem:

- das Anstreichen und Auszeichnen von Texten. Wichtige Textpassagen in fiktionalen Texten müssen angestrichen, wichtige Bilder, Begriffe, Erzählereinschübe, Regieanmerkungen unterstrichen, Bewertungen, Sentenzen eingerahmt werden; in expositorischen Texten können merkenswerte Passagen zusätzlich mit Kürzeln (Zus., Def., Wert. etc.) versehen werden, die die Bedeutsamkeit der Auszeichnung festhalten und das Wiederfinden erleichtern.
- Unbekannte Begriffe sollen sofort in Lexika (Enzyklopädien, Sachlexikon der Literatur und der Linguistik) nachgeschlagen und herausgeschrieben werden. Für die Übersicht über die Inhalte umfangreicherer Texte wird auf Kindlers Literaturlexikon verwiesen, zur Überprüfung der Aussagen in den eigenen Literaturgeschichten auf andere literaturgeschichtliche Darstellungen. Diese Informationsbeschaffungen werden in unserem Fall dadurch erleichtert, daß im Schulgebäude eine gut ausgestattete Zweigstelle der Stadtbibliothek vorhanden ist. Ein Gang in eine nahegelegene Bibliothek läßt sich aber auch an anderer Stelle leicht organisieren.
- Alle wichtigen Informationen aus den Nachschlagewerken werden übersichtlich, mit Quellenangaben, exzerpiert bzw. resümiert, so daß auf den DIN A4-Seiten Originalzitate und eigene überblickhafte Zusammenfassungen aus der Lektüre zu den im Unterricht behandelten Problemen und Texten notiert sind.
- Damit das nachgeschlagene Wissen nicht nur abgelegt, sondern auch im Kopf gespeichert wird, werden die Kommaregeln in Sprachbüchern der Mittelstufe, soweit noch vorhanden, sonst im Duden, nachgeschlagen und deren Kenntnis in Diktaten von Beispielsätzen überprüft. Die Klausuren hatten bei vielen Kursteilnehmern eine erschreckende Unkenntnis oder Gleichgültigkeit gegenüber den Kommaregeln offenbart. Als Material für die unterrichtliche Besprechung diente die Zusammenfassung bei W. Eichler über das Komma (1978, S. 24–26). Die Diskussion der Funktion von Zeichensetzung mündete bei

den üblichen Bestimmungen: Wiedergabe von Betonungssignalen im schriftlichen Text sowie die Bezeichnung besonderer Verhältnisse im Satz. Trotz der theoretischen Einsichten und der punktuellen Erfolge in der gezielten Übung blieb für einige Schüler die Kommasetzung bis zur Jahrgangsstufe 13 ein Problem. Nach meiner Beobachtung lag das vor allem an der mangelnden Einsicht in die kommunikative Leistung der Zeichensetzung für den Leser.

- Alle Kopien, Exzerpte, Resümees und schriftlichen Aufgaben (vgl. etwa die Geschichte zu einem Problem) sollten in einer Mappe gesammelt werden, die jedes viertel Jahr zur Überprüfung vorgelegt werden mußte. Mit gut geführten Mappen konnte ein Teil der Leistungen unter der Rubrik „Sonstige Mitarbeit" bestritten werden – ein deutlicher Vorteil für die stillen Mitarbeiter im Kurs.

b) Referate

Die Versuche mit *Referaten* zeigten, daß die strukturierte Wiedergabe von Gelesenem, möglicherweise noch aus verschiedenen Quellen, an die Adresse der Mitschüler sehr große Mühen bereitete. Die angelesenen Fakten (zum „Sturm und Drang" etwa) wurden unverarbeitet wiedergegeben, so als wollten die Referenten sie möglichst schnell wieder loswerden. Die wichtigsten Aussagen selbst erst einmal zu verstehen, anschauliche, für die Mitschüler verständliche Beispiele auszusuchen, eine eigene Gliederung oder gar eine Bewertung der Quelle zu versuchen, wurde nicht geleistet. Dies zu begreifen, war auch schwerer, als die allgemeinen ersten Anforderungen an Referate zu notieren:

1. Quellen nennen und Überblick über die Gliederung geben;
2. Erläuterung der einzelnen Abschnitte mit Paraphrasen,
   wörtlichen Zitaten,
   Beispielen,
   Thesen,
   Zusammenfassungen;
3. Intention des Textes;
4. Zusammenhänge mit schon Bekanntem;
   Bewertung.

c) Produktion von Film und Texten

Ebenso wichtig wie die Reproduktion von Gelesenem ist die *Produktion von Film und Texten*. Schwerpunkte in diesem Halbjahr war die Geschichte, die die Schüler zu einem selbstgewählten Problem geschrieben haben. Nach der Anstrengung mit dem „Faust" und weil die Video-Anlage von der Aufzeichnung der Abschlußstunde dazu herausforderte, schlugen die Schüler vor, doch einen eigenen Video-Film zu drehen. Die Durchführung des Vorhabens gestaltete sich allerdings doch komplizierter als angenommen.

Die Ideen fixierten sich sehr schnell auf den gemeinsamen Erfahrungsraum Schule: Eine Gruppe arbeitete an dem eher heiteren Konzept von Lehrerkarikaturen und eine andere verfolgte den ernsteren Gedanken, die Situation des vereinsamten Schülers der Oberstufe in Bildern einzufangen. Eine Schülerin vermittelte, indem sie vorschlug, als Ausgangssituation eine Freistunde im kahlen Oberstufenraum zu wählen, in die reale Erlebnisse mit Lehrern und Schülern sowie Träume von anderen Leben eingebunden sein könnten. Das Ganze dürfe aber nicht zu ernst geraten, sondern müsse „Chaos haben". Die Mitschüler waren einverstanden, weil jeder die erarbeiteten Ideen in das Exposé einbringen konnte.

Man wollte die Szenen noch ein bißchen genauer planen, aber nicht in Drehbuchform fixieren, weil es auch auf spontane Einfälle ankäme. Wie im alten Stegreifspiel, wurde aus der vorgegebenen Situation heraus extemporiert und ohne weitere Probe aufgezeichnet.

In der ersten Szene sollte ich einen autoritären Lehrer spielen, aber „richtig einen abziehen"; ein Schüler erbat von mir die Krawatte, denn er sei der Musterschüler. Ein anderer zog meinen autoritären Zorn auf sich. Nach einem Schnitt waren auf einmal die Rollen vertauscht: Im Traum war er der Lehrer und ich der Schüler. Das Spiel gelang nicht ganz wie vorgesehen, weil meine Vorstellung von der Macht eines Schülers, der keine Anpassung mehr sucht, zu solcher Aufmüpfigkeit sich steigerte, daß ihm nur noch der Rausschmiß und die Formel „Das wär 1939 nicht passiert!" einfielen.

Die Szene verwandelte sich wieder in den normalen Unterricht, und die Bilder gingen über zu Träumen: Einer, der im Unterricht nichts sagt, träumt sich in die Rolle des gefeierten Tennisstars.

Mit der Bemerkung: „Hier träumen alle, da hab ich wohl nichts mehr zu suchen" verließ ich den Raum. Der Musterschüler, der mir die Tasche getragen hatte, wurde in eine Schlägerei verwickelt, die bis auf den Schulflur hinaus dröhnte. Als ich in den Raum zurückkam, lagen alle am Boden, nur der Musterschüler stand in Siegerpose und mit meiner Krawatte inmitten des Chaos und rezitierte „Prometheus".

d) Literarisches Leben: Theaterbesuch

Die Neigungen zum Rollenspiel legten einen Besuch im Bochumer Schauspielhaus nahe und eröffneten damit einen Bezug zum *literarischen Leben* der Stadt. Wir wählten Büchners „Woyzeck" aus, und ich gab eine kurze Einführung in Form eines Referats in folgenden Schritten:

1. Aufhänger
   1824 wird der Barbier Woyzeck in Leipzig öffentlich hingerichtet.
2. Entstehungsgeschichte
   Das nicht vollendete Werk erlaubt noch heute einen freien Umgang mit der Abfolge der Szenen.
3. Inhalt
   Büchner greift den überlieferten Fall auf und gestaltet ihn neu. Inhaltsangabe.
4. Struktur
   Offene Form der Szenenfolge mit motivlichen Verknüpfungen. Handlungsstränge, Figuration, Orte.
5. Aussageabsichten
   Darstellung gesellschaftlicher Zwänge und des Handlungsspielraums des Einzelnen 1835.
6. Geltung 1980
   Was hat die alte Geschichte mit den Problemen der Gegenwart zu tun?

Im Verlauf des Gesprächs stellte ich – sicher etwas überpointiert – Woyzeck neben Faust; nur drei Jahre nach Goethes Werk hatte Büchner seines abgeschlossen. In diesem Vergleich wurde der Epochensprung um 1830 besonders deutlich: auf der einen Seite der Herrscher, der Land kultiviert, über Menschenschicksale befindet, Macht genießt und mißbraucht, und auf der anderen Seite der Entrechtete, über den andere befinden, der ausgebeutet wird und dessen einzige Freiheit darin besteht, der Zerstörung seiner letzten menschlichen Bindung durch Mord zuvorzukommen. Anders als Faust gelingt es Woyzeck nicht mehr, die Sorge, wenigstens zeitweise, von seinem Pfad zu entfernen. Für ihn steht auch kein Himmel mehr offen, der ihn für sein Streben allein belohnen würde und von irdischer Mühsal erlöste. Er bleibt Gefangener der Gesellschaft, in der er keinerlei Rechte und Bindungen mehr hat. Die Figur wird anhand der Szene „Beim Hauptmann" erläutert, die Tendenz, indem das Märchen der Großmutter besprochen wird.

Einen Unterrichtsversuch mit produktiver Rezeption des „Woyzeck" hat inzwischen C. Kammler gemacht und darüber berichtet (1985).

Gegen die Tendenz dieser Interpretation als Stück, das Mitleid mit der geschundenen Kreatur erregen will und dem selbstsüchtigen Handeln der gesellschaftlichen Figuren ein „Halt!" zurufen möchte, stellte sich die Inszenierung von Matthias Langhoff und Manfred Karge, die den doch relativ kurzen Text in ein auf 3½ Stunden gedehntes Jahrmarkttreiben einbanden. Woyzeck wurde zum Zuhälter, Marie zur Hure und die Repräsentanten der Gesellschaft (Arzt, Hauptmann, Tambourmajor) zu hintergangenen Funktionären einer Gesellschaft, in der die Outcasts regieren, indem sie alle Gesetze und Normen durch Exaltationen sprengen. Einlagen mit einem Pferd auf der Bühne, Geschlechtsakt als Dressur, Tänze bis zur Erschöpfung, Schlägerei im Wirtshaus, Mord im halbdunklen Kellergang waren Pantomimen, die den Text vergessen machten und Woyzeck zum Wilden in der Gesellschaft stilisierten, der sich sein Recht herausnimmt. Das war eine Inszenierung gegen die Aufführungstradition, leider allerdings auch ein Spiel, das die sprachlichen Nuancen und anschaulichen Bilder bewußt zerstörte, aber es war voller „Chaos" und damit ganz nach dem Geschmack der Schüler. Enttäuscht und fluchend mußten die meisten kurz vor Schluß der Aufführung das Theater verlassen, weil die letzte Straßenbahn in den bildungsfernen Norden der Stadt um 23 Uhr fuhr. Die Besprechung in der nächsten Stunde,mit Hilfe der Kritik von Hans Jansen in der WAZ vom 17. 11. 1980, mündete in der geringfügigen Abänderung seines Schlußsatzes:

„Mein persönlicher Eindruck: ein Wechselbad von Betroffenheit und Abwehr, Faszination und Qual."

Man brauche nur das Wort „Qual" zu streichen, dann stimme der Eindruck.

Daß trotz der Freude an der Aktion, dem kulinarischen Genuß von überzeichneten Jahrmarktszenen etwas von dem Drama hängengeblieben ist, zeigt ein kurzer Dialog drei Monate später: Alfred sitzt in der ersten Reihe und kaut während des Unterrichts Erdnüsse; er sieht mich dabei so herausfordernd an, daß ich reagieren muß:

„Können Sie das Kauen nicht in die Pause verlegen?"

„Aber wenn einem die Natur kommt?"

„Mensch, Woyzeck, wo bleibt denn die Moral?"

„Man kann sich doch nicht *dauernd* beherrschen!"

e) Erkenntnismethoden: Befragungen und Interpretation

Eng an die Gegenstände des Unterrichts gebunden waren die *Erkenntnismethoden*. Auf die *empirische* Ermittlung von Daten wurde aus Anlaß der Schmidtchen-Untersuchung (Schmidtchen 1974) zum Fernsehkonsum hingewiesen und wurde im Anschluß daran erprobt. Die Überprüfung und Diskussion der eigenen Ergebnisse erfolgte mit Hilfe der Studie Kasseler Schüler (s. Anh. 2).

Die *Befragungen* im Unterricht richteten sich einmal auf das literarische Objekt und das andere Mal auf den weiteren Ablauf des Unterrichts. Beide Male ging es darum, das Interesse der Mehrheit der Kursteilnehmer zu ermitteln. Im Mittelpunkt der thematischen Befragung standen Aphorismen von Lichtenberg, die nicht im einzelnen analysiert, sondern daraufhin überprüft wurden, ob und in welchem Maße sie noch heute Aussagekraft hätten. Vom Konzept der Unterrichtsreihe über die Aufklärung her war Lichtenberg mindestens in der Hinsicht wichtig, daß Literatur, gleich einem Experiment in der Naturwissenschaft, eine Erkenntnisrichtung formuliert, wenn auch nur als Hypothese.

„Ich bin überzeugt, daß, wenn Gott einmal einen solchen Menschen schaffen [würde], wie ihn sich die Magistri und Professoren der Philosophie vorstellen, er müßte den ersten Tag ins Tollhaus gebracht werden. Man könnte daraus eine artige Fabel machen: Ein Professor bittet sich von der Vorsicht aus ihm einen Menschen nach dem Bilde seiner Psychologie zu schaffen, sie tut es und er wird in das Tollhaus gebracht." (Aphorismus F33)

Eine Annahme über die fatalen Folgen einer Erziehung nach einem fest umrissenen Bilde wird hypothetisch formuliert und in eine (unausgeführte) Geschichte gekleidet. Literatur wird Erkenntnismittel.

Und noch in einer zweiten Hinsicht sind die Aphorismen bedeutsam. Der zitierte Aphorismus bringt den Zweifel am Erziehungsoptimismus der Aufklärung zum Ausdruck und kann, in seiner konjunktivischen Form, selber wieder angezweifelt werden. Der Zweifel wird zum konstitutiven Element der Erkenntnis. Ähnlich wie im Fall Lessings erinnert die Einsicht, daß Aussagen über die Wirklichkeit solange gelten, wie sie nicht widerlegt werden, an Poppers kritischen Rationalismus. Im Zusammenhang mit Lichtenbergs Satz „Nicht zu gedencken, daß von einem Irrtum überzeugt werden, allemal lernen heißt" betont auch Albrecht Schöne in seiner anregenden Studie über Lichtenbergsche Konjunktive (1982, S. 72), „daß man Poppers kritischen Rationalismus geradezu als den Versuch einer Systematisierung dieser ‚konjunktivischen' Denkfiguren Lichtenbergs verstehen könnte." Literatur (wie die Wissenschaften) wird zur Methode der Falsifikation oder Verifikation von Erkenntnis.

Wegen des leichten Zugangs habe ich für die Befragung die Auswahl der Aphorismen in Ulshöfers „Arbeitsbuch Deutsch" (1979, Bd. 2, S. 161) mit der Aufgabe verbunden: „Wählen Sie einen nach Ihrer Ansicht treffenden Spruch aus und begründen Sie, warum Sie die Aussage für richtig halten." Die häufigsten Nennungen bezogen sich, in der Reihenfolge, auf folgende Sätze:

1. „Wenn du die Geschichte eines grosen Verbrechers liesest, so dancke immer, ehe du ihn verdammst, dem gütigen Himmel, der dich mit deinem ehrlichen Gesicht nicht an den Anfang einer solchen Reihe von Umständen gestellt hat."
2. „Nichts kan mehr zu einer Seelen Ruhe beytragen, als wenn man gar keine Meinung hat."
3. „Wir, der Schwantz der Welt, wissen nicht, was der Kopf vorhat."

Den Schülern gefiel auch die Idee eines Sudelbuchs, in dem Lichtenberg alle seine Aphorismen verzeichnet hatte. Einzelne wollten ihre Kursmappen als Sudelbuch führen. Es war nicht schwer zu erraten, daß sie das weniger im inhaltlichen Sinne verstanden wissen wollten, indem sie Sentenzen vom Tage notierten, sondern mehr in einem rein äußerlichen Sinne.

Die auf den weiteren Ablauf des Unterrichts gerichtete Befragung war eher ein Fehlschlag. Auf die Beschäftigung mit der Epoche der Aufklärung sollte entweder die exemplarische Behandlung eines Werkes des Realismus oder der Gegenwart folgen. Um zu ermitteln, welches Werk aus dem Realismus den Wünschen der Schüler am nächsten kam, habe ich das entsprechende Kapitel aus der Literaturgeschichte zur Lektüre aufgegeben und in der nächsten Stunde Kontrollfragen gestellt, wie z. B.: „Nennen Sie mindestens ein Werk von Adalbert Stifter"; „Den Ort Seldwyla finden Sie auf keiner Landkarte, dennoch hat ein Autor viele Geschichten über die ‚Leute von Seldwyla' geschrieben; nennen Sie mindestens eine und den Autor"; „Wie heißt die Familienzeitschrift, die um 1880 eine Auflage von 270 000 Exemplaren erreichte? Kennen Sie den Namen einer der wichtigsten Autorinnen dieser Zeitschrift?" Trotz der einfachen Fragestellung war der Ergebnis erschreckend; zu den Namen und Fakten der Literaturgeschichte hatten die Schüler kein Verhältnis, sie suchten aber auch keines. Auf die letzte Frage: „Welcher der Autoren würde sie am meisten interessieren?" antworteten zehn mit Storm, sechs mit Keller und zwei mit Fontane. Der Grund lag offenbar in der Tatsache, daß sie den „Schimmelreiter" in der Mittelstufe gelesen hatten; einige hatten wohl gehofft, daß wir diese Novelle, getreu dem Prinzip der Mitbestimmung der Schüler, noch einmal behandeln.

Ausführlicher als die erfahrungsbezogenen Verfahren haben wir die *Interpretationsmethode* für die Erschließung fiktionaler Texte besprochen. Andeutungsweise geschah dies schon bei Goethes „Prometheus", gezielter bei der Vorbereitung der Klausur am Beispiel von Gottlieb Konrad Pfeffels „Der freie Mann. Ein Volkslied" [1790]. Der einfache Inhalt, der leichte liedhafte Ton, das klare Versmaß, die erkennbare Absicht des Autors und der erschließbare Zusammenhang mit der Aufklärungsepoche ließen ein besonderes Augenmerk für die Reflexion der methodischen Schritte zu. Wir knüpften bei den Aspekten für Texterklärungen an, die aus der Mittelstufe bekannt sein mußten:

– Formulierung eines vorläufigen Textverständnisses nach der ersten Lektüre;
– der strophische Aufbau und Versuch einer gedanklichen Gliederung;
– Erläuterung der gehaltlichen Schwerpunkte in den Strophen, historische und gesellschaftliche Situierungen;
– Strophen, Versmaß und seine Wirkung;
– Bilder und ihre Bedeutung im Gesamtzusammenhang;
– Wortwahl, Satzkonstruktion, Stilebenen und deren Funktion für die Aussagen;
– Bezüge zur Epoche der Aufklärung;
– Bezug zu anderen, schon bekannten Texten.

Diese Aspekte wurden nun für die Darstellung in eine erste hermeneutische Spirale eingebracht, die vom

(a) Gesamteindruck und der Übersicht über
(b) Einzeldeutungen und deren Bedeutung im Zusammenhang zur
(c) historischen Situierung und zum Abschluß an bekanntes Wissen führte.

In der Klausur sollte im Teil (b) am Text, mit Belegen, Kommentierungen gearbeitet werden, im Teil (c) mit Zitaten aus anderen Werken. Im Anschluß an diese grobe Gliederung sollte jeder sich vor der Niederschrift der Analyse auf einem Blatt Papier eine Ablaufskizze für den gedanklichen Aufbau und die Aspekte der Deutung machen. In der Themenformulierung wurden sowohl die grobe Gliederung als auch die einzelnen Aspekte mit angegeben, so z. B. in der Aufgabe zu Gottfried August Bürgers „Der Bauer an seinen Durchlauchtigen Tyrannen" [1773]:

1. Erläutern Sie den Inhalt des Gedichts.
2. Charakterisieren Sie Sprecher, Sprache und Form des Gedichts.
3. Stellen Sie Verbindungen her:
   a) zu Goethes „Prometheus",
   b) zu Gedanken der Epoche der Aufklärung.

Die Verbindung der Einzelbeobachtungen zu einem gedanklichen Zusammenhang gelang nur in Andeutungen, so daß zugleich mit der allmählichen Erweiterung der hermeneutischen Spirale in den Jahrgangsstufen 12 und 13 ihr ständiger Gebrauch verbunden wurde. Diese hermeneutische Methode entspricht in besonderem Maße in ihrer offenen Struktur dem nicht ausschöpfbaren Gegenstand, dem hypothetischen Charakter der Aussagen über diesen Gegenstand, die auch im Verlauf einer Darstellung vertieft, erweitert, revidiert werden können; sie schafft damit zugleich einen Faden der Deutung, in dem bestimmte Schwerpunkte wie Knoten gelegt werden können, und entspricht schließlich dem Bedürfnis der Leser, ihren ersten Eindruck, ihre Betroffenheit, ihr Problem zum Ausgangspunkt der Analyse zu machen und am Schluß nach den Beiträgen für ihre Lösung zu fragen.

II. Formen und Wirkungen der Literatur (11/2)

1. Engagierte Lyrik

Nach Bildung der Leistungskurse wurden auch die Grundkurse neu zusammengesetzt, so daß ich innerhalb weniger Tage einem qualitativ und quantitativ veränderten Kurs gegenüberstand: Die drei Gesprächsträger hatten Deutsch als Leistungskurse gewählt, so daß die Bereitschaft zur Mitarbeit eher abnahm, auch wenn nach einigen gruppendynamischen Prozessen andere Schüler die Diskussionen mit zu bestreiten versuchten. Von den 21 Kursteilnehmern in 11/1 blieben 10, dafür kamen 16 neu hinzu, die alle zum Fach Deutsch kein besonderes Verhältnis entwickelt hatten. Entweder lag der Schwerpunkt des Interesses ganz im mathematisch-naturwissenschaftlichen Bereich, oder es war auf die als weich geltenden Fächer fixiert: Sozialwissenschaften, Erziehungswissenschaften, Erdkunde, Biologie. Der formalen Anstrengung, dem Kenntniserwerb der fremden Denk- und Erfahrungswelt, der man im Leistungskurs aus dem Weg zu gehen versuchte, der wollte man sich nicht gerade im Fach Deutsch stellen. Es war kein Drittel mehr, das den Unterricht, wenn er mehr wurde als Artikulation von oberflächlich-unverbindlichen Meinungen, Kenntniserwerb über Tafelbilder, spielerischer Umgang mit Texten, mit Interesse verfolgte. Keine Neugier auf die Gegenstände, kein Entdeckungsdrang, kein Ansatz zu Selbständigkeit, kein langer Atem in dem Bemühen um Einsichten. Wissenschaftspropädeutik der Germanistik? Studierfähigkeit der Schüler? Allgemeinbildung? Es stand schlecht um die Erreichbarkeit der Ziele der gymnasialen Oberstufe für den größten Teil des Kurses.

Wir nahmen den Faden der Wirkungsabsichten von Literatur wieder auf, der zuletzt aus Anlaß des „Hofnarren“-Textes von Günter Grass im Mittelpunkt der wirkungspoetischen Betrachtungen gestanden hatte. Die Gegenüberstellung von engagierter Kunst und l'art pour l'art wurde als Tafelbild ins Gedächtnis zurückgerufen und mit der Horazischen Formel des „delectare et prodesse“ so verbunden, daß diese Absichten als über die Zeiten hinweg gültige grobe Klassifikationen von dominanten Funktionen der Literatur gelten konnten. Nachdem für „Katz und Maus" nach Grass' eigenen Worten eher das „delectare“ angestrebt war, sollten in den folgenden Stunden Gedichte mit der Absicht des „prodesse“ in den Mittelpunkt rücken. Die bevorstehenden Gedenktage von Lessing und Heine im Februar 1981 gaben dieser Entscheidung die Richtung für die Lektüreauswahl.

a) Heine „Nachtgedanken“

Ich griff zunächst auf die Sammlung von Texten in LDB 10 „Zeitkritik im Gedicht“ zurück, um keinen der Schüler zu überfordern, sondern an einen gemeinsamen Wissensfundus anzuschließen; niemand allerdings hatte diese Sequenz in seinem Unterricht der Jahrgangsstufe 10 kennengelernt. Das Gespräch über Heinrich Heines „Nachtgedanken“ – Schlußgedicht aus dem Zyklus Zeitgedichte von 1843 – verlief zunächst überraschend produktiv und lebhaft; natürlich lag das an dem leicht greifbaren Inhalt des Gedichts, aber wohl auch daran, daß es noch keine Gesprächsführer gab, denen die Mehrheit die Initiative hätte überlassen können. In wenigen Gesprächszügen war der Aufbau gefunden: in Strophen 1 und 10 der Rahmen des gegenwärtigen Eindrucks im Exil, der zwischen Trauer (Strophe 1) und Freude (Strophe 10) schwankt, die vier der Mutter (Strophen 2–5) und die vier der Erinnerung an Deutschland gewidmeten Strophen (6–9). Die vertiefenden Deutungsversuche konzentrierten sich auf die Ambivalanz zwischen aufrechten Empfindungen für die Mutter („hat mich so lieb“, „das Mutterherz erschüttert“, „seit ich sie nicht ans Herz geschlossen“) sowie der Ironie gegen das zeitgenössische Deutschland („hat ewigen Bestand“, „mit seinen Eichen") und der Kritik an den herrschenden Zuständen („viele sanken dort ins Grab").

Für drei weitergehende Deutungsaspekte wurde aber eine stärkere Gesprächslenkung bzw. Informationsvermittlung des Lehrers nötig. Der erste betraf die Analyse des jambischen Versmaßes mit den paarweise wechselnden Kadenzen. Der zweite bezog sich auf den Versuch einer historischen Zuordnung der im Gedicht beschriebenen Sachverhalte. Niemandem war es möglich, auch nur annäherungsweise die 12 Jahre historisch zu fixieren, von denen Heine sein lyrisches Ich reden läßt. Ein kurzes Referat, das die wichtigsten historischen Ereignisse seit der Juli-Revolution in Frankreich und Heines Situation im französischen Exil seit 1831 rekapitulierte, ließ sich nicht vermeiden, auch wenn mir klar war, daß davon nichts hängen bleiben dürfte. Wo es kein auch noch so grob strukturiertes Wissen gibt, können neue Kenntnisse auch nicht verankert und schon gar nicht behalten werden. Was der Geschichtsunterricht in der Vermittlung von strukturiertem Wissen während der Mittelstufe versäumt, kann kein geisteswissenschaftliches Fach in der Oberstufe aufholen. Es läge an den Schülern und ihrem Wissensdrang, sich das Kenntnisraster nachträglich zu erarbeiten; aber sie haben andere Interessen und Schwerpunkte als die längst vergangene Geschichte zwischen 1830 und 1848. Außerdem haben sie durch die im wesentlichen problemorientierte Behandlungsmethode nur gelernt, in Problemkreisen zu denken, nicht aber in systematischen Zugriffen. Der problem- oder projektorientierte Unterricht ist eine bedeutende methodische Errungenschaft für die Motivationsphase von Unterrichtseinheiten, wenn sich das Lernen aber in dieser Methode erschöpft, dann kann den Schülern die Bedeutung des systematischen Lernens gar nicht bewußt werden; sie können es auch nicht, wenn es in der Oberstufe nötig wird, anwenden. Was sich bei oberflächlicher Betrachtung als mangelhafte Fähigkeit der Schüler zeigt, erweist sich bei genauerer Analyse als Fehlkonstruktion in der Unterrichtsplanung (z. B. Vernachlässigung des Faches Geschichte und des historischen Denkens) und als Eindimensionalität der Methodenwahl in bestimmten Fächern (z. B. Problemorientierung des Lernens).

Der dritte Deutungsaspekt, der eine stärkere Lenkung des Gesprächs nötig machte, betraf die Lehrhaftigkeit und das Engagement des Gedichts. Da die Schüler den historischen Hintergrund der lyrischen Zeilen nicht wirklich verstanden hatten, deuteten sie die Tendenz rein privat in dem Sinne: Die schöne junge französische Frau verdrängt die schweren deutschen Ängste der Nacht. Die symbolische Wendung von der politischen Nacht über Deutschland zum Licht der französischen freiheitlichen Zustände vollziehen sie nicht mit; die Schüler insistieren aber auch nicht, wie im alten Kurs üblich, auf ihrer Deutung der Aussage als individuellem Problem des lyrischen Ichs. Die Tendenz des Gedichts ist ihnen gleichgültig.

b) Gedichte gegen den Krieg

Die drei kurzen Gedichte gegen den Krieg von Pindar, Logau und Fried sind leichter zu fassen, weil sie ohne historischen Hintergrund und ohne Übersetzung eines Bildes zu verstehen sind. Pindars Dreizeiler „Krieg", unter dem Eindruck des über fünfzigjährigen Krieges (500–448 v. Chr.) Griechenlands gegen Persien und als Abwehr falschen Heldentums entstanden, wurde zunächst als modernes Gedicht gelesen und als solches in seiner Aussage kritisiert:

„Süß ist der Krieg nur dem, der ihn nicht kennt.
Doch die ihn kennen, denen schaudert,
wenn er heranheult, maßlos das Herz"
(Fragment 110)

Das Gespräch begann mit Abwehr: Daß heute noch jemand in Europa den Krieg als „süß" empfände, sei wenig glaubhaft. Daß aber bei Persern und Griechen zu Pindars Zeiten

– und bei den Persern heute noch – es durchaus ehrenhaft war, sich zum Wohle des Vaterlandes selbst zu opfern, mußte schließlich akzeptiert werden. Die chiastische Struktur in der Übersetzung des Gedichts („süß ist der Krieg [...] dem, der ihn nicht kennt – [...] die ihn kennen, denen schaudert [...] das Herz") weist die „Kenntnis" als zentral für die emotionale Einstellung aus. Wo die Kenntnis schwindet, bleibt ein orientierungsloses Fühlen.

In deutlichem Bezug zum dreißigjährigen Krieg deckt Friedrich von Logau in seinem Spruch „Krieg und Friede" aus den Sinngedichten [1654] die Absurdität des Krieges auf, indem er das Bedeutungsfeld öffnet:

„Die Welt hat Krieg geführt weit über zwanzig Jahr.
Nunmehr soll Friede sein, soll werden wie es war;
sie hat gekriegt um das, o lachenswerte Tat!
was sie, eh sie gekriegt, zuvor besessen hat."

Nach der Feststellung des Zeitpunktes in der ersten Zeile führt die zweite in den Widerspruch ein, daß der Friede darin besteht, die alten Zustände wieder herzustellen. Der Widerspruch weitet sich zur Absurdität („o lachenswerte Tat"), indem der Krieg nur noch geführt wird, um all das wiederzukriegen, was durch den Krieg selber verlorengegangen war. Nur die Menschen, die gestorben und gefallen sind, *kriegt* die Welt nicht zurück.

Erich Frieds „Spruch 89" [1968] wird zum Gedankenspiel über die Ursprünge von Krieg und Frieden:

„Ich bin der Sieg
mein Vater war der Krieg
der Friede ist mein lieber Sohn
der gleicht meinem Vater schon"

Wo der Friede nicht mehr ist als die Abwesenheit von Krieg, ist dieser schnell wieder gegenwärtig. Wo man sich der Siege freut, die Folgen von Kriegen sind, hat man den Grund für die nächste kriegerische Auseinandersetzung, an deren Ende wieder der Sieg verlockt.

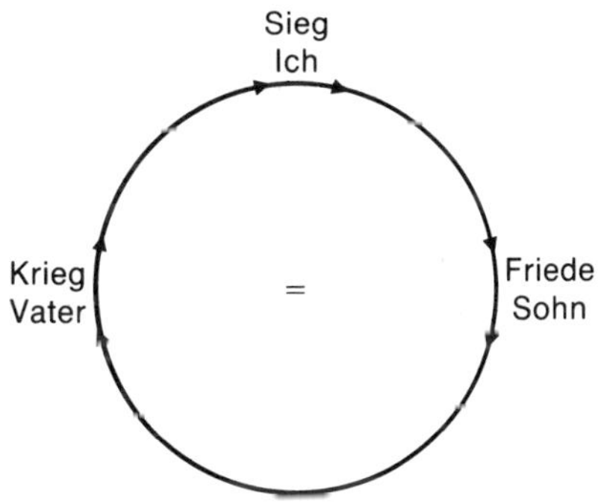

Erst wo der Sieg als treibendes Element entfällt, der Mensch nicht des Menschen siegreicher Beherrscher ist, kann der Kreislauf von Krieg und Frieden durchbrochen werden.

Diese Gegenstände waren nach dem Geschmack der Schüler: Bei den drei bis vier Zeilen bedurfte es keiner Leseanstrengung, Wissen war kaum erforderlich (über Fried diskutierte man lange, als sei er ein Zeitgenosse Logaus), und es ließen sich Gedanken hin und her bewegen, ohne daß man sie zu einem Ziel drängte. Man verhielt sich, wie Heine ironisch für die „Tendenz" in den Zeitgedichten (XIII) es forderte: „Aber halte deine Rede nur so allgemein als möglich." Dies war der Punkt, an dem ich mich entschloß, konsequent die Applikation in Verstehensprozessen zu fordern, d. h. daß die Schüler aus ihrem eigenen Horizont heraus Texte zu begreifen versuchen sollten, um dann erst nach seiner ursprünglichen Bedeutung zu fragen. Nur wenn sie die Texte in ihren eigenen Horizont hereinlassen, werden sie erklärungsbedürftig, wächst das Interesse an ihnen und wird die Deutung zum Problem. Da die Unsicherheiten im historischen Wissen nicht auf das 19. Jahrhundert beschränkt sind, sondern, wie die Erläuterungen des zeitgeschichtlichen Hintergrunds in Grass' „Katz und Maus" gezeigt hatten, sich auch auf die jüngste Vergangenheit beziehen, bekamen alle Schüler eine dreiteilige Aufgabe:

1. Inhaltsangabe zu dem literarischen Werk eines Autors zum Thema „Krieg";
2. Nachrichten zu diesem Thema aus der Zeitung eines Tages;
3. Erzählung von Verwandten/Bekannten: Erzähle ein Ereignis aus dem letzten Krieg und sage, warum es Dir im Gedächtnis bleibt.

Indem die Schüler jüngste Geschichte als gegenwärtig kennenlernen, werden sie eher Interesse an der Geschichte gewinnen, deren letzter Abschnitt ihr eigenes Leben ist. Der Erfolg gab dieser These Recht.

c) Klassiker-Gedenktage

Wie Daten der Literaturgeschichte für die allgemeine öffentliche Diskussion Bedeutung gewinnen, ließ sich an den bevorstehenden Gedenktagen von Lessing und Heine demonstrieren. Zwar begann auch hier die Besprechung mit dem Hindernis, daß fast alle Schüler behaupteten, daß überregionale Tage- und Wochenzeitungen ihnen weder bekannt seien noch daß sie sie zu Hause gar greifbar hätten (die Westdeutsche Allgemeine Zeitung und allenfalls der SPIEGEL konnten sie nennen), aber sie begannen sich doch dafür zu interessieren, daß Literatur vergangener Epochen etwas von Gegenwärtigkeit enthält und sich damit die Mühen der Auseinandersetzung mit ihr lohnen. In den Kursmappen fand ich später vereinzelt Ausschnitte aus Fernsehankündigungen zu literarischen Gedenktagen und Berichte aus der WAZ zu den Heine-Feiern in Düsseldorf.

Im Unterricht behandelt wurden zwei Gedenkartikel aus der „Süddeutschen Zeitung". Zu Lessings 200. Todestag am 15. 2. war am 14. 2. 1981 ein „Bekenntnis zum Kritiker Lessing" von Jörg Drews erschienen, das allen kopiert vorlag. Zwei Aspekte der Gegenwärtigkeit Lessings wurden herausgestellt: zum einen die Erkenntnismethode, die Drews mit folgendem Zitat aus „Wie die Alten den Tod gebildet" belegt:

> „Es sey, daß noch durch keinen Streit die Wahrheit ausgemacht worden: so hat dennoch die Wahrheit bei jedem Streit gewonnen. Der Streit hat den Geist der Prüfung genährt, hat Vorurteil und Ansehen in einer beständigen Erschütterung gehalten; kurz, hat die geschminkte Unwahrheit verhindert, sich an der Stelle der Wahrheit festzusetzen."

zum andern die Ermutigung zum Selbstdenken bei den Lesern von Literatur:

> „Ich bin nicht verpflichtet, die Schwierigkeiten aufzulösen, die ich mache. Meine Gedanken mögen immer sich weniger verbinden, ja wohl gar sich zu widersprechen scheinen: wenn es denn nur Gedanken sind, bei welchen (Leser) Stoff finden, selbst zu denken."

Die Begeisterung von Drews über soviel bleibender Wirksamkeit Lessings lasse ich stehen – in der Hoffnung, daß sie weiterwirkt:

> „Wer wird nicht einen Lessing loben? Dafür, ihn auch mehr zu lesen, spricht die Chance, jenseits der scheinbar veralteten Gegenstände, von denen er handelt, einen der großen deutschen Prosaautoren zu genießen ..."

Aus Anlaß des 125. Todestages von Heinrich Heine am 17. 2. waren am 19. 2. 1981 Nachrichten über Heine-Feiern in Düsseldorf, Hamburg und Ost-Berlin sowie eine Glosse über das denkwürdige Fragemal in Düsseldorf von Bert Gerresheim im „Streiflicht" der SZ erschienen, die ich auf eine Seite zusammenmontiert und vervielfältigt hatte (Anhang 3). Die Nachrichten gaben für die Besprechung nicht viel her, wohl aber der ironische Seitenhieb gegen eine Traditionsbewahrung, die eine fragmentierte Totenmaske begehbar macht. Auf diese Weise wird das Werk des bedeutenden Autors nicht zugänglicher. Mit den Worten des „Streiflichts":

> „Aber warum muß das Publikum auf den Trümmern des Lazarus-Gedichts herumlaufen dürfen? Bleibt Heine, der doch wahrlich sinnlich zu schreiben wußte, uns nur nahe, indem er einem flüchtigen Bedürfnis nach modischer Berührung ausgesetzt wird?"

So blieb auch hier der Appell: Sollen uns Werke der Vergangenheit nahe bleiben, gibt es nur einen gangbaren Weg: sie zu lesen.

Diese beiden Beispiele hatten den Schülern verständlich gemacht, daß bedeutende Literatur der Vergangenheit immer wieder zur Auseinandersetzung mit ihr provoziert, daß man ihren Anspruch abweisen kann wie die Nationalsozialisten, die das Hamburger Heine-Denkmal zerstörten, daß man sich ihnen stellen und einen Dialog mit der Vergangenheit suchen kann oder daß man die vermittelten Deutungen von Wirklichkeit und Erkenntnis, wie Drews es getan hat, übernimmt und die eigenen Einsichten und Erfahrungen damit anreichert.

d) Brecht „Kinderkreuzzug"

Zum Abschluß der kleinen Sequenz zur engagierten Lyrik schlage ich mit Brecht einen bedeutenden Autor dieses Genres und mit dem „Kinderkreuzzug" ein längeres Erzählgedicht vor; es soll zugleich den Gedanken an das Thema Krieg wachhalten, das die Halbjahresaufgabe für die nächsten Wochen bestimmt. Für die Aktualisierung setze ich das methodische Inventar der Rezeptionshandlungen nunmehr konsequent ein. Es werden vier Gruppen gebildet (die Schüler stöhnen über diese in der Mittelstufe offenbar strapazierte Organisationsform des Unterrichts), die folgende Aufgaben zu lösen haben:

- Formulierung einer historischen Quelle, die dem Gedicht zugrunde gelegen haben könnte;
- Dramatisierung der im Gedicht dargestellten Episoden;
- Interpretation nach der bisher bekannten Methode mit besonderer Beachtung der Aktualität des Textes;
- Kritik an dem Gedicht und seiner „Tendenz".

Die Nachricht (Gruppe I) schloß an die zweite Zeile der 3. Strophe „Aus Polen ist nichts mehr gekommen / Nicht Brief noch Zeitungsbericht") an und war als Mitteilung in einer wiederentdeckten Zeitung formuliert. Die Meldung begann mit dem Schluß des Gedichts, daß auf ihrer Flucht von den Kriegsschauplätzen in Polen im Winter 1939/40 55 Kinder verhungert seien.

Bei dem Versuch der Dramatisierung (Gruppe II) hatte man zunächst viel mit der Gliederung der 35 Strophen zu tun. Strophen 1–4 und 27–31 sollte ein Erzähler sprechen, der sich auch im Text selber als Person zu erkennen gibt, z. B. „Läuft eine seltsame Geschicht" (Strophe 4), „wenn ich die Augen schließe" (Strophe 28). Als in szenische Bilder umsetzbar wurden u. a. folgende Episoden genannt:

1. „Über die Chausseen" (Str. 5–12),
2. „Liebe, Tod und Hoffnung" (Str. 13–17),
3. „Verirrung auf dem Weg nach Süden" (Str. 19–26),
4. „Die Tafel aus Pappe" (Str. 32–35).

Für den Entwurf eines Dialogs hatte sich die Gruppe die 3. Szene und hier besonders die Situation mit dem verstellten Wegweiser (Str. 22–26) ausgesucht. Weit sind sie damit nicht gekommen, weil einer sich besonders eifrig ans Werk machte und die anderen sich damit entlastet fühlten und entsprechend benahmen.

Die Gruppe der Interpreten (III) hatte vor allem damit zu tun, den thematischen Kern (Kreuzzug für den Frieden, der scheitert), den historischen Hintergrund des Polenfeldzugs 1939 und die sprachliche Gestalt des Gedichts zu ermitteln. Der volksliedhafte Ton ließ sich nach kurzer Rekapitulation des jambischen und daktylischen Versmaßes näher bestimmen; die freien Senkungen erinnerten zu Recht an die Knittelverse zu Beginn des „Faust". Trotz der chronikhaften Darstellung suchten andere nach „Symbolen", die auch in übertragener Bedeutung zu verstehen seien, wie z. B. „Frie ..." an der Tafel (Str. 12), der Zug nach Süden, in das gelobte Land (Str. 19), der Krieg, der in die falsche Richtung weist (Str. 23). Den Gedanken habe ich zum Anlaß genommen, um in der nachfolgenden Besprechung die metaphorische Sprechweise zu erläutern.

Am dürftigsten waren sicher die Ergebnisse der Rezensenten (Gruppe IV), die wenig anderes zum Ausdruck zu bringen wußten, als daß das Ganze „gut gemacht" sei. Der Erzähler stelle nicht nur Episoden des Kreuzzuges dar, sondern mische sich ein und kommentiere die Ereignisse. Dadurch übertrage sich seine Betroffenheit auf die Leser. Obwohl manches nur angedeutet sei, könne man sich alles gut vorstellen. Ob sie denn nichts Kritisierbares fänden? (Ich wollte auf das Idyllische des Gemeinschaftsgedankens hinaus.) Niemand fand etwas, sogar den Schluß könne man sich positiv denken, denn es sei ja nicht sicher, ob die Kinder nicht doch die Freiheit gefunden hätten. Konterte ein anderer: „Du meinst wohl die Freiheit 2 Meter unter der Erde!"

e) Sprachliche Mittel: Metapher und Metonymie

Nach den Berichten aus den Gruppen und kurzen Nachfragen zu den Ergebnissen blieb noch eine Stunde, um auf Formen der Bildhaftigkeit und damit einer Konstituente von Fiktionalität einzugehen. Selbst ein Erzählgedicht wie der „Kinderkreuzzug", das ganz vordergründig verstanden werden kann, hat mehrere Bedeutungsebenen. Allein in dem Wort Kreuzzug steckt die Erinnerung an die „Missionszüge" im Mittelalter in das Gelobte Land. Ich erinnere daran, daß im Jahr 1212 Kinderkreuzzüge sowohl von Frankreich als auch von Deutschland aus „nach Süden" aufgebrochen sind und mit dem Tod der meisten Kinder schon bei Marseille bzw. Brindisi endeten. Angeführt wurden auch damals die Züge von „kleinen Führern", die vorgaben, von Christus selbst zur Mission berufen worden zu sein. Aus den „Eroberungszügen" ins Heilige Land wird bei Brecht der Kreuzzug in das gelobte Land des Friedens. Die Bedeutung der Kreuzzüge von Kindern läßt sich aber auch auf die Gegenwart beziehen, wenn man an die Bilder von Kriegsschauplätzen denkt, die flüchtende Frauen und Kinder zeigen und deren Leid.

Die eigentliche und übertragene Bedeutung von Bildern wird dann konkreter an zwei Beispielen erläutert und mit der Begriffsbestimmung von Metapher und Metonymie verbunden. *Metapher* wird als bildhafte Ausdrucksweise begriffen, in der Bedeutungen verschiedener semantischer Einheiten (meistens: Wörter), die in paradigmatischer Relation stehen (also gegeneinander austauschbar sind), sich ergänzen. Die Zeilen der Strophe 14: „Wie sollen die Bäumchen blühen, wenn so viel Schnee drauf fällt?" kann man zunächst wörtlich als Aussage über einen späten Winter begreifen. Durch die vorausgehenden Zeilen derselben Strophe gewinnen sie aber zusätzliche Bedeutung: „Die Liebe konnte nicht bestehen / Es kam zu große Kält:" Die „Bäumchen" treten in Beziehung zu den sich liebenden Kindern und „viel Schnee" zu „große Kält", so daß aus der Feststellung einer Naturbeobachtung eine Aussage über die Liebenden auf dem Kinderkreuzzug geworden ist. Dabei ist weiterhin auffällig, daß „Kält" ein Substituent für das Substitut „Kriegswirren" ist, das in den vorangehenden Strophen entfaltet war. Wenn Krieg und Kriegsfolgen hier mit Metaphern aus dem Naturbereich näher bestimmt werden, so spiegelt dies das Bewußtsein der Kinder, die die gesellschaftlichen Ursachen nicht kennen können und über die der Krieg wie eine Naturkatastrophe zusammenbricht.

Nun beschränken sich die neuen Metapherntheorien nicht auf die Simularitätsbezüge zwischen den semantischen Einheiten in paradigmatischer Relation, sondern seit Weinrichs „Semantik der Metapher" (1967) wissen wir, daß in der Metapher die in der Wortbedeutung angelegte Determinationserwartung enttäuscht wird und sich ein unerwartetes Bedeutungsfeld auftut:

> „Wir wollen diesen Vorgang KONTERDETERMINATION nennen, weil die tatsächliche Determination des Kontextes gegen die Determinationserwartung des Wortes gerichtet ist. Mit diesem Begriff ist die Metapher definierbar als ein Wort in einem konterdeterminierenden Kontext." (Weinrich 1967, S. 6)

So läßt die Feststellung des Chronisten „Die Liebe konnte nicht bestehen ..." eine Aussage über die Trennung der Liebenden erwarten; statt dessen aber folgt die Frage „Wie sollen die Bäumchen blühen ...?" Das Bild der Liebenden selbst ist eine Überraschung inmitten der von Zerstörung gezeichneten Welt. So konstituieren Metaphern Mehrdeutigkeit, die das Sinnpotential des Textes erhöhen, indem Bezüge zur Wirklichkeit, zum Kontext, der

Teilbilder zueinander hergestellt werden können. Metapherntheorie wird in diesem Sinne eine Theorie der Rezeption dieser Bezüge.

Jakobson hat in den „Grundlagen der Sprache" (1972) Metapher und *Metonymie* als zwei entscheidende semantische Operationen dargestellt: Ist die Metapher durch die Substitution in paradigmatischer Relation bestimmt, dann die Metonymie durch Kontiguität in syntagmatischer Relation. Weniger theoretisch gesprochen: Stehen Sach- und Bildhälfte bei der Metapher (Kriegswirren als „große Kälte") in keinem unmittelbaren semantischen Zusammenhang, so stehen bei der Metonymie Sach- und Bildhälfte in einer realen Beziehung (z. B. Ersatz des Teils durch das Ganze, von Wirkung durch Ursache). Für die Grenzverschiebung im Bildbereich ist die letzte Zeile des Gedichts ein anschauliches Beispiel: „Der Hund ist verhungert gewesen" ist zugleich eine Aussage über die Kinder, die dem Hund vor anderthalb Jahren eine Tafel aus Pappe mit der Bitte um Hilfe umgehängt hatten. Nur wer diese metonymische Wendung versteht, weiß, daß auch die Kinder verhungert sein müssen. Die anderen sehen in der Zeile einen offenen Schluß des Gedichts, der das Schicksal der Kinder nicht endgültig klärt. Texte mit Metaphern und Metonymien zu studieren ist eine notwendige Übung, um auf mehreren Bedeutungsebenen lesen zu lernen und damit einen Indikator für den Grad an Fiktionalität von Texten zu gewinnen.

2. Fiktion und Nichtfiktion

a) Das Problem der Fiktionalität: Stand der Diskussion

Mit eiserner Beharrlichkeit gehen Lehrpläne, Richtlinien und Lehrbücher von der Dichotomie von fiktionalen und nichtfiktionalen Texten aus und definieren z. B. lapidar:

> „Während nichtfiktionale Texte auf außer ihnen vorhandene Wirklichkeit verweisen, konstituiert der fiktionale Text eine eigene Wirklichkeit, die sich auf eine außer ihr liegende Wirklichkeit bezieht." (Richtlinien NW 1982, S. 36)

Nun sind solche Definitionen nicht nur fragwürdig, weil sie Leerformeln darstellen und mit Begriffen operieren (z. B. vorhandene versus eigene Wirklichkeit, verweisen versus beziehen), die selber wieder erklärungsbedürftig sind, sondern auch weil sie gesicherte Einsichten vortäuschen, die von der Literaturwissenschaft längst wieder in Frage gestellt worden sind. Formulierungen der Richtlinien setzen sich damit in Widerspruch zu dem, was sie als Lernziel von den Schülern fordern: wissenschaftspropädeutische Kenntnisse und Fähigkeiten. Wenn schon die Aufteilung der Literatur nach dem Grad ihrer Fiktionalität im Unterricht vermittelt werden soll, und es gibt gute Gründe, das zu tun, dann sollte das wenigstens in einer Art geschehen, die nicht gegen Prinzipien wissenschaftlicher Erkenntnisweisen verstößt. Dazu gehört vor allem, die Schüler am Prozeß der Auseinandersetzung um die Beschreibung des Fiktionalen wenigstens ausschnittweise zu beteiligen. Nur so kann der noch dazu durch Abiturregelungen festgeschriebene Zustand überwunden werden, daß Fiktion und Nichtfiktion als etwas begriffen werden soll, das wie eine Gesetzmäßigkeit der Naturwissenschaften zeitlos gültig ist.

Soweit ich sehe, gehen die Formulierungen in den Richtlinien auf die Äußerungen zurück, die Wolfgang Iser in „Die Appellstruktur der Texte" (1970) vorgetragen hat. Iser setzt bei der Unterscheidung Austins von „language of statement" und „language of performance" an und hält fest, daß es Textarten gibt, „die einen Gegenstand vorstellen oder mitteilbar machen, der eine vom Text unabhängige Existenz besitzt", und andere, eben die literarischen, „die ihren Gegenstand erst konstituieren". Noch in demselben Zusammenhang geht Iser aber einen Schritt weiter, der in den normativen didaktischen Texten nicht mehr gegangen wird, obwohl die Richtlinien selber dieser Textsorte zuzurechnen wären:

„Diese vorläufig noch grobe Unterscheidung von Texten als Exposition des Gegenstandes beziehungsweise als Hervorbringung des Gegenstandes müssen wir noch weiter differenzieren, um den Status des literarischen Textes zu erreichen. Denn es gibt durchaus Texte, die etwas hervorbringen, ohne dadurch schon literarisch zu sein. So schaffen beispielsweise alle Texte, die Forderungen stellen, Ziele angeben oder Zwecke formulieren, ebenfalls neue Gegenstände, die jedoch erst durch das vom Text entwickelte Maß an Bestimmtheit ihren Gegenstandscharakter gewinnen. Gesetzestexte bilden den paradigmatischen Fall solcher Formen der Sprachlichkeit. Das von ihnen Gemeinte gibt es dann als verbindliche Verhaltensnorm im menschlichen Umgang. Im Gegensatz dazu vermag ein literarischer Text niemals solche Sachverhalte zu schaffen. Kein Wunder also, daß man diese Texte als Fiktionen bezeichnet, denn Fiktion ist Form ohne Realität." (Iser 1970, S. 10)

Zwar gibt es durchaus Elemente unserer Erfahrungswelt in fiktionaler Literatur, aber sie sind anders strukturiert als in expositorischen und verhaltensregulierenden Texten: „Die Wirklichkeit der Texte ist immer erst eine von ihnen konstituierte und damit Reaktion auf Wirklichkeit" (S. 11).

Inzwischen ist die Diskussion über die Elemente und Strukturen des Fiktiven sowie deren historischen Wandel weitergegangen. Wolfgang Iser hat in deren Verlauf den überzeugenden Versuch gemacht, das Fiktive nicht mehr nur der Realität gegenüberzustellen, sondern es zugleich gegenüber dem Imaginären abzugrenzen. In der Dreistelligkeit der Beziehungen ist das Fiktive deutlicher greifbar als in der dichotomischen Teilung:

„Enthält der fiktionale Text Reales, ohne sich in der Beschreibung dieses Realen zu erschöpfen, so hat seine fiktive Komponente wiederum keinen Selbstzweckcharakter, sondern ist als fingierte die Zurüstung eines Imaginären." (Iser 1983, S. 121)

Im Akt des Fingierens wird das eher diffuse, formlose unfixierte Imaginäre, etwa der Phantasmen, Projektionen, Träume, in die Gestalt der Fiktion überführt.

„Das ist für den fiktionalen Text in hohem Maße folgenreich. Gewinnt das Imaginäre im Akt des Fingierens eine Bestimmtheit, die ihm als solchem nicht zukommt, so erhält es dadurch ein Realitätsprädikat; denn die Bestimmtheit ist eine Minimaldefinition des Realen." (Iser 1983, S. 124)

In der Überschreitung zum Fiktiven gewinnt das Imaginäre Realität; aber im triadischen System der Beziehungen gilt auch das Umgekehrte: Die uns vertraute Wirklichkeit gewinnt im Kunstwerk ein Stück imaginative Kraft:

„In der Überführung wiederholter lebensweltlicher Realität zum Zeichen für etwas anderes manifestiert sich die Grenzüberschreitung als eine Form der Irrealisierung; in der Überführung des Imaginären als eines Diffusen in die Bestimmtheit von Zwecken geschieht ein Realwerden des Imaginären." (Iser 1983, S. 124)

Im nachfolgenden Teil seiner Ausführungen versucht Iser, einzelne Fiktionssignale aufzudecken, und beschreibt als solche vor allem Selektion, Kombination und Selbstentblößung:

„In jedem Stadium erfolgt eine bestimmte Irrealisierung realer Vorgegebenheiten: in der Selektion die der Textumwelt, in der Kombination die der Beziehung der semantischen Räume untereinander, in der Entblößung die der natürlichen Einstellung zur dargestellten Welt des Als-Ob und im Rezipienten diejenige seiner bisherigen Erfahrung durch den Ereignischarakter der von der Textwelt in ihm ausgelösten Reaktion." (Iser 1983, S. 149)

Angeregt durch die plausiblen Gedanken Isers hat Hans Robert Jauß (1983) versucht, das Fiktive nicht mehr nur formal, sondern zugleich inhaltlich zu bestimmen als das artikulierte Bedürfnis nach dem Vollkommenen:

„Das Vollkommene ist als ontologische Kategorie bekanntlich älter als das Schöne. Die Erfahrung des Vollkommenen schließt immer schon ein Moment des Irrealen ein, setzt die Imagination in Bewegung und ist damit der ästhetischen Erfahrung verschwistert. In der Erfahrung des Vollkommenen kann die Unvollkommenheit der wirklichen Welt kontrafaktisch derart überstiegen werden, daß das Irreale der Vollkommenheit als das eigentliche Reale erscheint und die schlechtere Wirklichkeit verblassen läßt." (Jauß 1983, S. 444)

Im Verlauf seiner Argumentation bestimmt Jauß nicht nur das Vollkommene am Beispiel der Märchen noch genauer, sondern er zeigt auch den Prozeß der Ablösung der ästhetischen von der religiösen Erfahrung auf und damit einen grundsätzlichen Wandel in der Auffassung von der Funktion des Fiktiven am Beginn der Neuzeit.

Der Gang der hier nur sehr verkürzt wiedergegebenen neueren wissenschaftlichen Diskussion um das Problem der Fiktionalität ist derart plausibel und anschaulich, daß an ihm der Erkenntisgewinn literaturtheoretischer Einsichten sowie der Prozeßcharakter geisteswissenschaftlicher Forschung im Unterricht verdeutlicht werden könnten. Dabei ließe sich mühelos an die Fiktionalitätselemente von Metaphern (Selektion in paradigmatischer Relation) und Metonymien (Kombination in syntagmatischer Relation) anschließen. Auch die Bestimmung von Kunst als „Realwerden des Imaginären" wäre an bereits aus 11/1 Bekanntes anzubinden, indem im Anschluß an Max Frischs Tagebucheintrag auf die Verbindung von Traum und Dichtung gegenüber dem Bewußtsein eingegangen würde. Mit der Frage nach der Funktion des Fiktiven öffnet Iser sich schließlich auch Problemen des Gebrauchs von Literatur und damit dem Konzept der Rezeptionshandlungen in der Situation von Bildung und Erziehung; in Analogie zu den Rezeptionsaktivitäten wird von Einstellungsaktivitäten gesprochen, wenn es darum geht, die Tätigkeit des Lesers zu beschreiben, der sich die Textwelt so vorzustellen versucht, wie wenn sie eine eigene Welt wäre. (vgl. Iser 1983, S. 144)

Abgesehen aber nun von der Tatsache, daß die Schüler, die im Augenblick des Beginns der mathematisch-naturwissenschaftlichen Leistungskurse eher auf der Suche nach einer allein auf Rationalität gegründeten Erkenntnisform sind und das Imaginäre als nicht diskursfähig abweisen, würde ich auch heute noch das Fiktive in anderer Relation bestimmen. Meine Bedenken richten sich vor allem gegen die Tatsache, daß Isers Ausführungen in einem entscheidenden Punkt hinter Käte Hamburgers dichtungslogische Einsichten zurückfallen. Bei der Erläuterung des Merkmals der „Entblößung" des Fiktionalen im Akt des Fingierens greift Iser auf die Bestimmung Vaihingers von 1911 zurück, daß die Realität der Fiktion nicht eine gegebene ist, „sondern nur so verstanden werden soll, als ob sie eine gegebene sei". Und weiter: „Im Kenntlichmachen des Fingierens wird alle Welt, die im literarischen Text organisiert ist, zu einem Als-Ob" (S. 139). Gerade in Auseinandersetzung mit Vaihinger hatte K. Hamburger zwar eingestanden, daß Fiktion als Form des Als-Ob für wissenschaftliche Fiktionen zutrifft, wie sich an Modellbildungen der Naturwissenschaften (z. B. des Atoms) zeigen läßt, nicht aber für ästhetische Fiktionen. Wohl kann ein Porträtbild, die literarische Charakteristik einer historischen Person der realen Person so täuschend ähnlich sein, daß es scheint, als ob die dargestellte Figur wirklich lebe, aber man wird das kaum von Maria Stuart im Drama Schillers, von Effi Briest im Roman Fontanes oder von den Kindern in Brechts „Kinderkreuzzug" sagen können, daß sie erscheinen, als ob sie wirklich wären; jedenfalls wäre dieser täuschende Realismus keine entscheidende Kategorie. Käte Hamburger erläutert:

> „[...] Schiller hat Maria Stuart nicht gestaltet, als ob sie die wirkliche wäre. Wenn wir sie, wenn wir eine jede Roman- und Dramenwelt dennoch als fiktive apperzipieren, so beruht das nicht auf einer Als Ob-Struktur, sondern, wie wir sagen können, auf einer *Als-Struktur.*" (Hamburger 1968, S. 55)

Hamburger zitiert zur näheren Bestimmung der Als-Struktur fiktionaler Texte Fontanes Ausdruck „als Wirklichkeit erscheinen":

> „Er bedeutet, daß der Schein von Wirklichkeit erzeugt sei, und das heißt [...] Schein von Wirklichkeit auch dann, wenn es sich um eine noch so unwirkliche Dramen- oder Romanwelt handelt. Auch das Märchen erscheint als Wirklichkeit, solange wir lesend oder zuschauend in ihm verweilen, doch nicht so, als ob es eine Wirklichkeit wäre." (Hamburger 1968, S. 55)

Dieses Als-Ob enthält ein Moment der Täuschung insofern, als es etwas vorgibt zu sein, was es tatsächlich nicht ist. Dies aber gilt für die Literatur der Moderne allenfalls in bezug auf die Werke des Naturalismus, keinesfalls aber für die Literatur, die in ihrer Struktur den Schein des Als-Ob bewußt zerstört, wie es in der deutschen Literatur nach dem Naturalismus deutlich erkennbar wird. „Die Als-Wirklichkeit aber ist Schein, Illusion von Wirklichkeit, und das heißt Nicht-Wirklichkeit oder Fiktion“ (S. 55).

Noch in einem anderen Punkt hatte ich in den Vorüberlegungen zur Einführung in die Bestimmung des Fiktiven auf Käte Hamburger zurückgegriffen. Vor allem in bezug auf die Funktionen von Erzählungen im Alltag war es wichtig, die autobiographischen Skizzen begrifflich einerseits nicht nur als Schein von Wirklichkeit, sondern als wiederholte Wirklichkeit selber zu bestimmen, andererseits die subjektive Perspektive mit dem Recht auf Selektion und Akzentuierung gegenüber den expositorischen Texten abzugrenzen. In der jüngsten Literatur wird die Wiederentdeckung des autobiographischen Schreibens (z. B. Frauenliteratur, Väterromane, Tagebücher von Außenseitern) unter dem Stichwort des authentischen Schreibens gefaßt und theoretisch diskutiert (vgl. dazu etwa Literaturmagazin 11, 1979). Die ansonsten problematische Ausgrenzung der Ich-Erzählung aus der Typologie des Erzählens wirkt in diesem einen Punkt überzeugend, da es Ich-Erzählungen gibt, die sich als historisches Dokument setzen und nicht als Fiktion mißverstanden werden möchten.

Zur theoretischen Klärung dieses authentischen, dokumentarischen, autobiographischen Schreibens verweist Käte Hamburger auf den Unterschied von fingiert und fiktiv:

> „Der Begriff des Fingierten bedeutet ein Vorgegebenes, Uneigentliches, Imitiertes, Unechtes, der des Fiktiven dagegen die Seinsweise dessen, was nicht wirklich ist: der Illusion des Scheins, des Traums, des Spiels.“ (Hamburger 1968, S. 247)

Alle Ich-Erzählungen werden nun als „fingierte Wirklichkeitsaussagen“ bestimmt, wobei es, was für die folgende Diskussionen entscheidend wichtig wird, Gradunterscheide der Fingiertheit gibt:

> „Worauf es hier ankommt, ist die Gradskala, auf der, wenn man sich die Mühe machte, die Ich-Erzählungen der Weltliteratur angeordnet werden könnten. Eine Skala von Fingiertheitsgraden, was nun bedeutet, daß der Grad der Fingiertheit so gering sein kann, daß nicht mit Sicherheit zu unterscheiden ist, ob wir es mit einer echten Autobiographie oder einem schon romanhaften Gebilde zu tun haben.“ (Hamburger 1968, S. 248)

Die jüngste Literatur mit ihrer Devise: Ein Leben = Ein Buch rechnet sich, dem Anspruch nach, sicher zu den Ich-Romanen mit äußerst niedrigem Fingiertheitsgrad, während andere Ich-Erzählungen, z. B. Kellers „Grüner Heinrich“ oder Thomas Manns „Bekenntnisse des Hochstaplers Felix Krull“, höhere Grade von Fingiertheit aufweisen. Für die Gradunterschiede entscheidend dürften die Signale der Beglaubigung sein, die der Text selber vermittelt (zeitliche und örtliche Situierung, Zeugnis einer Person der Zeitgeschichte etc.). Wieweit diese Signale selber wieder fingiert sind, steht auf einem anderen Blatt; es unterstreicht nur die Feststellung, daß zwischen authentischer und fingierter Wirklichkeitsaussage tatsächlich nur graduelle und keine prinzipiellen Unterschiede bestehen und wir damit recht in der Annahme haben, daß es sich hier um einen eigenen Bereich der Literatur handelt.

b) Didaktische Folgerung

Mit dieser anderen Dreistelligkeit von Fiktion, fingierter bzw. authentischer Wirklichkeitsaussage und Exposition war die Fiktionalitätstheorie begründet, die dem Unterrichtskonzept zugrunde lag und in den drei Aufgaben: Werke eines Dichters, authentische Erzählung aus dem Alltag und Nachrichten aus der Zeitung zum Thema Krieg seinen Ausdruck fand. Hinzu kommen noch die Gesetzestexte, die gemeinsame Verhaltensnormen faktisch schaffen wollen und sich damit von fiktionalen Texten in dem Bezug zur Wirklichkeit und von den expositorischen in dem Charakter dieser Wirklichkeit (eher virtuell als faktisch) unterscheiden.
Meine Folgerung aus der neueren Fiktionalitätsdiskussion läßt sich graphisch folgendermaßen verdeutlichen:

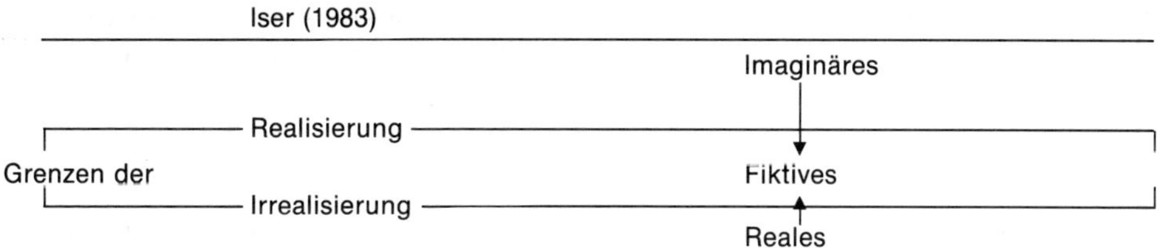

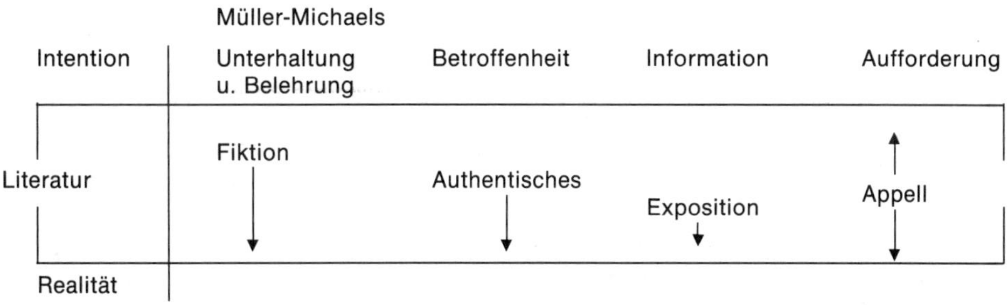

Die vielfältigen Ziele fiktionaler Texte werden in der Darstellung auf die formelhafte Zusammenfassung von Horaz (über die Dichtkunst) verkürzt, ohne das Problem zu diskutieren:

„aut prodesse volunt aut delectare poetae
aut simul et iucunda et idonea dicere vitae ..."

Was bisher kaum gewürdigt wurde: Die Stelle steht in engem Zusammenhang mit Gedanken über die bildende Wirkung von Literatur; der Text geht weiter:

„quidquid praecipies, esto brevis, ut cito dicta
percipiant animi dociles teneantque fideles:
omne supervaccum pleno de pectore manat."*

Die vier Formen, die den Schülern im Verlauf der Unterrichtsreihe vorgestellt wurden, die sie in ihrem Alltag wiederfinden sollten und in ihrer Wirkungsweise selbst erproben konnten, wurden damit im wesentlichen auf zwei Ebenen voneinander abgegrenzt: auf der Ebene des Realitätsbezuges und der ihrer dominanten Zielsetzungen in Situationen des Gebrauchs. In diesem pragmatischen Bezug auch der Fiktionalität sind sich die Theoretiker einig. W. Iser hatte das Imaginäre vom Fiktiven durch die Zwecksetzung, die mit jedem Akt des Fingierens verbunden ist, unterschieden; oder umgekehrt: Textintentionalität ist „die Zurüstung eines Imaginären für den Gebrauch" (1983, S. 128). In Situationen des Gebrauchs enthüllt sich die Intention des Textes besonders klar, und umgekehrt machen intendierte Zwecke die Literatur für Situationen konkret verwendbar. Als Ziele im Gebrauch der unterschiedlichen Formen ließen sich bestimmen: Appelle an das Verhalten (Gesetzestexte, Richtlinien, Werbetexte), Übermittlung von Informationen (expositorische Texte, publizistische Literatur, populärwissenschaftliche Darstellungen), Vermittlung von Betroffenheit (fingierte bzw. authentische Wirklichkeitsaussagen), Unterhaltung und Belehrung (fiktionale Literatur). In dieser verkürzten Form erscheinen die dominanten Textintentionen zusammen mit dem unterschiedlichen Realitätsbezug am Schluß der Sequenz als Tafelbild. Ein besonderes Problem des Unterrichts lag darin, die Textintentionen über Signale vor allem der Fiktion richtig zu erfassen, denn die Schüler neigen dazu, Fiktionen als Wirklichkeitsaussagen mißzuverstehen. Auffällig ist auch eine Neigung, die noch bei Studenten mit der Wahl ihrer

* Übersetzung:
Die Dichter wollen entweder nützen oder unterhalten oder gleichzeitig Unterhaltung und praktischen Nutzen bringen. Bei allem aber, was du zur Belehrung vorbringst, fasse dich kurz, damit gelehriger Sinn das schnell Gesagte erfassen und treu bewahren kann! Denn alles Überflüssige fließt ab von einem überfüllten Herzen.

Examensthemen auszumachen ist, solche fiktiven Texte zu wählen, die möglichst viele Elemente der bekannten Wirklichkeit enthalten (Realismus, Naturalismus, Neue Sachlichkeit) und sich in der Konstruktion alternativer Wirklichkeiten nicht zu weit vom Vertrauten entfernen.

Nachdem das Ziel der Unterrichtssequenz und seine Inhalte konzeptionell entworfen waren, gab es drei Wege, um sie in die Praxis der Behandlung umzusetzen:

1. Das System der Formen von Literatur und ihrer Funktionen ließe sich deduktiv vermitteln, indem Definitionen gegeben, Beispiele diskutiert und von den Schülern selbständig Textbeispiele gesucht würden, auf die die Definitionen zutreffen. Dabei würde sich herausstellen, daß die Literatur nicht in der klar abgrenzbaren Weise in der kulturellen Wirklichkeit erscheint, wie die Definitionen es erwarten lassen, daß die Beispiele Mischformen darstellen, die allenfalls dominante Züge erkennen lassen, die eine nur vorläufige Zuordnung erlauben.

2. An Textbeispielen ließe sich das Problem der Abgrenzung der Literaturformen nach dominanten Zielsetzungen und Realitätsbezügen induktiv gemeinsam erarbeiten. Das System, auch in variierter Gestalt, stünde am Ende der Unterrichtseinheit. Diese Methode wird als entdeckendes Lernen bezeichnet und ist sicher motivationsfördernder als das deduktive Verfahren. Eine Variante der induktiven Methode ist das genetische Lernen, das darin besteht, die Genese der Lösungsversuche zu dem thematischen Problem in der Bezugswissenschaft nachzuzeichnen; im Hinblick auf das Problem der Fiktionalität also die großen Stufen von Vaihinger über Hamburger bis hin zu Iser und Jauß. Selbstverständlich sind auch andere Stufen denkbar, je nach Interessenbildung und Kenntnisse des Lehrers, der etwa Philosophie oder eine zweite Philologie als Fach hat.

3. Die Vermittlung von Kenntnissen auf deduktivem oder induktivem Wege wird mit der Anwendung dieser Einsichten und ihrem Gebrauch in Sprech- und Schreibsituationen verbunden. Schüler notieren nicht nur die Einsichten, sondern eignen sie sich produktiv an, indem sie sie selbständig gebrauchen lernen. Theoretische Einsicht erscheint damit als etwas, das praktische Bedeutung haben kann und umgekehrt: Die Praxis des Gebrauchs von Literatur wird mit theoretischen Erkenntnissen verbunden und damit analysierbar und kritisierbar. In einem relativ frühen Stadium der Behandlung des Problemkomplexes (noch bei der Besprechung der Ergebnisse aus den Arbeitsgruppen mit den Rezeptionshandlungen zu Brechts „Kinderkreuzzug") brachte ein Schüler eine Cassette mit der Erzählung seiner Großmutter (Jahrgang 1906) vom 1. und 2. Weltkrieg mit; der Status der fingierten bzw. authentischen Wirklichkeitsaussage, seine Unterschiede zu einer Erzählung von Borchert ließen sich anschaulicher, einsichtiger und wirkungsvoller besprechen als durch abstrakte, von der Erfahrungswelt der Schüler gelöste Einsichten. Durch die Verknüpfung mit den Erfahrungen und Kenntnissen der Schüler haben die neuen Einsichten zugleich den Ort, an dem sie haften bleiben. Wissen, mit dem man etwas verbindet, läßt sich besser behalten als das unverbundene allgemeine.

c) Fiktion und Exposition: Einsicht durch eigene Produktion

Dementsprechend wurde die Unterrichtsreihe so angelegt, daß der Auslegung von Texten die Produktion der Schüler gegenübergestellt wurde, so daß sich die Horizonte der in den Texten mitgeteilten Erfahrungen und die der Schüler ständig aneinander abarbeiten konnten – und zwar auf eine Weise, die die Horizonte der Schüler erweiterte und die Texte und theoretischen Einsichten mit neuer Anschauung auffüllte. An anderer Stelle (vgl. Müller-Michaels 1983) habe ich diese Methode der konsequenten Applikation der Textaussagen auf den Erfahrungs- und Kenntnisstand der Schüler als *dialogisch* bezeichnet: „Antwortend kann die Literatur die eigene Position und Perspektive bekräftigen, fragend kann sie sie erschüttern" (S. 23). Was hier für die fiktionale Literatur gesagt ist, gilt auch für die theoretischen Einsichten, die über expositorische Texte vermittelt worden sind.

Die Unterrichtsreihe begann also mit ersten Ergebnissen der dreigeteilten Hausaufgabe und öffnete damit den Horizont formal (über die Textsorte) und inhaltlich (mit der Verarbeitung von Erfahrungen aus dem Dritten Reich). Die erste Entgegnung auf die eigenen Texte waren zunächst das Vorwort „Die deutsche Heerschau“ und die ersten beiden Szenen „Volksgemeinschaft“ und „Der Verrat“ aus „Furcht und Elend des Dritten Reiches“ von Bertolt Brecht. Später, in der Klausur, stand noch die 17. Szene „Zwei Bäcker“ zur Debatte. Indem Brecht in den 24 Szenen eine Heerschau halten wollte,

„[...] was für ein Volk, bestehend aus was für Menschen
In welchem Zustand, mit was für Gedanken“

unter dem Faschismus lebte, rückten seine Menschen in die Nähe derer, von denen die Schüler in ihren Geschichten erfahren. Da der Stoff über diese Brücke leicht zugänglich gemacht war, konnte sich die Analyse ganz auf die dramatische Darstellungsweise konzentrieren. Sie folgte im wesentlichen dem hermeneutischen Zirkel:

(a) Bei der ersten Lektüre mit Rollenverteilung wurde häufiger gelacht; die Sprache der 1. Szene schien den Schülern nicht angemessen für die Ernsthaftigkeit der Situation. Der erste Eindruck war genau der, den auch Brecht selber von der Pariser Uraufführung berichtete:

„Die Zuschauer schienen das Entsetzen der Personen auf der Bühne überhaupt nicht zu teilen, und so kam es, daß im Zuschauerraum immerfort gelacht wurde, ohne daß dadurch der tiefe Ernst der Veranstaltung litt. Denn das Lachen schien die Dummheit zu betreffen, die sich hier zur Gewalt gezwungen sah, und die Hilflosigkeit zu meinen, die da als Roheit auftrat. Prügelnde wurden betrachtet wie Stolpernde, Verbrecher wie solche, die Irrtümer begingen oder sich eben täuschen ließen. Das Lachen der Zuschauer hatte sehr viele Schattierungen. Es war ein glückliches Lachen, wenn die Verfolgten ihre Verfolger überlisteten, ein befreites, wenn ein gutes, wahres Wort geäußert wurde.“ (Brecht 1967, Bd. 16, S. 603)

(b) Die Einzelanalyse führte zu der Untersuchung des Aufbaus, der Handlungsführung (von den Einleitungsversen zum Todesschuß in der 1. Szene), dem Dialog, dem Konflikt, der komischen Sprachgestaltung und dem tragischen Ausgang. Einer der Schüler meinte, daß die kurze Szene die gesamte Entwicklung der NSDAP vom Rausch („Von seiner Rede und seinem Biere / Sind sie müd und voll“) bis zum Mord an Unschuldigen („Aufschrei eines Getroffenen“) zeige. Ein wichtiges Merkmal fiktionaler Texte, das Allgemeine im Besonderen anschaulich zu fassen, war damit erkannt.

(c) Der dritte Schritt führte zum Gesamteindruck zurück, indem der historische Ort der Szenen (Brecht im Exil), die Materialgrundlage (Zeitungsmeldungen aus Deutschland) und die Intention (Aufklärung der Bevölkerung über die wahren Zustände im Dritten Reich) näher bestimmt wurden. Die Frage der Aktualität ließ sich wiederum mit Brecht beantworten:

„‚Furcht und Elend des Dritten Reiches‘ werden nach dem Untergang dieses Reiches keine Anklage mehr sein, wenn auch vielleicht immer noch eine Warnung.“ (Brecht 1967, Bd. 15, S. 315)

In dem nächsten Unterrichtsabschnitt sollte es einerseits darum gehen, die privaten Materialien und den fiktionalen dramatischen Text durch expositorische Texte zu ergänzen, zum anderen den besonderen Status fiktionaler Literatur herauszuarbeiten. Zunächst hatte ich vor, entsprechend dem von Brecht gewählten Verfahren, mit den Schülern Zeitungsmeldungen von den Anfängen des Nationalsozialismus zu analysieren, um sie anschließend in eine dramatische Szene umschreiben und aufführen zu lassen. Dann aber schienen mir die Berichte aus dem Band „Terror und Hoffnung in Deutschland 1933–45“ (1980) wesentlich anschaulicher und vielfältiger verwendbar.

Wir wählten Auszüge aus dem Beitrag „Das Fischerhuder Totenbuch. Lebensläufe aus einem deutschen Dorf“ (S. 79ff.) aus, in dem Hannes Heer die Berichte der Zeitgenossen im Dorf über die Toten des letzten Krieges gesammelt hat. Wir griffen die Augenzeugenberichte zu dem Schicksal der 22jährigen Widerstandskämpferin Cato Bontjes van Beek, geboren am 14. 11. 1920, heraus (S. 96 ff.). Die widersprüchlichen Meinungen zum Schicksal der jungen Frau („sie hätte es nicht machen dürfen“ oder: „Keine Kompromisse schließen, andere noch mitreißen dann in dieser inneren Haltung, also eine sehr starke ideale Haltung“) wurden kommentiert. Die Äußerung von Wilhelm Böhling „ich liebe keinen Verrat“ (S. 96) wurde zum Stichwort, das an den Titel der 2. Szene von Brecht anschloß; und die längere Passage von Johanna Eißler:

> „[...] Cato wurde aber schon längst von der Gestapo beobachtet. Gerade von einer wundervollen Wanderung durch den Bayerischen Wald nach Berlin zurückgekehrt, wurde sie in den frühen Morgenstunden des 20. September 1942 mit ihrem Vater aus der Wohnung geholt und verhaftet [...]“ (S. 98)

entwickelte sich zur Szene, von der aus das Gesamtschicksal faßbar und gestaltbar wurde.

Soweit vorbereitet, waren die Schüler wieder am Zug, auf die Texte mit einer eigenen Version zu antworten. Das Material boten die Aussagen und Dokumente der Fischerhuder Bürger und die Form der Szene Brechts. Gemeinsam wurde die Grundsituation – Rückkehr von der Wanderung und Verhaftung – festgelegt, dann wurde in Gruppen an den Dialogen gearbeitet; dabei erschienen verschiedene Versatzstücke aus den Gruppen geeignet.

Für gereimte Anfangsverse reichten Kraft und Ausdauer nicht mehr: So wurde wörtlich aus den Erinnerungen der Schwester zitiert. Damit war zugleich das Muster für den Schluß gefunden: die Erinnerung des Gefängnispfarrers. Bei der Frage, wer das Ganze denn nun redaktionell überarbeitet, waren sich alle einig: Es wäre mal wieder an der Zeit, daß ich etwas täte. Die Aufgabe habe ich umgehend erledigt, so daß zur nächsten Stunde die gemeinsame Fassung in 25 Kopien vorlag und das Spiel beginnen konnte.

Die beiden Szenen wurden unter dem Thema ‚Verrat‘ zusammengenommen und als Folge inszeniert. Als Requisiten bot sich an, was im Klassenraum greifbar war: eine Tafel für Orts- und Zeitangabe, ein Einkaufskorb als Wandertasche, ein abgebrochenes Stuhlbein als Waffe bei der Verhaftung. So stand nach zwei Stunden die Inszenierung und konnte als Videoaufzeichnung festgehalten werden. Im darstellenden Spiel waren Text und Gegentext miteinander verbunden: zwei Antworten auf die Frage nach den Folgen von Verrat im Faschismus; dabei stellt der Schülertext noch zusätzlich die Frage, inwieweit Verrat als Widerstand nicht Bürgerpflicht sein kann. Darstellendes Spiel ist Dialog von Figuren in einer Handlung auf der Ebene des Dramas, auf der Ebene des Unterrichts ist es Dialog zweier Perspektiven aus verschiedenen historischen Epochen in einem Raum und in analoger Gestalt.

Der Verrat

Dort kommen Verräter, sie haben
Dem Nachbarn die Grube gegraben.
Sie wissen, daß man sie kennt.
Vielleicht: die Straße vergißt nicht?
Sie schlafen schlecht: noch ist nicht
Aller Tage End.

Breslau, 1933. Kleinbürgerwohnung. Eine Frau und ein Mann stehen an der Tür und horchen. Sie sind sehr blaß.

DIE FRAU:
Jetzt sind sie drunten.

DER MANN:
Noch nicht.

DIE FRAU:
Sie haben das Geländer zerbrochen. Er war schon bewußtlos, wie sie ihn aus der Wohnung geschleppt haben.

DER MANN:
Ich habe doch nur gesagt, daß das Radio mit den Auslandssendungen nicht von hier kam.

DIE FRAU:
Du hast doch nicht nur das gesagt.

DER MANN:
Ich habe nichts sonst gesagt.

DIE FRAU:
Schau mich nicht so an. Wenn du nichts sonst gesagt hast, dann hast du eben nichts sonst gesagt.

DER MANN:
Das meine ich auch.

DIE FRAU:
Warum gehst du nicht hin auf die Wache und sagst aus, daß sie keinen Besuch hatten am Samstag.

Pause.

DER MANN:
Ich geh nicht auf die Wache. Das sind Tiere, wie sie mit ihm umgegangen sind.

DIE FRAU:
Es geschieht ihm recht. Warum mischt er sich in die Politik.

DER MANN:
Aber sie hätten ihm nicht die Jacke zu zerreißen brauchen. So dick hat es unsereiner nicht.

DIE FRAU:
Auf die Jacke kommt es doch nicht an.

DER MANN:
Sie hätten sie ihm nicht zerreißen brauchen.

Bertolt Brecht

Sprecher I (die Schwester): Cato wurde am 14. November 1920 als erstes Kind des Keramikers Jan Bontjes von Beek und der Malerin Olga Bontjes van Beek, geborene Breling, in Bremen geboren. Sie wuchs mit zwei Geschwistern in der weiten Fluß- und Wiesenlandschaft von Fischerhude auf. Jeder liebte sie in ihrem grenzenlosen Sinn für Humor und Komik. Eine humorvolle Bemerkung, ein Gesichtsausdruck nachgeahmt, und schon war da eine Welt in Clownerie und Lachen. Alles Sportliche liebte sie. Hinter dem Haus gab es eine Wiese, die sie in einen Sportplatz verwandelte. Lesen war Catos große Passion. Der Umgang mit Büchern war ihr so teuer wie die Luft zum Atmen.

20. September 1942
Cato kommt gerade mit ihrem Vater von einer Wanderung durch den Wald zurück.
Vater: Woran denkst du?
Cato: Ich denke an das Flugblatt.
Vater: Sag bloß, du willst schon wieder ein neues verbreiten.
Cato: Es wird bald Zeit. Den Text habe ich schon vor zwei Wochen verfaßt.
Vater: Cato, sei vorsichtig! Ich habe in letzter Zeit sowieso ein ungutes Gefühl. Stell dir doch einmal vor, die Gestapo weiß, was du tust.
Cato: Na und? Selbst wenn es so wäre, ich habe keine Angst. Warum auch? Unser Weg ist der richtige, der einzig wahre. Ich brauche kein schlechtes Gewissen zu haben.
Vater: Das interessiert die Gestapo doch gar nicht, ob du ein gutes oder schlechtes Gewissen hast! Für sie bist du einfach ein Staatsfeind, und nichts weiter!
Cato: Was heißt denn hier „Staatsfeind"? Ich arbeite doch gar nicht gegen Deutschland, so wie die „Rote Kapelle", zumindest jetzt nicht mehr. Ich bin zwar gegen Hitler und gegen die Nazis, aber deshalb bin ich trotzdem für Deutschland.
Vater: Du weißt genau, daß die Gestapo keine Kritik an Hitler duldet. Wenn sie dich erwischen, richten sie dich hin. Und deinen Freund auch.
Cato: Soll ich jetzt etwa aufhören? Soll ich mich ducken, damit ich in Sicherheit und Frieden leben kann, während andere, die auch nur in Sicherheit und Frieden leben wollten, von den Nazis daran gehindert wurden? Die Juden zum Beispiel wollten nichts anderes, und dennoch werden sie täglich verschleppt und ermordet.
Vater: Du hast recht. Aber glaubst du denn, daß dein Kampf überhaupt erfolgreich sein kann?
Cato: Meinst du nicht, daß wir mit Flugblättern Erfolg haben? Viele Menschen sind sich ihres schrecklichen Handelns gar nicht bewußt. Man muß an ihr Gewissen appellieren, sie auf die schrecklichen Taten und die Folgen des Hitlerregimes aufmerksam machen. Vater, auch du kannst die Augen nicht davor verschließen!
Vater: Du versuchst wieder mal, Außergewöhnliches zu leisten. Du kannst die Welt nicht ändern.
klopfen
Vater *(etwas erschrocken):*
Wer ist denn da?
Cato steht ruhig auf und öffnet die Tür. Sie erschrickt. Herein treten drei grau gekleidete Männer.
Der erste Polizist:
Im Namen des Führers: Sie sind wegen Hochverrats verhaftet.
Die beiden anderen Polizisten greifen Cato und den Vater. Alle zusammen ab.

Sprecher II (Anstaltspfarrer des Strafgefängnisses Lerther Straße):
Am 18. Januar 1943 wurde Cato vom Kriegsgericht wegen „Beihilfe zum Hochverrat" zum Tode verurteilt. Am 5. August 1943 wurde sie in Berlin-Plötzensee hingerichtet. In ihrer letzten Stunde war sie sehr gefaßt.
Von ihrem Fenster sah sie ein kleines Stückchen Himmel, der sehr klar und blau an diesem Tag war. Sie warf einen Blick hinauf: „Es ist so unwahrscheinlich!" Dann aber gleich darauf wieder: „Ich habe mich mit allem ausgesöhnt. Ich habe keinen Haß und bin niemandem gram." Die Frage, wenn es noch ein Zurück ins Leben gäbe, brach sie ab mit den Worten: „Nein, ich möchte nicht zurück, ich will vorwärts." Auf die Frage: Was läßt Sie so erstaunlich ruhig werden: „Einmal, weil dies kein Ende bedeutet, dann, weil die Lage draußen sich so entwickelt, wie wir es alle ersehnt haben." 11/2

Mit der Verfertigung der Szene ist der Dialog abgeschlossen. An dem fertigen Produkt liegt aber nicht allein der Erfolg des Unterrichts. Viel zu selten kann es gelingen, vor allem bei umfangreicheren literarischen Werken, dem fremden den eigenen Text gegenüberzustellen. Entscheidend vielmehr ist der Prozeß der Arbeit, in dessen Verlauf handelnd gedacht und reflektiert gehandelt wird. In der Materialsammlung haben die Schüler den persönlichen und allgemeinen Wert von historischen Dokumenten kennen- und gebrauchen gelernt. Mit der Präsenz der Stoffe in den Geschichten aus dem Faschismus war das Verständnis Brechts leichter sicherzustellen, wenn auch die Verfremdungen in der Sprache in ihrer Bedeutung nicht angenommen wurden.

In der *Umformulierung von historischen Dokumenten* in einen dramatischen Text haben sie die Unterschiede zwischen expositorischen und fiktionalen Texten genauer erfaßt als in jeder theoretischen Übersicht: die Verdichtung des Materials, seine Verknüpfung zu einem neuen Zusammenhang, die sprachliche Genauigkeit, die Lösung des Geschehens aus seinem historischen Kontext und die Anreicherung mit allgemeinerer Bedeutung, die Suche nach einer Perspektive (Sympathie mit der Figur der Cato und deren Freunden), zugleich Ausbau des Gegenspiels (Vater), damit Eröffnung eines breiteren Spektrums von Bedeutungen des Materials. Fiktionale Literatur sucht nicht wie die expositorische nach genauer Wiedergabe der Realität, sondern nach Bearbeitung eben dieser Realität aus neuer Perspektive; sie ist Antwort auf Wirklichkeit. In dem aktiven Umgang mit den Materialien haben die Schüler schließlich auch etwas über sich selber gelernt, über ihre Einstellungen zur Geschichte, zu Terror und Hoffnung, zum Widerstand, aber auch zur Literatur und deren Bedeutung für den eigenen Alltag.

Die Literatur im Unterricht war die Herausforderung zum *Dialog auf mehreren Ebenen:* im Gespräch mit den Eltern über Erfahrungen im Nationalsozialismus, mit dem Lehrer über Bedeutungsspielräume aller Unterrichtsgegenstände, mit den Mitschülern über die Bereitschaft, sich mit dem Material überhaupt einzulassen, und über die zu lösenden Aufgaben, schließlich mit den Texten, ihrer Geschichtlichkeit und Aktualität.

Im Gang des produktiven Verstehens wechselte die Initiative im Gespräch der Schüler mit den unterschiedlichen Texten aus verschiedenen Epochen: Sie begann mit der Horizonteröffnung durch die Recherche nach Erzählungen aus dem Dritten Reich in der eigenen Lebensumwelt, setzte sich fort mit der Vertiefung in die dramatischen Szenen Brechts sowie der Erweiterung durch den Bericht vom Widerstand und Sterben der Cato Bontjes van Beek und mündete wiederum bei der eigenen Produktion im Stile Brechts. Der Unterricht erschöpfte sich auf einmal nicht mehr in der Erläuterung und Erklärung von den Schülern gleichgültigen Sachverhalten und Texten, sondern die Gegenstände rückten an die eigenen Erfahrungen heran, Literatur wurde als etwas begriffen, das bestimmte Zwecke in konkreten Situationen erfüllen kann (Erklärung des eigenen Verhaltens, Vermittlung von Betroffenheit in authentischen Geschichten, Aufklärung und Kritik durch dramatische Szenen, Anstrengung und Spaß bei ihrer darstellenden Umsetzung), eine zunächst fremde Perspektive wurde gehört und, in der Wiedererzählung oder szenischen Gestaltung, übernommen, Bezüge wurden hergestellt durch den Nachweis struktureller Ähnlichkeiten in der Verarbeitung von Geschichte, Bezüge aber auch zum eigenen, eher bescheiden ausgeprägten Wissens- und Erfahrungshorizont. In dieser produktiven Aneignung fremder Einsichten, Perspektiven der Analyse und Darstellung und Wertungen, in deren Anwendung und probeweisen Übernahme in Situationen des Gebrauchs vollzieht sich verstehen. In diesem Verstehen wiederum weitet sich der Horizont des Wissens und Denkens, vollzieht sich zugleich das, was man traditionellerweise Bildung nennt.

d) Appelle in Gesetzestexten

Zwar hatten wir die authentischen Berichte von den Verwandten schon ansatzweise in die Unterrichtssequenz einbezogen, noch nicht aber ausgewertet und mit der Diskussion des Status von fingierten Wirklichkeitsaussagen verbunden; dies geschah auch erst später, nachdem alle Schüler ihre Hausaufgaben abgegeben hatten. So blieb noch Gelegenheit, auf die *appellative Literatur* am Beispiel von Gesetzestexten einzugehen und sie vor allem gegenüber expositorischen Texten abzugrenzen. Grundlage war eine Textsammlung aus „Wochenschau II“ vom November 1979 mit dem Abschnitt „Das System politischer Gewaltausübung“, eine Sequenz zu Ereignissen bei der Machtübernahme 1933. Genauer untersucht wurden das „Gesetz gegen die Neubildung von Parteien“ vom 14. 7. 1944, die Nachricht „Totschlag aus politischen Gründen“ und der Auszug „Der Maßnahmenstaat“ aus Ernst Fraenkels „Der Doppelstaat“. Mit den beiden letzten Textbeispielen sollte das breite Spektrum expositorischer Literatur von der Zeitungsmeldung bis hin zur wissenschaftlichen Abhandlung andeutungsweise vermessen werden – in diesem Fall vor allem die mit zunehmender Abstraktion von Einzelepisoden in Geschichtsabläufen gewonnene analytische Aussagekraft in historischen Darstellungen. Vor dem Hintergrund neu gewonnener Einsichten sind auch die Einzelbeispiele besser zu verstehen und gewinnen exemplarischen Charakter. So wird die Nachricht von Hitlers Kampf gegen die bürgerliche Rechtsprechung, wie sie in der Nachricht mitgeteilt wird, zum Beleg für die Grundthese Fraenkels:

> „Im politischen Sektor des Dritten Reichs gibt es weder ein objektives noch ein subjektives Recht, keine Rechtsgarantien, keine allgemeingültigen Verfahrensvorschriften und Zuständigkeitsbestimmungen – kurzum, kein auch die Betroffenen verpflichtendes und berechtigendes Verwaltungsrecht. In diesem politischen Sektor fehlen die Normen und herrschen die Maßnahmen. Daher der Ausdruck ‚Maßnahmenstaat‘.“ (Wochenschau II, 1979, S. 238)

Im Gegensatz zu der expositorischen Literatur, die Sachverhalte der empirischen Realität mitteilen will, verweisen Gesetzestexte nicht auf eine vorhandene, sondern auf eine noch zu schaffende Realität und fungieren als Kontrollinstrument, wenn die neuen Verhaltensvorschriften Gültigkeit erlangt haben. Das Gesetz gegen die Neubildung von Parteien wurde 1933 nötig, weil die NSDAP sich noch nicht als einzige zukünftige Partei in dem Bewußtsein der Bevölkerung durchgesetzt hatte. Gesetze schaffen Normen des Verhaltens, die dann wiederum neue Sachverhalte schaffen können – z. B. mit der Verfolgung derer, die den Bestimmungen zuwiderhandeln. Jeder Gesetzestext ist, wie alle anderen Texte, auslegbar und auslegungsbedürftig. In unserem Beispiel heißt der

> „§ 2. Wer es unternimmt, den organisatorischen Zusammenhalt einer anderen politischen Partei aufrechtzuerhalten oder eine neue politische Partei zu bilden, wird, sofern nicht die Tat nach anderen Vorschriften mit einer höheren Strafe bedroht ist, mit Zuchthaus bis zu drei Jahren oder mit Gefängnis von sechs Monaten bis zu drei Jahren bestraft.“ (Wochenschau II, 1979, S. 238)

Durch Auslegungspraxis zu klären wäre z. B., was „organisatorischer Zusammenhalt“ bedeutet, um festzulegen, wie der Wortlaut genau zu verstehen ist. Im Gegensatz zu fiktionaler Literatur muß durch Rechtsprechung exakt fixiert werden, was der Gesetzestext bedeuten soll. Um den Bedeutungsspielraum auszuloten, können in einem Rechtsstaat Gerichte zur Auslegung auf den konkreten Fall hin angerufen werden. In der Diktatur werden diese Spielräume durch die Machthabenden willkürlich ausgenutzt; es entsteht der Maßnahmenstaat. Außerdem können in einem Rechtsstaat Gesetzestexte, die nicht mehr den Normvorstellungen der Mehrheit der Bevölkerung entsprechen, politisch durch eben diese Mehrheit beseitigt werden. Im Kampf um Gesetzestexte und deren Auslegungen spiegelt und artikuliert sich die Interessenauseinandersetzung einer demokratisch gefaßten Gesellschaft. (Zur Vertiefung des Themas ‚Auslegung von Gesetzestexten‘ vgl. Funk-Kolleg Literatur 1, S. 271 ff.)

e) Authentisches: Autobiographie und Tagebuch

Nach Klausuren und Osterferien stand nun noch die Behandlung fingierter bzw. authentischer Wirklichkeitsaussagen auf dem Programm dieser Sequenz. Da noch nicht alle die Arbeit an der Hausaufgabe zum Thema ‚Krieg' mit den authentischen Erzählungen abgeschlossen hatten, habe ich Auszüge aus vier autobiographischen Texten zu dem den Schülern vertrauten Thema ‚Schule' vorgelegt: aus dem Lehrertagebuch von Hildburg Kargerer „In der Schule tobt das Leben" (1978, S. 105–107), aus dem nach Tonbandprotokollen von Christiane F. verfaßten Bericht in „Wir Kinder vom Bahnhof Zoo" (1979, S. 320–322), aus dem Tagebuch der Hauptschülerin Karin Q. „Wahnsinn, das ganze Leben ist Wahnsinn" (1978, S. 16/17) und aus der Autobiographie „Mars" von Fritz Zorn (1979, S. 59–61). Um es vorweg zu sagen: Die mit einiger Mühe und Einfühlung ausgewählten Textpassagen erhöhten zunächst keineswegs das Interesse der Schüler an Literatur oder die Bereitschaft, sich engagiert mit ihr auseinanderzusetzen. Diese Beobachtung verstärkte zunächst meine Ratlosigkeit: Wenn nicht die entschiedene Applikation auf die Horizonte der Schüler die Neugier und Lernbereitschaft vergrößert, dann war eigentlich jede weitere methodische Überlegung müßig. Man gewinnt vielmehr Verständnis für die erfahrenen Lehrer, die den für notwendig erachteten Stoff unabhängig von Neigungen und Interessen der Schüler durchnehmen – allein in der Hoffnung, daß einzelne Schüler früher oder später (meist viel später) schätzen lernen, daß sie wenigstens gelernt haben, sich fremde und schwierige Sachverhalte zu erarbeiten. Nur, mir ging es in diesem Fall um mehr: noch vor der Qualifikationsphase der Oberstufe Literatur als Anschauungs- und Erkenntnisform zu vermitteln, dabei zu verdeutlichen, daß es sich bei Kunstgegenständen um solche handelt, die vielfältig und gleichermaßen richtig auslegbar sind, und die Applikation als wichtiges Element des Verstehens begreifbar zu machen. Nur dadurch konnte ein Gegengewicht zu dem szientistischen Kurs der Leistungsfächer gewonnen werden. Außerdem war es ein lohnenswertes Ziel, das Bedürfnis nach Umgang mit Literatur nicht nur in eine ferne Zukunft zu verlegen, sondern es in der verbleibenden Schulzeit zu vermitteln.

Erst die Losung schriftlicher Aufgaben und die zögernde Bitte nach Abschluß der Unterrichtsreihe um Ausleihe des Buches (1 × Karin Q. und 1 × Fritz Zorn) zeigten, daß vorsichtiges, tastendes Interesse sich eingestellt hatte. Ich war nur zu ungeduldig gewesen und hatte den Schlußsatz aus dem Textauszug von Hildburg Kargerer nicht beachtet: „Die wirklichen, die eigentlichen Gedanken zu äußern, macht verletzbar." Die Grundkurse waren eben doch relativ bunt zusammengewürfelt worden, so daß die Schüler sich untereinander kaum kannten, und mit dem Lehrer, der nur sporadisch in der Schule aufkreuzte, wußten sie noch weniger anzufangen. Da waren Vorsicht bei Bekenntnissen, Zurückhaltung bei der Äußerung ungeschützter Meinungen und die Verlagerung der Diskussion auf das Abstrakte und Allgemeine wohl doch eher Ausdruck von Klugheit als von Interesselosigkeit.

Über Hildburg Kargerers Aufzeichnung von Martina, die zu Hause so viele Schwierigkeiten hat, daß sie schließlich statt des verlangten Klassenaufsatzes einen Brief an die Lehrerin schreibt, reden die Schüler eine Stunde lang nur reichlich oberflächlich: über den Inhalt, die Gliederung, Textformen, Situation der beiden Personen. Erst kurz vor dem Schellen, als das Gespräch weiter abflachte und schon abbrach, platzte Eva der Kragen; sie sprach mehr zu den Mitschülern als zum Text: „Warum tut ihr so, als ginge euch das nichts an und als sei Martina ein unnormaler Einzelfall. Ich finde schon, daß sie was Richtiges sagt: ‚Die Schule macht mir keinen Spaß mehr. Immer die blöden Gesichter sehen. Immer die gleichen doofen Bemerkungen hören. Immer, immer...' Ihr merkt wohl gar nicht, daß wir in genau derselben Situation stecken: immer die doofen Bemerkungen, bloß keine Probleme."

In der zweiten Stunde an diesem Vormittag ließ sich besser schriftlich weiterarbeiten. Jedem Schüler waren drei Aufgaben gestellt:

1. Antworten Sie Martina auf ihren Brief.
2. Erläutern Sie das Bild vom Stein. Stimmt es?

„Ein Bild fällt mir ein: wenn man einen Stein, der lange auf derselben Stelle gelegen hat, aufhebt, legt man ein Gewimmel von Würmern, Maden, Larven und Insekten frei, pulsierendes Leben, wie man es unter dem starren, unbeweglichen Stein nicht zu ahnen vermochte. Das Gewimmel war immer vorhanden, aber es entzog sich der Wahrnehmung."

3. Kann Schreiben eine Hilfe sein? Aufgaben eines Tagebuchs.

Bei der Arbeit selbst ist lebhafte Diskussion unter den Sitznachbarn, sobald die Ergebnisse aber vorgetragen werden sollen, greift wieder die verlegene Ruhe um sich. Ich bitte daher, die Antworten auf die drei Fragen in der Kursmappe abzulegen; ich würde sie mir dann später einmal ansehen.

Das Gespräch verlagern wir wiederum auf die allgemeinere Ebene, und zwar auf die Unterschiede zwischen fiktionaler und authentischer Literatur und die denkbaren Situationen ihres jeweiligen Gebrauchs. Bei den Tagebuchschreibern sei auffällig, daß ihnen offenbar ein Mensch fehle, der ihnen zuhört; Tagebuch, Tonband, Brief würden zum Ersatz für fehlende Gespräche und menschliche Beziehungen. Das ginge einem zwar nahe, ginge einen teilweise auch etwas an, sei insgesamt aber doch nicht so interessant. Das „interessant" sollte wohl zum Ausdruck bringen, daß Literatur Fremdes, Unzugängliches, bisher nicht Bekanntes vermitteln soll und daß dies durch fiktionale und expositorische Literatur eher geleistet werden kann. Dagegen stand die These einzelner Schüler, daß die authentischen Äußerungen mehr mit dem eigenen Leben und den Problemen zu tun haben als die Literatur „über 3. Reich, 30jähriger Krieg und so ...". Den Widerspruch galt es als unterschiedliche Funktionsbestimmungen verschiedener Literaturarten festzuhalten: bisher fremde Einsichten, Bilder, Abenteuer zu vermitteln und Betroffenheit mit den Erfahrungen und Lebensanschauungen nebenan zu wecken und damit zugleich etwas über sich selbst zu erfahren.

Diese Einsicht wurde durch die folgenden Texte nicht mehr entscheidend weitergetrieben. In der Besprechung des Auszugs von Christiane F. gingen die Erfahrungen mit der Lektüre und dem Filmerlebnis, das die meisten Schüler kurz zuvor gehabt hatten, ein: Einerseits habe der Film das Interesse an dem Stoff gestärkt, andererseits fehlten dem Film doch die Gedanken, wie z. B. die Sinnsuche Christianes und ihre Angriffe auf die „abgespitzten Ideale unserer Eltern" (S. 322). Das, was allerdings Authentizität verbürgen solle, der unterkühlte Jargon, sei so übertrieben, daß man nicht glauben könne, daß dies alles Gedanken und Meinungen einer Sechzehnjährigen seien.

Die Auffassungen von Karin Q. wiederum hielt man für so alltäglich und banal, daß man nicht wisse, worüber überhaupt geredet werden soll: „Die Menschheit ist ja so beschissen. Man holt die Sterne vom Himmel, verspricht Dir das Paradies und bettet Dich auf Rosen. Aber wenn es darauf ankommt, dann sind sie klein und unscheinbar ..." Wer verspricht hier was? Wer glaubt denn schon märchenhaften Versprechungen (Sterne vom Himmel)? Sind denn alle klein und unscheinbar? Die Erlebnisse in der Schule, auf Partys, mit Freunden seien zwar ehrlich, „aber die Philosophiererei gefällt mir nicht" (Markus).

Bei der Besprechung des Auszugs aus „Mars" ließ ich gleich zu Anfang durchblicken, daß dies eines der wenigen Bücher der letzten Jahre und vor allem des authentischen Genres ist, das mich über die Maßen beeindruckt und betroffen gemacht hat. Die Geschichte des Zweiunddreißigjährigen, der, an Krebs unheilbar erkrankt, sein kurzes Leben rückblickend erzählt, so dicht an Erfahrungen, an ausdrucksstarken, die Situation überschreitenden Bildern, an Genauigkeit in der Diktion, gedanklich klar und ehrlich in der Analyse der Gesellschaft, in der er krank wurde, zugleich ohne jene Larmoyanz und Selbstbemitleidung, die andere Lebensbeichten auszeichnen, daß die Einbettung des Auszugs in den Zusammenhang fast zur Werberede geriet. Ob sie wirkungsvoll genug war, um einen Leseanreiz zu bieten, entzieht sich meiner Kenntnis. Trotz der außergewöhnlichen Situation des Schreibers fanden die Schüler die mitgeteilten Erfahrungen eher gewöhnlich und nachvollziehbar; z. B.:

„... kann ich nur vermuten, daß ich ein Schüler von einer das Kriminelle streifenden Langweiligkeit gewesen sein muß. Auch kein besonders interessierter. Ich lernte in beinahe allen Fächern ziemlich fleißig, aber nicht, weil mich, was ich lernte, besonders gefesselt hätte, sondern weil ich besonders brav war";

oder:

„... im Turnen ging es eben um etwas anderes als in den wissenschaftlichen Fächern: um Kraft, Mut und körperlichen Einsatz, und diese Dinge kannte ich alle nicht. Der Körper an sich war mit schon fremd ..."

Die Erfahrungen waren stimmig, nachvollziehbar und mit einer bestimmten Erziehungssituation (der einer „viktorianischen Zimperlichkeit") identifizierbar, so daß an dem Charakter der Wirklichkeitsaussage nicht gezweifelt zu werden brauchte.

In einem Seminar mit Germanistik-Studenten habe ich die Teilnehmer, die gerade die Ehrlichkeit, Aufrichtigkeit und Schonungslosigkeit des Schreibenden gegen sich selber betont hatten, mit der Idee provoziert: „Stellen Sie sich vor, Fritz Zorn hat es gar nicht gegeben, vielmehr ist Adolf Muschg, der Herausgeber des Manuskripts, der Autor." Die meisten Studenten wiesen eine solche Denkfigur empört von sich, weil sie offenbar überprüfbare Aufrichtigkeit (einer Beichte vergleichbar) für ein Kriterium der Wirklichkeitsaussage in der Ich-Form hielten. Daß es aber weniger um Aufrichtigkeit, die man doch nicht überprüfen könne, sondern mehr um Glaubhaftigkeit, Stimmigkeit, Plausibilität ging, war schwer zu vermitteln. Es gelang auch nur mit der logischen Operation Käte Hamburgers von der fingierten Wirklichkeitsaussage, die, in authentischen Texten etwa, ganz nah an die wiedererzählte Wirklichkeit heranreichen kann. Für ihre Aussagekraft aber ist es völlig unerheblich, ob sie gut erfunden oder der erlebten Wirklichkeit nachgezeichnet worden ist. Solche dichtungslogischen Diskussionen mit den Schülern zu führen, wenn sie nicht selbst darauf kommen, ist müßig, geht es doch zunächst darum, daß sie über die unterschiedlichen Formen der Literatur die Inhalte adäquat lesen lernen.

3. „Michael Kohlhaas" am Heinrich-von-Kleist-Gymnasium

Zwar war die Wahl dieses Textes nicht allein von dem Versuch geleitet, den Schülern den Namenspatron ihres Gymnasiums mit einem repräsentativen Beispiel seiner Erzählkunst näher zu bringen, aber sie war auch von dieser Absicht bestimmt. Die Einführung in die Gattungen machte darüber hinaus die intensive Beschäftigung mit einem überschaubaren epischen Text erforderlich, der den organisierenden Erzähler erkennen ließ. Darüber hinaus sollte das Werk so klar historisch situiert sein, daß die vertiefende Frage nach Historizität und zeitübergreifender Aktualität von Literatur sinnvoll war. Im Schnittpunkt all dieser Vorgaben lag „Michael Kohlhaas". Der konkrete Zusammenhang mit der Unterrichtsreihe stellte sich einmal über die Gattung (nach Lyrik, Drama und Ausschnitten aus Autobiographien eine umfangreichere Erzählung) und über den Wahrheitsgehalt erfundener Geschichten her („und wie denn die Wahrscheinlichkeit nicht immer auf Seiten der Wahrheit ist", Kleist 1979, S. 102).

Mit dem kurzen Hinweis auf die Auswahlgründe sind die Schwerpunkte der Behandlung schon genannt:

- die Rolle des Erzählers als Chronist historischer Ereignisse (das gab manchmal Anlaß, vor allem im 4. Teil, über Probleme der Fiktionalität nachzudenken),
- die Struktur des Erzählten und der Handlungsverlauf,
- die Verschiebung der historischen Orte: 16. Jahrhundert, um 1800, heute.

a) Der Chronist

Zwar sollte, wie bisher, die Textbeobachtung im Mittelpunkt der Gespräche stehen, ohne einen literaturwissenschaftlichen Erklärungsansatz zwischen Leser und Text zu schieben, wohl aber sollte das Konstrukthafte von Literatur deutlicher als bisher werden, so daß von

Anfang an Autor und Erzähler voneinander geschieden wurden; die naive Leseweise, die Bedeutung (wie bei expositorischer Literatur) direkt aus dem Wortlaut des Werkes („Kleist meint“, „der Text sagt“, „Kohlhaas macht“) war damit verstellt.

Wenige Wochen nach der Durchführung des Unterrichts (Mai/Juni 1981) sind zwei Werke zum „Kohlhaas“ erschienen, die für den Lehrer von einigem Nutzen und Interesse sein dürften. Klaus-Michael Bogdal (1981) faßt die Ergebnisse sozialgeschichtlicher Betrachtungen zu dem Text zusammen und deutet ihn selber von Kleists Kunstauffassung her.

Anregender ist die Untersuchung von Helga Gallas „Das Textbegehren des ‚Michael Kohlhaas‘. Die Sprache des Unbewußten und der Sinn der Literatur“ (1981) insofern, als in diesem Band nicht mehr auf ein vertrautes Deutungsschema zurückgegriffen, sondern ein neues, das die literaturtheoretische Diskussion der letzten Jahre provoziert und zu Angriffen und Apologien geführt hat, sehr anschaulich erläutert wird. Es geht um die poststrukturalistische oder psychoanalytische Deutung im Anschluß an die Theorie Jacques Lacans. Im Zentrum der Interpretation steht der Nachweis „einer Substitution des Objekts des Begehrens“; im Verlauf der Handlung wird demnach das Objekt ‚Pferde‘ durch das Objekt ‚Kapsel mit Zettel‘ ersetzt. Diese Substituierung ist zugleich äußeres Merkmal einer klaren Gliederung der Erzählung in vier gleiche Teile: „Wir haben ein viergliedriges Schema vor uns, die zweite und vierte Sequenz stellen jeweils eine Wiederholung der ersten und dritten dar [...]“ (S. 66/67); das Schicksal Kohlhaas’ spiegelt sich in der Vernichtung des Junckers (2. Sequenz) und des Kurfürsten von Sachsen (4. Sequenz). In dem nur angedeuteten methodischen Ansatz versteht es sich von selbst, daß eine Äquivalenz von Pferden und Zettel darin besteht, „daß beides Phallusmetaphern bzw. Phallussubstitute sind“ (S. 74). Trotz der Angestrengtheit, mit der der unschuldige Text durch eine ihm fremde Idee überwältigt wird, liest sich der Akt der Inbesitznahme gut, wirkt in einzelnen überraschenden Wendungen anregend und macht eine abstrakte literaturtheoretische Debatte sinnfällig. Für den Lehrer, der an neueren methodologischen Diskussionen Interesse hat, ist die Lektüre auch deshalb anregend, weil sie dem Text seine sinnliche Wirkungskraft mit dem theoretischen Konstrukt der Untersuchung nicht nimmt.

Der auf Allgemeinbildung zielende Unterricht kann und sollte auf Erläuterung derartiger wissenschaftsspezifischer Kalküle verzichten, die wohl für einen Germanisten, nicht aber für einen zukünftigen Ingenieur, Juristen oder Mediziner von Interesse ist. In den Mittelpunkt rückt daher eine genaue Textanalyse, die das Konstrukthafte, Künstlich-Künstlerische, Verdichtete herausstellt und damit die Fähigkeiten der zukünftigen Leser entwickelt, Literatur über das vordergründig stoffliche Interesse hinaus sich selbständig erschließen zu lernen. Am Beispiel des ersten Absatzes von „Michael Kohlhaas“ haben wir uns daher eine Stunde lang zunächst mit dem Erzähler beschäftigt.

Als Chronist ist er zunächst und vor allem darum bemüht, das Geschehen um Michael Kohlhaas so genau wie möglich, ohne große Abschweifungen, zu erzählen; so führt er im ersten Absatz sehr gedrängt in Ort, Zeit und Charakter der Hauptfigur ein. Aber er begnügt sich nicht mit der Präsentation von Fakten, sondern macht sich zugleich zur moralischen Instanz: „einer der rechtschaffensten und zugleich entsetzlichsten Menschen seiner Zeit“, „Das Rechtsgefühl aber machte ihn zum Räuber und Mörder.“ In den Bewertungen übernimmt der Erzähler zugleich die Perspektive der Betroffenen („rechtschaffen“, „Rechtsgefühl“, „Tugend“) wie auch die seiner Gegner („entsetzlich“, „Räuber und Mörder“, „ausgeschweift“). Dabei scheint die Sichtweise der Obrigkeit leichtes Übergewicht zu erhalten, denn die Beschreibung des „außergewöhnlichen Mann[es]“ steht im Konjunktiv, es ist nur von Rechtsgefühl, nicht aber von Rechtsgewißheit die Rede; am Schluß des Absatzes gewinnt das Wort „Mörder“ besonders Gewicht. „Systemkonformes Erzählen“ nennt Jochen Schmidt (1974, S. 181 ff.) diese erkennbare Parteinahme, die aber in den folgenden Absätzen deutlich zurückgenommen wird (z. B. „nach Art guter Wirte“/3,21, „über eine so unverschämte Forderung betreten“/7,3). Vor allem auf den ersten Absatz bezogen, spricht R. M. Müller (1970) daher genauer von „strukturironischem Wohlwollen“, das der Erzähler der Gegenpartei entgegenbringt, indem er hier noch von ihren Missetaten schweigt (S. 109). Zwar erscheint er als auktorialer Erzähler, der das Gesamtgeschehen überblickt und ordnet,

* Zitiert wird nach der im Unterricht benutzten Ausgabe der „Editionen für den Literaturunterricht“ mit Materialien. Ausgewählt und eingeleitet von Rainer Siegle. Stuttgart 1979. Die 1. Ziffer bezeichnet die Seite, die 2. die Zeile.

aber in den Bewertungen der Figuren schwankt er erkennbar, so daß der Leser in jeder Episode zu eigenem Urteil aufgerufen ist. Widersprüche zwischen dem Geschehen und seiner Bewertung machen eine naive Leseweise völlig unmöglich. Der Appell an den Leser mag in der Intention des Erzählers liegen, denn seine komplexe Darstellungsweise setzt sich selbst in Widerspruch zu den manchmal plakativen Urteilen. Für Kleist ist die Doppelstrategie seines Erzählers ein probates Mittel gegen die Zensur, unter der er gerade in den Jahren, in denen er „Michael Kohlhaas" abschließt (um 1810), zu kämpfen hat. Die Komplexität des Erzählens halten wir in einer Skizze fest:

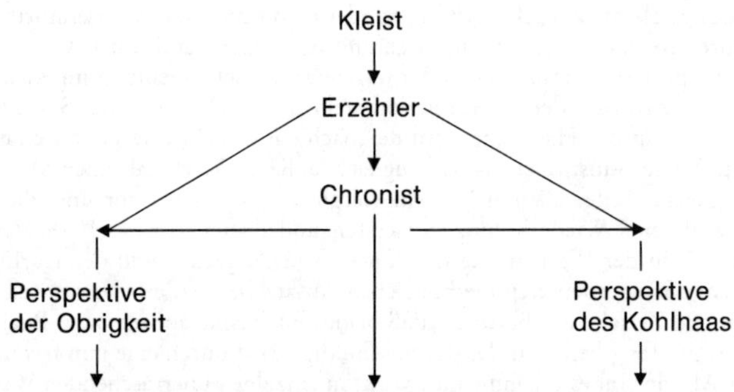

Die dreifache Perspektive des Erzählers (Kleists eigene noch ausgenommen) erschwert das Verständnis, weckt aber die gedanklichen Aktivitäten des Lesers, der sich bei derartiger, bis zu Widersprüchen und Paradoxien gesteigerter Komplexität selbst ein Urteil bilden muß. Diese Komplexität des Dargestellten kann bis in die Satzgestalt hinein verfolgt werden – Gelegenheit, das aus der Mittelstufe bekannte Wissen zur Syntax ins Gedächtnis zurückzurufen. Die Analyse des Satzes 7, 15–22 wurde als Hausaufgabe gestellt und ausführlich besprochen. Auch andere Merkmale des Sprachstils, wie die Betonung der Handlung durch die Verben, wie auch der Versuch, Gleichzeitiges in der Nebenordnung von Nebensätzen als gleichzeitig erscheinen zu lassen, zeitliche Abläufe dadurch auseinanderzunehmen, ließen sich am Einleitungsteil entdecken und mit der Frage nach der Absicht des Erzählens verbinden.

b) Struktur der Handlung

Im Mittelpunkt der ersten Doppelstunde stand der erste Teil der Erzählung „Das Unrecht" (bis 28,7). Die widerrechtlichen Paß- und Zollforderungen gegenüber Kohlhaas auf der Ritterburg des Junkers von Tronka werden in diesem ersten Handlungsteil auf immer neuer Ebene wiedererzählt: Kohlhaas erzählt den Räten zu Dresden den Vorfall; von Herses Schicksal während dieses Dresdner Aufenthalts berichtet zunächst der Junge auf der Tronkenburg (8,8 ff.), dann Lisbeth (11,13) und schließlich Herse selbst sehr ausführlich (12,17–15,29); beide Ereignisse zusammen trägt Kohlhaas in seiner Beschwerdeschrift für das Gericht in Dresden (16,31 ff.) vor und wiederholt sie in der Bittschrift, die der Stadthauptmann dem Kurfürsten von Brandenburg überreichen will (18,34). Auf diese vielfältige Weise wird in der Erzählung selber immer wieder erzählt; dadurch ist es dem Chronisten möglich, z. B. in Wiedergabe des Berichts von Herse die vernichtenden Urteile gegen die Willkürherrschaft der Junker unterzubringen, deren er sich in seiner eigenen Darstellung enthalten hat.

Wichtig ist, die Bemühungen herauszustellen, die Kohlhaas unternimmt, um auf legalem Wege sein Recht zu erwirken, denn nur dadurch wird klar, daß ihn weder Querulantentum noch Hybris oder gar revolutionärer Geist zu seinem Rachefeldzug verleiten, sondern allein die Unmöglichkeit, den ihm allseits zugestandenen Rechtsanspruch gegenüber dem Junker auch tatsächlich durchzusetzen. Immer wieder verweist der Erzähler auf die besonders große Duldsamkeit, Toleranz und Selbstbeherrschung des Kohlhaas: „verbiß [...] seinen Ingrimm“ (8,29), „die Schimpfreden niederschluckend“ (9,17), „Denn ein richtiges [...] Gefühl machte ihn, trotz der erlittenen Beleidigungen, geneigt [...]“ (10,31 ff.), „beruhigter über den Ausgang seiner Geschichte als je“ (19,22). Schließlich ist er, als auch der Vermittlungsversuch des Stadthauptmanns gescheitert ist, eher bereit, außer Landes zu gehen, als gegen die Obrigkeit aufzustehen (24,4 ff.).

Die Stationen seiner vergeblichen Versuche, Recht zugesprochen zu bekommen, werden genau nachgezeichnet. Zur Aktivierung der Gedanken und für einen präziseren Überblick über die begangenen Straftaten auf der Tronkenburg bekamen die Schüler den Auftrag, die wichtigsten Punkte der Anklageschrift für das Dresdner Gericht (16,31 ff.) zu formulieren: Paß- und Zollvergehen, Aneignung und Mißbrauch fremden Gutes, grobe Körperverletzung, üble Nachrede etc., und die Forderungen für den Urteilsspruch zu benennen: Bestrafung des Junkers, Wiederherstellung der Pferde und Schadenersatz. Obwohl die Rechtslage eindeutig ist, wird die Klage, wegen verwandtschaftlicher Beziehungen des Junkers zum kurfürstlichen Hof in Sachsen, niedergeschlagen (17,26 ff.). Auch die Bittschrift, die dem Kanzler des Kurfürsten von Brandenburg durch den Stadthauptmann Heinrich von Geusau überreicht wird, führt dem Rechtsurteil nicht näher, weil auch hier verwandtschaftliche Beziehungen zu Tronka bestehen (19,28 ff.). So bleibt als letzte Instanz die direkte Einschaltung des brandenburgischen Landesherrn, aber „von allen erfolglosen Schritten“ war dies „der allerunglücklichste“ (26,14). Erst als dieser letzte Versuch, Recht zu bekommen, gescheitert ist, und als bei der Bemühung um eben dieses Recht seine Frau getötet wird, sieht Kohlhaas keinen anderen Weg, als sich auf gewaltsamen Wege Recht zu verschaffen und Rache für erlittenes Unrecht zu üben. Daß er dabei nicht nur an sich selber denkt, sondern auch an das Gemeinwohl, deutet er mehrmals an; so z. B. auf dem Weg nach Kohlhaasenbrück, als er beschließt, nicht nur für sich, sondern auch für seine Mitbürger um das Recht zu streiten (11,6/7); oder als er in der letzten Petition an den Landesherrn feststellt, daß er in einem Land nicht länger leben könne, „in welchem man mich in meinen Rechten nicht schützen will“ (24,5/6). Wiederherstellung der Rechtsinstanz im Staat ist sein Anliegen, weniger die private Rache.

Weil es keinen Souverän mehr gibt, der für das Recht gegen jedermann entschieden einzutreten bereit ist, setzt Kohlhaas sich selber souverän. Seine Frau wird beerdigt, als sei sie eine Fürstin (27,32), er nimmt die „ihm angeborene Macht“ (28,15) in Anspruch, sich selbst zu helfen, wo niemand sein Recht zu verteidigen bereit ist; sieht in Maßnahmen zur Durchsetzung des Rechts einen „gerechten Krieg“ (31,25) und erklärt sich öffentlich dazu von Gott unmittelbar legitimiert, indem er darauf verweist, daß ihm die Rolle eines Statthalters des Erzengels Michael übertragen sei (39,28).

Dieser neuen Rolle entsprechend bittet Kohlhaas im zweiten Teil der Erzählung (28,8–40,38) „Das Geschäft der Rache“ nicht mehr um das Recht, das ihm in allen Instanzen verwehrt wurde, sondern setzt es nunmehr selber. Jedem seiner Rachefeldzüge geht ein selbstverfaßtes Mandat als rechtliche Legitimation voran. Wie sein friedliches Rechtsbegehren gehen auch seine kriegerischen Strafmaßnahmen aufgrund autonomer Rechtssetzungen den Instanzenweg hinauf: Vernichtung der Tronkenburg (29,17 ff.) aufgrund des Rechtsschlusses (28,14), Zerstörungen in Wittenberg (34,20 ff.) nach Erlaß der Mandate (zuerst 31,23; dann für Wittenberg 33,34 u. ö.) und schließlich Brandlegungen in Leipzig (39,26) aufgrund des Mandats, das er als Statthalter einer „provisorischen Weltregierung“ (39,38) unterzeichnete. Da er bei all den Strafaktionen auf das Wohlwollen der Bevölkerung setzen kann, die auch dann auf seiner Seite bleibt, wenn sie durch seine Raub- und Brandzüge unmittelbar in Mitleidenschaft gezogen wird, und auch die Obrigkeit eine Ausweitung des Bürgerkrieges verhindern will, beginnen die langwierigen Verhandlungen (im dritten Teil), an deren Ende erst das von Kohlhaas von Anfang an angestrebte Gerichtsverfahren stehen wird. Sein Umgang mit Feuer und Schwert bei den Brandschatzungen soll mit dem Anklang an die biblische Sprache und Vorstellung eines rächenden Gottes die christliche Motivierung seines Handelns unterstreichen; einen Schüler erinnert Kohlhaas in diesem zweiten Teil eher an Prometheus, der sich des Feuers bemächtigt, um sein Anliegen durchzusetzen, allerdings eher destruktiv als produktiv wie seinerzeit Prometheus.

Der Erzähler übernimmt am Anfang des Berichts über die Rachefeldzüge die Selbsteinschätzung Kohlhaas' als „Engel des Gerichts", der „also vom Himmel herab" fährt (29,10/11), sieht ihn auch voll „Schmerz und Jammer" (31,8) sowie unglücklich (31,15) darüber, daß er nicht gleich zu Anfang des Junkers habhaft geworden ist, um die Gewalttaten abbrechen zu können. Dann aber schlägt er sich wieder mit seiner Beurteilung der Person ganz auf die Seite der Obrigkeit, spricht von den „jämmerlichen Geschäften" des Kohlhaas (32,5), nennt ein Mandat „Schwärmerei krankhafter und mißgeschaffener Art" (34,4), kritisiert das Brandschatzen als „unerhörten Frevel" (34,28), als „mörderische Anstalten" (35,11), charakterisiert Kohlhaas als rachsüchtig (33,8), als Drachen (35,28), mehrmals als Mordbrenner (36,33; 37,36 und 40,7), als „unerhört und beispiellos" (38,14) und als tollkühn (39,11). Gegen Ende dieses Teils kommt der Erzähler, allerdings sehr vorsichtig und vermittelt, wie wir es von ihm kennen, auf positive Urteile zurück, wenn er etwa mitteilt, daß die Bewohner Wittenbergs den Junker Wenzel von Tronka „platterdings aus der Stadt entfernt wissen" wollten (35,23), der Landvogt von Wittenberg ihn „mit einem Blick stiller Verachtung" straft (37,13) und das Volk gar über ihn herfällt und ihn – nicht etwa Kohlhaas – „einen elenden Landplager und Menschenquäler" nennt (35,18).

War trotz der teilweise akribischen Arbeit am Text die Teilnahme am Unterrichtsgespräch noch durchaus normal (d. h. 5–6 interessierte Schüler), nahm sie bei der Behandlung des dritten Teils „Die Vermittlungen" (40,39–80,29) weiter ab. Das unbeteiligte Drittel gab die Bemühungen auf, die Tatsache weiterhin zu verschleiern, daß es den Text gar nicht zu Ende gelesen hatte, und begann mit Störungen. Davon war vor allem das für das Verständnis der Erzählung entscheidend wichtige Gespräch des Kohlhaas mit Luther betroffen. Ich habe daher auf eine genaue Analyse des Lutherschen Plakats und den Vergleich mit dem Originalbrief verzichtet und vor allem die Selbstrechtfertigungsversuche des Kohlhaas im Gespräch mit dem geistlichen Herrn in den Mittelpunkt gestellt. Luther bietet sich zwar als Vermittler zwischen den Fronten an, ist in seinem Sprachgebrauch und Verhalten aber ganz auf der Seite der Obrigkeit (nennt Kohlhaas: „Vermessener", „Heilloser", „Sünder", „Gottvergessener" und „Rebell", S. 41). Auf das Kernargument des Kohlhaas zu seiner Entlastung, das er auch schon gegenüber seiner Frau vorgebracht hatte, muß ich die Schüler hinlenken: Indem ihm „der Schutz der Gesetze" versagt wurde, war er aus der Gemeinschaft verwiesen und „zu den Wilden der Einöde hinaus" gestoßen (44,27–36). Nachdem er zum Wilden, zum Verstoßenen, zum Outlaw gemacht worden war, konnte er sich auch nur noch als solcher verhalten und ohne den Schutz der Gemeinschaft sein Recht zu erreichen versuchen. Wenn ihm dieser Schutz wieder gewährt wird, indem er seine Klagen und Forderungen einem ordentlichen Gericht vortragen dürfe, könne er auf die gewaltsame Durchsetzung seines Rechtsanspruchs verzichten.

Nach stark lenkendem Durchgang durch das Gespräch stand am Schluß die Aufgabe, einen Brief an Luther zu verfassen, in dem Kohlhaas sich verteidigt. Über die Rechtfertigung hinaus, durch ungesetzliche Mittel zum Recht zu gelangen, nachdem es auf legalem Wege verweigert war, kamen Hinweise darauf, daß er keine „schnöde Selbstrache", sondern einen Kampf um die Rechtsfähigkeit aller Bürger kämpfe, aber auch darauf, daß er all die Taten nicht „um ein nichtiges Gut" begehe, sondern weil ihm seine Frau getötet wurde. Die Rezeptionshandlung führte diejenigen, die die Hausaufgaben geschrieben hatten, durch produktive Aneignung der Kernstelle in die Probleme des Rechtsstreits des Kohlhaas zurück.

Gingen in den ersten beiden Teilen der Erzählung die Rechtsstreitigkeiten von unten (Tronka) nach oben (Kurfürst v. Brandenburg bzw. v. Sachsen), so laufen sie im 3. Teil von oben (Luther) über den Kurfürsten von Sachsen mit seinem Angebot zur Eröffnung des Prozesses (53,7ff.) nach unten zurück und bleiben abermals bei der Sippe der Tronkas hängen. Maßgeblich für diese abermalige Wendung zu Ungunsten Kohlhaas' ist die Himboldt-Episode (62,2–65,24), in deren Verlauf ein neuerlicher Aufruhr gegen die Tronkas „die Stimmung im Lande“ auch wieder gegen Kohlhaas umschlagen läßt. Die Intrige in der Nagelschmidt-Episode (67,11–80,29) setzt ihn dann derartig ins Unrecht, daß seine Suche nach Recht nicht mehr glaubwürdig erscheinen kann.

Offenbar weil beide Episoden mit Spannung verbundene Handlungselemente in die Geschichte zurückbringen, nahm das Interesse an der Besprechung allmählich wieder zu.

Das lag sicher auch daran, daß die Klausuren eine Woche später anstanden und sich jeder noch Wissen zu beschaffen aufgerufen sah. Auch wenn die Aufmerksamkeit in den Gesichtern wieder zunahm, war dies noch nicht der Indikator für Mitarbeit; häufig ist sogar eine gewisse Unruhe äußeres Zeichen geistiger Bewegungen. Die meisten hatten ihre liebe Mühe mit der Lektüre und keine zusätzlichen Kräfte parat, um Deutungen des Gelesenen zu versuchen. So blieb es bei dem lenkenden Gesprächsstil, der sich, ganz gegen meine Intentionen, durchgesetzt hatte.

Im letzten Abschnitt der Erzählung (ab 80,30) „Eingriffe von oben“ durchkreuzen sich zwei Handlungsstränge: Der eine ist die zügige Abwicklung des Rechtsstreits zwischen Kohlhaas und dem Junker von Tronka sowie zwischen dem Kurfürsten von Brandenburg, mit kaiserlichem Nebenkläger, und Kohlhaas, nachdem dieser an Brandenburg ausgeliefert worden ist. Der andere ist der Versuch des Kurfürsten von Sachsen, an die Kapsel zu kommen, die um Kohlhaas’ Hals hängt und die Weissagungen über die Geschicke seines Hauses enthält. Ähnlich wie im zweiten Abschnitt Kohlhaas drei größere Anläufe unternimmt, um des Junkers von Tronka habhaft zu werden (Tronkenburg, Wittenberg, Leipzig), versucht der Kurfürst dreimal ohne Erfolg, Kohlhaas und die Kapsel in die Gewalt zu bekommen (durch Jagdjunker vom Stein, durch Eingaben an den Kaiser in Wien und den Kurfürsten von Brandenburg, durch die Zigeunerin Elisabeth). Wie im Fall der Geschichte von den Rappen, die zunächst der Junge von der Tronkenburg und dann Herse selbst erzählt, wird auch die Kapselgeschichte zweimal erzählt: von Kohlhaas (86,10–87,22) und vom sächsischen Kurfürsten selbst (95,37–99,8). Gerade durch seinen Tod, und dem damit verbundenen Verlust der Wahrsagung, gelingt Kohlhaas die Rache für die Verweigerung der Rechtsprechung in Sachsen, die er durch seine kriegerischen Ausfälle vergeblich gesucht hatte.

Der Erzähler ist inzwischen, nachdem die Prozesse gegen und von Kohlhaas feststehen, in seinen Bewertungen ganz auf seiner Seite („armer Kohlhaas“/80,30, „Geschichte dieses sonderbaren und nicht verwerflichen Mannes“/80,38) und gegen den Kurfürsten von Sachsen (seines „gänzlich willkürlichen, Gott und den Menschen mißgefälligen Verfahrens“/81,24). Ansonsten erweist er sich weiter als neutraler Chronist (die Wertungen fallen in Zitaten von Figuren der Erzählung) und gibt sich als solcher auch mehrmals zu erkennen (z. B. „das wir zwar berichten“/102,16, „lassen wir dahingestellt sein“/106,6).

Das eine Mal geschieht es an einer entscheidenden Stelle der Erzählung, als er den Zufall begründen muß, daß das vom Kämmerer des Kurfürsten von Sachsen für den Besuch bei Kohlhaas im Gefängnis ausgesuchte Trödelweib ausgerechnet die Zigeunerin ist, die ihm die Kapsel überreicht hatte. Hier fällt die Erklärung, die fast eine Erläuterung des Fiktionalen gegenüber der Wirklichkeitsaussage ist: „und wie denn die Wahrscheinlichkeit nicht immer auf seiten der Wahrheit ist, so traf es sich, daß hier etwas geschehen war, das wir zwar berichten, die Freiheit aber, daran zu zweifeln, denjenigen, dem es wohlgefällt, zugestehen müssen“ (102,14–18). So hat die Kapselgeschichte denn auch nichts mit dem Einbruch des Romantischen in eine realistische Chronik zu tun, wie ältere Interpretationen behaupten, sondern Zufälle dieser Art begegnen uns auch an anderen Stellen der Erzählung (häufig durch die Wendung „es traf sich“ eingeleitet: Gewitter in Erlabrunn (33,10), Regen in Leipzig (40,1), Streit zwischen Polen und Sachsen (81,11 etc.), und sie zeigen, daß auch das Unwahrscheinliche, Überraschende Teil der Wirklichkeit selber ist. Gerade dieses Außergewöhnliche aufzuspüren und so zu gestalten, daß der Leser die Freiheit behält, es nach seinem Gutdünken auszudeuten, ist Aufgabe der Dichtung.

c) Historische Bezüge

Es stand also auch uns frei, die Kapselgeschichte in dem Sinne zu deuten, wie R. M. Müller (1970) es getan hat: daß Kohlhaas als Repräsentant des Volkes (das Volk ist fast immer auf seiner Seite, beim Überreichen der Kapsel steht es vor ihm (98,8)) Macht über die absolutistischen Herrscher gewinnt, die wie der Kurfürst von Sachsen mit seinem korrupten Hofstaat historisch verspielt haben. Der Macht aber des gerechten Kurfürsten von Brandenburg beugen sich Kohlhaas und das Volk, solange er sich für ihre Rechte rückhaltlos einsetzt (108,22ff.).

Nach der Klausur und der Besprechung des Schlusses in diesem Sinne stand damit die Frage nach dem historischen Ort und der Absicht Kleists (nicht mehr der des Erzählers) zur Diskussion. Um die Zustände in Preußen um 1800 ansatzweise zu verdeutlichen, haben wir Friedrich Wilhelms III. „Über die Teilnehmer an Volksaufläufen" (Materialienteil, S. 124/125) gelesen. Gegen eine derartig rigide Bestimmung könnte der „Kohlhaas" als Versuch gelesen werden, nachzuweisen, daß es „zusammengelaufene Haufen" geben kann, die sich aus guten Gründen und mit Recht empören, und daß es Aufgabe des klugen, gerechten, weitsichtigen Herrschers sein kann, sich den Protest zu eigen zu machen – ganz so, wie es der Kurfürst von Brandenburg in der Erzählung tut. Das Bild, das Kleist vor dem Hintergrund des negativen Gegenbildes, des Kurfürsten von Sachsen, malt, ist das des idealen Herrschers zukünftiger Zeiten, in denen ein dritter Weg zwischen Absolutismus und Revolution gefunden wird. Eingriffe von oben vollenden das gerechte Streben von unten.

Ernst Fischer hat in seiner Darstellung des Selbsthelfers Kohlhaas (Materialien, S. 136/137) die Bewegung von oben nicht gesehen und den Kampf „um das Recht des Menschen" als Kohlhaas' eigene und alleinige Sache gesehen. Richtig ist daran, daß „für den Machthaber, der ihm sein Recht vorenthielt, [. . .] es keine Verzeihung [gibt]", aber vor dem, der ihm das Recht zubilligt, läßt er sich „mit kreuzweis auf die Brust gelegten Händen" (108,38) auf die Knie nieder. Nur dem kann von oben geholfen werden, der sich zuvor selber geholfen hat.

Dieses kontextuierende Material, das zum besseren historischen Verstehen des Textes, d. h. seiner ursprünglichen Intention, beitragen sollte, wurde selber zum Objekt der Untersuchung, indem wir den Text von Fischer als Beispiel eines expositorischen Stückes Literatur über Literatur auf Thema, Aufbau, Wortwahl, Intention des Autors, Prämissen seiner Argumentation untersucht haben. Mit der systematischen Behandlung von expositorischen Texten haben wir das 12. Schuljahr begonnen. Versuche, in den Problemkomplex auf eher heitere Weise einzusteigen, schlugen fehl, da die Hälfte des Kurses in der vorletzten Stunde des 11. Jahrganges fehlte oder nach und nach mit variablen Entschuldigungsgründen in den Unterricht tröpfelte. Kopiert hatte ich die Wissenschaftsreportage „Kuhmist – ein Schlaraffenland für Regenwürmer" von Petra Niesbach, die im Wettbewerb „Reporter der Wissenschaft" 1981 den 2. Preis erhalten hatte. Trotz des Versuchs, wenigstens über die fünf W-Fragen der Rhetorik (wer, was, wann, warum, auf welche Weise) eine gedankliche Struktur aufzudecken, blieb es bei dem oberflächlichen Interesse am Stoff. Die Notwendigkeit, in den Unterricht eigene Kräfte einzubringen, sah nach den Zeugniskonferenzen niemand mehr, man duldete allenfalls, unterhalten zu werden.

4. Methodisches

a) Freie Aktivitäten

Dieses 2. Halbjahr stand ganz unter dem Zeichen der Bemühungen um die Einsicht der Schüler, daß die Literatur aus Vergangenheit und Gegenwart etwas mit ihnen selber, ihren eigenen Erfahrungen, Problemen, Bedürfnissen, Träumen, Ängsten zu tun hat und daß sich die Mühen um den Gegenstand lohnen, weil er das eigene Wissen, die eigenen Visionen bestätigt, sie in Zweifel zieht oder neue Horizonte eröffnet. Es ging also weniger um die Vermittlung von Normen des Darstellens in mündlicher und schriftlicher Rede, sondern um relativ *freie Aktivitäten* im Umgang mit Texten unterschiedlicher Art: Die Schüler sammelten Material zum Thema ‚Krieg', notierten Erzählungen ihrer Eltern, referierten den Inhalt von Erzählungen von Schriftstellern, schrieben Texte in ein anderes Genre um, produzierten eine Fernsehaufzeichnung, waren Schauspieler und Kameramann, interpretierten nach einem erweiterten hermeneutischen Zirkel. In den vielfältigen Aktivitäten wurde jeder mehrmals in die Inhalte und die Formen des Be-Handelten verstrickt, so daß alle zur Auseinandersetzung mit der Sache gezwungen waren. Sie entzogen sich dem auch nicht, etwa durch die sonst demonstrativ zur Schau getragene Langeweile, wenn sie auch nicht immer begeistert auf den Methodenwechsel reagierten. Vielmehr wurde bei jeder kleinen Hausaufgabe mit großem Aufwand versucht, die Abgabetermine hinauszuschieben und die Mitarbeit im Unterricht in Grenzen zu halten.

Das Interesse für Literatur gab sich auch nur behutsam zu erkennen. Bei der Methode, die Probleme der Texte auf die Probleme im Horizont der Schüler beziehbar zu machen versucht, war es nicht verwunderlich, daß solche Literatur vor allem Aufmerksamkeit fand, die die eigene Sicht bestätigte, sie artikulierte und als verallgemeinerbar erkennen ließ: Es waren dies z. B. die Tagebuchauszüge, es waren die eigenen Texte, die ich als neutrale Person vorlesen sollte, und es war das Interesse, in der Endversion des gemeinsamen dramatischen Textes Teile der eigenen Version unterzubringen. Die beiden letzten Beobachtungen waren immerhin bemerkenswerte produktionsästhetische Vorgänge: Die eigene Gestaltung wird durch einen anderen präsentiert oder geht in einem größeren Ganzen auf und verselbständigt sich damit zum ästhetischen Objekt.

b) Literarisches Leben

Die ästhetische Wahrnehmung zielt, wie wohl auch weitgehend in der konsumierten Trivialliteratur, auf Affirmation, Bestätigung, Selbstvergewisserung. Wie stark noch die Abwehr des Unvertrauten, Fremden, nicht unmittelbar Verständlichen bei der Mehrzahl der Schüler war, zeigte die Aufführung des Puppentheaters KLO 5 mit einem Stück des präsurrealistischen Autors, der als Begründer des Surrealismus auf dem Theater gilt, A. Jarry – „König Ubu" – im Forum des Gymnasiums. Nun war zugegebenermaßen die Sprache dieses Stückes, in dem es um die Gewaltherrschaft eines wildgewordenen Kleinbürgers geht, den Schülern außerordentlich fremd; hinzu kam die auf Verfremdung und Effekte angelegte Darstellungsweise der beiden Puppenspieler. Es dauerte nicht lange, bis in dem teilweise wirklich unverständlichen Treiben die ersten der etwa 250 versammelten Schüler auf lauten Gummisohlen den Raum verließen und bald die große Mehrheit nach sich zogen. Mal zuzuhören, auch wenn sich Verständnis nicht unmittelbar einstellt, dem Fremden eine Chance zu geben, sich am Spiel selbst zu erfreuen, war, zumal unter Gruppendruck der meisten Schüler, noch nicht möglich. Das sollte mit der „Kohlhaas"-Behandlung vordringlich in den Mittelpunkt rücken. Der Besuch der „Fidena", der Woche des Puppenspiels in Bochum, wie auch die Einbeziehung der Gedenktage für Heine und Lessing im Februar waren Gelegenheiten, sich auch in diesem Halbjahr dem literarischen Leben im Umfeld von Schule zu stellen. Wie eine Verarbeitung produktiv doch gelingen kann, bewies ein Schüler der Jahrgangsstufe 12, als er in der nächsten Ausgabe der Schulzeitung (Nr. 5, Sommer 1981) eine kritische Würdigung der Marionettenspieler, des Stückes, der Lehrer und Zuschauer versuchte:

„KÖNIG UBU" ODER „DIE KULTURMÜDE HVK?"

Im Rahmen der Fidena 81 (Abkürzung für Figurentheater der Nationen) kam die Fachschaft Deutsch in einem geistig-kulturellen Höhenflug (der in einer Bruchlandung endete) auf die Idee, die „Schau- und Figurenspielergruppe Klo 5" zu einem Gastspiel einzuladen. Die „Probleme", die mit dieser Einladung auftraten, lassen sich in kurzen Worten gar nicht ausdrücken.

Die erste Meuterei unter den Schülern fand auch schnell ihren Nährboden:

Die Veranstaltung sollte für die Schüler der Oberstufe Zwang sein und außerdem noch 1.50 DM kosten. Wer uns Schüler nun kennt (und man sollte doch meinen, die Lehrer wären so schlau), weiß, daß diese erzwungenen „Kulturmaßnahmen" bei uns nicht gerade auf große Gegenliebe stoßen.

So fing an einem Montag in der 5. Stunde das „Gemetzel" des Königspaares an. Der nun folgende, hochkulturelle Akt hatte einen voraussehbaren Verlauf:

Nach einer Vorstellung der beiden „Schau- und Figurenspieler" Jürgen Klein und Eva Lenker erfolgte eine kurze Einführung des „Maestros" Klein: „Eine Vorinformation über das Stück brauche ich nicht geben – die habt ihr ja von Euren Lehrern!" Da saß nun eine fast doch noch vollzählig versammelte Oberstufe und hatte diese Intro mit offenen Kinnladen empfangen. Denn: diese angebliche Vorinformation hatte die Fachschaft Deutsch einbehalten und nicht an die „bedürftigen" Schüler weitergeleitet. So begann das Schauspiel (das übrigens an Shakespeares „Macbeth" orientiert war) – es hörte jedoch nach etwa 1/4 Stunde wieder auf. Klein fühlte sich durch alltägliche Schülergeräusche und allgemeines Desinteresse gestört, brach das Schauspiel ab und legte es allen Desinteressierten unmißverständlich nahe zu gehen. Gesagt – getan: etwa 80% der anwesenden Schüler verließen den kulturellen Kampfplatz. Den Rest der Aufführung bestritten die Künstler dann mit etwa 40 Zuschauern, die mehr aus Zeitvertreib und Belustigung, als aus Interesse geblieben waren. Nach 1 1/2 Stunden hatte das Stück (endlich) ein Ende – ein Stück moderner Kultur, aufgeführt mit kargem Bühnenbild, Schuhen, sämtlichen Bürsten, Kartoffeln, Karotten und sonstigem Hausrat. (Ach ja = da die Fidena sich doch eigentlich mit Figurenspiel beschäftigte, waren König Ubu nebst Gemahlin Puppen!)

Der Beifall war wohl eher als Mitleidsbekundung solcher Auswüchse der Kultur zu verstehen, als Belohnung für die „Klo 5"-Gruppe (die sie in Form eines Geldbetrages von der Schule erhielt).

Dem Leser, der nun denkt, die Schüler wären Kulturbanausen, kann ich getrost entgegentreten: keine Aufführung dieser Aufführung im Rahmen der Fidena fand großen Anklang. Ich beziehe mich auf einen Artikel der WAZ vom 30. 5. 1981, in dem über das Scheitern der Gruppe berichtet wurde. Klein verweigerte einfach eine Aufführung. „Er fühlte sich mit seinen stark aufs Wort ausgerichtetem Spiel mißverstanden und wollte ganz schlicht eine Arbeit nicht mehr vorzeigen, zu der er – im Moment jedenfalls – selbst kein Vertrauen mehr hatte" – soweit die WAZ.

So möchte ich abschließend feststellen: die Einladung hätte man sich getrost sparen können – das Geld auch (und das ganz besonders) ...

Jörg S.

c) Produktions- und Rezeptionshandlungen

Die wichtigsten Ergebnisse der vielen Produktions- und Rezeptionshandlungen waren Antworten auf die gestellten Aufgaben und das Schreiben einer eigenen Szene im Zusammenhang von „Furcht und Elend des Dritten Reiches". Die Lösung der drei Aufgaben zum Thema „Krieg", die ich Anfang Mai mit den Kursmappen von allen Schülern in Händen hatte, waren, vor allem im 3. Teil, nach der lange zur Schau getragenen Gleichgültigkeit, überraschend. Die Antworten zur 1. Frage nach literarischen Werken zu dem Thema brachten kaum mehr als Erzählungen von Autoren vor allem der Nachkriegszeit zutage, die offenbar aus dem Mittelstufen-Unterricht bekannt waren: Es wurden u. a. genannt: Andersch, Böll, Borchert, Brecht, Hampel, Konsalik, Langgässer, Lenz, Schroers, Trenker, aber auch: Seghers und Hemingway. Meldungen zum Thema ‚Krieg' aus der Zeitung (2. Frage) kreisten vor allem um den Krieg zwischen Iran und Irak. Auch Nachrichten, Meldungen, Berichte von Kriegsschauplätzen lassen trotz ihres Anspruchs auf genaue Wirklichkeitswiedergabe die Betrachterperspektive und damit Interpretation der Geschehnisse erkennen.

Die Geschichten von Verwandten, vor allem Eltern und Großeltern, kreisen um Episoden aus der Endphase des 2. Weltkriegs, vor allem die Luftangriffe auf das Ruhrgebiet. So erzählte Thomas die Geschichte seines Onkels, der als 21jähriger U-Boot-Soldat zum Heimaturlaub nach Herne kam und dort mit der Familie, die um den Mittagstisch bei frischem Kartoffel-Pfannkuchen versammelt war, vom Fliegeralarm überrascht wurde. Alle verschwanden sofort im Keller, nur die Mutter und Schwester kamen nicht nach:

> „Wir machten uns Sorgen, und schließlich stand ich auf und ging zur Wohnung, um nachzusehen. Da standen meine Schwester und meine Mutter seelenruhig am Herd und brieten ihre Pfannkuchen. Nach minutenlangen Erklärungen meinerseits, wie gefährlich es hier oben wäre und wie schnell sich eine Kugel oder Granate verirren konnte, schickte mich meine Mutter wieder in den Keller zurück und sagte, daß sie in wenigen Minuten nachkommen werden. So war meine Mutter, immer optimistisch, nichts konnte sie aus der Ruhe bringen, vor nichts hatte sie Angst. Von diesem hatte sich sehr viel auf meine Schwester übertragen.
>
> Ich ging also in den Keller zurück und berichtete meinem Vater. Voller Zorn über die Leichtsinnigkeit der beiden rannte er nach oben in die Wohnung. Er griff die beiden an den Händen und zog sie mit Gewalt in den Keller. Die Pfannkuchen blieben zurück. Gerade als sie unten angekommen waren, hörten wir einen riesigen Knall, darauf folgte Scheppern und Getöse. Im ersten Moment begriffen wir alle noch nicht, was geschehen war.
>
> Als die Sirenen Entwarnung gaben, gingen wir die Treppe hinauf in die Richtung unserer Wohnung. Wo sonst der Hausflur des Erdgeschosses begann, standen wir in Schutt und Asche, wegen dem Staub konnten wir nicht viel sehen. Als sich der Staub langsam aufklärte, konnten wir sehen, daß sich über uns der nackte Himmel befand."

Während in dieser Erzählung die Not, Qual und Angst der Zeit verschwinden und trotzig-heiterer Selbstbehauptung weichen, wird in einem Brief aus Dresden vom 19. 2. 1945, den Dirk aus den Familienpapieren ausgegraben hatte, das ganze persönliche und menschliche Elend des in die Zivilbevölkerung getragenen Krieges deutlich; der in deutscher Schrift verfaßte Brief ist so umfangreich, daß hier nur Auszüge abgedruckt werden sollen:

> „Radebeul, 19. 2. 45
>
> Liebe Hedel,
>
> Du wirst nach näherem Bericht über mein Unglück Ausschau halten und so will ich ihn Dir geben so gut ich kann. Am Dienstagabend gegen 3/410 kam Alarm und wir dachten an nichts Schlimmes, es war immer gut vorüber gegangen. Annemarie schlief schon 2 Stunden, sie kam hundemüde 1/24 mit dem Rad nach sehr unruhigen Nächten und bewegten Tagen an. Am liebsten wäre sie garnicht aufgestanden, schließlich war sie bereit, zog sich nur das Nötigste an u. ich nahm auch weniger als sonst mit in den Keller. Herr v. Fl. blieb liegen, seine Frau, Schwiegertocher u. 2 Enkel mußten ihn allein lassen. Kaum sind wir unten gewesen, ging eine furchtbare Bomberei loß, das Haus erbebt, die Fenster und Türen im Keller flogen heraus. Nach 1/4 Stunde ließ es nach, der Luftschutzwart erlaubte aber nicht vor der Vorentwarnung einen Kontrollgang durchs Haus. Als die Herren danach zurückkamen hieß es: In Ordnung. Ich hatte ihnen meine Schlüssel gegeben u. extra gesagt, der kleine ist für die Wohnung, sie sind aber wohl nicht drin gewesen. Da wurde von der Straße gerufen: Bei L's. brennt es und als wir raufkamen, mir versagten die Beine den Dienst, war ein solcher Qualm und Rauch, daß trotz 3maligem Versuch, der Flur nicht mehr zu betreten war. Ich u. Annemarie wollten durchaus hinein, man ließ uns nicht. H. Schneider konnte die Wohnzimmertür öffnen, da brannte der Neubau, beim 2. x das Sofa mit Annemaries Betten, den Koffer ließen wir leichtsinniger Weise auf der Truhe, den hätte man wenigstens retten können, meint man heute. Aber wir waren Alle zu gelähmt. Gespritzt wurde da nach besten Kräften, es war kein Aufhalten. H. v. Fl. kam mitten im größten Gewirr in den Keller, ohne Hosenträger, in Filzschuhen, ganz erstaunt, was das zu bedeuten hat. Er sagte, er hätte das Licht brennen lassen, worauf ihn Edit Lehnau, der Luftschutzwart anfuhr, das wäre ein Verbrechen. Nachher kamen wir dahinter, daß ihn der Feuerschein vom Balkon herunter getrieben hat. Wenn er was gesagt hätte – vielleicht wäre das Haus zu retten gewesen. Wahrscheinlich ist ein Phosphorkanister auf den Balkon gefallen und durch die Tür fraß das Feuer weiter. Es dauerte nicht lange, brannte der ganze III. Stock. Aus der Wohnung gegenüber konnte auch nichts gerettet werden. Bald war das Feuer auch bei v. Seydlitzens. Von der

Wohnung wurde auf die Straße geschafft, was möglich war. Keine Möbel. Ich stand mit allerlei Kartons, meinem Koffer u.s.w. unten, mußte immer weiter rücken, des Funkenfluges wegen. Ringsum brannte es auch, gegenüber in der 14 sind 16 Menschen verschüttet und verbrannt, ich wünschte, ich wäre dabei gewesen. Eine Bekannte lud uns ein, bei ihr zu übernachten, schleppte auch, was sie konnte, ich hatte das Wertvollste bei mir, Alberts ganze Sachen, im Wäschetopf Dokumente, die Kamelhaardecke u.s.w., aber der Rucksack mit Alberts Sparkassenbuch, ich ließ kürzl. die Zinsen zuschreiben 400 M Geld, Lebensmitteln, Tresorschlüsseln u. wer weiß was noch, war weg, wahrscheinlich gestohlen, der Rucksack war fast neu. Wir sind kaum oben gewesen, Nordstraße, Ecke Prießnitzstr., kam der 2. Angriff 1/2 Stunde, schlimm. Der Keller war die richtige Menschenfalle. Inzwischen zeigte die Uhr 5, Annemarie schlief im Bett der Tochter die im R.A.D. ist. Um 8 Uhr gingen wir rüber, löschen helfen, Wasser gab die Prießnitz. Es sah aus, als würde es beim halben 2. Stock bleiben, vollends als gegen 10 die Feuerwehr eingriff. Ich versuchte, zum Albert Platz zu gelangen, es war fast unmöglich, überall Flammen u. Rauch u. Trümmer. Die ganze Forststr., das Diakonissenhaus, die Bautzenstr., man kanns nicht beschreiben. Am Alb. Platz dasselbe, das Theater brennt, das Hochhaus, die Deutsche Bank zusammengestürzt, dort wollte ich den Verlust der Schlüssel melden. Eure Bücher u. sonstiges Wertvolle sind im Safe, der nun verschüttet ist, es wird eine Weile dauern, ehe man dazu kommt, aber sicher hoffe ich, ist das Fach. – Ihr könnt Euch keine Vorstellung von den Verwüstungen machen, Schloß, Hofkirche, Zwinger, Oper, alles weg, Dresd. ist gewesen. Man spricht von 60000 Toten, allein auf den Bahnhöfen 5000 Flüchtlinge, genaues wird man nie erfahren, ist vielleicht auch nicht möglich bei den vielen Fremden. Als ich zurückkam, Annemarie hatte Wasser geschleppt, war Heini u. Klara Worbs da, nach uns zu sehen u. uns zu holen. Ihre Räder hatten sie in der Vorstadt eingestellt der vielen Scherben wegen. Wir schleppten u. packten aufs Rad von Annemarie, das zum Glück im Keller geblieben war, soviel nur irgend ging, waren auch noch oben bei Schreibers, wo die Sachen standen um zu sagen, daß wir morgen oder überm. sie holen kämen. Auf dem Rückweg wieder ein schlimmer Angriff, wir dachten wirklich, unser Ende wäre da, so schwankte u. bebte das Haus, in dem wir im Keller Zuflucht suchten. Nach reichlich 1/2 Stunde konnten wir weiter, 4 Stunden brauchten wir zu dem Wege bis her. [...] – Als wir am Freitag rein kamen, fanden wir Schreibers Haus zusammengestürzt, die Sachen also auch hin, unser Haus total ausgebrannt, ein erschütternder Anblick. [...] – Was für mich das Unglück bedeutet, Du wirst es mir nachfühlen können, alle Erinnerungen meines Lebens, alle Briefe, Photographien, alle Sachen, die mir fast geheiligt waren, weil sie Albert in Händen gehabt hat, alles weg. [...] Jetzt ist Aussicht auf eine möbl. 3 Zimmer Wohnung, aber ohne Kochgelegenheit, wir werden sie vorläufig nehmen u. Annem. kommt mit mir. Es wird mir wohl nichts weiter übrig bleiben, als zu Wolfgangs zu ziehen, keinen Topf, keine Tasse, keinen Nähfaden, es ist nicht auszudenken. Wo ich alles so hegte u. pflegte, so sparsam wirtschaftete, mich alles an 1. Menschen erinnerte – man könnte den Verstand verlieren. Welch ein Glück, daß Albert das zu erleben erspart geblieben ist – Gestern waren Schneiders hier, Heini dachte, ihnen ein Unterkommen verschaffen zu können, es klappte aber nicht. Er erzählte, daß Fritz Steinert am Sonnabend da gewesen ist, nach mir zu sehen, vor 8 Tagen war ich bei ihm. Er scheint seine Wohnung auch verloren zu haben, seine Frau ist tot, die Tränen wären ihm über die Backen gerollt. Unser Haus Kreutzerstr. dürfte auch hin sein. Die ganze Stadt ein Trümmerfeld u. eine Völkerwanderung in die Umgebung. – Wenn Euch bloß nicht auch noch das Unglück träfe, ich fürchte das Schlimmste."

Es gab auch Geschichten aus anderen Regionen: von der Evakuierung in den Sudeten-Gau und die Flucht von dort, von der Besetzung Berlins durch die Russen und der Öffnung eines Massengrabes, von Erlebnissen an der Ostfront. Auch formal waren die Erzählungen sehr unterschiedlich: Original-Briefe, Er-Erzählungen und Ich-Versionen (die Erlebnisse werden unmittelbar durch die Schüler wiedergegeben), mit denen die fremden Perspektiven direkt übernommen wurden. In fast allen Fällen zeigen die Erzählungen Betroffenheit und die Wahl der literarischen Form ist ein Indiz für die Art und Weise, mit der sie verarbeitet wurde. Es wäre durchaus lohnend gewesen, eine Textsammlung mit den Geschichten herauszugeben, in jedem Fall verspricht eine solche Aufgabenstellung in den nächsten zehn bis zwanzig Jahren auch in anderen Kursen sicher noch einen ähnlichen Erfolg.

Waren bei dieser Aufgabe Inhalt und Form der Darstellung völlig frei, so waren die Schüler bei der nächsten größeren Aufgabe in beidem gebunden: stofflich an den Bericht von Hannes Heer „Das Fischerhuder Totenbuch. Lebensläufe aus einem deutschen Dorf" und formal an die Struktur der Szenen aus Brechts „Furcht und Elend des Dritten Reiches".

Über das Ergebnis brauche ich hier nicht zu berichten, das ist an anderer Stelle geschehen (Müller-Michaels 1983); wichtig war die Beobachtung, daß durch die eigenen Bemühungen um die biographischen Berichte und durch die damit verbundene Frage nach der Form der Darstellung das Verständnis für Probleme und Strukturen fiktionaler, expositorischer und authentischer Literatur auf dialogischem Wege geweckt war.

Die Antworten auf die drei Aufgaben zu dem Textauszug aus Hildburg Kagerers Aufzeichnungen über die Hauptschülerin Martina (s. S. 92f.) waren an die vorgegebenen Textauszüge und unter 1. an die Briefform gebunden. Ich gebe die Antworten von Jürgen wieder, der zu den Schülern gehörte, die sich der Literatur, ihren Ideen, Formen, Stoffen, zu öffnen begann, obwohl sie prinzipiell darauf bestanden, eher ein Weltbild zu entwickeln, das sich an den modernen Naturwissenschaften als an den Künsten orientierte.

Zu 1: Antworten Sie Martina auf ihren Brief.
Der Brief Martinas an ihre Lehrerin lautete:

Meine Gedanken

Heute ist Donnerstag, der 27. 1. 77 und genau solch ein blöder Tag wie sonst. Der Wunsch, totzusein, verstärkt sich in mir immer mehr und mehr. Warum, weiß ich selbst nicht genau. Denn ich habe ja eigentlich keinen richtigen Grund, mit dem Leben Schluß zu machen. Aber in mir ist alles so leer, so ganz leer.

Die Schule macht mir keinen Spaß mehr. Immer die blöden Gesichter sehen. Immer die gleichen doofen Bemerkungen hören, Immer, immer ...

Aber nicht nur die Schule ist blöd, auch zu Hause fühle ich mich nicht wohl. Wenn ich schon dran denke, daß ich nach der Schule nach Hause muß, bedrückt mich irgendetwas. Dieses ‚Irgendetwas' kenne ich nicht, oder?!

Vielleicht sind es die ganzen Gesichter, die ich schon alle nicht mehr sehen kann. Oder vielleicht sind es auch die vier Wände, die immer enger und enger werden, wie es mir scheint. Oder sind es vielleicht auch nur die Bemerkungen meiner Mutter?! Ich weiß es nicht. Ich weiß nur, daß ich mal raus muß und will aus meiner ganzen Umgebung. Nur immer der gleiche Trott. Nie etwas Neues. Das Leben macht doch überhaupt keinen Spaß.

Ich meine, ich bin ja erst 16 Jahre und 5 Tage auf dieser beschissenen Welt. Später könnte sich doch alles zum Guten wenden. Aber bis jetzt war alles besch ...

Ich will nicht immer das machen, was man von mir verlangt. Ich will mal aus meiner Haut. Ich möchte frei sein, machen können, was ich will, ohne daß jemand etwas daran auszusetzten hat, aber keiner versteht das. Warum wohl?!

Vielleicht, weil jeder Einzelne selber mal die Flucht aus dem Alltag sucht?!? Ich würde aber nicht nur ‚mal', sondern oft, sehr oft sogar, die Flucht aus dem Alltag suchen.

Jetzt habe ich schon wieder eine bessere Laune als vorhin. Eigentlich brauch ich den Aufsatz gar nicht mehr abgeben, denn er paßt jetzt nicht mehr zu meiner Laune.

Deshalb schreibe ich auch nichts mehr.

(Bitte nicht vorlesen!)

Antworten:

Eine Antwort ist schlecht möglich, denn ich glaube, daß Martina gar keine Antwort erwartet. Durch das Schreiben erreicht sie für sich schon eine Lösung des Problems, und damit ist Martina bereits geholfen (Jürgen G.)

Liebe Martina,

Dein Brief macht wohl deshalb so betroffen, weil er jedem sein Spieglbild zeigt. Was Du denkst, hat fast jeder Schüler schon einmal gedacht. Allerdings glaube ich nicht, daß es für Dich eine besondere Hilfe wäre, wenn Du wüßtest, daß ich genauso denke wie Du, genausowenig, wie es für mich eine Hilfe ist, daß Du auch so denkst wie ich vielleicht schon einmal gedacht habe. Deine Äußerungen sind nur für Dich selbst von Wert, und zwar insofern, als sie offensichtlich (das geht aus dem Schluß Deines Briefes hervor) geholfen haben, Dein seelisches Befinden zu bessern. Um aber Deine verborgene Frage in dem Brief, nämlich die nach dem Lebenssinn, zu beantworten, müßte man das Problem etwas wissenschaftlicher angehen, und nicht so vordergründig-emotional. (Abraham S.)

Zu 2: Erläutern Sie das Bild vom Stein. Stimmt es?

Das Bild vom Stein benutzt Hildburg Kagerer im Blick auf das ihr verdeckte Leben ihrer Schüler:

Ein Bild fällt mir ein: Wenn man einen Stein, der lange auf derselben Stelle gelegen hat, aufhebt, legt man ein Gewimmel von Würmern, Maden, Larven und Insekten frei, pulsierendes Leben, wie man es unter dem starren, unbeweglichen Stein nicht zu ahnen vermochte. Das Gewimmel war immer vorhanden, aber es entzog sich der Wahrnehmung.

> Das Bild vom Stein stimmt insofern, daß der Stein das Verhalten der Schüler untereinander symbolisieren soll: Man verbannt fast alle privaten Eindrücke und Gefühle aus Furcht, seine Schwächen gegenüber anderen preiszugeben oder vielleicht sogar ausgelacht zu werden. Daher gleicht das Erscheinungsbild eines Schülers dem eines Steins: hart, gefühllos, kalt, regungslos und tot wie ein Stein. Die Larven und Würmer sollen zeigen, wie das wirkliche Leben unter der starken und abschirmenden Schicht von Stein ist: Es ist ekelhaft und auf Dauer unerträglich, genauso wie Larven und Würmer. (Jürgen G.)

Was bei Hildburg Kargerer durchaus positiv gemeint ist – das „pulsierende Leben“ unter dem regungslosen Stein – wird von Jürgen weniger optimistisch gedeutet: Das Leben, das unter der Maske zum Vorschein kommt, ist weniger das lebenswerte, freudige, heitere als vielmehr das depravierte, bedrückende, reduzierte. Das steinerne Gesicht verhüllt nur etwas, das ohnehin wenig bedeutungsvoll erscheint.

Zu 3: Kann Schreiben eine Hilfe sein? Aufgaben eines Tagebuchs:

> Schreiben kann durchaus eine Hilfe sein, denn meistens ist das Tagebuch nicht nur irgendein Notizbuch für Erlebnisse, sondern ein persönlicher Partner, der niemals lacht, der nicht widerspricht und bei dem man sich ‚ausheulen‘ kann, ohne Gefahr zu laufen, daß dieser Partner den Betreffenden hinter dem Rücken durch den Kakao zieht. Deshalb ist das Tagebuch für die meisten, die ein Tagebuch führen, ein äußerst vertrauenswürdiger und beinahe ‚intimer‘ Freund. (Jürgen G.)

Auch die Antworten der anderen Schüler und Schulerinnen gehen in ähnliche Richtung: Das Tagebuch ist ein „Ersatzfreund“, dem man mehr trauen könne als dem, dessen man sich nicht so ganz sicher ist; vorzuziehen seien aber Freunde, Geschwister oder Eltern: „Ich glaube, daß das Gespräch mehr bringt als das bloße Schreiben, weil man dann auch Antworten erhält auf seine Probleme“ (Marko B.). Offensichtlich schreibt keine der Schülerinnen und keiner der Schüler ein Tagebuch, jedenfalls gibt sich niemand als Schreiber zu erkennen.

d) Befragung

Eine *Befragung* mit Auswertung habe ich in diesem Halbjahr zu den Lektüreerfahrungen mit den Ausschnitten aus der authentischen Literatur vorbereitet. Auf dem einseitigen Fragebogen werden Angaben zu den Lesepräferenzen, den Gründen dafür, den Vorbehalten gegen einzelne Texte, zu den Neigungen eher zu fiktionaler oder authentischer Literatur sowie zu allgemeinen Lektürewünschen verlangt. Zwanzig Schüler haben sich an der Befragung beteiligt und ihren Bogen, teilweise mit Namensnennung, abgegeben.

Fragen und Antworten, bei den Begründungen nur typische, repräsentative, lauteten folgendermaßen:

1. Sie haben vier Auszüge aus autobiographischen Werken gelesen, die sich mit dem Thema Schule beschäftigen. Welchen der Texte finden Sie am besten? Geben Sie eine Reihenfolge an:

Nennung an 1. Stelle		Punktebewertung (4–1)	
1. Christiane F.	(10)	1. Christiane F.	(64)
2. Fritz Zorn	(6)	2. Hildburg Kagerer	(50)
3. Hildburg Kagerer	(3)	3. Fritz Zorn	(49)
4. Karin Q.	(1)	4. Karin Q.	(38)

2. Begründen Sie Ihre Entscheidung für den interessantesten Text:
   Für Christiane F.:
   Das Thema sprach mich am meisten an. Der Text war so geschrieben, daß man sich teilweise gut hineindenken konnte. Ich habe den Film gesehen, der mir gut gefiel, und deshalb interessierte es mich, auch das Buch bzw. Ausschnitte daraus zu lesen.
   Für Hildburg Kagerer:
   Fast auf jeden Schüler anwendbar; keine außergewöhnlichen Probleme (z. B. Drogenkonsum).
   Für Fritz Zorn:
   Interessante Sprache; genauere Darstellung der eigenen Person und des Problems; übertragbar auf eigene Probleme.
   Für Karin Q.:
   Mit dem Text kann ich mich am meisten identifizieren, ist auch so am interessantesten.
3. Alle Textauszüge stammen aus Taschenbüchern. Welches Buch würden Sie gern ganz lesen?
4. Mit welchem Text können Sie am wenigsten anfangen und warum?
5. Lesen Sie authentische Literatur
   lieber als fiktionale (z. B. von Goethe, Heine, Brecht, Grass) ○
   genauso gern ○
   nicht so gern ○

Nennung an 1. Stelle unter Frage 1	Frage 3 Lektürepräferenz C.F.	F.Z.	H.K.	K.Q.	Frage 4 Lektüreabweisung C.F.	F.Z.	H.K.	K.Q.	Frage 5 Literaturpräferenz fiktional	beides	authentisch
C. F.	4	I	4	3	–	6	1	3	–	3	7
F. Z.	–	5	1	–	1	–	1	4	4	2	–
H. K.	1	–	2	–	2	–	–	1	2	–	1
K. Q.	–	–	–	1	–	–	1	–	–	1	–
	5	6	7	4	3	6	3	8	6	6	8

6. Versuchen Sie auch hier, stichwortartige Gründe für Ihre Entscheidung anzugeben:

Für authentisch: (Präferenz C. F.)
Authentische Literatur ist meiner Meinung nach interessanter und auch weniger kompliziert geschrieben. In der authentischen Literatur kommen meistens auch Probleme vor, mit denen man sich identifizieren kann. Fiktionale Literatur, z. B. Faust I, fand ich eher langweilig.
oder:
Einfacher zu verstehen, weil nicht verschlüsselt, thematisch interessanter.
(Präferenz K. Q.)
Bei interessanten Themen lieber authentische Literatur, da wirklichkeitsnäher und gefühlvoller (selbst erlebt), ansonsten lieber fiktionale Literatur, da besserer Sprachstil, auch spannender und allgemeinbildender.

Für fiktional: (Präferenz H. K.)
Authentische Literatur ist nicht geschrieben, um in Schulen gelesen zu werden, und das merkt man auch an Aufbau und der Struktur. Man kann an authentischen Texten recht wenig erarbeiten durch Analyse und Interpretation, weil die Texte offen geschrieben sind und keine stilistischen Mittel usw. enthalten. Fiktionale Literatur eignet sich entschieden besser.
(Präferenz F. Z.)
Die Probleme sind nicht immer übertragbar; die Sprache ist sehr einfach, pauschale Urteile.
oder:
Authentische Literatur lese ich dann gern, wenn es ein neues Problem bzw. unbekanntes Problem an mich heranbringt, zu dem ich mir dann Gedanken machen kann.

7. Haben Sie bestimmte Lektürewünsche?
   Nennen Sie Titel:
   Keine signifikanten Häufungen.

Die Befragung war nicht nur als Zusammenfassung der Lektüre von Beispielen authentischer Wirklichkeitsaussagen und als Gelegenheit für den Gebrauch des Wissens über fiktionale und authentische Literatur gedacht, sondern auch als Weiterführung von *quantitativen* und *qualitativen Befragungen.* In den Fragen 1, 3, teilweise 4 und 5 interessiert vor allem die *Häufigkeit* von Nennungen, auch in Korrelation zu vorausgegangenen Angaben, um die Daten aufeinander bezogen interpretieren zu können. Bei den Fragen 2, teilweise 4 und 6 geht es vor allem um das erkennbare *Typische* der Antworten, das Meinungstendenzen in der befragten Gruppe zum Ausdruck bringt.

Daß bei der Frage nach den Präferenzen Christiane F. so klar führte, lag daran, daß die meisten sich mit dem Buch oder dem Film schon beschäftigt hatten und sich von daher Aussagen zu machen eher trauten als bei den Werken, von denen sie nur Auszüge kannten. Bei manchen (vgl. Frage 3) bleibt auch nach mehrmaliger Lektüre (bis zu 4mal) der nächste Lesewunsch Christiane F. Ohne auf die Einzelheiten der Zahlen einzugehen, zeigt sich in den Angaben die Tendenz, daß es zwei Typen von Lesern in dem Kurs gibt: die Leser von naheliegenden oder nahegelegten Problemgeschichten (Christiane F.) und von Erzählungen mit Problemen, zu denen man bisher keinen oder kaum Zugang hatte (Fritz Zorn, teilweise auch das Lehrertagebuch von Hildburg Kagerer). Die Leser von Christiane F. wollen als nächstes eher Hildburg Kagerer (4) und Karin Q. (3) lesen und artikulieren deutliche Abneigung gegen Fritz Zorn (6), während wiederum die Schüler mit Neugier auf Fritz Zorns autobiographischen „Mars“ die Tagebücher von Gleichaltrigen weniger interessant finden. Während die erste Gruppe klar authentische (7) gegenüber fiktionaler (0) Literatur favorisiert, ist es bei der zweiten umgekehrt (0 gegen 4). Auffällig ist auch, daß von den 6 Schülern, die Fritz Zorn an der ersten Stelle plaziert haben, vier aus meinem Kurs in 11/1 kamen. Die Bewegung weg von dem rein identifikatorischen Lesen, der affirmativen Bestätigung des Bekannten, Gewußten, Erfahrenen hin zum horizonterweiternden Lesen, das neues Wissen, Erfahrung, neue Einstellungen vermittelt, deutet sich vorsichtig an.

Die Frage nach Lektürewünschen (7) führte zu so unterschiedlichen Nennungen, daß sich kaum signifikante Angaben finden ließen. Mindestens zweimal genannt wurden: Science-fiction, Böll „Ansichten eines Clowns“, Huxley „Schöne neue Welt“, Keller „Kleider machen Leute“, H. Mann „Der Untertan“. Wie die wenigen Beispiele zeigen, läßt sich u. a. die Tendenz erkennen, den Kanon der Schulautoren zu bestätigen – entweder durch Wiederholung oder durch Füllen vermuteter Lücken. Bemerkenswert ist immerhin, daß bei der Aufgabe der Rezension in 13/1 einzelne mit dieser Liste identische Titel gewählt wurden, so im Fall von Kellers „Seldwyla“-Geschichten, „Blechtrommel“ von Grass, „Das siebte Kreuz“ von Anna Seghers und Eichendorffs „Taugenichts“.

e) Hermeneutische Interpretation

Bei den Interpretationen, vor allem in Vorbereitung der Klausuren, ging es im 1. Abschnitt des Halbjahres um die Erweiterung der Aspekte für die Analyse von lyrischen und dramatischen, im 2. Abschnitt von epischen Texten sowie in beiden Kursabschnitten um das besondere Augenmerk auf die Historizität der Werke und ihre zeitübergreifende Aktualität im dritten Schritt der hermeneutischen Spirale. Die neuen Schwerpunkte wurden in der Aufgabenstellung vom 1. 4. 81 noch ausdrücklich formuliert; so z. B. für die Interpretationsaufgabe zu Heines „Die schlesischen Weber“ (ganz analog aber auch zu der 17. Szene aus Brechts „Furcht und Elend des Dritten Reiches“):

1. Analysieren Sie das Gedicht „Die schlesischen Weber“ von Heinrich Heine.
2. Geben Sie kurz an,
   a) welche Absicht Heine damit 1844 verfolgt hat,
   b) ob dieses Gedicht auch heute noch aktuell sein kann.
3. Inwiefern unterscheidet sich das Gedicht Heines im einzelnen und im ganzen von dem Bericht Wolfs? Begründen Sie den Unterschied der Literaturarten.

Die ausführliche Darstellung der Zustände 1844 in den schlesischen Dörfern mit den Baumwollwebereien sollte deutlich machen, wie die meiste Literatur implizit den Anlaß zu erkennen gibt, dem sie ihre Entstehung verdankt; wir verstehen Literatur in erster Linie als Antworten, Fragen, Reflexionen auf Zeitereignisse; in diesem, wie auch im Fall der Brechtschen Szenen, ist dieser erste Schritt des Dialogs des Autors mit seinen Zeitgenossen rekonstruierbar und führt näher an die Absichten des Schriftstellers heran und damit an eine historisch gerechte Beurteilung des Inhalts und der Tendenz. Mit der Lösung aus den konkreten Zuständen in Langenbielau und Peterswaldau erreicht Heine in seinem Gedicht eine höhere Abstraktheit und stärkere Verdichtung des Inhalts, die über die einmalige Situation 1844 hinausweist und die Aussage allgemeingültiger werden läßt. Das Elend der Ausgebeuteten, deren Wut und Haß mit dem Grad der Verelendung zunimmt, schlägt irgendwann um in einen Zustand, der die Ausbeuter und ihre Helfer vernichtet. Die Schüler meinten mehrheitlich, daß diese Aussage des Gedichts auf viele historische Situationen und auch auf Verhältnisse heute in Ländern der dritten Welt zutrifft, für Deutschland aber nicht mehr aktuell sei.

Die dritte Aufgabe schließlich zielte auf den Unterschied von sprachlichen (meist publizistischen) Formen der Wirklichkeitswiedergabe und Formen der Konstituierung neuer Wirklichkeiten in der fiktionalen Literatur. Der Unterschied wurde nur lapiar festgestellt, weniger aus dem Vergleich direkt gewonnen.

Die Frage nach der Aktualität von fiktionaler Literatur haben wir im Vorfeld der 2. Klausur am 24. 6. über den Schluß von Kleists „Michael Kohlhaas“ in den Mittelpunkt der Diskussion gerückt. Es geht dabei ja nicht um eine direkte inhaltliche Übertragung in die Gegenwart im Sinne der Frage, ob man auch heute noch brennen und morden soll, um erlittenes Unrecht wiedergutzumachen. Es geht vielmehr um eine strukturelle Parallele, wie z. B. das Recht auf Widerstand gegen Willkürjustiz in einer Herrschaftsform, die keine unabhängige Rechtsinstanz kennt. Wir haben die Aktualisierbarkeit am Beispiel der folgenden Äußerung, die auf einem länger zurückliegenden Juristenkongreß gefallen ist, überprüft:

> „Sollte nicht eher Michael Kohlhaas zum Leitbild für den Bürger der Bundesrepublik gemacht werden, der einen Rechtsstreit bis zur letzten Konsequenz durchficht, als daß weiter die Bequemlichkeit und Duckmäuserei herrschen, wenn es darum geht, Verantwortung zu tragen und Entscheidungen auf sich zu nehmen?“ – Halten Sie diese Auffassung, vertreten auf einem Juristenkongreß, für berechtigt?

Die unverzagte Kampfesfreude bei erlittenem Unrecht wurde nicht in Zweifel gezogen, wohl aber die Vergleichbarkeit von Situationen, in denen ausschließlich Unrecht (um 1800) bzw. von der ersten Instanz an Recht gesprochen wird (heute). Der Gedanke der strukturellen Übertragbarkeit von Problemen fiktionaler Literatur tauchte von nun an, wie beabsichtigt, in vielen Klausuren auf, und sei es auch nur in der Form der Abweisung von möglicher Aktualität.

f) Ein geselliger Fragebogen zur Person

Ein geselliges Spiel am Schluß des Schuljahres: Im Hause Maximilian Hardens lag statt eines Gästebuchs ein *Fragebogen zur Person* aus, in dem sich die Gäste auf witzige Weise zu sich selber bekennen konnten. Im Magazin der FAZ findet sich eine Variante dieses Gesellschaftsspiels, das ich den Schülern in leicht veränderter Form vorgelegt habe (vgl. Anhang 4). Nie zuvor hatte ich erlebt, daß die Schüler nicht bei dem Klingelzeichen, das die 1. von der 2. Stunde trennt, unruhig geworden oder gleich aufgestanden sind; vor der letzten Stunde geschah dies zum ersten Mal: Man ignorierte das Klingelzeichen und schrieb weiter. Der größte Spaß bestand im Ausfüllen selber, die eigenen Einfälle abwägend, sie dem Nachbarn fragend zuflüsternd, mit ihm Pointen austauschend. Die Antworten, die nachher vorgelesen wurden, klangen eher konventionell. Ich kann sie nur aus dem Gedächtnis wiedergeben, weil ich die Zettel nicht einsammeln wollte, um nicht das unausgesprochene Versprechen, daß es sich hier um ein Spiel und nicht mehr um Unterricht handelte, zu brechen. Als größtes Glück wurde (auch schon bei 18jährigen!) Gesundheit bezeichnet, das größte Unglück: vergiftet zu werden. Fehler, die am ehesten zu entschuldigen sind, waren Verstöße gegen rein funktionale Qualitäten: Tüchtigkeit, Pünktlichkeit, Ordnung. Bei den Eigenschaften, die besonders geschätzt werden, rangieren Tugenden der Mitmenschlichgkeit an erster Stelle: Ehrlichkeit, Treue, Hilfsbereitschaft. Bei den Lieblingstugenden bzw. -beschäftigungen kamen die schon bekannten Wendungen: Chaos, Albern, Nichtstun. Zwischendurch wurde es dann wieder ernster, wie etwa bei der Frage: „Ihr Traum vom Glück?“: tolerantes Zuhause, „Hauptcharakterzug“: zu ernst, „Was verabscheuen Sie am meisten?“: beleidigende Wortgefechte, Brutalität (auch in Worten), „Ihr größter Fehler?“: Angeberei.

Hätten wir in dem Alter anders geantwortet? Die Selbsteinschätzung der Schüler läßt mich zweifeln, ob diese Jugend soviel anders ist als die eine Generation früher. Marion Gräfin Dönhoff schrieb fast gleichzeitig (in: Die Zeit vom 26. 6. 1981) über die Jugend „mit aller Vorsicht“,

> „daß sie wenig Selbstvertrauen und viel Angst hat; daß Traurigkeit, zuweilen Verzweiflung, sie charakterisiert; daß der Wunsch nach Frieden, Gemeinschaft, Glaubwürdigkeit, Verinnerlichung, Naturbewahrung sehr groß ist; und daß sie im Bann der Skepsis gegen Fortschritt, Kapitalismus, Industrialisierung, Materialismus lebt.“

Das sind wohl eher Aussagen über die fast genau eine Schülergeneration (9 Jahre) älteren Wortführer der Jugend, die eine eigene Existenz noch nicht gefunden haben und eine Zukunft nicht erkennen, die ihren Träumen und Wünschen, die sich während des Studiums entwickelt haben, entspricht. Es sind wohl eher Eigenschaften derer, die 1981 ihr Studium abgeschlossen haben als derer, die 1983 ihr Abitur machen werden und für die Zukunft und deren Planung erst nach der Schulzeit beginnt.

III. Exposition von Sachverhalten und Erzählen von Romanen (12/1)

1. Expositorische Literatur

Liegengebliebene thematische Schwerpunkte und erkennbare Defizite der Schüler bestimmen die Inhalte des Halbjahres 12/1: Analyse von expositorischer Literatur und Lektüre sowie Interpretation ausgewählter Romane. Schon die 110 Seiten des „Michael Kohlhaas“ hatten über der Hälfte des Kurses solche Mühen bereitet, daß die Schüler nur schwer ihre Aggressionen verbergen konnten. So überreichte ein Schüler, der hin und wieder zu dem mitarbeitenden Drittel des Kurses gehörte, mir das Geld für die Schulausgabe des „Kohlhaas“ mit der Gebärde des Trinkgeldgebers: „Das ist für das Scheiß-Buch“. Nun will ich nicht fragen, inwieweit solche wenig geistreichen Formen des Protestes nicht auch zurückgewiesen werden müssen; mir hatte es die Sprache verschlagen. Immerhin war dieser Ausbruch ein deutliches Signal für die mangelhafte Fähigkeit, Lesewiderstände zu überwinden. Wenn man sie überhaupt noch schulen wollte, mußte das in der Jahrgangsstufe 12 geschehen. Da den Schülern für die Lektüre des ersten Romans „Effi Briest“ von Fontane genügend Zeit zur Verfügung stehen mußte, blieben von Ende Oktober bis Januar je ein Monat für Lektüre und Besprechung eines Romans.

Da unmittelbar nach Schuljahresbeginn im September die Kursfahrten durchgeführt wurden, standen bis zu den Herbstferien 8 Stunden für die Behandlung expositorischer Literatur zur Verfügung. Anschlußpunkt war die Übersicht über die Literaturarten zu Beginn von 11/2; bei der intensiven Besprechung der fiktionalen und authentischen Literatur war die expositorische weitgehend ausgeklammert worden. Da sie aber in den Leistungskursen der sprachlichen und gesellschaftskundlichen Fächer einen wichtigen Raum einnimmt, war der Versuch zu einer systematischen Einführung anhand von Beispielen angezeigt. Zu dem Zweck habe ich in einzelnen überregionalen Tageszeitungen im ersten Halbjahr 1981 Texte zu den Themen Wissenschaftsjournalismus und Jugendproteste gesammelt und jedem Schüler für seine Mappe kopiert ausgehändigt.

Begonnen wurde die Unterrichtsreihe mit einer verdeckten deduktiven Einführung in die drei Textsorten expositorischer Literatur. Die Schüler haben Arten der Darstellung von Sachverhalten, vor allem die sie in ihren Leistungskursen kennengelernt haben, genannt und kurz erläutert; ich habe sie derweil in drei Gruppen an der Tafel sortiert und anschließend mit der Überschrift: primär referierend, analysierend, erörternd versehen. Die Nennungen nahmen in der Übersicht nach rechts hin deutlich ab und hatten ihren Schwerpunkt, dem Stand der Kenntnisse und Fähigkeiten dieser Altersstufe entsprechend, bei den referierenden Texten:

Expositorische Literatur, dominant

referierend	analysierend	erörternd
z. B. Bericht Referat Protokoll Dokumentation Biographie Chronologie	z. B. Interpretation fiktionaler Literatur Erklärungen von Zeichnungen, Skizzen etc. Analyse von Texten Auswertung von Versuchen	z. B. Kommentar Kritik Rezension

Auch was die Publikationsorgane angeht, waren leichte Akzentverschiebungen zu beobachten: Referierende Texte finden sich in Lehrwerken, Zeitungen, analysierende in Fachzeitschriften und -publikationen, erörternde in Zeitungen und Publikationen von Interessenverbänden. Es ist klar, daß im Verlauf der Sammlung der Schriftformen an der Tafel immer wieder Meldungen kamen, die auf Mischformen verwiesen: So sei kein Kommentar ohne Analyse überzeugend, auch Berichte könnten auf analytische Elemente nicht verzichten; selbst die guten Dokumentationen müßten erörternde Elemente enthalten. So wurde die Klassifikation mit den leitenden Intentionen der Verfasser begründet: Sachverhalte wiederzugeben, sie zu erklären oder zu verstehen und Aussagen über sie zu kritisieren. Expositorische Texte insgesamt haben wir vorläufig als solche definiert, *mit denen in konkreten Sprechsituationen unter Bezug auf reale Sachverhalte nachvollziehbare kommunikative Ziele verfolgt werden.*

a) Referierende Texte

Für die dominant *referierenden Texte* hatte ich als Beispiel den Beitrag des 2. Preisträgers im Wettbewerb „Reporter der Wissenschaft 1981" ausgewählt – Dieter Schwab: „Gebohrt wird in Basel nur noch selten". Es handelt sich um eine Darstellung der Karies-Prophylaxe durch Fluorgaben. Da teilweise schwierige Sachverhalte in lockerem und verständlichem Ton vorgetragen sind, da zudem das Problem jeden Jugendlichen angeht, war das Gespräch über die Art und Weise der Darstellung selten so rege und engagiert. Es ging zunächst darum, (1.) den inhaltlichen Kern des Beitrags zu erfassen, dann (2.) seine gedankliche Gliederung zu bestimmen. Der Aufbau ließ eine gebräuchliche Struktur erkennen: der Einzelfall in Rheinfelden als Aufhänger, die Verallgemeinerung der gesundheitspolitischen Maßnahmen in den Kantonen, Besonderheiten des Schweizer Modells, Ergebnisse, Frage nach der Übertragbarkeit. (3.) Die Vollständigkeit der Informationen wurde mit den Mitteln der antiken Rhetorik überprüft – quis, quid, ubi, quibus auxiliis, cur, quomodo, quando – und als hinreichend bewertet. Auch (4.) die sprachlichen Mittel wurden als sehr vielfältig nachgewiesen: Sie schwanken zwischen Umgangssprache im Schwyzerdütsch („hinterher heißt es ‚Muul uff'") und Fachsprache („Fluoride wirken im Zahnschmelz dreifach..."), sind anschaulich in den Falldarstellungen und klar in den Ergebnissen. Leserfreundlich ist der heitere Ton, der durch überraschende Einbrüche des Alltäglichen in die Beschreibung wissenschaftlicher Untersuchungsabläufe entsteht. (5.) Die leitende Intention des Verfassers ist, den Modellversuch über die Kariesprophylaxe so darzustellen, daß die Leser einen Eindruck von seinen Intentionen, Mitteln und Ergebnissen bekommen, und damit implizit den Appell zu verbinden, solche Versuche auch in der Bundesrepublik Deutschland politisch zu ermöglichen. Ausgehend von diesem Beispiel werden referierende Texte solche genannt, *die Ereignisse, Tatsachen oder Einsichten (kurz: Sachverhalte) auf solche Weise wiedergeben, daß den Lesern ein sachgerechter Einblick ermöglicht wird; sachgerecht meint dabei, trotz aller subjektiver Perspektive, das Bemühen um eine nicht allzu reduktionistische Objektivität.*

b) Analysierende Texte

Beispiel für einen primär *analysierenden Text* waren die Thesen der Eidgenössischen Kommission für Jugendfragen zu den Jugendprotesten in Zürich von 1980 (in der Fassung der ZEIT vom 13. 2. 1981). Als Analyseinstrumentarium war allen Schülern aufgrund eines Beschlusses der Deutsch-Fachkonferenz der Abschnitt „Textbeschreibung" aus dem Sprachbuch 10 (Diesterweg. Frankfurt 1979, S. 134ff.) zugänglich gemacht worden. Die vier Schritte der Textanalyse – Textaufnahme, Texterläuterung, Textverstehen (mit acht Unterpunkten), Synthese – haben auch wir für unsere Arbeit übernommen. Mißlich war nur, daß die Sprachbuch-Verfasser unterstellen, daß diese Schritte auch für die Analyse fiktionaler

Literatur gelten, wie das Beispiel „Heimkehr“ von Franz Kafka (S. 138/139) beweist. Zu Recht hatten sie in der Definition der Textbeschreibung (S. 134) aber festgestellt, daß nur Texte gemeint sind, die „in eine bestimmte kommunikative Situation“ eingebettet sind; und genau das ist bei fiktionalen und authentischen Texten nicht der Fall. Da dies bei den Schülern immer wieder zu Mißverständnissen führte, habe ich später den Begriff ‚Analyse‘ nur noch für die Erklärung expositorischer und den der Interpretation für das Verstehen fiktionaler und authentischer Literatur gebraucht.

Die Analysekriterien wurden an den sieben abgedruckten Thesen auf ihre Tauglichkeit hin überprüft; sehr ausführlich geschah das zunächst bei der ersten These:

Es trifft zu, daß radikale Minderheiten die Jugendunruhen ausgelöst haben. Aber die Probleme dieser Minderheiten sind nicht isoliert von den Problemen der Mehrheit. Gewalttätigkeit und Radikalität sind Folgen einer Isolation, unter der in unserer Gesellschaft sehr viele Menschen aller Generationen leiden. Nicht zufällig tauchen bei fast allen ernsthaften Versuchen, sich mit den Ursachen der Jugendunruhen zu befassen, Stichworte wie „Sprachlosigkeit“, „Kommunikationsverlust“, „Verständnislosigkeit“, „Entfremdung“, „Lieblosigkeit“ und ähnliche auf.

Die radikalen Jugendlichen sind größtenteils solche, die besonders ausgeprägt von allgemeinen Problemen unserer Gesellschaft betroffen und belastet werden und die, weil dies oft bereits in früherer Kindheit beginnt, auch weniger belastbar sind als andere – sie haben die Fähigkeit nicht entwickeln können, mit Problemen fertigzuwerden, die andere leichter bewältigen. Viele von ihnen zeichnen sich auch – im positiven Sinn – durch mehr Sensibilität für Ungerechtigkeiten aus.

Daß die Mehrheit sich ruhig verhält, darf nicht zum Schluß verleiten, daß sie innerlich ruhig und zufrieden sei. Es ist bemerkenswert, daß nur sehr vereinzelt Jugendliche beziehungsweise Jugendgruppen sich öffentlich von den aktiven Jugendlichen distanziert haben. Wo dies geschah, betraf die Distanzierung die Anwendung von Gewalt, nicht aber die damit verfolgten Anliegen

Da Textaufnahme und Texterläuterung unproblematisch waren, haben wir uns auf den 3. Schritt: *Textverstehen,* den wir durchweg Texterklärung genannt haben, konzentriert. Die *Aussageabsicht* wird ausdrücklich formuliert: die Ursachen der Jugendunruhen zu ergründen und Thesen dazu zu formulieren. Der Text spricht in eine *Situation,* in der sehr viele Erwachsene ratlos darüber sind, wie die verschiedenen Erscheinungsformen des Protestes (z. B. Hausbesetzungen, Demonstrationen vor technischen Großprojekten, Errichtung von autonomen Jugendzentren, äußeres Erscheinungsbild) zusammenhängen und was durch sie zum Ausdruck gebracht werden soll. Die erste These ist erkennbar in drei Abschnitte gegliedert, die einem klaren gedanklichen *Aufbau* folgen: Isolation als Ursache der Unruhen – Radikale nehmen sie besonders früh wahr – die Mehrheit folgt wissentlich. Der *Argumentationszusammenhang* ist einsichtig und logisch, nur die Beweiskraft der einzelnen Argumente wird unterschiedlich beurteilt. Renate widerspricht dem Argument, daß die radikalen Jugendlichen sich durch mehr „Sensibilität für Ungerechtigkeiten“ auszeichneten. Gerade durch ihre Wut seien sie rationaler Ursachenforschung nicht zugänglich; sie seien zudem eher ihren eigenen Problemen als den gemeinschaftlichen gegenüber sensibel; sie hätten auch nicht gelernt, mit ihren Problemen selber fertig zu werden und hätten damit ihre Sensibilität gegenüber der Gesellschaft und den Mitteln ihres Protestes überhaupt verloren. Die „ruhige Mehrheit“ müsse man daher in mindestens zwei Gruppen teilen: die Mitläufer der Radikalen und diejenigen, die die Ursachen auch kennen, aber zugleich sensibel in der Wahl der Mittel und des Protestes blieben. Nach dieser Einlassung hat niemand mehr versucht, das Argument der Kommission zu verteidigen; es war damit entkräftet. Die Erfahrungen dieser Jugendlichen mit den radikalen Wortführern waren offensichtlich andere als die der Schweizer Wissenschaftler.

Gegenargumente sind insofern in den Text aufgenommen, als die gängige Aussage, daß die schweigende Mehrheit der radikalen Minderheit eher skeptisch gegenübersteht, hier mit dem Hinweis, sie akzeptiere die verfolgten Anliegen, entkräftet wird. Sprachlich-rhetorisch sucht der Text nach einer sachlichen, dem theoretischen Anspruch der Aussagen entsprechenden, gleichzeitig allgemeinverständlichen Form. Schlagwörter zur Erklärung der Ursachen werden aufgezählt, aber nicht selber gebraucht; Attribute (radikal, aktiv) sind nicht

Ausdruck versteckter Wertungen, sondern aus dem Zusammenhang klar definiert. Der gedankliche Stil wird unterstrichen durch komplizierte Satzgefüge, die komplexe Einsichten zum Ausdruck bringen (vgl. 2. Absatz).

Persönliche Urteile lassen die *Verfasser* in ihre Analyse nicht einfließen, außer vielleicht ihr allgemeines Engagement für die Erforschung von Bedürfnissen der Jugendlichen. In diesem Streben nach Objektivität liegt ein Stück Überzeugungskraft, das die Widerlegung der Argumente erschwert. Allerdings sind es Erwachsene, die sich mit der Jugend in Zürich intensiver befaßt haben und mit ihren Thesen keinen Anspruch auf Allgemeingültigkeit stellen können und wollen. *Adressaten* sind vor allem die Erwachsenen, die als Lehrer, Erzieher, Richter, Theologen, Politiker mit den Jugendlichen zu tun haben und deren Wertvorstellungen und den daraus abgeleiteten kritischen Vorbehalten gegen die Gesellschaft, in der sie aufwachsen, kennenlernen möchten. Primäres Interesse der Autoren ist, Ursachen der Unruhen aufzudecken und in Thesen, denen durch Gegenthesen mit vergleichbarer Beweiskraft widersprochen werden kann, zu vermitteln; sie wollen weniger überreden als vielmehr informieren, um die Diskussion über die Jugendproteste sachlich fundierter und weniger emotional führen zu können.

Da mit dieser genauen Textanalyse eine Doppelstunde ganz ausgefüllt war, konnten wir uns mit den folgenden Thesen nicht gleichermaßen intensiv auseinandersetzen. Die Hausaufgabe bestand in einer kritischen Auseinandersetzung mit den Thesen (zugleich als Vorgriff auf die Erörterung): Welche These halten Sie für besonders richtig, welche für besonders falsch?

Zusammenfassung der Thesen der Eidgenössischen Kommission zur Jugendrevolte:

1. Die radikalen Jugendlichen sind meist die von allgemeinen Problemen unserer Gesellschaft besonders betroffenen.
2. Die neue Jugendbewegung hat keine logisch geordneten Ziele, es geht ihr mehr um pragmatische Forderungen und um eine andere Atmosphäre im Staat.
3. Die Jugendlichen haben eine andere, eigene Sprache gefunden, zu der auch Wandparolen, Kleidung, Verhalten gehören.
4. Die Gewalt ist nicht blind, sondern richtet sich vor allem gegen Objekte, die als Symbole der Unterdrückung erscheinen.
5. Toleranz und Pluralismus in der Gesellschaft bergen die Gefahr, daß aus einem Gewährenlassen ein Vernachlässigen wird, das den Ausbruch aus der Isolation provoziert.
6. Wirtschaftliche Rezession, mangelnde politische Perspektiven und Beschränkung der Selbstentfaltung durch Sachzwänge ergeben dunkle Zukunftsaussichten.
7. Positiv ist, daß die Jugendbewegung eine Fülle von sozialem Engagement und Kreativität freigelegt hat, die als Korrektiv zur einseitig materialistischen und technischen Entwicklung gelten können.

Alle Schüler, soweit sie sich äußerten, hielten die These 2 für die richtigste, weil es in der gegenwärtigen Jugendbewegung tatsächlich um pragmatische Nahziele und um mehr Aufrichtigkeit im Umgang mit der Jugend geht, statt die eigene Meinung oder die fehlenden Argumente hinter angeblichen Sachzwängen zu verbergen. Allerdings stecke auch in dem kleinen Kampf gegenüber dem großen Druck durch den Staat, die Gesellschaft, die Kommunen, die Schule ein Stück Ideologie, nämlich die Idee von mehr Freiheit für den einzelnen Jugendlichen. Akzeptabel fanden einige Schüler auch die These 5, weil man das Gespräch mit den Erwachsenen schon suche, aber nicht unter dem Druck, alle Meinungen dann auch übernehmen zu müssen. Diese These 5 wurde zu einem der Themen für die bevorstehende Klausur.

Offenbar aufgrund anderer Erfahrungen hielten alle die These 4 für unglaubwürdig. Vielleicht hätten die gezielten Proteste noch für den Beginn der Bewegung gegolten, jetzt tauchten die „Randale-Brüder" überall auf und seien „blind gewalttätig". Wer es nicht glaube, solle mal sonnabends zum VfL auf den Fußballplatz gehen, da könne man erleben, wie die Jugendlichen in Gewalttätige und Friedfertige einzuteilen seien. Und wenn wirklich mal einer von den Gewalttätigen sich konstruktiv z. B. am Ausbau eines Jugendzentrums beteilige, sei das reine Taktik, um die Basis für straflose Gewaltaktionen nicht zu verlieren. Im übrigen sei die Feststellung „Es ist beobachtet worden" nicht sehr überzeugend.

c) Erörternde Texte

Mit der Diskussion der Ergebnisse der Analyse zu den Jugendprotesten in der Schweiz waren wir schon bei den *erörternden Texten.* Die analysierenden Texte wurden bestimmt als solche, *die neue Erkenntnisse über Einsichten oder Tatsachen auf solche Weise vermitteln, daß sie den methodischen Zugriff erkennen lassen, klar gegliedert sind und die Ergebnisse sachlich, plausibel und ohne Versuche der Beeinflussung zu vermitteln suchen.* Demgegenüber sollen erörternde Texte solche heißen, *die unterschiedliche Standpunkte zu Ereignissen oder Einsichten auf solche Weise vortragen, daß die Leser/Hörer durch die Verteidigung eines der Standpunkte oder die Synthese aus beiden zu eigener Stellungnahme herausgefordert sind.* Von den anderen Formen expositorischer Literatur unterscheidet sich die erörternde, wie Dovifat (1962, S. 138 ff.) für den Leitartikel festgestellt hat, durch den meinungswerbenden Anspruch; die Leser sollen von der Wahrheit einer Einsicht überzeugt werden. Die kritischen Bemerkungen zu der Analyse der Ursache der Jugendproteste hatten schon deutlich gemacht, daß eine Kritik ohne Analyse nicht glaubwürdig ist.

In die Textsammlung hatte ich für die Erörterung zweierlei Materialien aufgenommen: zur Analyse und zur Produktion einer eigenen Erörterung. Analysiert wurde ausführlich der Leitartikel „Die verwünschte Gesellschaft" von Hans Schuster (SZ Nr. 184, 1981, S. 4). In den Mittelpunkt der Analyse rückten die Fragen nach den Argumenten, ihrem Zusammenhang in der Gedankenführung und ihre Bündelung zu Thesen und Gegenthesen. Im einzelnen ist u. a. zu fragen nach

- dem inhaltlichen Kern,
- dem Ausgangspunkt und Anlaß der Erörterung,
- der Gliederung des Gedankengangs,
- den einzelnen Thesen mit Argumenten sowie deren Dichte und Aussagekraft und Belegen,
- der Vorwegnahme von Gegenthesen,
- den Einstiegsstellen für die eigene Kritik.

„Die verwünschte Gesellschaft" greift das Problem der Legitimation von Gewalt zunächst aus der Sicht ihrer Verteidiger auf (vgl. dazu den Titel), um dann diese Legitimation als irreführend zu entlarven. Anlaß sind Demonstrationen, Aktionen, die, trotz möglicherweise gerechter Anliegen, gewalttätig enden. Der Artikel möchte zur Klärung des Begriffs Gewalt und seiner Verwendung im Zusammenhang mit Protesten gegen die Gesellschaft beitragen.

Eine Gliederung der Gedankenführung ist gut erkennbar: Nach der Einleitung mit einem Zitat aus Brechts „Dreigroschenoper" zur Aufmerksamkeitslenkung folgt die Beweisführung in zwei Schritten:

1. These: Zur Rechtfertigung von Gewalt wird eine Notwehrlage konstruiert. Zwei Argumente stützen diese These: Hilflosigkeit des einzelnen gegenüber der Allgewalt des Staates und Verteidigung der Träume gegenüber entfremdeter Wirklichkeit.
2. These: In einem Rechtsstaat muß Gewalt anders bewertet werden als in Diktaturen. Für diese These werden drei Argumente als Stützen verwendet: Wer subjektive Ansprüche zum Maßstab aller Dinge macht, der ist bisher immer gescheitert; mit dem Wort Gewalt und seiner Bedeutung wird zu ideologischen Zwecken gespielt; Widerstand ist nur dort erlaubt, wo Rechtsmittel nicht mehr zugelassen sind.

Die Erörterung sucht nicht nach einer Synthese, sondern nach Parteinahme für die 2. These und ihre Argumente. So wird die Gegenthese an den Anfang gestellt und mit sprachlichen Wendungen durchgesetzt, die sie gleich entkräften: „Mit dialektisch semantischen Tricks", „verschwommene Notwehrlage", „Gesetze, die zum Schutz der Schweine da seien". Die Ironie weicht in der 2. These ernsthaftem Appell. Gerade weil Hans Schuster überzeugende Argumente gegen die Gewalt vorbringt, wirkt die Entlarvung der Gegenthese übertrieben, herablassend, ungeduldig. Warum soll man den Gegner nicht erst einmal so ernst nehmen wie sich selbst? Ist Ironie nicht auch ein Stück Gewalt?

Die Struktur von Erörterungen wird in einem Tafelbild festgehalten:

Einleitung prooemium	Geschichte oder Zitat oder Definition	
Hauptteil argumentatio	These 1 Argument 1 2 n	These 2 Argument 1 2 3 n
Schluß peroratio	contra-/pro-These oder Synthese	

Die Begriffe aus der antiken Rhetorik wurden mitnotiert; auch narratio für die Darstellung des Sachverhalts, exemplum für die Beispiele (Motto in einer Tageszeitung, Zitat vom Bonhoeffer-Biographen Bethge) und deren Aussagekraft (z. B. durch auctoritas). Wissensbestände, die man lernen mußte, wurden nicht mehr abgewiesen, sondern zunächst einmal akzeptiert und notiert, um ihre Anwendbarkeit (z. B. in Klausuren, in anderen Fächern, für den Kurs-Jargon) zu überprüfen.

Waren die rationalen Analysen der vorgelegten Texte in ihrem Ertrag und in der Intensität der Mitarbeiter außergewöhnlich – mit der Behandlung expositorischer Literatur war man aus allen Fächern, die mit Texten arbeiten, vertrauter als mit der fiktionalen –, so fühlten sich vor allem die Neumitarbeiter bei der Aufgabe zur Produktion einer eigenen Erörterung überfordert. Ich hatte Auszüge aus den Beiträgen von Gerd Bucerius „Die Alten und Jungen“ (ZEIT vom 15. 5. 1981) und von Hans-Eckehard Bahr „Leistungsideologie produziert Packeis“ (ZEIT vom 17. 7. 1981) als contra und pro Jugendproteste vorgelegt und damit die Hausaufgabe verbunden: Jugendproteste – Ausdruck selbsterdachter Leiden oder neuer Lebensorientierung? Die Aufgabe wurde praktisch von niemandem so gelöst, daß eine strukturierte Erörterung am Ende herauskam. Und dabei waren die Zeitungsbeiträge direkt aufeinander bezogen. So schrieb Bahr, ganz im Sinne der Schüler bei ihrer Verteidigung der 2. Züricher These, gegen Bucerius:

„Die tiefgreifendste Umkehrung der klassisch-bürgerlichen Lebensform saurer Wochen, froher Feste erfolgt bei den jugendlichen Alternativen gegenwärtig so: Erst müssen lebendige Gefühlsbeziehungen zustande gebracht werden, ein Anflug von Selbstwertempfinden und Freude über die reichen Entfaltungsmöglichkeiten in kleinen Gruppen, bevor man – im zweiten Schritt – sich einläßt auf Arbeitsdisziplin.“

Wohl setzten sich einzelne Schüler mit einzelnen Argumenten von Bucerius auseinander, aber es entstand nirgends eine argumentative Linie. Abraham schrieb zwar starke Sätze von Vätern, die den Karren in den Dreck gezogen haben und den Söhnen jetzt zeigen wollen, wie man sie auf die irrsinnigste Weise wieder herauszieht, oder von Naturwissenschaften, die eine technische Überproduktion, einschließlich zweier Weltkriege, erzeugt haben, ließ aber deren Stellenwert für klare Thesen nicht erkennen. Die Klausuren bestätigten das Bild, daß analytische Fähigkeiten nicht ohne Hilfe in produktive umschlagen. Noch eine ganze Stunde habe ich später, bei Rückgabe der Klausuren, darauf verwandt, zu verdeutlichen, daß Argumente Sätze mit Beweiskraft sein müssen, die in einer logischen Wenn-Dann-Beziehung das Weil zur Stützung enthalten. Quintilian hatte definiert: Das Argument liefert „der Beweisführung Beweiskraft“, „wodurch etwas durch etwas anderes erschlossen und etwas Zweifelhaftes durch etwas Unzweifelhaftes in seiner Gewißheit bestärkt wird“ (vgl. Ueding

1976, S. 244 ff.). Argumente sind beweiskräftige Elemente in einem rationalen Diskurs; sie dienen der überprüfbaren Schlußfolgerung in Thesen. Rational konnten die Schüler sich die Bestimmung klar machen, einzelne konnten auch Argumente zur Erörterung aufspüren; aber sie selber systematisch zu verwenden, fiel ihnen äußerst schwer. Das war im Zusammenhang mit der mündlichen Argumentation in 12/2 noch zu üben.

2. Romane der Jahrhundertwende

a) Gesichtspunkte der Lektüreauswahl

Die Auswahl der Romane in dieser Sequenz war natürlich völlig subjektiv, ohne sich allerdings vom Kanon zu entfernen. Es ist schon mehrfach hervorgehoben worden, daß in der Institution Schule die ältere Generation bekennen sollte, was ihr besonders bedeutungsvoll, beziehungsreich und für das Gespräch mit der Jugend anregend erscheint. Die Jugendlichen sind durchaus neugierig auf diese Entscheidungen und nehmen an dem Gespräch teil, wenn sie nicht befürchten müssen, daß sie am Ende (meistens in den Klausuren) die Deutungen der Repräsentanten der alten Kultur (Lehrer, Regisseure in Theater und Fernsehen) übernehmen müssen. Oberstes Auswahlkriterium war daher, die Romane in Sujet, Erzählform und Figuren so breit zu streuen, daß möglichst alle Kursteilnehmer durch mindestens ein Beispiel in ihren noch weitgehend unartikulierten *Leseneigungen* angesprochen wurden. Dieses Anliegen hat sich erfüllt, denn die Artikulation von Präferenzen schloß in dem Gespräch zum Abschluß der Sequenz eine gleichwertige Beurteilung von zwei oder drei Romanen aus: Am deutlichsten erkennbar war die Gruppe der *kritischen Leser,* für die nur „Der Untertan" zählte, wohingegen die Erzähler in den beiden anderen Romanen keine klare Stellung bezögen; den *realistischen Lesern* schien nur „Effi Briest" akzeptabel, weil allein in diesem Werk die Geschichte glaubhaft, d. h. nahe an der Wirklichkeit erzählt sei; die *identitätssuchenden Leser* schließlich, die der Verlorenheit Maltes und seiner Suche nach „Idealgestalten" nachspürten, fanden die beiden anderen Romane zu weit ab von allen heutigen Problemen.

In dem Kursplan war noch als weiterer Roman, „Buddenbrooks" von Thomas Mann, vorgesehen. Da das Halbjahr aber besonders kurz war, haben die Schüler nach der Vorstellung der vier Romane ausschließlich aufgrund des Umfangs, wie sie zugaben, diesen Roman ‚herausgewählt'. Merkwürdigerweise hat sich dieser Vorgang in einem neugermanistischen Hauptseminar wiederholt, obwohl ich *mein* besonderes Interesse an diesem Werk beide Male hinreichend betont hatte. Auch hier wurde mit der Seitenzahl argumentiert, hinzu käme aber auch die äußerst umfangreiche Forschungsliteratur.

Ein weiteres wichtiges Auswahlkriterium für die Romane war, die Formen des Erzählens anhand der typischen *Erzählsituationen* systematisch einzuführen. Wir haben uns dabei an den „Typische[n] Formen des Romans" (1964) von Stanzel orientiert, die er in seiner jüngsten „Theorie des Erzählens" (1979) bestätigt und mit Hilfe der Konstituenten Modus, Person und Perspektive noch genauer begründet hat. Der *auktoriale Erzähler* ist der der alten Chronik von Michael Kohlhaas, den wir in die abschließenden Betrachtungen noch einmal einbezogen haben; am Anfang von „Effi Briest" ist er auch zu entdecken. Den *Ich-Erzähler,* der zugleich Figur der erzählten Wirklichkeit ist, kannten zehn Schüler aus „Katz und Maus" von Grass, sie begegneten ihm mit „Malte Laurids Brigge" in noch dichterer Form. Der *personale Erzähler,* der fast oder ganz hinter dem Geschehen zurücktritt und die Ereignisse für sich sprechen läßt, ist der Fontanes in „Effi Briest": Der Leser wird, ohne Einmischung des Erzählers, direkt mit den Figuren, ihren Erlebnissen, Gesprächen, Handlungen konfrontiert. Von diesem Typ personalen Erzählens ist der abzugrenzen, in dem zwar nahe an den Figuren und Episoden erzählt wird, der auktoriale Erzähler in verdeckter Form, durch Wertungen, durch Wortwahl, durch rhetorische Mittel aber präsent bleibt; Stanzel hat neuerdings gesehen, daß es ein Erzählen gibt, in dem personales und auktoriales Darstellen ununterscheidbar wird – „wie überall, wo Ironie im Spiel ist" (1979, S. 255). In bezug auf den „Untertan" von Heinrich Mann haben wir daher mit Jochen Vogt (1972) von einem *neutralen Erzähler* gesprochen, obwohl ironischer Erzähler sicher genauer wäre. Darauf, daß diese Typen von Erzählsituationen nicht in reiner Form in der Geschichte der Literatur vorkommen, daß sie vielmehr Konstrukte zu genauerer Bestimmung des Erzählens in Romanen sind, hat Stanzel mehrfach hingewiesen, so z. B. im Anschluß an die Theorie der Idealtypen von Max Weber:

> „Die ‚Widerspenstigkeit' des Werkes im Detail oder im Ganzen gegenüber dem Typus gehört zu seinem Wesen ebenso, wie die ideelle Stimmigkeit, die gedankliche Geschlossenheit zum Wesen des Idealtypus gehört. Ohne uns dem Shieboleth der heute so weit verbreiteten Deviationstheorie ganz zu verschreiben, können wir sagen, daß durch die ‚Verfehlung' des Idealtypus in derGestaltung der Erzählsituation einer Erzählung eher ‚poetische Qualität' oder ‚Literarizität' zuwächst als durch eine möglichst weitgehende Annäherung an einen Idealtypus." (Stanzel, 1979, S. 20)

Sehr viel genauer als in seiner ersten Studie geht Stanzel nun auch auf die Wechsel der Situationen innerhalb eines Romans oder des Oeuvres eines Schriftstellers ein und nennt dieses Spannungsfeld „Dynamisierung der Erzählsituation", deren Analyse zu genauen Erzählprofilen führt. Derartige Profile nachzuzeichnen, vor allem in den Romanen der Jahrhundertwende, ist eine reizvolle Aufgabe, eher allerdings für Seminararbeiten im Studium als für Kurse der Oberstufe, in der solche Idealtypen überhaupt erst einmal entdeckt werden müssen.

Ein letztes entscheidendes Auswahlkriterium entstand aus der Konzentration auf eine *literaturgeschichtliche Epoche*. Nachdem durch die Behandlung der Werke von Bürger, Lessing, Goethe und Kleist ein Einblick in Aufklärung und Klassik, von Büchner und Heine in die Literatur des Vormärz vermittelt wurde, sollte mit der Jahrhundertwende die „Klassik der Moderne" in den Mittelpunkt treten. Seit W. Raschs Studie „Aspekte der deutschen Literatur um 1900" (1967) kommt man in der Literaturgeschichtsschreibung immer mehr dazu, die vielfältigen Strömungen in den Jahren von der Reichsgründung bis zum ersten Weltkrieg als Einheit zu sehen: „Leben ist das Grundwort der Epoche, ihr Zentralbegriff, vielleicht noch ausschließlicher geltend als der Begriff Vernunft für die Aufklärungszeit oder der Begriff Natur für das spätere 18. Jahrhundert" (1967, S. 17). Aber auch in der Gestaltungsweise lassen sich gemeinsame Grundzüge vom Naturalismus bis zum Expressionismus nachweisen, wie z. B. das Prinzip der Abweichung, symbolische Aufwertung des Details, dialektische Gegenwirkung z. B. von Motiven etc. Die Zusammenbindung des bisher Getrennten kommt der didaktischen Tendenz entgegen, theoretische Zugriffe nicht zu engschrittig und detailbesessen zu wählen.

Deutlicher als vielleicht die anderen Gattungen lassen die Romane bei aller Vielfalt gemeinsame Tendenzen erkennen. Auffällig ist vor allem, daß nicht mehr Figuren im Mittelpunkt der Handlung stehen, denen die Widrigkeiten des Lebens, die politischen Institutionen mit ihren Restriktionen, die verfehlten Interessen der Mitmenschen Herausforderungen für die Entfaltung, Bildung, heroische Selbstbehauptung der Persönlichkeit sind, sondern solche, die an den Umständen scheitern oder zerbrechen. „Soziale Romankunst" hat Müller-Seidel (1975) die Herausbildung des Gesellschaftlichen als Gegenmacht gegen das autonome Individuum in den Romanen Fontanes bezeichnet und sie in den europäischen Rahmen gestellt. Der Mensch scheitert nicht mehr an „höheren" Ordnungen, nicht mehr am Schicksal, sondern am anderen Menschen, seinen überholten Wertorientierungen, seiner ökonomischen Macht, seiner mangelnden Sozialität. Krisen sind das Thema der Romane, so daß der Untertitel der „Buddenbrooks": „Verfall einer Familie", wie Žmegač zu Recht feststellt, paradigmatische Geltung erlangt: „Von Verfall und Niedergang war auch damals allenthalben die Rede; die Legitimitätskrise des Adels sowie alter bürgerlicher Schichten, etwa des Patriziats, ließ das Modewort ‚Dekadenz' aufkommen" (Žmegač 1980, S. 343).

Nur selten findet man noch den auktorialen Erzähler der Bildungsromane des 19. Jahrhunderts, vielmehr sind die neuen Erzähler solche mit begrenzter Perspektive und Übersicht, Variationen also des Typus eines personalen Erzählers. Dieser rückt näher an die Figuren seiner Geschichte, weiß oft nicht mehr als sie und sucht Details auszuleuchten, die sonst verborgen blieben. Auch für den Ich-Erzähler gilt die deutlich begrenzte Perspektive des Sehens und der Einsicht in Bedeutungen der Dinge.

b) Theodor Fontane „Effi Briest"

Um den Schülern ausreichend Lesezeit für den Roman zu lassen, hatte die Einführung schon in der zweiten Stunde des Halbjahres stattgefunden. Sie sollte zweierlei leisten: einmal das Interesse an der Lektüre wachrufen und damit die Voraussetzungen schaffen, daß die Schüler sich der fremden Erfahrung in fremder Perspektive öffnen, ohne sich selbst und damit die Frage nach dem Vertrauten im Fremden zu vergessen. Zum anderen sollte, wie schon im Fall des Erzählers Pilenz und des Kohlhaas-Chronisten, das Augenmerk auf die Mittelbarkeit des Erzählens gerichtet werden. Stanzel schlägt vor, das Erzählen im Roman mit einer *Inhaltsangabe* über das Geschehen zu konfrontieren:

> „Eine Gegenüberstellung von Synopse (Inhaltsangabe) und Nacherzählung eines Romans oder einer Short Story bietet – von der Literaturdidaktik bisher wenig genutzte – Möglichkeiten, um das Wesen der Erzählung als literarischer Gattung an Hand von konkreten Textbeispielen zu erhellen." (Stanzel 1979, S. 45)

Eine solche Gegenüberstellung schärft die Einsicht in den Status des Erzählens. In unserem Sprachgebrauch gehört die Inhaltsangabe zu der expositorischen Literatur, weil über etwas außerhalb des Textes hinaus Vorhandenes referiert wird. Stanzel spricht von der Opposition Synopse – Erzählung, während Stierle (1975, S. 21) nach der Unterschiedlichkeit des Erzählens in einem einzigen Text am Merkmal des Tempusgebrauchs (Lessings „Abhandlungen über die Fabel") fragt und zu der didaktisch sehr hilfreichen Unterscheidung von systematischen und narrativen Textpassagen kommt. Mit einer solchen Differenzierung wird deutlich, daß ein Text schon in seiner sprachlichen Gestalt auf mehrere Zeitebenen verweist und auf diesen Ebenen gelesen sein will (vgl. dazu meine Erläuterungen, Müller-Michaels 1985 a).

Den Schülern lag ein Auszug aus Kindlers „Hauptwerke der deutschen Literatur" (1974) vor, der bis zu dem Satz: „Allmählich und fast gegen ihren Willen entwickelte sich eine Liebesbeziehung zwischen ihr und dem neuen Bezirkskommandanten Crampas, einem erfahrenen, leichtsinnigen ‚Damenmann', dem ‚alle Gesetzmäßigkeiten ... langweilig' sind." (S. 328) reichte. Mit dem Abbruch der Inhaltsangabe war die Neugier auf den Fortgang der Handlung geweckt. Der erste Absatz ist als knappe Nacherzählung der Entstehungsgeschichte im Tempus des Präteritums, die Inhaltsangabe im Präsens verfaßt und lenkt auf den Unterschied von narrativem und systematischem Text hin. Mit dem Textauszug verbunden war eine zweigeteilte Aufgabe als versteckte Aufforderung sowohl zur Historisierung als auch zur Aktualisierung der Story:

Stellen Sie Vermutungen darüber an,

a) wie der Konflikt 1895
b) und 1980 gelöst worden sein könnte.

Am knappsten war die Antwort von Alfred:

a) Duell zwischen den Männern,
b) Scheidung oder alternatives Leben.

Beate, die in der Jahrgangsstufe 11 große Schwierigkeiten im Fach Deutsch hatte, setzt auf Lösungen mit Crampas:

> a) Effi türmt mit Crampas und ihrem Kind und wird von dem Baron von Innstetten verfolgt, weil er sich in seiner Ehre gekränkt fühlt. Schließlich wird Innstetten bewußt, daß er Effi nur wegen seines Images geheiratet hat, und löst die Verbindung selbst auf, um Effi nicht weiter zu belasten.

b) Die Ehe zwischen Effi und Innstetten wird geschieden. Effi führt mit Crampas ein „einfaches" (ohne Luxus) Leben.

Abraham markiert den Unterschied über die im Laufe von 85 Jahren gewachsene Unabhängigkeit der Frau:

a) Sobald die Öffentlichkeit, ihr Mann eingeschlossen, von ihrem Verhältnis zu Crampas erfahren hat, wird sie aus der guten Gesellschaft ausgestoßen. Effi zieht sich in ein einsames Landhaus zurück und begeht schließlich verzweifelt, da auch Crampas mit der Ausgestoßenen nichts mehr zu tun haben will, Selbstmord.

b) Effi läßt sich scheiden und zieht zu Crampas, um mit ihm unverheiratet zusammen zu leben. Da er aber sehr materialistisch eingestellt ist, trennt Effi sich von ihm und geht auf die Universität, um sich selbst weiter zu bilden. Gleichzeitig engagiert sie sich für die Frauenemanzipation. Nach Abschluß des Studiums ergreift sie einen Beruf und lernt schließlich einen neuen Mann kennen, einen vereinsamten, sensiblen, sehr zärtlichen Intellektuellen, den sie schließlich heiratet.

Hier wird im Kern eine neue Geschichte erzählt auf eine Weise, als sei sie schon geschehen. Im Status der Fiktion sind Lebensmodelle zu denken erlaubt, in denen man selber auch vorkommen darf. Das nur Gedachte wird dann in der Präsens-Indikativ-Form der Inhaltsangabe zu Faktischem. Die Beispiele zeigen, wie die Schüler die Möglichkeiten für erweiterte Erfahrungen und Gedanken über das literarische Modell und über den Tempusgebrauch in den Formen des Erzählens zu erkennen beginnt. Solcherart strukturelles Lernen ist entschieden wichtiger als oberflächliche inhaltliche Gleichsetzungen von Geschichten und Gegenwart, die bei Applikationsversuchen auch vorkommen. Selten habe ich den Kurs so interessiert an die Lektüre eines Werkes gehen sehen wie im Fall „Effi Briest"; allerdings stockte die Begeisterung, als die Schüler merkten, daß an Handlung in dem Roman nicht mehr steckt, als in der knappen Inhaltsangabe schon erkennbar war. Dies gab dann in der Besprechung Gelegenheit, um auf die besondere Form des Erzählens und die Absichten des Erzählers einzugehen.

Die *Besprechung* begann einen Monat später und verweilte längere Zeit beim 1. Kapitel. Mit konzentrierter Lebhaftigkeit wurde der erste Absatz in eine Skizze übersetzt, um das Bild, das der Erzähler vom Ort des Geschehens zeichnet, nachzuziehen. Die meisten Schüler waren doch überrascht, wie genau sich aufgrund der Worte das Bild zeichnen läßt; ein Film-Regisseur hätte hier leichtes Spiel. Über dem heiteren Grundton des Erzählens: „heller Sonnenschein", „mittagsstille Dorfstraße", „weißgestrichene Eisentür", blitzender und vergoldeter Wetterhahn, „mächtige alte Platanen" werfen dunkle Ereignisse ihre Schatten voraus: „einen breiten Schatten", „Kirchhofsmauer", Schaukel, „schon etwas schief stehend". Ähnlich wie der Chronist des Kohlhaas steht der Erzähler über den Ereignissen, allerdings geht er doch, schon im ersten Absatz, deutlich näher an das Geschehen heran. Nachdem die Personen auftauchen, tritt er deutlich zurück und läßt die Gespräche für sich selber sprechen; er bewegt sich, um mit Stanzel zu sprechen, im auktorial-personalen Kontinuum, allerdings doch entschieden näher dem personalen als dem auktorialen Pol.

Nach der Einführung in den Ort des Geschehens, einer kleinen Stadt in der Mark Brandenburg, fernab von geschichtsträchtigen Orten oder urbanen Ballungszentren, wird Effi Briest in Gesprächen mit ihrer Mutter und ihren Freundinnen in natürlicher Umgebung charakterisiert. Zunächst weist der Erzähler selbst auf die Ansätze zu ungeschichtlichen Widersprüchen hin: Übermut und Grazie, viel Lebenslust und natürliche Klugheit – dieser Widerspruch wird sich verstärken und Anlaß für ihren Ausbruch aus den engen Grenzen bürgerlicher Ordnung werden. In ihrer ersten Äußerung fragt sie: „Warum machst du keine Dame aus mir?", benimmt sich aber so stürmisch-jugendlich, daß ihre Mutter Einhalt gebieten muß: „Nicht so wild, Effi, nicht so leidenschaftlich." (S. 9)*

* Zitiert wird der Roman nach der kommentierten Ausgabe der Fontane-Bibliothek (Ullstein-Buch Nr. 4524), hg. von Walter Keitel und Helmuth Nürnberger.

Diese zwei Seiten der Effi Briest werden für die folgende Unterrichtsstunde bis zum Ende des 5. Kapitels weiter beschrieben und mit dem *Bild* der Schaukel verbunden. Ähnliche Charakterisierungen wie bisher fanden sich sowohl in Partien des Erzählers als auch in szenischen Gesprächen der Romanfiguren: Effi wird als „Bild frischesten Lebens" (S. 17), als Mädchen, das „in ihren Vorstellungen und Träumen" lebt (S. 13), „phantasiereich" ist (S. 27), beschrieben und in Episoden dargestellt, wenn sie sich irreale Bilder von der Zeit nach ihrer Hochzeit ausmalt, mit japanischem Bettschirm und einer Ampel mit rotem Schein (S. 30). Die Mutter versucht, sie aus der Welt erdachter Bilder in die Wirklichkeit zurückzuführen: „Du bist ein Kind, schön und poetisch. Das sind so Vorstellungen. Die Wirklichkeit ist anders, und oft ist es gut, daß es statt Licht und Schimmer ein Dunkel gibt" (S. 30/31). Für Effi aber ist die Alternative zu Phantasie, Spiel und Liebe nicht die rauhe Wirklichkeit, sondern „Reichtum und ein vornehmes Haus" (S. 32). Liebe steht dabei an erster Stelle, aber wenn man sie nicht haben kann, dann muß es ein Leben in großbürgerlichem Rahmen sein, das neben der gesellschaftlichen Anerkennung Raum für Muße und Zerstreuung läßt:

> „Liebe kommt zuerst, aber gleich hinterher kommt Glanz und Ehre, und dann kommt Zerstreuung – ja, Zerstreuung, immer was Neues, immer was, daß ich lachen oder weinen muß. Was ich nicht aushalten kann, ist Langeweile." (S. 32)

Den Zwiespalt bringt Frau von Briest in einem langen Gespräch mit ihrem Mann ohne Erzählereinmischung auf den Begriff: „Sie hat nach meinem und auch nach ihrem eigenen Zeugnis zweierlei: Vergnügungssucht und Ehrgeiz" (S. 40). In dem Bedürfnis nach gleichmäßiger Entfaltung beider Bedürfnisse scheint der Mutter schon jetzt ein Konflikt fast unausweichlich: „Ihr Ehrgeiz wird befriedigt werden, aber ob auch ihr Hang nach Spiel und Abenteuer? Ich bezweifle."

Das Schwanken zwischen den beiden Bedürfnissen wird im Roman anschaulich über das Bild der Schaukel deutlich gemacht. In dem Spiel mit ihren Kräften und Möglichkeiten verliert Effi schon mal das rechte Maß:

> „Er hat keine Ahnung davon, daß ich mir nichts aus Schmuck mache. Ich klettre lieber, und ich schaukle mich lieber, und am liebsten immer in der Furcht, daß es irgendwo reißen oder brechen und ich niederstürzen könnte. Den Kopf wird es ja nicht gleich kosten." (S. 34)

Gefahrlos gelingt das Spiel mit den Extremen nur in der vertrauten Umgebung der Heimat in Hohen-Cremmen (vgl. S. 118 im 15. und S. 281 im 31. Kapitel), draußen in Kessin und in Berlin hat es schließlich doch den Kopf gekostet.

Neben der Charakterisierung des Ortes und ersten Andeutungen über die Figur der Effi hatte in der einführenden Doppelstunde noch der *Überblick über die Handlung* des Romans gestanden. Anlaß dazu war die Geschichte, die Effi ihren Freundinnen über den Baron von Innstetten und sein vergebliches Werben um ihre Mutter erzählt (S. 12) und in der sich, mit vertauschten Rollen, ihre eigene Geschichte spiegelt. Vielmehr an Handlung enthält auch die Geschichte der Effi Briest nicht, wohl aber an Episoden, in denen sich immer aufs neue das Scheitern ihrer Traumbilder vollzieht. Der Roman erzählt weniger den äußeren Ablauf ihres Lebens als vielmehr Reflexionen auf die jeweils vorausgegangenen und in der Erzählung ausgesparten Handlungen. Selbst die wenigen handlungsintensiven Elemente des Romans werden nicht im Erzählerbericht, sondern in der Reflexion der Personen dargestellt (z. B. Hochzeit, Fehltritt, Prozeß), wir erfahren nur die Reaktionen auf sie in den Gesprächen. Die Leseweise auf das rein Stoffliche hin, das der Anfangsteil der Inhaltsangabe suggeriert hatte, erweist sich als falsch; so werden die Schüler, fast zu spät, vom Inhaltlichen auf die Bewertung des Geschehens in den Gesprächen und die Form des Erzählens nahe an den einzelnen Episoden hingelenkt.

Zur Verstärkung dieser Betrachtungsweise dienten auch die Hinweise auf die Verknüpfung der Handlung durch Bilder und Motive, wie etwa das Bild der Schaukel schon erkennen ließ. Das ausführlich analysierte Bild des Romananfangs wurde mit dem nur leicht veränderten am Ende des Romans verglichen: „Auf dem Rondell hatte sich eine kleine Veränderung vollzogen [...]" (S. 294). Obwohl im großen und ganzen sich nichts an den Verhältnissen geändert hat, hat das Leben der Effi Briest doch kleine Spuren in ihrer Welt hinterlassen, die sich dem erschließen, der genau zu lesen weiß – das Bild wird zum Hinweis auf die Aussage und die verhaltene Art des Erzählens im Roman.

Bilder als Anschauungsformen des Bedeutenden, als Vorausdeutungen auf den Handlungsverlauf, als Motive der Handlungsverknüpfung lassen sich vielfach entdecken. Eines wurde uns für das Verständnis des Romans – als Gegenbild zur selbstgesteuerten Schaukel – noch wichtig, auf das auch Marianne Schuller/Helmut Brackert hingewiesen haben: das Bild des Schloon. In ihm zeigt sich, daß der Mensch nicht mehr frei über sich selber verfügt, sondern daß er auf einem Boden lebt, der unmerklich brüchig geworden ist:

„‚... Da wird es ein Sog, und am stärksten immer dann, wenn der Wind nach dem Lande hin steht. Dann drückt der Wind das Meerwasser in das kleine Rinnsal hinein, aber nicht so, daß man es sehen kann. Und das ist das Schlimmste von der Sache, darin steckt die eigentliche Gefahr. Alles geht nämlich unterirdisch vor sich, und der ganze Strandsand ist dann bis tief hinunter mit Wasser durchsetzt und gefüllt. Und wenn man dann über solche Sandstelle weg will, die keine mehr ist, dann sinkt man ein, als ob es ein Sumpf oder ein Moor wäre.'" (Schuller/Brackert 1977, S. 159)

Wie dieses Bild in bezug auf die Handlung mit Bedeutung aufgeladen wird, macht Innstetten mit Hinweis auf seinen Traum deutlich:

„Ich träumte, daß du mit dem Schlitten im Schloon verunglückt seist, und Crampas mühte sich, dich zu retten; ich muß es so nennen, aber er versank mit dir." (S. 162)

Die Menschen in den Verhältnissen der Innstettens, Briests, Crampas' werden, obwohl sie sich Herr ihrer Entschlüsse wähnen, zu Opfern der Verhältnisse, die, gleich Naturgewalten, in das Leben eingreifen. Dies wird im Bild deutlicher als in den diskursiven Gesprächen, so daß Schuller/Brackert festhalten können: „In diesem Roman entspricht der Ausbildung der Metaphorik die Rückbildung des Handlungsmomentes" (S. 327). Diese Hypothese extensiv und mit anderen Beispielen detailliert zu belegen war Aufgabe in einem literaturwissenschaftlichen Hauptseminar (mit Referaten z. B. über das Bild des Chinesen, das Motiv des Spuks oder die Wagnerische Musik), nicht aber für den Grundkursunterricht; hier ging es vielmehr darum, andere Prinzipien der Verknüpfung von Erzähltem neben einem durchgängigen Handlungsstrang exemplarisch sinnfällig zu machen.

Das Bild der Schaukel blieb auch für die Besprechung in den nächsten Stunden bestimmend, als es um die *Charakterisierung* der beiden Männer im Leben Effis und deren Lebensauffassungen ging: Sie schwankt in der Zuneigung zu den beiden Extremen. Den genauen Unterrichtsverlauf brauche ich nicht wiederzugeben; er war von dem Typus, den jeder Deutschlehrer kennt, der wenig Spaß macht, aber notwendig ist, weil er die Schüler zu Genauigkeit im Lesen anleitet: Beobachtungen, Vermutungen, Aussagen am Text belegen und Belegstellen durch klare Deutungsversuche auszuwerten. In den Mittelpunkt der Analysen rückten die Kapitel 13 (Brief Effis an ihre Eltern über Crampas) bis 16 (Charakterisierung Innstettens durch Crampas). Am Ende stand die Gegenüberstellung in einer Tafelskizze, die während der Analysegespräche allmählich vervollständigt wurde:

Effi schwankt
zwischen

Crampas und Innstetten

Damenmann (S. 105) Lebensfreund (S. 137 u. 147) Leichtsinn (S. 233) Causeur (S. 130) gewöhnlich („ein einfacher Mann", S. 132)	Mann von Prinzipien, von Charakter (S. 18) Kunstfex (S. 37) Mann von Ehre (S. 120) Pädagog (S. 133) ungewöhnlich (S. 132)

Auffällig an den Charakterisierungen ist, daß sie fast ausschließlich (ausgenommen: „Crampas, ein guter Causeur", S. 130) durch andere, betroffene Personen und nicht durch den Erzähler erfolgen. Diese Beobachtung unterstreicht den Typus des personalen Erzählens, in dem Personen und Situationen für sich selber sprechen, ohne daß der Erzähler von einer höheren Warte aus eingriffe. Der Leser ist zu einer eigenen Bewertung der unterschiedlichen Charaktere sowie der Neigungen Effis aufgerufen. Auch wenn der Erzähler – mit ganz sparsamen Mitteln – Verständnis für Innstetten zu wecken versucht, sind die Schüler ganz auf der Seite Crampas'; Innstetten, der Erzieher, der gerade aus Effis Neigungen zum Phantastischen einen „Angstapparat aus Kalkül" (S. 134) aufbaut und damit das ihm entgegengebrachte Vertrauen mißbraucht, erfährt die ganze Verachtung bei der Auswertung der Gegenüberstellung.

Ein weiterer Indikator für das personale Erzählen wird im Zusammenhang mit den direkten Charakterisierungen der Personen durch andere Personen sichtbar: die *erlebte Rede* als Wiedergabe von Gedanken in der dritten Person des Indikativ Präteritum (gegen den Konjunktiv der indirekten Rede). Nach den ersten Begegnungen mit Crampas faßt Effi ihren Eindruck von ihm in der Form der erlebten Rede zusammen:

> „Überlegte sie, was während all dieser Wochen und Tage gesprochen, berührt und angedeutet war, so fand sie nichts, um dessentwillen sie sich direkte Vorwürfe zu machen gehabt hätte. Crampas war ein kluger Mann, welterfahren, humoristisch, frei, frei auch im Guten, und es wäre kleinlich und kümmerlich gewesen, wenn sie sich ihm gegenüber aufgesteift und jeden Augenblick die Regeln strengen Anstandes befolgt hätte. Nein, sie konnte sich nicht tadeln, auf seinen Ton eingegangen zu sein, und doch hatte sie ganz leise das Gefühl einer überstandenen Gefahr und beglückwünschte sich, daß das alles nun mutmaßlich hinter ihr läge." (S. 142)

Auch in Gedanken und Selbstgesprächen (als *innerer Monolog*) bleibt der Erzähler ganz nahe an den Personen und sucht nicht nach einer allwissenden Position außerhalb der erzählten Welt. Allenfalls im „mutmaßlich" ließe sich seine vorsichtige Einmischung erkennen, die anderes erwarten läßt als das, was Effis „Gefühl" zum Ausdruck bringt.

Nun entsteht die nachfolgende Entwicklung der Handlung des Romans nicht aus den widersprüchlichen Eigenschaften der Effi, auch nicht aus den unterschiedlichen Ansprüchen der beiden Männer, nicht einmal aus ihrer Liebesbeziehung zu Crampas, sondern allein aus der sozialen Bewertung des „Fehltritts" durch Innstetten und die Berliner Gesellschaft, deren Repräsentant er ist. Mit Recht charakterisiert man in der Forschung „Effi Briest" einmütig als *Gesellschaftsroman*. Er ist es in mehrfacher Hinsicht: Liebesbeziehungen und Ehe sind in Kreisen des Adels und Großbürgertums nichts Privates, sondern eine öffentliche Veranstaltung, die damit gesellschaftlicher Kontrolle unterliegt. Den Unterschied hatten die Schüler schon in ihren Vermutungen über den Handlungsverlauf gesehen, wenn sie den Konflikt 1980 generell für leichter lösbar hielten (z. B. durch klärende Gespräche, Scheidung etc.). Zum anderen läßt sich der Roman auch als Dokument der Bismarck-Ära lesen, in dem es auf Genauigkeit in der Beschreibung der Rituale, Denkweisen, Kulturgebrauch, Normen ankam, so daß der Leser ein plastisches Bild der Zeit gezeichnet bekommt. Wir haben das an der zeitgenössischen Diskussion über das Duell und seine Darstellung im 28. Kapitel überprüft. Und schließlich deutet sich, wie Müller-Seidel feststellt, im Altersunterschied der Eheleute (1975, S. 361) der Unterschied der Generationen an: Gegen die abgelebte Moral eines Innstetten, die ritualisierte Form des Lebens und Denkens, gegen die Unterordnung des Menschen unter unmenschliche Verhaltensnormen, steht die neue natürliche Moral der Effi, die das Leben, seine Anforderungen und Bedürfnisse gegen die menschenverachtenden Normen verteidigt. Daß sie selbst dabei nicht ohne Widersprüche ist, macht ihre Gestalt nur menschlicher und glaubwürdiger.

Die Weiterung einer Ehebruchsgeschichte zum Gesellschaftsroman verfolgen wir vor allem an den Kapiteln 27–29 mit dem Duell im Zentrum (Kapitel 28). Die Behandlung des 27. Kapitels mit dem für das Verständnis des Romans zentralen Gespräch Innstettens mit Wüllersdorf geht wieder ganz nahe an den Text, um die Argumentationsstruktur im Vorfeld der Entscheidung für das Duell aufzudecken. Es sind zwei Tatbestände, die Innstetten argumentativ zu entkräften versucht: die Verjährung des Ehebruchs und die Verschwiegenheit Wüllersdorfs. Die Schüler bestanden aber auf vier Argumentationsschritten:

Entlastende Tatsachen (Wüllersdorf)	Belastende Argumente (Innstetten)
Verjährung	persönliche Kränkung Verzeihung evtl. möglich
Für Duell gibt es keine rechtlichen Gründe: „Wozu die ganze Geschichte?"	Wohl aber der Selbstachtung durch das „uns tyrannisierende Gesellschafts-Etwas"
Schlußfolgerung ist noch nicht zwingend: „Ich weiß doch nicht ..."	Mitwisser schaffen Öffentlichkeit
Versprechen von Verschwiegenheit	Verschwiegenheit entbindet nicht von gesellschaftlicher Teilhabe.

So akzeptiert auch am Schluß Wüllersdorf die übergroße Macht, die gesellschaftliche Konventionen über die Rechtslage gewonnen haben („unser Ehrenkultus ist ein Götzendienst", S. 237) und stellt sich als Sekundant für das Duell zur Verfügung. Mit dem Faktum der Verjährung hat Fontane ein Motiv in die Handlung gebracht, das die Ignoranz gegenüber rechtlichen und menschlichen Regelungen zugunsten entleerter konventionalisierter Moral besonders deutlich macht.

Vor allem die Schüler, die den Roman gern gelesen hatten und ihn verteidigen wollten, versuchten herauszustellen, daß Innstetten die Freiheit, anders zu handeln, durchaus gehabt hätte (er hätte ja Wüllersdorf gar nicht zu rufen brauchen, wie er selber sagt, S. 236), während die Kritiker des Romans die auch in der Forschungsliteratur verbreitete Meinung vertraten, Innstetten sei den gesellschaftlichen Normen auf eine Weise unterworfen, die ihm eine freie Entscheidung gar nicht möglich mache. Freiheit gäbe es für niemanden in dem Roman, deshalb sei er auch so wenig überzeugend. Richtig, dieses ‚Gesellschaftsetwas' bestimme alle, aber einige hätten durch ihre Stellung und Macht die Möglichkeit, sich seinem Zwang zeitweise zu entziehen. Aber diesen Mut habe Innstetten nie besessen. Und dieser Mut gegenüber verbreiteter öffentlicher Meinung sei auch heute noch gefragt.

Um den öffentlichen Druck zur Verteidigung der verlorengegangenen Ehre nach Maßstäben längst vergangener Zeiten und Gesellschaftsformen durch die ebenfalls überlebte Form des Duells um 1890 deutlich zu machen, habe ich Auszüge aus Ausführungen eines Albrecht von Boguslawski „Die Ehre und das Duell" [1896] in die Erörterungen einbezogen (nach dem Wortlaut in „Erläuterungen und Dokumente" zu „Effi Briest", reclam 8119, S. 155–161). Er unterscheidet die juristische und moralische Ahndung von Ehebruch, setzt die zweite wesentlich höher als die erste und begründet das Duell als die einzig wirksame Form, Genugtuung zu bekommen. Menschlichkeit, Humanität als Maßstäbe werden rigoros zugunsten einer unhinterfragt tradierten Moralität verworfen:

> „Ein anderer Ausgangspunkt der Bewegung gegen das Duell ist die humanisierende Richtung der Zeit. Wir verstehen unter dieser jene falsche Richtung, welche, die Bedingungen des menschlichen Daseins verkennend, unsere Jugend von dem Gedanken des Heldenthums, dem wahren kriegerischen Geist, den Idealen unserer Vorfahren abwendig macht und somit ihre geistige Kraft allmählich lähmen muß. Diese falsche Humanität, welche den Krieg als ein absolutes Übel verwirft, ihn ebenfalls als Verbrechen behandelt, wirkt auch mit ihren Anschauungen auf die Beurtheilung der Genugthuung durch die Waffen ein." (S. 160/161)

Durch diese Kontextuierung wurde das Verhalten Innstettens zwar verständlicher, für die Apologeten des Romans aber nicht entschuldbarer. Gerade die Verherrlichung des Krieges und Tötens hätte Innstettens Widerspruch deutlicher hervorrufen müssen.

Die Kontroverse über die *Aussagekraft des Romans* bestimmte auch die weiteren abschließenden Diskussionen über Innstettens wachsende Einsicht in die Radikalität seines Handelns (29. und 35. Kapitel) sowie Effis Urteile über ihre neue, ausweglose Situation (32. und 36. Kapitel). Innstettens Selbstzweifel, unmittelbar nach dem Duell, machen seine Verhaltensweisen nicht glaubwürdiger, zumal sie ihn nicht an dem nächsten unmenschlichen Akt, im Namen der „Ehre", der Verstoßung Effis, hindern. Einsicht ist nicht der erste Schritt zur Umkehr:

„So aber war alles einer Vorstellung, einem Begriff zuliebe, war eine gemachte Geschichte, halbe Komödie. Und diese Komödie muß ich nun fortsetzen und muß Effi wegschicken und sie ruinieren und mich mit [...]" (S. 243)

Auch dieser Akt im Namen eines falsch verstandenen Ehrbegriffs mündet wieder in Resignation:

„[...] weg von hier, weg und hin unter lauter pechschwarze Kerle, die von Kultur und Ehre nichts wissen. Diese Glücklichen. Denn gerade *das*, dieser ganze Krimskrams ist doch an allem schuld. Aus Passion, was am Ende gehen möchte, tut man dergleichen nicht. Also bloßen Vorstellungen zuliebe ... Vorstellungen!" (S. 288)

Die Energie, die Innstetten auf die Einlösung der „bloßen Vorstellungen" verwendet, hätte er auch zu ihrer Entlarvung und Überwindung einsetzen können.

Die Selbstgespräche und Dialoge gaben noch einmal Anlaß, auf die Formen *indirekter Rede* und *innerer Monologe* als Indikatoren personalen Erzählens einzugehen. Der Leser hat unmittelbar teil an den Gedanken Innstettens, die ihm unmittelbar nach dem Duell durch den Kopf gehen. Auf den Erzählerbericht folgt eine direkte (monologische) Rede, dann indirekte und schließlich wieder direkte Rede ohne erhebliche Erzählereinmischung:

„Unterwegs (er war allein im Kupee) hing er, alles noch einmal überdenkend, dem Geschehenen nach; es waren dieselben Gedanken wie zwei Tage zuvor, nur daß sie jetzt den umgekehrten Gang gingen und mit der Überzeugtheit von seinem Recht und seiner Pflicht anfingen, um mit Zweifeln daran aufzuhören. ‚Schuld, wenn sie überhaupt was ist, ist nicht an Ort und Stunde gebunden und kann nicht hinfällig werden von heute auf morgen. Schuld verlangt Sühne; das hat einen Sinn. Aber Verjährung ist etwas Halbes, etwas Schwächliches, zum mindesten was Prosaisches.' Und er richtete sich an dieser Vorstellung auf und wiederholte sich's, daß es gekommen sei, wo dies für ihn feststand, warf er's auch wieder um. ‚Es *muß* eine Verjährung geben [...].'" (S. 242/243)

Ähnlich läuft der Wechsel der Redeformen im 35. Kapitel, nachdem Innstetten die Nachricht des Ministers von seiner Ernennung bekommen hat, von der erlebten Rede (mit einem Versatzstück direkter Rede) über die direkte und wieder erlebte bis hin zur indirekten Rede:

„Mehr als einmal hatte er während der ihm immer freudloser dahinfließenden Tage einer halbvergessenen Ministerialanekdote aus den Zeiten des älteren Ladenberg her gedenken müssen, der, als er nach langem Warten den Roten Adlerorden empfing, ihn wütend und mit dem Ausrufe beiseitewarf: ‚Da liege, bis du *schwarz* wirst.' Wahrscheinlich war er dann hinterher auch ‚schwarz' geworden, aber um viele Tage zu spät und sicherlich ohne rechte Befriedigung für den Empfänger. Alles, was uns Freude machen soll, ist an Zeit und Umstände gebunden, und was uns heute noch beglückt, ist morgen wertlos. Innstetten empfand das tief, und so gewiß ihm an Ehren und Gunstbezeugungen von oberster Stelle her lag, wenigstens gelegen *hatte*, so gewiß stand ihm jetzt fest, es käme bei dem glänzenden Schein der Dinge nicht viel heraus, und das, was man ‚das Glück' nenne, wenn's überhaupt existiere, sei was anderes als dieser Schein." (S. 285)

Die geringe Mittelbarkeit eines solchen Erzählens macht deutlich, wie wir als Leser unmittelbar am Geschehen gehalten werden und uns damit direkt zum Urteil über das Gelesene herausgefordert fühlen. Das wirklichkeitsnahe Erzählen berührt den Leser unmittelbarer als jede von dem dargestellten Gebrauch abgehobene Darstellungsweise.

Die stark wertende *Kontroverse im Kurs* lebte noch einmal mit der Frage nach den Auswirkungen des Duells auf Effi Briest auf; denn während es der Karriere Innstettens eher dienlich war, besiegelt es ihren sozialen Abstieg vollständig. Die Verteidiger des Romans verwiesen auf die gesellschaftskritischen Impulse, die einmal in der schon festgestellten

Negativität des Charakters Innstettens, nun aber auch in Effis Aufbegehren am Ende des 33. Kapitels zu entdecken sind: „Mich ekelt, was ich getan; aber was mich noch mehr ekelt, das ist eure Tugend. Weg mit euch." (S. 275). Die Gegner des Romans bestritten die Sonderrolle Innstettens, das sei eben ein typisch preußischer Beamter, der gar nicht in der Lage sei, selbständig zu handeln. Und Effis Protest reiche nicht sehr weit, denn kurz vor ihrem Tod entschuldige sie auch noch das angepaßte Verhalten ihres ehemaligen Mannes: „ja, was sollt' er am Ende anderes tun?" (S. 294)

Die Kontroverse habe ich nicht direkt zu schlichten versucht; inwieweit ich aber indirekt durch Gesten, durch hartes Nachfragen oder vorsichtiges Verstärken mein Urteil zur Geltung gebracht habe, entzieht sich nachträglicher Kontrolle. Es ist aber durchaus möglich, daß alle gemerkt haben, wie stark ich auf der Seite der Verteidiger stand; es hatte aber die anderen Schüler nicht daran gehindert, bei ihrer Meinung zu bleiben. Beide Gruppen (vielleicht auch das schweigende Drittel) haben erfahren, wie bei der Deutung fiktionaler Literatur zwei begründete Lösungen gleichermaßen richtig waren.

c) Heinrich Mann „Der Untertan"

Durch Feiertag und Ausfall einer Stunde (als Zugabe für Leistungskurs-Klausuren) hatten die Schüler zehn Tage Zeit, die ersten drei Kapitel des Romans zu lesen. Für die Besprechung standen in der Zeit vom 26. 11. bis 21. 12. 1981 insgesamt zwölf Stunden zur Verfügung, wovon zwei auf die Vorführung des Staudte-Films entfielen. Damit war eine Konzentration auf wenige *zentrale Deutungsaspekte* dringender als bei Themen zu Kursbeginn geboten:

- die Entwicklung des autoritäten Charakters von Diederich Heßling,
- Aufstieg im Kegel der Macht,
- Heßling und die Netzinger Gesellschaft,
- Majestätsbeleidigung und Prozeß,
- der Erzähler und die Verarbeitung historischen Materials

Der Unterricht begann mit der Aufforderung: Erzählen Sie kurz Episoden, in denen der Charakter des Untertanen besonders deutlich wird. Selten gelang es einmal, so umstandslos den Einstieg in ein komplexes literarisches Werk zu finden wie in diesem Fall. Die Antworten ließen erkennen, daß die Schüler mit einzelnen Bildern der „Soziogenese eines autoritären Charakters" durchaus vertraut waren. Es war offenkundig, daß die Applikation auf Wissensbestände den Schülern sehr viel leichter fiel, als die auf eigene (noch häufig unartikulierte) Erfahrungen, über die sie zudem gar nicht so gern öffentlich zu sprechen bereit sind.

Derartige Wissens-Rahmen zu schaffen ist eine sinnvolle, zu selten praktizierte Form von fächerübergreifender Arbeit.

Die konkreten Applikationen auf das Schreckensbild eines autoritären Charakters griffen allerdings zu kurz. Der Unterricht in den anderen Fächern war offenbar an einem Interpretationsschema orientiert, das nach einer kurzen Verbindung von Untertanen im Kaiserreich zu Faschisten im Nationalsozialismus suchte und den verbindenden Knoten in der sadomasochistischen Triebmodellierung erblickte. Bei dieser Verkürzung kommt ein sehr selbstgerechtes Bild von Untertanen-Mentalität heraus, das die Ausbreitung des Untertanen zu einem isolierbaren Strang deutscher Geschichte (vom Imperialismus zum Faschismus) stilisiert. Von diesem Irrgang der Geschichte braucht man sich nur, gemeinsam mit den Schülern, empört zu distanzieren, um ein für alle mal den Gefährdungen zu entgehen, die in den Verführungen zur Anpassung an mächtige Institutionen, politische Meinungsträger, bürokratische Apparaturen auch in manchen demokratisch verfaßten Gesellschaften noch heute liegen. Der Gefahr einer solch selbstgerechten, die Kontinuität von Geschichte nicht hinreichend reflektierten Deutung, wollte ich entgegenwirken.

Für die Beantwortung der eingangs gestellten Frage gingen wir, nachdem die Schüler die wichtigsten Episoden der Entwicklung des Diederich Heßling im Elternhaus, in der Schule, in der Verbindung und beim Militär resümierend erzählt hatten, näher auf den Text des ersten Kapitels ein. Für das deutende Gespräch wurde die Aussage, daß für Diederich „die Macht, die kalte Macht, an der er selbst, wenn auch nur leidend, teilhatte, sein Stolz war" (S. 8)* richtungsweisend. Die Begriffsantinomie von F. C. Scheibe (1967) ‚Macht erleiden und Machtausübung' schrieb ich an die Tafel, und wir ordneten die Episoden den beiden dominanten Trieben bzw. Strebungen Diederichs zu. Mit der strukturierenden Besprechung griffen wir auf ein Verfahren zurück, das sich schon bei der Analyse von Effis widersprüchlichen Neigungen bewährt hatte. Mit der Anschaulichkeit des Unterrichtsgesprächs verbindet sich eine Strukturierung des Gegenstandes, die den Schülern die Orientierung im Romangeschehen und im Unterrichtsablauf erleichtert:

Macht erleiden ———— Diederich Heßling ———— Machtausübung
Der Untertan

Macht erleiden	Machtausübung
weiches Kind, das sich vor allem fürchtet (S. 5)	
bis Herr Heßling ... den Stock von der Wand nahm (S. 5)	streckte Diederich nach den Arbeitern die Zunge aus (S. 5)
	D. droht der Mutter, sie beim Vater zu verklagen (S. 6)
Den scharfen Lehrern war er ergeben (S. 8)	Den Gutmütigen spielte er Streiche (S. 8)
D. umwand den Rohrstock des Lehrers (S. 8)	Die Macht vertrat er gegenüber seiner Schwester (S. 8)
	Zwingt Juden unter das Kreuz (S. 10)
In der Verbindung war alles laut kommandiert (S. 22)	
Er durfte Wiebel dienen (S. 26)	Biervorschiß für seinen Fuchs (S. 28)
Unterwürfigkeit gegenüber – Graf Tauern-Bärenheim (S. 30) – Mahlmann (S. 32)	
Militärische Tätigkeit setzt persönliche Würde auf ein Mindestmaß herab (S. 36)	
D. fällt vor dem Kaiser in den Tümpel (S. 47)	D. schlägt auf den Künstler ein (S. 46)

Bildet sich die Unterwürfigkeit gegenüber Vertretern übergeordneter gesellschaftlicher Instanzen zunächst rein formal aus, so wird sie durch die Verbindung Neuteutonia auch inhaltlich gefüllt: Mit der „Erziehung zu Mannhaftigkeit und zum Idealismus" (S. 24) als einer Ideologie, die sich gegen den „jüdischen Liberalismus" als der „Vorfrucht der Sozialdemokratie" (S. 41) wendet. Jeder Eigenständigkeit beraubt, bildet sich in den Akten der Unterwerfung unter die herrschende Macht zugleich die Weltanschauung der Herrschenden als Vorurteil aus, das wiederum die Wahrnehmungen steuert und sich als Urteil über Menschen und Gesellschaft festigt. In dem ersten Gespräch mit Herrn Göppel hatte Diederich „noch keinerlei Meinung" (S. 12).

* Zitiert wird nach der dtv-Ausgabe. München ^{22}1981.

Bei der späteren Vervollständigung der Übersicht in den folgenden Stunden wurde erkennbar, daß von Heßlings Rückkehr nach Netzig an (Kap. 3) die Machtausübung gegenüber dem Machterleiden erheblich zunimmt. Immer deutlicher entwickelt Heßling sich dabei vom Individuum zum Typus des skrupellosen Untertanen und zugleich Unterdrückers. Die Stationen des Aufstiegs vermitteln einen Überblick über die weitere Handlung:

- Übernahme der Fabrik,
- Bündnis mit konservativen und reaktionären Machtgruppen,
- Bekämpfung des Liberalismus,
- Verbindung mit Repräsentanten des Adels,
- Interessengemeinschaft mit den Vertretern der Arbeiterschaft,
- Übernahme der Papierfabrik.

W. Emmerich sieht in diesem Aufstieg eine „allgemein-historische Repräsentanz":

> „Spiegelt er doch inhaltlich typische Ereignisse und Kräfteverschiebungen im deutschen Reich im Übergang vom Konkurrenzkapitalismus zum Monopolkapitalismus und Imperialismus. Gleicherweise sind die Mittel, mit denen Heßling seine Arrangements bewerkstelligt, prototypisch für die neue ‚Luft des Imperialismus': Bestechung und Gewalt. Bis hin zum Romanende findet also durchaus noch weitere ‚Bildung' und ‚Entwicklung', aber im Gegen-Sinn des historischen Romanmusters statt: Aus dem kleinen, bösartigen, bedeutungslosen Spießer wird der moderne kapitalistische Wirtschaftsführer, nicht mehr nur Zögling des Zeitgeistes, sondern sein Vollstrecker." (Emmerich 1980, S. 58/59)

An anderer Stelle erläutert Emmerich diesen Gedanken einer Umkehrung des bürgerlichen Bildungsromans (S. 51 ff.), der für uns eher als der vom Typus des Konkurrenzkapitalisten im Mittelpunkt der Gespräche in den ersten drei Stunden stand: wie sich ein Kind mit durchaus positiven Anlagen, wie z. B. Phantasie, Denkvermögen, sozialen Aufmerksamkeiten, Entschlossenheit, Naturverbundenheit etc., in dem Durchgang durch Erfahrungen mit Menschen und Institutionen nicht weiterentwickelt, entfaltet, seine Kräfte ausgebildet, sondern sie zurückbildet, um sie nur noch fremden Zwecken dienstbar zu machen, die allein der Teilhabe an der Macht dienen. So wird aus einem ängstlichen Individuum ein skrupelloser Funktionär der Macht. Nicht die Entwicklung zu einer Persönlichkeit, sondern zu einem entmenschlichten Typus wird in diesem Roman erzahlt.

Die verkürzten Zitate in unserer Übersicht machen es deutlich: Dies Erzählen geschieht auf sehr anschauliche Weise. Heinrich Mann hat selbst in „Ein Zeitalter wird besichtigt" mit Bezug auf die Gestalt des Untertanen darauf hingewiesen: „Als ich sie aufstellte, fehlte mir von dem ungeborenen Faschismus der Begriff, und nur die Anschauung nicht." (H. Mann 1947, S. 201)

Auf anschauliche Weise, in Episoden, Geschichten, Dialogen, wird der Verfall eines Charakters zum funktionierenden Typus dargestellt und damit genauer, vielfältiger, konsequenter erfaßt, als jede systematische Sprechweise es vermöchte. Das macht die Episoden auch für das didaktische Gespräch so fruchtbar.

Mit dem Hinweis auf die Vervollständigung der Übersicht habe ich dem weiteren Ablauf des Unterrichts schon vorgegriffen. In der zweiten Stunde haben wir uns zunächst genauer mit dem Schluß des ersten Kapitels befaßt. Der Text gab wiederum selbst die Anschauung vor, die wir aufgriffen: „[...] steigen wir in gegliederten Massen [...] kegelförmig hinan" (S. 47). Als Tafelbild entstand der *Kegel der Macht* als der Weg Heßlings weg von der Persönlichkeit hin in den Vorhof der Macht, vor der er bildkräftig in die Pfütze sinkt.

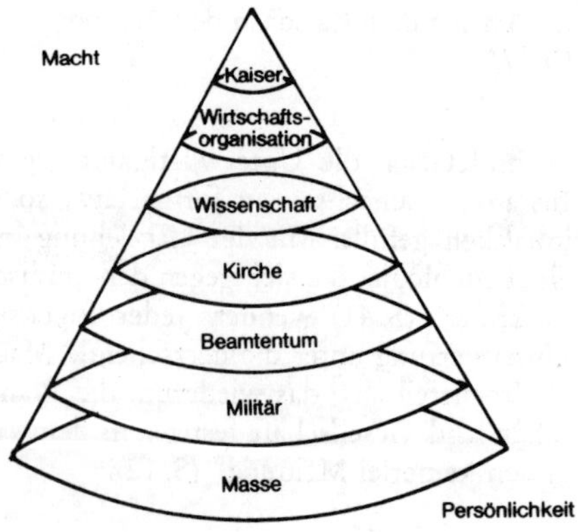

Die meisten der Stationen hat Diederich schon bis zu dieser Stelle der ersten Begegnung mit dem Kaiser durchlaufen; seine Promotion in der Wissenschaft steht unmittelbar bevor. Wie klar sich der Erzähler vor dieser Art Ent-Bildung distanziert, macht die Ironie, mit der er Gedanken und Handlungen der Figur beschreibt, offenkundig: Wenn die Begeisterung für den Kaiser Diederich in einen Rausch versetzt, der „höher und herrlicher ist, als der, den das Bier vermittelt", dann werden zwei verschiedene Ebenen miteinander vermischt; wenn Diederich seinen Hut „in einer Sphäre der begeisterten Raserei" schwenkt, dann ist das sicher übertrieben; wenn der Kaiser auf dem Pferd der Allegorie der Macht erscheint, dessen untersten Zipfel, die Hufe, Diederich küßt, dann ist das Verblendung und unangemessenes Verhalten; wenn Diederich vor lauter Begeisterung vor dem Kaiser in den Tümpel fällt, dann spiegelt der Fall seine Lage: eine auf den Kopf gestellte Person, aber dafür nahe der „Macht". Vermischung der Ebenen, Übertreibungen, Unangemessenheiten, verzerrte Spiegelungen sind Mittel komischen Sprechens, die in diesem Fall die Verfehlungen der Menschlichkeit durch die Hauptfigur satirisch entlarven.

Oberste Instanz der Machtausübung ist im Roman der Kaiser Wilhelm II. Will Diederich Heßling weg vom Machterleiden hin zum Machtgebrauch, muß er sich näher an das Machtzentrum heranarbeiten. Nägele hat eine wichtige Beobachtung gemacht, die sich in eine sinnvolle didaktische Aufgabenstellung übersetzen läßt:

„Die ganze ‚Erziehung' und Entwicklung Diederichs läuft denn auch auf eine immer genauere Identifikation mit der Person des Kaisers und dem in ihr verkörperten Prinzip hinaus. Und zwar ist der Roman strukturell so angelegt, daß jedes der sechs Kapitel auf eine jeweils höhere Stufe der Rollenidentität hinführt, auf der zugleich das rollenbestimmende Prinzip sich in fortschreitender Steigerung offenbart." (Nägele 1973, S. 30)

Die Schüler studieren die Kapitelschlüsse und bestätigen diese Beobachtung von der wachsenden Nähe Diederichs zum Kaiser und damit zugleich die These vom *„umgekehrten Entwicklungsroman"*, der von der Identität zum Rollen-Ich führt:

Im ersten Kapitel findet die Begegnung von Kaiser und Untertan statt, die dessen Rolle fixiert: den anderen voran, aber in der Pfütze vor dem Kaiser.

Im zweiten Kapitel läßt Heßling nach der schäbigen Demonstration seiner Macht gegenüber Göppel sich den Kaiserbart richten, und er läßt seine Augen starren, „als blitzten sie aus dem Gesicht der Macht" (S. 76).

Am Ende seines Eintritts in die Netziger Gesellschaft im dritten Kapitel schickt Heßling im Auftrag der Kaisertreuen ein Huldigungstelegramm an den Kaiser und verfaßt, schon ganz in der Rolle des Kaisers, das Antworttelegramm. Er wird der angebeteten Figur nicht nur immer ähnlicher, sondern handelt schon an ihrer Statt.

Auch am Ende des vierten Kapitels leiht Diederich dem Kaiser Worte, die aus der Reichstagsdebatte so getreu nachempfunden sind, daß er „nicht mehr [hätte] sagen können, ob es von ihm selbst war oder nicht doch vom Kaiser" (S. 187). In der Nähe zur Spitze des Kegels spürt er die „Schauer der Macht".

Nach der Rettung aus seiner bedrängten finanziellen Lage und seiner Heirat steht am Schluß des fünften Kapitels die Hochzeitsnacht mit Guste Daimchen, die erschrocken fragt: „Bist – du – das – Diederich?" (S. 276) Selbst im ganz privaten Umgang hat er sich zum Typus verfestigt. Im Verlauf des letzten Kapitels verschaffte Diederich dem Kaiser dauernde Gegenwart in Netzig durch das Denkmal. Seine dem Kaiser nachempfundene Rede bei der Denkmalsenthüllung ist diesmal aber nicht das letzte Wort, auch nicht die Bestätigung seiner Ähnlichkeit mit dem Kaiser durch eine weitere Person. Der Verfall eines Menschen zum Typus des Untertanen wird vielmehr unmißverständlich entlarvt. Vom sterbenden Buck heißt es: „Er hat den Teufel gesehen" (S. 364). Diederich macht sich aus dem Staube wie Mephistopheles, als man Fausts Unsterbliches entführt hat.

Weniger überblickshaft als vielmehr textintensiv beschäftigen wir uns mit dem zentralen dritten Kapitel: Heßlings *Eintritt in die Netziger* Gesellschaft. Über seine Antrittsbesuche bei den Gesinnungsträgern des Ortes werden wir als Leser aus seiner Perspektive mit den wichtigsten Gruppierungen vertraut gemacht. Bei der Einführung der Gesinnungsträger dieser Gesellschaft im kleinen ist eine Steigerung insofern auffällig, als sie von den Rändern der Familie und des kleinen Betriebs der Heßlings hin zu den national gesinnten, kaisertreuen Typen führt, die gegen den herrschenden Freisinn die neue Untertanen-Gesellschaft schaffen wollen. Der Vertreter der Regierung und damit des Kaisers bleibt zunächst unerreichbar, meldet sich nur von oben aus dem Fenster des Regierungsgebäudes. Der Anlaß seiner Erscheinung ist der Wendepunkt des Kapitels und der gesamten Handlung des Romans; denn mit der Erschießung des Arbeiters und deren Bewertung durch die Gesinnungsträger der Parteien wird Diederich von einem, der Erfahrungen mit der Macht und ihren Trägern gesammelt hat, zu einem, der die Macht selber auch im politischen Raum zu gebrauchen lernt – und zwar eine Macht, die nicht vom Volke ausgeht, sondern sich gewaltsam gegen das Volk wendet. Mit dem unbeherrschten Schuß auf Menschen aus dem Volk und dessen Bewertung haben die Untertanen ihre menschenverachtende Gesinnung zum Ausdruck gebracht. An diesem Punkt ist auch die Satire der ernsthaften Warnung vor den Konsequenzen rauschhafter Untertanen-Gesinnung gewichen.

Die Stationen der Aufnahme von Gesprächen und Beziehungen Heßlings mit den Repräsentanten der „Gesinnungsgemeinschaften" (Wehler 1977) in der Kleinstadt des wilhelminischen Deutschland halten wir als gesellschaftliche Gruppierung wieder an der Tafel fest. Nach der Begrüßung durch die Familie ist die erste Begegnung die mit den Arbeitern im eigenen kleinen Betrieb. Die Unangemessenheit der Rede in der Situation der Begrüßung, die Anreicherung seiner Ausführungen mit Kaiserzitaten, die übertriebene Härte bei der Entlassung des Arbeiters, seine von Angst diktierten Aggressionen gegenüber dem sozialdemokratischen Napoleon Fischer lassen Heßling als den harmlosen „Angstbeißer" erscheinen, der nicht recht ernst zu nehmen ist.

Auch in seinem Gespräch mit dem alten Buck erscheint er noch eher als Opportunist, der durchaus noch offen scheint, selbst für liberale Gesinnung („ich bin selbstverständlich durchaus liberal", S. 87). Dennoch wird der Unterschied zwischen liberaler und Untertanen-Gesinnung auf klare Begriffe gebracht: Gegen Heßlings Meinung, daß Deutschland seine Einigung den Hohenzollern zu danken habe, hält der alte Buck seine Maxime, daß Einigkeit sich erst wirklich herstelle, wenn jeder Bürger seinem „eigenen Willen" folgen konne (S. 89). Einigkeit über Gleichheit steht der Einigung durch Hierarchie gegenüber. Mit den Heßlings, die „den Preis der Unfreiheit" (S. 89) zu zahlen bereit sind, wird der Tradition der Freiheit in Deutschland für Generationen der Garaus gemacht. Die Mahnung: „Wir sollen Respekt haben vor unserer Vergangenheit – auch wenn wir besiegt worden sind" (S. 90) hören sie nicht mehr. An solchen Stellen ist der Roman gleich weit von einer Satire der Untertanen-Gesellschaft wie auch von einem realistischen Genre-Bild des wilhelminischen Deutschland entfernt. Hier wird er zu einer Mahnung an die kommenden Geschlechter. Es sind zugleich Stellen, die aus dem Roman mehr machen als ein Panoptikum ferner Gestalten und Zustände, das man entweder mehr mit überlegener Heiterkeit oder mehr mit besserwissendem distanzierten historischen Bewußtsein allein betrachten kann.

Auf der dritten Station seiner Vorstellungstour gelangt Diederich Heßling im Hause des Bürgermeisters dann in den Kreis der national (gut, S. 94) Gesinnten, in deren Gesellschaft er die Ideen der Verbindung wiederbeleben kann: „In der Verbindung haben wir Mannhaftigkeit und Idealismus gelernt [...], da erübrigt sich das Dichten" (S. 99). An dieser Stelle konnte ich es nicht lassen, einen Zusammenhang zwischen Untertanen-Gesinnung und mangelhafter ästhetischer Bildung herzustellen: „Ich gehe nur in Konzerte, wo ich Bier trinken kann" (S. 15), „der deutsche Aufsatz war ihm das Fremdeste" (S. 11/62), „Noch gestern hab ich meinen Schiller verkauft. Denn ich habe keinen Sparren und laß mir nichts vormachen" (S. 65), „Das deutsche Volk ist eben, Gott sei Dank, nicht mehr das Volk der Denker und Dichter" (S. 90). Kunst hat in einem Leben, das auf Funktionalität gerichtet ist, keinen Platz mehr. Sie dient allenfalls der Zerstreuung, Erbauung oder Ablenkung, keineswegs aber der Aufklärung, der konkreten Kritik oder dem utopischen Entwurf. Die Rolle der Kunst im Roman wäre ausführlichere Untersuchungen wert, die ich aber in dem Unterrichtskonzept ausgeklammert hatte. Nähme man sich zwei bis vier Stunden mehr Zeit für die Behandlung des Romans, könnte dieser Bereich von Theatermetaphern, Schauspielkunst, Laienspiel, Wagner-Weihespiel und deren Funktion für die Entwicklung und Charakteristik des Untertanen-Typus durchaus in einem Grundkurs angesprochen werden. Besonders produktiv und zugleich analytisch erhellend wurde die Arbeit an dem Themenkomplex Kunst und Kunstwirkungen in einem germanistischen Hauptseminar. Offenbar stellt sich der Zugang zu dem Problem bei den jungen Menschen selbstverständlicher her, die den Umgang mit Kunst zu ihren Professionen gemacht haben.

In unserem Konzept haben wir die Entwicklung des Individuums Heßling zum Typus des Untertanen mit dem sozialwissenschaftlichen Begriff der Rollenübernahme gefaßt. Der entscheidende Punkt in dem Roman, an dem aus dem Ausprobieren der Rolle des Machtausübenden in Redeweise, Denkpartikeln, im Handeln im privaten Raum von Familie und Betrieb die Rollenübernahme in der Öffentlichkeit praktisch wird, ist der tödliche Schuß auf den Arbeiter aus Heßlings Papierfabrik. Diederich erklärt sich öffentlich solidarisch mit der menschenverachtenden Macht der reaktionären nationalen Kräfte: „Das Volk muß die Macht fühlen. Das Gefühl der kaiserlichen Macht ist mit einem Menschenleben nicht zu teuer bezahlt" (S. 109). Die Auffassung über die Aufhebung der Gewaltenteilung, den Gebrauch von Gewalt und die Rechte des einzelnen trennt von nun an die Partei derer, die bedingungslos für den Kaiser sind, von denen, die gegen ihn stehen (S. 110). Bildhaft wird das anschaulich, wenn die national Gesinnten einen zweiten Tisch im Ratskeller aufmachen, um sich von der liberalen Partei abzusetzen. An diesem neuen Tisch haben wir den Kegel der Macht gleichsam horizontal aufgereiht: den Major Kunze, den Beamten Judassohn, den Pastor Zillich, den Gymnasialprofessor Kühnchen und den Fabrikbesitzer Heßling, der auf der hierarchischen Leiter schon ein gutes Stück vorangekommen ist. Daß unter seiner Wortführung der Spitze des Kegels, dem Kaiser, ein Grußtelegramm geschickt wird, ist ein weiterer Ausdruck der kunstvollen Konstruktion der Kapitel.

Im Blick auf die bevorstehende Klausur haben wir uns ausführlicher mit der Episode der *Majestätsbeleidigung* und ihrer Bedeutung für die Formation der kaisertreuen Untertanen befaßt. Blieb das Gespräch zunächst oberflächlich bei dem genauen Ablauf der angeblichen Beleidigung des Kaisers durch den liberal gesonnenen Schwiegersohn Bucks sowie seiner Überführung durch Heßling, so ging es danach zu einer Bewertung des veränderten Verhaltens von Heßling und seinen Gesinnungsfreunden über: Der Widerspruch zwischen dem, was er sage und tue, wachse (z. B. die rigide Sexualmoral, die im Widerspruch zu seinen dreisten Annäherungsversuchen bei Käthchen Zillich stehen, S. 101), seine Lügen würden unverschämter (über seine angebliche Militärdienstzeit, S. 99, über Wolfgang Buck und Guste Daimchen, S. 103, über seine Beziehung zu dem Regierungspräsidenten Wulckow, S. 113), die Verherrlichung des Tötens von Menschen werde immer deutlicher: Nachdem Heßling seine Bewunderung darüber zum Ausdruck gebracht hat, „daß da einer, der frech wird, einfach abgeschossen werden kann" (S. 109), will er „den Sumpf trockenlegen" (S. 113), berichtet der Gymnasiallehrer Kühnchen stolz von der Schlacht bei Sedan und seinen Heldentaten, daß er Feinde abgeschossen habe, die Luftsprünge gemacht hätten „wie die Garniggel" (S. 115) oder daß sie Kinder aus dem Fenster geworfen hätten und „Mit unseren Bajonetten, hammer die Kleenen Luder uffgefangen" (S. 116). Die Satire ist längst in eine Groteske umgeschlagen, bei deren genauer Lektüre einem das Lachen im Halse stecken bleibt und dem Grauen weicht. Die Schüler lesen den Roman überhaupt weniger von seiner distanziert-ironischen Seite her und haben Schwierigkeiten bei der Definition des Romans als eines satirischen. Ich teile inzwischen diese Bewertung.

Immer wieder wird zu Recht die Briefstelle Heinrich Manns zitiert, in der er auf die Bedeutung des Majestätsbeleidigungsprozesses im vierten Kapitel verweist: „Der Majestätsbeleidigungsprozeß ist das Centrum, und der centrale Punkt. Das Plaidoyer des Vertheidigers, das den Typus des Unterthans direkt hinstellt, und das ich sehr soigniert habe." Es lag nahe, dieses Plädoyer von Wolfgang Buck zum Gegenstand der Klausur zu wählen. Nicht so leicht war es, die Reihe so zu planen, daß das bei dem feststehenden Klausurtermin auch gelang. Zur Auswahl stand außerdem die Analyse der Rede Heßlings bei der Enthüllung des Kaiserdenkmals (S. 354–369); die meisten Kursteilnehmer wählten aber das erste Thema:

1. In seinem Plädoyer während des Majestätsbeleidigungsprozesses (Kap. 4) charakterisiert Wolfgang Buck Diederich Heßling als Untertan.
   a) Analysieren Sie diesen Abschnitt (S. 179 unten bis 184 oben) und stellen Sie ihn in den Zusammenhang des Romans.
   b) Fassen Sie die Aussagen Bucks über den Untertan zusammen und beurteilen Sie aus Ihrer Sicht.
   c) Ergänzen Sie die Charakterisierung Heßlings durch Beschreibung und Bewertung seiner Anklagerede (S. 175/176).

Die erste Aufgabe (a) verlangte eine Gliederung der Rede mit der Abfolge von Unschuldsvermutungen, Analyse der Untertanen-Mentalität, Appell an die Richter und metaphorischer Überhöhung, eine Strukturierung der beteiligten Figuren, eine Analyse der Sprache, eine Bestimmung der Erzählerperspektive sowie Aussagen über den historischen Bezug und die Aktualität der Rede. Die am Text orientierten Untersuchungsschritte der hermeneutischen Spirale gelangen leidlich, die eher theoretischen Fragen nach Erzähler oder Geschichtlichkeit wurden kaum hinreichend beantwortet. Zum Erzähler schrieb Jürgen G. in seiner ansonsten guten Klausur:

> Zur Erzählerperspektive in diesem Abschnitt läßt sich folgendes sagen: Heinrich Mann bringt durch Buck seine eigene Meinung zum Ausdruck. Dieses schließe ich daraus, daß an vielen anderen Stellen des Romans durch Übertreibung und Satire die Figur des Diederich Heßling vom Autor lächerlich gemacht wird.

Daß der Erzähler aus der Perspektive Heßlings erzählt, wurde von niemandem bemerkt. Schon im ersten Satz des zu analysierenden Abschnitts heißt es: „Wolfgang Buck erhob sich langsam. Seine sonderbaren Freunde auf der Tribüne murmelten beifällig“ (S. 179). „Sonderbar“ sind die Freunde doch vor allem aus der Perspektive Heßlings, dessen Gedanken zudem in der Form erlebter Rede später (S. 181) mitgeteilt werden. Gerade der Perspektivwechsel, die Wertung aus unterschiedlicher Sichtweise, ist Bedingung satirischer Entlarvung im Vorgang des Erzählens. In derselben Klausur heißt es zur Aufgabe (b) u. a.:

> Die wichtigsten Aussagen Bucks über den Untertan beinhalten, daß er über alle, die weniger Macht haben als er, grausam und rücksichtslos Macht ausübt, daß er aber gegenüber allen, die mächtiger sind als er, ‚sein Mäntelchen nach dem Wind hängt‘ und sich bedingungslos unterwirft. Das entscheidende an diesem Standpunkt ist die Zwiespältigkeit des Charakters, der keine eigene Meinung kennt, sondern dessen Meinung sich nach der Machtstellung anderer richtet.

Die Zwiespältigkeit des Charakters wird dann mit Hilfe der im Unterricht erarbeiteten Übersicht über die „Macht ausübende“ und „Macht unterwürfige Stellung“ Diederichs erläutert. Die Antwort auf die Frage (c) wird mit dem Problem der Gegenwärtigkeit der Handlung verbunden:

> Aus der Anklagerede ergeben sich für den Charakter Diederichs einige neue, wichtige Aspekte: So gibt Diederich z. B. zu, daß er absichtlich provoziert habe, und er ist scheinbar auch stolz darauf, denn er sagt aus, daß er nur seine Pflicht getan habe und den Vorgang jederzeit wiederholen würde. Wenn man diesen Handlungsschritt etwas verallgemeinert, so ergibt sich, daß jemand, der politisch eine andere, entgegengesetzte Meinung hat, so lange provoziert wird, bis er ‚sich vergißt‘ und in der Erregung Gesetzeswidriges tut, was er normalerweise nicht tun würde. Für diese Gesetzesüberschreitung kann man die politischen Gegner dann ins Gefängnis sperren und muß sie nicht mehr fürchten. Die Aktualität dieser Handlungsweise Diederichs ist gleich null [da steht am Rand: ‚Sind Sie der Untertanen-Gesinnung noch nicht begegnet? H. M.-M.], da es 1. in der BRD kein politisches System mehr gibt, in dem Beleidigungen der Regierung so strenge Strafen verursachen, da es 2. nicht mehr die Möglichkeit gibt, durch solche Untertanen-Dienste aufzusteigen, was bedeutet, daß es auch keine ‚Untertanen‘ im Sinne Diederichs Heßlings mehr gibt und da uns 3. die Meinungsfreiheit zusichert, Kritik an der Regierung zu üben, ohne befürchten zu müssen, dafür ins Gefängnis zu kommen.

Nach Klausur und Betrachten des Staudte-Films war zwei Tage vor den Weihnachtsferien die abermalige Konzentration auf den Roman nur schwer zu erreichen. Nach mancherlei Andeutungen während des laufenden Unterrichts sollte der Rahmen *historischer Ereignisse*, auf den im Romangeschehen Bezug genommen wird, sollten einzelne historische Fakten sowie die Erzählerperspektive und -absicht bestimmt werden. Die Verarbeitung historischen Materials wurde nicht als Problem selbständig erarbeitet, sondern als Faktum zur Kenntnis genommen. C. Siefer (1980, S. 66 ff.) hat die von U. Weisstein (1973) und H. Eggert (1971) zusammengetragenen Quellen didaktisch so klar aufbereitet, daß die zeitkritischen Elemente des Romans, bezogen auf die Jahre 1890–1897, als Tatsachen akzeptiert wurden. Am Beispiel der Februar-Krawalle 1892 (vgl. 1. Kap., S. 43 ff.) und des Falls Lück (vgl. 3. Kap., S. 105 ff.) wurde der historische Bezug überprüft. Auf die Verwendung von Kaiserzitaten in seinen Reden wurde schon bei der Besprechung von Heßlings Begrüßung seiner Arbeiter im Betrieb (S. 80) verwiesen. Der Gebrauch von Kaiser-Zitaten war Beleg für die Behauptung von der Entpersönlichung, die Entwicklung zum Untertanen-Typus, der nicht einmal mehr zu eigener Sprache fähig ist. Er ist auch Merkmal der Satire, daß sie hier Sentenzen, die die kaiserliche Politik legitimieren sollten, auf den Bereich der banalen Papierherstellung überträgt. Unangemessenheit des Sprachgebrauchs war das Stichwort, unter dem wir dieses Mittel der Satire betrachtet hatten.

Auch die Rede bei der Denkmalsenthüllung am Schluß des Romans (S. 355 ff.) ist voller Kaiser-Zitate, die den Ausführungen ihre Kraft und Bedeutung verleihen sollen. Die *Absicht des Erzählers* ist auch hier offenkundig: zu zeigen, wie der Untertan nicht als selbständige, sondern nur als geliehene Person existiert. Charaktereigenschaften werden ihm verliehen wie Orden; er ist grenzenlos, d. h. bis zur Vernichtung von Menschenleben hin, manipulierbar. Die wechselnde Perspektive des Erzählens begründet den eigenwilligen Stil des Romans. Zwar berichtet der Erzähler, wie im Fall personalen Erzählens, häufig nahe an der Hauptfigur, aber die Perspektive wird immer wieder gewechselt, so daß verschiedene Sichtweisen nebeneinanderstehen, z. B.:

„Wulckow, der keinen Sinn für die Kunst hatte und sich mit dem Günstling Seiner Majestät nicht zu stellen wußte, bekam vom Denkmalskomitee die Ehrengabe von zweitausend Mark, auf die er als Ehrenvorsitzender das Recht hatte; die bei der Enthüllung zu haltende Festrede aber übertrug das Komitee seinem ordentlichen Vorsitzenden, dem geistigen Schöpfer des Denkmals und Begründer der nationalen Bewegung, die zu seiner Errichtung geführt hatte, Herrn Stadtverordneten Generaldirektor Heßling, bravo! Diederich, bewegt und geschwellt, sah sich am Fuße neuer Erhöhungen. Der Oberpräsident selbst ward erwartet, vor der hohen Exzellenz sollte Diederich reden, welche Folgen versprach das!“ (S. 349/350)

Nach der Bewertung Wulckows durch den Abstand wahrenden Erzähler wird aus der Sicht der Mitglieder des Denkmalkomitees die Ernennung Heßlings zum Festredner und schließlich aus der Sicht Diederichs von den erfreulichen Folgen für ihn selber gesprochen, aber nicht ohne daß der Erzähler sich abermals ganz kurz durch eine zweite Merkmalsbeschreibung einschaltet: „Bewegt und geschwellt“. Dieses Erzählen auf mehreren Ebenen, das Brüche erzeugt, Unvereinbares nebeneinander stellt, Einseitigkeiten in der Bewertung offenkundig macht, taucht gerade am Schluß des Romans gehäuft auf. Es ist wichtiges Element des satirischen Stils, der ideologische Weltanschauungen entlarvt. Es ist aber auch Grundlage mehrperspektivischen Sehens, das unvermittelt auch akzeptable Deutungen von Wirklichkeit aufleuchten läßt. So ist die Satire der Denkmalsenthüllung, in deren Verlauf mit dem Gewitter ein Naturereignis die gesamte versammelte Reaktion verscheucht, eingebunden in Gespräche der Familie Buck (S. 347–349 und S. 362–364), in denen über Dinge gesprochen wird, „die doch nur [Sicht Diederichs! – H. M.-M.] von Geist und Zukunft handelten“ (S. 349). Aber diese Gespräche finden heimlich bzw. privat statt und erreichen nicht mehr die Öffentlichkeit, in der die Unterdrücker/Untertanen die Macht übernommen haben. So bleibt trotz der Gewitter-Metapher mit ihrer Andeutung eines „Umsturzes der Macht“ (S. 362) doch die Resignation. Wenn überhaupt, dann erwächst eine Zukunftsperspektive aus der Besinnung auf die uneingelösten Versprechungen der Vergangenheit von vor 1848: „Der würde nicht gelebt haben, der nur der Gegenwart lebte" (S. 348). Wenn auch der Erzähler den alten Buck nicht zur positiven Gegenfigur zu dem zerstreuten Haufen der Untertanen entworfen hat, bleibt doch der Eindruck, zumindest in bezug auf die fünf Schüler, die sich zu dieser weihnachtlichen Stunde noch beteiligten, von dem auch im Roman erzählt wird:

„Manchmal, wenn der Alte das Haus verließ, war eben die Schule aus. [...] Da blieben am Wege diese wenigen jungen Leute stehen, jeder für sich, wie es schien, und aus eigenem Antrieb. Ihre Stirnen sahen weniger glatt aus als die meisten; sie hatten Ausdruck in den Augen, nun sie Kühnchen und Zillich den Rücken kehrten und vor dem alten Buck den Kopf entblößten. Unwillkürlich hielt er dann den Schritt an und sah in diese zukunftsträchtigen Gesichter, noch einmal voll der Hoffnung, mit der er sein Leben lang in alle Menschengesichter gesehen hatte." (S. 329/330)

d) Rainer Maria Rilke „Die Aufzeichnungen des Malte Laurids Brigge"

Einige Male, während der Weihnachtsferien, für die den Schülern die Lektüre von Rilkes „Aufzeichnungen" aufgegeben war, hatte ich angstbesetzte Visionen, in welcher Form mir der Protest gegen die Anstrengungen, die mit der Lektüre dieses anspruchsvollen Werkes unabweislich verbunden sind, entgegenschlagen würde. Als Notprogramm hatte ich mir die Klassenlektüre der Abschnitte 1–9, 14, 44 sowie der „Legende" zurechtgelegt. Die Kosten für die relativ teure Ausgabe der Bibliothek Suhrkamp hatte ich vorgestreckt und mich auf endlose Ratenzahlungen eingestellt. Aber wieder waren die Reaktionen völlig anders als erwartet. Erstaunlich viele Kursteilnehmer waren bis in das letzte Drittel des Romans vorgestoßen; die meisten gaben glaubhaft an, bis zum Auftauchen des „kleinen grünen Buches" (Abschnitt 54) durchgehalten zu haben, andere hatten dem Lesewiderstand schon nach Abschnitt 14 nachgegeben und auf die Lesehilfen im Unterricht gewartet.

Das Gespräch wurde von den Schülern eröffnet, die bisher eher zu dem schweigenden Drittel gehörten. Niemand reagierte mit der erwarteten Ablehnung; alle, die sich, auch mit Skepsis, äußerten, zeigten sich angesprochen von der gezeichneten Situation Maltes: ein junger Intellektueller, ohne Aussicht oder Ambitionen auf eine praktische Tätigkeit, ohne Vermögen und Arbeit, auf niveauvolle Weise mit sich selbst beschäftigt, ohne Freundschaft und gesellschaftliche Anerkennung, in einer von Zerstörungen gezeichneten Großstadt, heimgesucht von Visionen, gegen die er sich ebensowenig wie gegen seine Situation insgesamt wehren kann – dies alles empfanden die nunmehr 18jährigen jungen Menschen als durchaus aktuell. Nur mit den Geschichten von den Großvätern, von der Hand oder von dem Zaren „kann man ja nun mal absolut nichts anfangen". „Auf dem Umschlag steht: ‚Er war ein Dichter und haßte das Ungefähre'. Also, ich sehe, daß das im Buch das Gegenteil ist." Dirk hatte das zwar teilweise als Vorwurf gemeint, wollte aber das ganze Geschehen damit zugleich auf den Begriff bringen: Um das Ungefähre von Ängsten, Visionen, Träumen, Ahnungen, Gefühlen ginge es ja wohl mehr als um die genaue Wiedergabe von Wirklichkeit.

Insgesamt standen im Januar acht Stunden für den ganzen Roman zur Verfügung; die neunte Stunde war der Auswertung der Roman-Reihe vorbehalten. Von den vielfältigen Aspekten sollten unbedingt angesprochen werden:

- Malte in Paris (Abschnitt 1–4),
- Situation: Wahrnehmungen, Erinnerungen, Erzählversuche (4–14),
- Ausweitung des Erfahrungsraumes sowie Struktur der Aufzeichnungen (15–18),
- Kindheitserinnerungen (27–29), Funktion des Erzählens (44),
- Geschichten des „kleinen grünen Buches" (54/55, 61),
- Idealgestalten; Scheitern Maltes?

Die „Legende" am Schluß der Aufzeichnungen konnte weitgehend aus der Besprechung ausgeklammert bleiben, weil damit die Mythos-Reihe in 12/2 eröffnet werden sollte.

Die existentielle *Situation Maltes* haben die Schüler, hin und wieder mit erkennbaren Anklängen an ihr eigenes Selbstverständnis, erfaßt: Ein Intellektueller allein in einer fremden

Stadt, ohne Arbeit, mit viel Zeit, fängt an, seine Umgebung genauer wahrzunehmen, Details zu beobachten, nachzudenken, den Assoziationen freien Raum zu geben, so daß Beobachtungen, Gefühle, Visionen und Erinnerungen ununterscheidbar ineinanderfließen. Zur Erläuterung der historischen Situation hatte ich einen Auszug aus dem Brockhaus von 1894 zu den Stichpunkten Paris (Bevölkerung, Wohltätigkeitsanstalten) vorbereitet (vgl. nächste Seite), dann aber doch nur ein paar Stichworte selbst genannt: Es ist das Paris des Jahres 1902, in dem Rilke selbst in der Rue Toullier gewohnt hat, das Paris des unkontrollierten industriellen Wachstums in der Zeit der Gründerjahre, mit der Verelendung großer Massen zugewanderter Bevölkerungsschichten, in das ein junger Dichter aus dänischem Adelsgeschlecht gelangt, der bisher nur das aristokratische Landleben gekannt hat.

Dem städtischen Treiben, hinter dem keine ordnende Kraft und schon gar kein Sinn mehr erkennbar ist, gelten die ersten Beobachtungen. Wir stellen fest: es überwiegen die negativen Eindrücke: Hospitäler, kranke Menschen, üble Gerüche; Angst macht sich breit und steuert wiederum neue negative Wahrnehmungen. An der Wendung ins Irreale im 2. Abschnitt („Elektrische Bahnen rasen läutend durch meine Stube") stört sich niemand: Das kennt man doch, wie an Sommerabenden der Lärm der Straße ins eigene Zimmer dringt. Und das sagen die Leute doch auch: Es ist, als ob die Straßenbahnen mit ihrem Gebimmel durchs Zimmer rasen. Erst Erinnerungen an das Landleben („gegen Morgen krähte sogar ein Hahn") verdrängen Maltes Alpträume.

Bevölkerung. P. zählte im 13. Jahrh. 120000 E., 1474: 150000 E., unter Heinrich II. 210000 E., 1590: 200000 E., unter Ludwig XIV. 492600 E., 1784: 660000 E., 1856: 1174346 E., 1861 nach Einverleibung des Weichbildes 1667841 E., 1872: 1851702 E. und 1891: 2447957 E.

Bevölkerung nach Arrondissements (I–XX):

Arrondissement	Einw.	Arrondissement	Einw.
Du Louvre	66399	Popincourt	217016
De la Bourse	69812	Reuilly	111665
Du Temple	90000	Gobelins	110956
Hôtel de Ville	100046	Observatoire	112638
Panthéon	117549	Baugirard	119307
Luxembourg	100143	Passy	89226
Palais Bourbon	57950	Batignolles-Monceaux	175742
Elysée	107485	Butte-Montmartre	214258
Opéra	121289	Buttes-Chaumont	128388
Enclos St. Laurent	155344	Ménilmontant	142744

Rechnet man aber alle die Ortschaften dazu, die mit P. völlig zu einem Wohnplatz verwachsen sind, so steigt die Bevölkerung auf 2712598 E. Diese Orte sind: Boulogne-sur-Seine (32569 E.), Charenton-le-Pont (15306 E.), Clichy-la Garenne (30698 E.), Gentilly (15017 E.), Issy (12830 E.), Ivry (22357 E.), Montrouge (11992 E.), Neuilly-sur-Seine (29444 E.), Pantin (21847 E.), Saint-Mandé (11329 E.), Vanves (6815 E.) und Vincennes (24626 E.). (S. diese Artikel.) Ferner Bagnolet (6124 E.), Les Près-St. Gervais (8138 E.), Les Lilas (6405 E.) und Malakoff (9144 E.). Zum wirtschaftlichen Weichbilde von P. sind alle Orte des Depart. Seine und Teile von Seine-et-Oise zu rechnen.

P. ist dichter bevölkert als jede andere Stadt Europas, es kommen im Durchschnitt 290 E. auf den Hektar. Am dichtesten ist die Bevölkerung im Quartier Bonne Nouvelle mit 1025, am wenigsten in Bercy mit nur 60 Seelen pro Hektar zusammengedrängt. Das Centrum war früher bevölkerter als heute. Das Wachsen der Stadt ist nur dem Zuzug aus dem übrigen Frankreich und aus dem Auslande zu verdanken. Ein volles Zehntel der Bevölkerung sind Fremde. Von Engländern leben in P. 12804 und von Amerikanern 6414, welche zumeist das teure Quartier der Champs-Elysées und der angrenzenden Straßen, Avenuen und Squares bewohnen. Die span. Kolonie (3832) sowie die portugiesische bewohnt ebenfalls dieses Pariser „Westend". Italiener giebt es 22549, meist Künstler, Kunstindustrielle und Handwerker aller Art, welche die entferntern Stadtteile im Süden bewohnen. 45649 Belgier, meist Tagelöhner, Maurer, Zimmerleute, Eisenbahn- und Fabrikarbeiter, haben sich in den äußeren Quartiers niedergelassen; 16341 Holländer, unter ihnen viele Handels- und Geschäftsleute, wohnen meist im Centrum der Stadt. Die Deutschen (30229) und Österreicher sind über die ganze Stadt verteilt und gehören der litterarischen, der künstlerischen und der kunstindustriellen Welt an, oder sind in Finanz- und Handelsgeschäften als Buchhalter, Commis u. s. w. angestellt. Von Schweizern zählt P. 23781. Rußland ist am schwächsten vertreten. Nach dem Geschlecht kommen auf 100 Männer 88,1 Frauen. Fast die ganze Bevölkerung ist katholisch. Es giebt im ganzen Depart. Seine nur etwa 60000 Protestanten und 25000 Israeliten, daneben kleine Gemeinden von Sekten aller Art. Im zehnjährigen Durchschnitt war die Zahl der Geburten 60323, der Todesfälle 54507, der Eheschließungen 19971. Es finden auf 1000 Erwachsene zwischen 15 und 60 Jahren 34 Geburten statt (gegen 39 in ganz Frankreich), 27 Proz. (gegen 9) sind unehelich, 32 Proz. der Familien sind ohne lebende Kinder. Erschreckend groß ist die Kindersterblichkeit. Die durchschnittliche Lebensdauer ist nur 28 Jahre gegen 40 in ganz Frankreich. Nach der Zählung von 1886 waren in P. geboren 779418 E., im übrigen Depart. Seine 69617, in andern franz. Gemeinden oder in franz. Kolonien 1129094, im Auslande 182816 E.

Wohlthätigkeitsanstalten. Die Organisation der Pariser Armenpflege ist durch Gesetz vom 10. Jan. 1849 geschaffen. Nach dem Budget von 1889 betrugen die Einnahmen und Ausgaben je 41417600 Frs. Im gleichen Jahre betrug die Zahl der in P. unterstützten Personen 406213, nämlich: in den Krankenhäusern (11739 Betten) behandelte Kranke 137900, Schwache oder Greise in den Hospizen, Maisons de retraite und Fondations (10444 Betten) 12441 Personen, in Depot gegebene Kinder (604 Betten) 8000, Geisteskranke 2200, Enfants assistés a. im Hospice dépositaire (146 Betten) 4500; b. auf dem Lande 30000; verwahrloste Kinder 3600, unterstützte Kinder 9000, zu Haus unterstützte Arme 92248, zu Haus behandelte Kranke 87300, zu Haus Entbundene 11400, bei den städtischen Hebammen Entbundene 7624. Die Krankenhäuser der Assistance publique, mit Ausnahme dreier für Kinder bestimmter Anstalten zu Berck, Forges und La Roche-Guyon, sämtlich in P. belegen, zerfallen in Hôpitaux généraux zur Behandlung akuter Krankheiten, Hôpitaux spéciaux und Hôpitaux d'enfants. Die wichtigsten Hôpitaux généraux heißen: Hôtel-Dieu (543 Betten), Hôtel-Pitié (700), Charité (480), St. Antoine (687), Beaujon (415), Lariboisière (676), Tenon (805), Laënnec (608 Betten); Special-Krankenhäuser sind: St. Louis (855 Betten), Ricord (327), Hôpital Broca (225 Betten, für Frauen), Maison et École d'accouchements und Maison de santé (344 Betten), letzteres für zahlende Kranke. Kinderkrankenhäuser bestehen 5. Die Hospices sind für Greise und Unheilbare reserviert, sowie für gewisse Kategorien unentgeltlich zugelassener Kinder. Die Maisons de retraite sind Anstalten, in welche nicht aller Hilfsmittel entblößte Personen gegen Zahlung eines geringen Pensionspreises aufgenommen werden. Die Fondations sind durch Spenden geschaffen. Die Zahl der Hospices beträgt 5: Bicêtre (s. d.), lange Zeit Vieillesse-Hommes genannt, mit 2680 Betten; die Salpêtrière (s. d.) mit 3864 Insasssen; Hospice d'Ivry mit 2040 Insassen beiderlei Geschlechts; Hospice de Brévannes mit 100 Insassen beiderlei Geschlechts, das Hospice des enfants assistés mit 750 Betten oder Wiegen, nebst einer in Thiais (Seine) belegenen [sic!] Filiale. Von Maisons de retraite sind zu nennen: die Ménages in Issy, La Rochefoucauld und Ste. Périne. Die Anzahl der Irrenanstalten für die aus P. oder dem Depart. Seine stammenden Geisteskranken beträgt 7: Ste. Anne und Salpêtrière in P.; ferner zu Vaucluse und Evrard (Seine-et-Oise); Charenton (St. Maurice), Villejuif und Bicêtre (Seine). Auch das Institut Pasteur ist hier zu nennen. 20 Bureaux de bienfaisance sind damit beauftragt, hilfsbedürftige Familien mit Unterstützungen zu versehen. Das Blindeninstitut Hospice national des Quinze-Vingts, 1260 durch den König Ludwig den Heiligen gegründet, zählt 300 Interne, besitzt jedoch die Mittel, um 1750 in der Stadt lebende Blinde unterstützen zu können. Die Institution nationale des jeunes Aveugles, 1791 von Ludwig XVI. gegründet, ist zum Unterricht für völlig Erblindete beiderlei Geschlechts bestimmt. Institution nationale des Sourds-Muets, 1760 durch den Abbé de L'Epée gegründet und von der Regierung unterstützt, nimmt taubstumme Knaben auf. Asile Vacassy ist zur Aufnahme von Armen und Arbeitern bestimmt, die Unfälle erlitten haben. Sehr zahlreich sind auch private Wohlthätigkeitsvereine aller Art.

(Brockhaus' Konversations-Lexikon Bd. 12. Berlin und Wien 1894. Stichwort Paris, Auszüge S. 896 und 902/903)

Zwei Intentionen (vgl. A4) leiten *Maltes Verhalten* in dieser bedrängenden Umgebung: Einmal möchte er sehen lernen. Er will genau wissen, was vorgeht, und er will wissen, was eigentlich genau vorgeht. Denn real wie die überprüfbaren Beobachtungen in der von Entfremdungen gezeichneten Stadt Paris sind die Assoziationen, die an die Beobachtungen gebunden sind: „Ich habe ein Innres, von dem ich nicht wußte." Den Satz nehme ich zum Anlaß, um das Neue des Erzählens im 20. Jahrhundert näher zu beschreiben. Nicht mehr nur äußere Abläufe, wahrnehmbare Handlungen, Geschichten aus der Geschichte, Schicksale historischer oder erfundener Figuren sind Gegenstand des Erzählens, sondern auch die Bewußtseinsprozesse, Projektionen des Unbewußten, Gedanken und Gefühle. Das „nur"

Gedachte, Empfundene, Vorgestellte hat für den Wahrnehmenden den gleichen Realitätsgehalt wie das tatsächlich Ablaufende. Oft genug kann man zwischen dem, was man sich „nur" vorgestellt hat, dem, was man wünschte, daß es geschehen sei, und dem, was wirklich geschehen ist, ohnehin nicht richtig unterscheiden. Diese Einsicht macht der moderne Ich-Erzähler zum Gesetz seines Erzählens: Der Erfahrungsraum öffnet sich hin zum Bewußtseinsraum. Das neue Sehen Maltes ist vor allem dieses Sehen nach innen, die Wahrnehmung der Außenwelt im Spiegel der Innenwelt.

Die andere Intention Maltes ist die Tätigkeit des Schreibens. Schreiben wird zum Mittel der Erkenntnis: Indem Malte die Aufzeichnungen abfaßt, wird ihm klar, was er erlebt und gedacht hat, und das Geschriebene ist das Ergebnis des Gedachten und Gelebten. Aber das Schreiben bleibt monologisch: Wie Malte in Paris mit niemandem spricht, so schreibt er auch an niemanden. Die Aufzeichnungen sind ausschließlich Mittel der Selbst-Orientierung.

Die Situation Maltes und die Absichten, die er mit seinem Schreiben in Paris verfolgt, wird in Abschnitt 14 besonders deutlich; an den Aufzählungen dessen, was in der deprimierenden Lage für den jungen Dichter möglich ist, macht sich das Unterrichtsgespräch besonders intensiv fest. Maltes Situation als Fremder ohne Beruf und Verbindungen zu anderen Menschen leuchtet ebenso unmittelbar ein wie seine Feststellung, daß Dichtung Erfahrungen zur Voraussetzung hat, die verarbeitet sein müssen, bevor sie in neue Worte gefaßt werden können. „Wenn alle sich daran hielten, gäb' es weniger Gedichte und nicht so viel Arbeit für Schüler", meinte einer.

Schwieriger war die Kommentierung der sieben „Ist es möglich"-Fragen, weil es trotz allen generellen Verständnissen für die Situation sehr schwer war, sich in die Denkweise eines achtundzwanzigjährigen Dichters am Anfang unseres Jahrhunderts hineinzuversetzen. Dennoch ließ sich einiges Wichtige ermitteln:

(1) Eine Wirklichkeit wie die der schnell gewachsenen europäischen Großstädte hatte es bisher nicht gegeben, so daß es tatsächlich eine neue Wirklichkeit zu entdecken gab, die man sehen, über die man nachdenken und schreiben lernen mußte. Mit der Reihe – sehen, erkennen, sagen bzw. schauen, nachdenken, aufzeichnen – sind zugleich die Dimensionen benannt, die in den Aufzeichnungen erfaßt werden sollen und die, wenn das gleichzeitig geschieht, das Verständnis erschweren.

(2) Wenn man in Romanen bisher nur äußere Abläufe beschrieben hat, ohne Bewußtseinsprozesse oder gar Unbewußtes abzubilden, war man „an der Oberfläche des Lebens geblieben".

(3) Im Geschichtsunterricht hört man nur von Massenbewegungen („den Römern", „den Soldaten", „den Bürgern"), der einzelne in dieser Masse spielt kaum eine Rolle – auch nicht bei den Millionen Einwohnern im Paris des Jahres 1902. Dem unbekannten Soldaten hat man zwar ein Denkmal in Paris errichtet, aber seine Geschichte kennt man nicht.

(4) Zur Erkenntnis des eigenen Selbst gehört auch die Entdeckung der Vorgeschichte. Kindheitserinnerungen werden für das Selbstverständnis ebenso wichtig wie Muster in älteren Generationen. Zum Sehen und Erkennen der Gegenwart kommt die erlebte und erzählte Erinnerung.

(5) Aussagen über die Vergangenheit haben immer pauschalen Charakter; sie unterstellen Zusammenhänge, die es gar nicht gegeben haben muß. Es gibt viele Leben, die „mit nichts verknüpft" und dennoch erzählenswert sind. Zu erzählen, ohne gleich nach Zusammenhängen zu fahnden, ist auch der Selbstauftrag Maltes für sein Schreiben.

(6) Pauschale Klassifizierungen (Mädchen, Kinder, Schüler etc.) verdecken die Tatsache, daß es solche homogenen Gruppen gar nicht mehr gibt, sondern nur noch „unzählige Einzahlen". Auf diese Einzahlen gilt es, das Augenmerk zu lenken.

(7) Auch ein gemeinsames Verständnis über Vorstellungen und Begriffe läßt sich kaum noch herstellen, weil jeder aufgrund seiner Erfahrungen eine andere Füllung der Termini vornimmt. Das Bild von den Messern, die sich entsprechend ihrem Gebrauch unterschiedlich abnutzen, war wiederum unmittelbar einleuchtend und machte den Gedanken plausibel.

Damit waren das Programm der Aufzeichnungen formuliert und die Dimensionen des Romans erläutert:
- Die Beobachtungen in Paris, das Nachdenken darüber, die Fortsetzung der Eindrücke in Visionen und Bildern (vor allem in Teil I, 1–26);
- die Erinnerungen aus der Kindheit und die Geschichten der Erwachsenen (vor allem in Teil II, 27–48);
- die Geschichten aus der Geschichte, die in Beziehung zur Gegenwart treten (vor allem in Teil III, 49–70).

Die Gliederung folgt dem Vorschlag Hoffmanns (1968).

All diese Elemente waren aber auch schon in den ersten 14 Abschnitten nachweisbar: die Beschreibung der Krankenwagen, die zum Hôtel Dieu fahren (6), und das fabrikmäßige Sterben in dem Krankenhaus (7) beziehen sich auf die Gegenwart des Erzählers in Paris. Die Beobachtungen könnten durch „mehr Einbildungskraft“ beliebig erweitert werden. Der Hinweis auf die Zeit König Chlodwigs (7) führt in die historische Vergangenheit. Die Erinnerungen an das Sterben des Kammerherrn Brigge (8) schließlich lenkten auf die Geschichte des dänischen Adelsgeschlechtes hin, aus dem Malte selber stammt. Die Einmaligkeit des Todes (alle drei Ebenen werden so miteinander verbunden, daß sie das Thema Sterben auf unterschiedlichen Ebenen variieren), „alles Übermaß an Stolz, Willen und Herrenkraft“ (S. 18), das der Großvater noch im Sterben zeigt, wird zur mahnenden Erinnerung der Nachfahren. Ein Stück der Individualität, das hier selbst im Tod noch steckt, wäre für Maltes Leben zu retten. Die Schüler waren im Blick auf Maltes Schicksal optimistischer, als der Text erlaubte. Sie sahen eine Rettung dieser Individualität. Den 8. Abschnitt fanden sie schon deshalb besonders gelungen, „weil zum erstenmal zusammenhängend erzählt wird“.

Bei der Gegenüberstellung der Abschnitte 7 und 8 kam ein Schüler von sich aus auf die leitmotivische Verknüpfung der einzelnen Episoden. Alfred sprach von dem Gegensatz des „fabrikmäßigen Sterbens“ im Krankenhaus mit den 559 Betten, dem „banalen“ Tod der Menschen „ohne alle Umstände“ und dem individuellen Tod, voller Würde und Stolz im aristokratischen Herrenhaus. Den Hinweis nahm ich dankbar auf, um im Anschluß an Fülleborn (1968) auf ein entscheidend wichtiges Strukturprinzip der Aufzeichnungen hinzuweisen: das der Komplementarität der Abschnitte.

Schnell fanden wir Beispiele für diese Form der Verknüpfung in den ersten Abschnitten, die den einzelnen Beobachtungen doch ein Stück des Zufälligen, nur impressionistisch Gereihten nimmt und dafür den Charakter des künstlerisch Zwingenden, systematisch Geordneten gibt:

Sehen (1)	–	Hören	(2)
Lärm (2)	–	Stille	(3)
lautlose Vorgänge draußen (3)	–	im Innern	(4)
Ich (4)	–	Menge Menschen	(5)

Neben der motivischen Struktur in der Reihe der Aufzeichnungen sind es vor allem die *neuen Erfahrungsräume* der Erinnerungen, Bewußtseinsketten, Visionen, historischen Reminiszenzen, die des erläuternden Gesprächs bedürfen. Die Einbrüche des Imaginären in den Alltag erläutern wir an der Erscheinung der Christine Brahe (15), der verschwundenen Häuser und des Sterbenden in der Crémerie (18). Die Erläuterungen der Vorgänge bei dem Besuch des 12–13jährigen Malte im Hause seines Großvaters Brahe konzentrierte sich sehr schnell auf den ersten Auftritt der toten Christine Brahe. Die Bewertung der eigenen Erinnerungen Maltes zuvor war völlig unproblematisch: „Es ist alles ganz aufgeteilt in mir“, es ist kein Zusammenhang mehr erkennbar, nur Fragmente von Erinnerungsbildern. Die Auflösung von Erfahrungen in Fragmente von Erinnerungsbildern war jedem vertraut. Zu diesen Fragmenten der Erinnerung gehört auch die Erscheinung der im Kindbett gestorbenen Christine Brahe. Die meisten Kursteilnehmer pochten im Verlauf des Gesprächs wieder auf ihren Rationalismus: Warum ich denn annähme, daß Christine nicht wirklich erschienen sei? Ich verweise auf die „kindlich gearbeiteten Erinnerungen“ (S. 26), die doch deutlich zwischen den realen Personen und der „merkwürdigen Gestalt“ (S. 34) unterscheiden. Thomas: „Aber Malte hält doch auch Mathilde für Christine (S. 35/36), warum soll er die beiden nicht auch bei der Mahlzeit verwechseln? Mathilde ist doch komischerweise bei dem Abendessen gar nicht dabei." – „Aber auch sein Vater, der ‚auf Konsequenz und Klarheit angelegt' ist, hat sie doch deutlich erkannt." Die Schüler sind trotzdem nicht überzeugt. Da Malte Betroffener und Erzähler zugleich sei, könne man gar nicht sagen, was sich wirklich und was sich nur in seiner Phantasie abgespielt habe. Damit rückt zum erstenmal das strukturelle Problem von Ich-Erzählungen in den Blickpunkt der Betrachtungen.

In Abschnitt 18 wird die Bedeutung der Einbildungskraft für Maltes „neues Sehen" besonders deutlich. So fragt er denn auch provozierend: „Und wenn es auch wesentlich wäre, kommt es nicht darauf an, was die Sache für mich gewesen ist?" (S. 45). An den Häusern in den Straßen von Paris sieht er vor allem das, was nicht mehr da ist, wie später bei dem Haus der Schulins (S. 131). Und an dem Sterbenden in der Crémerie ahnt er sich in die inneren Vorgänge des Fremden hinein: „Vielleicht brach ein Gefäß in ihm [...]" (S. 50). Er kann den Vorgang nur begreifen, weil ein Stück des anderen in ihm selber ist. Vom anderen her zu denken, ganz und gar mit ihm zu fühlen – dies ging den Schülern wieder zu weit, weil es doch vor allem die Furcht ist, die das Furchtbare sucht. Es sei da kein Wunder, daß Malte krank werde und von Visionen („das Große", S. 60) der Angst geplagt werde. Auf ihre Weise ähnelten die Schüler Malte: Auch sie möchten „so gerne unter den Bedeutungen bleiben, die mir lieb geworden sind" (S. 52). Aber das sage ich nicht, denn ich habe auch gelernt, daß Beiträge zum Unterrichtsgespräch nicht unbedingt den Stand der wirklichen Auffassungen wiedergeben. Wer könnte schon in diesem Alter und in dieser Situation zugeben, daß er versteht, wie die Angst die eigene Wahrnehmung steuert?

Ich lenkte jetzt vielmehr zum 2. Teil der Aufzeichnungen hin: den *Kindheitserinnerungen,* um auf die Erscheinungen und Bedeutungen des Imaginären zurückzukommen, das mit der dänischen Heimat eng verbunden ist (einen Hinweis auf Hamlet und die Erscheinung seines toten Vaters konnte ich nicht unterdrücken). Wir lasen die Erzählung der Mutter Maltes von dem Auftreten der toten Ingeborg (28). Über die Frage, ob Ingeborg wirklich erschienen ist oder ob es sich um eine Vision handelt, haben wir jetzt nicht mehr diskutiert. Immerhin wird durch das Verhalten des Hundes die Erscheinung wahrscheinlich (wenn dieses Verhalten nicht wiederum nur der Imagination der erzählenden Mutter entspringt). Wichtiger war die Beobachtung, daß es das Erzählen ist, das Verlebendigung bewirkt: „Sehen eigentlich konnte ich sie nur, wenn Maman mir die Geschichte erzählte" (S. 81). Auch die Erzählungen Maltes machen alles gleich lebendig und wirklich: die Beobachtungen, die Erinnerungen, Ängste, Visionen, Reminiszenzen. Entscheidend aber war der Hinweis, daß die Wirklichkeit des Lebens nicht nur die Wirklichkeit der äußeren Ereignisse, sondern auch die Wirklichkeit der Gefühle, Projektionen, Gedanken ist, die selten genau voneinander unterschieden werden können. Ob jemand sieht oder glaubt zu sehen, macht für ihn selbst keinen Unterschied. Die Literatur öffnet sich in unserem Jahrhundert dieser Dimension des subjektiv Wirklichen, der Bewußtseins- und Unterbewußtseinsvorgänge. Um mit Musil zu sprechen: zu dem Wirklichkeitssinn gesellt sich der Möglichkeitssinn. Von dem Wirklichen und Möglichen zugleich sprechen auch die Kindheitserinnerungen Maltes. Von der Erscheinung der Hand unter dem Tisch (29, S. 87) sagt Malte, „daß ich das wirklich erlebt hatte". Das Unwahrscheinliche hinterläßt einen solchen Eindruck, daß Malte von dem Erlebnis nicht mehr unmittelbar erzählen kann: „Das Wirkliche da unten noch einmal durchzumachen [...], dazu hatte ich keine Kraft mehr" (S. 90). Erst unter dem Eindruck seiner Pariser Erfahrungen wagt er sich an die Erzählung der aufrüttelnden Ereignisse in seinem Innern.

Zu den Erinnerungen aus der Kindheit als Spiegel von Maltes Pariser Erfahrungen kommen im 3. Teil die *Geschichten aus der Geschichte* europäischer Herrscher: Leben und Tod des falschen Zaren (Anfang 17. Jahrhundert) und Karls des Kühnen (15. Jahrhundert). Malte erinnert sich an diese Episoden besonders, weil sie „durch und durch voller Bezug" (S. 172) waren. Das ist nicht nur so zu verstehen, wie die Schüler meinten, daß Malte sich bedeutender Figuren der Historie bediente, um sein eigenes Schicksal zu beschreiben („man kann ja an den Geschichten nicht überprüfen, was daran wahr ist und was Erfindung von Malte"), sondern es ist auch so, daß diese Einzelschicksale exemplarisch für menschliche Grunderfahrungen in der Moderne überhaupt sind. Das wird etwa darin deutlich, daß die beiden Geschichten der Könige als Beispiel für widersprüchliche Erfahrungen erzählt werden: Grischa Otrepjow ist derjenige, der ein anderer sein wollte, als er ist, und sich daher der Maske bedient (S. 173), während Karl VI. einer ist, „der sein ganzes Leben lang Einer war, der Gleiche, hart und nicht zu ändern wie ein Granit" (S. 175).

Den Beginn der Stunde über den schwierigsten Teil der „Aufzeichnungen" wollte ich durch den Hinweis auf die Geschichte von Maltes Petersburger Nachbarn, Nikolaj Kusmitsch, auflockern. Ich erzählte in groben Zügen die Geschichte dessen, der anfängt, seine Zeit zu sparen, der auf den Herrn im Pelz wartet, um von ihm die ersparte Zeit zurückerstattet zu bekommen, der dann nach einer Zeitbank sucht, um seine Zeit dort zu sparen und sich schließlich hinlegt, um den Fortgang der Zeit nicht mehr zu spüren. „Kennen Sie ein Kinderbuch, das dieses Thema des Zeitsparens behandelt?" Niemand kannte Michael Endes „Momo". Der Impuls versackte.

So wechselten wir unvermittelt zum „kleinen grünen Buch" und der Geschichte des Demetrius. Die Hauptbesprechungsarbeit nahm der Versuch, aus den Andeutungen Maltes diese Geschichte zu rekonstruieren, in Anspruch. Vor allem sein Sterben wurde deutlich; die restlichen Fakten lieferte der Kommentar von Stahl (1979, S. 213/214). Stünde das Ende des Schulhalbjahres nicht unmittelbar bevor, wäre eine Aufgabe im Sinne meines methodischen Konzepts als produktive Reformulierung naheliegend gewesen. Rilke als Erzähler selbst fordert die denkbare Aufgabe heraus: „Bis hierher geht die Sache von selbst, aber nun, bitte, einen Erzähler, einen Erzähler" (S. 175).

Von der Geschichte Karls VI. lasen wir nur den Anfang (55), ohne auf die Details (61 und 62) einzugehen. Wichtig war, daß dieser König sich selbst in allen Umbruchsituationen treu geblieben ist, auch wenn es schwer war, damit zu leben. Noch im Tod ist sein Gesicht „eingefroren", fest und unveränderlich. Seine Furcht erinnert an die Furcht Maltes in Paris, und das Grauen vor sich selbst ist vergleichbar dem, was Malte gegenüber dem „Großen" empfindet (S. 60). An dem Punkt kamen wir auf den Bezug der Geschichten zu Maltes Leben, auf den eingangs verwiesen wurde, sowie auf die widersprüchlichen Erfahrungen, die sich in ihnen ausdrücken.

Bei der Besprechung der grauenhaften Tode der beiden Herrscher und Maltes Ängsten und Projektionen war die Frage nach positiven Geschichten, Erfahrungen, Figuren im Kursunterricht herausgefordert. Die Schüler kamen mit Konsequenz auf die Frage nach dem Positiven in der Literatur. In der Forschung wird dieses Problem unter dem Stichwort der *Idealgestalten* (Seifert 1969, insbes. S. 259 ff.) behandelt. Einerseits gehören zu ihnen Künstler der Vergangenheit, wie Beethoven (24), Ibsen (26) oder auch Bettina v. Brentano (57), andererseits aber auch Figuren aus Maltes persönlicher Erinnerung, allen voran die jüngere Schwester seiner Mutter, Abelone. Die schwerfällige Diskussion über den sehr schwierigen Gegenstand wurde durch die Suchaufgabe, alle Stellen, in denen es um Abelone geht, zu benennen und zu charakterisieren, abgelöst. In solchen Momenten ging ein Ruck der Befreiung durch die Schülerrunde, die sich für Momente aus der gedanklichen Umklammerung in weniger angestrengte Aktivitäten retten konnte. Hinzu kam, daß die Genese einer Liebesgeschichte rekonstruiert werden konnte, die allemal interessanter war als die Geschichte des Sterbens von Königen aus vergangener Zeit: der Brief aus Paris (22) als letzte Äußerung gegenüber Abelone (der aber nicht abgeschickt wird), Abelone als Erzählerin seiner Kindheit und der Beginn der einseitigen Liebesbeziehung (37), Anrede (Brief?) aus Paris, Beschreibung der Wandteppiche (38), Abelone erinnert sich an den Grafen Brahe, der noch Geschichten erzählen konnte (44), Malte verfällt in Lesesucht, aus der ihn selbst Abelone nur schwer erwecken kann (56), ohne Gegenliebe stilisiert Malte Abelone zum Idealbild aller Liebenden, die versuchen, „ihrer Liebe alles Transitive zu nehmen" (70).

Dieses Motiv einer intransitiven Liebe leitet über zur „Legende dessen, der nicht geliebt werden wollte". Der verlorene Sohn eifert Abelone nach; wenn man die Legende als Parabel von Maltes Schicksal liest, darf man diese Intention auch für Malte annehmen.

In der Erinnerung an Abelone gelingt es Malte nunmehr, eine Geschichte zu erzählen, die ganz von ihm selber absieht; auch Abelone hat Geschichten aus der Vergangenheit erzählt, die mit ihr selber nicht direkt zu tun hatten, dafür aber voller Bezüge gewesen sind. Vergangenheit wird für und in der Gegenwart lebendig. Das Erzählen ist es auch, was Malte dem Demetrius und Karl VI. voraus hat. Das Schreiben wird zur Befreiung aus seiner existenziellen Not.

Ich weiß, wie problematisch diese Deutung ist und wieviel Mühe die Forschung darauf verwandt hat, eine entsprechende These von Ernst F. Hoffmann (1968), daß in den Aufzeichnungen eine fortschreitende schriftstellerische Arbeit zu beobachten sei, zu widerlegen. Dennoch habe ich an ihr, weil sie den Schülern mehr einleuchtete als die These vom notwendigen Untergang Maltes, festgehalten und durch ein Tafelbild unterstrichen. Die Veranschaulichung beruht auf den vier Erfahrungsräumen (Paris, Dänemark, Historie, Schreiben überall) einerseits und der Verknüpfung realer mit imaginativen Vorgängen andererseits. Die widersprüchlichen und angsterzeugenden Erfahrungen, Erinnerungen, Visionen, Projektionen lassen sich nur schreibend bannen und zu einer neuen Einheit verbinden, die wiederum voller potentieller Bezüge für die Leser wird.

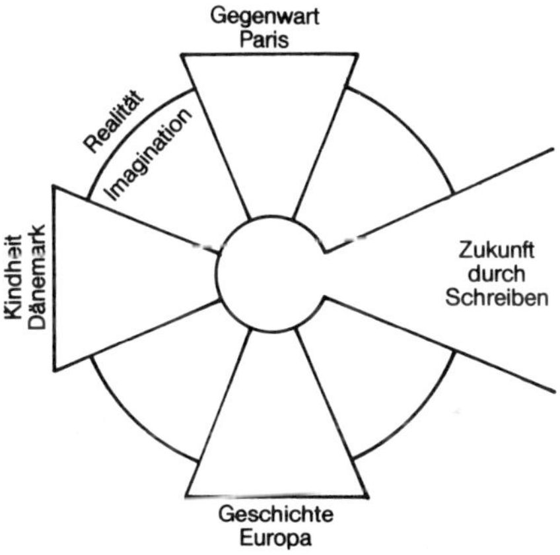

Inwieweit Schreiben und Erzählen zur Bewältigung von Vergangenheit und Gegenwart tatsächlich dienen, läßt sich am Text belegen. Den Schülern gegenüber genügen wenige Hinweise: Schreiben als Selbsttherapie (10), als Beschwörung der Vergangenheit (27 und 44), als Mittel der Erkenntnis (4). Ich habe mich an anderer Stelle, ein Jahr nach dem Unterricht und auch als Überprüfung eines Ergebnisses, dessen ich mir nicht sicher war, zu den Funktionen des Erzählens im „Malte" geäußert (Müller-Michaels 1985 b).

Man hat in der Rezeptionsforschung die immer neue Realisation der Texte in der Lektüre mit einem Palimpsest verglichen: Immer *neue Leseweisen* legen sich auf die alten und decken sie mit neuer Bedeutung zu. Mir lag ein Exemplar der „Aufzeichnungen" mit meinen Anstreichungen aus dem Jahr 1962 vor; das ältere hatte ich nicht mehr gefunden. Die Auswahl des Romans für den Unterricht hatte ich u. a. den Schülern gegenüber auch damit begründet, daß der Text für mich in ihrem Alter wichtig gewesen ist, sozusagen „voller Bezug". Nun interessierte mich, ob auch die Kursteilnehmer Bezüge zu sich selbst gesehen haben. Zur letzten Stunde gab ich ihnen daher auf:

Unterstreichen und begründen Sie drei Sätze aus Maltes Aufzeichnungen, die Ihnen eingeleuchtet haben.

Die Stellen wichen, wie zu erwarten, von meinen Bedeutungszeichen ab. Nachdem ich zwei Sätze aus meinem alten Exemplar vorgelesen hatte: „Ich sitze hier und bin nichts. Und dennoch, dieses Nichts fängt an zu denken [...]" (14), „Schlecht legen die Geliebten und in Gefahr. Ach, daß sie sich überstünden und Liebende würden [...]" (66), rückten einige mit für den für sie wichtigen Bemerkungen heraus. Der Situation des Unterrichts entsprechend waren es aber eher allgemeine als private Erfahrungen, die damit zum Ausdruck gebracht wurden:

Alfred: „Es gibt eine Menge Menschen, aber noch viel mehr Gesichter, denn jeder hat mehrere. Da sind Leute, die tragen ein Gesicht jahrelang, natürlich nutzt es sich ab [...]" (S. 9)

Renate: „Man kommt, man findet ein Leben, fertig, man hat es nur anzuziehen."

Die Kommentare der Schüler zu ihren ausgewählten Stellen gingen davon aus, daß die zum Ausdruck gebrachten Erfahrungen auch heute noch gelten und daß sie in ihrem eigenen Leben Entsprechungen gefunden haben. Mehr an solchen einzelnen Stellen fanden die Schüler Bedeutungen; die Situation als ganze oder auch ganze Geschichten gaben für sie nichts her. Auch wenn niemand im nachhinein gegen die Lektüre gewesen ist, fand keiner sie so aufregend, daß man sie vehement verteidigte. In einem Hauptseminar der Germanistik im WS 1982/83 war das anders: Die Studenten waren von dem Text so angetan, daß an den Türen des Germanistischen Instituts mit Kreide: „Malte lebt“ geschrieben stand. Auch die selbst gewählten Referate waren stärker von den großen Problemkreisen der Aufzeichnungen bestimmt (Tod, Krankheit, Liebe, Schreiben als Existenz), die ein Identifikations- und Reflexionsangebot machten. Der höhere Anspruchshorizont setzte sich auch in genaueste Textanalysen um: Das Verfahren von Ernst F. Hoffmann, im 3. Teil zyklisch symmetrische Entsprechungen der einzelnen Abschnitte nachzuweisen, wurde mit überzeugendem Erfolg auf den ersten Teil übertragen; die Kindheitserinnerungen wurden sowohl in ihrer Abfolge im Roman wie auch in ihrem chronologischen Ablauf (Beginn mit drei Jahren in Abschnitt 30, vorläufiges Ende mit 28 in Paris, 14) rekonstruiert; die Abbildungen auf den Teppichen der Dame à la Lécorne (39) wurde mit Hilfe kunsthistorischer Studien genau erläutert und analysiert.

Dergleichen von Schülern zu verlangen, die weder die notwendigen Kenntnisse noch eine methodische Sicherheit mitbringen, zielte am Bildungsauftrag der gymnasialen Oberstufe vorbei. Im Unterricht kommt es zunächst darauf an, erste Untersuchungskategorien zu finden, mit denen man einen Zugang zu schwierigen Texten findet: Motive und Motivketten, Schreibanlaß und -absicht, Aufbau und Abfolge der Geschehnisse, Sprache für die Wiedergabe innerer und äußerer Vorgänge, Geschichten und Bilder etc.; dann geht es auch darum, Bezüge zum Horizont der Schüler herzustellen, seien sie nun inhaltlicher (z. B. Einsamkeit, maskenhafte Existenz) oder formaler (z. B. Tagebuch, Geschichten erzählen) Art; und schließlich ist es auch wichtig, den Einzeltext in Zusammenhänge zu stellen, seien es nun thematische (z. B. Verfall), systematische (Ich-Erzählungen) oder historische (z. B. Epoche der Jahrhundertwende), damit Knotenpunkte entstehen, denen neues Wissen schneller und produktiver zugeordnet werden kann. Erst wenn ein solches sachbezogenes, methodisches und kategoriales Wissen vorhanden ist, sind Voraussetzungen geschaffen, sich auch in neuere Forschung einzuarbeiten. Entscheidend aber ist, daß damit zugleich Fähigkeiten entfaltet werden, die einen selbständigen Zugang zur Literatur, ein angemessenes Urteil über sie oder ihre Realisierungen und ein produktives Gespräch aus Anlaß der Lektüre ermöglichen.

3. Methodisches

a) Erzählerperspektiven

Die Romanreihe war so angelegt, daß die Schüler die wichtigen *Erzählerperspektiven*, die für das Verständnis von Romanen vor allem der Moderne zentral sind, kennenlernen. Dies sollte auf induktivem Wege geschehen; d. h. die Schüler sollten die Unterschiede im Erzählen in den drei Romanen selber entdecken, um, darauf aufbauend, das System nach Stanzel (1979) von den Beispielen her zu begreifen und zu begründen. Soweit es ging, habe ich die induktive Lehrmethode im Unterricht generell verwendet, weil sich bei Deduktionen das Nebenverständnis allzu leicht einschleicht, als handle es sich um Gesetzmäßigkeiten von unhinterfragbarer Zuverlässigkeit, wie die Schüler sie aus den Naturwissenschaften kennen. Bei den Erkenntnissen der Literaturwissenschaft aber kann es sich nur um bedingt gültige Erklärungsmodelle handeln, die selten in reiner Form zu beobachten sind und zudem der Veränderung der literarischen Werke innerhalb eines Genres in einem bestimmten Zeitabschnitt unterliegen. Insofern trifft die Rede von den Idealtypen bei den Erzählperspektiven besonders zu. Den Schülern lagen auf einer Seite kopiert kurze Auszüge aus den vier gelesenen Prosa-Werken vor: der 1. Absatz von Kleists „Michael Kohlhaas“, die Denkmalsenthüllung aus Heinrich Manns „Der Untertan“, der Beginn des 17. Kapitels aus Fontanes „Effi Briest“ und der Anfang des 14. Abschnitts aus „Maltes Aufzeichnungen“ von Rilke.

1.

An den Ufern der Havel lebte, um die Mitte des sechzehnten Jahrhunderts, ein Roßhändler, namens *Michael Kohlhaas,* Sohn eines Schulmeisters, einer der rechtschaffensten zugleich und entsetzlichsten Menschen seiner Zeit. – Dieser außerordentliche Mann würde, bis in sein dreißigstes Jahr, für das Muster eines guten Staatsbürgers haben gelten können. Er besaß in einem Dorfe, das noch von ihm den Namen führt, einen Meierhof, auf welchem er sich durch sein Gewerbe ruhig ernährte; die Kinder, die ihm sein Weib schenkte, erzog er, in der Furcht Gottes, zur Arbeitsamkeit und Treue; nicht einer war unter seinen Nachbarn, der sich nicht seiner Wohltätigkeit oder seiner Gerechtigkeit erfreut hätte; kurz, die Welt würde sein Andenken haben segnen müssen, wenn er in einer Tugend nicht ausgeschweift hätte. Das Rechtsgefühl aber machte ihn zum Räuber und Mörder.

2.

„Wenn jetzt die Hülle fällt“, begann er mit neuem Schwung, „wenn zum Gruß die Fahnen und Standarten sich neigen, die Degen sich senken und Bajonette im Präsentiergriff blitzen“ – da krachte es im Himmel so ungeheuerlich, daß Diederich sich duckte und, bevor er es sich versah, unter seinem Pult hockte. Zum Glück kam er wieder hervor, ohne daß sein Verschwinden bemerkt worden wäre, denn allen war es ähnlich ergangen. Kaum daß noch jemand hörte, wie Diederich Seine Exzellenz den Herrn Oberpräsidenten bat, er möge geruhen zu befehlen, daß die Hülle falle. Immerhin trat der Oberpräsident vor das offizielle Zelt hinaus, er war gelber als es seine Natur war, das Funkeln seines Sterns war erloschen, und er sagte schwach: „Im Namen Seiner Majestät befehle ich: Die Hülle falle“ worauf sie fiel. Auch ertönte „Die Wacht am Rhein“. Und der Anblick Wilhelms des Großen, wie er durch die Luft ritt, in der Haltung eines Familienvaters, aber umringt von allen Furchtbarkeiten der Macht, stählte die Untertanen noch einmal gegen die Drohungen von oben, das Kaiserhoch des Oberpräsidenten fand lebhaften Widerhall. Freilich, die Klänge von „Heil dir im Siegerkranz“ gaben Seiner Exzellenz das Zeichen, daß sie sich nun bis an den Fuß des Denkmals zu begeben, es zu besichtigen und den Schöpfer, der schon wartete, durch eine Anrede auszuzeichnen hatten. Jeder begriff es, daß der hohe Herr zweifelnd den Blick zum Himmel richtete; aber, wie nicht anders zu erwarten stand, siegte sein Pflichtgefühl, und siegte um so glänzender, als er der einzige Herr im Frack war unter so vielen tapferen Militärs. Er wagte sich kühn hinaus, hin ging er unter den großen, langsamen Tropfen, und mit ihm Ulanen, Kürassiere, Husaren und Train ... Schon war die Inschrift „Wilhelm der Große“ zur Kenntnis genommen worden, der Schöpfer, durch eine Anrede ausgezeichnet, bekam seinen Orden, und gerade sollte auch der geistige Schöpfer Heßling vorgestellt und geschmückt werden, da platzte der Himmel. Er platzte ganz und auf einmal, mit einer Heftigkeit, die einem lange verhaltenen Ausbruch glich. Bevor noch die Herren sich umgedreht hatten, standen sie im Wasser bis an die Knöchel, Seiner Exzellenz lief es aus Ärmeln und Hosen. Die Tribünen verschwanden hinter Stürzen Wassers, wie aus fern wogendem Meere erkannte man, daß die Zeltdächer sich gesenkt hatten unter der Wucht des Wolkenbruchs, in ihren nassen Umschlingungen wälzten links und rechts sich schreiende Massen. Die Herren Offiziere machten gegen die Elemente von der blanken Waffe Gebrauch, durch Schnitte in das Segeltuch bahnten sie sich den Ausweg. Das Zivil gelangte nur als graue Wickelschlange hinab, die mit wilden Zuckungen im überschwemmten Gelände badete. Unter solchen Umständen sah der Oberpräsident es ein, daß der weitere Verlauf des Festprogramms aus Zweckmäßigkeitsgründen zu unterbleiben habe. Blitzeumlodert und wasserspritzend wie ein Springbrunnen, trat er einen beschleunigten Rückzug an, und ihm nach der Flügeladjutant, die beiden Divisionsgenerale, Dragoner, Husaren, Ulanen und Train.

3.

Es schlug zwei Uhr, als man zurück war. Crampas verabschiedet sich und ritt in die Stadt hinein, bis er vor seiner am Marktplatz gelegenen Wohnung hielt. Effi ihrerseits kleidete sich um und versuchte zu schlafen; es wollte aber nicht glücken, denn ihre Verstimmung war noch größer als ihre Müdigkeit. Daß Innstetten sich seinen Spuk parat hielt, um ein nicht ganz gewöhnliches Haus zu bewohnen, das mochte hingehen, das stimmte zu seinem Hange, sich von der großen Menge zu unterscheiden; aber das andere, daß er den Spuk als Erziehungsmittel brauchte, das war doch arg und beinahe beleidigend. Und „Erziehungsmittel“, darüber war sie sich klar, sagte nur die kleinere Hälfte; was Crampas gemeint hatte, war viel, viel mehr, war eine Art Angstapparat aus Kalkül. Es fehlte jede Herzensgüte darin und grenzte schon fast an Grausamkeit. Das Blut stieg ihr zu Kopf, und sie ballte ihre kleine Hand und wollte Pläne schmieden; aber mit einem Male mußte sie wieder lachen. „Ich Kindskopf! Wer bürgt mir denn dafür, daß Crampas recht hat! Crampas ist unterhaltlich, weil er medisant ist, aber er ist unzuverlässig und ein bloßer Haselant, der schließlich Innstetten nicht das Wasser reicht."

In diesem Augenblick fuhr Innstetten vor, der heute früher zurückkam als gewöhnlich. Effi sprang auf, um ihn schon im Flur zu begrüßen, und war um so zärtlicher, je mehr sie das Gefühl hatte, etwas gutmachen zu müssen. Aber ganz konnte sie das, was Crampas gesagt hatte, doch nicht verwinden, und inmitten ihrer Zärtlichkeiten, und während sie mit anscheinendem Interesse zuhörte, klang es in ihr immer wieder: „Also Spuk aus Berechnung, Spuk, um dich in Ordnung zu halten." Zuletzt indessen vergaß sie's und ließ sich unbefangen von ihm erzählen.

4.

Ich glaube, ich müßte anfangen, etwas zu arbeiten, jetzt, da ich sehen lerne. Ich bin achtundzwanzig, und es ist so gut wie nichts geschehen. Wiederholen wir: ich habe eine Studie über Carpaccio geschrieben, die schlecht ist, ein Drama, das ‚Ehe' heißt und etwas Falsches mit zweideutigen Mitteln beweisen will, und Verse. Ach, aber mit Versen ist so wenig getan, wenn man sie früh schreibt. Man sollte warten damit und Sinn und Süßigkeit sammeln ein ganze Leben lang, und ein langes womöglich, und dann, ganz zum Schluß, vielleicht könnte man dann zehn Zeilen schreiben, die gut sind. Denn Verse sind nicht, wie die Leute meinen Gefühle (die hat man früh genug), – es sind Erfahrungen. Um eines Verses willen muß man viele Städte sehen, Menschen und Dinge, man muß die Tiere kennen, man muß fühlen, wie die Vögel fliegen, und die Gebärde wissen, mit welcher die kleinen Blumen sich auftun am Morgen. Man muß zurückdenken können an Wege in unbekannten Gegenden, an unerwartete Begegnungen und an Abschiede, die man lange kommen sah, – an Kindheitstage, die noch unaufgeklärt sind, an die Eltern, die man kränken mußte, wenn sie einem eine Freude brachten und man begriff sie nicht (es war eine Freude für einen anderen –), an Kinderkrankheiten, die so seltsam anheben mit so vielen tiefen und schweren Verwandlungen, an Tage in stillen, verhaltenen Stuben und an Morgen am Meer, an das Meer überhaupt, an Meere, an Reisenächte, die hoch dahinrauschten und mit allen Sternen flogen, – und es ist noch nicht genug, wenn man an alles das denken darf. Man muß Erinnerungen haben an viele Liebesnächte, von denen keine der andern glich, an Schreie von Kreißenden und an leichte, weiße, schlafende Wöchnerinnen, die sich schließen. Aber auch bei Sterbenden muß man gewesen sein, muß bei Toten gesessen haben in der Stube mit dem offenen Fenster und den stoßweisen Geräuschen. Und es genügt auch noch nicht, daß man Erinnerungen hat. Man muß sie vergessen können, wenn es viele sind, und man muß die große Geduld haben, zu warten, daß sie wiederkommen. Denn die Erinnerungen selbst *sind* es noch nicht. Erst wenn sie Blut werden in uns, Blick und Gebärde, namenlos und nicht mehr zu unterscheiden von uns selbst, erst dann kann es geschehen, daß in einer sehr seltenen Stunde das erste Wort eines Verses aufsteht in ihrer Mitte und aus ihnen ausgeht.

Bei jedem der Romane hatten wir auch über den Erzähler gesprochen, so daß sich seine jeweilige Perspektive und seine Absichten nunmehr ohne große Mühen zusammenfassen ließen:

1. Der aus überlegener Position berichtende und wertende Chronist des „Kohlhaas" erzählt seine Geschichte aus Bewunderung und Mahnung zugleich. Es ist der *auktoriale Erzähler.*

2. Der Erzähler des „Untertan" wählt zwar auch die überlegene Außenperspektive, wenn er z. B. von dem nahenden Gewitter berichtet. Plötzlich aber wechselt die Perspektive zur Sichtweise des „Helden", wenn es heißt: „Zum Glück kam er wieder hervor". Die perspektivischen Sprünge bewirken, daß auf zwei Ebenen zugleich erzählt wird: der des personalen Erzählers nahe ab der Figur und der des auktorialen Erzählers aus der Distanz. Diese Erzählerhaltung bewirkt Ironie, indem sie die Ereignisse aus zwei Positionen zugleich bewertet. Entgegen der ursprünglichen Absicht konnte ich an dem Begriff „neutrales Erzählen" (nach Vogt 1972) nicht festhalten, weil er unseren Beobachtungen an dem Beispiel nicht entsprach; wir haben uns dann auf den *mehrperspektivischen* Erzähler geeinigt.

3. Der Erzähler von „Effi Briest" hat sich für die Perspektive nahe an der Hauptfigur entschieden, an die er fast so nahe heranrückt wie eine Kamera in Großaufnahme. Erlebte Rede und innerer Monolog beweisen, daß dieser Erzähler auch Gedanken und Empfindungen der Figur wiedergeben kann. Dieses Erzählen nahe an den Figuren, und damit die Einschränkung, aber auch Vertiefung der Perspektive, läßt sich tatsächlich gut als *personales* Erzählen bezeichnen.

4. Der Ich-Erzähler Malte ist ganz auf seine individuelle Perspektive begrenzt: Er gibt wieder, was in seinen Gedanken („Ich glaube, ich müßte anfangen [...]"), in seinen Erinnerungen („ich habe eine Studie [...] geschrieben"), in seinen Empfindungen („Ich fürchte mich", 6), in direkten Beobachtungen („Ich habe einen Menschen gesehen, welcher schwankte", 1) vorkommt. Eine Überprüfung aus einer Außenperspektive ist nicht möglich; dafür ist die Innenperspektive vollständig ausgebaut. Der *Ich-Erzähler* ist mit der Hauptfigur der Ereignisse identisch; er vermittelt den Eindruck der Authentizität der Ereignisse.

Die Schüler haben intensiv bei der Erläuterung der einzelnen Textstellen und der Zuordnung von erklärenden Begriffen mitgearbeitet, ganz konstruktiv, wenn es galt, einen neuen Begriff zu finden, ohne kritische Anmerkungen gegen die theoretischen Versuche, auch ohne gezielte Unaufmerksamkeiten und provozierendes Desinteresse.

b) Lesepensum

Wenn man das *Lesepensum* von 12/1 und 11/2 miteinander vergleicht, dann hat sich auch hier eine erstaunliche Veränderung vollzogen: 900 Seiten Romane wurden in vier Monaten neben den übrigen Verpflichtungen, vor allem in den Leistungskursen, gelesen, so daß man darüber sprechen und sich schriftlich äußern konnte. Diese veränderte Einstellung ist dann erstaunlich, wenn man an den Protest gegen die 110 Seiten des „Michaels Kohlhaas" wenige Monate zuvor denkt. Ohne eine Herausforderung zu dieser zusätzlichen Leistung hätte sie freiwillig niemand erbracht. Das Lernen, das Mühe bereitet, ist ohne Frage erfolgreicher als das geschenkte Wissen. Ohne Frage gehört die Übung einer gedanklich begleiteten Lesetätigkeit zu den wichtigen Aufgaben des Deutschunterrichts der Oberstufe, wenn die Ausbildung zur Studierfähigkeit erfolgreich verlaufen soll.

c) Analyse und Interpretation

Eng mit der Einführung in eine Systematik expositorischer Texte und von Romanen sowie Erzählungen war eine weitere Ausbildung der *Analysefähigkeiten* verbunden. In der ersten Klausur des Halbjahres wurde mit der ersten Aufgabenstellung eine Anwendung der Kriterien einer Erklärung expositorischer Texte verlangt (vgl. dazu S. 112ff.):

1. „Nach wie vor wirkt sich vom Pluralismus das aus, was das Gefährliche an ihm ist: daß aus einem Gewährenlassen ein Vernachlässigen wird. Man interessiert sich nicht mehr für den anderen, fühlt sich für ihn und sein Tun nicht mehr mit verantwortlich und verlangt von ihm lediglich, in Ruhe gelassen zu werden. Dies geschieht insbesondere zwischen den Generationen sowohl innerhalb der Familie als auch in der ganzen Gesellschaft. Diese Entwicklung zur Isolation der Generationen und der einzelnen ist langfristig. Sie hat in den derzeitigen Jugendunruhen nur einmal mehr zu einem Ausbruchsversuch geführt."
Erörtern Sie, inwiefern die These der Eidgenössischen Kommission für Jugendfragen von den Gefahren des Pluralismus als Ursache für die Jugendrevolte stimmt und welche Argumente für die Gegenthese sprechen.

Die Schüler, die das Thema gewählt hatten, waren vor allem auf die großräumigen Aspekte eingegangen: Situationen, Aufbau, Zusammenhang; die meisten haben das Fehlen von Argumenten für den Pluralismus (also der Gegenargumente) vermißt und selber welche formuliert, so z. B. Renate:

> „Eine mögliche Gegenthese könnte etwa so lauten: Nicht der Pluralismus ist die Ursache für die Jugendunruhen, sondern das gesteigerte Selbstbewußtsein der Jugend von heute und ihre Kritikfähigkeit. Eine Institution, wie die Schule zum Beispiel, sollte diese beiden Faktoren fördern, wie es auch heute der Fall ist. Früher dagegen waren Schulen Institutionen, in denen zwar Wissen vermittelt wurde, ohne jedoch darauf bedacht zu sein, die Meinungsbildung der Schüler zu unterstützen."

Hier, wie auch in anderen Klausuren zu dem Thema, wird nicht hinreichend zwischen dem Schein-Pluralismus des Gewährenlassens, um den es in Wahrheit in der These geht, und dem Pluralismus als Bedingung von Demokratie und gelungener Erziehung unterschieden. Aber das ist möglicherweise auch gar nicht das Problem der Schüler, von denen die Eltern immerhin das Abitur erwarten. Kleinschrittigere Analyseabschnitte (z. B. sprachlich-rhetorische Mittel) kommen nicht vor; sie werden also in der Reihe zur Argumentation noch einmal ausführlich zu behandeln sein.

Bei der Vervollständigung der Elemente der *hermeneutischen Spirale* in Interpretationen wurden vor allem Aspekte des 3. Schrittes „Vertiefung" ausgebaut. In der Behandlung der Romane der Jahrhundertwende ergab sich ein Mosaik von Problemen der Geschichte des Kaiserreichs: Ehrenkodex von Adel und Bürgertum („Effi Briest"), Ausbildung der Untertanenmentalität, Klassenjustiz und antidemokratische „Gesinnungsgemeinschaften" („Untertan"), verarmender Landadel und wachsendes Stadtproletariat („Malte"). Ein ähnlich systematisch angelegter Geschichtsunterricht könnte sich dieses Mosaiks zur Veranschaulichung der Entwicklungen im Deutschen Kaiserreich sinnvoll bedienen. Aber für solche fachübergreifenden Verbindungen müßte Geschichte, ähnlich wie Deutsch, ein Pflichtfach der Oberstufe sein.

Ein ebenso wichtiger Aspekt wie die Geschichtlichkeit der Werke ist ihre Aktualität. An dem Ausbau des applikativen Elements war ich mit meinem didaktischen Konzept besonders interessiert. Ein großer Zufall kam mir bei dieser Bemühung zu Hilfe. In der Literaturbeilage der Süddeutschen Zeitung vom 14. 10. 1981 war als Eröffnungsbeitrag eine leidenschaftliche Werbung von Peter Härtling unter dem Titel: „Lest, Leute! Lest weiter" erschienen. Ausgerechnet die Lektüre von „Effi Briest" wurde als besonderes Glück beschrieben. Der Beitrag spricht nicht nur von Applikation („Außerdem kann man Bücher, die man besonders lieb gewonnen hat, immer frisch entdecken, indem man sich mit dem eigenen Leben gewissermaßen an den ihren beteiligt"), sondern ist es auch mit der Auslegung aus der eigenen Situation und dem besonderen persönlichen Interesse („Ja, ich schwärme"). Indem die Schüler sich mit dieser Auslegung identifizierten oder sich dagegen abgrenzten, waren sie zu eigener Applikation aufgerufen. Mit dem Beispiel wurde auch deutlich, daß das spezifische Rezeptionsinteresse nicht nur das Element zur Explikation des Textes in dem 3. Schritt hinzukommt, sondern diese Explikation selber steuert. So ist die schwärmerische Rede Härtlings besonders dem Ort des Geschehens gewidmet, der nach seiner Ansicht den Leser sofort gefangennimmt, und den Figuren, die er in seine Träume verschleppen möchte. Damit ist ein besonderer Aspekt der Betrachtung eröffnet. Die Form der Applikation bestimmt die Aspekte der Wahrnehmung und gehört daher auch schon in der Ausbildung des Vorverständnisses. Bei der Bekräftigung bzw. Anzweiflung dieses Vor-Urteils in der Phase der Vertiefung leitet der Versuch, Bezüge zum eigenen Leben herzustellen oder abzuweisen, auch eine Bewertung des Textes unter der Frage ein: Hat der Roman mir etwas zu sagen? Insofern bedeutet Applikation eine Verdichtung und Erweiterung der 1. und 3. Phase der hermeneutischen Spirale. Dies hatte die Aufgabenstellung für die Klausur zwei Wochen nach Erscheinen des Artikels zu unterstreichen:

2. „Es gibt eine Menge von mehr oder weniger geistreichen Aufsätzen über Romananfänge, doch, soviel ich weiß, nicht einen einzigen über den, der einen Roman zu lesen beginnt. Das ist kaum zu glauben. Denn hier hätte man die Gelegenheit, über veritables Glück zu schreiben. Oder ist es kein Glück, zum ersten Mal diesen einen langen, die Szene bereitenden Satz lesen zu dürfen, auf eine Musik zu lauschen, von der man gleich sicher weiß, daß sie einen dieses Buch, dieses Leben lang begleiten wird?
‚In Front des schon seit Kurfürst Georg Wilhelm von der Familie von Briest bewohnten Herrenhauses zu Hohen-Cremmen fiel heller Sonnenschein auf die mittagsstille Dorfstraße, während nach der Park- und Gartenseite hin ein rechtwinklig angebauter Seitenflügel einen breiten Schatten erst auf einen weiß und grün quadrierten Fliesengang und dann über diesen hinaus auf ein großes, in seiner Mitte mit einer Sonnenuhr und an seinem Rande mit Canna indica und Rhabarberstauden besetztes Rondell warf.'
Jeden beneide ich um die erste Begegnung mit Effi Briest, den Ruf zu hören, der sie von der Schau-

kel und aus der Kindheit reißt. Könnte ich doch, ohne Erinnerung, von neuem in die Geschichte hineinfallen, Erfahrungen sammeln, Menschen kennenlernen, den alten Briest oder Innstetten, sie lieben, gegen sie aufbegehren, auf sie einreden, sie in meine Träume verschleppen – aber ich habe ja noch Bücher mit ihren Gestalten, Städten, Landschaften vor mir ...“

(Peter Härtling in: Süddeutsche Zeitung v. 14. 10. 1981)

Erläutern Sie durch die Charakterisierung von Hauptpersonen und Orten die Aussage Härtlings und erörtern Sie dabei, inwieweit Sie sich seinem Urteil über Effi Briest anschließen können oder nicht.

Am konsequentesten hatte Eva V. die Auffassung Härtlings zum Ausgangs- und Endpunkt ihrer eigenen Überlegungen gemacht. Am Anfang schreibt sie:

> „Um die Aussage Härtlings verstehen zu können, muß man wissen, wie Fontane die Hauptpersonen und die Orte charakterisiert hat.“

Dann erläutert sie die Orte des Geschehens und formuliert ein Zwischenergebnis – allerdings indem sie mit der Unterstellung operiert, für Härtling bedeute das Glück, von Hohen-Cremmen zu lesen, zugleich das Glück, wie die Personen damals zu leben:

> „Für Peter Härtling wird hier ein veritables Glück beschrieben, das ihn über das ganze Buch hinweg begleitet. Ich kann mich diesem Urteil nicht so ganz anschließen, da Härtling den Begriff ‚veritables Glück‘ zu weit definiert. Vom materiellen Standpunkt aus gesehen, stimme ich zu. Denn für wen würde es nicht ein großes Glück bedeuten, in einem Herrenhaus aufzuwachsen mit großen Garten- und Parkanlagen. Vergleicht man aber andere Stellen bzw. Orte in dem Buch, wo Effi lebt, so bezweifle ich, daß Härtling auch hier den Begriff veritables Glück einsetzen würde.“

Nachdem die Orte Kessin und Berlin beschrieben sind, geht Eva zur Erläuterung der beiden Hauptfiguren über und überführt die Personenkritik in die kritische Würdigung des gesamten Romans:

> „Wie Peter Härtling haben auch mich die einzelnen Personen bzw. die Hauptpersonen des Romans beeindruckt. Ihre Ansichten und verschiedenen Mentalitäten ergeben ‚ein weites Feld‘, bei dem es immer wieder interessant ist, sie von neuem zu erforschen.
>
> Die Ausgeprägtheit Härtlings, sich unter die Romanfiguren zu begeben, mit ihnen zu leben und zu reden, empfinde ich als etwas übertrieben. Aber jeder darf ja seine eigene Meinung vertreten.
>
> Abschließend ist zu sagen, daß mir das Buch sehr gut gefallen hat, allein von der Charakterisierung der Personen als auch von ihren Handlungen her. Obwohl bei Fontane die romanhafte Handlung hinter Gespräch- und Zustandsschilderungen zurücktritt.“

So konsequent wurde in den anderen Klausuren zu dem Thema die Auslegung Härtlings nicht mit der eigenen verbunden, sondern am Anfang oder meistens am Schluß kurz dazu Stellung genommen. Dabei stimmte man Härtling entweder zu, wie es z. B. Frank R. tat:

> „So kommt man nach diesen Betrachtungen zu dem Ergebnis, daß man Härtlings zweite Aussage aufnehmen kann, es aber nicht zu tun braucht. Wenn man diesen Roman sentimental betrachtet (und warum sollte man das eigentlich nicht tun, denn Fontane selbst verliert sich in seinem Werk hin und wieder, im ganz beosnderen Maße aber gegen Ende der Geschichte, in Sentimentalitäten), steht der Leser empört und machtlos den Ereignissen gegenüber, wie kompromißlos Innstetten ist und wie unsinnig gesellschaftliche Zwänge sein können, wenn man in ihre Abhängigkeit gerät.“

Oder man lehnte die Auffassung Härtlings mit dem Versuch einer eigenständigen Begründung ab, wie z. B. Matthias W.:

> „Ich kann mich aber dem Urteil Härtlings über Effi Briest nicht anschließen. Meiner Meinung nach wird der Roman durch seine Personen und besonders durch seine Landschaftsbeschreibungen nicht interessant, sondern langweilig. Besonders im ersten Teil des Romans bis Kapitel 13 (Auftauchen Krampas), passiert kaum etwas. Es werden nur Landschaften, Personen und Stimmungen beschrieben. Auch danach entwickelt sich die Handlung sehr langsam.“

Aus der Stellungnahme gegen Härtling wird am Schluß der Klausur eine Kritik am Roman:

> „Zusammenfassend kann man sagen, daß Effi Briest zwar interessante gesellschaftskritische Ansätze hat, jedoch insgesamt durch romantische Landschafts- und Stimmungsbeschreibungen und einem heute nicht mehr aktuellen Thema für den heutigen Leser langweilig wird."

Wer bisher noch nicht von der Lektüre eines Romans gefangengenommen wurde, dem kann man auch keine positive Stellungnahme zum Thema Glück des Lesens abverlangen. Applikation kann eben auch Abweisung der Bedeutung von Literatur für das eigene Leben sein.

d) Filmanalysen

Neben der Analyse expositorischer Texte und der Interpretation von Romanen haben wir auch ansatzweise *Filmanalysen* versucht. Da es sich um die Verfilmungen von besprochenen Romanen handelte, lag es nahe, sie, analog zu den Erzählerperspektiven, von den Kameraführungen aus zu erläutern. Die Kamera wird zum Erzähler. Anders als bei Dokumentarfilmen, die Wirklichkeit unvermittelt abbilden wollen, wird bei verfilmter Literatur die Mittelbarkeit der Darstellung unterstrichen: so etwa in Rainer Werner Faßbinders „Effi Briest". Die Vermittlungsebene wird immer wieder deutlich in eingeblendeten Sätzen aus dem Roman, auch mit der Stimme eines Erzählers aus dem Off, ferner mit kunstvollen Kameraeinstellungen (z. B. Spiegelbildern). Dabei simuliert der Mittler den personalen Erzähler, der nahe an der Figur der Effi bleibt; sie steht dem Zuschauer noch näher als dem Leser. Dafür rückt die Figur des Untertanen in Staudtes Verfilmung noch weiter vom Zuschauer als vom Leser weg. Die Kamera bleibt auf Distanz zu der Figur; aus der Ironie nach der Seite der Hauptfigur und der Gesellschaft durch Perspektivwechsel wird die Satire nach der einen Seite des Untertanen. Der Erzähler bleibt gedanklich dem Mittler im Film überlegen. (Das war mein Fazit, nicht das der Schüler, die die Kunstmittel des Films sehr genau kennen und zu verteidigen wissen.)

e) Darstellungsformen

Waren die *Produktionen* der Schüler in 11/2 mehr auf freie Aktivitäten gerichtet, so wurden sie in 12/1 stärker an Konventionen der Darstellung, Analyse und Interpretation gebunden. Gleichzeitig sollte aber ein Stück Selbständigkeit in der Planung der Aufgabenlösungen eingeführt werden. Welche Hausaufgaben jeder Schüler machen wollte, sollte ihm überlassen bleiben; von den acht Aufgaben, die bis zum 7. 12. gestellt waren, mußte jeder mindestens drei schriftlich bis zum 11. 1. 1982 in der Kursmappe gelöst haben. Es braucht nicht besonders vermerkt zu werden, daß der überwiegende Teil der Schüler die gebotene Freiheit in der Zeitplanung für die Lösung im letzten Augenblick genutzt hat. Als Mahnung und Erinnerung habe ich die einzelnen Aufgaben am 14. 12. 1981 noch einmal schriftlich zusammengestellt:

Hausaufgaben im Schulhalbjahr 12/1, davon müssen mindestens drei in der Kursmappe gelöst sein:

a1 Elemente der Nachricht am Beispiel (28. 9.)
a2 Begründung der besten bzw. schlechtesten These der Eidgenössischen Kommission (30. 9.)
a3 Erörterung zum Thema Jugendproteste (12. 10.)
a4 Charakterisierung Effis (2. 11.)
a5 Lebensauffassung Crampas (4. 11.)
a6 Der Untertan – seine Macht-Unterwerfung und -Ausübung. Vervollständigung der begonnenen Tabelle für das 2. und 3. Kapitel (26. 11.)
a7 Vervollständigung der Übersicht über die Netzinger Gesellschaft (2. 12.)
a8 Die Reden Diederich Heßlings – Anlässe und Themen (7. 12.)

Die Lösungen bestätigten und ergänzten das im Unterricht Erarbeitete, intensivierten teilweise aber auch die Argumentation. So geschah es vor allem bei den Antworten auf die Frage a2:

> Die erste These zur Jugendrevolte ist die beste und überzeugendste. Es sind wirklich nur radikale Minderheiten, die die Jugendunruhen auslösen und anführen. Die meisten sind nur Mitläufer, die die angebotenen Alternativen der Anführer befürworten, aber die Gewalt als Ausdrucksmittel verneinen. Die radikaleren Jugendlichen haben während ihrer frühen Kindheit nicht die Fähigkeit erworben, negative Affekte gegen die eigene Person zu entladen. Sie sind besonders stark mit Problemen der Gesellschaft konfrontiert worden, und jetzt zeigt sich eine Umkehr des erlittenen Bösen in selbst vollzogenes Böse. Es ist eine normale Reaktion auf einen Zustand „gesellschaftlicher Krankheit", und die Gesellschaft kümmert sich kaum um diese Menschen, solange sie noch Opfer sind. Erst wenn die Gesellschaft sich selbst als Opfer fühlen oder wenigstens darstellen kann, greift sie ein, wenn das zornige Bedürfnis, sich Ruhe zu verschaffen, zum Hauptmotiv des Eingreifens wird. (Angela K.)

> **These 4:** falsch
> **Begründung:** Demonstration, von lateinisch demonstrare = **zeigen, beweisen, darlegen** und nicht kämpfen, zerstören, verletzen.
> Wieso hat die Zerstörung fremden Eigentums dann aber Demonstrationscharakter?
> Telefone, Fensterscheiben sind nicht Symbole der Unterdrückung und der abgelehnten materialistischen Welt. Vielmehr ist die Zerstörungswut Ergebnis des Unvermögens, sich mitzuteilen. Die Masse macht den einzelnen stark, und der Einzelne wendet Gewalt an.
> Man kann Jugendliche auf Demonstrationen gegen Atomkraft, gegen Atomwaffen, gegen Zerstörung der Natur oder für Frieden auf der Welt doch nicht ernstnehmen, wenn sie dabei selber zerstören oder Menschen (Polizisten) verletzen. Wie sollte Gewalt ein Ausdrucksmittel für den Wunsch nach Frieden oder Zerstörung ein Ausdrucksmittel für die Erhaltung der Umwelt sein? Und derjenige, der sich daran beteiligt, sein ‚Jugendzentrum' zu errichten, wird den Pflasterstein dafür sicherlich nicht wegwerfen. (Andreas K.)

Gesucht: Reporter

Wissenschaft muß veröffentlicht werden, weil sie uns alle angeht. Doch ein Thema aus Forschung und Technik wissenschaftlich einwandfrei, für den Laien verständlich und sogar unterhaltend darzustellen, ist nicht einfach. Der Wettbewerb Reporter der Wissenschaft will junge Leute anregen, sich mit Wissenschaftsjournalismus zu beschäftigen.

Halbjahresaufgabe:

Report aus der Wissenschaft – Bericht über ein neues Wissenschaftsergebnis aus Ihrem Leistungsfach oder Hobbybereich

Ebenfalls für den 11. 1. 1982 war am 30. 9. 1981 die Halbjahresaufgabe im Zusammenhang mit der Besprechung der primär referierenden Texte aufgegeben worden. Ausgangspunkt war eine echte Aufgabenstellung der Stiftung „Jugend forscht", die aus der Analyse des siegreichen Textes aus dem Wettbewerb des vorangegangenen Jahres (1981) folgte (s. S. 100 u. 112). Es handelte sich also nicht um eine eigens für Schulzwecke erfundene Aufgabe, sondern um eine, die aus dem Alltag der Wettbewerbe für Jugendliche stammte. Dennoch wurde sie mit dem im Unterricht erarbeiteten System expositorischer Literatur verbunden und als anschauliches Beispiel verstanden. Zudem wurde sie an die konkreten Erfahrungen in den Leistungskursen gebunden. Die Schüler mußten Ergebnisse aus fachlichen Zusammenhängen in einen nichtfachlichen Kontext einbringen und lernten dabei etwas über das Problem der verständlichen Vermittlung komplexer Sachverhalte. Mit der Aufgabe wurde auch ein Stück Interdisziplinarität zurückgewonnen, das sich durch bessere Abstimmung zwischen den Fächern ausbauen ließe.

Die Ergebnisse waren überraschend vielfältig: Da wurde von Schädlingsbekämpfung, von Arzneimittelmißbrauch, von modernem Abbau der Kohle, vom Bau des Ruhrschnellweges, von Energiegewinnung durch Sonnenkollektoren oder durch Erdwärme, von Umweltbelastungen, von Satellitenprogrammen, von modernen Einkaufszentren, von Sprachbarrieren berichtet. Es würde sich lohnen, viele dieser Arbeiten abzudrucken, weil die Sachkenntnis auch die Sprachform auf eine Weise beeinflußt, die in den meisten Fällen zu einer erheblich größeren Präzision und Anschaulichkeit als bei den Klausuren führte. Erst bei der Lektüre der Arbeiten wurde mir vollends klar, wie wichtig es ist, auch Sprach- und Stilformen in der Oberstufe zuzulassen, die nicht der hohen Konventionalisierung unterliegen wie die klassischen Schul-Arbeiten. Die ausformulierte Standardnorm blockiert offenbar bei vielen Schülern den produktiven Einfall. Eben denselben Schülern fällt andererseits bei völlig freien Aufgabenstellungen auch nicht viel ein. Erst die Semi-Standardisierung schafft mit der Freiheit der Darstellung zugleich ein Geländer zur Orientierung an einer Gesamtform. Diese Fähigkeiten zur Produktivität innerhalb eines Spielraumes literarischer und expositorischer Textform hatte sich schon bei der Dramatisierung der Cato-Geschichte gezeigt; sie sollte sich bei anspruchsvollen Kabarett-Szenen aus Anlaß der Abitur-Feier besonders deutlich entfalten.

Hier werden als Beispiele drei Reportagen aus dem Bereich der Naturwissenschaft, der Technik und der Geisteswissenschaft abgedruckt.

Die schönen, todsicheren Greifer

Ein jeder hat in der Biologie die Nahrungsaufnahme der Pflanzen durch die Photosynthese kennengelernt. Wer sollte da schon ahnen, daß es unter den 250 000 herkömmlichen Blütenpflanzen auch Außenseiter gibt? Diese lassen sich nämlich nicht von Wasser, Kohlendioxyd und den Mineralien des Bodens speisen, sondern haben fast die gleiche Ernährungsweise wie wir Menschen auch! Es handelt sich um fleischfressende Pflanzen oder Karnivoren, von denen es nach neuesten Erkenntnissen schon an die 400 Arten gibt.

Diese Pflanzen siedeln sich auf Mooren und in Sümpfen an, also in einem sauren und mineralstoffarmen Boden, aus dem sie keine ergiebigen Nährstoffe ziehen können. Dieses Standortdefizit wird durch tierisches Eiweiß ausgeglichen, indem die Pflanzen nämlich Insekten und anderes Kleingetier fangen. Wie aber soll die vonstatten gehen, wo die Pflanze doch schließlich einen festen Platz hat und nicht ihre Beute verfolgen kann? Dieses Problem hat die Natur geschickt umgangen, indem die Pflanze nämlich mit Lockmitteln ausgerüstet ist, welche die Tiere durch raffinierte Täuschung anziehen. Duftender Nektar, leuchtende Farben und Tropfen, die wie Nektarperlen glitzern, üben einen unwiderstehlichen Reiz aus. Die Tiere fliegen ahnungslos herbei und haften sofort an der Pflanze. Die täuschenden Nektarperlen sind nämlich ein klebriges Fangsekret, und jeder weitere Fluchtversuch stimuliert die Fangstoffausscheidung. Fangarme umschlingen das Insekt und drängen es in die Mitte, dem Platz der meisten Verdauungsdrüsen, die das Tier bei lebendigem Leibe auflösen. Wenn das Körperinnere nach einigen Tagen verdaut ist, scheiden die Verdauungsdrüsen nicht mehr aus, sondern saugen die Nährlösung in das eigene, pflanzliche Gefäßsystem hinein. Der unverdauliche Teil (z. B. der Chitinpanzer einer Fliege) wird vom Wind davongetragen, nachdem die Pflanze ihre Fangarme wieder aufgerichtet hat.

Der so informierte Leser fragt sicherlich, was denn wohl passiert, wenn statt eines Tieres ein paar Sandkörner oder ein Blatt die Pflanzen berührt? Untersuchen wir dieses am Beispiel der Venusfliegenfalle, eine fleischfressende Pflanze, die eine andere Fangmethode besitzt als die oben beschriebene Methode der Sonnentauarten. Bei der Venusfliegenfalle klappen die Doppelblätter wie eine Muschel zu, wenn ein Tier auf das Blatt fliegt, um zu den Nektardrüsen zu gelangen. Das Berühren muß jedoch zweimal kurz hintereinander sein, ansonsten bleiben die Blätter regungslos. Allgemein kann man jedoch sagen, daß die Reaktion der Fangmechanismen nur bei Berührung von eiweißhaltigen Stoffen funktioniert.

Der englische Landschaftsarchitekt Adrian Slack hat jetzt fleischfressende Pflanzen in hohen Mengen gezüchtet. Damit sich sein Hobby rentiert, verkauft er sie sogar mit großem Erfolg, denn keiner hat etwas gegen einen „lebendigen Fliegenfänger", der zudem durch seine prachtvollen Farben ein Prunkstück jeder Fensterbank ist. Und was macht man im Winter, wenn keine Fliegen da sind? Im Spätherbst braucht die Pflanze keine Nahrung mehr, sie hält einen regelrechten Winterschlaf und treibt im Frühjahr mit der neuen Insektensaison wieder aus.

Eine neue Variante der vielseitigen und unergründlichen Natur: bisher kannte jeder Tiere, welche Pflanzen fressen, jetzt gibt es auch Pflanzen, die Tiere fressen. Es scheint, als rächt sich hier einmal die Pflanzenwelt, indem sie Tiere grausam tötet, um selber zu überleben. Angela K.

Lernen ohne Großhirnrinde

Die Großhirnrinde sei der Sitz der Lernfähigkeit, heißt die traditionelle Lehrmeinung.

Doch haben Forschungsarbeiten durch Tierversuche bewiesen, daß Lernen durchaus ohne Großhirnrinde funktionieren kann.

Psychologen und Pädagogen, die sich mit Lern- und Gedächtnisprozessen befassen, unterscheiden zwei grundsätzliche Lernprozesse:

Erstens das Erlernen bedingter Reflexe, wie etwa vermehrter Speichelfluß beim Betrachten von zubereiteten Speisen; zweitens das sogenannte instrumentelle Lernen, wie etwa das Abnehmen des Hörers, wenn das Telefon klingelt, oder das Stellen eines Weckers beim Schlafengehen.

Beide Lernformen sind auch im Normalverhalten der Säugetiere zu finden. Ratten beispielsweise lernen, einen Hebel zu drücken, wenn sie wissen, daß sie als Belohnung Futter bekommen oder einen elektrischen Schlag verhindern. Diese Lernfähigkeit wurde früher der Großhirnrinde zugeschrieben. Die Großhirnrinde (Neocortex) fehlt allen Reptilien und anderen niederen Wirbeltieren. Der russische Verhaltensforscher Iwan Pawlow behauptete, Säugetiere ohne Neocortex seien nicht fähig, auch nur die einfachsten bedingten Reflexe zu lernen.

Neue Forschungen von Dr. David Oakley am Psychology Department des University College in London lassen jedoch annehmen, daß der Neocortex für beide Lernformen unverantwortlich ist.

Nach der experimentellen Entfernung der Großhirnrinde bei Versuchstieren waren die Folgen nicht etwa Beeinträchtigungen assoziativer Denkmechanismen, sondern eher eine Änderung des Aufmerksamkeitsniveaus.

Die Fähigkeit, zwischen einem Schall- und einem Lichtreiz zu unterscheiden, ist den Forschungsergebnissen zu Folge bei großhirnrindelosen Tieren sogar besser ausgeprägt als bei normalen Kontrolltieren.

Weiterhin untersuchten die Londoner Wissenschaftler die Reaktionen großhirnloser Kaninchen beim instrumentellen Lernen. Die Tiere waren unfähig, den Hebel mehr als achtmal zwecks Erhalt eines Futterstückes zu drücken. Stattdessen starrten sie immer wieder in die leere Futterschale. Es wurde klar, daß Kaninchen ohne Großhirnrinde nicht in der Lage waren, sich längere Zeit sowohl auf den Hebel als auch auf das Futter zu konzentrieren. Nach einer Veränderung der Versuchsanordnungen, bei der Dr. David Oakley beide Elemente des Testsystems – Hebel und Futterschale – miteinander kombinierte, so daß acht Drücke auf die Futterschale selbst statt auf einen Hebel die Futtergabe auslöste, blieben die großhirnrindelosen Tiere ‚bei der Sache' und wurden rasch sehr aktiv – selbst als das Verhältnis Hebeldrücken: Futtergabe bis auf 60 : 1 gesteigert wurde. Sie verhielten sich jetzt genau wie normale Tiere.

Weitere Versuchsreihen bestätigten:

Kaninchen ohne Neocortex können ebenso gute Leistungen erbringen wie normale Tiere, wenn sie ihre Aufmerksamkeit nicht zwischen Hebeldruck und Futteraufnahme zu teilen brauchen.

Wenn die Großhirnrinde also nicht sehr viel mit der Lernfähigkeit zu tun hat, welchen Zweck erfüllt sie dann? Dr. David Oakley ist der Meinung, sie diene eher der Entwicklung des Sozialverhaltens.

Andreas K.

Geothermische Energie – Energiequelle der Zukunft

In einer Zeit von Energiekrisen und -problemen kommt das Gespräch immer häufiger auf alternative Energien. Eine davon ist die geothermische Energie. Die geothermische Energie kann in Ländern mit günstigen Voraussetzungen den Platz der Kernenergie einnehmen. Die Nutzung empfiehlt sich besonders den Entwicklungsländern, die in der Vulkanzone liegen (z. B. Nicaragua, Äthiopien, Philippinen) und keine eigenen fossilen Brennstoffe zur Verfügung haben, was sie unabhängiger von teuren Energieimporten machen würde.

Doch was ist geothermische Energie? Sie entsteht durch ständigen radioaktiven Zerfall im Erdinneren, der für hohe Temperaturen sorgt. Die Nutzung dieser Energien (Erdwärme) ist nur dort möglich, wo das heiße Magma bis in die Nähe der Erdoberfläche gelangt. Es gibt verschiedene Wege der Nutzung. Dafür 3 Beispiele: 1. Nutzung der Erdwärme direkt an der Erdoberfläche, z. B. der heißen Quellen (The Geysers: Kalifornien/Island) oder der heißen Lava nach Vulkanausbrüchen (Island); 2. Nutzung der unterirdischen heißen Quellen durch Anbohrung (Larderello, Italien); und 3. Nutzung der unterirdischen heißen Felsen (in mehreren km Tiefe), indem man künstlich ein Rißsystem herstellt, durch zwei Bohrlöcher kaltes Wasser hinein und das erhitzte wieder heraufpumpt (Prinzip des Durchlauferhitzers – z. B. USA). Dieses durch Erdwärme erhitzte Wasser kann zum Heizen benutzt werden. Ist es heiß genug (150° C), kann damit Strom erzeugt werden.

Auch in der BRD gibt es heute im Gebiet zwischen Karlsruhe und Mannheim, in dem in 3 km Tiefe ca. 150° C heißes Gestein zu finden ist. Seit einiger Zeit wird daran geforscht, dieser Wärmereserve, ähnlich dem amerikanischen Muster, Herr zu werden. Man schätzt, daß in 20 Jahren das erste deutsche Erdwärmekraftwerk mit der Leistung eines Kernreaktors entsteht.

Auf der Welt gibt es heute 24 Geothermikkraftwerke, die zusammen mehr als 2000 Megawatt leisten, das ist mehr als alle Sonnenkraftwerke und Windturbinen zur Zeit zusammen an Energie erzeugen. Aber noch sind riesige Wärmequellen ungenutzt.

Frank S.

IV. Logos und Mythos (12/2)

Im Langzeit-Konzept des Oberstufen-Curriculums nahmen diese Themen des Kurshalbjahres 12/2 fraglos einen zentralen Punkt ein: Bündelten sich doch in den beiden Begriffen die bedeutenden Beiträge des Deutschunterrichts zu einer allgemeinen Bildung im Vorraum wissenschaftlicher und künstlerischer Erkenntniswege. Einerseits sollten die Schüler mit Verfahren rationaler Beweisführung in Problemfeldern ihres Denkens, Erkennens und Handelns vertraut werden, andererseits die anschauliche Erkenntnisform ästhetischer Modelle begreifen und akzeptieren lernen. Kunstwerke als Mittel von Einsichten waren den Schülern zwar immer wieder im Unterricht begegnet, aber die eigenwillige Gestalt oder gar die besondere Leistung der sprachlichen Kunstwerke als Erkenntnisformen zu verstehen, haben sie sich weitgehend noch gesperrt. Vor allem die antiken Mythen in ihren immer neuen zeitgebundenen Varianten schienen besonders geeignet, Kunst als Form der Vermittlung von menschlichen Grundeinsichten unwiderlegbar anschaulich zu machen. Die Einführung in den rationalen Diskurs begründeter Schließverfahren in der Argumentation war den eher naturwissenschaftlich orientierten Kursteilnehmern viel naheliegender und vertrauter.

1. Argumentation

a) Planung und Durchführung der Reihe

Man braucht sich nur geltende Lehrpläne, Abiturregelungen, Lehrbücher oder Kursmaterialien zu diesem Thema anzusehen, um festzustellen, daß es weitgehend wieder nur um Textanalyse, keineswegs aber um Textproduktion geht. Da werden Bundestagsreden, „Bottroper Protokolle“, Reden bedeutender Politiker der Vergangenheit, Schülergespräche u. a. nach allen Seiten, die wir schon aus der Analyse expositorischer Texte kennen, untersucht: Redesituationen, politisches Umfeld, Textaufbau mit rhetorischen Mitteln, zeitgenössische und moderne Beurteilungen etc. Besonders ärgerlich ist die Selbstgerechtigkeit, mit der die bösen Redner (Goebbels und Hitler) von den guten (Wehner, Heck, Mischnik) abgesondert werden, ohne auf die entscheidenen Punkte einer akzeptablen Argumentation (Beweisführung, Substanz der Argumente, Offenheit für neue Begründungssätze, Selbsteinwände) einzugehen, die den Redner vom Demagogen trennen. Auch bei Schülern überwiegt eindeutig das Interesse an praktischer Argumentation gegenüber abermaliger reproduktiver Analyse. Fragt man sie nach ihren Wünschen zu einer Reihe über Argumentation, so wird dieses eher *produktive Interesse* unterstrichen, Annahmen in plausible Erklärungen, Ratschläge in überzeugende Empfehlungen, alltagssprachliche Beschreibungen von Vorgängen in nicht mehr kritisierbare fachsprachliche Form zu überführen. Konkreter gesprochen, erwarten sie

– aktive Teilnahme an Diskussionen,
– Einfluß auf andere,
– Bewertung von Diskussionen, Kriterien der Kritik,
– weniger Überreden als Überzeugen.

Dieses Schülerinteresse traf sich mit meinem Konzept einer Einführung in ein beweisführendes Schlußfolgern, das Grundlage jeder wissenschaftlichen Arbeit und ihrer mündlichen Darstellung und Verteidigung ist. Eine besondere Nähe dieser rationalen, beweissichernden, normorientierten, annahmenstützenden Form des Diskurses läßt sich zur Jurisprudenz herstellen. Dieses genus iudiciale diente uns denn auch als Modell der Erarbeitung einer Argumentationsstruktur und ihres Gebrauchs.

Bis auf die alten (und neuen) Rhetorikbücher gibt es für diese *Praxis der Argumentation* kaum brauchbares Unterrichtsmaterial. Einen überzeugenden plausiblen Ansatz habe ich nur bei Stephen Toulmin gefunden, der auch die Nähe seiner angewandten (im Gegensatz zur formalen) Logik zur Jurisprudenz sucht:

„Argumentationen können mit Gerichtsprozessen verglichen werden, und Behauptungen, die wir in außergerichtlichen Zusammenhängen machen und vertreten, können mit Behauptungen verglichen werden, die im Gericht geltend gemacht werden. Andererseits können die Begründungen, die wir zur Verteidigung der jeweiligen Arten von Behauptungen angeben, miteinander verglichen werden. Eine Hauptaufgabe der Jurisprudenz ist es, die wesentlichen Bestandteile des Gerichtsprozesses zu charakterisieren, die Verfahren anzugeben, gemäß denen Rechtsansprüche vorgebracht, beraten und entschieden werden, und die Kategorien festzulegen, mit deren Hilfe dies geschieht. Unsere Untersuchung verläuft parallel dazu. Wir beabsichtigen auf eine ähnliche Weise zu charakterisieren, was als ‚nationaler Prozeß' bezeichnet werden kann – die Verfahren und Kategorien, mit deren Hilfe für allgemeine Behauptungen argumentiert werden kann und die so entschieden werden können." (Toulmin 1975, S. 14)

Da in diesem Modell immer Geltungsfragen zur Diskussion stehen, rückt die kritische Funktion der Vernunft in den Blickpunkt, die über die Geltung begründeter Behauptungen und Beweisführungen zu entscheiden, Konsens herzustellen und wieder aufzulösen hat. Weniges kann so klar über den Grad kritischer Vernunft Heranwachsender Aufschluß geben wie die Übung in Begründungen von Rechtfertigungsdiskursen, die den Einwänden von 20 Gleichaltrigen standhalten müssen.

So brachte Frank R. im Rahmen seiner Empfehlungen in der Form des Fünfsatzes für die Koedukation im zweiten Schritt das Gegenargument: Durch Koedukation werden ungleiche Voraussetzungen geschaffen, die sich später zum Nachteil auswirken könnten. Als die Mitschüler erst vorsichtig, dann beharrlicher darauf hinweisen, daß dies doch eher ein Pro- als ein Contra-Argument sei, und der Lehrer zusammenfaßt, da sei ihm wohl ein Denkfehler unterlaufen, zieht Frank sich, nicht ohne trotzige Selbstbehauptung, auf sein Vorurteil zurück: „Das ist aber meine Meinung!" Rationale Beweisführung wird noch ohne Bedenken der argumentlosen Verteidigung des Vorurteils (und sei es eines akzeptablen) geopfert. Bildung zur Rationalität ist daher Bildung zur besseren Verteidigung richtiger und nach Geltung strebender Einsichten, zugleich auch ein Instrument zur Überprüfung der Richtigkeit und Akzeptabilität.

Der Ansatz Toulmins ist von Karl-Heinz Göttert (1978) aufgearbeitet und für Zwecke des Hochschulunterrichts im Fach Germanistik strukturiert worden, so daß uns eine gute Grundlage für die didaktische Konzeption und Durchführung vorlag. In dem Konzept haben wir versucht, in die neue Argumentationstheorie Versatzstücke traditionellen Unterrichts in mündlicher Kommunikation, wie der Aufgabenbereich seit einiger Zeit reichlich unspezifisch heißt, einzubauen; dazu gehören Prinzipien der formalen Logik am Beispiel des Syllogismus, die Übungen im Fünfsatz (nach Geissner 1968), die wichtigsten rhetorischen Mittel der Rede, die pro-et-contra- und die pro-aut-contra-Debatte. Orientierungspunkte waren aber immer wieder Begriffe und Schema einer Argumentation, wie sie von Toulmin (1975, Kap. III) erläutert und entwickelt wurden.

Über die Reihe insgesamt kann hier nicht in dem Umfang berichtet werden wie über die bisherigen Kursthemen. Dies soll in einer Publikation geschehen, die von der Kollegin vorgelegt werden wird, die diese Reihe geplant und in insgesamt drei Kontrollgruppen (ein Kurs der Jahrgangsstufe 11, zwei Kurse der Jahrgangsstufe 12) durchgeführt hat. Anders also als in meiner eigenen Langzeitstudie, in der die verschiedenen Themen, die mit einem Kurs im Laufe von drei Jahren behandelt wurden, nacheinander vorgestellt und diskutiert werden, sollte hier ein Thema (Einführung in die Argumentationslehre) in drei verschiedenen Kursen in ähnlicher Abfolge durchgenommen werden. Erfahrungen aus dem ersten Durchlauf sollten bei der Konzipierung des zweiten berücksichtigt werden. Veränderung der Modelle ist Teil des Handlungsforschungskonzepts. Ziel war, die Plausibilität und Tauglichkeit eines didaktischen Modells in veränderten unterrichtlichen Kontexten so zu überprüfen, daß eine hohe Wahrscheinlichkeit des erfolgreichen Einsatzes dieses Entwurfs unter vergleichbaren

Bedingungen prognostiziert werden kann. Ohne solche überprüfbaren Erprobungen sind Unterrichtsentwürfe bestenfalls gut gemeint – und dennoch füllen solche Werke des praxisfernen guten Willens Bände didaktischer Bibliotheken und Zeitschriften.

Die 14 Stunden der Kollegin konnten immerhin alle Bedingungen der Handlungsforschung erfüllen, die mir in meinem Unterricht schon deshalb nicht zu erreichen möglich waren, weil ich nicht in jeder Stunde zwei Protokollanten beschäftigen konnte. In dieser Argumentationsreihe wurden alle Stunden (14×3) von mindestens zwei Protokollanten mitnotiert; hinzu kam das Selbstprotokoll der Lehrerin. So entstand doch ein relativ zuverlässiges Bild der Stunden und der Reihe insgesamt. Überlegt hatten wir auch, einen Schüler protokollieren zu lassen, um besser feststellen zu können, was bei den Adressaten wirklich ankommt. Aber die Voraussetzungen waren doch zu unterschiedlich, was die Kenntnis des Stoffes und der Unterrichtsplanung angeht, als daß sie die Aussagen vergleichbar gemacht hätten. Als methodische Maßnahme zur Erkenntnissicherung und -überprüfung bleibt der Gedanke aber durchaus sinnvoll.

Die veränderte Perspektive als Protokollant in meinem eigenen Kurs hat mir verschiedene Probleme – von der Unterrichtsforschung über Standards von Lehrerrolle, über die Disproportion von Lehrerintention und Lernerfolg bis hin zu Interferenzen der Lehrmethoden oder Ansprechbarkeit der Schüler für unterschiedliche Lehrertypen – bewußt gemacht, die genereller Untersuchung wert wären. Vier *Probleme* will ich konkret benennen.

1. Auffällig ist, wie wenig genau sich *der konkrete Unterrichtsverlauf* festhalten läßt. Die Kamera bei Aufzeichnungen ist immer gerade dort, wo das Zentrum der Aktivitäten ist, meistens also beim Lehrer. Da, wo sich etwas tut, jemand sich vorbereitet für einen Beitrag, wo Gespräche nebenherlaufen, wo eine Äußerung liegenbleibt oder wo nachträglich der Gedankenblitz aufleuchtet, ist sie gerade nicht. Auch das *Protokoll* sieht nur auf die dominanten Abläufe, sucht zu strukturieren, um sich nicht im Detail zu verlieren, das dann vielleicht plötzlich zum entscheidenden weiterführenden Impuls wird und verloren ist; der eine achtet mehr auf Schülerbeiträge, der andere hat den Lehrer im Blick; der eine faßt Dialoge zusammen und bewertet gleich (als Hinweis für den Lehrenden zur Revision seines Plans), der andere gibt Dialoge so genau wie möglich wieder und enthält sich jeglicher Wertung, die er dem Lehrer überläßt. Ein kurzer Ausschnitt aus den beiden Protokollen zu verschiedenen Phasen der ersten Stunde der Reihe läßt schon einen Teil der Probleme erkennen:

Während das Protokoll links bemüht ist, den Gesprächsverlauf so genau wie nötig nachzuzeichnen, Kommentar und Unterrichtsdialog voneinander zu trennen, verfährt das rechte Protokoll eher resümierend, ergebnisorientiert, vermischt Ablaufdarstellung mit wertendem Kommentar. Beide Protokollanten sind aber vornehmlich an der dominierenden Lehrer-Schüler-Interaktion orientiert, lassen die für das Unterrichtsziel belanglosen Gesprächsbeiträge ebenso weg wie die Vorgänge innerhalb des Kurses, die nicht als Beitrag zur Förderung des Erkenntnisziels zu verstehen sind, und auch alle nonverbalen Aktionen und emotionalen Äußerungen. Intendiert ist ein Protokoll für die Lehrerin, in dem ihre Aktionen beobachtet und kommentiert werden sowie die Antworten und Reaktionen der Schüler darauf, in dem die Stringenz der Unterrichtsführung, die Abweichungen gegenüber dem Plan, die ergebnisfördernden Beiträge der Schüler festgehalten werden. Es sind perspektivische Beobachtungen, ähnlich denen, die auch eine Videoaufzeichnung erbringt, keineswegs aber vollständige. Immerhin sind Protokolle dieser Art Materialien, die mehr über den Unterricht festhalten als das Gedankenprotokoll des Lehrers selbst, die einen Eindruck vom Unterrichtsstil vermitteln und Selbstreflexion ermöglichen, indem deutlicher zwischen dem, was der Lehrer wünscht, wie sein Unterricht abgelaufen ist, und dem, wie er wirklich war, unterschieden werden kann.

Unterrichtsreihe: Argumentation in 12/2 am 1.2. 1982

1. Stunde: Einführung

anfangs große Zurückhaltung bei den Schülern,
nur sporadische Antworten,
häufige Lehrernachfrage nötig.

Namensschilder werden aufgestellt,
die erste Entspannungsphase wird dankbar angenommen;
inzwischen entsteht das **Tafelbild:**

Argumentation – Rhetorik
Mittel zum Beeinflussen
Durchschauen der Mittel in Medien
bei Reden Aufbau durchschauen + anwenden
selber Rede halten können
dominieren (Vorteile haben)

Lehrer:	Was erwarten Sie von der Unterrichtsreihe? Sie haben sich mit dem Thema vielleicht schon beschäftigt – was erwarten Sie?
Angela:	Rhetorische Mittel kennenlernen, um zu beeinflussen.
Lehrer:	Ja, weiter? Ich sammle Äußerungen.
Thomas:	Rhetorische Mittel in den Medien.
Lehrer:	Wozu befähigt Sie diese Kenntnis?
Thomas:	Daß wir mehr durchblicken.
Lehrer:	Was erwarten Sie also?
Roland U.:	Lernen, wie Reden aufgebaut sind.
Lehrer:	Wollen Sie mehr durchschauen oder selber anwenden lernen?
Markus W.:	Lieber selber reden.
Lehrer:	Verschafft Ihnen das bessere Redenkönnen auch eine andere Stellung in der Gesellschaft?
Alfred:	Dadurch bekommt man sicher eine überlegene Stellung.
Lehrer:	Damit haben wir einen wesentlichen Punkt: unser Ziel ist: Reden selber halten zu lernen und Mittel durchschauen können.
Thomas:	Dominiert man dann wirklich?
Lehrer:	Ja, ich gebe die Frage an die Klasse weiter.
Olaf:	Das kommt ganz darauf an, wo man ist, nicht jedem imponiert man mit starken Reden; auf gleicher sozialer Ebene z. B.
Lehrer:	Worauf kommt es denn an?
Markus W.:	Man muß Probleme konkret machen können.
Thomas:	Dann sollten Sie lieber Vorteile hinschreiben.
Lehrer:	Darf man das denn: Vorteile gewinnen, dominieren, andere plattwalzen?

(Fortsetzung Seite 158)

Protokoll des Deutschunterrichts in Klasse 12 vom 1.2. 1982, 11.50–12.35 h

Die Lehrerin stellte sich vor und teilte den Schülern mit, daß in der nächsten Zeit das Thema ‚Argumentation' im Unterricht behandelt werden soll. Die Eingangsfrage der Lehrerin zielte auf die Schülererwartung und Vorstellung zu diesen Thema.

Lehrer: Was erwarten Sie vom Thema ‚Argumentation'?

Die Lehrerin erstellte ein Tafelbild, das aus Schülerantworten hervorging. Die Beteiligung der Schüler war rege und wurde durch Lehrerimpulse gefördert.

Tafelbild:

Argumentation – Rhetorik
Mittel zum Beeinflussen
Durchschauen der Mittel in Medien
bei Reden Aufbau durchschauen
+ anwenden
selber Rede halten können
dominieren (Vorteile haben)

Ein Schüler bemerkte, daß die Verwendung rhetorischer Mittel bei einfachen Leuten uninteressant wäre. Hiermit wurden der Situationsbezug und die Beziehungsebene angesprochen, Aspekte, die die Lehrerin aber nicht weiter verfolgen konnte.

(Fortsetzung Seite 159)

(Fortsetzung von Seite 156)

Die Frage bleibt als Impuls für die kommende Arbeit mit dem Blatt stehen und berührt die ethische Dimension der Argumentation. Inzwischen werden die Arbeitsblätter ausgeteilt, verbunden mit der Aufforderung, den Text zu lesen. Lesepause	Lehrer:	Gibt es einen Sieger? Was spielt sich hier ab?
Eva erläutert den Inhalt. Nach zwei bis drei Zügen ist Andreas bei dem Begriff: Streitgespräch	Lehrer:	Gibt es einen Sieger oder endet das Gespräch unentschieden?
	Roland U.:	Die Mutter gewinnt wohl.
	Alfred:	Die Mutter hat die bessere Position.
	Lehrer:	Sie meinen also die Mutter ist Siegerin?
Lehrer erläutert in dem Zusammenhang die unterschiedlichen Antworten a und b auf dem Papier	Marion:	Wenn sie bei der Antwort (a) bleibt.
	Lehrer:	Und bei Antwort (b)?
	Markus:	Dann siegt sie eben nicht.
	Lehrer:	Jetzt wollen wir uns das Gespräch mal genauer ansehen. Wie beginnt die Mutter?
	Markus M.:	Mit einer Behauptung.
	Lehrer:	Ja, mit einer These.
Von nun an werden die Begriffe an die Tafel geschrieben, das Arbeitsblatt vervollständigt (siehe Anlage)	Lehrer:	Wie antwortet die Tochter auf die These?
Zunächst wenden die Schüler das Gelernte wieder an und sagen, daß sie selbst mit einer These antwortet, Eva ist der Meinung, es handele sich um eine Erklärung	Lehrer:	Sie **verlangt** eine Erklärung, sie problematisiert die Frage, sie verlangt also
	Markus W.:	Eine Begründung!
Die Frage nach A 2 kommt erst nach zwei Vermutungen (andeutende Feststellung, Tatsache) auf den Kernbegriff: ein Faktum	Thomas:	Diese Tatsache wird aber bewertet.
	Lehrer:	Ja, weil das ihre Meinung ist. Der Spielball geht zurück. Welche Äußerung kommt jetzt?
	Angela:	Sie stellt das Argument in Frage.
	Jürgen:	Sie problematisiert die ausgesprochene Wertung.
	Lehrer:	Genau, denn das Faktum selbst kann sie nicht problematisieren. Was verlangt sie diesmal durch ihre Frage? [...]
	(weitere genauere Nachzeichnung der wichtigsten Dialogpartien mit Erarbeitung der zentralen Begriffe Grundsatz und Stütze)	

(Fortsetzung von Seite 157)
Die Lehrerin äußerte sich sehr erfreut darüber, daß viele Aspekte und Probleme des Themas angesprochen wurden, und ging nun zu einem konkreten Beispieltext über, der an die Schüler ausgeteilt wurde (U-Material 1). Die Schüler äußerten zunächst Verständnisfragen zum Text. Im Verlauf des Unterrichts wurde deutlich, daß der Text ein gutes Arbeitsmaterial darstellt, da eine relativ starke Schülerbeteiligung zu verzeichnen war, die nicht nur durch zahlreiche Lehrerimpulse initiiert wurde. Dennoch wäre zu überlegen, ob der Dialogtext optisch (medial) verständlicher und eindeutiger präsentiert oder von der Lehrerin vorab eindeutiger kommentiert wird, da einige wenige Schüler auch noch nach Beginn der Textarbeit nicht wußten, wie sie den Text lesen sollten.
Zunächst wurde die Grobstruktur (Inhalt) des Gesprächs behandelt.

Lehrer: Was spielt sich in dem Text ab?
Schüler: Ein Gespräch
Lehrer: besser?
Schüler: Ein Streitgespräch
Lehrer: Gibt es einen Sieger?
Schüler: Mutter hat bessere Position
Lehrer: Warum oder wann ist die Mutter Siegerin?
Schüler: Im Fall a)
Lehrer: Und bei Fall b)?
Schüler: Mutter hätte nachgegeben

Im Folgenden erstellte die Lehrerin ein Tafelbild der Argumentationsstruktur des Dialogtextes unter Anwendung des fragend entwikkelnden Verfahrens mit großer Impulsfrequenz. Zur logischen Formalisierung wurden die Sätze der Mutter mit A1–A4, die der Tochter mit B1–B4 benannt. Die Lehrerin hielt die Unterrichtsergebnisse schrittweise in dem Tafelbild fest, das aus protokolltechnischen Gründen zunächst vollständig, später nur an einem Detail des Entstehungsprozesses nachgezeichnet wird.

Unterrichtsmaterial 1.2.1982

Mutter (A)	Tochter (B)
A 1 Du siehst heute wieder völlig vergammelt aus.	
	B 1 Wieso denn?
A 2 Sieh dir nur die ausgefransten Hosen an	
	B 2 Seit wann gelten Fransen als gammelig?
A 3 Fransen stellen schließlich eine Beschädigung dar.	
	B 3 Na und?
A 4 Beschädigte Sachen erwecken den Eindruck, daß man im Ganzen unordentlich ist.	
	B 4 Bei Jeans ist das was anderes.
(a) Da bin ich anderer Meinung: du siehst eben doch vergammelt aus.	
(b) Na gut, es mag in diesem Fall einigermaßen hingehen.	

Aufgabe
B 2: Seit wann gelten Fransen als schlampig?
A 3: Fransen stellen schließlich eine Beschädigung dar.
B 3: Aber die Hose *ist* doch gar nicht ausgefranst.

2. Beobachtungen im Unterricht von Kollegen oder Videoaufzeichnungen eigener Stunden machen in auffälliger Weise deutlich, wie stark Unterrichtsgestaltung von *didaktischem Ritual,* von unhinterfragten pädagogischen Gewißheiten, nicht aber von der Realisierung einer theoretischen Idee, eines gedanklichen Modells geleitet ist. „Unterrichtliches Brauchtum" hat Hubert Ivo (1977, S. 183) diese geltenden Handlungstypen in der Didaktik genannt. Eröffnung des Gesprächs, Lenkung auf richtige Antworten und Fragen, Abweisen von irritierenden Äußerungen mit Hinweisen auf das zur Diskussion stehende Sachproblem oder den Zeitmangel, das Begehren nach Aufmerksamkeit für die Vermittlung des vorbereitenden Wissens, Ausschluß bzw. Hervorhebung von Beiträgen, Überleitungen zu neuen Themen, Bewertungen von Äußerungen – all dies schafft ein Klima von Lernen, in dem das zu vermittelnde Wissen hinter dem Ritual zu verschwinden droht. Ritualisierungen der Unterrichtsstruktur und des -ablaufs können und sollen nicht grundsätzlich in Zweifel gezogen werden; sie erleichtern beiden Seiten das Lehren und Lernen; aber hin und wieder müssen sie doch auf ihre Tauglichkeit für das Erreichen bestimmter Erziehungs- und Lernziele, auf die Adäquanz zu bestimmten Unterrichtsinhalten (z. B. in die Argumentation deduktiv einzuführen würde dem Prinzip der Beweisfindung widersprechen) überprüft werden. Als Überprüfungsinstanz sind Videoaufzeichnungen und Unterrichtsprotokolle brauchbar und hilfreich.

Tafelbild

A	B	
These A 1		
	B 1	Problematisierung in Form einer Frage, d. h. sie verlangt Begründung
wertend (Tatsache) Faktum A 2		
	B 2	Problematisierung in Form einer Frage, sie verlangt Begründung
Grundsatz A 3 (glaubt damit unwiderlegbar zu sein)		
	B 3	Problematisierung in Form einer Frage, drückt Gleichgültigkeit aus
Stütze A 4		
	B 4	Einschränkung
...		

(Material und Auflösung bei Göttert (1977), S. 68/69)

3. Der Gegenstand der Argumentation interessierte mich bei der Planung sicherlich als eigenständiger Bereich, der sich sowohl produktiv in der praktischen Übung von Redebeiträgen wie auch analytisch-kritisch in der Untersuchung von Elementen und Funktionen der Rede behandeln ließ. Zugleich sollte das Stoffgebiet, wie der Vergleich mit den juristischen Beweisverfahren gezeigt hat, in allgemein gültige gedankliche Verfahren des Schlußfolgerns und des Entdeckens neuer Ergebnisse und Einsichten einführen. Die Einführung war zugleich gedacht als *Beitrag der Allgemeinbildung* im Vorfeld wissenschaftlicher Erkenntnisgewinnung und -verteidigung. Dabei spielte natürlich die Vermittlung von überprüfbaren Schlußregeln eine wichtige Rolle, die sich auf Beweise zu stützen weiß. Ebenso wichtig wurden aber die Arten der Argumentation, bei denen man sich auf geltende, akzeptierte Gründe, nicht aber auf logische Beweise berufen kann. Topische Argumentation nennen wir seit Aristoteles diese orm der Problemerörterung, die vor allem auf dem Auffinden von akzeptablen Prämissen beruht. Die Schüler sollten erfahren, daß nicht der besser argumentiert, der formal logisch am schlüssigsten folgert, sondern der, der die der These angemessensten Beweise und Begründungen findet. Argumentation ist nicht so sehr eine Frage der formalen Logik, sondern vor allem eine des Wissens und seines Gebrauchs für bestimmte Thesen. Die Einführung der beiden Grundtypen von Argumentationen: Erklärungen und Rechtfertigungen sind nicht nur Formen der Rede, sondern zugleich Grundmuster der Erkenntnisgewinnung in den Naturwissenschaften (Erklären von Erscheinungen) und den Geisteswissenschaften (Rechtfertigung von Handlungen). Diese bereichsüberschreitenden Bedeutungen von Unterrichtsgegenständen geben ihnen den Charakter von Elementen für die Allgemeinbildung, die im besten (d. h. nicht speziellen) Sinne wissenschaftspropädeutisch genannt werden kann.

4. Lernen hat sich in dem Augenblick erfolgreich vollzogen, in dem der Schüler das erworbene Wissen auch *anwenden* gelernt hat. Ein anschauliches Beispiel eines gelungenen Transfers gab Alfred M. in einer Stunde, in der ich nicht dabei war. Im Zuge der Förderung von Selbständigkeit und Selbstverantwortung hatte ich den Schülern gesagt, daß ich sie, wenn irgend möglich, nicht mehr zu Beiträgen zum Unterrichtsgespräch aufrufen würde, daß sie vielmehr ihre Beiträge freiwillig so bemessen sollten, daß sie in dem Zensurbereich „Sonstige Mitarbeit" auf das gewünschte Niveau kämen. Die Kollegin kannte diese Verabredung nicht. Bei dem Versuch der Überführung des Fünfsatzes in das Schließverfahren Toulmins nahm sie Alfred mehrmals unaufgefordert dran. Schließlich konterte er:

„Wie ich feststelle, nehmen Sie mich des öfteren dran, ohne daß ich mich melde.
Sie tun das wahrscheinlich in der Hoffnung, von mir einen unterrichtsförderlichen Beitrag zu erhalten.
Hätte ich jedoch einen Beitrag parat, so würde ich mich melden.
Angesichts der Tatsache, daß Sie dadurch nur Zeit verschwenden,
bitte ich Sie, mich nicht mehr aufzurufen, wenn ich mich nicht melde!"

Dies war nicht nur ein gelungener Fünfsatz, sondern eine gelungene Anwendung des Gelernten und Ausdruck allgemeiner Bildung insofern, als das Gelernte aus seinem bereichsspezifischen Zusammenhang genommen und in einen rationalen Diskurs der Selbstbehauptung eingebracht wurde.

b) Diskursform Rechtfertigung

Nach Abschluß der Reihe blieb mir für die Vorbereitung der Klausur nur noch eine Unterrichtsstunde. Da das Aufspüren von Topoi im Bereich der Erfahrungen mit Schule zur Beweisführung in rechtfertigender Argumentation (genus iudiciale in der Rhetorik-Tradition) den Schülern am leichtesten gelingen dürfte, hatte ich als Thema eines zum *Problem der Allgemeinbildung* geplant. Damit verstieß ich zwar gegen die Bestimmungen für die Leistungsanforderungen in den zugelassenen Aufgabenarten (hier III: Erörterung im Anschluß an eine fachspezifische Textvorlage), denn das Thema hat mit dem Fach Deutsch zunächst nichts zu tun. Aber die Bestimmung ist Ausdruck fehlgeleiteten Bereichsdenkens, das die neugestaltete Oberstufe durchgehend kennzeichnet und das den entscheidenden Gesichtspunkt übersieht, daß erst in der Überschreitung von Fachgrenzen sich *allgemeine* Bildung erweisen kann. Dieses Denken in Fächergrenzen ist auch politisch bedenklich, weil es von den Schülern unausgesprochen fordert, sich nur zu Fachproblemen zu äußern, in denen man sich genauer auskennt, die Diskussion allgemeiner Probleme aber den Spezialisten fürs Allgemeine, den Politikern also, zu überlassen.

Wegen der höherwertigen Zielsetzung habe ich den Verstoß gegen die ministeriellen Bestimmungen in diesem Fall riskiert, ein Jahr später allerdings, als ich in der abiturvorbereitenden Klausur in 13/2 eine Aufgabe zur Argumentation mit dem Thema: „Rettet die mathematisch-naturwissenschaftliche Bildung", ein Aufruf der Vereinigung der Mathematiker und Naturwissenschaftler an den Universitäten, stellen wollte, habe ich den formalen Einwänden der Kollegen nachgegeben und auf das Thema verzichtet. Es wird allerdings Zeit, daß diese durch kein plausibles Argument (vielleicht nur durch vereinzelte schlechte Erfahrungen weniger Lehrplanverfasser mit alten Besinnungsaufsätzen) zu rechtfertigende Bestimmung in den Abiturregelungen beseitigt wird.

Die Vorbereitung der Klausur sollte sich auf die Besprechung der Anforderungen beschränken, die durch das Thema gestellt werden sollten:

Die wichtigsten rhetorischen Mittel, die den Schülern in der Fassung von „Werkstatt Sprache" (1980, S. 72/73) bekannt waren.

3.4.1 Rhetorische Mittel

Erläuterung einiger rhetorischer Figuren

Wortfiguren

Übertreibung, Steigerung durch Vergrößerung oder Verkleinerung (Hyperbel) z. B. fuchsteufelswild, blitzschnell, tausendmal

Untertreibung durch Verneinung des Gegenteils (Litotes)
z. B. „nicht gerade einer der Tapfersten"

Verhüllung (Periphrase)
z. B. „Auge des Gesetzes" (Sonderform: Beschönigung „Euphemismus", z. B. „entschlafen" für „sterben")

Doppelung, Verbindung von zwei synonymen Wörtern (Hendiadyoin)
z. B. „Hilfe und Beistand"

Nachdrücklichkeit (Emphase)
z. B. „Menschen! Menschen! falsche heuchlerische Krokodilbrut!" (Schiller)

Veralteter Ausdruck (Archaismus)
z. B. „Aber rühmen wir nicht nur den Weisen/dessen Name auf dem Buche prangt!" (Brecht)

Satzfiguren

Verkürzung (Ellipse)
z. B. „Was nun?"

Gleichlauf (Parallelismus)
z. B. „Heiß ist die Liebe, kalt ist der Schnee!"

Überkreuzstellung (Chiasmus)
z. B. „Die Kunst ist lang, und kurz ist unser Leben." (Goethe)

Umstellung (Inversion)
z. B. „Nicht aber für erforderlich wird es gehalten . . ."

Zwei- und Dreigliedrigkeit, verbunden mit Steigerung (Klimax)
z. B. „veni, vidi, vici" (Caesar)

Einschub (Parenthese)
z. B. „Ich sei, gewährt mir die Bitte, in eurem Bunde der Dritte!" (Schiller)

Gedankenfiguren

Rhetorische Frage, Frage, auf die der Redner keine Antwort erwartet
z. B. „Wer ist hier so niedrig gesinnt, daß er ein Knecht sein möchte?" (Shakespeare)

Gegensatz (Antithese)
z. B. „Arm und reich", „gut und böse".

Sinnwidrigkeit, oft nur scheinbar (Paradox)
z. B. „Mitten wir im Leben sind von dem Tod umfangen" (Kirchenlied)

Ironie, man sagt das Gegenteil von dem, was man meint
z. B. „Denn Brutus ist ein ehrenwerter Mann . . ." (Shakespeare)

Vergleich

Einprägsamer Sinnspruch (Sentenz)
z. B. „. . . eine stumme Predigt hält uns der Kinder Angesicht" (Fontane)

Klangfiguren

Wiederholung
Sonderform: Wiederholung am Anfang (Anapher)
z. B. „Das Wasser rauscht; das Wasser schwoll." (Goethe)

Wortspiel
z. B. „. . . denn ich selber bin ganz gewillt, ein guter Mann zu werden und nicht ein Schlächter." (Brecht)

Stabreim (Alliteration)
z. B. „In seidenen Sesseln sitzen" (Rilke)

Irrtümer haben ihren Wert;
jedoch nur hie und da.
Nicht jeder, der nach Indien fährt,
entdeckt Amerika.

(E. Kästner)

Die Schüler erhielten außerdem einen Topik-Katalog, um ihnen noch einmal ins Gedächtnis zu rufen, daß anders als in dem erklärenden Diskurstyp, in dem man sich auf gültige (vor allem: naturwissenschaftliche) Gesetzmäßigkeiten berufen kann, im rechtfertigenden Typ der Erfolg auf der Findigkeit bei der Suche nach Grundsätzen beruht. Bei der Anlehnung an das genus iudiciale lag es nahe, eine Auswahl von unhinterfragten Übereinkünften, die Topoi darstellen, als Beispiel vorzulegen. Der Einfachheit halber wählten wir die von Guido Stein (1979) vorgelegte Fassung.

5.7.1 Beispiele für Topoi aus der Tradition des Römischen Rechts, die in abgewandelter Form z. T. noch heute Gültigkeit haben

– nullum crimen/nulla poena sine lege – Grundgesetz für die Bundesrepublik Deutschland (GG), Art. 103 (2) „Eine Tat kann nur bestraft werden, wenn die Strafbarkeit gesetzlich bestimmt war, bevor die Tat begangen wurde.“ (vgl. Strafgesetzbuch § 2 [1])
– ne bis in idem – GG, Art. 103 (3) „Niemand darf wegen derselben Tat auf Grund der allgemeinen Strafgesetze mehrmals bestraft werden.“
– in dubio pro reo – im Zweifelsfall für den Angeklagten (Grundsatz im Strafrecht).
– in dubio contra actorem – im Zweifelsfall gegen den Kläger, der die Beweislast zu tragen hat (Grundsatz im Zivilrecht).
– audiatur et altera pars – auch der andere Teil muß gehört werden (Grundsatz im Prozeßrecht). Sprichwort: „Eines Mannes Rede ist keines Mannes Rede; man muß die Part vernehmen beede.“ An diesem Topos läßt sich zugleich die Rolle des Gerichts demonstrieren: Es stellt die Gleichheit der streitenden Parteien her und schafft die Voraussetzungen für eine argumentative Auseinandersetzung. Vom Richter wird Unparteilichkeit verlangt.
– volenti non fit iniuria – dem, der einwilligt, geschieht kein Unrecht (StGB § 226a. „Wer eine Körperverletzung mit Einwilligung des Verletzten vornimmt, handelt nur dann rechtswidrig, wenn die Tat trotz der Einwilligung gegen die guten Sitten verstößt.“ – Beispiele: ärztliche Eingriffe, Sportkämpfe wie Fechten, Boxen, Ringen).
– singularia non sunt extrahenda – Ausnahmevorschriften dürfen nicht ausgedehnt verallgemeinert werden.
– ultra posse nemo obligatur – über sein Können hinaus kann niemand verpflichtet werden (impossibilium nulla obligatio est – das Unmögliche kann nicht Pflicht sein).
– publicam utilitatem privatorum commodis praeferendam – „Gemeinwohl geht vor Eigenwohl“ – s. u. „öffentliches Interesse“.
– summum ius summa iniuria – das Recht, das auf die Spitze getrieben wird, kann höchstes Unrecht sein (u. a. von Cicero in „De officiis“ erwähntes, von Hegel in seiner „Rechtsphilosophie“ wieder aufgegriffenes Rechtssprichwort).
– lex specialis (superior/posterior) derogat legi generali (inferiori/priori) – die speziellere (höhere/spätere) Norm geht der allgemeineren (niederen/früheren) Norm vor.

5.7.2 Topoi aus dem modernen Recht

– Interesse, Interessenabwägung, Interessenkonflikt, z. B. Öffentliches Interesse – ein in der Gesetzessprache, insbesondere im Verwaltungsrecht häufig verwendeter Begriff, der die Belange der Allgemeinheit gegenüber Individualinteressen kennzeichnen soll (nach: C. Creifelds: Rechtswörterbuch, München ^{5}1978).
– Vertrauensgrundsatz – z. B. im Straßenverkehr: Jeder Verkehrsteilnehmer kann grundsätzlich davon ausgehen, daß auch andere Teilnehmer die Verkehrsregeln befolgen, z. B. die Vorfahrtsregeln. Der Vertrauensgrundsatz gilt jedoch nicht uneingeschränkt (nach: C. Creifelds . . .).
– Willenserklärung – ein im BGB nicht näher definierter Begriff. Die Willenserklärung ist Grundlage und notwendiger Bestandteil eines jeden Rechtsgeschäftes.
– Verursachungsgrundsatz – z. B. im Bereich des Umweltschutzes, haftbar für Schäden ist grundsätzlich der unmittelbare Verursacher.

Sprichwörter, Zitate aus Klassikern, Aphorismen übernehmen in Literatur-Diskursen häufig die Funktion von geltenden Übereinkünften, die als Grundsätze verwendbar sind.

Die *Struktur der Argumentation* nach dem Schema von Toulmin mit den Begriffen, wie sie Göttert verwendet, wurde an dem Beispiel: „Die reformierte Oberstufe eröffnet dem Schüler große Freiheiten“ noch einmal durchgegangen. An der Tafel entstand eine Übersicht über die Verlaufsform rechtfertigender Argumentation in folgender Fassung:

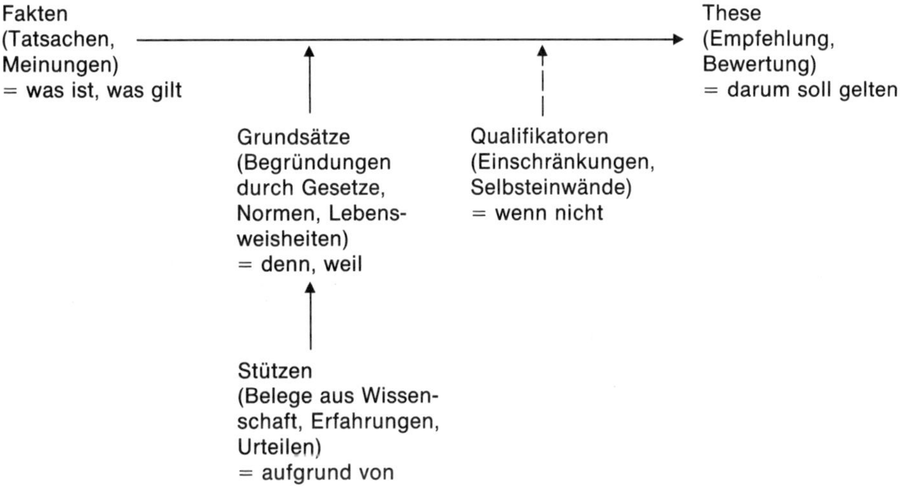

Zu dem entscheidenden Punkt der Qualifikatoren, d. h. der Gründe für die beschränkte Gültigkeit der These, sind wir in der Stunde nicht mehr gekommen. Diese Kategorie habe ich mit den Schülern ausführlich in der Rückgabestunde besprochen, weil von ihr die Differenziertheit und damit die Überzeugungskraft der Schlußfolgerungen abhängt.

Im Thema der zweistündigen *Klausur* ging es dann um die alte Maxime: „Nicht für die Schule, sondern für das Leben lernen wir.“ In einem ersten Teil sollte der Auszug einer Abiturrede aus dem vergangenen Jahr, wie er in der ZEIT publiziert worden ist, und im zweiten Teil eine eigene Argumentation versucht werden:

1. Klausur 12/2
Lösen Sie die beiden folgenden Aufgaben:

Schüler und Lehrer zum Abitur 1981

TORSTEN SCHNEIDER aus Braunschweig, der einen Notendurchschnitt von 1,0 erzielte, äußert sich kritisch über die neue Oberstufe und die Zukunftschancen seiner Generation.

Kaum hat sich für den Schüler das Tor des lustbetonten Lernens durch den Eintritt in die reformierte Oberstufe geöffnet, wird es ihm auch schon wieder vor der Nase zugeschlagen. In ihren Grundgedanken sicher sehr lobenswert, in ihrer Ausführung aber mangelhaft, hat die reformierte Oberstufe katastrophale Auswirkungen auf die Einstellung der jungen Leute. Viele Schüler sind durch den Einfluß der Noten auf das Berufsziel stark von dem jeweiligen Pädagogen abhängig. Im Gegensatz zu anderen Schulsystemen, ist der Lehrer bei uns nicht nur mit dem Erreichen des Lernzieles, sondern auch mit der Bewertung der erbrachten Leistung beauftragt.

Der Ursprung allen Übels liegt freilich nicht im individuell gestörten Lehrer-Schüler-Verhältnis. Diese in der Natur des Menschen liegende Möglichkeit kann auch im optimalen Schulsystem nie ausgeschlossen werden.

Die Ursache ist vielmehr die ungleiche Bewertung der Berufe in der öffentlichen Meinung, die sich die Benotung in der Schule auf Kosten der Schüler als Instrument zur Stabilisierung dieser Verhältnisse auserkoren hat und die Lehrer dazu zwingt, unfehlbar erscheinen zu müssen, um die scheinbare Objektivität, Gerechtigkeit der Notengebung zu wahren, wo es durchaus fehl am Platze ist.

Es scheint widersinnig, aber es entspricht der Realität, daß die staatliche Institution Schule in ihrem Bestreben, Leistung zu erzielen, genau das Gegenteil erreicht. Der Schüler verinnerlicht unter den gegebenen Umständen unbewußt eine Abneigung gegen alles, was mit Schule und Lernen zu tun hat, die ihn noch lange nach seiner Schullaufbahn verfolgen, seine potentielle Leistung mindern wird.

Die Gefühle der heutigen Schüler lassen sich kaum treffender ausdrücken als es die Rockgruppe „Pink Floyd" in ihrem Lied „Another Brick in the Wall" tut:

We don't need no education (of that kind).
We don't need no thought control.
No dark sarcasm in the classroom.
Teachers leave the kids alone,
Hey teacher leave us kids alone.
All in all it's just another brick in the wall.
All in all it's just another brick in the wall.

DIE ZEIT – Nr. 31 – 24. Juli 1981

a) Analysieren Sie den Redeauszug mit Hilfe des Modells der Argumenttypen und weisen Sie einzelne rhetorische Mittel nach.
b) „Nicht für die Schule, sondern für das Leben lernen wir!"
Fertigen Sie eine Argumentation unter Verwendung der Argumenttypen Fakten, Grundsätze, Stützen und These an.

Die Argumenttypen wurden in der Regel von den Schülern richtig zugeordnet und das Argumentationsschema akzeptabel präsentiert, auch wenn es im Detail verständlicherweise Unsicherheiten gab. Auch wenn Markus W. z. B. keinen gravierenden Fehler machte, modelte er die These einer Bewertung in die einer Empfehlung um:

Fakten
a) schlechte Ausführung des Grundgedankens der r. O.
b) starke Abhängigkeit von Pädagogen
c) schlechte Auswirkung auf die Einstellung der Schüler
d) gestörtes Lehrer-Schüler-Verhältnis
e) Institution Schule erreicht genau das Gegenteil in ihren Bestrebungen

These
Die reformierte Oberstufe muß erneut reformiert werden, um
1. besseres Schüler-Lehrer-Verhältnis zu erlangen,
2. den Schüler besser motivieren zu können.

Grundsätze
a) Der Lehrer bewertet sowohl erbrachte Leistung, als auch Erreichen des Lernziels.
Die Schule kann nie alle Möglichkeiten eines Menschen optimal fördern.
b) Die Lehrer sind durch die öffentliche Meinung, die die Berufe zugleich bewertet, gezwungen, die Notengebung zu ändern (Notengebung als Lenkinstrument)
c) Die Schüler bekommen eine Abneigung gegen Schule und Lernen

Stützen
Lied von bekannter Rockgruppe.
Persönliche Erfahrung von einem Schüler, den man als kompetent ansehen kann.

An rhetorischen Mitteln wurden von allen Schülern zusammen sieben Figuren gefunden; Markus W. liegt mit seinen drei genau im Mittelfeld. Im einzelnen sind es:

Hyperbel: „katastrophale Auswirkung"; „Ursprung allen Übels"
Hendiadyoin: „Objektivität, Gerechtigkeit der Notengebung"
Parallelismus: „In ihrem Grundgedanken ..., in ihrer Ausführung..."
zugleich
Inversion: „... hat die reformierte Oberstufe..."
Antithese: „Tor ... geöffnet, wird es ihm zugeschlagen"; „... lobenswert, ... aber mangelhaft"
Metapher: „Tor des ... Lernens"; „Brick in the Wall"
Alliteration: „lustbetontes Lernen"; Lehrer, Lernziel, Leistung
Anapher: „We don't need ...; „All in all ..."

Die Beweise für die These: „Nicht für die Schule, sondern für das Leben lernen wir" finden die Schüler in den politischen Legitimationen der reformierten Oberstufe: Durch die Kursangebote werden die Schüler besser und individueller auf ihren Beruf und ihr Studium vorbereitet, sie können ihren Neigungen besser nachgehen und werden als Spezialisten von der Gesellschaft schneller akzeptiert und besser honoriert: Ein fatales Mißverständnis der Aufgaben gymnasialer Oberstufe! Man hat diese irrige Auffassung von dem Recht auf frühzeitige Spezialisierung ausgerechnet einer Generation eingeredet, die durch Lehrstellenmangel, numerus clausus, überfüllte Berufe gar keinen Gebrauch von der Spezialisierung wird machen können.

Der Zynismus von Olaf B. ist angesichts der Situation der Schüler, daß ihnen Bildung versprochen wurde, aber nur Notendurchschnitte gefragt waren, verständlich. Von so etwas wie allgemeiner Bildung sprechen nur Eva V. und Alfred M. in Andeutungen:

Das Ziel in einer hochentwickelten Industrienation wie der BRD muß es sein, Fachkräfte auszubilden. Dies fängt schon in der Schule an (z. B. naturwissenschaftliche Leistungskurse in der gymnasialen Oberstufe). [...] Die Berufsorientierung der Institution Schule ist also eindeutig, und da der Beruf das Leben des einzelnen zum größten Teil ausmacht, lernen wir nicht für die Schule, sondern für das Leben. (Andreas K.)

Mit guten Leistungen in der Schule kann der einzelne sich gute Voraussetzungen für sein Berufsleben verschaffen. Es sollte deshalb jeder versuchen, das Beste aus seiner Schulbildung herauszuholen, auch wenn dabei das Privatleben ein wenig eingeschränkt wird. Hat man erst einmal seinen erstrebten Job, haben sich die Bemühungen in der Schule bezahlt gemacht. Ich hoffe, ich habe Ihnen hiermit klar gemacht, daß Sie nicht für die Schule, sondern für sich selber lernen. (Thomas G.)

Die eigentlichen Aufgaben der Schule sind jedoch, den Schüler zu einem kritischen Bürger und einer selbständigen, autonomen Persönlichkeit zu erziehen und ihn konkret auf die Berufswelt vorzubereiten. Diese Ziele sind jedoch nur durch ein angstfreies Lernen möglich. Denn angstfreie, gesunde Jugendliche haben es im Leben leichter als psychisch kranke Streber. Aber „Leistung um jeden Preis" ist ein Prinzip unserer Gesellschaft. (Matthias W.)

Außerdem vermittelt die Schule allgemeine Bildung, mit Hilfe dieser Fähigkeiten kann man seine Ängste und Vorurteile in sinnvolle logische Wortgespinste verpacken. Die Folgen dieser Bildung sind aber beträchtlich: durch Zensuren und andere Übelheiten werden unübersehbare Schäden bei den Schülern hervorgerufen, z. B. Schüler-Selbstmorde. Anstatt zu einem selbstbewußten Menschen herangezogen zu werden, der zwar keine besondere Bildung, aber dafür ein fröhliches Naturell hat, wird man zu einem „intelligenten" Wesen herangezüchtet, das die meiste Zeit seines Daseins höchst unglücklich ist. Das alles soll uns aber nicht bekümmern, da das Leben auch voller Zufälle, Grausamkeiten, Enttäuschungen und verpaßter Chancen ist: Stellt die Schule eine gute Vorbereitung auf das spätere Leben dar. (Olaf B.)

„Wissen ist Macht", sagte schon ein großer Philosoph. Je größer unser Wissen ist, um so gefragter sind wir, und unsere Chancen für einen gut bezahlten Arbeitsplatz steigen. Und, ist es nicht nur der Wissensdurst, der unsere Wissenschaft und Forschung vorantreibt? Würde in den Schulen unseren Nachkommen nicht beigebracht werden, was wir entdeckt, erforscht oder herausgefunden haben, kämen wir in unserer Entwicklung nicht weiter, sondern würden auf der Stelle treten. Stetiges Lernen und Anwenden ist der einzige Garant für das Weiterentwickeln unserer Menschheit. (Alfred M.)

Es stimmt schon, was dort gesagt wird, denn schließlich lernen wir nur für uns selbst. Wir gehen zur Schule, um uns eine gewisse Bildung anzueignen, so daß wir später größere Möglichkeiten haben, in einen Beruf hineinzukommen, denn ohne Schulabschluß kann man keine Berufsausbildung anfangen. Alles, was wir in der Schule lernen, zielt darauf ab, uns auf das spätere Leben vorzubereiten. Wir lernen z. B. unser politisches System zu verstehen, wir erfahren, was sich in der Vergangenheit abgespielt hat, z. B. im Dritten Reich, und wir lernen daraus, daß so etwas nie wieder vorkommen darf [...]

„Nicht für die Schule, sondern für das Leben lernen wir!" Das Leben, das uns mit unserer ganzen Energie fordert. Einmal erreichtes Wissen begleitet einen das ganze Leben lang. Man lernt sich richtig auszudrücken, man kann Konversation führen, man ist „jemand" mit seinem Wissen. Die Schule selbst als Institution bereitet uns darauf vor, mit den im Leben uns konfrontierten Problemen besser fertig zu werden. (Eva V.)

Die Ergebnisse dieser Argumentation haben mich noch lange beschäftigt – bis hin zur Abiturrede (26. 6. 1983 – siehe Anh. 5) und der Verteidigung eines Konzepts der allgemeinen Bildung (FAZ v. 11. 1. 1984).

2. Literarische Mythen

a) Denken in Bildern: Begründung des didaktischen Themas

Die Reihe über Argumentation lag ganz im Horizont der Schüler; fixiert auf das mathematisch-naturwissenschaftliche Denkmodell, gefiel ihnen diese Form logischer Beweisführung unter pragmatischer Zielsetzung. Wo immer es ging, suchten sie auch bei den Stützen zur Verteidigung ihrer Grundsätze in den Argumentationen nach wissenschaftlich abgesicherten Befunden. Nur im Notfall verließen sie sich auf den Gebrauch von Tropen. Immerhin hatte der Unterricht ihnen dazu Mut gemacht und damit den Denkhorizont über das in den andern Fächern Gelernte hinaus vorsichtig erweitert. Die Beschäftigung mit literarischen Formen von *Mythen aus der antiken und christlichen Überlieferung* sollte diese Erweiterung des Horizontes weiter fördern. Von daher schied eine Behandlung von *Alltagsmythen* mit ihrer affirmativen Tendenz (Mythen des Faschismus, Mythen des Alltags in der Werbung) aus, die den Mythos insgesamt wieder nur unter generellen Ideologieverdacht gestellt und Vernunft weiterhin auf zweckrationale Gedankenführung reduziert hätte. Es sollten vielmehr Mythen behandelt werden, die sich als *Modelle von Weltdeutungen* ihre aufklärerische Funktion über die Zeiten hinweg erhalten haben. Ihnen war damit allen eine Offenheit der Bedeutung gemeinsam, die schon allein darin erkennbar war, daß der Kernmythos seit der Antike immer wieder in neuen Versionen erzählt worden ist.

Zwischen den logischen Denkformen im Argumentativen und den mytho-logischen im ästhetischen Diskurs besteht dann insofern kein Widerspruch, als beide auf Rationalität gründen: das Denken in Formeln, Indizien, anerkannten Wahrheiten wird um das Denken in Bildern erweitert. Daß die Schüler mit dieser Form ästhetischen Denkens ihre Schwierigkeiten behielten und in der Mehrzahl dem geläufigen Urteil über die Vorwissenschaftlichkeit des mythologischen Denkens folgend, an dem naturwissenschaftlich-technischen Verständnis von Rationalität festhielten, war verständlich. Ich habe es mir daher auch versagt, dieses reduzierte Verständnis von Wissenschaftlichkeit selbst als Mythos zu entlarven. Gleichwohl war überraschend, daß sie sich kurz vor dem Abschluß der Reihe dafür aussprachen, sie mit weiteren Beispielen fortzusetzen, was mich in bezug auf die Planung der Dramenreihe in einige Schwierigkeiten brachte. Manfred Frank hat für die Faszination des Mythos eine sicherlich plausible Begründung gegeben: Gegen den Logos mit seinem *analytischen* Geist setzt der Mythos seine *synthetische* Natur und stellt Totalität, wenigstens partiell, wieder her.

Mythen „artikulieren basale Wertüberzeugungen, die den Logos im steten Vollzug notwendiger Handlungen von der Verzweiflung bodenloser Selbstrechtfertigung bewahren. Darin besteht die ethiko-pragmatische Funktion des Mythos, die Cassirer im Anschluß an Malinowski und Durkheim als eine ‚Einheit des Fühlens' oder als eine ‚Solidarität des Lebens' zwischen Mitgliedern einer Gesellschaft verstanden wissen will." (Frank 1983, S. 20)

Ich will nicht verheimlichen, daß sich in der Behandlung von Mythen meine Überzeugung von der Notwendigkeit allgemeiner Bildung als einer Orientierung über zentrale Inhalte literarischer Tradition mit einer Diskussion von darin enthaltenen Maximen humanen Denkens und Handelns am ehesten in Praxis umsetzen ließ. Ich bin da nicht auf den Spuren Friedrich Schlegels, der die verlorengegangene Einheit der Anschauungen über die Mythologie wiederherzustellen suchte:

„Es fehlt, behaupte ich, unsrer Poesie an einem Mittelpunkt, wie es die Mythologie für die der Alten war, und alles Wesentliche, worin die moderne Dichtkunst der antiken nachsteht, läßt sich in die Worte zusammenfassen: Wir haben keine Mythologie. Aber, setze ich hinzu, wir sind nahe daran, eine zu erhalten, oder vielmehr es wird Zeit, daß wir ernsthaft dazu mitwirken sollen, eine hervorzubringen." (Schlegel 1972, S. 301)

Niemand kann heute (Schlegel konnte es eigentlich auch schon nicht mehr) noch hinter die kritisch-rationale Vernunft und schon gar nicht hinter die Toleranz der unterschiedlichen Wertorientierungen, wie sie die Aufklärungszeit mit Recht propagiert hatte, zurückfallen wollen. Dennoch können wir Überlegungen darüber anstellen, mit welchem Material wir die Auseinandersetzungen um die Wertvorstellungen mit der nachwachsenden Generation führen wollen; und da scheinen mir die verschiedenen literarischen Versionen von Mythen mit ihren divergenten, immer wieder neu formulierten Normen gesellschaftlichen Handelns besonders geeignet, um in der Diskussion die Wertorientierungen zu profilieren.

Bloch spricht von Archetypen utopischen Gehalts mit ihrer „erhellenden Kraft schlagender Bilder". Jeder kennt sie aus seinem Alltag,

„Kennt sie aus Kunstwerken und ihren ausgetragenen Situationen, Konflikts- und Lösungs-Formen, aus der unabnutzbaren Kraft eindeutiger Symbole, selbst vieldeutiger Allegorien. Archetypen sind: das Bild des Feinds, der Mutter, des Retters; die Zwingburg und ihre Erstürmung; das Labyrinth und der Ariadnefaden; der Drachentöter, aber auch der Retter in Knechtgestalt (heimkehrender Odysseus, Jesus) und seine Enthüllung. Archetypisch sind alle Szenen der Anagnorisis als blitzartiger Wiedererkennung (Elektra und Orest, Josef und seine Brüder), archetypisch ist der Weg aus Nacht zum Licht (Zug aus Ägypten nach Kanaan)." (Bloch 1970, S. 100)

All diesen literarischen Bildern ist gemeinsam, daß sie einen Bedeutungsüberschuß enthalten, der zu immer neuer Herausforderung, immer neuer ästhetischer Gestaltung führt:

„Der Traum vom menschlich Gemäßen ist nirgends zage, er späht nach *mehr.* Das nicht nur in den übernommenen Grundbildern, sondern in gefügten, gestalteten, im *Kunstwerk,* das sie verwendet. Daher auch vergeht das ‚bedeutende' Werk mit der Zeit nicht, obwohl es darin gesellschaftlich wurzelt und ihr zweifellos, doch nicht auf erschöpfende Weise, ideologisch zugehört. Die großen Kunstgebilde haben ihre Dauer und Größe gerade darin, daß sie voll Vor-Schein, voll utopischer Bedeutungsländer wirken." (Bloch 1970, S. 100/101)

In den Versionen von Mythen verbergen sich Diskurse einer Gesellschaft über Wertvorstellungen, die auf der Unabgeschlossenheit der Bedeutung des ästhetischen Gebildes beruhen und diese Unabgeschlossenheit selbst wieder, sofern es sich nicht um Trivialisierungen handelt, erzeugen. Damit hängt ein weiterer Punkt der Begründung von Mythen als Unterrichtsgegenstand zusammen: Indem die Versionen der Mythen über die Zeiten hinweg verfolgt werden, sind sie Belege für Traditionsaneignungen und damit für den historischen Wandel von Bewußtsein und literarischem Geschmack. Nirgends wird Literaturgeschichte so anschaulich wie in den Bearbeitungen der literarischen Mythen; der Prometheus-Mythos in Fassungen seit der Aufklärung ist dafür ein sinnfälliges Beispiel. Viele Belege für diese These finden sich in Hans Blumenbergs „Arbeit am Mythos" (1979), der seinerseits beschreibt, wie seit Anbeginn der Menschheit im Benennen und Erzählen der Wirklichkeit der Absolutheitsanspruch eben dieser Wirklichkeit gebrochen wird (Arbeit des Mythos), und wie über die Zeiten hinweg die Kernmythen immer wieder, aus unterschiedlichen Absichten, neu variiert worden sind (Arbeit am Mythos).

Bemerkenswert ist für mich, daß die *Reformulierungen von Mythen* mit Beginn des 20. Jahrhunderts erkennbar zunehmen. Im Genre des Romans sind Rilkes „Aufzeichnungen des Malte Laurids Brigge" nur der Beginn einer bis heute nicht abgeschlossenen Reihe: Joyces „Ulysses", Thomas Manns „Josephsroman", Brochs „Tod des Vergil" bis hin zu Christa Wolfs „Kassandra" sind nur die herausragenden Exempel für umfassende Experimente mit dem Bedeutungspotential von Mythen. Dabei steht sicher außer Frage, daß mit dem Umbruch zur Moderne in der wachsenden Entfremdung und Desorientierung der Individuen in radikal veränderten Produktions- und Lebensformen das Bedürfnis nach Wertorientierungen wächst. Für die Wertdiskussionen, die nicht gleich wieder in geschlossene Weltanschauungen zurückführen, beiten offenbar Mythen ein geeignetes Material. Wie Malte über die Umformulierung der Legende vom verlorenen Sohn die Sicherheit des Erzählens, damit die Ordnung von Eindrücken, die Distanz gegenüber der unmittelbar bedrückenden Erfahrung zurückgewinnt, ist wiederum anschaulicher Beweis für diese These. Aber nicht nur fiktionale Werke verwenden zunehmend den Mythos. Auch bedeutende *erkenntnistheoretische Schriften* bedienen sich seines Sinnpotentials für die Beweisführungen. Erinnert sei vor allem an das für die kritische Bildung einer ganzen Generation maßgebliche Werk Horkheimers und Adornos „Dialektik der Aufklärung". Ich denke dabei weniger an die zentrale These, wonach Aufklärung, angetreten als Überwindung des alten mythologischen Denkens, selbst dem Mythos instrumenteller Vernunft verfällt: „Allen Stoff empfängt sie von den Mythen, um sie zu zerstören, und als Richtende gerät sie in den mythischen Bann" (1947, S. 18). Man wird heute diese radikale Kritik an Aufklärung und den in ihr und aus ihr entwickelten Prinzipien wissenschaftlichen Denkens, der ja noch Horkheimers und Adornos kritische Argumentation selbst verhaftet ist, nicht mehr in dieser Weise mitvollziehen können. Gleichwohl wird man die Gefahr bedenken müssen, die von einer zu Zweckrationalität „verstümmelten Vernunft" (Habermas 1983, S. 410) ausgehen kann, die sich fälschlicherweise allein in die Tradition der Aufklärung zu stellen trachtet. Mehr denke ich aber daran, wie Horkheimer und Adorno sich in ihrer Argumentation über Mythos und Aufklärung selbst des Mythos von Odysseus (in der epischen Bearbeitung Homers) bedienen, um ihre Thesen zu stützen: „Maßnahmen, wie sie auf dem Schiff des Odysseus im Angesichts der Sirenen durchgeführt werden, sind ahnungsvolle Allegorie der Dialektik der Aufklärung" (S. 41). Indem Odysseus sich selber fesselt und den Ruderern die Ohren stopfen läßt, um dem Gesang der Sirenen nicht zu verfallen, löst er die Kunst aus dem Lebenszusammenhang und bahnt der kommandierten Arbeit sowie insgesamt der Herrschaft über die Natur (deren äußeren wie auch inneren Mächte) den Weg. Mit dieser Herrschaft über die Menschen und über die eigenen Sinne bereitet sich die „Verarmung des Denkens" vor, nimmt Gewalt gegen die Menschen zu.

Wird die argumentative Kraft des bearbeiteten Mythos in den Ausführungen des ersten Teils nur angedeutet, so wird er im ersten Exkurs zur bestimmenden Denkfigur: „Odysseus oder Mythos und Aufklärung" (S. 50–87). Es kann hier nicht darum gehen, den Gedankengang nachzuzeichnen, weil es wiederum weniger auf die Argumente und Schlußfolgerungen als vielmehr auf deren anschauliche Stützen, die Bilder aus dem Mythos, ankommt. Nur um die Art der Beweisführung über den Mythos, die sich nicht auf die abstrakte Begriffsrede der modernen Wissenschaftssprache beschränkt, in Erinnerung zu rufen, sei eine der Schlüsselstellen des Exkurses kurz zitiert:

> „Der Listige überlebte nur um den Preis seines eigenen Traums, den er abdingt, indem er wie die Gewalten draußen sich selbst entzaubert. Er eben kann nie das Ganze haben, er muß immer warten können, Geduld haben, verzichten, er darf nicht vom Lotos essen und nicht von den Rindern des heiligen Hyperion, und wenn er durch die Meerenge steuert, muß er den Verlust der Gefährten einkalkulieren, welche Szylla aus dem Schiff reißt. Er windet sich durch, das ist sein Überleben, und aller Ruhm, den er selbst und die andern ihm dabei gewähren, bestätigt bloß, daß die Heroenwürde nur gewonnen wird, indem der Drang zum ganzen, allgemeinen, ungeteilten Glück sich demütigt." (Horkheimer/Adorno 1969, S. 65)

Odysseus wird zum Bild der sich selbst im Namen der Aufklärung um Dimensionen des Denkens und Fühlens beraubenden bürgerlichen Gesellschaft und damit der Entfremdung von ihrer ursprünglichen Tendenz einer Entfaltung ganzheitlicher Vernunft.

Es gibt noch weitere diskursive Werke dieses Jahrhunderts, die den Mythos zum maßgeblichen Element der Argumentation gemacht haben. Von Freuds Gebrauch des Oedipus-Mythos im Zusammenhang seiner Traumdeutungen haben wir im Unterricht gesprochen (vgl. S. 194 ff.).

Eines nach meiner Ansicht der wichtigen philosophischen Werke der Gegenwart, *Michel Serres' „Der Parasit"*, das im Herbst 1981 in deutscher Sprache erschienen war, gab den letzten Ausschlag für die Planung einer längeren Mythen-Reihe. Zwar verwendet Serres in seiner Argumentation keinen der geläufigen Mythen, wohl aber eine Fabel, um immer wieder seine Grundgedanken zu veranschaulichen: Die Stadtratte hat die Landratte zum gemeinsamen Schmaus eingeladen, um sich gemeinsam an dem gütlich zu tun, das sie nicht selber produziert haben. Ein Geräusch stört die Idylle des Genusses. Stammt es von einem weiteren Parasiten, dem Steuerpächter, in dessen Haus das Mahl stattfindet? Dies ist das Denkmodell einer Struktur des Parasitentums, das im Verlauf der Ausführungen mit immer neuen Überlegungen aus Biologie, Informationstheorie, politischer Ökonomie, Wissenschaft, Kunst angereichert wird. Selten hat man Gelegenheit, ein philosophisches Buch mit düsteren Analysen und Perspektiven gleichwohl mit Vergnügen zu lesen, weil es anregend, anschaulich, schlüssig zugleich ist und zu Assoziationen, Bestätigungen, Abweisungen verlockt und damit den Leser ständig an der Beweisführung beteiligt. Wiederum geht es mir an dieser Stelle nicht um den Gegenstand der Abhandlung – den Nachweis, daß weniger der Vertrag gegenseitiger Pflichten und Rechte den Austausch der Menschen untereinander bestimmt als vielmehr die einseitige Bereicherung nach dem Motto „Nehmen ist seliger denn Geben" –, sondern um die Art der Argumentation, die sich der Anschauung des literarischen Bildes, der Fabeln von La Fontaine, Episoden aus Platons Gastmahl, Gestalten aus Molières Komödien, Mitteilungen aus Rousseaus „Bekenntnissen" und auch hier Ereignissen aus Homers „Odyssee" bedient, um Beweise nicht allein auf eindimensionaler rational-kausaler Ebene führen zu mussen, die so komplexe Probleme wie die der Prinzipien menschlichen Zusammenlebens ohnehin nicht erfassen können. Dieser Form mehrfach verknupfter, gleichwohl ansprechender Argumentation, in der auch der Wissenschaftler Serres sich selbstkritisch des Parasitentums bezichtigt, kann sich der Leser nicht entziehen: Noch mehr als der Philosoph lebt der Didaktiker in parasitären Verhältnissen:

> „Alles geht durch Hermes' Hände. Er ist an einer günstigen Stelle plaziert, es gibt also günstige Stellen. Alles geht durch seine Hände, weil alles sich zwischen seinen Händen mehr oder weniger verwandelt. Der Verteiler ist auch ein Transformator: zumindest durch einen Richtungswechsel, zumindest durch eine Teilung des Stromes, durch eine Gabelung, zumindest, indem er als Halbleiter wirkt, eine Einbahnstraße oder verbotene Fahrtrichtung markiert, zumindest durch Weichenstellung. Hermes ist der Gott der Kreuzungen, er ist der Gott, den Maxwell zu einem Dämon gemacht hat. Die Nachricht also verändert sich beim Durchgang durch seine Hände, verändert sich in diesem Verteiler. Sie gelangt nicht rein, unverändert und stabil zum Empfänger. Mag sein, daß sie verbessert wird, doch das ist nur ein Urteil. Und wenn sie schlechter würde?« (Serres 1981, S. 70)

Hermes ist das Bild des Lehrers, Didaktikers, Hermeneuten (!), der das Wissen verteilt, das nicht sein eigenes ist, genausowenig wie das Essen der Stadtratte gehört, mit dem sie großzügig die Landratte versorgt. Er tut das allerdings in der noblen Absicht, die Gäste an der Tafel des Wissens so auf den Geschmack zu bringen, daß aus Parasiten Wirte werden.

Wenn der Stoff der Mythen zu immer neuen Formulierungen herausfordert, dann bieten sie auch ein besonders geeignetes Material für *produktive Rezeptionen* von Schülern. Viel weniger etwa als bei der Behandlung von Romanen braucht der Unterricht sich auf Analysen der Texte zu beschränken. Applikationen auf den gegenwärtigen Erfahrungshorizont werden genauso durch eigene Versionen eines Mythos möglich. „Erzählen Sie Ihre Version von Prometheus" war denn auch die Halbjahresaufgabe für das Sommerhalbjahr in dem Deutschkurs. Sie war die notwendige Ergänzung zu der Wissenschaftsreportage im Winterhalbjahr, insofern sich zeigen sollte, daß Einsichten sich nicht nur diskursiv, sondern anschaulich über ästhetisch geformte Modelle vermitteln lassen. Außerdem ist es eine gefällige Form, sich gegenseitig über Wertvorstellungen zu verständigen. Schließlich ist es auch eine Methode, sich mit der Tradition auf eine lebendige Weise auseinanderzusetzen, die Gegenwärtigkeit des Vergangenen zu überprüfen und am Ende das Geschichtliche besser zu verstehen.

Die Reihe war so angelegt,

- daß sie zunächst noch einmal bei Rilkes „Aufzeichnungen des Malte Laurids Brigge" ansetzte und eine *Einführung* in den Problemkomplex mit dem christlichen Mythos vom verlorenen Sohn anregte (5 Stunden).
- Die *Ausdifferenzierung* des Problemkomplexes erfolgte in einem zeitlich ausgedehnteren Umfang (13 Stunden) am Beispiel von Bearbeitungen der antiken Mythen um Sisyphos, Prometheus, Odysseus, Herakles.
- Zur *Vertiefung* mit Fragen nach der Funktion von Mythen eignete sich das Gespräch über die von Schülern vorgelegten Prometheus-Versionen (3 Stunden) sowie die Klausur mit theoretischen Texten zum Mythos (3 Stunden).
- Abschluß und *Überleitung* zur Dramenreihe bildete der Oedipus-Mythos in der Beweisführung Freuds („Typische Träume") und in der Tragödien-Fassung des Sophokles (11 Stunden).

Die Reihe wurde von einem Referendar begleitet, der mich gleich zu Anfang nach meinen *Gründen für die Behandlung* der Mythen-Reihe fragte. Meine Planungsüberlegungen habe ich in vier Punkten zusammengefaßt:

1. Mythen in ihrer literarischen Version bieten eine anschauliche Form des Denkens, die den Erkenntniswert von Kunst gegenüber Wissenschaft sichtbar machen kann.

2. Literarische Mythen bilden konkretes Material für literaturgeschichtliche Studien, insofern sie über Variationen eines bekannten Stoffes dem Zeitgeist der Epochen immer neuen Ausdruck verschaffen. Ein Konzept allgemeiner Bildung kann auf diese Brennpunkte literarischer Überlieferung nicht verzichten und schafft damit zugleich Zentren für weiterführende Diskussionen.

3. Mythen sind Bestandteile erkenntnistheoretischer Schriften und geben diskursiven Texten ein Stück notwendiger Anschaulichkeit. Da mit den Mythen Wert- und Handlungsorientierungen vermittelt werden, eignen sie sich für sinnbezogene Diskussionen besonders.

4. Wo produktive Rezeption zum Prinzip des Umgangs mit Tradition geworden ist, kann auch das methodische Repertoire im Unterricht mit guten Gründen um Versionen der Schüler erweitert werden: Mythen bieten das geeignete Material für das Konzept der Rezeptionspragmatik.

b) Die Legende vom verlorenen Sohn

Sechs Wochen lagen zwischen der Behandlung von Rilkes „Aufzeichnungen des Malte Laurids Brigge" und dem Beginn der Mythenreihe; Grund genug, sich neu an den Wissenshorizont der Schüler heranzufragen. Mythen wurden von mir zunächst ganz grob als *Handlungsbilder* bezeichnet, die, oft lange überliefert, immer wieder neu erzählt werden. Auf meine Frage hin konnten die Schüler einzelne Mythen – nicht immer im definierten Sinne – benennen und ganz grob angeben, worum es ihnen geht: Oedipus, Skylla und Charybdis, Sisyphos, Narziß als antike, die Dolchstoßlegende als neuzeitliche Mythen. Die unterschiedliche Herkunft ließ die Frage nach den „Mythenspendern" aufkommen: Bibel, Sagen, Heldenlieder, geschichtsträchtige Ereignisse. Auf die Reklame als Lieferanten überidealisierter Stilisierungen menschlichen Zusammenlebens, die als Mythen des Alltags in der Literatur bezeichnet werden, weise ich mit den Beispielen aus Hermann Glasers „Heiratsannoncen ‚als' Produktwerbung" (vgl. Wermke 1977, S. 73–75) hin. Die Schüler können mit den Beispielen nichts anfangen. Sie erkennen nicht, was diese schematischen Stilisierungen mit den Denk-Bildern der alten Mythen verbindet. Mir ist dieses mangelnde Verständnis sehr recht, und ich stelle fest, daß die in der Überlieferung immer neu formulierten Mythen die Gedanken in Gang setzen, der Auslegung bedürfen, über menschliches Handeln aufklären, während die sogenannten Alltagsmythen Gedanken stillstellen, Falsches festhalten, sich von selbst verstehen und affirmativ wirken.

Version Lukas-Evangelium

Der Versuch, den Anschluß an Rilke zu finden, mißlingt: Der Mythos ist den Schülern in keinem anderen Zusammenhang bisher begegnet. Und auch die Veränderungen, die Rilke an dem Original aus dem Neuen Testament vorgenommen hat, fallen niemandem auf. Mir wird bewußt, daß ich die Schüler im Kurs habe, die Religion schon in der Mittelstufe abgewählt haben. Ein entscheidender Wissensbezirk zum besseren Verständnis abendländischer Kunst und Kultur ist ihnen verschlossen. Wir gehen also an den Abschnitt aus Lukas 15, Vers 11–32 wie an einen „normalen" fiktionalen Text heran.

Der Einfachheit halber sei aus dem Protokoll des Referendars zitiert, das er für das anschließende Gespräch angefertigt hat:

I.

L: Gibt es eine Gliederung, Aufbau des Textes – Wo liegt der Hauptteil?

Im folgenden wird eine Gliederung des Textes erstellt, die vier Teile bestimmt, von denen die Rechtfertigung des Vaters gegenüber dem älteren Sohn den größten Teil ausmacht.

L: Welche Eigenschaften haben die Figuren?

S. meint, der ältere Sohn erinnere an einen Pharisäer, der sich gehorsam an die väterliche Ordnung hält.

S. meint, der ältere Sohn sei solide, zuverlässig und beanspruche deshalb ein größeres Recht auf das Gut.

S. meint, der jüngere Sohn sei leichtsinnig, aber es trete eine Wandlung ein.

L. hält statischen Charakter des einen, den sich veränderenden Charakter des anderes Sohnes fest.

L: Wie kann man die Personen bewerten? Wer ist sympathischer? Oder kann man die Frage nicht beantworten?

S: Man muß überlegen, warum der ältere beim Vater bleibt, wahrscheinlich weil er sich einen Vorteil verspricht.

L: Was ist der Vater für ein Mensch!

S: Liberal, gerecht, verständnisvoll.

II.

L: Wozu wird diese Geschichte/dieses Gleichnis von Jesus erzählt?

S: Der verlorene Sohn wird besser behandelt als der andere.

L: Die Geschichte ist deshalb erzählenswert, weil sie vom Normalfall abweicht.

Darauf entspinnt sich eine Diskussion, weil einige S. darauf bestehen, daß der jüngere Sohn für seine neue Unterordnung belohnt wird.

S: Die Geschichte zeigt die Sinnlosigkeit des Weglaufens.

L. stellt nun dieses Gleichnis in den Kontext der anderen Jesus-Gleichnisse und vertritt die These, hier werde gezeigt, daß unkonventionelles Verhalten nicht bestraft werde.

L: Zu welchem Zweck erzählt Jesus das Gleichnis?

S: Daß die Sünder genau so viel wert sind, wie die Gläubigen und Gerechten (Pharisäer).

S: Daß die Sünder bereuen sollen.

L: Das wäre dann wirklich eine raffinierte Form der Disziplinierung.

L. greift erneut auf Kontext zurück und erklärt, daß es Jesus um die Errichtung neuer Gesetze und Normen (z. B. Nächstenliebe) geht.

(Anmerkung: Auffällig ist, daß für die Schüler Religion per se eine Disziplinierungsfunktion hat; sie können nicht zwischen AT und NT unterscheiden, daher auch die Reform Jesu nicht nachvollziehen. Frage: historische Kontextualisierung?)

III.

U.-Gespräch über das Verhältnis von Rilkes Umschreibung der Bibel-Vorlage. F: An welchen Punkten wird der Mythos ausformuliert?

Ergebnis ist eine ‚Ineinanderschiebung' von Rilke-Text und Bibel-Text, bei der deutlich wird, daß Rilke das Interesse auf die Begründung des Weggangs, die Bibel auf die Rückkehr und die entsprechende Feier/Belohnung legt.

L. faßt zusammen, daß sich in Umarbeitungen von Mythen das Gerüst erhält, die Details sich aber ändern.

S. verweist darauf, daß sich hierin gerade die unterschiedlichen Absichten von Original und Umarbeitung zeigen.

HA: Lektüre der Texte von Rilke und Walser.

Kommentar

1) Vor allem in I. werden vom L. sehr viele Bestimmungen/Ergebnisse vorab geliefert. Wäre nicht im Sinne eines induktiven Verfahrens eine medias-in-res-Methode, die sogleich mit einem Text beginnt, besser?

2) Im Sinne meiner obigen Anmerkung stellt sich mir die Frage, ob nicht gerade beim Thema: ‚Mythen und ihre Be- und Verarbeitungen' ein historisch-kontextualisierendes Verfahren notwendig wird. Sind die Umarbeitungen (etwa Camus' Sisyphos) für die Schüler wirklich verständlich? Camus' Variante ist m. E. keine allzeit mögliche Idee, sondern abhängig von sehr konkreten historischen und geistigen Erfahrungen der französischen Intellektuellen der Nachkriegszeit.

3) Als Idee meinerseits: Im Unterricht werden zunächst nur die Mythen-Originale benutzt, die die Schüler zu Wertungen herausfordern. Die Grundlagen dieser aktuellen Wertungen wären dann zu thematisieren und mit ‚Umarbeitungen' aus der Literatur zu vertiefen.

Den Punkten 1 und 3 des Kommentars konnte ich nur zustimmen, denn ich hatte selbst während der Stunde den ursprünglichen Plan, bei Rilke anzusetzen, aufgegeben und den Wortlaut des Neuen Testaments in der 1956 nach der Lutherschen Übersetzung revidierten Fassung in den Mittelpunkt gestellt. Wenn ich die Reihe noch einmal beginne, werde ich mit der mündlichen Nacherzählung eines Mythos anfangen, um daran die einleitende Diskussion anzuknüpfen. Meine Einführung war in der Tat nur halbherzig induktiv.

Dem 2. Punkt konnte ich nicht zustimmen: Es geht nicht darum, das Verständnis der Schüler durch ausgewählte (und damit interpretiertes) Kontextmaterial zu lenken und die freien Deutungsansätze zu begrenzen, sondern umgekehrt, an den Texten Spuren geschichtlicher Einprägungen zu entdecken und freizulegen; dabei könnten dann einzelne Materialien hinzugezogen werden. Voreilige Kontextuierungen sind nur eine versteckte Form deduktiver Steuerung von Literatur-Deutungen und mit den Intentionen produktiver Aneignung der überlieferten Texte nicht verträglich.

Robert Walsers Version

„Die Geschichte vom verlorenen Sohn" [1917] von Robert Walser* verlagert die Erzählung auf die Episode, die die Schüler schon an dem biblischen Gleichnis am meisten interessierte: die Heimkehr des verlorenen Sohnes. Allerdings setzt sie sich in Walsers Version mehr mit dem Daheimgebliebenen als mit dem Fortgehenden auseinander. Der Erzähler behauptet gegen Ende, jener sei ihm selbst begegnet:

> „Neulich war er nämlich bei mir, um sich mir murmelnd und brummelnd als ein Mensch vorzustellen, der verlegen sei, weil er mit der Geschichte vom verlornen Sohn zusammenhänge, von welcher er auf das Lebhafteste wünschen müsse, daß sie lieber nie geschrieben worden wäre." (S. 261)

Schon in der Erzählweise zeigt sich eine deutliche Veränderung gegenüber dem Original, die vor allem von *Ironie* bestimmt ist:

* Text vgl. Robert Walser: Phantasieren. Prosa aus der Berliner und Bieler Zeit. (Das Gesamtwerk; Bd. VI.) Genf u. Hamburg 1966, S. 258–261

Ironie gegenüber der Vorlage (die besser nicht geschrieben worden wäre), gegenüber dem soliden Daheimgebliebenen (der als der „wunderliche Unzufriedene“ bezeichnet wird), aber auch gegenüber dem „verlorenen Sohn“ (von dem es gleich am Anfang heißt, er sei „artig“ ausgerissen, „hübsch eilig auf und davon“ gerannt). Aus dem lehrhaften Gleichnis über die Freude an der Heimkehr des Verlorenen ist ein Spiel mit verschiedenen Möglichkeiten der menschlichen Existenz geworden. Was den einen vom anderen Sohn unterscheidet, ist nichts anderes als der schnelle Entschluß des einen, der „frühzeitig sozusagen die Offensive ergriff und in die Welt hinausmarschierte“. Aus dieser Entscheidung folgen zwei ganz unterschiedliche Lebensweisen und -auffassungen. Beide können sich die Alternative zu ihrer eigenen Existenz durchaus vorstellen: „Wenn vermutet werden darf, der Fortgelaufene habe das Fortlaufen ernstlich bereut, so wird nicht weniger vermutet oder angenommen werden dürfen, daß der Daheimgebliebene sein Daheimbleiben tiefer bereute, als er dachte.“ Seine Reue wiederum ist aber nur verständlich vor dem Hintergrund der Bewertung beider Existenzweisen durch das biblische Gleichnis: „Schuldig sein hieß zu solch schöner Stunde nichts anderes als liebenswürdig sein“. Dieser Zusammenhang von Schuld und Liebe aber ist nicht wiederholbar. „Wenn ein Landedelmann nicht zwei Söhne gehabt hätte, die glücklicherweise vollständig voneinander abstachen, so würde eine lehrreiche Geschichte unmöglich haben zustandekommen können, nämlich die Geschichte vom verlorenen Sohn, die mitteilt, daß der eine von den beiden verschiedenartigen Söhnen sich durch Leichtlebigkeit auszeichnete, während der andere durch denkbar soliden Lebenswandel hervorragte“, so heißt der Einleitungssatz der Erzählung. Das Ereignis ist einmalig und vom Zufall begünstigt, die daraus folgenden Lebensweisen sind festgeschrieben; daher auch die Verdrießlichkeit des Daheimgebliebenen.

Die Frage, auf wessen Seite denn der Erzähler mit s e i n e r Bewertung sei, war mit dem Hinweis auf die Ironie eigentlich schon beantwortet: Er hält Distanz und Nähe zugleich zu beiden Lebensauffassungen, der, die nach Bewegung und Abwechslung, und der, die nach Ruhe und Gleichmaß sucht:

> „Während der erste artig ausriß und hübsch eilig auf und davon rannte, hielt sich der zweite beständig erstaunlich brav an Ort und Stelle auf und erfüllte mit unglaublicher Regelmäßigkeit seine täglichen Obliegenheiten. Während wieder der eine weiter nichts Besseres zu tun hatte, als abzudampfen und fortzugondeln, wußte leider wieder der andere weiter nichts Gescheiteres anzufangen, als mitunter vor lauter Tüchtigkeit, Ordentlichkeit, Artigkeit und Nützlichkeit schier umzukommen.“ (S. 258)

In der Vermischung der Wertungsperspektiven (artig – ausriß, erstaunlich – brav, unglaublich – Regelmäßigkeit), die die Sichtweisen der beiden verschiedenen Positionen eng führt, liegt die Ironie begründet. Obwohl sie sich gegen beide Seiten richtet, scheint der Erzähler mehr mit dem Fortgelaufenen zu sympathisieren.

Auf die Frage, warum Walser die Geschichte neu erzählt, antworten Schüler u. a.:
Man soll so leben, wie man will.
Aufforderung, über den eigenen Schatten zu springen.
Mut aufbringen, das Gewohnte zu verlassen.
Das Wesen des Daheimgebliebenen soll besser verständlich werden.
Aufforderung zur Selbständigkeit.
In der Bibel geht es um ein Verzeihen, hier wird nicht gewertet.
Das Ausreißen war vernünftig.

Obwohl der Erzähler Zweifel an der Gültigkeit der biblischen Lehre hat, scheint auch er über seine Geschichte etwas Bedeutendes vermitteln zu wollen. Der Schlußsatz lautet: „Daß die Geschichte vom verlorenen Sohn [...] eine angenehme und erbauliche Geschichte wäre, hielt ich für unmöglich. Vielmehr war ich in jeder Hinsicht vom Gegenteil überzeugt.“ (S. 261) Das kann nur so gemeint sein, daß die biblische Geschichte nichts Erbauliches, Angenehmes mitzuteilen hat, insofern sie den Mut, schuldig zu werden, denen predigt, die nicht in Selbstgerechtigkeit, Verdrießlichkeit, Unzufriedenheit versinken wollen. Die Abweichung vom Original erweist sich auf der Ebene der Tendenz als Radikalisierung der Aussage.

Rilkes Version

Beschäftigt Walser sich mehr mit den Versäumnissen des Daheimgebliebenen, geht es in Rilkes Version der „Legende vom verlorenen Sohn“ um die Motive des Fortgehens. Die Geschichte wird erzählt als die Legende dessen, „der nicht geliebt werden wollte“, weil in der besitzergreifenden Liebe der Angehörigen eine Begrenzung der eigenen Existenz liegt. Es erwies sich als erheblicher Vorteil, daß die Legende abgelöst von den „Aufzeichnungen“ besprochen wurde, weil wir auf das in der Sekundärliteratur ausgedehnte Spiel verzichten konnten, nach Parallelen in der Legende zu Maltes Lebensweg suchen zu müssen. Malte befreit sich ja gerade durch das Schreiben von der ihn immer wieder neu bedrückenden Existenz, von der „ungaren Wirklichkeit, die auf den Straßen liegt und in den Häusern“ (S. 211), und sucht „nach der Wand einer gemeinsamen Not“ (S. 212), durch die die Klagen, wie bei der „Ikonenwand der russischen Kirchen“, verdichtet hindurchdringen. Eine solche Ikonenwand ist in der literarischen Kunst der Mythos.

Wir lesen die „Legende“ Maltes also weniger als Reflex auf Maltes Leben als vielmehr als *„idealtypische Biographie“* (Seifert 1969, S. 315), die jederzeit möglich ist. Dann beschreibt sie zwar auch den denkbaren Weg Maltes, aber zugleich auch den anderer Personen; über das Motiv der intransitiven Liebe ist die Geschichte viel deutlicher mit Abelone zu verbinden. Unausgesprochen blieb die Frage, inwieweit auch aus der Erfahrung der Schüler heraus in einer bestimmten Form der Liebe eine unverträgliche Einschränkung der Entfaltung individueller Möglichkeiten liegen könnte. An dieser Stelle hätte ich gern, zur Unterstreichung der Frage, eine Erzählung oder einen Roman von Max Frisch einbezogen. Die Besprechung von Rilkes Version des Mythos vom verlorenen Sohn konzentrierte sich auf die drei Teile:

- das widersprüchliche Leben zu Hause,
- die ziellose Arbeit in der Fremde,
- die Befreiung nach der Heimkehr.

Verständlicherweise blieben wir am längsten bei dem ersten Teil hängen, zu dem es im Original des Neuen Testaments keine Entsprechung gibt. Erzählt werden die widersprüchlichen Erfahrungen mit den Geheimnissen „seines noch nie gewesenen Lebens“ in der Natur einerseits und den Lügen des ihm zwanghaft zugeschriebenen Lebens zu Hause andererseits. Gerade aber die gutgemeinte Liebe der Familienmitglieder ist es, die ihn von seinen eigentlichen Möglichkeiten entfremdet. Wenn er zu sich selber finden will, muß er sich von dieser besitzergreifenden Liebe befreien. Darum muß er fortgehen. Liebe, die in dem Geliebten nur das eigene Bild von ihm, nicht aber die in ihm angelegten Möglichkeiten sieht, gerät zu sich selber in Widerspruch, insofern sie nur die eigenen Bedürfnisse anerkennt. Und die sind in dem bürgerlichen Haus der Erwerbsgemeinschaft ganz praktischer, d. h. ökonomischer Natur. Wer diese Form besitzergreifender Liebe für überholt hält, kann sich durch Lektüre von Leddas „Padre Padrone“ eines besseren belehren lassen.

Auch der zweite Teil, das von wachsender Armut in der Fremde gezeichnete Leben, wird gegenüber der Vorlage neu erzählt. Vor allem wird auch hier nach Gründen für die Entscheidungen gesucht. Das „Prassen“ etwa wird insofern als notwendig und nicht als leichtfertig begründet, als es dazu dient, besitzergreifende Liebe abzuwehren. Um die Liebe nicht weiter zu einem verdeckten Mittel der Manipulation des Menschen entarten zu lassen, wird sie offen bezahlt. Dabei schmilzt der Reichtum dahin. Liebe wird nicht mehr an Objekte gebunden, sondern nur noch als ungerichtete Kraft verstanden. Metapher für diese ungefähre Richtung war Gott. Eine christliche Interpretation der Legende schied für die Schüler aus. Der ironische Schlußsatz diente ihnen als Beleg.

Konnte der verlorene Sohn nur in der Fremde er selber werden, so kann er nach seiner Heimkehr auch nur als Fremder sich selbst behaupten. Die Entfremdung von der eigenen Existenz, die ihn anfangs aus dem Haus getrieben hat, wird nun zur Bedingung des Zu-Sich-Selbst-Findens, „denn er erkannte von Tag zu Tag mehr, daß die Liebe ihn nicht betraf, auf die sie so eitel waren und zu der sie einander heimlich ermunterten“ (S. 234).

Im Blick auf die Tendenz der umerzählten Legende blieben die Schüler genauso skeptisch wie gegenüber dem Original, das ihnen zu sehr Anpassung nach der Heimkehr zu preisen schien. In Rilkes Version versteckte sich ein Stück zuviel Arroganz: Muß nicht der, der nach Anerkennung der eigenen Person und all ihrer Möglichkeiten sucht, auch die Bedürfnisse dieser anderen akzeptieren? Ist so ungerichtete Liebe tatsächlich das höchste Ziel?

Version einer Mutter

So verständlich den Schülern der neu erzählte Anfang der Legende erschien, so fremd blieb ihnen die Absolutheit des Schlusses. So wie sie am Anfang keine Zusammenhänge nennen wollten (konnten?), in denen ihnen der Mythos schon einmal begegnet war, so wenig waren sie auch jetzt zu Applikationen bereit. Ich habe daher aus einer Geschichte, die gerade in der Zeitung erschienen war, vorgelesen, ohne aber auch damit eine Diskussion, die nach Bezügen zu eigenen Erfahrungen sucht, anzuregen. Die Alternative des Fortgehens oder Daheimbleibens ist für die Schüler der Jahrgangsstufe 12 offenbar keine, die sie berührt. Und über geheime Wünsche öffentlich zu sprechen, würde man sich (mit Recht wohl) hüten.

Bei dem Text handelt es sich um die Erinnerungen einer Mutter an die Stationen des gemeinsamen Weges mit ihrem Sohn, in denen die Kluft zwischen ihnen beiden immer größer wird. Am Ende scheint der Sohn, inzwischen 24 Jahre alt, endgültig verloren. Erika Berghöfer setzt in ihrer „Abwandlung der Geschichte vom verlorenen Sohn“ (SZ vom 30. 4. 1982, S. 129) ihre Träume von dem gemeinsamen Leben mit dem noch nicht geborenen Sohn in Verbindung zu den zerbrechenden Gemeinsamkeiten und der daraus wachsenden Fremdheit beider zueinander: „Dein Nein wuchs wie der Geist aus der Flasche, nahm tausenderlei Gestalt an mit den Jahren.“ Aber auch ihre eigene Schuld sieht sie klar und deutlich: „Ob es um Laufen, Lernen, Spielen oder um die Liebe ging, immer waren meine Erwartungen deiner Entwicklung ein paar Stufen voraus.“ Die Stationen bis zur Zeit der Oberstufe des Gymnasiums habe ich im Unterricht resümierend erzählt (auch 18jährige hören genauer, aufmerksamer zu, wenn der Lehrer erzählt, als wenn er nur vorliest oder gar nur hektographierte Zettel verteilt), dann die Partie über die Schulzeit vorgelesen.

Der Abschnitt begann:

> „Ich erinnere mich keines anderen Wortes, das dir geblieben ist, keines Lehrfachs, das du, von wenigen Lektionen abgesehen, mit Freude studiert und behalten hast. Die Lehrer führten, außer deiner Teilnahmslosigkeit am Unterricht keine besonderen Klagen gegen dich. Einer nannte dich ‚Der steinerne Gast', ein anderer hat dir mit drei Zeilen unter der Note Eins für einen Aufsatz gedankt. Du hattest dir als Thema Dostojewskis ‚Traum eines lächerlichen Menschen' gewählt.“

Die folgenden Sätze habe ich mit besonderem Nachdruck gelesen, zwischendurch immer aufblickend, aber ohne Resonanz in den Mienen der Zuhörer:

> „Du hast mit allem ein wenig begonnen. Die Weichen waren in viele Richtungen gestellt, nur die alte Weisheit, daß das Genie zu zehn Prozent aus Begabung und zu neunzig Prozent aus Fleiß besteht, wollte nicht in deinen Kopf. Du wehrst dich bis heute dagegen, mit dem Erfolg, daß du in deinem Kopf neunzig Prozent Leere schaffst, die du mit ‚Freiraum‘ bezeichnest. – Wir aber haben von geistigen Freiräumen verschiedene Vorstellungen. Mir ist ein einziger Gedanke lieber als ein ganzer Kopf, in dem nicht gedacht werden darf, um zu welcher Erleuchtung auch immer zu gelangen.“

Mein Ausschnitt endete mit dem Abitur:

> „Du hast, dank vieler Nachhilfestunden, bei geringstmöglichem Einsatz und noch geringerem Materialaufwand (im letzten Schuljahr waren es nur noch fliegende Blätter in einer Plastikeinkaufstüte) das Abitur, zwar nicht mit Glanz, aber mit achtzehn Jahren abgelegt und danach den Lehrstoff von dreizehn Jahren abgestreift wie ein unbequemes Kleid. Von den Liedern dieser Zeit ist dir kein Vers auf den Lippen geblieben.“

Wie dieser Lebensabschnitt endet auch der ganze Text in Resignation. Der verlorene Sohn kehrt nicht mehr heim, selbst wenn er zu Hause ist. Die Wertvorstellungen sind nicht mehr vereinbar. Selbst wenn Eltern und Sohn von demselben Gegenstand sprechen (z. B. von Geschichten aus der Bibel), bekommen sie ganz verschiedene Bedeutungen. Die Trennung ist irreparabel. Weder diese Tatsache noch die Gründe noch auch die Form des Berichts wurden von den Schülern kommentiert. Ich bestand aber auch nicht darauf, so neugierig ich vielleicht auch gewesen war.

c) Rezeption antiker Mythen: Sisyphos und Prometheus

Wenn ich die dreijährige Unterrichtspraxis mit der Absicht Revue passieren lasse, den nachhaltigsten Eindruck zu ermitteln, den eine Unterrichtseinheit bei mir hinterlassen hat, so würde ich ohne Zögern die Interpretationen, Diskussionen, produktiven Versuche zu den literarischen Varianten der antiken Mythen nennen. Die ca. 12 Stunden zwischen Mitte April und Mitte Mai 1982 waren ohne Frage einer der Höhepunkte, was die Intensität der gemeinsamen Arbeit, was den Einblick in Denkweisen der Achtzehnjährigen, die Herausbildung eines selbständigen Urteilsstandpunktes, aber auch was die Klärung meiner eigenen pädagogischen Prämissen und den langfristigen Erfolg, der immer wieder geübten Methode produktiver Rezeption angeht. In der Rede zum Abitur, ein gutes Jahr später, habe ich mich im wesentlichen mit den Kontroversen im Verlauf der Unterrichtsgespräche bei der Handlung der Mythen-Texte beschäftigt (vgl. Anhang 5). Wie die Befragung der Schüler kurz vor dem Abitur zeigen wird, haben sie meine Einschätzung der Mythen-Reihe nicht in der Weise geteilt: Zwar erscheint bei der Frage nach der Methodenpräferenz das Schreiben eines eigenen Mythos schon an 3. Stelle; dafür aber rangieren die Mythen-Texte nur im unteren Drittel der bevorzugten Oberstufenlektüre (vgl. S. 274 f.). Zu dem nachhaltigen Eindruck von der Reihe gehört natürlich auch, daß sie Klarheit über den Leistungsstand dieses Grundkurses vermittelt hat, die nicht ohne Enttäuschung über die Leistungsfähigkeit gewesen ist.

Der Unterricht nach den Osterferien begann mit der Erläuterung der ausgewählten Texte:

zu Prometheus:
Johann Wolfgang Goethe,
„Goethes Prometheus“
von Karl Kerényi,
Lord Byron,
Franz Kafka.

Zu Sisyphos:
Albert Camus,
Günter Grass
„Kopfgeburten“.

Tomaschoff

Versionen von Sisyphos

Die Frage nach Zusammenhängen, in denen heute noch mythologische Bilder gebraucht werden, wehrten die Schüler zunächst ab: „keine“. Es war die übliche Strategie, erst einmal zu überprüfen, wie wichtig dem Lehrer die Frage ist.

So lasse ich mich denn auf sie ein und lenke die Aufmerksamkeit auf eine Karikatur von Tomaschoff (SZ v. 14. 8. 1981, S. 88), lasse sie beschreiben und diskutieren. Wie auch der Zeichner assoziieren die Schüler mit dem Mythos eher *mühselige* als *vergebliche* Arbeit. Um den alten Bedeutungsspielraum des Mythos zurückzugewinnen, erläutere ich seine ursprüngliche Gestalt. Ich beziehe mich dabei, wie auch bei der Behandlung der folgenden Mythen, auf das „Lexikon der griechischen und römischen Mythologie“ von Herbert Hunger. Im Laufe der folgenden Wochen entdecke ich in den Schultaschen mehrerer Schüler das Lexikon; bei der Abneigung gegenüber Ausgaben für Grundkurse immerhin eine auffallende Tatsache.

Als Elemente des Mythos vom Sisyphos werden im einzelnen erläutert:

„S. gilt als Erbauer der Stadt Korinth. [...] S. ist ein Vorbild an Schlauheit und List. Einmal gelingt es ihm, den Thanatos (Tod) zu fesseln, so daß niemand sterben kann, bis Ares den Tod wieder befreit hat. Als S. selbst sterben soll, verbietet er seiner Frau, ihn zu bestatten. Von Hades erbittet er sich Urlaub, um seine Gattin zur Rechenschaft zu ziehen. Natürlich kehrt er von diesem Urlaub auf die Oberwelt nicht mehr zurück.

S. ist einer der bekanntesten Büßer der Unterwelt. Er muß einen schweren Felsblock mit aller Kraftanstrengung auf eine Anhöhe hinaufwälzen. Sooft der Stein den höchsten Punkt erreicht hat, rollt er von selbst wieder in die Tiefe, so daß S. seine fruchtlose Arbeit von neuem beginnen muß. Als Grund für diese Verdammung des S. wird sein ruchloser Lebenswandel angegeben [...]“ (Hunger 1981, S. 379/380).

Der Mythos erscheint bereits in der antiken Literatur in unterschiedlichen Deutungen, die den Auslegungsspielraum von Anfang an weit abstecken. Allein in den im Lexikonbeitrag zitierten Schriften (Hom. Il., Schol. Il., Theogn., Hygin. Fab.) erscheint Sisyphos einmal als Gründer einer bedeutenden Stadt, zum andern als schlauer und listiger Mensch, dann auch als Herausforderer der Götter und schließlich als der ergebene Büßer. Jede der Bearbeitungen wird daraufhin zu befragen sein, welches der Kernelemente des Mythos sie variiert hat.

Zunächst steht Albert Camus’ „Der Mythos von Sisyphos“ [1942] auf dem Plan, ein Mythos, der meiner Generation fast zur bildhaften Übersetzung der Anschauung über Arbeit und deren Sinn geworden ist und der, zu meiner Überraschung, den Schülern in dieser Deutung nicht zu übermitteln war. Die Besprechung begann mit der Frage nach dem Gesamteindruck und der gedanklichen Gliederung des Textes. Diese Deutungsschritte einer Reduktion des Gehalts auf Kernaussagen und deren Ausdifferenzierung in dem gegliederten Gedankengang gelingen bei expositorischen Texten, als solcher wird Camus zunächst gelesen, nach der Argumentationsreihe sehr viel leichter. Als Gliederungspunkte halten wir fest:

1. Varianten des Mythos;
2. Der Weg zum Stein als Weg der Bewußtwerdung;
3. Das Glück des „Absurden Menschen“.

Schwieriger wird es schon, in der Einzelanalyse (Teil 1) die Andeutungen über die Elemente und Varianten des Sisyphos-Mythos selbständig auszufüllen, ohne mit dem antiken Gedankengut vertraut zu sein. Durch seine Lust am Leben, die ihn zu einer List greifen läßt, um aus der Unterwelt fliehen zu können, und durch Camus’ Deutung, daß kein Widerspruch in seinem Auftreten gleichzeitig als Weiser und als Straßenräuber besteht, wird Sisyphos den Schülern zunächst sympathisch. Der listige Nonkonformist kann mit Anteilnahme rechnen: „Seine Verachtung der Götter, sein Haß gegen den Tod und seine Liebe zum Leben haben ihm die unsagbare Marter eingebracht, bei der sein ganzes Wesen sich abmüht und nichts zustande bringt.“ (S. 99) Die weitergehende Deutung Camus: „Damit [mit der unsagbaren Marter, H. M.-M.] werden die Leidenschaften dieser Erde bezahlt“ (S. 99) halten die mitarbeitenden Schüler für zu pauschal und nicht akzeptabel.

Mir kommt es im Augenblick aber weniger auf den Disput über abstrakte Lebenseinsichten, bei dem man schön im unverbindlich Allgemeinen bleiben kann, an, sondern mehr auf die Entfaltung produktiver Phantasie bei der Gewinnung einer eigenen Vorstellung vom Mythos. Einen Satz nach dem von den Schülern kritisierten steht die Formulierung meines rezeptionspragmatischen Programms, auf das ich die Aufmerksamkeiten und gedanklichen Aktivitäten richten möchte: „Mythen sind dazu da, von der Phantasie belebt zu werden.“ (S. 99) Wo dies nicht gelingt, bleibt die spezifische Leistung fiktionaler Literatur außerhalb der Betrachtung. So lesen wir die fiktionale Belebung des Steine wälzenden Sisyphos und lassen uns von der Anschaulichkeit des Bildes gefangennehmen:

„So sehen wir nur, wie ein angespannter Körper sich anstrengt, den gewaltigen Stein fortzubewegen, ihn hinaufzuwälzen und mit ihm wieder und wieder einen Abhang zu erklimmen; wir sehen das verzerrte Gesicht, die Wange, die sich an den Stein schmiegt, sehen, wie eine Schulter sich gegen den erdbedeckten Koloß legt, wie ein Fuß ihn stemmt und der Arm die Bewegung aufnimmt, wir erleben die ganz menschliche Selbstsicherheit zweier erdbeschmutzter Hände." (S. 99)

Der nächste Abschnitt lädt wieder zu einem philosophischen Diskurs ein; die Schüler greifen gleich zu. Schon bei der Diskussion der Kernthese hatten einige auf den Satz hingewiesen: „Tragisch ist es [das Leben, H. M.-M.] aber nur in den wenigen Augenblicken, in denen der Arbeiter bewußt wird." (S. 99) Daß aber Bewußtsein die Qual der Arbeit überwinden und den Sieg über sie „vollenden" kann, war den Schülern nicht mehr einsichtig. Das Wissen um die Vergeblichkeit von Arbeit könne doch nur die Verzweiflung schüren, sie aber keinesfalls überwinden. Ich lenke auf die Aussage im nächsten Absatz hin: „Aber die niederschmetternden Wahrheiten verlieren an Gewicht, sobald sie erkannt werden" (S. 100) und auf das zitierte Beispiel des Oidipus, das zwar den Umschlag des Absurden ins Tragische zeigt, zugleich aber auch die Annahme eines undurchsichtigen Schicksals als Sache, die in die eigenen Hände genommen werden muß. Das Bewußtsein der Qual setze den Menschen nicht nur frei, um die gedankliche Verfügung über die auferlegte Arbeit zu erlangen, sondern es mache zugleich ein unsinniges Schicksal zur menschlichen Angelegenheit: Tua res agitur! Aber den Schülern wurde nicht einsichtig, wieso ein absurdes Schicksal allein durch gedankliche Kraft in der Auswirkung weniger absurd erscheinen könne. Mußte man, wie meine Generation, durch die existenzphilosophische Schule geprägt sein, um das zu verstehen?

Sisyphos war den Schülern, soweit erkennbar, zum Fremden geworden. Auch der letzte Teil des Textes änderte daran nichts mehr. Zwar griff niemand zum Mittel der radikalen Kritik, wohl weil alle auch mein Engagement bemerkten; vielleicht auch wohl, weil Sisyphos bei Camus sich aus der Bindung an die Götter löst und die Qual, Arbeit und Freude zur Sache des Menschen macht. Je bewußter der Mensch aber werde, um so deutlicher müsse er für eine Arbeit kämpfen, die mehr als Mühsal sei. Daß es immer die quälendsten Momente seien, die Befreiung erst zur Notwendigkeit machten, halte ich dagegen. Aber auf keinen Fall könne man doch annehmen, was Camus im Schlußsatz behauptet, daß wir uns Sisyphos als „glücklichen Menschen" vorzustellen hätten. Ich gehe noch einmal in die poetische Beweisführung: „ohne Schatten gibt es kein Licht; man muß auch die Nacht kennenlernen". (S. 101) Gerade die dunkelste Nacht mache den Tag zum denkwürdigen Ereignis. Unausdiskutiert blieben die Positionen so gegeneinander stehen.

Obwohl ich mich mit meiner Deutung nicht durchsetzen konnte, war das Ergebnis des Unterrichts in mehrfacher Hinsicht erfreulich. Zum einen hatten die Schüler bewiesen, daß sie es gelernt haben, eine eigenständige Position mit schlüssigen Argumenten zu behaupten, zum andern war diese Position durchaus überzeugend, insofern nicht schon in der Mühsal von Arbeit selbst der Sinn und das Glück, sondern erst in den Zwecken, denen diese Mühsal dient, gesucht werden muß. Ganz anders als viele jugendkritische Studien dieser Jahre behaupten, war von Ziellosigkeit des Denkens weniger zu spüren als vom Gegenteil: eine besonders zielkritische Einstellung, die nach der Legitimation der Zwecke von menschlicher Arbeit fragt, bevor Mühe an sie gewandt wird. Eine ähnliche Auffassung hatten die Schüler schon bei der Behandlung der These der Eidgenössischen Kommission ein gutes halbes Jahr zuvor geäußert. Von der „Ästhetik des Widerstandes" gegen den verordneten Zwang, wie er sich im Bild des Steine wälzenden Sisyphos oder des blinden Oidipus an der Hand des schönen Mädchens ausdrückt, von der Würde, mit der auch scheinbar sinnlose Arbeit, die nicht unmittelbar zu höheren Zwecken ist, getan werden kann, von der Verachtung, mit der oktroyierten Dienst ausgestattet werden kann, von der Bewußtheit, mit der auf den Augenblick der Befreiung gelauert wird, war im Gespräch nichts spürbar zu vermitteln.

Im Gegenteil: Gestärkt durch die Toleranz des Lehrers wurde die Kontroverse in der darauffolgenden Stunde verschärft. Anlaß war die Bewertung des Essays von Camus durch den Erzähler in den „Kopfgeburten" [1980] von Günter Grass:

„Und als mir dann später der Begriff des Absurden zur Person wurde, als ich (angeekelt vom christlich-marxistischen Hoffnungsquark) den heiteren Steinwälzer als jemanden verstand, der zum vergeblichen Steinewälzen, zum Spott auf Fluch und Strafe einlud, suchte ich meinen Stein und wurde glücklich mit ihm. Der gibt mir Sinn. Der ist was er ist. Kein Gott, keine Götter nehmen mir den; es sei denn, sie kapitulierten vor Sisyphos und ließen den Stein auf dem Berg. Langweilig wäre das und keinen Wunsch wert." (S. 103)

Das Bewußtsein des „absurden Menschen" erschien den Schülern wirklich absurd: „Wie kann man nur so blöd sein, das Sinnlose, das ‚vergebliche Steinewälzen' zum einzigen Sinn zu erklären?" Jetzt fühlte ich mich herausgefordert, ebenso scharf zu kontern: „Wer immer erst nach dem Zweck dessen fragt, was er tun soll oder will, der läßt sich auf kein Wagnis ein, auf kein ungezieltes Forschen, das sich ganz den Sachen ausliefert, dem fehlt es auch an Atem, um die Phasen mühevoller Kleinarbeit zu überstehen. Wer nie einen Stein nimmt, ohne den Gipfel zu sehen, wird immer kleine Brötchen backen." Der Grass-Text war vergessen, zwei Generationen standen sich in ihren Auffassungen unvermittelt gegenüber.

Da war es ein hilfreicher Zufall, daß die Reihe von einem Referendar begleitet wurde, der im Lebensalter genau zwischen den Achtzehnjährigen und dem Sechsundvierzigjährigen lag und als Vermittler auftreten konnte. Er erläuterte kurz die Prämissen der Existenzphilosophie und die Tatsache, daß eine ganze Generation von den Grundgedanken geprägt worden sei. Es sei aber nicht nur die Generation, die selbstbewußt die ihr auferlegte Arbeit angenommen und ausgeführt habe, sondern auch die, die aus der Mitarbeit im System heraus die Sinnfrage überhaupt zum erstenmal gestellt und damit den Aufbruch von 1968 entscheidend vorbereitet habe. Das „Hinterfragen" von Systemen, Aussagen und Prämissen wurde danach geradezu zur Mode. Auch die heutige Schülergeneration stehe, insbesondere mit der radikalen Frage nach dem Sinn von Arbeit, noch in der Tradition derer, die sie angeblich heute nicht mehr verstünden.

Unterricht ist dort besonders gelungen, so nicht nur die heranwachsende Generation etwas über Tatsachendarstellungen, Traditionsauffassungen, Einstellungen, Wertungen der älteren Generation erfährt, sondern zugleich die ältere an die Prämisse des eigenen Denkens erinnert und immer wieder zum Überdenken, zur neuen Legitimierung, vielleicht sogar zu Revisionen, herausgefordert wird.

Versionen von Prometheus

Blieb den Schülern der Sisyphos bis zum Schluß der Reihe fremd, so war ihnen Prometheus von Anfang an vertraut. Das lag nur zum Teil daran, daß einzelne die Goethe-Version schon aus früheren Kursen kannten. Das lag vor allem daran, daß sich mit der Gestalt Vorstellungen von Selbstbehauptung, Selbstbewußtsein, Schaffenskraft, aber auch Widerstandsgeist und Leidensfähigkeit verbanden. In diesem allgemeinen Bild waren die wichtigsten Elemente des Mythos enthalten, die wir mit Hilfe des Lexikonartikels (vgl. Hunger 1981, S. 352 ff.) auseinanderfalteten:

(1) Als Strafe für den Opferbetrug entzieht Zeus den Menschen das Feuer. Durch List entwendet Prometheus den Göttern das Feuer wieder und bringt es auf die Erde zurück.
(2) Diese Tat muß er dadurch sühnen, daß er an einen Felsen im Kaukasus geschmiedet wird, wo ihm ein Adler jeden Tag die Leber entreißt, die in der Nacht nachwächst.
(3) Von dieser Qual wird Prometheus nach langer Zeit durch Herakles befreit, der den Adler mit Pfeilschuß tötet.
(4) Prometheus galt zugleich als Schöpfer des Menschengeschlechts, das er aus Lehm und Wasser geschaffen hat.

Das (4.) Element des Mythos, das Ovid (Metamorphosen 1) hinzugedichtet hatte, war den Schülern zugleich das vertrauteste; die literarische Variation stand ihnen näher als ursprünglichere Elemente. Dies dürfte typisch für die Mythenrezeption sein, bei der jüngere Versionen im wahrsten Sinne des Wortes näherliegen als der in dunkle Vorzeit reichende

Kern. In jeder Umarbeitung (Metamorphose!) drückt sich zugleich die Zeit aus, die den Mythos zur Bearbeitung wählt. Mehr noch als überzeitlich gültige Einsichten vermitteln literarische Mythen Einblicke in wechselnde Auffassungen über den Menschen und seine Stellung in der Gesellschaft. Die Variation eines zeitlos gültigen Kerns wird Ausdruck der Geschichtlichkeit von Gültigem.

Ein Stück dieser Einsicht vermittelte schon die Ovidische Variante des griechischen Mythenkerns. Um sie zu vertiefen, begannen wir die Besprechung mit Kafkas „Prometheus" [1918]. Das kurze Prosastück variiert das 2. Kernelement des Mythos. Angeblich berichtet es von „vier Sagen" um Prometheus, in Wahrheit aber erzählt es in vier Variationen die mit dem zeitlichen Abstand zum eigentlichen Geschehen („[...] wurde er [...] am Kaukasus festgeschmiedet") abnehmende Bedeutung des Mythos: Zunächst drückt Prometheus sich noch „im Schmerz [...] immer tiefer in den Felsen", dann „wurde in den Jahrtausenden sein Verrat vergessen" und mit dem Grund für die Strafe ging auch das Leid verloren, „die Wunde schloß sich müde". Der Mythos ist am Ende, aber es bleibt die bizarre Form des Felsengebirges im Kaukasus. Das Unerklärbare wird eines Tages das Bedürfnis nach einer neuen Sage wecken, in der eine neue mögliche Wahrheit ausprobiert werden wird. Die unerklärbare Wahrheit läßt Mythen immer wieder neu entstehen, aber auch, weil sie letzte Wahrheiten nicht vermitteln können, wieder verfallen.

Die Besprechung blieb bei solchen allgemeinen Feststellungen zum Inhalt und zur Aussage der Geschichte. Die Schüler konnten mit ihr nicht viel anfangen, standen doch Duldung, Leid, Vergessen im Widerspruch zu dem Verständnis, das sich im Blick auf die Figur des Prometheus gebildet hatte und das der eigenen Geschichtsauffassung zu deutlich widersprach. Auch der Hinweis auf das Erscheinungsjahr 1918 und die Anspielung auf die vier Kriegsjahre, in denen der Grund des Leidens und der Schmerz selbst vergessen wurden, konnten das Interesse nicht erkennbar intensivieren; zu deutlich drückt Kafka das Ende des prometheischen Denkens und Handelns aus. Die Schüler aber waren mit beidem noch nicht am Ende.

Dies zeigte sich in der wiederum anregenden und intensiven Diskussion über Goethes „Prometheus" [1774], in der sie sich vor allem mit dem „forme Menschen / Nach meinem Bilde" auseinandersetzten. Die Besprechung begann, der mehrfach geübten hermeneutischen Spirale entsprechend, mit dem Gesamteindruck, der Zuordnung zur 4. Version des Mythos und der Gliederung (I), setzte sich fort mit Einzelbeobachtungen zum Sprecher, zu dominanten Bildern (z. B. Anspielung auf den Feuerraub in der 1. Strophe) und Sentenzen (z. B. „Hast du nicht alles selbst vollendet, Heilig glühend Herz?"), die alle den Selbstbehauptungswillen des prometheischen Menschen zum Ausdruck bringen. Leid, Trauer, Genuß und Freude werden allein zur menschlichen Angelegenheit (II). Sie mündete bei der Frage nach der Intention, die im Blick auf die beigefügte Deutung Kerényis (1959) verdeutlicht wurde: „Kein Gott, kein Titan, kein Mensch, sondern das unsterbliche Urbild des Menschen als Urempörer und Jasager zu seinem Schicksal ist er: der Urbewohner der Erde als Gegen-Gott, als Herr der Erde gesetzt." (S. 23) Dieses Bild sei nicht nur für die Zeit der Französischen Revolution eine willkommene Deutung des produktiven Menschen, es sei ein Leitbild über die Zeiten hinweg.

Ganz anders als in den vorangegangenen Unterrichtsabschnitten verlagerte sich die Diskussion auf die Schüler untereinander. Jeder suchte seinen Deutungsrahmen zu erproben und argumentativ zu verteidigen. Im Zusammenhang mit der Darstellung zur Entfaltung von Verstehensprozessen in der Sekundarstufe II habe ich nachzuweisen versucht (Jahrbuch der Deutschdidaktik 1983/84, vgl. Müller-Michaels 1984a, S. 84–94), wie das *Abstecken eigener Deutungsansätze* eine neue Stufe zum selbständigen Verstehen von Texten einleitet. Ich zitiere den Auszug aus den transkribierten Unterrichtsmitschnitten:

L:
Können Sie jetzt leichter etwas damit anfangen?

Norbert:
ja / ich mein / wir müssen das irgendwie übertragen auf unser Thema / übertragen auf die Aufklärung / und daraufhin versuchen anzusprechen

L:
ach so / gut / das machen wir gleich / aber so würden Sie für sich sagen / daß das Gedicht nicht so viel Kraft hat / daß es Sie unmittelbar ansprechen kann / ohne sich nun daran zu erinnern / welchen Stellenwert es hatte

Norbert:
nun / wenn ich das einfach so aus der Reihe sehe / also jetzt nicht in dem Themenkreis / dann würde ich / dann würde ich da glaub ich nicht drauf kommen / was das aussagen würde und wo das rein gehört / sagen wir mal so

Stefan:
ja / ich meine / ohne Kenntnisse von der Mythologie kann man das nicht sofort verstehen

L:
und auf welchen Text beziehen Sie sich da?

Sabina:
auf den von Kant natürlich! Der Text von Kant mit der Aufklärung

L:
können Sie noch . . .

Sabina:
ja / und zwar ist die Aufklärung ja der Ausgang aus der selbstverschuldeten Unmündigkeit / also das wäre hier übersetzt in das Erschaffen von Menschen / die Prometheus gleichen und nicht Zeus / die Unmündigkeit abschaffen würden . . .

L:
ja / so ist das damals auch verstanden worden

L:
Ja / gibts sowas wie eine Steigerung in der Abfolge des Gedichts? Eva hat eben schon völlig zu Recht darauf hingewiesen / daß Prometheus selber hier spricht und am Anfang sein allgemeines Verhältnis zu den Göttern bestimmt / dann seine Geschichte erzählt / und am Schluß sowas wie ein Fazit setzt / kann man das als eine Form der Steigerung ansehen oder durchzieht das ganze Gedicht ein einziger Grundgedanke?

Abraham:
ja / also eine Steigerung ist schon zu erkennen / im nächsten Abschnitt formt er dann selber den Menschen / vorher hat er sich ja schon den Göttern gleichgestellt und sagt nur / daß er sie nicht mehr verehrt und jetzt sagt er / daß er also selber ja auch Menschen formt / das kam eigentlich nur den Göttern zu

Eva:
ich find' die Steigerung und nach der also der Gedanke / ein Gedanke geht durch das ganze Gedicht / das ist praktisch miteinander verknüpft / wenn man nochmal durch die einzelnen Strophen geht / und dann sagt er am Anfang hier allgemein z.B.:

> "Und meine Hütte, / die du nicht gebaut, /
> Und meinen Herd, / um dessen Glut /
> Du mich beneidest."

und dann zu der Steigerung:

> "Ich kenne nichts Ärmer's / unter der Sonn'
> als euch Götter."

Da klagt er ja praktisch an / und dann wird hier vom Leben erzählt / und dann richtet er sich immer mehr gegen die Götter / also er klagt immer mehr an / von Strophe zu Strophe ist eine Steigerung erkennbar / daß er eben unabhängig von den Göttern ist und daß er sich eben gegen sie aufgelehnt hat / und der Kerngedanke ist dann auch praktisch / daß er sich von den Göttern abwendet und daß er eben sein eigenes Leben geschaffen hat / daß er also völlig unabhängig von den Göttern jetzt lebt und sich von ihnen nicht beeinflussen läßt

Angela:
Ich finde / daß da überhaupt keine Steigerung drin ist / denn alles / was da gesagt wird / passiert in den ersten drei Strophen / das belegt er nun an seiner eigenen Entwicklung in Strophe 3 und 4 / und die letzten Strophen sind dann die Konsequenzen / die er daraus gezogen hat / aber ich meine in 1 und 2 sagt er das aus / was er eigentlich sagen will / z.B.:

"Ich kenne nichts Ärmer's / unter der Sonn'
als euch Götter."

Da ist doch keine Steigerung drin / der belegt das dann höchstens noch

Abraham:
ja natürlich / also wenn er nichts Ärmer's als die Götter kennt / dann heißt das noch nicht / daß er auch Menschen schafft / gerade hier die letzte Strophe / der Gedanke ist doch ganz neu / der kommt vorher nie vor

Angela:
ja / das ist die Konsequenz / die er daraus gezogen hat

Abraham:
nee / die Konsequenz ist ja die / daß er die Götter nicht mehr verehrt / aber doch nicht die / daß er jetzt selber Menschen schafft

Eva:
ich weiß nicht / wenn man das jetzt mit der Französischen Revolution vergleicht / dem Aufstand der Bürger gegen den Absolutismus / dann würde ich sagen / hat er doch schon zu der Zeit einen aktuellen Bezug gehabt / und ich glaub' in der heutigen Zeit / daß dann doch schon wieder in einzelnen Ländern oder Staaten / daß doch Bezug wieder aufkommen könnte / aber z.B. in Sisyphos oder so / und auch dann von Grass die Interpretation / dann noch / ich weiß nicht / ist mir irgendwie nicht klar / *das sagt mir alles nichts* / ich weiß nicht / ob ich dazu noch zu jung bin oder noch nicht genug Erfahrung habe / aber ich weiß nicht / aber ich sehe da auch keinen Bezug zu dem Stein / der da immer runter rollt / und seine Hoffnungslosigkeit / und das ist jetzt bei Prometheus / und da sieht es ein bißchen anders aus / das mit der Revolution / daß man das jetzt noch weiter so verstehen kann / das wußte ich nicht

L:
ja / wie sieht es aus / können Sie sich vorstellen / daß der Prometheus-Mythos heute noch irgendwann neu erzählt wird?

Jörg:
ja / ich wüßte schon / aber ich wüßte jetzt nicht / welches Thema

Abraham:
ja / ich meine / früher gab es dann verschiedene Epochen / da gab es mal wieder eine revolutionäre Stimmung / wie 1789 / aber heutzutage gibt es ja immer wieder irgend eine neue / z.B. auch in der Jugend die Aufbrüche / Ende der 60er Jahre Studentenunruhen / jetzt schon wieder Punk und alles mögliche / also im Augenblick ist da so eine permanente Auflehnung / gerade jetzt durch die ganzen Informationen / die ja auch sofort verbreitet werden / und dadurch alles verflacht / ist es nicht mehr eine riesige Woge / sondern alles so kleine Wogen / da ist dann viel verloren gegangen

Da klingt wieder das Bedauern darüber durch, daß das Prometheische verlorengeht, indem es sich im Kleinen, Unbedeutenden verzettelt. Wichtig ist, daß neue Schöpfungen wieder mehr Tiefgang bekommen, damit die Wogen der Veränderung größer und damit wieder bedeutender werden. Eva stellt noch einmal klar, worin der Kern des Verstehens liegt, um den sich Unterricht immer wieder zu mühen hat: der Text muß mir etwas sagen, mich ansprechen, damit seine Rezeption Folgen für Lernen und Bildung haben kann. An anderer Stelle hat sie den Begriff „bezugsreif" geprägt, der deutlich macht, unter welcher Bedingung Lektüre Folgen für das Lernen gewinnen kann. Aufgabe des Lehrers ist es dann, den Gegenstand so zu präsentieren, daß Beziehungsaufnahme möglich wird. Die Beziehung tatsächlich herstellen kann nur jeder Schüler selber. Um im Bild zu bleiben: Der Lehrer ist nur für die Reife des Gegenstandes verantwortlich, essen möchten ihn die Schüler lieber selber.

Mythos als Erkenntnisform, die dem Logos durchaus vergleichbar sein kann, ist immanent deutlich geworden. Die behandelten Versionen des Prometheus diskutieren Handlungsnormen, Folgen von außergewöhnlichen Handlungen, zeigen Leidensfähigkeit des Menschen und die Geschichte von Leiden als deren Vergessen. Nicht der Mythos selber, sondern seine Bedeutung ändert sich. Deutungen verweisen auf den zeitlichen Rahmen, aus dem heraus sie erfolgen. Dies alles mache ich noch einmal explizit deutlich und erläutere die Stufen der Veränderung an einem Tafelbild, wobei die linke Seite die Ausweitung des Mythos, die rechte seine Reduktion zum Ausdruck bringen sollen.

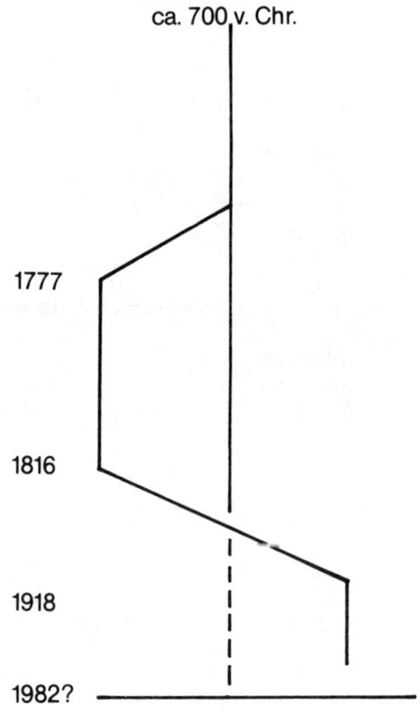

Die Skizze leitet über zur Halbjahresaufgabe: „Meine Version vom Prometheus-(Sisyphos-Verlorenen-Sohn-)Mythos." Erwartet wird eine freie produktive Rezeption eines der besprochenen Mythen, die zum Ausdruck bringen soll, inwieweit Mythen auch heute noch für den einzelnen eine erklärende Kraft oder inwieweit sie keine (mehr) haben. Für die Aufgabe bekommen die Schüler gut 14 Tage Zeit.

d) Fortsetzung der Reihe: Odysseus und Herakles

Die Schüler hatten ausdrücklich dafür plädiert, die Reihe über literarische Bearbeitungen von Mythen fortzusetzen. Daraufhin habe ich eine neue Textsammlung zusammengestellt, in deren Mittelpunkt der „listenreiche" Odysseus und der tapfere „Nothelfer" Herakles stehen. Über den Unterricht brauche ich nicht in dem bisherigen Maße ausführlich zu berichten, da sich wenige neue interpretatorische und methodische Aspekte oder identifikatorische Prozesse ergeben haben.

In der Sequenz standen:

Ernst Bloch, „Odysseus starb nicht in Ithaka", ein Textauszug aus dem 5. Teil des „Prinzip Hoffnung" (1959), der sich zwischen der Deutung des Homerischen und des Danteschen Odysseus bewegt, um sich dann aber ganz auf das Bild Dantes einzulassen, das den Seefahrer mit der Vorstellung eines neuzeitlichen „Atlantikversuchers" verbindet. Odysseus besitzt nun „nicht nur die Ungeduld, die Welt zu sehen, sondern er ist diese Ungeduld [...]" (S. 1206). Bloch zeigt einerseits in mythologischen Bildern, wie entscheidend sich der Mythos in der Renaissance gegenüber der Antike verändert hat, andererseits behandelt er auch diskursiv das Problem der Mythenvariation und der historischen Ursachen für die immer neuen Arbeiten am Mythos, hier etwa die frühen Entdeckungsreisen über den Atlantik.

Dante Alighieri, „Odysseus' letzte Fahrt" ist der Textauszug, auf den Blochs Analyse sich bezieht – er liegt den Schülern in der Übersetzung Stefan Georges (1958) vor. Die Zeilen, in denen Odysseus das Wagnis des „Atlantikversuchers" formuliert, zeigen den neuen Entdekkergeist:

„Ihr seid nicht da zu leben gleich den kühen
Doch zum verfolg von tüchtigkeit und wissen"

Gegen das Bild des „Meer-Faust", wie Bloch Odysseus auch nennt, setzt *Victor Auburtin, „Das Ende des Odysseus"* [1921] den häuslich-bäuerlichen Heimkehrer, der den Blumengarten der Freier Penelopes abreißen läßt, um an der Stelle eine Kohlpflanzung anzulegen. Je tiefer er über Erzählungen in seine abenteuerliche Vergangenheit einzudringen versucht, um so mehr entfremdet er sich von seiner wiedergewonnenen heimatlichen Umwelt und stirbt mit sehnsüchtigem Blick auf das Meer.

Das Motiv der entfremdeten Heimat bestimmt auch *Friedrich Schillers „Odysseus" [1796].* Der Heimkehrende ist nicht mehr in der Lage, die Rückkehr aus eigener Kraft zu meistern. Daher die Schlußzeile:

„Er erwacht, und erkennt jammernd das Vaterland nicht". Bei dem Herakles-Mythos blieb außer der Darstellung der zwölf Arbeiten (Dodekathlos) nur noch Zeit für die Besprechung von *Prodikos' „Herakles am Scheidewege"* [um 400 v. Chr.]. Vor die Wahl gestellt, den genußvollen Weg des Lasters oder den anstrengenden der Tugend zu gehen, wählt Herakles die beschwerliche Straße der Arbeit, der Vernunft, des Maßes. Seine Entscheidung weckt vielleicht das Interesse, sie heute neu zu erzählen.

Trotz der Bindung an die Inhalte der Reihe hat der Referendar S. Kratz andere Akzente im Unterricht gesetzt. Er begann mit einer eigenen *Nacherzählung* aus den Abenteuern des Odysseus; dabei lag, der Textauswahl entsprechend, der Schwerpunkt auf der Heimkehr. Überraschend war die Aufmerksamkeit des Kurses, deren Teilnehmer gebannt auf die Geschichten lauschten, wie vielleicht zuletzt den Märchenerzählungen in der Sexta. Nicht nur der Lehrer hört aufmerksam zu, wenn die Schüler ihre Versionen vom Mythos erzählen, auch sie tun es, wenn der Lehrer sich dieser unvermuteten Situation ausliefert, statt immer nur Fragen zu stellen und Leistungen einzuklagen.

Ein zweiter Akzent lag auf dem *sozialgeschichtlichen* Umfeld der Mythen-Versionen. So wurde bei dem Gedicht Schillers nach dem historischen Hintergrund der Aufklärung und der Französischen Revolution, bei Schwabs Versionen der „Schönsten Sagen des klassischen Altertums" [1838–1840] nach den biedermeierlichen Elementen gefragt. Dies ist, wie immer, wenn historische Zusammenhänge gewußt werden müssen, ein schwieriges Unterfangen. Umfängliche Lehrerdarstellungen (oder entsprechend ausgewählte Kontexte, die die Lehrerzentrierung nur verdecken) sind unausweichlich. Es gehört aber zu den Erkenntniszielen der Reihe, daß die Schüler die Historizität der Mythenvarianten begreifen müssen, weil nur dadurch die produktive Kraft dieser bildlichen Denkformen in den Blick kommt. Insofern führte kein Weg an historisch zuordnender Betrachtung, so bescheiden sie auch ausfallen mochte, vorbei.

Der dritte Akzent lag auf der ständig wiederkehrenden Frage nach dem *Menschenbild,* das die mythische Hauptfigur jeweils in den verschiedenen Versionen vertritt: der häusliche und der umherirrende Odysseus, der Hybride und der tugendhafte Herakles. Hinter diesen Fragen steckt die richtige Deutung, daß in bearbeiteten Mythenstoffen Handlungsnormen diskutiert, ausprobiert, oder gar vermittelt empfohlen werden. So gesehen sind die Mythen Bilder, die sich die Autorität des alten Stoffes zunutze machen, um das Denken und Handeln der Zuhörer und Leser zu beeinflussen. Sie sind kunstvolle Mittel der Erziehung.

e) „Meine Version vom Mythos“: Produktive Rezeptionen der Schüler

Die Aufgabe war zunächst und vor allem als freie Produktion gedacht, die nicht den Standards von Klausuren unterworfen werden sollte. Dann war sie aber auch die Probe auf das Exempel der Wirksamkeit von Mythen und ihrer Rolle in Alltagsdiskursen. Zu vermuten war, daß Mythenkerne auch heute noch Verwendung finden – sei es zur Veranschaulichung oder zur Stützung von Thesen. Und in der Tat haben die meisten Schüler nach Gebrauchszusammenhängen gesucht, wenige nur das mythologische Denken abgewiesen. Sie haben sich dabei auf bekannte *Formmuster* bezogen, selbst in der Abwehr taten sie das in bezug auf die im gleichen Halbjahr geübten Argumentationsstrukturen.

Jörg, der sich in der unterrichtlichen Behandlung noch keine moderne Aktualisierung vorstellen konnte („ich wüßte jetzt nicht / welches Thema“), erzählt nach dem *Muster der Science-fiction-story* eine Geschichte aus dem Jahre nach 3009: Talon, der Galaxien-Prometheus, hat einem Stamm von Götterwesen den „allsehenden Stein“ entwendet und damit den Menschen den Eintritt in die neue Zeit technischer und kultureller Entwicklung ermöglicht. Die Götter aber programmieren einen Bestrafer, der seinen Auftrag „mit der brutalen und kalten Präzision eines Roboters“ ausführen wird. In Jörgs Original geht es weiter:

> Talon war gerade dabei, das Protonenaggregat eines Schwebewagens zu reparieren, als er den Ultrablitz sah. Er wußte sofort, daß dort ein Dimensionssprung stattgefunden hatte. Kaum war der Gedanke zu Ende, als er von einer ungeheuren Gewalt gepackt zurückgeschleudert wurde. Ein Angriff, hallte der Gedanke durch sein Bewußtsein. Doch da war es schon zu spät. Ein Lähmstrahl löschte sein Bewußtsein aus – Dunkelheit. Kein Stern war zu sehen. Gut hatte der Bestrafer seine Aufgabe gelöst. Sehr gut sogar. Er hatte Talon an den Venusfelsen festgebeamt. Talon hatte keine Chance loszukommen. Der Venusfelsen, ein radioaktiver Splitter eines Meteoriten, zehrte auch sehr an seinen Kräften. Er fühlte sich einsam. Und die endlose Einsamkeit des Universums ließ ihn sogar die Schmerzen vergessen. Da! Ein Wesen in dieser Unendlichkeit? Als das Wesen näher kam, gefror ihm das Blut in den Adern. Der Weltraumgeier war da. Talon kam ein schlimmer Gedanke. Wollte sich der Geier seines lebensspendenden Plasmas bemächtigen? Da traf ihn der erste Schnabelhieb. Schmerz! Seine rechte Brusthälfte platzte auf und gierig fraß der Geier sein Plasma. Er starb fast vor Schmerzen. Er wünschte sich den Tod herbei. Doch der Tod war ihm nicht vergönnt. Seine Strafe sollte die Unendlichkeit überdauern. Und richtig, kaum war der Geier fort, als sich, begünstigt durch die Strahlung, die Wunde wieder verheilte. Schmerz und Wiedergenesung – ein teuflischer Kreislauf. Sollten seine Qualen denn kein Ende finden? Sollte er die Jahrhunderte hindurch hier angebeamt bleiben? Das wollte Talon nicht einsehen. Er wollte doch nur etwas Gutes tun. Wollte seiner Rasse den Fortschritt bringen. War es denn falsch, den Menschen aus seiner Primititivität hinauszuführen? Alle diese Gedanken, der Haß auf die Chibb, forcierten seine Kräfte. Er begann, seine durch zahllose Kämpfe gestählten Muskeln anzuspannen. Und nach einer schier endlosen Zeit zerbrach der Bann. Talon war frei. Und er wollte sich rächen. Rächen an den Göttern, die den Menschen den Stein genommen hatten und ihn so hatten quälen lassen. An ihm glühte der Haß. Er wollte den Stein zurückerobern. Alles war bereit. Er brauchte nur noch seinen Doppelgänger, einen Androiden, an den Felsen zu beamen. Dann stand ihm nichts mehr im Weg, den langen Weg der Rache einzuschlagen.

Gegen das Muster von Science-fiction setzte Thomas das der *aitiologischen Sage,* die den Ursprung der seltsamen Felsenform im Kaukasus zu erklären versucht. Mit dem Blick des Erkennenden sah vor tausend Jahren ein alter Mann das Bild „eines fliegenden Pferdes, auf dessen Rücken ein Mann mit seinem weiten Umhang saß.“ Er betrachtete die Natur-Skulptur genauer und wurde immer sicherer, „daß ein Mensch an das Gebirge gefesselt war“.

> Der Alte schaute sich den gefesselten Mann genauer an, bis zu dem Zeitpunkt, als hunderte von Adlern aus den sich öffnenden, unbewölkten Himmel herabschnellten, und sich auf den Gefesselten stürzten. Die Adler fraßen nun von der Leber des Gefesselten, die unaufhörlich nachzuwachsen schien. Der Alte hörte die Geräusche, die die Adler verursachten. Er hörte ebenfalls die Schreie des Gefesselten.

> Der alte Mann war fasziniert von dem, was sich vor seinen Augen abspielte. Da er es kaum glauben wollte, kniff er seine Augen fest zusammen. Als er diese nach einigen Augenblicken wieder öffnete, war das soeben noch klar und deutlich Wahrgenommene wie eine Halluzination verschwunden. Der Alte hielt nun das Gesehene für eine Fata Morgana, die sich bei ihm, aufgrund seiner Übermüdung und seines langen Fußmarsches, auch leicht hätte einschleichen können. Der Alte betrachtete sich erneut das Felsgebirge und stellte fest, daß der Gefesselte noch vorhanden war.

Der Grund für die Fesselung konnte nur eine Strafe der Götter sein, so daß sich allmählich die Geschichte formte: „Er war dazu auserkoren, dieses Schauspiel zu beobachten und es in aller Welt zu verbreiten. Dieses tat der alte Mann auch." Damit ist nicht nur ein neuer Mythos geboren, sondern seine Entstehung verdankt sich dem Versuch, Unerklärbares durch Geschichten verständlich zu machen. So wird einerseits ein Anlaß benannt, der zum Erfinden von Geschichten führt, und zum anderen Bezug genommen auf Kafkas Version vom Mythos.

Mit der *Groteske* wählte Renate eine weitere Form, die der absurden Gestalt des Sisyphos-Stoffes näher zu kommen versucht. Nachdem die Situation des Sisyphos beschrieben ist, fährt sie fort:

> Stellen wir uns jetzt vor, daß Sisyphos, der trotz dieser körperlich harten Arbeit, fieberhaft überlegt und auf einen Ausweg hofft, auf die Idee kommt, eine Konstruktion zu erbauen, die in der Lage ist, seine Arbeit zu verrichten und sogar noch seine Gestalt und sein Aussehen hat (Roboter!).

Die freie Zeit nutzt Sisyphos für einen Bummel durch das Reich der Götter. Und siehe da: der Gott, der seine Arbeit zu kontrollieren hat, ist selbst ein Roboter. Die Götter haben sich in ihrem Himmel zu fröhlichem Gelage versammelt, um sich „menschengleich zu benehmen". Sisyphos setzt kurzerhand die Roboter-Götter außer Funktion:

> [...] und ging zurück zu den Menschen, die ihm seine Geschichte erst nicht glauben wollten. Doch nach und nach, als sie sahen, daß dieses und jenes Tun nicht mehr bestraft wurde, fingen sie an, in saus und braus zu leben. Sisyphos sah sich das einige Zeit an und kam zu dem Entschluß, daß es so nicht weitergehen könne.
>
> Er verfaßte einige Gesetze, an die sich alle zu halten hatten. Und nach Jahren hatten alle die Götter vergessen und lebten nach den Richtlinien des Gesetzes.

Unvermittelt hat sich das Sisyphosische mit dem Prometheischen vermählt, wenn die Menschen nach eigenem Gesetz zu leben versuchen. Abraham wählt die Form des *Gleichnisses,* um Sisyphos zu aktualisieren. Ich zitiere den „Sisyphos 82" in ganzer Länge:

> Der moderne Sisyphos
>
> 7 Uhr. Der Wecker schrillt. Irgendein Schüler steht auf und frühstückt. Es folgen Zähneputzen, Waschen, Anziehen, alles stereotype Handlungen. Schließlich der Gang oder die Fahrt zur Schule. Hier beginnt endlich etwas Neues. Der Unterrichtsstoff wechselt von Stunde zu Stunde, von Wiederholungen abgesehen. Er wird natürlich im Laufe der Jahre immer schwerer, da ein Thema auf der vorherigen aufbaut. Tatsächlich liegt das Stereotype hier nicht in dem zu erlernenden Wissen, sondern im Lernvorgang, vor allem jedoch in der Tatsache, daß man lernt, verborgen. Der Quotient Lerngeschwindigkeit/Alter des Schülers bleibt konstant, und diese Konstante bedeutet für den Schüler in der Praxis: Arbeit, überwiegend in Form von Hausaufgaben. Während der gespannten Schullaufbahn ändert sich daran nichts. Immer wieder wird ein neues Thema begonnen, durchgearbeitet und meistens mit einer Klassenarbeit oder „Klausur" abgeschlossen. Hat der Schüler hier endlich sein Ziel, eine bestimmte Note, erreicht, darf er nungleich wieder von vorn anfangen und sich in ein neues Stoffgebiet hineindenken.
>
> Dieser Schüler, stellvertretend für eine bestimmte Gruppe und darüber hinaus für alle anderen Menschen, ist, so behaupte ich, ein modernes Sisyphos. Auf den ersten Blick mag das nicht jedem einleuchten; und daher wird es nötig sein, die Gestalt dieses Antihelden etwas näher zu betrachten.
>
> S. vollbrachte eine unnütze Arbeit. Über den Begriff „unnütz" wird man noch reden müssen. Auf jeden Fall wälzte er pausenlos einen Stein den Berg hinauf. Aber war es wirklich nur ein Stein? Ich bezweifle das. Welcher Unterschied bestünde für S. zwischen dem Hinaufrollen ein und dessel-

ben Steines und dem Hinaufrollen verschiedener Steine nacheinander aus einem Tal, in dem unermeßlich viele Felsblöcke lägen? Für Sisyphos selbst überhaupt keiner. Als Beispiel mag das eines Fließbandarbeiters dienen, der die Aufgabe hat, an Autos Scheibenwischer zu montieren. Zwar bearbeitet er immer ein neues Auto, aber für ihn ist es die gleiche Arbeit, wie wenn derselbe von ihm mit Scheibenwischern versehene Wagen ohne Scheibenwischer immer wieder zu ihm zurückkäme und er die Montur jedesmal von vorn beginnen dürfte: Auch der schon erwähnte Schüler, der ein Wissensgebiet nach dem anderen erlernt, zeigt, wie eine objektiv neue Arbeit subjektiv als Wiederholung wahrgenommen wird. Mit dem oben Gesagten ist jedoch keineswegs gemeint, daß die hochgewälzten Steine auf dem Berg liegenbleiben. Im Gegenteil, nach einer gewissen Zeit rollen alle wieder hinunter. Bloß kann diese Zeit sehr lang sein. Aber eines ist sicher: Nichts von Menschen Geschaffenes hält ewig. Ein weiteres Wort: „pausenlos" stört mich noch in der verbreiteten Form des Mythos. Warum sollte Zeus dem schmachtenden Sisyphos nicht Urlaub gewährt haben, wo er doch den Prometheus schon viel eher als zunächst vorgesehen begnadigte? Viele Menschen bleiben jedoch sogar im Urlaub der Sisyphos-Arbeit treu. Sie fahren nach Spanien und lassen sich dort bräunen, um hier wieder weiß zu werden.

Als letztes Problem eines Vergleichs zwischen Sisyphos und dem Menschen ist noch die Frage des Nutzens einer Arbeit offen. Daß die Sisyphos-Arbeit insgesamt betrachtet unnütz ist, wird jedem klar sein. Er erreicht nie den Endzustand, ja nicht einmal ein einzelner Stein bleibt liegen.

Wie steht es jedoch mit dem Menschen? Sind seine Taten nützlich? Eine Handlung kann nur dann Nutzen haben, wenn sie ein dauerhaftes Ergebnis bewirkt. Da aber sicher ist, daß alles Geschaffene nach einer gewissen Zeit wieder zerfällt, ist kein Nutzen gegeben, höchstens ein Nutzen auf Zeit.

So sind unsere Taten nicht nützlicher als die des Sisyphos!

Etwa ein Drittel des Kurses hat keine neue Version eines der Mythen erzählt, sondern sich *diskursiv* mit der Aufgabe auseinandergesetzt. Eva sieht (noch) keine Bedeutung für sich selbst in den Mythen, Jürgen verallgemeinert diese These im Blick auf Sisyphos und behauptet, daß es heute keine sinnlosen Arbeiten mehr gäbe und damit der Mythos keine Aussagekraft mehr habe. Torsten sieht das gesamte mythische Denken als Ausdruck vorrationaler Erklärungsversuche als überholt an und faßt seine Überlegungen so zusammen, daß die Gegenthese gegen die des Lehrers deutlich bleibt, das ganze Unternehmen aber gerettet wird:

Der Versuch, durch eine bewußt bildhafte Deutung der Welt dem bereits mythenlosen, aufgeklärten Denken einen neuen „mythischen Sinn" in aller Verbindlichkeit entgegenzusetzen muß scheitern, weil die gewollte Wiederherstellung des ursprünglichen Mythos in einer nachmythischen Zeit unmöglich ist.

Die Bedeutung des Mythos in der heutigen Zeit ist meiner Meinung nach eine geschichtliche. Im Mythos offenbart sich uns der Geist unserer Urahnen und der Mythos zeigt uns Elemente des ewig Menschlichen, indem man in den Mythen angesprochene Hoffnungen, Sehnsüchte und auch Probleme als noch heute, im übertragenen Sinne, relevant ansieht (Ödipus, Herakles).

Erst einige Wochen später, bei der Rückgabe der Klausur, habe ich mich mit dem Plädoyer für die rationalistische analytische Erkenntnisform kritisch auseinandergesetzt und zu beweisen versucht, welchen Irrtümern eine ungezügelte rationalistische Erkenntnisweise unterlegen ist und unterliegen wird und wie in der zunehmend spezialisierten analytischen Forschung es ganzheitlicher, synthetischer Bilder bedarf, um überhaupt noch Dimensionen der Ganzheit zu erfahren – und sei es auch nur in rein technischen Utopien. Ohne Korrektur durch ästhetische Irritationen oder durch ethische Prämissen verkommt das Denken der Menschen zu instrumenteller Vernunft. Produktiv wird Vernunft vor allem in ästhetischer Vision und Auseinandersetzungen mit ihr.

Torsten hat für sein kleines Stück Beweisführung ebenso ein anerkennendes Urteil bekommen wie Matthias mit seiner noch radikaleren Auseinandersetzung mit allen nicht streng rationalistischen Denkformen. Benotet wird nicht die Meinung der Schüler, sondern die Art und Weise, mit der sie ihre Auffassung argumentativ oder bildhaft zu begründen wissen:

Der Mythos kann nichts mehr erklären

Die Aufgabe, meine Version eines Mythos zu schreiben, kann ich nicht erfüllen, weil ich im Mythos keine Wahrheit an sich erkenne und mich daher mit keinem der im Unterricht behandelten Mythen identifizieren kann. Stattdessen versuche ich eine Darstellung meines Mythologieverständnisses und die Erklärung dafür zu geben, warum ich den Mythos und die mythologische Darstellung nicht mehr für aktuell halte.

Meiner Meinung nach ist das Mythenverständnis eine Frage der Weltanschauung. Als grundsätzlich verschiedene Weltanschauungen und Erkenntnisformen gibt es die mythisch-religiöse auf der einen und die wissenschaftliche auf der anderen Seite. Der Mythos ist wie die Wissenschaft eine Methode, die Welt zu erklären und zu interpretieren. Doch statt wie die Wissenschaft Tatsachen und Naturereignisse zu untersuchen und deren allgemeine Gesetze abzuleiten, werden im Mythos Tatsachen, Naturereignisse und Ideale symbolisch, bildhaft ausgedrückt und personifiziert. Den stark religiösen Charakter der Mythen kann man daran erkennen, daß im alten Griechenland Naturereignisse Göttern zugeschrieben wurden (z. B. blitzeschleudernder Zeus) und daß noch in späteren Zeiten alle unerklärlichen Dinge wie z. B. Entstehung der Welt, Tod, Leben nach dem Tod, durch Götter erklärt werden. Das sieht man besonders deutlich im Christentum und der Bibel, die aus vielen Mythen besteht, und alle diese Fragen zu beantworten versucht (Vater im Himmel, Schöpfer von Himmel und Erde, Heiliger Geist, etc.). Die Mythologie hat auch ihre Bedeutung in der Literatur als Symbol für Weltanschauungen, Ideale und ethische Vorstellungen des Autors.

Die einzige Möglichkeit, zu einer „Wahrheit" durch einen Mythos zu gelangen, ist die Interpretation des Mythos. Man erhält dadurch Kenntnisse über die Geschichte, Philosophie, ethischen Vorstellungen und Ideale der Entstehungszeit des Mythos oder seiner literarischen Interpretationen. Zusammenfassend kann man sagen, daß der Mythos die Tatsachen nicht erklärt, sondern eher verschleiert. Da ich ein wissenschaftliches Weltbild habe und überzeugt davon bin, daß alles wissenschaftlich erklärt werden kann, halte ich das Verfassen eines Mythos nicht für sinnvoll.

Die Aufgabe, eine eigene Mythenversion zu schreiben, war bewußt in Ergänzung zur ersten Halbjahresaufgabe einer Wissenschaftsreportage geplant. Das Spektrum der Erkenntnisformen, die kritische Überprüfung ihrer Leistungen und Grenzen sowie die anschauliche Form der Darstellung sollte durch eigene Versuche abgetastet werden. Selbst dort, wo man über den Rand rationalistischer Verfahren nicht hinausgehen mochte, wie etwa bei Torsten und Matthias, hatten die Arbeiten die Einsicht in die eigene Auffassung gestärkt, manchmal auch überhaupt erst ermöglicht. Außerdem war der Status ästhetischer Gebilde, ganz gleich wie man zu ihnen stand, deutlicher geworden.

Dieser Gedanke wurde in der nachfolgenden *Klausur* vertieft, in der die Schüler die Ausführungen von Karl Jaspers „Wir alle leben in Bildern" zu analysieren hatten:

Karl Jaspers: [Wir alle leben in Bildern]

Man fragt, was Mythus sei, was mythisch heiße. Es ist das Sprechen in Bildern, Anschaulichkeiten, Vorstellungen, in Gestalten und Ereignissen, die übersinnliche Bedeutung haben. Dieses Übersinnliche aber ist allein in diesen Bildern selber gegenwärtig, nicht so, daß die Bilder interpretiert werden könnten durch Aufzeigen ihrer Bedeutung. Eine Übersetzung in bloße Gedanken läßt die eigentliche Bedeutung des Mythus verschwinden. Weiter haben die Chiffren der Mythen diese Bedeutungen nicht als beliebige, sondern als solche von existentiellem Gewicht, im Unterschied von empirischen Realitäten, die übereinstimmend für das Bewußtsein überhaupt bestehen. Schließlich gehen uns Mythen an nicht zuerst als Gegenstand historischer Forschung, sondern als gegenwärtige, mir selbst erlaubte und gerechtfertigte und mögliche. [...]

Bultmann unterscheidet mit einer auf Aristoteles zurückgehenden Tradition Mythus und Wissenschaft. Er hält das mythologische Denken für Sache einer Vergangenheit, die durch das wissenschaftliche Denken überwunden ist. Sofern aber im Mythus ein Gehalt verborgen ist, der diese nur dem damaligen Zeitalter gemäße Sprache fand, ist er zu übersetzen. Der Mythus ist zu interpretieren und so unter Abwerfung des mythischen Gewandes in gegenwärtig gültige Wahrheit zu bringen.

Diesem Gedanken widerspreche ich. Mythisches Denken ist nicht vergangen, sondern uns jederzeit eigen. [...]

Entmythologisieren, das würde bedeuten, ein Grundvermögen unserer Vernunft zum Erlöschen zu bringen. [...]

Wir alle leben in Bildern, auch wenn wir in philosophischer Spekulation sie überschreiten. Man kann sie den unumgänglichen Mythus nennen, mag er armselig oder tief sein, mag er zum Wahn werden, der die Langeweile übertäubt, den Drang zum Ungeheuren einen zerstörerischen Augenblick lang befriedigt, oder mag er die Gestalt der wunderbarsten Verschwendung in Scheitern und Opfer werden. Der Mythus ist, philosophisch gesprochen, die apriorische Vernunftform transzendierender Vergewisserung. Er ist, psychologisch gesprochen, die Erlebnisweise des Wirklichen. Aber weder apriorische Vernunftform noch psychologische Erlebnisform sind an sich schon Wahrheit. Sie können erfüllt sein mit hysterischem Spiel von Zauberern, Hexenmeistern, Rattenfängern, die es können „so oder so", die selber glauben und nicht glauben, es erfinden und dann wie dabei sind, und die dann die Faszinierten erblinden machen, ihrem Banne zu folgen, in ästhetischer Erbaulichkeit von Snobisten oder in politischer Realität von Nihilisten. Sie zerstören in jedem Fall, dort die Intimität und Selbsterhellung der Seele, das mögliche Selbstsein, hier das Dasein im Ganzen. [...]

Die wesentlichste und große Aufgabe aber ist für jeden, der das Feld mythischen Denkens betritt, innerhalb dieses Denkens zu ringen um das für wahr Geglaubte. Mythus steht gegen Mythus, nicht in rationaler Diskussion, nicht notwendig mit dem Ziel der Vernichtung des anderen, sondern im geistigen Kampf. Dieser Kampf wird unredlich, wenn er den gegnerischen Gehalt in der Veräußerlichung sieht und wenn er gar an ihm die mythische Denkform bekämpft, die er für die Gestalt des eigenen Glaubens verleugnet. Der Kampf ist nur offen und erhellend, wenn er aus dem Ursprung gegen den Ursprung sich richtet. Aus dem Zustand, in den der Mensch durch eine bestimmte mythische Anschauung gerät, wehrt er sich, an solchem Zustand teilzunehmen, oder bejaht sich in ihm. Er erblickt die Folgen für das Tun und Sichverhalten. Aber er kann nicht, was er für sich verwirft, für alle verneinen. Er wird für den andern gelten lassen, was er selbst nicht annimmt. Es handelt sich um existentielle Wahrheit, die nur im mythischen Denken geistig wirksam wird, ohne Mythik aber außerhalb unseres Horizontes bliebe.

a) Analysieren Sie den Text von Karl Jaspers, indem Sie auf möglichst viele Aspekte eingehen. Erläutern Sie dabei auch Begriff und Funktion des Mythos.
c) Haben auch Sie in einem Mythos Wahrheit gefunden? Oder steht auch bei Ihnen Mythos gegen Mythos? Erläutern Sie Ihre Auffassung an einem Beispiel.

In den guten Klausuren wurden zu Recht Vorbehalte gegen das unbearbeitete Mythenverständnis gemacht, und es wurde mit Bultmann für eine Übersetzung in die jeweilige Zeit „unter Abwerfung des mythischen Gewandes", aber unter Rettung des fortgeltenden Gehaltes plädiert. Außerdem bedürfe jeder Mythos vor seiner Wiedereinführung einer Interpretation, die die Zeitumstände, in denen er entstanden und verbreitet wurde, einbezöge. Auch eine unvermittelte handlungsorientierende Funktion der Mythen wird, in der analytischen Form der Klausur verständlich, kritisch gesehen. Renate z. B. schreibt zu der Aufgabenstellung b):

> In dem umgewandelten Mythos (Teilstück des Mythos) „Herakles am Scheidewege" von Prodikos ist für mich so etwas wie eine Wahrheit bzw. Handlungsorientierung zu finden. Allerdings nur unter der Bedingung, daß ich ihn für bzw. auf mich interpretiere und so eine Wahrheit in dem Mythos entdecke, die ich auf die heutige Zeit und jeweilige Situation übertragen kann. Ich sträube mich jedoch, die Wahrheiten von diversen Mythen als notwendig oder gar extentiell zu erachten, da mir wissenschaftliche Wahrheiten, Gedanken, Erklärungen eine größere Perspektive eröffnen als die Mythologie.

Eine erfreulich differenzierte Äußerung, die die Spannweite des Unterrichts zwischen dem Bemühen um wissenschaftliche Erkenntnisform (Analyse expositorischer Literatur) und ästhetischem Gegenstand (Mythos-Varianten) zum Ausdruck zu bringen versucht.

Auffallend viele Schüler scheitern aber an dieser Aufgabe. Die meisten von ihnen sind nicht einmal in der Lage, die Bedeutung der Kernsätze zu ermitteln. So bleibt ihnen der Satz: „Der Mythos ist, philosophisch gesprochen, die apriorische Vernunftform transzendierender Vergewisserung" völlig dunkel. Aufgrund der Ergebnisse der Klausur ließe sich sehr genau prognostizieren, wer aus dem Kurs mit Erfolg ein Studium aufzunehmen in der Lage ist: Nur wer Definitionen von Begriffen und deren Funktion bei der Hypothesenbildung zu erfassen, wer einem abstrakten Gedankengang zu folgen und ihn mit eigener Anschauung zu füllen vermag, wer komplexere Zusammenhänge resümieren und dem Gelernten zuordnen und sich dabei klarer Aussagen und kontrollierter Begrifflichkeit bedienen kann, hat die notwendigen Voraussetzungen für ein Studium erworben. Dafür ist es aber auch nötig, den

Schülern solche Fächer als Pflichtkanon abzuverlangen, in denen genaue Textanalyse, Operationen des Denkens, Absichern von Axiomen und Hypothesen, Formen der Beweisführung, philosophische Reflexion auf die Voraussetzungen und Folgen von Ergebnissen geübt werden können. In Fächern gesprochen: Sprachen mit Texten älterer Sprachstufen (z. B. Latein, Mittelhochdeutsch), Mathematik, Philosophie und Geschichte bieten Gegenstände, an denen die genannten Fähigkeiten besonders geschult werden können. Bis auf Mathematik sind das aber zugleich die Fächer, die in der Regel aus verständlichen Gründen, wenn es um Notenpunkte geht, von den Schülern abgewählt werden. Wissenschaftspropädeutik in Fächern wie Pädagogik, Englisch des 20. Jahrhunderts, Biologie oder Sport, die die meisten im Kurs als Leistungskurse gewählt haben, führt offenbar eher weg von diesen Grundfähigkeiten wissenschaftlichen Arbeitens hin zu allzu spezialisierten Fertigkeiten, ohne zugleich die allgemeine Reflexionsfähigkeit zu stärken.

Bei der Rückgabe der Klausur gehen wir Gedankengang, Definitionen und Ergebnis des Textes im einzelnen durch. Anschließend versuche ich, die besonderen *Leistungen wissenschaftlicher und ästhetischer Erkenntnisformen* noch einmal zu erläutern. Vor allem der Mythos ist geeignet, alternative Handlungsweisen vorweg zu nehmen und ganzheitlich zu gestalten: Prometheus setzt gegen den abhängigen Menschen im Absolutismus den autonomen, Sisyphos gegen den duldenden und leidenden den selbstbewußten, auf Ausweg sinnenden Menschen, Ikarus nimmt die Erfahrung des Fliegens vorweg oder Odysseus die Entdekkungsfahrten des Kolumbus. So jedenfalls sieht es Ernst Bloch im Anschluß an Dantes Version:

> „Er ist der erste aus dem monomanischen Wesen, vor allem aus der Unbedingtheit, die hernach in Don Juan und Faust erscheint, die in Don Quichotte ihren komischen Schatten wirft.
>
> Dieser Fahrer ist sonderbar, ja er hat nicht nur seinen eigenen Knorren in sich. Denn zusammen mit Faust wird auch ein wirklicher Mensch hier vorausgesehen: Kolumbus. Zu beiden gab weder der homerische Odysseus noch auch seine spätere hellenistische und römische Auffassung Anlaß. ..." (Bloch 1959, S. 1203 f.)

Wo wissenschaftliche Analysen und Konstruktionen möglich sind, kann der Mythos nichts mehr leisten, wo aber nach Zusammenhängen neuer Sehweise, nach Wahrheit, die mehr ist als schlüssiges Ergebnis, nach nicht quantifizierbaren Erfahrungen des Menschen, wie Leid, Freude oder Hoffnung, gesucht wird, können mythologische Ausdrucksformen Einsichten vermitteln, wie es kein schlüssiger Beweis vermag. Verfestigen sie sich allerdings zum Klischee, dann verschleiern sie mehr als sie aufhellen. Dieser Gefahr ideologischer Verbrämung unterliegen Mythen besonders. Analyse bzw. Reformulierung der Mythen sind Voraussetzungen ihres Gebrauchs als Erkenntnisform. Den Gedankengang habe ich als Tafelbild in der Besprechungsstunde festgehalten:

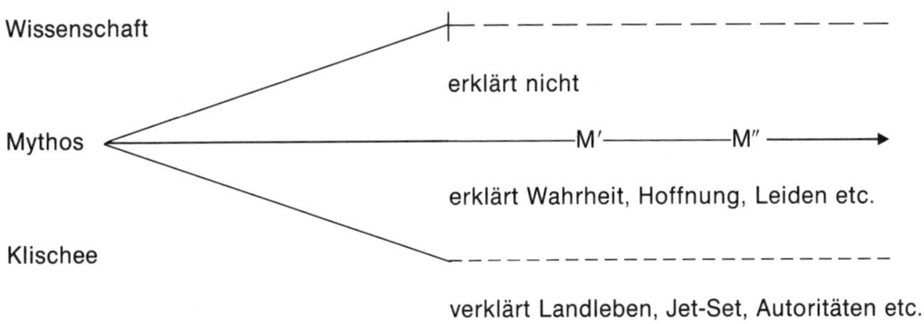

3. Mythos in der Wissenschaft: Die Traumdeutung

Es war mehr als eine vereinfachende Pointe, wenn ich die Besprechung des Auszugs aus Freuds „Traumdeutung“ [1900] mit der Bemerkung einleitete, eine ganze wissenschaftliche Disziplin verdanke ihren Erfolg der Neuformulierung eines antiken Mythos: die Psychoanalyse und der Ödipus-Komplex. Um zu demonstrieren, daß Mythen nicht nur in fiktionalen Zusammenhängen erklärende Kraft gewinnen, sondern auch in rational analytischen bei der Beschreibung von menschlichen Konflikten, habe ich mit dem Kurs die Passage aus „Typische Träume“, in der Freud den Mythos vom Ödipus erläutert, behandelt. In dem Mythos verdichtet sich die noch heute gültige Erkenntnis Freuds, daß die primären Sehnsüchte und Wünsche im Unbewußten mit der rationalen „Aufsicht“ des Bewußtseins kollidieren und anschließend unterdrückt („verdrängt“) werden. Der Ödipus-Mythos taucht in dem Unterkapitel „Die Träume vom Tod teurer Personen“ auf und soll die These belegen, daß sich im Traum ein (oft weit zurückliegender) Wunsch nach Verdrängung des Rivalen zum Ausdruck bringt. Der Tod hat dabei im Traum einen ganz anderen Status als in der Realität des Tages, wo Kinder seine Bedeutung nur schwer erfassen können: „Sie sind nicht tot wie die Verstorbenen nach unserem Begriff, sondern wie die Schatten der Odyssee, die, sobald sie Blut getrunken haben, zu einem gewissen Leben erwachen“ (Freud 1972, Bd. 2, S. 254). Immer wieder streut Freud zur Veranschaulichung seiner Einsichten Beispiele aus Mythologie und Literatur ein; allein auf den wenigen Seiten des behandelten Kapitels „Typische Träume“ sind es neben dem Ödipus u. a. das Märchen von des Kaisers neuen Kleidern, Kellers „Der grüne Heinrich“, der Kronos-Mythos und Shakespeares „Hamlet“.

Der Fall des Ödipus ist aber mehr als die Illustration einer neuen Erkenntnis; in der Version des Sophokles ist er zugleich ein Hinweis auf ein neues Verfahren der Erkenntnisgewinnung: „Die Handlung des Stückes besteht nun in nichts anderem als in der schrittweise gesteigerten und kunstvoll verzögerten Enthüllung – der Arbeit einer Psychoanalyse vergleichbar –“ (Freud 1972, Bd. 2, S. 266). Nichts anderes ereignet sich im „Oidipus“ des Sophokles als in den analytischen Gesprächen des Therapeuten: die Aufdeckung der vom Unterbewußtsein geleiteten Handlungen. Weil aber in der Fiktion die Wünsche und Sehnsüchte nicht nur im Unterbewußtsein bleiben, sondern in Handlungen umgesetzt werden, sind auch die Konsequenzen grausamer als in jeder denkbaren Realität: der Augenblick der endgültigen Einsicht des „Oidipus“ wird zum Beginn seiner Selbstzerstörung.

Es lag in der Logik der Reihe, die Textanalyse (Freud 1972, Bd. 2, S. 265–268) mit dem Mythenkern zu beginnen: die Elemente des Ödipus-Mythos, so wie Freud sie aufzählt, wurden benannt und, mit Blick auf den Beitrag in Hungers Lexikon, erläutert. Im übrigen folgte die Besprechung dem Gedankengang Freuds:

- Typische, gegen Eltern gerichtete Träume;
- Exempel des Ödipus;
- antike Tragödie als Ausdruck der Ohnmacht des Menschen gegenüber dem Willen der Götter;
- Aktualität des Ödipus-Schicksals;
- Traumstoff als Ursprung des Mythos.

Abgesehen davon, daß wir an diesem Auszug, in Vorbereitung der Klausur über den Jaspers-Text, die Elemente einer Analyse expositorischer Texte wiederholt haben, stand die Frage nach der Aktualität des Stoffes im Vordergrund dieser Besprechung. Die Schüler bestritten den Satz: „Sein Schicksal ergreift uns nur darum, weil es auch das unsrige hätte werden können“, denn es gelte ja nur, wie Freud selbst sagt, für Psychoneurotiker. Anlaß, bohrend nachzufragen, ob diese Generalisierung nicht auch eine Form von Verdrängung sei, sah ich nicht. Im Gegenteil: ich halte es für eine pädagogische Verirrung, den Unterricht, wie in einzelnen methodischen Konzepten dieser Jahre geschehen, mit einer psychotherapeutischen Sitzung zu verwechseln, in der unter dem Deckmantel der Schülerorientierung nach unbewußten Wünschen und Strebungen der Heranwachsenden gefahndet wird. Gleichwohl bleibt richtig, was ich seit der Analyse von Max Frischs „Vom Sinn eines Tagebuchs" (vgl. 11/1) immer wieder betont habe: daß Literatur, dem Traum vergleichbar, die realen Erfahrungen, das gewonnene Wissen, das gefestigte Vorurteil aufbrechen, ergänzen, neu bilden kann. In diesem Sinne einer radikalen menschlichen Erfahrung wirkt auch der sophokleische Ödipus heute weiter.

Auf den Zusammenhang von Psychoanalyse und literarisch gestaltetem Mythos hat Thomas Mann in seiner Rede zu Freuds 80. Geburtstag „Freud und die Zukunft" [1936] mit aller Klarheit hingewiesen. In einem Leistungskurs gehörten diese Aussagen eigentlich zum kanonischen Bestand. Ich habe an dieser Stelle Grass' kürzere Abhandlung: „Literatur und Mythos" für die Abiturklausur vorgemerkt.

4. Überleitung zur Dramen-Reihe: Sophokles „König Oidipus"

Am Ende des Schuljahrs 1982 standen im Juni noch acht Stunden für die Besprechung des Sophokleischen Dramas zur Verfügung. Schwerpunkt war wiederum die neue Bedeutung des Mythos, die er durch seine Bearbeitung Anfang der 20er Jahre des 5. vorchristlichen Jahrhunderts durch Sophokles erfahren hat. Mehr als der Stoff selbst hat seine Bearbeitung fortgewirkt: Alle Taten des Oidipus sind schon geschehen und werden sukzessiv im Verlauf der Handlung aufgeklärt. Die Analyse der Vorgeschichte treibt gleichermaßen die Entdekkung der Vergangenheit wie auch die auf das Ziel der Exilierung des Laios-Mörders gerichtete Handlung voran. Form ist mehr als ästhetische Zugabe zum Stoff, sie ist das Medium der Bedeutungskonstitution. Diese Form war den Schülern inzwischen sowohl aus der Psychoanalyse wie auch aus dem Muster der detective story in Kriminalerzählungen und -fernsehspielen bekannt.

Vorszene und Elemente des Mythos. Sehr ausführlich wurden zu Beginn der Besprechung Vorszene und Einzugslied des Chores behandelt. Dankbar nahmen auch noch Schüler dieser Altersstufe konkrete Suchaufgaben auf, die keinerlei Stellungnahmen verlangen: „Erläutern Sie, was man in der Vorszene über Oidipus erfährt." Die Fakten wurden zusammengetragen: Helfer in der Not bei der Befreiung von der Sphinx, gottgesandter Herrscher, der voller Mitleid mit dem Leiden seines Volkes ist. Dieses Bild ist ein völlig anderes, als der Mythos zeichnet, in dem Oidipus der Gezeichnete von Anfang an ist: mit durchbohrten Knöcheln ausgesetzt, als Findelkind verlacht, zum Mord am Vater, zur Ehe mit der Mutter getrieben, wird er zum Entdecker seiner grausamen Taten. Weniger als der von den Göttern Verfolgte als der von den Menschen Verehrte tritt Oidipus bei Sophokles in der Vorszene auf. Seine Größe, sein Mitleid, seine Ahnungslosigkeit machen seinen Fall später besonders tief.

Durch den Auftritt des Kreon und seinen Auftrag, den er vom Orakel überbringt, den Mörder des Laios zu finden, werden Gerechtigkeitssinn, Entschlossenheit, die Tat aufzudecken, und Zielstrebigkeit des Tuns des Oidipus unterstrichen. Die Hauptperson erscheint in dieser ersten Szene nicht als Opfer höherer Schicksalsmächte, sondern als machtbewußter Herrscher, der das Schicksal seines Volkes und seines eigenen selbstbewußt in die Hände zu nehmen weiß. Der Chor tritt demgegenüber in seinen drei Doppelstrophen als Mahner an die alleinige Macht der Götter auf, die eindringlich um Hilfe angefleht werden. Der Chor wird in diesem ersten Zugriff weniger als Sprachrohr des Volkes oder gar des Dichters, sondern eher als das der gläubigen Priester begriffen, die dem Selbstbewußtsein des einzelnen Menschen die schicksalsergebende Gläubigkeit entgegensetzen und das Volk mahnen, nicht auf die Kraft des Herrschers, sondern auf die Hilfe der drei Götter Athene, Artemis und Apoll zu vertrauen.

Chor und Handlung. Durch die Zusammenfassungen des Mythos im Lexikon und bei Freud waren die Schüler, ähnlich den Zuschauern im antiken Theater, mit den Elementen der Handlung, noch bevor sie auf der Bühne in Gang gerät, vertraut. Die Frage nach dem Fall des Oidipus und seiner Lösung richtete sich ganz auf das Wie der literarischen Version. Zur Vorbereitung auf die Behandlung der analytischen Struktur bekamen die Schüler die Hausaufgabe:

Erzählen Sie, was der Leser von wem an welcher Stelle von der Vorgeschichte erfährt.

Vorbereitung und Rückgabe der Klausur verzögerten die Beantwortung dieser Frage, und als sie fällig war, verlangte der Lehrprobenplan des Referendars eine neue Akzentuierung der Fragestellung. Er wollte nicht an der Handlungsstruktur hängen bleiben, sondern in Problemfelder antiker Weltanschauung verstoßen und wählte das Thema:

„Der ‚tragische Held' und die entsprechende antike Weltauffassung in Sophokles' ‚König Oidipus'".

Als Ziel wurde angestrebt:

„Die Schüler sollen ausgehend von ihren Rezeptionserfahrungen die Bereitschaft zeigen, sich mit dem kulturell-weltanschaulichen Hintergrund des Dramas auseinanderzusetzen, indem sie ausgewählte Textstellen und vor allem die Handlungsweise und das Schicksal Oidipus' im Blick auf die Aussage und Intention des Dramas insgesamt interpretieren."

Als Textstelle sollte das zweite Standlied des Chores in den Mittelpunkt rücken, in dem Sophokles die Botschaft an seine Zeit formuliere. Konkretes Ziel der Analyse dieser Schlüsselstelle sollte es sein,

„die Weltanschauung des Sophokles als eine solche [zu] beschreiben, wonach die Menschen von den Göttern ihr Schicksal zwar vorgezeichnet bekommen, dieses Schicksal aber aktiv auf sich nehmen (akzeptieren) und ‚gestalten' müssen (sowohl im Unterschied zur fatalistischen Passivität wie zur Freiheit und Selbstbestimmung des Menschen)."

Durch die Aufgabenstellung ganz auf die Action-story fixiert, taten die Schüler sich schwer, an der fremden Sprache und der aus dem Zusammenhang genommenen Botschaft zu arbeiten. Nach meiner Ansicht plädierten einzelne Gesprächsführer zu recht dafür, zunächst den Handlungsüberblick abzuschließen, bevor man sich auf Einzelstellen einlassen könne. Überrascht stellte ich fest, daß die Schüler mein methodisches Vorgehen, vom Gesamteindruck, -überblick, -urteil ausgehend das Einzelne zu deuten, als selbstverständlichen Modus von Verstehensleistungen übernommen hatten und zu verteidigen gewillt waren. (Als ich dann später gezielt nach der Hermeneutischen Spirale fragte, gaben sie sich wieder uninformiert.) Der Referendar war souverän genug, seinen Plan umzuwerfen und den Handlungsablauf zu besprechen. Das Gewicht der von ihm ausgewählten Textstelle wurde durch diesen Methodenwechsel nur unterstrichen, denn es ist die Szene unmittelbar nach dem Wendepunkt, an dem Oidipus seine Schuld zu begreifen beginnt.

Am Schluß der Behandlung des Dramas bin ich auf dieses zweite Standlied im Zusammenhang mit der Frage nach Schuld oder Schicksal des Oidipus noch einmal zurückgekommen. In ihm drückt sich wohl weniger die Weltanschauung des Sophokles oder der Griechen insgesamt aus als vielmehr die Gegenposition zur eigenmächtigen Wahrheitssuche des Oidipus: Die Zuschauer sollen nicht zu willenloser Unterwerfung unter das göttliche Orakel gebraucht werden, sondern die Priester suchen nach einem eindeutig Schuldigen, dessen Bestrafung die Seuche aus der Stadt vertreiben würde. Sätze wie: „Übermut pflanzt Gewalt" (V. 876) lassen sich, etwa im Blick auf die Kindesaussetzung, durchaus umkehren: Gewalt pflanzt Übermut. Meine Bedenken gegen die Verkürzung von Aussagen literarischer Texte auf eine unvermittelte Botschaft aus der Interessenlage der Herrschenden in sozialgeschichtlichen Interpretationen, über die zwischen Fachleiterin und Referendar im übrigen Einigkeit bestand, habe ich erst nach der Festsetzung der Note für die Lehrprobe vorgetragen und später in das Unterrichtsgespräch zurückgeholt. Erst die Ermittlung von Bedeutungen einzelner Textstellen in ihrem Textumfeld macht die Frage nach verschlüsselten Botschaften an die eigene Zeit sinnvoll.

Analytische Struktur. Seine entschieden neue Bedeutung erhält der alte mythologische Stoff erst durch die konsequente Technik des Enthüllens einer Vorgeschichte. Mit Beginn des Dramas ist alles unabänderlich geschehen, so daß die Handlung nur noch darin besteht, das Geschehene aufzudecken. Darin liegt aber zugleich die besondere Wirksamkeit des Textes, die Schiller deutlich herausgestellt hat:

„Ich habe mich dieser Tage viel damit beschäftigt, einen Stoff zur Tragödie aufzufinden, der von der Art des Oidipus Rex wäre und dem Dichter die nämlichen Vorteile verschaffte. Diese Vorteile sind unermeßlich, und wenn ich auch nur des einzigen erwähne, daß man die zusammengesetzteste Handlung, welche der tragischen Form ganz widerstrebt, dabei zugrunde legen kann, indem diese Handlung ja schon geschehen ist und mithin ganz jenseits der Tragödie fällt. Dazu kommt, daß das Geschehene, als unabänderlich, seiner Natur nach viel fürchterlicher ist, und die Furcht, daß etwas geschehen sein möchte, das Gemüt ganz anders affiziert, als die Furcht, daß etwas geschehen möchte." (Schiller 1977, S. 141)

Schiller spricht denn auch von der eigenen Gattung des „Oidipus", die für ihn unnachahmbar bleibt. Daß sich aus diesem Muster dennoch ein eigenes dramatisches Genre entwikkelt, das bis zur Detective-story und ihren trivialen Varianten im Fernsehkriminalfilm der Gegenwart reicht, wird noch in der Dramenreihe hervorzuheben sein. Die Bedeutung der analytischen Struktur wird durch den Hinweis Freuds, die Aufdeckung der Vorgeschichte sei auch Prinzip der Psychoanalyse und damit eine Methode des Erkennens überhaupt, nur unterstrichen.

Die Arbeit an den Stationen der Aufdeckung der Vorgeschichte und an der wachsenden Bedeutung für Oidipus geht zügig voran. An der Tafel entsteht von oben nach unten eine Skizze, die die Schritte der Lebensgeschichte des Oidipus zurück in die Vergangenheit markiert:

Handlungsstruktur des „Oidipus"

Aufdeckung der Vergangenheit (↓) / Entwicklung der Handlung (↑)	Personen	Gegenstand der Aufdeckung
Schlußszene		–
4. Standlied		Oidipus = Sohn des Laios
4. Hauptszene	Hirte	–
3. Standlied		–
3. Hauptszene	Bote	Herkunft des Kindes
2. Standlied		–
2. Hauptszene	Iokaste Oidipus	Kindesaussetzung Orakel in Korinth
1. Standlied		–
1. Hauptszene	Teiresias	Oidipus als Mörder
Eingangslied	Kreon	Mord am Laios
Vorszene	Priester	Sphinx

Wichtig an dieser detaillierten Beobachtung zwar zweierlei:

Zum einen die zeitliche Umkehr der Ereignisse in der Aufdeckung: Was am frühesten geschehen ist, wird als letztes enthüllt; das ausgesetzte Kind war tatsächlich des Laios Sohn. Die entscheidende Ursache aller Verstrickungen, Verfehlungen, aber auch menschlicher Leistungen wird erst ganz zum Schluß aufgedeckt. In der Sekundärliteratur zum analytischen Drama ist diese strukturelle Tatsache bisher nicht gewürdigt worden. Bis auf einen kurzen Hinweis der Iokaste (2. Hauptszene, V. 711 ff.) gilt die Zeitumkehr auch für die anderen Berichte.

Zum anderen wird jede aufgeklärte Einzelheit zu einem neuen Impuls der auf das Ziel des Schuldbeweises zustrebenden Handlung. Analytische und synthetische (besser: finale) Struktur des Dramas schließen sich nicht gegenseitig aus, sondern das Charakteristische des analytischen Dramas liegt eben darin, daß Elemente der Vorgeschichte den Ablauf der Handlung entscheidend bestimmen. Wenn diese Handlung auf ein Urteil zuläuft, dann sind die strukturellen Bedingungen eines Prozesses erfüllt. Die Verwandtschaft des analytischen Dramas mit der Gerichtsszene ist in der Literatur immer wieder betont worden. Die Schüler bestätigen diese Feststellung mit Hinweisen auf triviale Detektiv-Geschichten (z. B. „Der Kommissar", Aufdeckung des Mordversuchs an J. R. Ewing in der Fernsehserie „Dallas").

Schicksal oder Schuld des Oidipus? Die Anlage des Dramas als Gericht wird im Gesamtüberblick noch einmal betont: Oidipus eröffnet mit seinem Schuldvorwurf und der Nennung des Strafmaßes („Er wird verstoßen, wer er immer sei") das Verfahren in der 1. Hauptszene. Es folgen die Zeugenvernehmungen, die den Schuldbeweis immer offenkundiger machen. Oidipus verhält sich wie Ankläger und Richter zugleich, während Iokaste nach den entlastenden Tatbeständen fahndet. Oidipus als Richter spricht am Schluß den Schuldspruch, sühnt seine Tat durch die Blendung und bevollmächtigt Kreon zur Vollstreckung des Urteils, ihn aus dem Land zu verweisen. Gerade das Selbst-Urteil wirft die Frage auf, ob denn überhaupt von Schuld des Oidipus gesprochen werden könne oder ob sein Schicksal nicht von Anbeginn an vorherbestimmt sei. Die Schüler entscheiden sich sehr schnell gegen jeglichen Schuldverdacht. Die Orakel (an Laios/Iokaste, an Oidipus in Korinth, an Kreon zu Beginn der Handlung) bewiesen doch, daß die Menschen gar nicht frei über sich selbst verfügen könnten, sondern daß sie Gefangene eines vorherbestimmenden Schicksals seien. Daß Oidipus sich ohne Schuld wähne, erkenne man deutlich, wenn er trotz des aufkommenden Verdachts endgültige „Gewißheit" haben wolle (V. 1065). So handele kein Schuldiger. Die Meinung war einhellig, so daß ich an dieser Stelle auf das 2. Standlied des Chores zurückgriff, besonders auf die erste Gegenstrophe und den Anfang der 2. Strophe:

„Übermut pflanzt Gewalt.
Wenn törichter Hochmut
Sich maßlos berauscht an
Schamlosen, sinnlosen Taten,
Verwegnen Gipfel erklimmt,
Stürzt er jählings herab,
Hinab ins Verhängnis,
Wo niemals
Frei sein Fuß sich bewegt."
„Wer in Wort oder Werk
Vermessene Pfade beschreitet,"

Daß diese Verse gegen Oidipus gerichtet seien, wird in der 2. Gegenstrophe klar, ist aber schon in der 1. Hauptszene zu erkennen, wo immer wieder von der Hybris des Oidipus die Rede ist: Teiresias spricht von seinem Starrsinn, seinem Zorn, seiner Gewalt, seiner Blindheit. Die Schüler entkräfteten: Wer so Grausames erführe wie Oidipus, dem müsse man auch extreme Reaktionen zubilligen. Und keinesfalls seien diese Überreaktionen gegenüber Teiresias und Kreon Ursache der Verfehlungen, sondern Folgen des auferlegten Schicksals. Abraham brachte an dieser Stelle den Hinweis in die Diskussion, daß auch der Mord an Laios nach griechischem Recht kein strafbares Vergehen gewesen sei, weil es außerhalb des Rechtsraumes der Polis geschehen sei. Darauf wandte ich sofort ein: aber das Orakel mache die Aufdeckung und Sühne dieses Verbrechens zur Auflage, wodurch die Handlung überhaupt erst in Gang gerate. Abraham: deshalb brauchte aber Oidipus im Augenblick der Tat kein Schuldbewußtsein zu haben.

Die unterschiedlichen Positionen hatten sich allmählich entwickelt und standen jetzt für diese Stunde unverrückbar einander gegenüber; daran änderte sich auch nichts mehr, als wir die Schlußszene unter dem Gesichtspunkt von Schicksal, Schuld und Sühne untersuchten.

Die Schüler zeigten sich, anders als noch bei der Besprechung des Freud-Auszugs behauptet, von dem Schicksal, dem Leid, der Ausweglosigkeit seines Tuns ergriffen. Zugleich hatten sie mich in eine Position gedrängt, in der sie die antike Schicksalsauffassung gegen die christliche Schuldfrage verteidigen konnten. In diesem Sinne gab ich ihnen denn auch Recht mit der Einschränkung, daß der göttliche Wille das Schicksal des Oidipus vorherbestimmt habe, daß er aber durch seinen immer neuen Zweifel, seine impulsiven Überreaktionen, sein entschlossenes, selbstbestimmtes Handeln sein Schicksal beschleunigt habe. Das Resümee des Oidipus in der Schlußszene diente mir als Beleg:

„Apollon wars, Apollon tats!
Gräßliches, Gräßliches ließ er mich leiden.
Doch nicht er schlug zu,
Meine Hand schlug zu." (V. 1329–1332)

Studenten, die ihr Praktikum an dem Gymnasium ableisteten, wunderten sich, wie sehr die Schüler, ohne die Grundlage des altsprachlichen Unterrichts, mit der antiken Denkwelt vertraut waren und wie intensiv sie sich mit ihr auseinanderzusetzen in der Lage waren. Was ich antwortete, weiß ich nicht mehr. Es werden wohl Hinweise auf die ausgedehnte Behandlung der antiken Mythologie in dem letzten Halbjahr und auf die immer wieder geübte Verstehensmethode, aus der fremden Perspektive denken zu lernen, gewesen sein. Im nachhinein erscheint mir aber ebenso plausibel, daß Widerspruchsgeist ein Element des Lernens ist: Eine Position wird, fast spielerisch zunächst, eingenommen und schließlich, wenn man merkt, daß sie im Dialog greift, entschlossen verteidigt. Aneignung von Tradition als Widerspruch zur geltenden, durch den Lehrer vorgetragenen Deutung – ist dies nicht eine viel verbreitetere Form des Lernens als die Übernahme des Lehrerurteils?

Tragik des Oidipus. Nach der lebhaften Diskussion war es unmöglich, das Interesse aufs neue am Drama zu wecken. Hinzu kam, daß, wegen der bevorstehenden Zeugniskonferenz, die Noten besprochen werden mußten. (Ein unsinniges Ritual.) Die Frage: Worin besteht die Tragik des Oidipus? konnte nur noch in enger Abfolge von Lehrer-Frage und Schüler-Antwort abgehandelt werden. Auch dies überraschte die Studenten, die aus meiner Vorlesung eine andere Theorie der dialogischen Methode kannten.

Die Tragik des Oidipus beruht nicht allein auf der Grausamkeit des Geschehens, sondern gerade darauf, daß Oidipus noch ein minimaler Spielraum für seine Entscheidungen bleibt. Die Tragik gründet daher vor allem

- auf der Höhe des Falls vom geliebten und erfolgreichen Herrscher zum Täter aller grausamen Taten,
- auf der Ausweglosigkeit seines Schicksals, denn was auch immer Oidipus entscheidet, es endet mit der grausamen Entdeckung seiner Vorgeschichte,
- auf seinem Willen, die ganze Wahrheit zu erfahren (vor allem V. 222 ff., 1065),
- auf dem unaufhebbaren Widerspruch zwischen der Rolle des Richters und des Täters, die ihn schließlich zur Selbstbestrafung zwingt (V. 1252 ff.).

Das besonders schlimme Leid, „ein selbstgewolltes Leid" (V. 1231), macht die besonders eindringliche Wirkung dieses Dramas aus, von der von Aristoteles („Schauder und Rührung") über Freud („sein Schicksal ergreift uns") bis zu den Lesern 1982 („wer so Grausames erfährt, dem sind auch extreme Reaktionen erlaubt") immer wieder gesprochen worden ist. Über Wirkungsästhetiken wurde noch eigens zum Abschluß der Dramenreihe in 13/1 gehandelt, wobei auf die aristotelische Theorie kurz zurückgeblickt wurde.

Das Schuljahr endete nach dieser Stunde sehr unvermittelt, so daß ich eine Textsammlung zum Thema „Reise in der Literatur" als Vorbereitung auf die Ferien nicht mehr behandeln konnte. Zunächst haben die Praktikanten sich mit einer Stunde über Komik und Komiktheorien (als Hinführung zu Kleists „Zerbrochnem Krug") beschäftigt, dann war Zeugniskonferenz, Lehrerausflug, und am Schluß des Schuljahres stand eine von den Schülern mitorganisierte Projektwoche, in der Themen des normalen Schulalltags nicht mehr vorkommen sollten.

V. Formen des Dramas und literarische Kritik (13/1)

Im Mittelpunkt des Kurshalbjahres 13/1 standen die literarische Form des Dramas sowie die systematische Behandlung von Methoden der Interpretation und der Rezension. Die Dramenreihe schloß unmittelbar an den sophokleischen Oidipus an, und die Übung sowie Reflexion der Methoden sollte die verschiedenen Umgangsformen mit der Literatur noch einmal rekapitulieren und zugleich reflektierte Anteilnahme am literarischen Leben und wissenschaftlichen Arbeiten ermöglichen. Die Erweiterung der hermeneutischen Spirale sowie die Film- und Buchrezensionen werden im Methodenteil dieses Kapitels zusammenhängend abgehandelt, obwohl sie im Ablauf des Unterrichts mit der Dramenbehandlung verknüpft blieben: Die Übungen in der Rezension folgten nach Schillers „Kabale und Liebe“ und damit nach der ersten Klausur. Die Reflexion auf die hermeneutische Spirale geschah im Zusammenhang mit der Einführung in den „Kaukasischen Kreidekreis“ von Brecht, den sich die Schüler weitgehend selbständig erarbeiten sollten, und in Vorbereitung auf die zweite Klausur.

Die Dramenreihe war so angelegt, daß jedes ausgewählte Beispiel exemplarisch für verschiedene typologische Aspekte der Gattung Drama stehen konnte. Ähnlich wie in der Romansequenz kam es auch hier darauf an, die Schüler strukturell denken zu lehren, damit sie sich die Vielfalt der Dramen und Theaterstücke selbständig erschließen können. Wichtiger als die penibel-akribische Einzelinterpretation beliebiger Textbeispiele erschien mir auch hier, strukturelle Zusammenhänge zwischen den Texten zu schaffen, Formbewußtsein zu wecken, das gedankliche Zuordnungen ermöglicht, so vorläufig gegenüber der lebendigen Vielfalt von Literatur solche modellhaften Ordnungsschemata auch immer sein mochten. Das *typologische Denken* zu üben, den Typus zugleich als gedankliches Konstrukt gegenüber der Einzelerscheinung einschätzen zu lernen, ihn aber gleichwohl als Orientierungspunkt bei Analysen zu begreifen, ist Aufgabe eines Oberstufenunterrichts, der auf wissenschaftliches Arbeiten vorbereiten will und nicht nur ein trivialer Abklatsch wissenschaftlicher Untersuchungen selber darstellen möchte. Erst dieses Denken im strukturellen Netz mit markanten Knotenpunkten schafft das Rüstzeug für wissenschaftliche Reflexionen, nicht aber die Nachahmung literaturwissenschaftlicher Interpretationen, deren theoretische Voraussetzungen die Schüler wegen des fehlenden Studiums gar nicht nachvollziehen können. Wiederum geht es mehr um das Prinzip gedanklicher Ordnungen als um ein perfektes System, das möglichst Vieles genau erfassen will. Gerade Kunst entzieht sich immer wieder durch Experimente mit überlieferten Formen den Klassifizierungsversuchen der Wissenschaft, so daß ohnehin kein gedankliches Netz in der Literaturwissenschaft denkbar ist, das alle Einzelerscheinungen erfaßt.

Die strukturellen Knotenpunkte, die typische Dramenformen markieren, habe ich in meinem Dramencurriculum entwickelt (Müller-Michaels 1975); soweit ich sehe, haben sie in die Lehrpläne längst Eingang gefunden. In diesem Halbjahr konnten nur die wichtigsten Formen, die zudem miteinander in Verbindung zu bringen waren, behandelt werden:

Tragödie, Komödie sowie die Mischform, die ich Schauspiel nenne, auf der einen, finales, analytisches und episches Theater auf der anderen Seite;
schließlich sollten die verschiedenen Wirkungstendenzen: Katharsis, Mitleid, Lachen, gedankliche Distanz in den Texten selber sichtbar werden.

Bezogen auf die beiden ersten Ordnungskategorien ergab sich folgende Übersicht:

Die dominanten Wirkungsabsichten wurden zwar in den Einzelanalysen mitbehandelt, den Wirkungsästhetiken war aber ein eigener Abschnitt zum Schluß der Reihe gewidmet.

Formen	Tragödie	Komödie	Schauspiel
finales	Schiller, Kabale und Liebe		
analytisches	Sophokles, König Oidipus	Kleist, Der zerbrochne Krug	
episches Theater			Brecht, Der kaukasische Kreidekreis

1. Heinrich von Kleist „Der zerbrochne Krug"

Durch den unvermittelten Schluß des letzten Schulhalbjahres und die Sommerferien hatten die Schüler knapp zwei Monate Zeit, sich mit Kleists Komödie zu beschäftigen. Gleich in der Vorbesprechung des Schulhalbjahres baten sie darum, das Drama doch zügig zu besprechen, damit wir noch rechtzeitig vor der ersten Klausur Anfang Oktober mit Schillers „Kabale und Liebe" anfangen könnten; denn Kleist eignete sich für die Klausur nicht besonders. Als Gründe für dieses Urteil wußten die Schüler nur anzugeben, daß ihnen das Stück nicht gefiel: Die Situation sei sehr weit hergeholt, Handlung gäbe es nicht, und mit dem Witz sei es auch nicht so weit her. Ich war überrascht; nicht so sehr, weil diese Einschätzung meiner eigenen Beurteilung widersprach, sondern weil sich in den lapidaren Äußerungen die abschätzigen Urteile der Rezeptionsgeschichte des Werkes wiederholten: Goethes Behauptung, „daß es dem übrigens geistreichen und humoristischen Stoff an einer rasch durchgeführten Handlung fehlt", Wilhelm Grimms Feststellung, daß das Stück an zwei Mängeln leide, „die sich zu widersprechen scheinen. Ihm fehlt es nämlich an Beweglichkeit und an Konzentration" oder Fontanes Eindruck, daß man „seiner nicht recht froh" wird (vgl. Sembdner 1979, S. 95ff.). Durch solcherlei Vorbehalte herausgefordert, wurde die Behandlung in neun Stunden zu einem Versuch der Rettung des Stückes, der nur teilweise gelang.

Im zweiten Teil der ersten Doppelstunde suchte ich die Anbindung an die Tragödie des Sophokles: In der Kunstzeitschrift „du" 6/1982 war gerade ein ausführlicher Bericht über moderne *Inszenierungen* klassischer griechischer Stücke auf den alten Bühnen sowie über die Entstehungsgeschichte des griechischen Dramas erschienen. Aus den Abschnitten „Die Geburt des Dramas" und „Die großen Tragiker" habe ich vorgelesen und über das Epidiaskop Bilder vom Dionysos-Theater in Athen und vom Theater in Epidaurus gezeigt. Erläuterung des Aufbaus der antiken Bühne diente das doppelseitige Photo von der abendlichen Aufführung des „Oidipus" in Epidauros im Juli 1981 sowie die Strukturskizzen vom Bühnenhaus und Theaterung in Norbert Zinks „Grundlagen und Gedanken zum Verständnis" des „Ödipus" (1972).

Die Geburt des Dramas

Jeden Sommer locken die Aufführungen griechischer Tragödien und Komödien Zehntausende von Zuschauern in die Amphitheater Griechenlands und Siziliens. Für den Besuch ist nicht allein die unverminderte thematische Aktualität der gespielten Stücke, ihr literarischer Wert als Basis des gesamten europäischen Theaters ausschlaggebend, sondern vielmehr der Wunsch, ein antikes Werk an der Stätte zu erleben, für die es eigentlich geschrieben wurde. Dieser äussere Rahmen jedoch täuscht nicht darüber hinweg, dass solche Anlässe weit entfernt sind von jenen religiösen Feiern, aus denen das Drama einst entstand.
Es wurzelt im Dionysoskult und entwickelte seine verschiedenen Ausdrucksformen in Athen. Als herausragendste Dichtungsgattung des 5. Jahrhunderts v.Chr. vereinte das Drama harmonisch *Melos* (Gesang) und *Epos*, wobei der Mythos nun nicht mehr erzählt, sondern durch Dialog und Handlung (*drasis* → drama) anfangs in trochäischen Tetrametern, dann in jambischen Trimetern wiedergegeben wurde. Zu den Quellen, die spärliches Licht auf die Ursprünge des Theaters werfen, zählen die Werke der Dichter, spätere literarische Zeugnisse wie Aristoteles' «Poetik» sowie die Vasenbilder des 6. Jahrhunderts v.Chr. und Epigraphe.
Seit Dionysos, der Gott der Fruchtbarkeit, in Griechenland heimisch geworden war, sang man zu seiner Ehre lyrische Hymnen, die *Dithyramben*. Da diese gleichzeitig Leiden und Triumphe des Zeussohnes schilderten, hatten sie doppelten Charakter. Arion aus Methymna auf Lesbos, tätig in Korinth (um 620 v.Chr.), soll als erster die fröhlichen Elemente ausgeschieden und so den tragischen Dithyrambos gestaltet haben, der als Vorläufer der Tragödie gilt. Ein Chor, bestehend aus fünfzig Männern, unter ihnen ein Vorsänger, der *Exarchon* oder *Koryphaios*, besang zur Flöten-, dann auch zur Kitharabegleitung, um den Altar des Gottes tanzend, dessen Schicksal. Als Satyrn verkleidet, imitierte der Chor das sagenhafte Gefolge des Dionysos. Von diesen ziegenbockähnlichen Wesen rührt denn auch die Bezeichnung *Tragödie (tragos* und *ode* = Bocksgesang) her. Später löste sich der Koryphaios vom Chor und trat ihm in einer Sprechrolle gegenüber. Die Tragödie war geboren, als Thespis aus dem attischen Ikaria den ersten Schauspieler, *Hypokritis*, erfand, den er auch selbst verkörperte. Marmor Parium und das Suda-

Lexikon berichten, Thespis habe als erster um 534 v.Chr. - mit diesem Datum beginnt die Theatergeschichte Europas - an den dramatischen Wettbewerben der Grossen Dionysien in Athen eine Tragödie aufgeführt und einen Ziegenbock als Siegespreis erhalten. Zur Legende wurde der Thespis-Karren, mit dem er durch die attischen Demen zog. Nur vier Titel und einige Verse sind von seiner Dichtung überliefert.
Mit der Zeit erweiterte sich der behandelte Mythenkreis über das Religiöse hinaus; die Handlungen verdichteten sich, so dass der Hypokritis in schneller Reihenfolge mehrere Rollen zu spielen hatte. Dies konnte nur mit Hilfe der Maske geschehen, der nun neben der kultischen Bedeutung auch ein praktischer Zweck zukam. Ursprünglich war sie ein Zeichen des Respekts und bot Schutz demjenigen, der sich der mächtigen Gottheit nähern wollte. Seit Aischylos den zweiten und Sophokles den dritten Schauspieler eingeführt hatten, überwogen die Dialogteile die Chorpartien, die *Chorika*. Die drei Schauspieler, Protagonist, Dephteragonist und Tritagonist, übernahmen alle Rollen, einschliesslich der weiblichen, die Phrynichos erfunden hatte. So mussten sie in den *Phoenissen* (409) des Euripides beispielsweise immerhin elf verschiedene Charaktere verkörpern. Daneben erschienen auf der Bühne die stummen Personen und die *Doryphoroi*, die Begleiter der Herrscher. Zwölf, seit Sophokles fünfzehn Choreuten bildeten den Chor, dem im Zuge der thematischen Ausweitung der Stücke nun auch die Rollen von Bürgern, Greisen, Sklavinnen oder Soldaten zufielen. Die Tragödie hatte sich schliesslich so weit vom Geist des Schutzgottes entfernt, dass das Publikum fand, sie hätte «nichts mehr mit Dionysos zu tun» (Plutarch).
Um die ursprüngliche Atmosphäre des Dramas zu bewahren, schufen die Tragiker eine neue dramatische Gattung: das burleske *Satyrspiel*. Es lebte von den lustigen Elementen des Dionysosmythos, die, schon im Dithyrambos vorhanden, im erotischen und hüpfenden Tanz des Satyrchors, der *Sikinnis*, zum Ausdruck kamen. Pratinas von Phlyus, der zahlreiche Satyrspiele verfasste, führte es Ende des 6. Jahrhunderts v.Chr. an den Grossen Dionysien ein.

Die grossen Tragiker

In der griechischen Tragödie offenbart sich die Suche des Menschen nach den Ursprüngen einer kosmischen Gerechtigkeit und einem Gleichgewicht der Mächte, die sein Leben bestimmen. Ihr Ziel ist - nach Aristoteles - durch eine den Gesetzen und der Moral entsprechende Lösung im Zuschauer die *Katharsis* herbeizuführen, die Reinigung seiner Seele von den durchgelebten Affekten. Ihre endgültige Form erhielt die Tragödie im 5. Jahrhundert v.Chr.: dem von Schauspielern gesprochenen *Prolog* folgt die *Parodos*, das Ein-

Auszüge aus:
du. Die Kunstzeitschrift 6/1982, S. 18 und 30.
Foto: Archiv für Kunst und Geschichte, Berlin

zugslied des Chores. Dann wechseln *Epeisodia*, Handlungspartien, und *Stasima*, Chorlieder, einander ab. Schlussteil ist die *Exodos* des Chores mit Dialogpartien. Eine Besonderheit sind die auch von einem Schauspieler gesungenen Klagelieder.

Sophokles' Leben umschloss fast das ganze aussergewöhnliche 5. Jahrhundert. 497/6 v. Chr. im Athener Vorort Kolonos geboren, genoss er unter anderen beim berühmten Musiker Lampros eine vorzügliche Ausbildung. Zeitlebens blieb Sophokles der Polis verbunden und bekleidete viele öffentliche Ämter. Zusammen mit Perikles war er Stratege im Samischen Krieg (441/40 v. Chr.), im Asklepiosheiligtum waltete er als Priester. Gleichzeitig schuf er ein gewaltiges dramatisches Werk. Achtzehnmal siegte er an den Dionysien, sechsmal an den Lenäen, siebenmal wurde er zweiter und nie dritter.

Sophokles' Anmut und Menschenfreundlichkeit waren stadtbekannt. Als er vom Tod seines Rivalen Euripides (406) erfuhr, liess er im Proagon seinen Chor in Schwarz und unbekränzt auftreten. Nach seinem Tode kurz darauf wurde Sophokles als Heros verehrt. Seine Dichtung prägt innere Ausgeglichenheit, in der der Geist der Perikleischen Zeit zum Ausdruck kommt. Sophokles löste die einzelnen Dramen aus dem trilogischen Zusammenhang und behandelte sie als geschlossene Einheit. Ins Zentrum der tragischen Welt tritt der einzelne Mensch, der in sein Schicksal eingreift und dafür auch die Verantwortung trägt. Das idealistische Bild der Sophokleischen Tragödie, das die Menschen darstellt, «wie sie sein sollten», zerstört Euripides, der sie so zeigt, «wie sie sind». Mit diesen Worten charakterisierte Sophokles den Realismus des jüngsten der drei grossen Dramatiker.

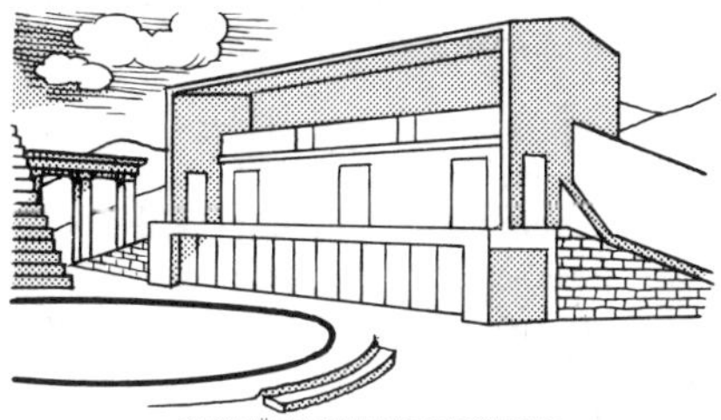

DAS BÜHNENHAUS, DIE SKENE

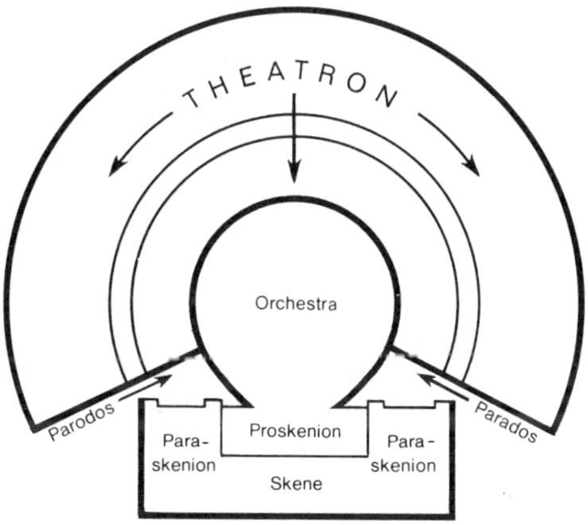

DIE TEILE DES ANTIKEN THEATERS

Zeichnungen aus:
Norbert Zink: Sophokles, König Ödipus. Grundlagen und Gedanken zum Verständnis des Dramas. Verlag Moritz Diesterweg, Frankfurt am Main 1972, S. 84.

Die Besprechung von Kleists „Der zerbrochne Krug“ wandte sich ganz dem Text zu, um zugleich die Aspekte von Dramenanalysen zu wiederholen und zu vertiefen.

Exposition. Den Hauptteil des Dramas bildet der Prozeß um den zerbrochenen Krug ab Szene 7. Die ersten sechs Auftritte sind Vorbereitung der Gerichtsverhandlung, in der der Richter und seine Beschädigungen, die obere Rechtsinstanz mit dem Gerichtsrat Walter, der Gerichtsschreiber und die streitenden Parteien mit dem Corpus delicti eingeführt werden. Die Charakterisierung der Figuren geschieht im wesentlichen indirekt, durch die Art ihrer Redeführung, die der Genauigkeit der Aussagen, der Anspielungen und Abschweifungen. Nicht etwa mit seiner übertriebenen Freundlichkeit, die voller Wachsamkeit für den eigenen Vorteil ist; Frau Marthe, die hinter einem verbalen Aufwand von Andeutungen, Wortspielen, metaphorischen Redeweisen die Sorge um die Unbescholtenheit ihrer Tochter verbirgt, Walter, der mit einer Mischung von Großherzigkeit (V. 301–304) und Strenge (V. 344) allzu weite Ausflüchte des Dorfrichters wieder einholt. Mein Versuch, die Komik mit Hinweisen auf die Wortspiele (z. B. straucheln/Strauch (V. 3/4), unbildlich/schlechtes Bild (V. 14/15), geschiednen Krug entscheiden (V. 419) oder auf die ausschweifende Darstellung von Belanglosigkeiten (V. 50–61, 417–429) rezitierend zu unterstreichen, gelang nicht. Die Schüler fanden das alles nicht komisch. Lag es an der 5. Stunde, an dem gefaßten Vorurteil gegen das Stück oder an den Erwartungen an Komik, die sich an der Derbheit von Slapsticks im Trivialgenre der heiteren Fernsehfilme gebildet hat?

Auch die Frage nach der Zeit und dem Land, in dem die Handlung spielt, zielte ins Leere. Die Niederlande am Ausgang des 18. Jahrhunderts waren ein einziger dunkler Fleck, selbst die Herkunft des Begriffs war keinem der Schüler bekannt. Mit Mühe war zu erkennen, daß die Verhandlung einen ganzen Tag (den 1. Februar) in Anspruch nimmt und in der Nähe von Utrecht spielen muß. Interesse kam nur auf bei der Frage nach Vorausdeutungen auf den Ausgang des Prozesses: Der Fall des Adam (V. 9), Schicksal des Richters im Nachbardorf Holla (V. 101 ff., 338 ff.) und vor allem der Traum des Adam (V. 269–273). Der Traum als Vorwegnahme der Realität war seit Freuds Hinweis auf den Traum bei Jokaste ein besonderer Aufmerksamkeitspunkt.

Der Gegenstand des Prozesses wird von Ruprecht in zwei Zeilen knapp, wenn auch metaphorisch bezeichnet:

> „'s ist der zerbrochne Krug nicht, der sie wurmt, Die Hochzeit ist es, die ein Loch bekommen,“ (V. 440/41)

Die Figuren und ihr Anliegen. In den Mittelpunkt der Figurenanalyse trat der Dorfrichter Adam mit zwei Aufgabenstellungen: Charakterisierung der Person und seiner Verhandlungsführung als Richter. Die Person wurde im wesentlichen mit Hilfe von Episoden, in denen sie sich typisch verhält, gekennzeichnet. Die Aufgabe gelang gut bei relativ reger Beteiligung, wie immer, wenn Gespräche über Inhalte von Literatur in Gang sind, in die man sich mühelos einschalten kann. Das Ergebnis des Unterrichts war denn auch reichhaltiger als meine vorbereitenden Notizen. Relativ ausgiebig wurde darüber diskutiert, ob man den Dorfrichter als „trottelig“ bezeichnen könne; dafür sprach, daß er sich immer wieder in Situationen bringen lasse, die ihm Schwierigkeiten bereiten, dagegen, daß er durchweg seinen Vorteil wahrzunehmen weiß. Auch die möglichen positiven Merkmale (Situationskomik, Phantasie) schlügen im Licht der Gesamtcharakteristik eher ins Negative um, weil er Witz und Phantasie für falsche Zwecke (Rechtfertigung des Fehlurteils) einzusetzen versuche. Am Ende war folgender Merkmalkatalog erarbeitet:

- grobschlächtig, trottelig
  (im Umgang mit Licht und den Bediensteten);
- verschlagen, intrigant
  (in der Behandlung der Kläger und Angeklagten);
- selbstgerecht
  (in den voreiligen Entscheidungen);

– feige, skrupellos
(in der Lenkung des Verdachts auf andere und in der Verfolgung der eigenen Bedürfnisse);
– phantasievoll, situationsgewitzt, -listig
(in Ablenkungs- und Verzögerungsmanövern).

Ich hätte noch gern seine vitale Genußsucht, die Planlosigkeit seines Vorgehens, die auf Improvisationen setzt, seine Freude an detailreichen Geschichten herausgestellt, aber dies paßte nicht ins klischeehafte Bild, das die meisten sich vom Dorfrichter präpariert hatten.

Über die Verhandlungsführung gibt der Gerichtsrat ein einschlägiges Votum ab:

„Walter. In eurem Kopf liegt Wissenschaft und Irrtum
Geknetet, innig, wie ein Teig, zusammen;
Mit jedem Schnitte gebt Ihr mir von beidem.“ (V. 1060–62)

In der Zeugenvernehmung arbeitet Adam mit
Erpressung (Attest für Ruprecht, V. 428),
Schmeicheleien (vor allem an die Adresse von Frau Marthe und Evchen, V. 741, 815, 938),
Drohungen (gegenüber Eve und Ruprecht, V. 799, 852, 960),
Ablenkungen (durch Ausflüchte, Vorschläge zum Abbruch der Verhandlungen, voreilige Schuldzuweisungen und Urteilssprüche, V. 1057, 1073 ff., 1201 ff., 1238 ff., 1742 ff., 1874).

Sein Anliegen, das er mit diesen Manövern verfolgt, ist klar: die Aufdeckung der Taten, die zur Zerstörung des Kruges geführt haben, zu verhindern und seine Stellung als Richter zu retten.

Ver-Handlung. Die ganze Handlung besteht aus nichts anderem als der Bestätigung von Adams Traum-Angst:

„– Mir träumt', es hätt ein Kläger mich ergriffen,
Und schleppte vor den Richtstuhl mich; und ich,
Ich säße gleichwohl auf dem Richtstuhl dort,
und schält' und hunzt' und schlingelte mich herunter,
Und judiziert den Hals ins Eisen mir.“ (V. 269–273)

sowie der wachsenen Gewißheit über die Frage zu Beginn der Gerichtsverhandlung:

„Die werden mich doch nicht bei mir verklagen?“ (V. 500) Es ist weniger interessant, was im Verlauf des Prozesses passiert, als vielmehr wie die Wahrheit an den Tag kommt, die Adam als Schuldigen erweisen wird. Der Fortschritt der Handlung ist, wie im „König Oidipus“, von immer neuen Einsichten über die Ereignisse der Vergangenheit bestimmt. Nicht das Was des Geschehens bestimmt das Maß der Spannung, sondern das Wie der Enthüllungen, das im wesentlichen durch die Verhandlungsmanöver des Dorfrichters beeinflußt wird.

Im Mittelpunkt des Dramas stehen damit die drei Verhandlungsabschnitte des Prozesses (Szenen 7–8, 9–10, 11–12); vorausgegangen war die Exposition (Szenen 1–6) und am Schluß folgt ein sehr kurzer Epilog („Letzter Auftritt“). Die drei Verhandlungsteile wurden mit unterschiedlichen Schwerpunkten besprochen.

In Szene 7 interessierte vor allem der Rollenkonflikt des Adam zwischen der reibungslosen Abwicklung des Prozesses als Richter und der Verdeckung von Straftaten als Täter. Immer wieder geraten seine privaten Interessen (an seiner Beziehung zu Eve) in Kollision mit den öffentlichen (nach einem Schuldspruch). Bis in die einzelnen Wendungen hinein verrät sich der Widerspruch der Rollen (siehe oben V. 500, „Euer Gnaden – was sagt er? – Nicht, Herzens-Evchen?“ V. 815, „Sprich weiter, Ruprecht, jetzt, mein Sohn“, V. 938), deren eine genau das aufzudecken hat, was die andere verheimlichen muß. Für diesen Rollenkonflikt ist besonders jene Stelle interessant, in der Adam neugierig herauszufinden versucht, wie Ruprecht ihn bei der Flucht aus dem Fenster verletzt hat (V. 980–995), die wir laut lesen.

Im Verhandlungsabschnitt II (9. Auftritt) haben wir vor allem die Folgen untersucht, die Adams skrupelloses Spiel auf die Beziehung zwischen den Personen hat. Die Krise des Vertrauens (V. 1183) zwischen Eve und Ruprecht trat in den Mittelpunkt des Interesses, das aber nach wie vor noch nicht sehr groß war. War Eves Forderung an Ruprecht, die Unwahrheit zu sagen, um sie zu schonen, für die heutige Generation zu weit weg? Auch hier versuchten wir, die entscheidende Textpassage zu rezitieren (V. 1159–1196). Diese Krise, die Eve zum Reden zwingt, bringt für Adam den Wendepunkt: Mit der Ankündigung der zusätzlichen Zeugin gerät sein Spiel mit den Anwesenden außer Kontrolle.

Im Abschnitt III („Eilfter Auftritt") folgt dann die Enthüllung – in zweifacher Bedeutung des Wortes: der Täter wird endgültig ermittelt, und der Richter springt aus seiner Robe. Besonderes Augenmerk lenkte ich auf das fatale Spiel mit dem Aberglauben der streitenden Parteien. Statt die Mittel des Rechts für die Aufklärung der ländlichen Bevölkerung einzusetzen, werden Irrtümer verbreitet, die Recht und Glauben gleichermaßen verletzen. Die Rechts- und Glaubensbeugungen aus privatem Eigennutz machen den Richter über die Relikte der versuchten Verführung, der Urkundenfälschung, der Veruntreuung von Geldern, der Ausnutzung Abhängiger hinaus schuldig. Sie begründen seine Entlassung aus dem Richteramt. Trotz der inneren Abwehr hat sich auch bei Schülern eine stille Sympathie für das ausbeuterische Schlitzohr entwickelt, die die Strafe als reichlich hart und eine moralische Wertung seines Handeln nicht für ganz angemessen halten: „Das hat der doch gar nicht so gemeint." Die Frage des Urteils über Adam habe ich mit der produktiven Hausaufgabe an späterer Stelle noch einmal aufgegriffen.

Analytische Technik. Hinter der Zusammenstellung der beiden Dramen von Sophokles und Kleist steckte von Anfang an der Plan und die Absicht, beide Werke über die strukturellen Parallelen miteinander zu vergleichen. Kleist hat in der Vorrede zum „Zerbrochnen Krug" darauf hingewiesen, wenn er über den Gerichtsschreiber auf dem Kupferstich von Le Veau anmerkt, daß er den Richter mißtrauisch ansieht, „wie Kreon, bei einer ähnlichen Gelegenheit, den Ödip". In einer kurzen, aber prägnanten und ergiebigen Studie hat Wolfgang Schadewaldt [1960] gezeigt:

> „[...] die Personen, die Motive, die Situationen wie vor allem der ganze Hergang der Handlung erweisen die Komödie vom ‚Zerbrochnen Krug' als ein gleichsam negatives Spiegelbild des sophokleischen Oidipus-Geschehens" (Schadewaldt 1980, S. 318)

Einzelheiten der „Entsprechungen" auf der Ebene der Figuren (Licht/Kreon, Richter/König Oidipus, beide durch einen „Klumpfuß" gekennzeichnet), der Handlung (Anstoß durch das Orakel bzw. die obere Rechtsinstanz in Utrecht, Selbstfahndung, Enthüllung, Ausweisung bzw. Flucht der Hauptfigur), der „spiegelbildlichen Verkehrung" (Welt der Könige vs. Dorfwelt, Mord und Inzest vs. Nachstellungen nach einem unbescholtenen Mädchen, Wahrheitswille vs. Wille zur Lüge) lassen sich im Unterrichtsgespräch gut herausarbeiten.

Nach meiner Ansicht zu Recht (die Schüler waren immer noch anderer Meinung) hat Schadewaldt Kleists Komödie „als ein wohl einzigartiges Beispiel für die echte schöpferische Fortwirkung der großen griechischen Gestaltung in modernem abendländischem Geiste" (S. 325) bezeichnet. Für mich liegt diese produktive Rezeption auch in der Struktur der analytischen Handlungsführung. Bis in die Moderne hinein (z. B. Dürrenmatts „Besuch der alten Dame", Weiß' „Die Ermittlung") sind beide Dramen das Muster dieses Genres, in dem die Stufen der Enthüllung der Vorgeschichte den Fortschritt der Handlung bestimmen. Auch bei Kleist wird die Umkehr der Zeitenfolge zum signifikanten Indikator analytischer Struktur.

Bei solchen Aufgaben, bei denen die Genauigkeit der Fahndung zählt, ist der Kurs wieder mit Aufmerksamkeit dabei. Es entsteht ein Tafelbild mit umgedrehter Zeitleiste, den Elementen der Enthüllungen und den sie benennenden Zeugen:

Auftritt Vers	12 1938 ff.	11 1666 ff.	9 1341 ff.	9 1225 ff.	7 939 ff.	7 744 ff.
Thema	Adams Nötigung	Schelte vor Eves Haus. ca. 22.30 Uhr bis Mitternacht	Wortwechsel vor dem Haus. ca. 22.30 Uhr	Alibi für Lebrecht von 8 bis nach 22 Uhr	Eves Kammer wird aufgebrochen. ca. 23 Uhr	Entdeckung des zerbrochnen Krugs „am Abend" (nach 23 Uhr)
Zeuge	Eve	Brigitte	Marthe	Ruprecht	Ruprecht	Marthe
Zeitfolge Handlung	→ ←					

Es wird offenkundig, was in der Forschungsliteratur nicht hinreichend beachtet wird: Bei der analytischen Technik erscheinen die Ereignisse in zeitlicher Umkehr ihres tatsächlichen Verlaufs, so daß das früheste Ereignis als letztes enthüllt wird. Wichtig in diesem Zusammenhang ist auch, daß diese Enthüllung mit Notwendigkeit voranschreiten muß. Die Instanz, die die Wahrheitsfindung unausweichlich macht, ist in der Antike das Orakel. Zur Zeit der deutschen Aufklärung wird das eine unabhängige Gerichtsbarkeit.

Man kann es schon fast vorhersagen: Nach Stunden mit lebhafter Beteiligung und vorzeigbaren Ergebnissen folgen Stunden der Beteiligungs-Verweigerung, der sporadischen, wenig konstruktiven Antworten, die eine Lehrerzentrierung erzwingen, wenn der Lehrer Unterricht als mehr versteht denn als Beziehungsspiel zwischen den Generationen. Es wäre natürlich in solchen Situationen leicht, wie Kommunikationsdidaktiker empfehlen würden, auf das Angebot der Schüler einzugehen und sich als Lehrer ebenfalls zurückzunehmen mit der Aufforderung an alle: „Lassen Sie uns diskutieren, was zu machen ist." Eine Frage in dieser Richtung hat mir aber schnell gezeigt, was das Ergebnis einer solchen Diskussion gewesen wäre. Sofortiger Abbruch der Behandlung des Kleistschen Dramas. Der ganze Aufwand der Lektüre und der bisherigen Besprechung wäre aber vergeblich, wenn als Entsprechung zur Untersuchung der Tragik im „Oidipus" die Komik und deren Funktion als Intention des Dramas nicht mehr behandelt worden wäre. Die didaktische Theorie der Horizontverknüpfung schließt Mühen um eine solche Anbindung des neuen Stoffes an vorhandenes Wissen ein. Im Gegenteil: Oft ist das mit Anstrengung erworbene Wissen auch das teurere und haftendere.

Ich beende also die kurze Verfahrensdebatte mit dem Hinweis, daß es doch wohl sinnvoll sei, über die komischen Mittel zu sprechen, die auch heute noch in Komödien verwendet werden, ferner über die Intentionen des Autors in seiner Zeit und die Wirkung heute. Die damit deutlich begrenzten Fragestellungen beruhigen; denn innerhalb der nächsten zwei Stunden wird man den Stoff verarbeitet haben. Aber unausgesprochen steht die Meinung der Schüler im Raum: „Wenn Sie uns schon was beibringen wollen, dann bitte übersichtlich und klar und ohne zuviel von uns zu erwarten." Und so greife ich denn alle sporadischen Äußerungen auf, erläutere sie und bringe sie in einen systematischen Zusammenhang.

Elemente und Funktion des Komischen. Zunächst wird, sehr spezifisch, die Fremdheit der Sprache als Ursache der komischen Wirkung in das Gespräch gebracht. Dies läßt sich leicht mit dem Hinweis erläutern, daß das Drama selbst fast zweihundert Jahre alt ist und daß Kleist überdies ein Kolorit zeichnen wollte, das wiederum hundert Jahre älter ist. Bei dem Hinweis auf den Blankvers sind alle Schüler wieder aufmerksam und notieren dankbar die Information. Daß der Eindruck von der Fremdheit der Sprache vor allem auf der *Unangemessenheit* von Reden in klassischem Versmaß in dörflicher Lebenswelt beruht (vgl. z. B. V. 194, 242, 1874), ergibt sich als Folgerung von allein.

Als komisch werden auch „die körperlichen Defekte" des Dorfrichters empfunden, die während der Verhandlung immer deutlicher zutage treten und bei seiner Flucht sich ins absolut Lächerliche (in der Literaturwissenschaft würde man vom Grotesken sprechen) steigern: „Seht! seht! / Wie die Perücke im den Rücken peitscht!" (V. 1959). In der Tat ist die „verrückte" (V. 1399) Wirklichkeit, die *Abweichung vom Normalen,* das selbst noch durchscheint, Mittel des komischen Stils.

Nur wenige Zeilen von Adams Erfindung über die Ursachen seiner Verletzungen (V. 50 ff.) brauchte ich nur laut vorzulesen, um die *ausschweifende Rede* über Sachverhalte, die mit dem Gang der Handlung nichts zu tun haben, als weiteres Mittel des komischen Stils zu identifizieren. Von „einer allmählichen Verfertigung der Unwahrheit beim Lügen" hat K. L. Schneider (1968, S. 172) gesprochen. Er hat auch auf die besondere Form der Komik in der Darstellung der Frau Marthe vom zerbrochnen Krug (V. 646 ff.) hingewiesen. Uns diente auch diese Stelle als Beweis für eine Komik, die aus unangemessener Weitschweifigkeit der Rede entsteht.

Mit dem Hinweis auf den „komischen Aberglauben der Leute" kommen wir schon zu der generellen komischen Struktur des Stückes zurück: Es ist der Widerspruch zwischen Anspruch der Aufklärung (rational/prüfende Gerichtsverhandlung, unabhängige Rechtsinstanz, autonome Individuen wie Walter) und tatsächlicher Unaufgeklärtheit der bäuerlichen Bevölkerung. Erst die noch im Aberglauben verhafteten Menschen ermöglichen es dem Dorfrichter, unter dem Deckmantel der Gerichtsverhandlung, sein Spiel mit der Unaufgeklärtheit zu treiben und Aufklärung zu verhindern. H. J. Schrimpf (1958) hat dies den *sozialen Charakter* des Komischen genannt, mit dem wir zugleich nahe an eine der Intentionen des Stückes herankommen: die Idee der Aufklärung zu verbreiten und die Antiaufklärer in den Reihen der eigenen Schicht zu vertreiben.

In der abschließenden Besprechung kamen wir auf den Punkt der Vermischung der beiden Rollen von Richter und Täter durch Adam noch einmal zurück. Auch Oidipus ist Täter und Richter in einer Person, aber die Intentionen auf beiden Ebenen sind in seinem Fall gleich gerichtet: die Wahrheit über die Vergangenheit zu erfahren sowie ein gerechtes und wirksames Urteil zu fällen. Der Dorfrichter, der allein die ganze Wahrheit schon kennt, benutzt seine Rolle als Richter, um die des Täters zu verdecken. Um den Schein der Unschuld zu wahren, macht Adam den Prozeß zur Scheinverhandlung. Dieses Spiel zwischen Schein des Richteramtes und Wirklichkeit der Schuld begründet die komische Grundstruktur. Sie gibt auch Hinweise auf die Absichten des Autors: den Mißbrauch von öffentlicher Macht für private Zwecke anzuprangern, die Einführung einer unabhängigen Rechtsinstanz zu begründen, den Aberglauben der Bevölkerungsmehrheit vorzuführen, Vertrauen zur Grundlage der menschlichen Beziehungen zu machen, aber auch, sobald man es durchschaut, das Vergnügen an phantasievollen Anspielungen der Möglichkeiten einer Rolle zu vermitteln.

Die Diskussion über die Intentionen des Stückes hatte mit der Betrachtung des Kupferstiches von Le Veau „Le juge ou la cruche cassée" über Epidiaskop eröffnet. Die Beschreibung der Anordnung der Personen auf dem Bild brachte nicht so viel, wie ich erhofft hatte. Immerhin fielen die Kinder im Vordergrund auf, denen schon im äußeren Erscheinungsbild keine Kindheit zugestanden wird. Im Sinne meiner Theorie von der praktischen Rezeption wäre es wesentlich zweckmäßiger gewesen, den Stich am Anfang der Einheit zu zeigen und mit der Aufgabe zu verbinden, eine Geschichte zu dem Bild zu erfinden (oder einfacher: das Bild zu beschreiben). Es wäre dann jene Situation rekonstruiert worden, aus der das Lustspiel Kleists entstanden ist: „Im Scherz gelobten die drei [Wieland, Kleist, Zschokke; H. M.-M.], jeder wolle seine eigentümliche Ansicht schriftlich ausführen." (So Heinrich Zschokke [1825] in seiner Erinnerung an den Anlaß, etwas über den zerbrochnen Krug zu schreiben.)

Urteil über den Dorfrichter. Um jedem Schüler doch noch ein eigenständiges Votum über die Figur des Adam zu entlocken, aber auch um die reproduzierende, vor allem in der letzten Phase des Unterrichts stark durch Lehrerimpulse gelenkte Schülertätigkeit in produktive Tätigkeit zu verwandeln, stellte ich als Hausaufgabe:

„Das Urteil gegen Adam vor dem Ehrengericht in Utrecht". Nur etwa ein Drittel des Kurses hatte diese Aufgabe gelöst; die anderen verzichteten freiwillig auf den Bonus unter „sonstiger Mitarbeit". Zu den Wenigen, die sich die Anstrengung zumuteten, gehörten auch Kritiker des Dramas. Abraham etwa legte eine Anklageschrift in drei Punkten vor: 1. wird Adam wegen Urkundenfälschung auf Lebenszeit aus dem Richteramt entlassen, darf aber die Tätigkeit des Gerichtsschreibers ausüben; 2. wird Ruprecht wegen des gewaltsamen Eindringens in Eves Zimmer und Verletzung von Adam zur Zahlung von Schmerzensgeld und Erstattung des entstandenen Schadens verurteilt; 3. Adams Befangenheit im Prozeß ist Ursache seiner Rechtsverletzungen, die daher nicht eigens gesühnt zu werden brauchen, zumal er ohnehin aus dem Richteramt entlassen wird. Ganz ähnlich, nur nicht so detailliert, argumentierte Torsten, der auch auf Entlassung aus dem Richteramt plädierte. Alle anderen waren milder in ihrem Urteil gegen Adam, dem sie die Möglichkeit zur Bewährung im Amt einräumen wollten. Sie zeigten sich in einer Weise beeindruckt von dem verworfenen Richter, wie es Schadewaldt beschrieben hat, und wie es jeder Zuschauer noch heute erfährt, der das Stück in der Aufführung erlebt:

> „Mit dieser Vitalität hat Richter Adam in all seiner Verschmitztheit einen Grundzug des Naiven und ist und bleibt so etwas wie ein Kerl, der uns trotz allem nicht widerwärtig wird, sondern mit seinen unerschöpflichen Einfällen anspricht und zu seinem Teil sogar unsere Sympathie hat." (Schadewaldt 1980, S. 321)

Stellvertretend für die Gruppe mit solchermaßen mildem Urteil sei die Darstellung von Roland abgedruckt, der sich auch auf den Komödienton einzulassen versucht:

Urteil vor dem Ehrengericht in Utrecht

Es ergeht folgendes Urteil.

Richter Adam wird für schuldig befunden, den Krug zerbrochen zu haben, die Verhandlung zu verzögern versucht und sie einseitig geführt zu haben. Letzteres ist ein schweres Vergehen für einen Richter. Er wird hiermit nach Holla versetzt, wo vorher ein Richter seines Amtes enthoben worden ist. Weiterhin wird er verpflichtet, den Krug zu ersetzen. Das Strafmaß beträgt insgesamt 300 Gulden.

Urteilsbegründung:

Das Gericht sieht es als erwiesen an, daß Richter Adam es selbst war, der im Zimmer der Jungfer Eve gewesen ist und dort den Krug zerbrochen hat. Die „versuchte Vergewaltigung" der Jungfer, wie es die Mutter Frau Marthe darstellt, konnte nicht bewiesen werden. Auch hält es das Gericht für unangemessen, den Schuldigen deswegen gleich zu rädern wie es die besagte Dame gefordert hatte. Der Richter muß also den Krug ersetzen, obwohl der ideelle Wert des Kruges den des Materiellen weit übersteigt. Entlastende Momente für den Richter sind, daß er eigentlich nur durch Zufall in die Sache verwickelt war. Eben in seiner Eigenschaft als Richter mußte er über ein Vergehen richten, das er selbst begangen hatte. Daß er hierbei subjektiv handelte und die Verhandlung zu seinem Vorteil hin lenken wollte, ist nur verständlich. Da aber auch die Kassen vernünftig geführt wurden und dieses „Vergehen" der erste Fall war, in der der Richter verwickelt war, und daß er einen guten Leumund bei der übrigen Bevölkerung hat, wird ihm noch eine Chance gegeben. Er wird nach Holla versetzt, um dort als Gerichtsschreiber weiterzuarbeiten, die Kassen in Ordnung zu bringen und sich um die Registratur zu kümmern. Die Vermischung von Privatem und Öffentlichem darf in Holland nicht vorkommen, da er sonst entlassen wird. Wenn Richter Adam sich als Gerichtsschreiber bewährt, könnte es sein, daß er bald wieder einen Richterstuhl besteigen darf. Die Enthebung von seinem Richterposten ist also nicht endgültig. Die Verhandlung ist geschlossen.

2. Friedrich Schiller „Kabale und Liebe"

Obwohl „Der zerbrochne Krug" und „Kabale und Liebe" exemplarisch für ganz verschiedene Genres des Dramas standen und obwohl über zwanzig Jahre in den Entstehungszeiten zwischen den beiden Werken liegen, sind sie beide über die Verarbeitung von Ideen der Aufklärung deutlich miteinander verbunden. Beide Dramen stellen die Auseinandersetzung mit aufgeklärten Ideen des Bürgertums in den Mittelpunkt: Kleist mehr den Gedanken der Prinzipien und Verfahrensweisen eines neuen Rechts, der Grenzen der Autonomie der Individuen sowie der Formen von Unterdrückung von Selbstbestimmung, Schiller mehr die leitenden Prinzipien der Mitmenschlichkeit, Mitleid und Vernunft, sowie die Grenzen der Freiheit der einzelnen in den Macht- und Ideenbezirken von Adel und Bürgertum. Beide variieren zudem Genres, die in der Aufklärungsepoche weit verbreitet waren: die Komödie mit dem an sich selbst scheiternden Richter und das bürgerliche Trauerspiel mit dem Konflikt zwischen höfischem Standesbewußtsein und bürgerlicher Moral.

Aber nicht diese Verbindungen standen im Mittelpunkt der Betrachtung, sondern die verschiedenen Aufbauformen und die spezifischen Konfliktfelder der Hauptfiguren. Gleichwohl schien der Hintergrund der Ideen einer literarischen Epoche in der Besprechung immer wieder einmal durch. Zum ersten Mal seit der Behandlung der Aufklärung und Klassik, des Biedermeier und Vormärz (Jahrgangsstufe 11) und der Jahrhundertwende (12) habe ich die Literaturgeschichten wieder in den Unterricht mit einbezogen. Die Schüler sollten, für die erste Stunde über „Kabale und Liebe", die Aussagen über diese Tragödien in den literaturhistorischen Werken wiedergeben, den Zusammenhang darstellen, in den die Ausführungen eingebunden sind, und sie mit dem eigenen Eindruck nach der Lektüre des Dramas vergleichen.

Bildung des Vorverständnisses. Der unvermittelte Zugang zu den Gegenständen ist in den Geisteswissenschaften die Ausnahme. Forschung besteht im wesentlichen darin, auf einer bekannten Einsicht aufbauend, durch leichten oder schweren Aspektwechsel zu einer erweiterten Einsicht in den Gegenstand zu gelangen. Die neue Erkenntnis kann nur in Auseinandersetzungen mit der bisherigen Forschung, die sich im Fall der Literaturwissenschaft massiv zwischen den Interpreten und seinen Text schiebt und beide oft genug hinter einem Berg von Sekundärliteratur verschwinden läßt, gewonnen werden. Außer einigen privaten literarischen Zirkeln ist die Schule die einzige Institution, die nach wie vor den unvermittelten Zugang zur Literatur suchen darf. Auch wenn dies vor allem auf der Sekundarstufe I Praxis ist, fundiert auch mein methodisches Konzept der Horizontbegegnung von Wissen des Textes und Wissen der Schüler auf dieser unmittelbaren Wirkung von Literatur. Gleichwohl hatten die Schüler längst mitbekommen, daß Interpretationen Vororientierungen liefern, Perspektiven für deine Deutung, Einzelbeobachtungen als Ausweis eines Gesamtzugriffs, den zu kennen die eigenen Mühen reduziert. Ein Gang in die auf dem Schulgelände liegende Stadtteilbibliothek mit kleiner, auf den Schulgebrauch abgestimmter literaturwissenschaftlicher Bibliothek ließ erkennen, wie gut einige Schüler mit dem Material umzugehen verstanden.

Wissenschaftsorientierung des Unterrichts mußte also heißen, die Bildung des Vorverständnisses für eine Interpretation systematisch zu begleiten. Dies Verfahren sollte aber zugleich sicherstellen, daß der eigene Zugriff gesichert bleibt und sich nicht ganz der fremden Autorität ausliefert. Dies ist im literaturwissenschaftlichen Studium oft anders, wenn es gilt, einen Forschungsüberblick über häufig traktierte Werke zu erlangen und die einzige Freiheit des Studenten darin besteht, für diese oder jene Richtung Partei ergreifen zu dürfen. Aber den Studenten bleibt Zeit und Gelegenheit, später einen eigenen Zugang zu suchen, während die Schüler noch direkte Anleitung und Stärkung ihrer Position benötigen. Letzte Autorität für Aussagen bleibt die Literatur und nicht die geltende literaturwissenschaftliche Forschung.

Exposition. Das Unterrichtsgespräch bezog sich zunächst auf die ständische Gliederung im Fürstentum und die Zuordnung der auftretenden Personen zu den Ständen. Wichtig war dabei, daß die Handlungsimpulse im Drama von den eher typenhaften Randfiguren als von den individuell bezeichneten Personen ausgehen: Frau Miller möchte die Verbindung ihrer Tochter Luise zu dem Baron von Walter forcieren, während der Sekretär Wurm diese Verbindung ganz auflösen will. Die beiden Väter verharren demgegenüber an den Standesgrenzen und suchen das Glück und den Vorteil innerhalb des Lebensbereichs, in den sie gestellt sind. Schlüsselszenen für das Verständnis der Figuren, ihres Denkens und Strebens, sind die Gespräche der Väter mit ihren Kindern (I, 3 und I, 7).

Miller wird mit seiner Entscheidung („ich kann dir ihn nimmer geben", S. 13, 18) verstanden, aber kaum mit seiner bildhaften Sprache. Nach meiner Ansicht zu Recht fragen die Schüler, warum einer, der sich als „ein plumper gerader teutschwer Kerl" (I, 2; S. 10, 27) bezeichnet, derart verschlüsselt redet:

„Gelt, wenn so ein Musje *von* sich da und dort, und dort und hier schon herumbeholfen hat, wenn er, der Henker weiß, was als? gelöst hat, schmeckt's meinem guten Schlucker freilich, einmal auf süß Wasser zu graben. Gib du acht! gib du acht! und wenn du aus jedem Astloch ein Auge strecktest und vor jedem Blutstropfen Schildwache ständest, er wird sie, dir auf der Nase, beschwatzen, dem Mädel eins hinsetzen und führt sich ab, und das Mädel ist verschimpfiert auf ihr Leben lang, bleibt sitzen, oder hat's Handwerk verschmeckt, treibt's fort." (I, 1; S. 5/6, 29 ff.)

In seinem Handeln mag er ein einfacher, gerader, treuherziger Charakter sein, in seiner Sprache ist er es zunächst nicht. Die indirekte Redeweise verliert sich aber, wenn er nicht mehr über die Beziehung seiner Tochter sprechen muß, sondern sich etwa über Wurm äußert (I, 3; 11, 7 ff.) oder Entscheidungen treffen muß. Positiv fällt an der Figur auf, daß sie als Bürger die Autonomie nicht nur für sich selbst in Anspruch nimmt, sondern sie auch Luise zubilligt, wenn Miller ihr die Entscheidung überläßt, den Wurm nicht zu nehmen. Die Zeiten, da Väter ihre Kinder verheirateten, sind für ihn vorbei (I, 3; S. 10, 29 ff.).

Der Präsident ist da viel altmodischer: Um seinen Einfluß am Hofe weiter zu entfalten und Privilegien für seine Familie zu sichern, verheiratet er seinen Sohn auch an die Mätresse des Fürsten. Das Machtkalkül, die Herrschaftserweiterung und -sicherung, die Staatsraison, die über den Menschen verfügt, das alles, was die Politik der Höfe jahrhundertelang bestimmt hat, wird von dem Kabinettschef eines kleinen Fürstentums imitiert und für seine privaten Zwecke eingesetzt. Sein Vernunftbegriff (I, 7; S. 23, 22) ist der einer zum reinen Eigenschutz pervertierten absolutistischen Herrschaftsform.

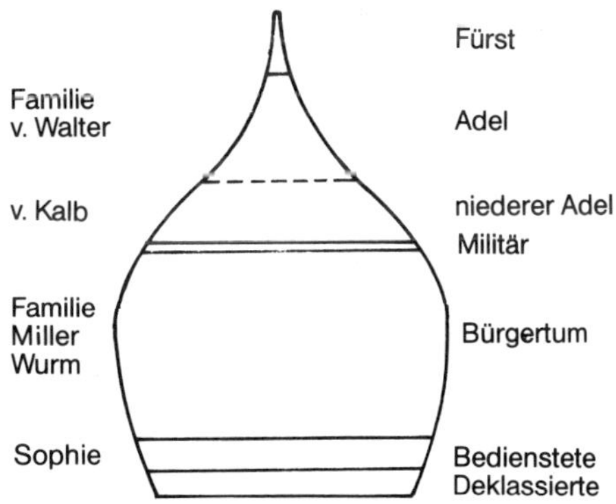

Die Stellung des Präsidenten am Fürstenhof, sein Verhältnis zu den anderen Schichten und Gruppen des Bürgertums haben wir uns an einer Skizze über den Aufbau der Gesellschaft in einem Fürstentum des 18. Jahrhunderts, in Anlehnung an Barner u. a. (1977, S. 53), deutlich gemacht.

Der Austausch zwischen den Schichten (vor allem zwischen Adel und Bürgertum) ist ausgeschlossen; die Wächter stehen auf beiden Seiten der sozialen Schranke.

Die Frage, wodurch denn die Handlung in diesem gesellschaftlichen Rahmen in Gang gerät, führte näher an dramentheoretische Begriffe heran. Zunächst hatten wir schon festgestellt, daß das Liebesverhältnis zwischen Luise und Ferdinand zum auslösenden Faktor für

Wunsch (Frau Miller) und Gegenwunsch (Wurm) wird. Man kann mit Pfister (1977, S. 124) vom „dramatischen Auftakt" sprechen. Das „erregende Moment" kommt erst in der 5. bzw. 7. Szene des ersten Aktes ins Spiel, wenn der Präsident zuerst Wurm, dann auch Ferdinand selber mitteilt, daß er die Lady Milford heiraten soll. Mit dem Plan gerät die Intrige gegen Luise und Ferdinand in Gang.

Figuren und ihr Anliegen. Die Analyse der Figuren setzte bei den direkten Charakterisierungen ein, die aus der Exposition bekannt waren:

Für Miller ist Wurm „ein konfiszierter widriger Kerl" (I, 2; 11, 11 ff.),
Wurm nennt Frau Miller „die Dummheit selbst" (I, 5; 28, 28), die voller Einfalt ist,
Miller sieht sich selbst als „ein plumper gerader teutscher Kerl" (I, 2; 10, 27),
der Präsident sieht sich als jemand, der „auf ewig mit meinem Gewissen und dem Himmel zerfallen" ist (I, 7; 21, 19 ff.).

Die indirekte Charakterisierung, die Selbstdarstellung der Figuren in ihren Dialogen, entspricht diesen globalen Merkmalszuschreibungen.

Schwieriger wurde die Bestimmung der Eigenschaften von Ferdinand und Luise. Ferdinand blieb den Schülern weitgehend fremd, obwohl er doch den Generationskonflikt auszutragen versucht. Seine Sprache ist verdächtig, weil er seine ehrlichen und berechtigten Ziele mit Bedeutungen auflädt, die ihnen nicht zukommen. An dieser Überhöhung seiner Wünsche ginge er denn auch, so war die Meinung, zugrunde und sähe sich irrigerweise als Richter, der Luise zum Tode verurteilen darf.

Die Schüler begriffen Ferdinand eher als jemanden, an dem Schiller Kritik üben will, weil er, fern jeder realistischen Einschätzung, sein eigenes Streben verabsolutiert und darüber alles andere vergißt. Die Schwärmer sind für die Verfolgung von humanen Zielen eine ähnliche Gefahr wie die Intriganten. Der Deutungsansatz korrespondiert mit neueren Forschungsergebnissen, die etwa Karl S. Guthke (1979, S. 66 ff.) vorträgt, wenn er „Kabale und Liebe" als eine Tragödie der Säkularisation interpretiert und die Sakralisierung der Liebe als hybriden Autonomieanspruch schon in der Sprache Ferdinands aufdeckt.

Hätte ich den Aufsatz präsent gehabt, hätte ich an dem Punkt weitermachen und Ferdinands Strategie in den Szenen mit seinem Vater und mit Miller (I, 7; II, 5 und 6; IV, 4 und 5, V, 5) im einzelnen verfolgen können. Ein Schüler meinte, Ferdinand sei einer, wie er bei Schiller immer vorkomme. Aber in der Einzelstudie sollte auch der Charakter Luises noch behandelt werden und so blieb die mögliche Applikation auf das Verständnis der Schüler an dieser Stelle verschenkt.

Nicht so klar wie Ferdinand, insgesamt aber doch erkennbar, blieb auch Luise fremd. Auch sie sei zu ideal und weltfremd. Zwar sei ihr Anliegen verständlicher als das Ferdinands („wenn die Schranken des Unterschieds einstürzen – wenn von uns allen abspringen all die verhaßten Hülsen des Standes – Menschen nur Menschen sind", I, 3; 13, 23 ff.), aber so weise könne schließlich niemand mit sechzehn Jahren sein wie sie, vor allem in ihrem Gespräch mit Lady Milford (IV, 7). Außerdem verzage sie viel zu früh und lasse sich durch den erpreßten Schwur davon abhalten zu reden. Sie, die für neue Gesetze eintrete, halte sich sklavisch an die falschen alten.

Die Diskussion war wieder auf einem erfreulichen Niveau angekommen. Aber die Herbstklausuren standen unmittelbar bevor, und auf Schiller wollte sich die Mehrheit der Schüler zu diesem Zweck nicht einlassen. Dann aber, nach dem Klausurblock, den Herbstferien, der Klausurrückgabe und -besprechung, war es mit der Niveaubereitschaft vorbei; nachdem einige Schüler bei der Analyse der Handlung des Dramas noch mitmachten, war zwei Tage später mit der Mitarbeit Schluß. Es nützte auch nichts, daß ich auf die Bedeutsamkeit der Konfliktebenen in der Tragödie hinwies. Meinem Bemühen um den Gegenstand, meinen bohrenden Fragen entzog sich über ein Drittel des Kurses durch Fehlen. Daß ich vorhatte, einen Auszug aus „Kabale und Liebe" in den Abiturvorschlag aufzunehmen, konnte ich nicht sagen.

Kabale als Handlung. Es war unschwer zu erkennen, daß in diesem Drama Schillers vergangene Ereignisse keine Rolle spielen, sondern daß die Handlung allein von gegenwärtigen Strebungen der Figuren bestimmt sind. Es gibt zwar Vorgeschichten (z. B. die erste Begegnung Ferdinands und Luises beim Musikunterricht, Lady Milfords Initiative zur Gewinnung Ferdinands, des Präsidenten skrupellose Machteroberung), aber sie dienen eher der Charakterisierung der Figuren, als daß sie Impulse für die dramatische Geschichte setzten. Die Handlung liefe auch ohne diese Erinnerungen in der Weise ab, wie es geschieht. An die Stelle der analytischen ist die finale Struktur der Handlungsführung getreten.

Die Ereignisse im Drama werden in Gang gesetzt und in Gang gehalten durch die Intrigen, die das unstandesgemäße Liebesverhältnis beenden und die Ehe wieder in die Verfügbarkeit der Interessen der Stände und deren machtbesessenen Repräsentanten (Präsident, Wurm) zurückholen sollen. Schon die Liebe der Geschlechter entwickelt in einem streng hierarchisch organisierten Ständestaat soviel Sprengkraft, daß sie in rationalistisches Kalkül aufgelöst werden muß.

Die Etappen der Intrigen werden von den wenigen Schülern bereitwillig nachgezeichnet:

a) Lady Milford soll, da sie als Favoritin des Fürsten entlassen werden muß, eine neue „Verbindung eingehen" (I, 5; 17, 34 ff.). Der Präsident denkt an seinen Sohn, um seinen eigenen Einfluß am Hof weiter zu vergrößern. Die Lady gibt zu erkennen (II, 2; 28, 37 ff.), daß diese Idee auf ihre eigene Initiative zurückgeht.
b) Ferdinand wird, um ihn der unstandesgemäßen Liaison zu überführen, die Pflichtheirat mit der „untadeligste(n) Partie im Land" abverlangt (I, 5; 18, 25 und I, 7; 24, 12). Dann wird ihm endgültig der Plan mit Lady Milford verkündet (I, 7).
c) Der 2. Akt ist ganz von der Abwehr dieses Ansinnens auf den verschiedenen Ebenen (Palais der Lady, Zimmer der Musikanten, mit Auftritt des Präsidenten) bestimmt. Eine neue Stufe der Intrige setzt dann im 3. Akt bei Luise an: Bei Gebot strikter Verschwiegenheit wird ihr das Billet an den Hofmarschall von Kalk diktiert, das Ferdinand in einer Weise treffen soll und trifft, die die Katastrophe einleitet. In dem Netz von Lügen und Drohungen strickt auch der Präsident seinen eigenen Knoten, wenn er, nachdem die Intrige gewirkt hat, scheinheilig der Verbindung mit Luise zustimmt.
d) Auch Ferdinand selbst greift, nachdem er gänzlich an Luise und sich verzweifelt ist, zu den Mitteln hinterhältiger Hofkabale, wenn er den Musikus belügt und Luise vergiftet (V, 5–7).
e) Was Ferdinand seinem Vater schon angedroht hat (II, 7), führt Wurm am Schluß des Dramas aus: die skrupellosen und menschenverachtenden Mittel öffentlich anzuprangern, mit deren Hilfe der Präsident an die Macht gekommen ist.

Die Vernunft des Hofes, von der der Präsident selber gesprochen hat (I, 7), ist eine auf das Kalkül zur Erhaltung von Macht reduzierte Rationalität. Es ist nicht die Vernunft, von der die Aufklärer gesprochen hatten, weil sie sich nicht dem Maß der (Mit-)Menschlichkeit unterwirft, vielmehr den Eigennutz vor den Gemeinnutz stellt. So steht am Ende des Dramas auch die Manipulation mit den Errungenschaften der Aufklärung am Pranger.

Dieser Ansatz zu einer Auseinandersetzung mit der Dialektik der Aufklärung aber geht im Einpacken der Schulmappen und im Klingelzeichen unter. Binnen weniger Sekunden stand ich allein im Raum, was wohl hieß: Das ist Ihr Problem, nicht unseres!

Wertekonflikte im Drama. Diese Einstellung bestimmte auch die abschließende Doppelstunde, in der die zentrale Kategorie zum Verständnis von Dramen am Beispiel von „Kabale und Liebe" abgehandelt werden sollte: der Konflikt, an dem alle Personen scheitern. Entfaltung, Austragung und Lösung der Konflikte bestimmen Dialog, Handlung, Aussage von Dramen der Neuzeit, die dadurch in ihrem Kern zu personalisierten Auseinandersetzungen um geltende Ideen und Wertmaßstäbe werden. Ein Drittel des Kurses war an derart komplexer Materie nicht mehr interessiert und fehlte, ein zweites Drittel gab sein Desinteresse durch andere Formen der Beschäftigung als der der Mitarbeit am Unterricht zu verstehen. Zwischen Aufgabe des gesteigerten Anspruchs an den Kurs und einem Lehrerreferat an die

Adresse des letzten Drittels entschied ich mich für Konsequenz. Auch mir lag jetzt nichts mehr daran, die wichtigen Informationen aufzusparen, bis die Mehrheit des Kurses wieder für das Problem ansprechbar war.

Ausgangspunkt der Konflikte im Drama „Kabale und Liebe" sind die unterschiedlichen Normen und Wertvorstellungen von Hof und Bürgertum. Auf der einen Seite steht die Macht und das Kalkül ihrer Erhaltung und Ausweitung; bürgerliche Werte, wie religiös fundierte Ethik, Menschlichkeit, Wahrheit zählen hier nur insoweit, wie sie den persönlichen Einfluß der Hofbeamten fördern. Der Präsident bringt die Handlungsmaxime am Hof auf den Nenner, wenn er, an den Hofmarschall von Kalb gewandt, sagt: „Ich habe das noch nicht gewußt, daß Ihnen der *Mann von unbescholtenen Sitten* mehr ist als *der von Einfluß*" (III, 2; 56, 29).

Auf der anderen Seite stehen das Streben nach Rechtschaffenheit, Ehrlichkeit, Leben nach den biblischen Geboten und Normen der Kirche, aber auch nach Selbstbestimmung und Mitmenschlichkeit. Miller bringt die Auffassung zum Ausdruck, als er die Beleidigungen des Präsidenten in seinem eigenen Hause zurückweist:

> „Euer Exzellenz schalten und walten im Land. Das ist meine Stube. Mein devotestes Kompliment, wenn ich dermaleins ein Promemoria bringe, aber den ungehobelten Gast werf ich zur Tür hinaus – Halten zu Gnaden." (II, 6; 45, 13 ff.)

Ihm und seinem Stand geht der „Mann von unbescholtenen Sitten" über alles. Diese Sitten sind aber noch deutlich an die Konventionen der Kirche und Religion gebunden und nicht etwa an ein eigenständiges bürgerliches Gesetz (vgl. I, 3).

Ferdinand und Luise stehen zwischen diesen Welten und suchen nach einer neuen Orientierung. Luise bringt diese Suche bei ihrem ersten Auftritt zum Ausdruck:

> „Dann, Mutter – dann, wenn die Schranken des Unterschieds einstürzen – wenn von uns abspringen all die verhaßten Hülsen des Standes – Menschen nur Menschen sind – Ich bringe nichts mit mir als meine Unschuld, aber der Vater hat ja so oft gesagt, daß der Schmuck und die prächtigen Titel wohlfeil werden, wenn Gott kommt, und die Herzen im Preise steigen. Ich werde dann reich sein. Dort rechnet man Tränen für Triumphe und schöne Gedanken für Ahnen an. Ich werde dann vornehm sein, Mutter –" (I, 3; 13, 23 ff.).

Gemeinsamkeit der Herzen schafft einen neuen Stand, der weder von den Wertmaßstäben des Hofes noch von denen des Bürgertums bestimmt ist, sondern von denen der Natur und der Menschlichkeit. Liebe ist deren Ausdruck, und die Herzen sind das Organ der Verständigung. Zwischen den beharrenden konventionalisierten Welten eine neue natürliche Welt zu schaffen ist zunächst das Bestreben der Liebenden. Ferdinand möchte sogar fliehen, um den unnatürlichen Zwängen zu entgehen (III, 4); und auch noch Miller sieht am Schluß keinen anderen Ausweg mehr als die Flucht (V, 2). Diese Vorstellung von einer neuen natürlichen Welt außerhalb der alten ständisch fixierten zerbricht aber an der Hofkabale *und* an bürgerlicher Engherzigkeit. Die Geschichte des Dramas ist nichts anders als die Geschichte der Zerstörung dieses Traumes und seiner Auflösung in die alte ständische Wirklichkeit.

Den Prozeß dieser Zerstörung der Utopie allseitiger menschlicher Entfaltung außerhalb der ständischen Ordnungen, wie sie im Sturm und Drang immer wieder geträumt worden ist, haben wir an den drei Szenen zwischen Ferdinand und Luise (I, 4, III, 4 und V, 7) verfolgt. Schon in I, 4 spricht Luise voller Angst von einer möglichen Trennung und stellt fest: „Von *heut* an – der Friede meines Lebens ist aus" (15, 40). In ihrem Traum hatten sich Gefühl und Vernunft die Waage gehalten: „Dort rechnet man Tränen für Triumphe und schöne Gedanken für Ahnen an" (13, 30). In diesem Gleichgewicht sieht Ferdinand einen Mangel:

> „Wenn ich bei dir bin, zerschmilzt meine Vernunft in einen Blick – in einen Traum von dir, wenn ich weg bin, und du hast noch eine Klugheit neben deiner Liebe? – Schäme dich!" (I, 4; 14, 31–34)

Wie die idealen Figuren des Sturm und Drang tritt er für die Radikalisierung des Gefühls unter Eliminierung der Vernunft ein. Luise verbindet demgegenüber die Prinzipien des

Sturm und Drang und der Aufklärung, Herz **und** Vernunft. Sie, und nicht Ferdinand, ist an dieser Stelle die entscheidende Figur im Drama; so erscheint es plausibel, daß Schiller die Tragödie ursprünglich „Luise Millerin“ nennen wollte. Die entscheidende moralische Instanz in diesem Spiel der Brennpunkte menschlichen Stebens ist allerdings das Herz. Diese entscheidende Beobachtung hat Jochen Schulte-Sasse in der Interpretation von „Emilia Galotti“ gemacht:

„In der Hochaufklärung, das wird hier in aller Schärfe deutlich, hängt die Gleichheit von Verstandesgaben und deren Ausbildung ab. Die ursprünglich zugestandene Gleichheit aller wird zurückgenommen durch Hierarchisierung der Menschen nach Stärke und Ausbildung ihrer Verstandeskräfte; Herrschaftsstrukturen werden damit *nachträglich* legitimiert. Lessing dagegen setzt an die Stelle des Verstandes das Kollektive und deshalb demokratischere Prinzip ‚Herz‘.“ (Schulte-Sasse 1975, S. 36)

Damit wird der Kreis der Gleichberechtigten erweitert, wie auch Luise sieht: Wenn „man Tränen für Triumphe und schöne Gedanken für Ahnen“ ansieht, dann wird auch sie „vornehm sein“ (I, 3; 13, 30–31).

Wichtig für die Diskussion über Wirkungen von Literatur wird eine fast nebensächliche Beobachtung, die ich einbringe: Neues Medium der Bildung des Herzens und der Vernunft wird die Literatur. Sowohl Miller als auch der Präsident beklagen bei ihren Kindern die Leserei von Romanen: „Das ist die Frucht von dem gottlosen Lesen“ (Miller in I, 3; 12, 22) und: „ich will es dem Romanenkopfe zugut' halten“ (Präsident in I, 7; 21, 32). Nicht mehr die Bibel (Miller bedauert das ausdrücklich), sondern die schöngeistige Literatur ist das Medium zur Verbreitung der neuen Ideen und zur Bildung des neuen Menschen.

III, 4 ist der Auftritt, in dem Luise den Rückzug aus der Utopie einer neuen natürlichen, von Menschlichkeit geprägten Ordnung einleitet, weil sie auch gegen das bürgerliche Vaterhaus gerichtet sein muß: „Wenn nur ein Frevel dich mir erhalten kann, so hab ich noch Stärke, dich zu verlieren“ (59, 29/30) oder: „Mein Anspruch war Kirchenraub, und schauernd geb ich ihn auf“ (59, 37/38). Sie sieht die gegenwärtige Ordnung auch als Ausdruck göttlichen Willens, wie sie es im Elternhaus gelernt hat, und möchte die „Fugen der Bürgerwelt“ (60, 6) nicht sprengen. Nun ist es Ferdinand, der den gemeinsam geträumten Lebensentwurf retten möchte und zur Flucht aus der ständisch geordneten Stadt in die Natur ermuntert: „Mein Vaterland ist, wo mich Luise liebt. Deine Fußstapfe in wilden sandigten Wüsten mir interessanter als das Münster in meiner Heimat“ (58, 33–35).

Da Ferdinand zu vernünftigen Gedanken nicht fähig ist, kann der die Normen der Bürgerwelt nicht begreifen; er wittert, wie am Hof üblich, Mißtrauen, Untreue und Kabale. Als sie sich nach seiner Ansicht bestätigt, fällt auch er ganz in die Vorstellungswelt seines Standes zurück und ernennt sich selbst zum Richter über Menschenleben. In V, 7 vollstreckt er dann auch noch das aufgrund falscher Indizien gefällte Urteil. Absolutistischer kann kein Fürst sich verhalten. Die alten Ordnungen greifen wieder, die Utopien sind zerstört, dann können auch die Menschen sterben, die von ihnen geträumt haben.

Vorsichtig aber lebt die neue Idee dennoch weiter: Lady Milford verläßt den Staat, an den sie bis dahin durch ihren Ehrgeiz gebunden war:

„Groß, wie eine fallende Sonne, will ich heut vom Gipfel meiner Hoheit heruntersinken; meine Herrlichkeit sterbe mit meiner Liebe, und nichts als mein *Herz* begleite mich in diese stolze Verweisung.“ (IV, 8; 82/83, 36–2)

Die Bewegung des Herzens läßt sie nicht im Absoluten verströmen, sondern bindet sie durch „Erbarmen“ für die „Tränen der Untertanen“ (IV, 9; 84, 32 und 29) an einen vernunftgeleiteten Entschluß, den sie in dem Brief an den Fürsten zum Ausdruck bringt. Hier ist ein Maß an Menschlichkeit erreicht, das Luise und Ferdinand auch für die Verwirklichung ihrer Liebe erträumt hatten.

Die Konfliktfelder für den Ideenstreit hatte ich während der Besprechung in einem Tafelbild festgehalten. Natürlich hoffte ich auch, daß diese Übersicht in die Mappen derer wanderten, die am Unterricht nicht teilgenommen haben:

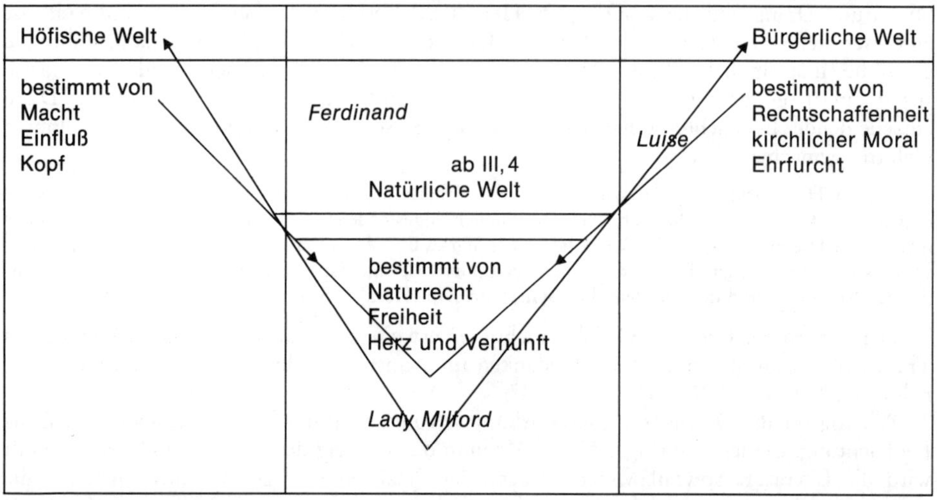

3. Bertolt Brecht „Der kaukasische Kreidekreis"

Auch dieses Drama war mit den vorangehenden Unterrichtsgegenständen dieser Gattung auf mannigfache Weise verbunden: Richtergestalten im Drama (Adam und Azdak), das Thema der Menschlichkeit in unmenschlicher Zeit (Hof-Kabale zur Zeit des Absolutismus in Europa, Destruktion der Persönlichkeit des Menschen in alter Herrschaftszeit im Kaukasus), der Status der Repertoirestücke, die „im Thema sehr allgemein sind" (Hecht 1976, S. 34), der nach Brechts eigenen Worten den „Kreidekreis" mit „Faust" verbindet, das Lehrtheater schließlich, das über den Schauplatz Orient, die parabolische Form und die gelebte neue Weisheit Brechts „Kreidekreis" mit Lessings „Nathan" in Beziehung bringt. Jeder dieser Anknüpfungspunkte ließe sich zum Sequenzthema erheben und neue Unterrichtsreihen begründen.

Ein Schüler entdeckte auch die Dialoge zwischen Simon und Grusche (2. Akt) sowie Simon und Azdak (6. Akt) wieder, die wir in der Reihe über Argumentation als Beispiel für standardisierte Redeweise behandelt hatten.

Eine weitere Parallele wurde mit meiner Frage nach den Unterschieden von den Schülern in die Diskussion gebracht. Ich wolllte auf die Grundstruktur des epischen Theaters mit seiner Trennung von Kommentar und Handlung hinaus, aber die Schüler zogen die Neuartigkeit dieses formalen Merkmals in Zweifel, indem sie auf den Chor im „König Oidipus" hinwiesen, der auch die Haupthandlung begleite. Daß dieser Chor aber nicht über die Handlung verfüge, sie weder kritisch begleite noch darstellerisch verfremde, auch den Zuschauer nicht zum Nachdenken veranlasse, wollten die Schüler nur als intentionalen, nicht aber als strukturellen Unterschied gelten lassen.

Die Besprechung des Dramas war diesmal anders als bisher angelegt. Da ich selbst eine Interpretation zu dem Stück Brechts vorgelegt hatte (Müller-Michaels 1981), wurden die vier Abschnitte der Analyse als Aspekte der Deutung von je einem Referenten übernommen, zu Beginn der Stunde kurz dargestellt und darauf aufbauend diese Aspekte für ein besseres Verständnis des Dramas erläutert und diskutiert. Bei der Diskussion brauchte ich nicht selbst die Akzente setzen, sondern konnte das den Referenten überlassen, die sich als Sachverwalter der einzelnen Bedeutungsaspekte verstanden: auch eine Form der Verfremdung, in der Unterrichtsmethode.

Vorspiel und Orte der Handlung. Von den verschiedenen Überlegungen zur Zeitgemäßheit des Stückes und zur Notwendigkeit des Vorspiels hatte Angela als Referentin vor allem zwei Gedanken herausgegriffen und erläutert: die Historisierung und die Argumente rechts und links bei der Diskussion um die Neuverteilung des Landes im Kaukasus 1943. Eingestimmt durch die genaueren Analysen der Zeitstruktur im „König Oidipus" machte das Verständnis der Historisierung weniger Schwierigkeiten als angenommen. Nachspiel als Vorspiel bedeutet, daß das zeitlich näher Liegende auch an den Anfang des Dramas gestellt wird: Es ist das Modell, das aus den Ansätzen zur Menschlichkeit in den alten Geschichten von Grusche und Azdak folgen könnte.

Bei dem Referat wurde mir selbst deutlicher noch als während meiner intensiven Beschäftigung mit dem Text, daß in dieser Sicht das Vorspiel zur Parabel der Kreidekreishandlung wird und nicht etwa, wie in vielen Interpretationen dargestellt, umgekehrt: die Grusche-/Azdakgeschichte zur Parabel des Kolchosstreites.

Die Zielrichtung der Historisierung wird von Brecht selbst bestimmt: „Bei der *Historisierung* wird ein bestimmtes Gesellschaftssystem vom Standpunkt eines anderen Gesellschaftssystems aus betrachtet. Die Entwicklung der Gesellschaft ergibt die Gesichtspunkte" (Brecht 1967, Bd. 16, S. 653). Der Streit der Kolchosbauern wird am Kreidekreisurteil und der Streit der Mütter an der Kontroverse der Kolchosmitglieder gemessen. Ob die Bauern und Techniker 1943 mehr Recht haben als Grusche und Azdak in „alter Zeit", ist nicht ausgemacht. Vielleicht liegt einzig in der Rationalität des Urteils ein erkennbarer Fortschritt.

Im Vergleich zu dieser schon anspruchsvollen Problematik waren die Streitpunkte um den rechtmäßigen Besitzer des Grusinischen Tals nicht deutlich geworden. So sind wir im Unterrichtsgespräch die Argumentationsketten genauer durchgegangen und haben die Ergebnisse im Tafelbild festgehalten:

Streit um das Tal

links:	rechts:
Kolchos „Rosa Luxemburg" Obstbau	Kolchos „Galinsk" Ziegenzucht
1. Landesverteidigung 2. Bewässerung 3. Produktivität	1. altes Recht 2. Tradition 3. emotionale Beziehung

Die Argumentationsstrategien waren damit zwar erklärt, aber besser verstanden haben die Schüler sie deshalb noch nicht. Zu fremd blieb ihnen vor dem Hintergrund der ökologischen Diskussion die etwas einfältige Technikbegeisterung (Brecht 1967, Bd. 10, S. 142), das entscheidende Kriterium der optimalen Produktivität, aber auch die Naivität der „Rechten". Auf meine Frage, ob denn heute möglicherweise der Obstbaukolchos wegen der mit seinem Projekt verbundenen Naturzerstörung unterliegen und der Ziegenzuchtkolchos mit seiner ökologischen Lösung Recht bekäme, wollten die Schüler sich nicht definitiv äußern.

Demgegenüber beteiligten sie sich an der Frage, was denn die Verantwortlichen in der DDR und der Bundesrepublik an dem Vorspiel so stört, daß es bis in die 60er Jahre hinein auf Ablehnung gestoßen ist. Da sind auf der einen Seite die Machtlosigkeit des Parteisekretärs und die Aufforderung zur ständigen Überprüfung geltender Gesetze und Normen und auf der anderen Seite der Verzicht auf Eigentumsrechte und die Durchsetzung von Plänen allein nach dem Maßstab der absehbaren Produktivität; wenn das stimme, dann könne man ja auch manchen Hausbesetzern „nicht widerstehen".

Die epische Form – eine neue Kunst. Da die zweite Klausur des Halbjahres unmittelbar bevorstand, habe ich die Einzelstunde benutzt, um die Elemente des epischen Theaters herauszuarbeiten. Ausgangspunkt war die Bemerkung des Alten links aus dem Vorspiel:

„Ihr bringt Ordnung in die Neuverteilung von Weinreben und Traktoren, warum nicht von Gesängen?"

Die neue Ordnung des Dramas haben wir sowohl im ganzen des Stückes wie auch im einzelnen eines Aktes (2.) verfolgt. Dabei war das Prinzip des Unterrichts kein anderes als das der Schauspieler gegenüber der alten Geschichte aus dem Chinesischen: Bezüge nämlich zwischen den Handlungszeiten und der Behandlungszeit herzustellen oder, wie der Sänger sagt, „alte und neue Weisheit [zu] mischen" (Brecht 1957, Bd. X, S. 145).

Der Gesamtverlauf der Handlung lenkte noch einmal auf das poetische Verfahren der Historisierung zurück: Die relativ autonomen Einzelepisoden, von denen Grusche- und Azdak-Geschichte gleichzeitig ablaufen, kommentieren sich gegenseitig, indem die Ereignisse direkt miteinander verglichen werden können. In dem freien Umgang mit der Zeitenfolge steckt schon ein entscheidendes Stück Verfremdung: „Verfremden heißt also Historisieren" (Brecht 1967, Bd. 15, S. 302), hat Brecht selbst erläutert. Die Handlungsstruktur ließ sich graphisch gut darstellen:

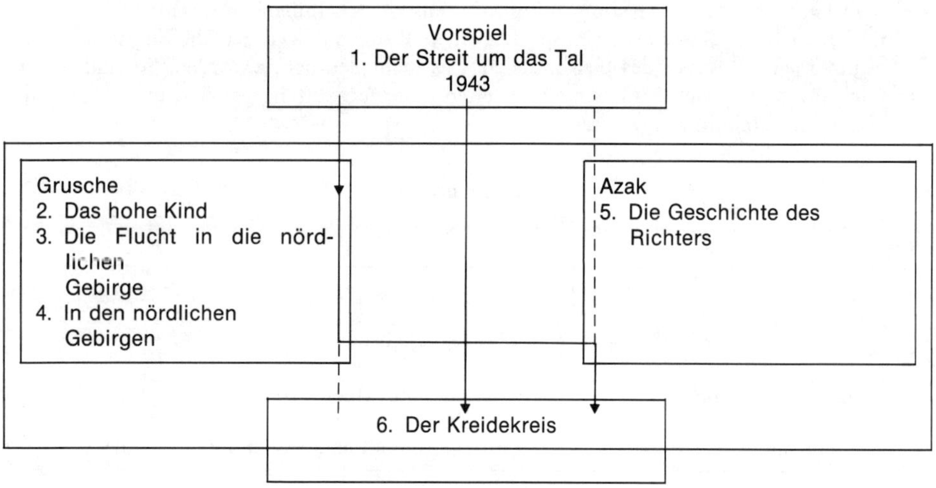

Die Mittellinie, die ich erst gestrichelt gezeichnet hatte, sollte ich doch besser durchziehen, so meinte einer der Schüler, denn über den Sänger seien doch Vorspiel und Schlußappell direkt miteinander verbunden.

Die durchgehende Trennung von Kommentar und Handlung im Drama haben wir dann an den Eingriffen des Sängers in die Handlung um die Palastrevolution im 2. Akt genau studiert. Dabei wurde schnell klar, daß der Sänger als Schauspielleiter nicht auf der Ebene des Spiels agiert, sondern aus zeitlicher und kritischer Distanz das Geschehen begleitet. Seine kritische Position, die auch den Zuschauer zur Kritik ermuntern will, wird schon in den Einleitungsversen in den widerspruchsvollen Aufzählungen ausgesprochen:

„Kein andrer Gouverneur in Grusinien hatte
So viele Pferde an seiner Krippe
Und so viele Bettler an seiner Schwelle
So viele Soldaten in seinem Dienste
Und so viele Bittsteller in seinem Hofe."
(Brecht 1957, Bd. X, S. 146)

Daß diese Form des Eingriffs aus zeitlichem Abstand strukturell etwas anderes als im „König Oidipus" die Auftritte des Chores sind, war nun einsichtig. Wie ein Erzähler im Roman stellt der Sänger zunächst die Akteure des Geschehens vor und läßt sie dann ein kleines Stück beispielhaft handeln.

Kommentar des Sängers	Handlung auf der Bühne
1. Vorstellung der Familie des Gouverneurs von Grusinien	Bettler und Menge

Die Handlung ist also nicht einfach eine Illustration des Gesangs, sondern sie stellt eine überraschende neue Perspektive dar: Nicht der Gouverneur selbst, sondern die Bettler an seinem Hofe, nicht die Familie, sondern die Menge, die das Kind sehen will, werden dargestellt. Der Perspektivwechsel auf den beiden Handlungsebenen ist ein weiteres Indiz der Verfremdung, der sich auch in den folgenden Episoden fortsetzt:

2. unverfängliche Vorstellung des Fürsten Kazbeki	der auf seine Chancen lauert
3. beiläufige Einführung des Soldaten und des Küchenmädchens	Liebesepisode
4. Fragen und Antworten zum Umsturz	Gouverneur ignoriert die Anzeichen des Aufstands
5. Vorausdeutung des Endes des Gouverneurs	Aufbruch der Familie zur Flucht
6. Rufe des Kindes	Grusche nimmt das Kind.

Die 5. und 6. Episode lassen erkennen, daß die Aufgaben des Sängers mit der Einführung in Situationen und Personen nicht erschöpft sind; in 5. ist er Regisseur, der den Auftritt des Gouverneurs lenkt („Sieh dich noch einmal um, Blinder! *Der Verhaftete blickt sich um.*"), und in 6. ist er Mitspieler, der die Rolle des Kindes übernimmt. An dieser Stelle ist er Handelnder und Kommentierender zugleich: Es ist der entscheidende Augenblick, in dem Grusche sich entschließt, das Kind an sich zu nehmen. Die Präsenz auf zwei Ebenen, in denen die Ereignisse noch dazu aus unterschiedlicher Perspektive dargestellt sind, ist sinnfälliger Ausdruck der Verfremdung. Brechts eigene Bestimmung von Verfremdung (im „Kleinen Organon") paßte gut zum Erkenntnisstand:

„Die Spielweise, welche zwischen dem Ersten und Zweiten Weltkrieg am Schiffbauerdammtheater in Berlin ausprobiert wurde, um solche Abbilder herzustellen, beruht auf dem *Verfremdungseffekt* (V-Effekt). Eine verfremdete Abbildung ist eine solche, die den Gegenstand zwar erkennen, ihn aber doch zugleich fremd erscheinen läßt." (Brecht 1967, Bd. 16, S. 680)

Durch diese Verfremdungen werden die Widersprüche in den gesellschaftlichen Zuständen offenkundig und die zeitlichen Sprünge deuten die Veränderbarkeit dieser Zustände an:

„Diese Methode behandelt, um auf die Beweglichkeit der Gesellschaft zu kommen, die gesellschaftlichen Zustände als Prozesse und verfolgt diese in ihrer Widersprüchlichkeit." (Brecht, 1967, Bd. 16, S. 682)

Die Geschichte der Grusche. Da die Übersicht mit den Funktionen des Sängers zu Beginn der neuen Stunde vervollständigt werden mußte, ergab sich eine direkte Überleitung zum Referat von Renate über die Grusche-Handlung. Die Formen und Funktionen der Erzählereinmischung: Inszenierung, Kommentierung, Mitwirkung waren erarbeitet, so daß das Problem verstanden war und das Referat in diesem Punkt als Zusammenfassung des im Unterricht Behandelten aufmerksam verfolgt wurde.

Es ist offenbar für Lernende von besonderem Interesse, die vielfältigen Einzelbeobachtungen auf den Punkt gebracht zu bekommen, von dem aus die Bedeutung der erarbeiteten Einzelelemente ersichtlich werden kann.

Bei den nächsten beiden Abschnitten des Referats über die Entwicklung der Grusche und die politischen Zustände zur Zeit der Handlung ließ die Aufmerksamkeit wieder merklich nach, weil zu viele Einzelbelege aus den drei Akten der Handlung die Konzentration überforderten. Wir haben uns im anschließenden Unterrichtsgespräch ausführlich die Episoden der Grusche-Handlung vorgenommen, in denen die „Destruktion" ihrer eigenen Person mit dem wachsenden Engagement für das Kind unauflöslich verknüpft wird:

- in der Karavanserei versucht sie spielerisch ihr Schicksal zu erleichtern,
- auf dem Bauernhof entschließt sie sich zunächst, durch Aussetzung des Kindes sich von ihm wieder zu trennen, ergreift dann aber gegen die Panzerreiter entschlossen Partei für das Kind,
- auf dem Gletschersteg setzt sie ihr Leben für das des Kindes ein,
- mit der Hochzeit gibt sie den Anspruch auf ein Leben nach eigener Bestimmung auf.

In jedem Fall erscheint Mitmenschlichkeit als Irrtum, so daß unter den grausamen Bedingungen der „Irrtum" gelebt werden muß. Auf diesen Widerspruch, daß zur Rettung von Menschlichkeit gegen Menschengesetze verstoßen werden muß, macht der Sänger immer wieder aufmerksam („Schrecklich ist die Verführung zur Güte", „Wie eine Beute nahm sie es an sich"). Gesellschaftliche Widersprüche aufzudecken, ist auch das zentrale Anliegen des Epischen Theaters.

Der 3. Punkt des Referates betraf schließlich die Frage der politischen Zustände nach dem Umsturz, der mit dem Fetten Fürsten eher zu noch unerträglicheren Zuständen als vor der Revolution geführt hat. Der neue Fürst erweckt erst gar nicht mehr den Anschein von Großherzigkeit und sucht mit dem Kind des Gouverneurs nur seinen eigenen Vorteil. Auch für Grusche selbst bedeutet der Umsturz noch härtere Lebensbedingungen als das ohnehin bescheidene Leben am Hofe. Die politischen Verhältnisse, die das Schicksal der Grusche auf ihrer Flucht bestimmen, bilden auch den Hintergrund für die folgende Azdak-Handlung.

Die Geschichte des Richters. In ihrem Referat „Recht vor Gesetz" konzentrierte sich Eva vor allem auf drei Punkte: den Perspektivwechsel, die Figur des Azdak und seine Rechtsprechung sowie das Kreidekreis-Urteil. Durch die Klausuren lagen genau 14 Tage zwischen den beiden Referaten. Mit der Erläuterung des Perspektivwechsels knüpften die Ausführungen genau an die Schlußbemerkungen zur Grusche-Handlung an: die Zeit des Umsturzes wird aus dem Blickwinkel des Azdak noch einmal wiederholt. Auch diese Geschichte wird als Vorgeschichte des Streits um das Tal entfaltet und tritt zusätzlich noch zur Grusche-Geschichte in Beziehung. Durch mannigfache Aspekte werden alle drei Handlungen miteinander verbunden:

- Hinweise auf identische Ereignisse,
- verwandte Motive,
- ähnliche Sentenzen,
- gleiche Bilder,
- Mittel des Spiels im Spiel.

Die Verweise deuten auf eine gleichbleibende Grundstruktur in den verschiedenen Zusammenhängen: wie sich in Zeiten voller gesellschaftlicher Widersprüche ein Stück Menschlichkeit verwirklichen läßt.

Das Thema: Azdak und seine Rechtsprechung haben wir im nachfolgenden Unterrichtsgespräch an verschiedenen Episoden ausführlicher erläutert. Ausgangspunkt war die Feststellung im Referat: „Immer sind es die Unproduktiven, die sich auf Besitz und auf ererbtes Recht statt auf Arbeit und Mühe berufen, die Azdak bei seinen Verhandlungen verurteilt." (Müller-Michaels 1981, S. 78) Die Richtigkeit der Beobachtung erwies sich bei der Analyse der Urteile über

- den Invaliden,
- den Erpresser,
- Ludovika,
- die drei Großbauern.

In jedem der Fälle wird den Entrechteten gegen das herrrschende Recht (und damit widergesetzlich) zu Gerechtigkeit verholfen. Den Widerspruch zwischen falschem Gesetz und richtiger Rechtsprechung faßt der Sänger in die Formel vom „gute[n] schlechte[n] Richter" (Bd. X, S. 226).

Das Kreidekreis-Urteil schließlich beruht auf demselben Muster wie die vorausgehende Rechtsprechung: Urteile zugunsten der Arbeitenden, Produktiven, Besitzlosen und gegen die Unproduktiven, Besitzenden. Der Spruch des Azdak nach der Kreidekreis-Probe honoriert die von Grusche geleistete Arbeit, ihre Freundlichkeit im Umgang mit den Menschen und ihre Sorge um die Zukunft des Kindes. „Das im Urteil ausgesprochene Recht ist erarbeiteter Anspruch" (Müller-Michaels 1981, S. 80). Dieses Rechtsverständnis bestimmt auch die Entscheidung in der Rahmenhandlung:

„Nehmt zur Kenntnis die Meinung der Alten:
Daß da gehören soll, was da ist, denen, die für es gut sind, also
Die Kinder den Mütterlichen, damit sie gedeihen
Die Wagen den guten Fahrern, damit gut gefahren wird
Und das Tal den Bewässerern, damit es Frucht bringt." (Brecht 1957, Bd. X, S. 301)

Um die in der Deutung gewonnenen Einsichten nicht als gesellschaftlich erreichten Zustand mißzuverstehen und damit Brechts eigener Theorie von der historischen Vorläufigkeit des erkämpften Rechtes zu widersprechen, habe ich einen kurzen Text zur Diskussion gestellt, der das Unwahrscheinliche, Unglaubwürdige und das nur kurze Zeit Gültige der dramatischen Lösung unterstreicht:

Brechts Kaukasischer Kreidekreis
Von der Unwahrscheinlichkeit und der Utopie

Stimmt das, was wir eben sagten? Denken wir mal weiter – zunächst das Stück. Die Revolte ist also vorbei, die alten Herrscher wieder eingesetzt. Azdak wird zwar bestätigt in seinem Richteramt, weil er aus Versehen das Leben des Großfürsten gerettet hat, jedoch muß er nach dem Kreidekreisurteil verschwinden; er weiß es, und das ‚Stück' weiß das auch. Das Urteil wird also wahrscheinlich aufgehoben werden, die Grusche verurteilt, das Kind der leiblichen Mutter zurückgegeben werden und Azdak – na ja. Das happy end ist also keins, die love story findet nicht statt.

Ist denn nicht überhaupt das ganze Stück eine große Unwahrscheinlichkeit? Wer opfert sich schon für ein fremdes Kind, wie Grusche dies tut?

Wo gibt es schon solch eine „besoffene Zwiebel" als Richter, der immerhin unter größter Gefahr für das eigene Leben mit dem herrschenden Recht umspringt? Die beiden Handlungsstränge im Stück – Grusche und Azdak – laufen zunächst ja parallel und werden erst am Ende (6. Der Kreidekreis) vereinigt, aber aus zwei Unwahrscheinlichkeiten ergibt sich noch keine Wahrscheinlichkeit – das Urteil.

Wenn alles unwahrscheinlich ist, dann ist es vielleicht eine Utopie? Vielleicht – aber was heißt dies für die Kolchosleute und für die bequem zurückgelehnten Zuschauer? Das ist die Frage!

Es war fast vorherzusehen: Die Schüler verteidigten die fiktionale Lösung gegen die realistischen Zweifel. Literatur bekam auf einmal doch den höheren Wahrscheinlichkeitswert gegenüber der sogenannten Realität zugesprochen. Nicht vorherzusehen war allerdings, daß vor allem die Schüler, die der Dichtung jeden Erkenntniswert abgesprochen hatten, das unwahrscheinliche Modell gegen die wahrscheinlichere Wirklichkeit in Schutz nahmen. Die Fiktion von einer kurzen Zeit der Mitmenschlichkeit wird zum Orientierungspunkt in den immer wiederkehrenden Zuständen voller Grausamkeiten und Unmenschlichkeiten. Dichtung als Modelle gegen die Wirklichkeit zu begreifen, in der diese Wirklichkeit zur Diskussion gestellt wird, war das Ziel meines Unterrichts von Anfang an. Sollte ich das Ziel wirklich erreicht haben?

Dialektik auf dem Theater. Das Referat von Andreas wurde, wegen der vorweihnachtlichen Lesestunde (vgl. Methodisches) erst nach den Weihnachtsferien gehalten; es sollte zugleich den letzten Abschnitt des Halbjahres über Poetiken des Dramas einleiten.

Ich setzte noch einmal bei der Zeitstruktur des „Kaukasischen Kreidekreises“ an, um die Veränderungen über die historischen Stufen hinweg zu demonstrieren:

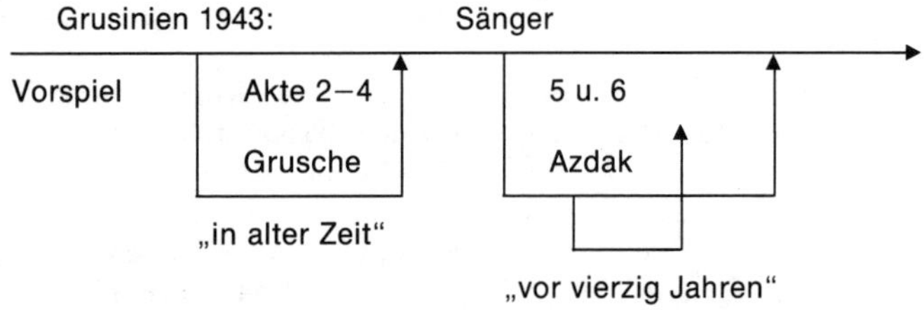

Auch im Epischen Theater gibt es also Zeitrückgriffe, wie im analytischen Drama; nur treiben die Aufklärungen aus der Vergangenheit die Handlung nicht voran, sondern machen sie aus vertiefter Perspektive verständlicher. Die Ereignisse aus alter Zeit lassen die der Gegenwart des Stückes in neuem Licht erscheinen; zugleich zeigen sich in den verschiedenen historischen Stufen Vergänglichkeit und Veränderbarkeit historischer Zustände. Genau dies ist es, was Brecht selbst *„Historisierung“* als zentrales Element von Verfremdung genannt hat. Die gesellschaftlichen Widersprüche auf den verschiedenen Stufen menschlicher Entwicklung zu erkennen, ihre Änderbarkeit zu begreifen und die fortschrittlichen Tendenzen in Richtung von mehr Menschlichkeit zu verstärken, ist das Ziel der Dialektik auf dem Theater.

Mit diesen Einsichten war das Referat von Andreas in der nächsten Doppelstunde vorbereitet und ging, trotz der schwierigen Materie, problemlos über die Bühne. Die Dialektik auf dem Theater wurde in drei Punkten genauer nachgewiesen:

1. Die historischen Veränderungen in Grusinien über eine längere Zeit hinweg und die Konstanten an Menschlichkeit und Unmenschlichkeit.
2. Die Aufdeckung von Widersprüchen, die sich in den beiden Urteilen (Streit um das Tal, Kreidekreisprobe) verdichtet.
3. Der Drang nach Veränderung, bei der auch der Kunst (siehe die Vorführungen des Sängers) eine gewichtige Rolle zugewiesen wird.

Im Anschluß an die Ausführungen im Referat erläuterten wir zusammenfassend die Stilmittel dieser neuen Kunst, die auf gedankliche Distanz des Zuschauers zu den vorgeführten Geschehnissen statt auf Einfühlung aus ist. Mittel dieses epischen Theaters sind u. a.:

- Eigenwertigkeit der Kommentarebene des Sängers;
- Verselbständigung der Elemente des Theaters, wie z. B. Lieder, Spruchbänder, Regisseur als Figur;
- Spiele im Spiel, wenn etwa Azdak dem geflohenen Gouverneur das proletarische Essen beibringt, den Richter spielt, die Kreidekreisprobe inszeniert, die Kinder Revolution spielen;
- Historisierung als Perspektivierung von Geschichte aus der Sicht anderer Epochen, z. B. das Lied Azdaks vom Krieg in Persien (Bd. X, S. 245 ff.).

Schon während der Erläuterungen war latent eine wachsende Skepsis gegenüber diesem dramatischen Theoriegebäude spürbar geworden, die sich zunächst nur in Unruhe und leisen kritischen Zwischenrufen („jetzt haben wir's kapiert“, „damit kann er doch keinem mehr kommen“ etc.), schließlich aber auch manifest äußerte. Ein Theater, das so auf rationale Distanz des Zuschauers aus sei, könne die Wirkung, die es anstrebe, nicht erreichen; denn es lasse ihn völlig kalt. Der Wille zur Veränderung setze nicht nur Einsicht, sondern auch Begeisterung, Engagement, Betroffenheit voraus; dies ließe sich nicht durch Verfremdungen allein erreichen. Es entbrannte für etwa zehn Minuten eine Diskussion, bei der die Brecht-Verteidiger deutlich in die Minderheit gerieten. Abraham brachte seine Kritik an Brechts Theorie (nicht an dem Stück) auf den Punkt, als er darauf hinwies, daß Schillers „Kabale und Liebe“ für uns heute auch nur verfremdet wahrgenommen werden, gleichwohl aber immer noch betroffen machen könne. „Und sowas wie 1830 in Brüssel, wo alle Zuschauer, tief betroffen von einem Stück, aus dem Theater strömten, sich zusammenrotteten und damit die

Revolution mit auslösten, das ist bei dem epischen Theater nicht drin." Dafür aber, so die Brecht-Verteidiger, gingen die Zuschauer des dialektischen Theaters rationaler ans Werk und seien auch nicht in dem Maße wie die traditionellen Zuschauer verführbar. Kunst habe bei Brecht eben eindeutig den Rang von Wissenschaft. Die Auffassung von den Aufgaben der Kunst hatte sich gespalten und gab der folgenden kleinen Unterrichtseinheit über Dramenpoetiken den Hintergrund. Die Meinungen zu Schiller und Brecht, zum klassischen und epischen Theater, aber änderten sich durch die tieferen Einsichten nicht mehr.

4. Theorie des Dramas

Die kleine Textsammlung aus der Reihe der „Arbeitstexte für den Unterricht" (Staehle 1973) war die letzte Pflichtlektüre, die der Kurs anzuschaffen hatte. Mit der poetischen Selbstreflexion der Dramenautoren lernten die Schüler ein neues Genre kennen, das zwischen der Kunstproduktion und der wissenschaftlichen Analyse lag. Die Poetiken bieten den plausiblen Hintergrund für das Verständnis der gelesenen Werke, weil sie historisch deren Entstehungszeit am nächsten liegen. Dennoch sind die Poetiken nicht der Weisheit letzter Schluß für die Deutung dieser literarischen Werke, weil sie selten mehr sagen als diese selber, weil sie häufig genug dem Werk nachgeschobene Legitimationen enthalten, die die Aufmerksamkeit einschränken und lenken sollen, und weil sie die Wirkung aus dem fremden und zeitlich späteren Horizont nicht mitreflektieren können. Für die Schüler behielten diese poetischen Selbstdeutungen allerdings einen Grad von Verbindlichkeit, der höher zu bewerten ist als die Analysen der Literaturwissenschaft (und des Lehrers), weil nur der Dichter selber sagen könne, „wie er das gemeint hat".

a) Brecht „Über experimentelles Theater"

Die Analyse der theoretischen Texte bereiteten insgesamt den Schülern große Schwierigkeiten, so daß wir wieder einmal nach längerer Zeit hart am Text arbeiten mußten. Wir begannen mit Brechts „Über experimentelles Theater" [1939], vor allem mit jenen Passagen, die sich mit der herrschenden Ästhetik der Einfühlung und des neuen Theaters eines wissenschaftlichen Zeitalters auseinandersetzen (vgl. insbesondere Staehle 1973, S. 88–92). Zum Verständnis der Einfühlung als „Grundpfeiler" klassischer Wirkungsästhetiken wurden die Begriffe Katharsis sowie Furcht und Mitleid, die zu ihr hinführen, erläutert. Wir verließen uns dabei nicht nur auf Brechts Definitionen, sondern blätterten in dem Reclam-Bändchen zurück zu den Auszügen aus der Poetik des Aristoteles (S. 9) und zu Lessings Erläuterungen des „Endzwecks" der Tragödie (S. 21 ff.). Lessings Auffassung: „*Der mitleidigste Mensch ist der beste Mensch*, zu allen gesellschaftlichen Tugenden, zu allen Arten von der Großmut aufgelegteste" (S. 23) zeigte uns, daß zwar die Einfühlung unabdingbare Voraussetzung für Veränderungen des Menschen ist, daß sie aber durch rationalen Entschluß und Willenskraft eingeleitet werden muß. Auch bei Lessing schon führt kein Weg von der Einfühlung direkt zur Veränderung des Menschen, sondern Einsicht und der Wille, die Tugenden auch zu leben, liegen dazwischen. Brecht hat Lessing in diesem Punkt (bewußt?) verkürzt verstanden.

Gegen das Theater von Furcht und Mitleid setzt Brecht das Theater von Wissensbegierde und Hilfsbereitschaft; an die Stelle von Einfühlung in die handelnden Figuren tritt bei ihm die Verfremdung von Handlung und Charakteren. Die Definition von Verfremdung war den Schülern aus dem vorangegangenen Unterricht ebenso vertraut wie die des leitenden Prinzips der Verfremdung: „Verfremdung heißt also historisieren, heißt Vorgänge und Personen als historisch, also als vergänglich darzustellen" (S. 93); die Figuren in den Handlungssträngen des „Kaukasischen Kreidekreises" waren Beleg für diese Definition. Die Gegenüberstellung von Theater als „Stätte der Erfahrung" statt „Stätte der Illusion" (S. 96) haben wir aus der Sicht Brechts dann noch an den Ausführungen in „Vergnügungstheater oder Lehrtheater" [1938] vertieft. Die Gegenüberstellung von „Dramatischer Form..." und „Epischer Form des Theaters" brachte nach dem vorangegangenen Unterricht und den dunklen Erinnerungen an das Ende der Mittelstufe keine neueren Einsichten mehr; auch die Vor-Urteile blieben weiter erhalten. So meinte einer der Brecht-Kritiker, den Satz „Ja, das habe ich auch schon gefühlt. – So bin ich" (S. 73) könne man nun wirklich nicht auf Ferdinand oder Luise aus Schillers „Kabale und Liebe", wohl aber teilweise auf Grusche anwenden. Da nützte es auch nichts, daß ich einwand, daß durch die ständige Präsenz des Sängers, die Auflösung der Handlung in Einzelepisoden und Grusches widersprüchliches Verhalten Einfühlung verhindert werden soll.

b) Schiller „Über tragische Kunst"

Schillers wirkungsästhetische Intentionen haben wir dann an dem Schlußteil des Aufsatzes „Über tragische Kunst" [1792] erläutert; an diesen Ausführungen interessierten natürlich besonders die Bestimmungen der Funktion des Mitleids in der Tragödie. Die streng deduktive Form von Schillers Argumentation forderte noch einmal, mit Erfolg, die ganze Konzentration des Kurses heraus. Am Anfang stand die vollständige Definition von Tragödie:

„Die Tragödie wäre demnach dichterische Nachahmung einer zusammenhängenden Reihe von Begebenheiten (einer vollständigen Handlung), welche uns Menschen in einem Zustand des Leidens zeigt und zur Absicht hat, unser Mitleid zu erregen." (S. 42)

Anschließend wurden die Einzelelemente der Tragödie erläutert:

1. Sie ist *Nachahmung* einer Handlung, die unmittelbar auf den Zuschauer wirkt. Fast wie gegen Brecht gerichtet, klingt die Bestimmung, daß durch einen Erzähler die Handlung „in die Ferne" gerückt wird: „Das Entfernteste, das Vergangene schwächt aber, wie bekannt ist, den Eindruck und den teilnehmenden Affekt."
2. Sie ist Nachahmung einer *Handlung*, d. h. einer Reihe von Begebenheiten.
3. Sie ist Nachahmung einer *vollständigen* Handlung. Erst das Ganze macht die Situation für die Figuren ausweglos und ruft die Affekte und Reaktionen der Sittlichkeit des Zuschauers hervor.
4. Sie ist *poetische* Nachahmung mit dem Zweck, „durch Rührung zu ergötzen".
5. Sie ist Nachahmung einer Handlung, die Menschen „im Zustand des *Leidens* zeigt".
6. Damit schafft sie die Voraussetzungen für den *mitleidigen Affekt* des Zuschauers, der schließlich seine Sittlichkeit befördern soll.

Anders als bei Brechts Theorie waren die Schüler zu kritischer Reflexion nicht mehr in der Lage, von der Zuordnung zu anderen Wirkungstheorien der Zeit (Lessings Katharsis-Theorie aus der „Hamburgischen Dramaturgie", Kants „Kritik der Urteilskraft" oder auch Schillers frühen Tragödientheorien) ganz zu schweigen. Immerhin wurde deutlich, inwieweit die Theorie auf „Kabale und Liebe", vor allem auf die gemischten Charaktere von Luise und Lady Milford zutraf und sich von Brechts Annahmen abgrenzen ließ.

c) Zwei Szenen als Beispiele

Am Schluß haben wir zwei Szenen ausführlicher betrachtet, in denen die Theorien der beiden Dramatiker sich exemplarisch verdichten. Auf die Episode (Bd. X, S. 253–258), in der Azdak vor den Panzerreitern den Großfürsten mimt und zugleich er selber bleibt, die dargestellte Rolle also extrem verfremdet, hat schon Marianne Kesting sehr früh (1959) hingewiesen. Die Verfremdung bewirkt, daß sowohl die Machenschaften des Großfürsten wie auch die vordergründigen Interessen des Fetten Fürsten sowie seines Neffen entlarvt werden und sich ein neues Rechtsverständnis bei den zuhörenden Panzerreitern entwickelt („Immer war der Richter ein Lump, so soll jetzt ein Lump der Richter sein").

Auch in „Kabale und Liebe" gibt es eine Szene, in der die Erzählung einer Geschichte den mitleidigen Affekt bei der Zuhörerin auslöst und damit der Forderung Schillers entspricht, daß „Nachahmung einer rührenden Handlung der Inbegriff aller Bedingungen sein [muß], unter welchem der mitleidige Affekt am stärksten erregt wird" (S. 47). In der Szene II, 2 erzählt der Kammerdiener der Lady Milford von der Zwangsrekrutierung von siebentausend Landeskindern, einschließlich seiner eigenen Söhne, für die Armee des englischen Königs, die gegen die Aufständischen in Amerika, die um ihre Freiheit und Unabhängigkeit kämpfen, aufgestellt wurde. Von dem Bericht ist die Lady so gerührt, daß sie ihre Juwelen für die 400 Opfer einer Brandkatastrophe hergibt, nachdem der Kammerdiener das angebotene Vermögen abgelehnt hat: „Es ist besser, falsche Juwelen im Haar und das Bewußtsein dieser Tat im Herzen zu haben" (II, 2; S. 31, 22/23). Die Reaktion der Lady auf das berichtete Ereignis ist die exemplarische Vorführung dessen, was auch der Autor Schiller von seinen Zuschauern erwartet, wenn sie sich durch die von ihm gestaltete Handlung haben anrühren lassen.

5. Methodisches

Ein ebensolches Gewicht wie die Beschäftigung mit Inhalten in der Vertiefung in die Genres des Dramas hatte in diesem letzten vollen Halbjahr noch einmal die Ausfaltung von Methoden im Umgang mit der Literatur, mit Medien und der Sprache. Die Schüler sollten wieder mehr selber tun: schreiben, kommentieren, rezensieren, diskutieren, interpretieren, edieren, anstatt vom Lehrer oder der Sekundärliteratur umfassend informiert zu werden. Sie sollten sich auch Institutionen wieder bewußt machen, die kulturelle Prozesse steuern, öffentliche Meinungen bilden. In den Mittelpunkt rückten dabei die *Zeitungen* und die *Rezensionen* darin sowie die *Organe der Wissenschaft* und die *Interpretationen.* Die beiden Standardformen literaturkundlichen Handelns (Rezensionen, Interpretationen) wurden, entsprechend dem ganzen methodischen Konzept der praktischen Rezeption, nicht nur analysiert, sondern zugleich selbst erprobt. Beteiligung an der kulturellen Praxis ist erst dann möglich, wenn die Jugendlichen nicht nur Kenntnisse über die Institutionen und deren Formen der Literaturbehandlung kennen und kritisch analysieren, sondern sich zugleich darin üben lernen.

a) Produktionsformen

Es ging zunächst um kleinere, die Analyse begleitende Produktionsformen, wie z. B. den *Entwurf zu einer Variation* literarischer Texte in dem „Urteil über den Dorfrichter Adam in der Appelationsinstanz Utrecht". Derartige produktive Veränderungen, Erweiterungen, Umstellungen, Weglassungen bewegen die Vorstellungen im eigenen Horizont und im historischen Kontext der literarischen Zeugnisse. Sie fördern damit das Verstehen, die kritische Würdigung der Texte, aber auch einen kreativen Umgang mit der Literatur, der sich von ihr anregen läßt, ohne sich gleich mit ihrer Bedeutsamkeit zu messen. Auch wenn nicht alle Schüler gleichermaßen sich in diesen Formen des Fort-Schreibens geübt haben, so empfanden sie es doch als Abwechslung gegenüber den konventionalisierten Formen der Klausuranalysen und der Vorbereitungen darauf. Die Ernsthaftigkeit, mit der sie sich mit den Produkten der Mitschüler auseinandersetzten, war ein Indiz dafür.

b) Verständigungsgespräche

Der Unterricht wurde auch häufiger noch als früher durch Verständigungsgespräche unterbrochen, in denen wir gemeinsam über die Inhalte, Verfahren und Benotungen in Deutschstunden gesprochen haben. Den Zusammenschnitt der Videoaufnahmen von Stunden über „Prometheus“ in allen drei Jahrgangsstufen haben wir analysiert und zum Anlaß genommen, über die Änderungen des Unterrichtsstils, der Behandlungsschwerpunkte, aber auch über die Wandlungen von Schülern („wir sind freier geworden“) und Lehrer („immer noch der alte“) zu diskutieren. Ein anderes Mal haben wir über Berufswünsche: Studium oder Lehre, wenn Studium: Ingenieur- oder Wirtschaftswissenschaften und über die Alternative von Bundeswehr und Ersatzdienst gesprochen. Auch in solchen Stunden kam natürlich nicht viel an Ergebnissen heraus, aber doch einiges an Verständnis in die Diskussion hinein durch den Austausch von Erfahrungen, Informationen und Meinungen in einem Kreis, der sich sonst in dieser Zusammensetzung nicht begegnet, aber insgesamt von den gleichen Fragen bewegt wird.

c) Referate

Auch kleinere Referate über Kapitel aus der Literaturgeschichte (zu Schiller) oder aus der Sekundärliteratur (zu Brecht) übten die Schüler darin, sich mit komplexeren Zusammenhängen selbständig zu beschäftigen, und vor allem, den Ertrag aus diesem Eigenstudium so verständlich vorzutragen, daß jeder Kursteilnehmer es verstehen konnte. Dies würde ich in Zukunft von der Jahrgangsstufe 11 an noch systematischer üben.

d) Literarische Kritik und Wertung

Die über das Halbjahr verteilten Stunden zur Literarischen Kritik begannen mit einer Übersicht über die verkauften Auflagen von Illustrierten, Magazinen u. ä. sowie von Wochenzeitungen und überregionalen Tageszeitungen 1982 sowie der Veränderungen gegenüber 1981. (Vgl. die folgende Übersicht.)

In den Graphiken wurden nicht nur Marktbeherrschungen und Trends deutlich, sondern auch Zusammenhänge zwischen öffentlicher und veröffentlichter Meinung: Besonders beliebt sind die Zeitungen, die beides zur Deckung bringen, latente Meinungen verstärken; weniger Auflagen haben die Medien, die den Abstand suchen und ihn für Aufklärung, Information und Meinungswerbung nutzen. Die Zeit vor und nach dem Regierungswechsel am 1. 10. 1982 war außerdem besonders günstig, um das Meinungsspektrum der vier großen überregionalen Tageszeitungen (Süddeutsche Zeitung, Frankfurter Allgemeine Zeitung, Die Welt, Frankfurter Rundschau) auszuloten. Ich hätte natürlich gern danach gefragt, welche der Zeitungen jeder der Schüler abonnieren würde, hätte er ein Jahr lang freie Lieferung; aber politische Offenbarungseide den Schülern abzuverlangen, ist nicht die Aufgabe von Unterricht.

Die großen Zeitungen und Magazine waren denn auch die Quelle für die Analysen der Rezensionen zu einer ausgewählten literarischen Neuerscheinung. Ausgewählt hatte ich die Besprechungen von Gisela Elsners Roman „Abseits“, weil ich selber mich durch die Lektüre von Rezensionen im Frühjahr 1982 aufgefordert gesehen habe, das Buch zu kaufen und zu lesen. Interessenbildung, Kaufanreiz, Lenkung des Verstehens und Urteilsverfestigung konnten am konkreten Fall verfolgt werden. Bekenntnis des Lehrers, sein spürbares Engagement, sein Versuch, selbst zu lernen, sind nach meiner Beobachtung gute Voraussetzung für einen ertragreichen Unterricht. Hinzu kam sicher, daß nach der streng analytischen Arbeit an „Kabale und Liebe“, der Klausur und deren Besprechung der Methodenwechsel, verbunden mit dem „human interest“, befreiend wirkte. Jedenfalls war die Beteiligung wäh-

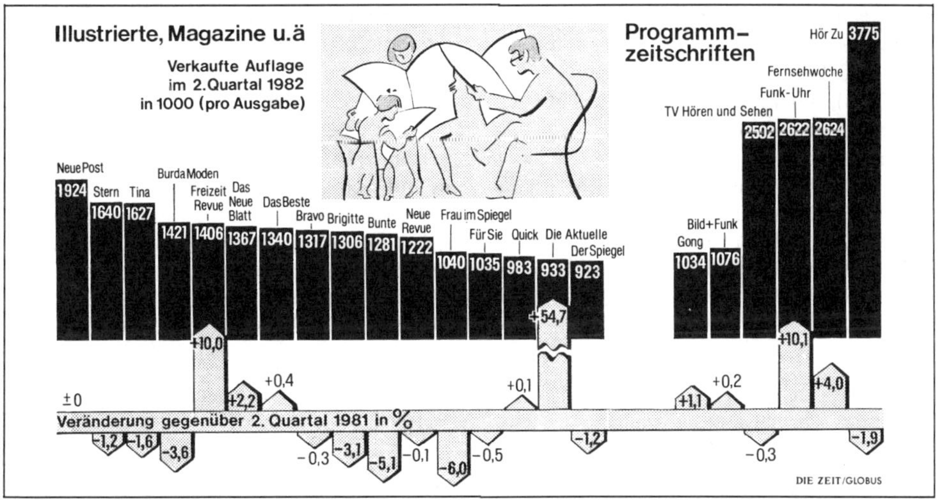

Die großen Illustrierten, Frauenzeitschriften und Klatschblätter verlieren ihre Leser. Seit zwei Jahren stagniert bei der Mehrzahl der deutschen Publikumszeitschriften die Auflage; vielfach geht sie sogar zurück. Es scheint, daß sich dieser Trend auch nicht so bald umkehren wird. Denn seit mehr Hobby- und Fachzeitschriften auf dem Markt sind, geht die Beliebtheit der allgemein gehaltenen Publikumszeitschriften zurück. Es gibt nur eine Ausnahme: Die Frauenzeitschrift „die aktuelle“, die im letzten Jahr ein Umsatzplus von über fünfzig Prozent (330000 verkaufte Exemplare mehr pro Monat) verbuchen konnte. Weiterhin zählen die Programmzeitschriften zu den Gewinnern: Wie auch im Vorjahr konnten die meisten von ihnen ihre Auflage nochmals steigern.

Die Wochenendausgaben der Springer-Zeitungen, Bild am Sonntag und Welt am Sonntag, lagen im 2. Quartal 1982 im Vergleich zum Vorjahr deutlich im Plus. Die große Gewinnerin unter den überregionalen Tageszeitungen war unterdes die größte: die Bild-Zeitung, die fast 700 000 Exemplare mehr verkaufte als 1981. Ihre Auflage lag Ende Juli bei über 5,4 Millionen Exemplaren. Unter den überregionalen Tageszeitungen fielen die Welt, die mit einem Verlust von 2,9 Prozent unverändert im Minus lag, und die Frankfurter Rundschau, die beachtliche 3,4 Prozent zulegte, auf. Überdurchschnittliche Verluste gab es bei den Wochenzeitungen Bayernkurier und Christ und Welt/Rheinischer Merkur. Die schöne Zeit jedenfalls, in der Zeitungen stetig an Auflage gewonnen haben, scheint vorerst vorbei zu sein.

GLOBUS Kartendienst, Hamburg

rend der kleinen Sequenz von fünf Stunden über die Roman-Rezensionen und die Pasolini-Verfilmung des „König Oidipus" so anregend wie sonst kaum eine in 13/1.

Den Schülern lagen vier Rezensionen des Romans vor: von Armin Ayren (FAZ vom 6. 3. 1982), Hellmuth Karasek (SPIEGEL vom 29. 3. 1982), Heinrich Vormweg (SZ vom 1. 4. 1982) und Eckhard Henscheid (FR vom 12. 6. 1982); sie sollten versuchen, aufgrund der Rezensionen einen Eindruck vom Roman zu formulieren, die Strategie der Zustimmung bzw. Ablehnung zu analysieren und die Wirkung auf sich selbst zu beobachten. Insgesamt war festzustellen, daß die Schüler (wie ich selber) die positiven Wertungen von Karasek und Vormweg plausibler fanden, aber – anders als ich – daraufhin das Buch nicht gekauft und wahrscheinlich auch nicht gelesen hätten.

Die Rezension von Armin Ayren, „Madame Bovary im Wohnblock", wurde als die instruktivste angesehen, um einen Eindruck von Milieu und Story des Romans zu gewinnen. Schon die ersten beiden Sätze wären sehr prägnant:

> „Die Wohnung: zweieinhalb Zimmer in einem Vorstadtwohnblock. Die Hauptfigur: Lilo Besslein, Mutter eines ihr nur lästigen Kindes und Ehefrau des langweiligen und korrekten Spießers Ernst Besslein."

Auch das ablehnende Urteil wäre leicht nachzuvollziehen, weil es sich selbst schlicht als Vorurteil entlarve, wenn es am Schluß heißt:

> „Übrigens – von der Rückseite des Umschlags schaut Gisela Elsner unter einer Riesenperücke hervor, ein intelligentes Gesicht, aber maskenhaft starr, die Augen so dick umrandet wie bei Lilo Besslein, deren Schminkkünste ausführlich geschildert werden. Eine seltsame Identifizierung, die vielleicht mehr aussagt als seitenlange Kommentare."

Das wüßte man doch, daß Autor und Erzähler nicht identisch wären; und wenn einem die Autorin nicht gefiele, wären Beweise für „maskenhaften" Stil im Roman nicht schwer zu finden. Ein Vorurteil gegen bestimmte Menschen und Zustände setze sich um in literarische Kritik.

Karaseks Kritik „Madame Bovary auf Wohnungssuche" schien demgegenüber plausibler, weil es ihm gelänge nachzuweisen, daß die banale Sprache dazu dient, das banale Leben in einer westdeutschen Trabantenstadt abzubilden. Und dies sei sicher banaler als ein bürgerliches Leben im 19. Jahrhundert, das Flaubert beschrieben hatte. An dieser Stelle der Vorbilddiskussion assoziierten die Schüler weniger die Situation der Madame Bovary in der französischen Provinz, als vielmehr die Situation Effi Briests in Berlin, nachdem sie von Mann und Kind getrennt wurde. Man fand allerdings, daß die gesellschaftlichen Zwänge damals das Schicksal sicher unausweichlicher gemacht hätten, als es heute der Fall wäre. Ich konnte daraufhin nur versichern, daß Elsners Roman auch Ausweglosigkeit 1982 „gnadenlos" (insofern stimmte die Theorie Ayrens von der Mitleidlosigkeit sicher) offenlegte. Darin steckte für mich die Faszination des Buches.

Heinrich Vormwegs Würdigung „Die Bovary aus der Trabantenstadt" ist nur zwei Tage nach der SPIEGEL-Kritik erschienen und im Ansatz bei dem literarischen Muster Flauberts und der Tendenz der Wertung Karaseks nachempfunden. Gut wäre, daß die Subjektivität der Wertung nicht verdeckt würde, sondern sogar betont wäre:

> „Ich habe den Roman mit irritierter Spannung gelesen, gefesselt und abgestoßen von Lilo Bessleins Krankheit und Ende, von all der Banalität, all den Deformationen, die da in ein altes Muster gerafft sind. Das geht jedermann an. Lilos Geschick ist ein Produkt der zunehmenden Inhaltslosigkeit bürgerlich-kleinbürgerlicher Existenz heute. Es demonstriert, daß diese banale Inhaltslosigkeit, mit der so viele sich einverstanden zeigen, etwas Unmenschliches hat."

Insgesamt drei Monate nach der ersten Rezension in der FAZ folgte die vernichtende Kritik von Eckhard Henscheid in der Frankfurter Rundschau. Diese drei Monate hat er zu sehr genauer Lektüre des Romans und aller Rezensionen nutzen können. Insofern ist er wirklich klüger und präziser in seinen Beweisen als seine Vorgänger:

„Dilettantismen in der Romankonstruktion (etwa beim Wechsel erzählte Geschichte – Vorgeschichte); grundlose Perspektivenwechsel (alles ist aus der Optik der Besslein erzählt, drei-, viermal ist sie ganz aus dem Spiel); melodramatische Wiederholungen statt Recherchen in der Wiklichkeit, respektive Nachdenken inmitten der Schreibtischautomatik; Beschwörungen statt genauer Beobachtungen, die ja Anstrengung kosteten – welchen Roman hat Karasek nur gelesen?"

Die Schüler aber regten sich mehr über den Ton als über den Inhalt der Kritik auf: Wer von „gedankenloser Sprache" redete, sollte nicht so nachlässig mit der deutschen Sprache umgehen (z. B. Telefonitis, daherwalzen), nicht so emotional übertreiben (großkotzig gescheitert, das verheerend Mißlungene, völlig unbegabte Erzählerin etc.) und nicht mit Unterstellungen operieren (woher weiß der, daß Gisela Elsner die Probleme, die sie beschreibt, „nie aus der Nähe gesehen hat"?).

Mir lag aber mehr an den impliziten Prämissen, die das negative Urteil leiten. Es war für die Schüler schon schwer, den moralischen Impetus der ganzen Abkanzelung zu entdecken, der gleich im ersten Satz durchscheint:

„Lilo Besslein, die Protagonistin des Romans, vereinigt so ungefähr alle zeitgenössischen Unarten in sich: Tabletten- und Nikotinsucht, Alkoholismus, Boutiquenhang und Kaufzwang, Telefonitis und allerlei Therapiegläubigkeit, Fernsehen und Fremdgehen, eine unsinnige Ehe und ein kaum sinnvolleres Kind."

Der Roman beschreibt offenbar etwas, das nicht sein darf (Unarten), gibt sich „kritisch-analytisch-aufklärerisch", ist in Wahrheit aber „ein Schnellprodukt aus der Küche der Neo-Biedermeierei", „stenzt" als „schöne Trivialität" daher, auf jeden Fall fehlt ihm die Perspektive („witzlos"), aus der die moralische Verderbtheit der Gesinnung und des ganzen Milieus offenkundig und der Ausweg in Richtung Sinn wenigstens sichtbar würde. Der Ruf nach einer Literaturpolizei erschallt nicht von ungefähr.

Die eine Prämisse literarischer Wertung in der Rezension ist ein außerliterarisches Urteil über die „Moral von der Geschicht". Dies ist kein Fehler, sondern im Gegenteil: es erlaubt, im idealen Fall ein Urteil über die Ideen der Literatur aus Sicht einer philosophisch begründeten Ethik, im schlimmeren Fall eines aus der Sicht hausbackener Moral zu fällen. Beide Extreme sind im vorliegenden Text nicht erkennbar, eher eine intelligente Abwehr kleinbürgerlicher Enge („Kollektion von gegenwärtig kurrentem Problemquatsch"). Die andere Prämisse ist deutlich in einer eng definierten Ästhetik, in *einer* Bestimmung der Aufgaben von Literatur zu suchen:

„Einspruch, Häresie, die Erfindung und Darstellung des ‚Ganz-Anderen', was heute noch in ein paar verschwindenden Fällen (sagen wir Arno Schmidt) den Begriff von Literatur erfüllt: wahrscheinlich ist ein solcher Anspruch unterm realen oder vermeintlichen Diktat von Marktkonditionen heute schon antiquiert."

Sicher ist die Formulierung des „Ganz-Anderen", das sich nicht in Wiederholungen depravierter Wirklichkeiten erschöpft, Aufgabe der Kunst; Adorno hat es als Prinzip der Negativität theoretisch gefaßt. Um aber bei Adorno zu bleiben: Er hat auch von der Kunst gefordert, die Spuren des Leidens der Menschen zu zeichnen, damit Menschlichkeit als Ziel allen Handelns nicht vergessen wird. Allein dieser zweiten Bestimmung entspräche Elsners Roman; ihn an der ersten zu messen, bedeutet, den Maßstab zu verfehlen, dem er sich selbst unterworfen hat. Wir erwarten von einem naturalistischen Drama Hauptmanns ja auch nicht die Hermetik der lyrischen Bilder Georges.

Der Ertrag der genauen Analyse der vier Rezensionen war erstaunlich. Zunächst hatten wir eine Übersicht der Aspekte einer Rezension und damit Bausteine für eine Gliederung erstellt. Jede Rezension ordnet diese Elemente neu:

Vorbild und Zusammenhang	SPIEGEL 1 SZ 1
Inhalt und Themen	FAZ 1 FR 1 SZ 2 SPIEGEL 3
Aufbau, Stil und Sprache	FR 2 FAZ 3
Absicht und Tendenz	FAZ 2 SPIEGEL 2 SZ 3
Wirkung und Funktion	alle vier

Auffällig bei den ausgewählten Beispielen war, daß die Befürworter des Romans den Inhalt und die Umsetzung des literarischen Vorbilds (die produktive Rezeption!) hervorheben, die Kritiker aber sich besonders intensiv mit Sprache und Stil auseinandersetzen. Da diese Untersuchungen sich der Elemente von Interpretation bedienen, erscheint der Nachweis der Fehler, der mangelnden Homogenität und Stimmigkeit, besonders wissenschaftlich und damit das ablehnende Urteil oder die Kritik objektiv.

Mit dieser von den Schülern vorgetragenen Beobachtung wurde auch klar, daß die Formen des Umgangs mit Literatur nicht immer fein ordentlich voneinander abgegrenzt und rein verwendet werden können: Eine Rezension enthält referierende und analysierende Elemente, eine Interpretation referierende und wertende Partien. Wie bei allen expositorischen Texten geht es nur um dominante Absichten und deren adäquate Formen.

An den Rezensionen ließen sich *Prinzipien und Elemente literarischer Wertung* verdeutlichen:

- die literaturimmanenten
  (z. B. Stimmigkeit, Echtheit, Realismus, Bildhaftigkeit, Konstruktion),
- die historischen
  (z. B. Innovation bzw. Stabilität des Themas, traditionelles bzw. avantgardistisches Sujet, affirmativ bzw. kritisch im Verhältnis zur Gesellschaft),
- die philosophisch-weltanschaulichen
  (z. B. ethischer Standpunkt, ideologiekritische Position, Überzeugung, Engagement).

Eine Fortsetzung der Unterrichtseinheit zu einer größeren über Wertungsfragen auch an die kanonische Literatur könnte hier angeschlossen werden (vgl. dazu J. Schulte-Sasse 1976). Entsprechend meinem methodischen Konzept wollte ich aber mit praktischen Übungen in literarischer Kritik weitermachen.

Eine letzte Beobachtung aus Anlaß der Besprechung von Rezensionen ist wert festgehalten zu werden: Unabhängig von ihren Ergebnissen setzt die literarische Kritik *Trends* mit dem, was besprochen und damit in die öffentliche Diskussion gebracht wird. Noch die schärfste Kritik bestätigt den Trend. Und im Frühjahr 1982 wurde Gisele Elsners Roman weiterdiskutiert:

16. 4. 1982 Neue Zürcher Zeitung: Banalität und Tragik (N. Mecklenburg)
6. 5. 1982 Stern: Sprache im Abseits (E. A. Rauter)
4. 6. 1982 die tat: Nur ein hilfloses Leiden an der Gegenwart (Ralph Quinke)
10. 6. 1982 Deutsche Volkszeitung: Abseits – dennoch Tor! (Frank Benseler)
22. 8. 1982 Deutsches Allgemeines Sonntagsblatt: Die leere Welt im Spiegelbild einer Frau (Heinz Neidel).

Die FAZ hatte den Impuls gegeben, der wahrscheinlich versickert wäre, hätten ihn nicht SPIEGEL und SZ, unter direkter Bezugnahme auf die Erstrezension, durch eine Wertung mit gegenläufiger Tendenz verstärkt. Es ging nun nicht mehr nur um den Roman, sondern auch um Kontroversen der Feuilleton-Redaktionen der verbreiteten überregionalen Zeitungen. Wer im Konzert der großen Zeitungen mitreden wollte, durfte sich offenbar dieser Diskussion nicht entziehen. Es mag zwar Zufall sein, daß die FAZ in diesem Fall den Trend gesetzt hatte, aber es war wohl einer, hinter dem System steckt. Es wäre eine Aufgabe eher für Zeitungswissenschaftler zu untersuchen, welche der Zeitungen am häufigsten zuerst die Bücher kritischer Würdigung unterzieht, die nachher in aller Munde der Literaturkritiker sind, und wessen Impulse dauernd versickern. Solche Auswahlmechanismen zu untersuchen ist in der Schule besonders sinnvoll, weil ihr Kanon von der ausgelesenen Literatur vergangener Generationen lebt und die heutige Kritik den Kanon von morgen vorbereitet.

e) Schüler-Rezensionen

Die *Form der Rezension* haben die Schüler an zwei Beispielen selbst erproben können. Das erste war ein Nachtrag zur Behandlung des Oidipus-Mythos: die Verfilmung des sophokleischen Dramas durch Pasolini in „Edipo Re". Aufgabe war, unmittelbar nach dem gemeinsamen Ansehen der Fernsehaufzeichnungen eine Kritik zu schreiben. Nur genau ein Drittel hatte diese Aufgabe allerdings gelöst, auch wenn sich mehr Schüler an der anschließenden gemeinsamen Besprechung beteiligt haben. Die vorgelegten Rezensionen waren entweder mehr analytisch-objektiv oder mehr kritisch-subjektiv und zeigten sich durchaus bewandert in filmtechnischen Details. Ein Beispiel für die Analyse des Films ohne eine explizite Wertung liefert Matthias W.:

> Pier Paolo Pasolini hält sich in seinem Film „Edipo Re" (1967) relativ genau an die Vorlage der Sophokles-Tragödie „König Oidipus". Lediglich bei der Begegnung Oidipus mit der Sphinx weicht Pasolini vom Originaltext ab.
>
> Trotz der Übereinstimmung von Originaltext und Verfilmung ist die Erzählstruktur des Films jedoch eine völlig andere. Während Sophokles eine analytische Erzähltechnik verwendet, wird im Film die Gestalt des Oedipus von der Aussetzung als Kind bis zur Krönung in Theben und der Heirat seiner Mutter chronologisch erzählt, erst dann beginnt eine analytische Aufdeckung seiner Vergangenheit vor den Einwohnern Thebens. Zusätzlich wird das Original durch die Hereinnahme eines in der heutigen Zeit angesiedelten Prologs und Epilogs ergänzt.
>
> Die Umsetzung des Oidipus-Themas in den Film und die Verdeutlichung durch filmische Mittel kann bei der Pasolini-Verfilmung als gelungen bezeichnet werden.
>
> Die Sprache wird im Film nur sparsam eingesetzt, stattdessen ist der Einsatz von altertümlicher Musik sehr ausgeprägt. Auch der starke Einsatz der weiten und kahlen Wüstenlandschaft von Marokko, wo Pasolini den Film drehte, macht die vorgeschichtliche Zeit, in der der Mythos spielen soll, deutlich.
>
> Pasolini wollte duch diesen Film die Aktualität des „Oidipus-Mythos", also des Vatermordes und der Liebe zur Mutter, durch die Verfilmung des Sophokles-Textes und besonders durch die Hereinnahme der aktuellen Rahmenhandlung nachweisen.

Andere Rezensionen gehen noch mehr auf die Verschränkung der verschiedenen Zeitebenen des Films (Gegenwart in Mailand im Rahmen, Gliederung der Oidipus-Handlung in fortschreitende Zerstörung und aufdeckende Selbstzerstörung) ein und decken damit die besonderen Möglichkeiten des Mediums Film auf, wie z. B. Abraham am Schluß seiner Kritik:

> Man darf jedoch nicht übersehen, daß es dem Regisseur auch oder vor allem auf eine Kritik der bürgerlichen Kultur ankam, die schließlich für die Existenz oder wenigstens für die Größe der ödipalen Wünsche jedes einzelnen verantwortlich ist. Erst von diesem Standpunkt aus erhalten die vier Darstellungsebenen ihren wahren Sinn. Auf der ersten Ebene schildert Pasolini die bürgerliche Kultur mit ihrer Unterdrückung individueller Bedürfnisse, auf der zweiten befreit sich Oidipus von den Normen dieser Kultur und erreicht dadurch die Befriedigung seiner Triebe, auf der dritten folgt die Einkreisung und Erstarrung des Oidipus, was mit der starren Darstellung und Sprache einhergeht, auf der vierten Ebene ist die bürgerliche Kultur wieder gesichert. Mit der Wahl gerade der Gegenwart als letzter Zeit, die im Film vorkommt, hat Pasolini seine Kritik eindrucksvoll aktualisiert.

Entschieden wertend verfuhr vor allem Dirk, der sich von Anfang an zu seinem Urteil bekennt, das vor allem auf Kritik über dem Epigonalen des Films beruht:

> König Oidipus als Kinoheld – oder der mißlungene Versuch, einen Mythos zu verfilmen
>
> Den Verusch zu unternehmen, König Oidipus, einer der bedeutendsten Gestalten in der griechischen Mythologie zu verfilmen, muß man sicherlich lobenswert finden – doch das Resultat ist beschämend.
>
> Dieser Film stellt für alle Kinobesucher eine Zumutung dar. Die einen, die einen „Action-Film" oder einen „Liebesfilm" erwartet haben – die Ermordung des Vaters und die Heirat mit seiner Mutter hätten da reichlich Stoff geliefert – werden genau so enttäuscht nach dem Film nach Hause gehen, wie diejenigen, die einen „Bildungsfilm" erwartet haben.
>
> Diese Verfilmung des Regisseurs Pasolini zeichnet sich durch gähnende Langeweile aus, hervorgerufen durch mehrmaliges Wiederholen einiger Szenen, wie z. B. die Irrwanderungen des Oidipus, die sich immer wiederholenden kargen Landschaftsbilder und den mehrmals auftretenden Königspalast. Wachgehalten wird der Zuschauer nur durch die periodisch vorkommenden überlauten Folklorelieder.
>
> Wie gut hätte sich der Film dazu eignen können, der mit Fernsehen und Video vollgestopften Jugend – die statt Sophokles' „Oidipus" zu lesen, lieber in den gleichnamigen Film gehen – Wissen zu vermitteln.
>
> Aber was macht der Regisseur? Er lehnt sich nur locker an Sophokles an! Die eigentliche Sophokles-Fassung fängt praktisch erst in der Mitte des Films an, die analytische Technik wird nicht verwendet: es liegen sogar einige Verfälschungen vor – man denke nur an das Zusammentreffen Oidipus mit der Sphinx.
>
> Die einzig gelungenen Szenen sind die, die am Anfang und am Ende des Films, sozusagen als Rahmen, den Bezug zwischen Mythos und Realität herstellen. Nämlich am Anfang die Mutter/Frau des Oidipus und Oidipus selbst im heutigen Griechenland, und am Schluß der blonde Oidipus, ebenfalls im modernen Griechenland.
>
> Doch dieser einzig positive Punkt kann nicht über all die negativen Punkte hinwegtäuschen. Dieser Film ist nicht dazu geeignet, die Lektüre Sophokles zu ersetzen, und er wird hoffentlich auch nicht von Deutschlehrern mit guten Empfehlungen an die Schüler weitergegeben.

Auch die subjektive Wertungsperspektive wurde in anderen Arbeiten mit Hinweis auf die strapaziöse Rezeption noch verschärft – mit Hilfe des Nachweises formaler Mängel, wie wir es bei der Buch-Rezension erfahren haben. Angela schreibt gegen Ende:

> Auch die sonstige formale Darstellung weist Mängel auf, indem der Autor z. B. versucht, die Mystik der damaligen Zeit durch schreckliche Musik zu verwirklichen, ohne dabei auf eine Grenze der Strapazierbarkeit menschlicher Nerven Rücksicht zu nehmen. Wenn man die Schreierei, Schauerhaftigkeit der Musik und sonstige Öde des Films überstanden hat, ist man reif für eine Kopfschmerztablette.

Das zweite Beispiel für die Erprobung der Form der Rezension war eines der Werke aus der Liste der 100 Bücher der ZEIT. Schon in der ersten Stunde des Schulhalbjahres wurde die Liste kopiert an alle Kursteilnehmer verteilt mit der Aufforderung, sich eines der vorgeschlagenen Bücher daraufhin auszusuchen, daß dazu bis zum Januar 1983 eine Rezension zu schreiben sein wird. Diese Arbeit hatten diesmal alle Schüler abgegeben, zumal sie damit auch ein älteres Versprechen aus 12/1 eingelöst haben. Die Rezensionen waren durchweg, gemessen an den Fähigkeiten eines jeden einzelnen, so gut gelungen, daß ich sie ordentlich tippen, vervielfältigen und mit einem Umschlag versehen ließ und in der letzten Stunde im April 1983 an alle Schüler verteilt habe. Natürlich haben wir auch ein Exemplar an die ZEIT geschickt, das Fritz J. Raddatz in seiner „Bilanz" vom 5. 10. 1984 mit einem Satz erwähnt: „Besonders lustig war dann eine Arbeit der Heinrich-von-Kleist-Schule in Bochum, die unsere Rezensionen rezensierte." Gewiß waren den Schülern die Rezensionen der ZEIT zu den von ihnen ausgewählten Werken bekannt, aber sie haben weniger die Rezensionen als die behandelten Werke rezensiert.

Im Vorwort zu der Sammlung habe ich auf Entstehungsgeschichte und Absicht des gemeinsam erstellten Kurs-Werkes hingewiesen:

Das eingeholte Versprechen

Die Sammlung der Rezensionen ist das Ergebnis eines Versprechens: Als in 12/1 zur Diskussion stand, vier Romane der Jahrhundertwende zu lesen, protestierten die Kursteilnehmer mit Hinweis auf ihre zahlreichen Verpflichtungen in den Leistungskursen. Wir haben uns dann auf die Lektüre von drei Romanen geeinigt: Theodor Fontane: Effi Briest, Heinrich Mann: Der Untertan, Rainer Maria Rilke: Die Aufzeichnungen des Malte Laurids Brigge.

Ein viertes Prosawerk wollte jeder später gern einmal lesen und über die Lektüreerfahrung berichten. Manche dachten sich vielleicht: aufgeschoben ist so gut wie aufgehoben. Als wir dann in 13/1 über Rezensionen literarischer Werke sprachen, erinnerte ich an das ein Jahr alte Versprechen mit der Begründung: Rezensionen lernt man am besten beim Rezensieren.

Jeder Kursteilnehmer konnte sich aus der Liste der 100 Bücher der ZEIT (1979) ein Werk auswählen, das er kritisch besprechen wollte. Die Aufgabe wurde diesmal ohne weitere Bitte um Aufschub akzeptiert. Daß dann die meisten doch erst Mitte Januar 1983, am Tag der Zeugniskonferenz, fertig wurden, liegt wohl an der durch die Schule vermittelten Fähigkeit, unter Zeitdruck am wirkungsvollsten arbeiten zu können. Als Dank für die Mühe wurden die fertigen Rezensionen unter der Leistungsrubrik „sonstige Mitarbeit" verbucht.

Die kopierte Sammlung ist nicht nur ein Dokument der Kursarbeit, sondern für die Kursteilnehmer zugleich ein Erinnerungsstück für die nachschulischen Jahre. Es ist aber auch das, was der Unterricht über Literatur in den drei Oberstufenjahren sein sollte: eine Herausforderung, weiter mit Freude und Genuß zu lesen.

Folgende Werke wurden besprochen (die Überschriften sind Schlüsselbegriffe aus den einzelnen Rezensionen, die ich in den meisten Fällen den Schülern als Titel vorgeschlagen habe):

DEM GEIST DIE ZUNGE RAUSGESTRECKT
„Il Decamerone" von Giovanni Boccaccio (Abraham S.)

TILL EULENSPIEGEL ALS VORLÄUFER DES SIMPLICISSIMUS
Hans J. Chr. von Grimmelshausens „Der Abenteuerliche Simplicissimus" (Markus M.)

DER TAUGENICHTS MACHT SEIN GLÜCK
Joseph von Eichendorffs Erzählung „Aus dem Leben eines Taugenichts" (Frank R.)

FASZINATION DES GRAUENS
Edgar Allan Poe: „Tales of Mystery and Imagination 1839–1846" (Andreas K.)

GLANZ, LIEBE, LEID IN DER SCHWEIZ
Gottfried Kellers Novelle „Romeo und Julia auf dem Dorfe" (Dirk L.)

HAPPY END IN SELDWYLA
Gottfried Kellers „Kleider machen Leute" (Marko B.)

DAS GLÜCK INTELLEKTUELLER GENÜSSE
Arthur Schopenhauer: „Parerga und Paralipomena" (Torsten P.)

EINE KARIKATUR DER REVOLUTION
„Der achtzehnte Brumaire des Louis Bonaparte" von Karl Marx (Matthias W.)

DER SKANDALÖSE PROZESS DES MONSIEUR FLAUBERT
Gustave Flauberts Roman „Madame Bovary" (Renate K.)

AUSSCHWEIFUNGEN ZUM AUSMALEN
„Das Bildnis des Dorian Gray" von Oscar Wilde [1980] (Markus W.)

EIN IDIOT WIRD FREIGELASSEN
Jaroslav Hašeks „Die Abenteuer des braven Soldaten Schwejk" (Beate S.)

LEBER UND NIEREN STATT AMBROSIA
James Joyce: „Ulysses" (Frank S.)

EIN IDOL FÜR BLUMENKINDER
Hermann Hesses „Steppenwolf" (Angela K.)

IRRITIERENDE FLUCHTWEGE
Anna Seghers: „Das siebte Kreuz" (Eva V.)

BERTOLT BRECHT UND DER GROSSE UNBEKANNTE
Bertolt Brechts „Geschichten vom Herrn Keuner" (Roland U.)

MOMENTAUFNAHMEN DER NACHKRIEGSZEIT
Heinrich Bölls „Erzählungen" (Alfred M.)

TECHNIK UND FORTSCHRITT ALS WELTANSCHAUUNG
Max Frischs „Homo faber" (Thomas G.)

GESELLSCHAFTSKRITIK MIT UTOPISCHEN EINGABEN?
„Die Blechtrommel" von Günter Grass (Jürgen G.)

Es ist nicht leicht, zwei Rezensionen für den Abdruck auszuwählen, weil sie alle interessant sind und unterschiedliche Akzente für die Beurteilung der ausgewählten Werke setzen. Angelas Rezension von Hesses „Steppenwolf" orientiert sich sehr stark an den analysierenden Kritiken und bezieht sich am deutlichsten auf die in der Roman-Reihe ein Jahr zuvor erarbeiteten Kategorien der Analyse epischer Werke. Rolands Rezension über Brechts „Geschichten vom Herrn Keuner" wählt demgegenüber eine entschieden subjektive Perspektive und gibt zugleich seine Antwort auf den gleichzeitig ablaufenden Unterricht über Brechts „Kaukasischen Kreidekreis" und seine Theorie des epischen Theaters.

EIN IDOL FÜR BLUMENKINDER Hermann Hesses „Steppenwolf"

Der Steppenwolf gehört nicht mehr zu den früheren Romanen Hesses, in denen er in romantischer, weicher Stimmung vorwiegend Selbstbekenntnisse darstellt (z. B. Peter Camenzind), sondern hier läßt sich ein anderes Grundthema erkennen: die Spaltung der Seele in verschiedene Einzelteile, die menschliche Natur im Widerspruch zwischen Trieb und Geist. Dieses Hauptthema der Polarität von roher Trieberfüllung und gebändigter Kultur behandelt Hesse in mehreren Romanen, sein Steppenwolf ist jedoch der bekannteste.

Der Autor beschreibt, wie in dem Haus seiner Tante ein seltsamer Miter namens Harry Haller, genannt der Steppenwolf, auftaucht. Dieser hinterläßt bei seinem Auszug biographisch die Aufzeichnungen seines Lebens in Form eines Manuskripts. Hesse wird dadurch zu einem passiven Herausgeber, der mit einleitenden Worten das Werk Haryy Hallers präsentiert. Der Steppenwolf stellt sich also als ein „Buch im Buch" dar, obwohl in Wirklichkeit nur Hermann Hesse der Autor ist.

In diesem Roman versucht er, ausgehend vom Wesen des Steppenwolfes auf das Wesen der Menschen zu schließen. Der Steppenwolf entstammt dem Bürgertum und will diese Herkunft auch nicht leugnen. So liebt er es, sich in bürgerlicher Umgebung aufzuhalten, indem er z. B. in einem Zimmer eines Hauses wohnt, in welchem Ordnung, Sauberkeit und Anständigkeit vorherrschen. Prüft man jedoch die Seele des Steppenwolfes, so erkennt man, daß er allein duch seine Individuation zum Nichtbürger bestimmt ist. Hesse charakterisiert den Bürger als den ausgleichenden Typ, der immer versucht, zwischen den Extremen den einfachen und bequemen Weg der Mitte zu finden. Dessen Ideal ist nicht die Hingabe, sondern die Erhaltung des Ichs, und dieses wird erreicht durch die Triebsublimierung, jedoch auf Kosten der Lebens- bzw. Gefühlsintensität, die diejenigen, der im Extremen und Unbedingten lebt, gegeben ist.

Der Steppenwolf erklärt sich selbst als ein schicksalhaftes Doppelwesen, welches geteilt ist in eine menschliche und eine wölfische Natur, die ständig feindlich miteinander konkurrieren. Dabei muß er jedoch die Unzulässigkeit dieser Scheinlogik erkennen: ein Mensch besteht nämlich nicht nur aus zwei Polen, sondern aus unzählig vielen. Dabei ist es ein natürliches Bedürfnis jedes Menschen, sich dieses Ich (diese Vielzahl der Naturen) als eine Einheit vorzustellen. Nur der Steppenwolf dehnt diese Einheit in eine Zweiheit aus (Mensch und Wolf), wodurch er sich das Leid seines Lebens zu erklären versucht.

Hesse versucht, das Wesen und Leben des Steppenwolfes in einfachen und klaren Worten zu beschreiben, um es dem Leser einleuchtend erscheinen zu lassen. Die narrative Struktur ist eine Ich-Erzählende-Form, in welcher der Abstand des Schriftstellers vom Erzähler gegen Null geht, also minimal ist. In der Tat läßt Hesse nicht nur im Steppenwolf, sondern in vielen seiner Romane autobiographische Züge erkennen. Der Leser bekommt Einsicht in die Gedanken, Wertungen und Gefühle des Erzählers, so daß er „mit ihm leben" kann. Die Erlebnisse und Empfindungen des Steppenwolfes sind aber so abstrakt, daß man sich nur schwer in seine Lage versetzen kann. Die Darstellungen sind auch oft so langatmig geschrieben, daß man sehr schnell geneigt ist, das Buch beiseite zu legen. Das Element der Spannung scheint Hesse wohl zu verachten, so daß der Steppenwolf zwar ein anspruchsvolles Buch ist, jedoch nur schwierig und mit Überwindung zu lesen. Dem Leser bleibt auch unklar, ob es sich bei dem Erzähler um einen verzweifelten Nihilisten oder um einen gläubigen Menschen handelt.

Bezieht man Personen und Inhalt des Buches auf das reale, alltägliche Leben, so ergeben sich zahlreiche Unterschiede und Fragen. Der Steppenwolf sieht den idealen Zustand in der außerbürgerlichen Opposition. Die ihm vorschwebende große, weitreichende Freiheit des Individuums ist jedoch völlig wirklichkeitsfremd, da sie von fast allen Menschen schon rein aus wirtschaftlichen Gründen unerreichbar ist. Wer kann ein solches Leben finanzieren? Niemand kann sich ununterbrochen mit sich selbst beschäftigen, sondern muß sich zunächst um seinen Unterhalt kümmern. Für die Hippies und Blumenkinder ist Hermann Hesse ein Idol. Für die ihr täglich Brot verdienenden Berufstätigen schildert der Autor eine nicht erreichbare Utopie. (Angela K.)

BERTOLT BRECHT UND DER GROSSE UNBEKANNTE
Bertolt Brechts „Geschichten vom Herrn Keuner“

Bertolt Brechts „Geschichten vom Herrn Keuner“ waren für mich eine einzige Enttäuschung. Ich hatte wohl zu viel erwartet. In seinen Geschichten schildert Bertolt Brecht die Erlebnisse des Herrn K. Herr K. ist der Mann, von dem man nichts weiß. Man erfährt weder Alter noch Beruf oder einen Teil seiner Biographie. Brecht hat diese Geschichten, wie ich aus einem Buch entnommen habe, als Nebenbeschäftigung geschrieben, immer dann, wenn ihm gerade etwas einfiel. Und das merkt man den Geschichten an: Sie sind ein *Abfallprodukt*. In die großen, aber auch nicht besonders guten Werke Brechts kann man noch viel hineininterpretieren, aber hier geht es nicht mehr. Die Geschichten sind zu kurz. Einige von ihnen sind aussagelos, andere wiederum verarbeiten *Binsenweisheiten,* um sie dann als neue Weisheit darzustellen.

Der Schriftsteller Brecht wurde doch schon seit jeher überbewertet. Außer „Mutter Courage“ und der „Dreigroschenoper“ hat er doch überhaupt nichts Brauchbares geschrieben. Die an den Haaren herbeigezogenen Interpretationen zu seinen Werken und die Erläuterungen konnten nicht überzeugen. Durch die Geschichten bin ich nämlich erst recht davon überzeugt, daß Brecht mit diesen Geschichten seiner radikalen Gesinnung Luft machen wollte (Gesch.: Der hilflose Knabe). Ich kann mir Brecht richtig als Keuner vorstellen, denn wenn man den Interpretationen anderer glaubt, ist Herr K. = Herr B. Ein anderes Beispiel, das die Keuner-Geschichten unsympathisch macht, ist die Kälte und die Koketterie in ihnen. Herr K., der Denkende“ (lächerlich) ist etwas (wenn man es schon gelesen hat), was man so schnell wie möglich vergessen sollte. Falls man es noch nicht getan hat, sollte man auch die Finger von dem Buch lassen. Über die Geschichten habe ich mich geärgert und war enttäuscht. Zum Glück habe ich das Buch nur ausgeliehen, denn mit diesem Geld kann man etwas viel Besseres anfangen. (Roland U.)

Wir haben noch mehrmals über die Rezensionen gesprochen (z. B. am 31. 1. und 20. 4.), einzelne Arbeiten vorgelesen und wieder bewertet. Allen hat die Arbeit großen Spaß gemacht; Markus W. hebt hervor: „Endlich konnte man mal schreiben, wie man wollte und seine Meinung sagen“, und man sah den Ertrag in Werkgestalt vor sich. In der letzten Stunde im April kursierten die Exemplare, um die Unterschriften der Kursteilnehmer darin zu sammeln und damit ein Stück Erinnerung zu schaffen.

f) Interpretationen

Die Arbeit am Aufbau von Interpretationen verlief demgegenüber vergleichsweise wesentlich mühevoller; zu sehr vermittelte sie offenbar den Eindruck eines Wissensstoffes, der Punkt für Punkt abgeprüft werden wird. Dieser Eindruck wurde dadurch verstärkt, daß ich das Analyseverfahren jeweils vor den Klausuren besprochen habe. Insgesamt schlossen die Bemühungen um verbesserte Analysefähigkeiten in Rezensionen und Interpretationen an die methodischen Übungen einerseits zu Erklärungen expositorischer Texte und andererseits zu Verstehensprozessen fiktionaler Literatur in 12/1 an (vgl. Kap. B III). Nachdem in den Jahrgangsstufen 11 und 12 die erste Spirale der hermeneutischen Reflexion allmählich vervollständigt worden war, ging es nunmehr nur noch um Erweiterung einzelner Aspekte in den drei Stufen des Verstehens sowie den Versuch, Linien der Argumentation in den Ablauf der Darstellung zu bringen, die den Erkenntnisfortschritt am Ende des ersten Durchgangs plausibel macht.

In der Formulierung des Vorverständnisses kommt es daher jetzt darauf an, einen deutlichen Ansatzpunkt zu formulieren, auf den am Schluß noch einmal eingegangen werden kann, in dem seine Bedeutung/Unbedeutung unterstrichen wird. Als solche Ansatzpunkte eignen sich z. B. bei der Analyse des Vorspiels des „Kaukasischen Kreidekreises“, das wir gerade besprachen,
die zentrale Thematik der Neuordnung von Eigentumsverhältnissen,
die Form der Verschränkung zweier Zeitebenen als Ebene des Kommentars und der Handlung,
der historische Ort des dramatischen Geschehens und der Erstrezeption,
die Funktion der Kunst als Reflexion auf politische Entscheidungen und als Eingriff in sie.

Zwar tauchen auf der ersten hermeneutischen Spirale in der Einzelanalyse alle Aspekte noch einmal auf, aber der dominante Gesichtspunkt mit der These, die vor allem bewiesen werden soll, rückt in den Mittelpunkt. Die Aspektwahl bestimmt den Ablauf der Deutung. Im Zusammenhang mit der Erläuterung des Epischen Theaters steht im Unterrichtsgespräch vor allem der zweite Aspekt mit der Verschränkung der Zeitebenen im Zentrum, so daß Überlegungen zum Zusammenhang des Aktes mit dem ganzen Drama und die Gliederung des ersten Aktes sich vor allem an der ordnenden Gestalt des Sängers orientieren.

Auch die Einzelanalyse stellte die dramatischen Elemente in ihrer Erscheinungsweise im Epischen Theater heraus: Figuren, Ort und Zeit, Handlung und Themen, Probleme und ihr Zusammenhang, Sprache und Bilder. Neu hinzu kamen Beobachtungen zu den Stilebenen (Sprache der Kolchosbauern, des Sängers, Grusches und Simons) sowie zu den durchgehenden Konflikten, den intrapersonalen (z. B. Grusche), den interpersonalen (Streit der Kolchosen, Streit um das Kind, Rechtsstreitigkeiten).

Im „Vertieften Verstehen" wurde vor allem auf die bisher weniger berücksichtigten Aspekte insoweit eingegangen, als sie mit der epischen Struktur zusammenhängen: auf die dominante Perspektive des Sängers und die Intention des Autors, auf den historischen Bezug zur Entstehungszeit 1945 und der Spielzeit 1943 und auf die Aktualität des Geschehens. Hinzu kam die Frage nach der Wirksamkeit der Mittel für die leitende Absicht des Autors und damit der Versuch einer Gesamtbewertung, die möglichst bestätigend oder abweisend auf den ersten Eindruck und den gewählten Ansatz Bezug zu nehmen hat. Damit ergab sich insgesamt folgende Ordnung auf der ersten Spirale des hermeneutischen Zirkels:

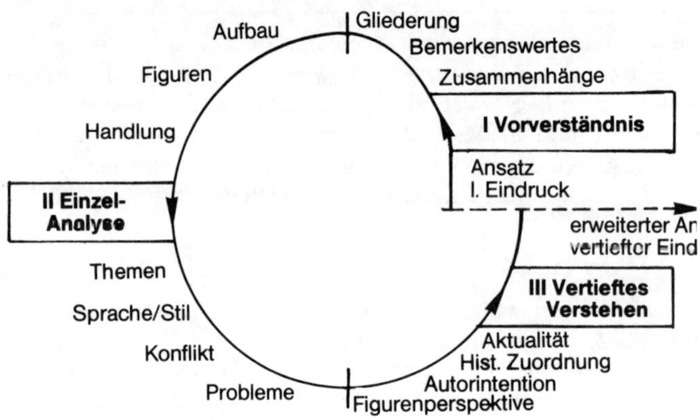

Dies waren zunächst nur die Aspekte einer Dramenanalyse, aber im Prinzip gilt das Verfahren auch für die anderen Genres – unter Berücksichtigung der gattungsspezifischen Formen und Funktionen. Es kam mir vor allem darauf an, daß die Schüler den Aspektreichtum erkannten, mit dem man sich ein literarisches Werk im ersten Zugriff erschließen kann. Die Bewältigung der nächsten Spiraldurchgänge kann nur gelingen, wenn die Interpreten Poetiken, literaturtheoretische Schriften, autobiographische Notizen, vor allem aber einschlägige Sekundärliteratur und neuere Forschungsergebnisse in ihren eigenen Ansatz und die Deutungsschritte einbeziehen können. Dazu aber bedarf es genauerer Kenntnisse der Literaturgeschichte und der literaturwissenschaftlichen Forschung. Erst das Studium der Germanistik will in den Stand versetzen, die Forschung richtig einzuschätzen und für die eigene Erkenntnisgewinnung gebrauchen zu lernen. Dies schon von Schülern im Grundkurs der Oberstufe zu verlangen, die in der Mehrzahl keine Germanisten werden wollen, ist eine Fehleinschätzung des Bildungsauftrags der Schule. Das heißt nicht, daß die Schüler nicht einmal exemplarisch in Forschungskontroversen eingeführt werden sollten (im Leistungskurs kann das durchaus häufiger geschehen), aber zunächst und vor allem geht es darum, in einem überprüfbaren Verfahren selbständige Einsichten in die Kunst zu gewinnen, die die Lesefreude erhöhen und die Kenntnisse über Literatur allmählich erweitern.

g) Vorlesestunde

Der Förderung von Lesefreude, der Einsicht, daß Literatur auf Ereignisse der Wirklichkeit eine eigenständige Antwort zu geben vermag und damit zugleich unser Wissen über die Wirklichkeit, unsere Erfahrungen erweitert, diente die Doppelstunde am letzten Tag vor den Weihnachtsferien. Als ich zwei Tage vorher ankündigte, daß ich Weihnachtsgeschichten vorlesen würde, kam die Antwort: „Dann müssen Sie aber auch Kekse mitbringen". Ich ließ mich auf das Angebot ein: „... und Sie Kuchen und Getränke." Noch war ich nicht ganz sicher, ob das Ganze als Scherz gemeint gewesen war, war daher dann doch überrascht, als am Mittwoch um 8 Uhr brennende Kerzen, Tannenzweige, Gebäckteller, Wasser- und Cola-Flaschen auf den Tischen standen. Vielleicht waren auch die Schüler nicht sicher gewesen, ob ich nicht doch Unterricht machen würde; in die ausgebreitete Stimmung hinein wäre das nun aber nicht mehr möglich gewesen.

Gelesen habe ich Geschichten von Robert Walser, Siegfried Lenz, Thomas Mann und Hermann Hesse.* R. Walsers „Weihnacht" ist im Stil eines Aufsatzes die Beschreibung vom Ablauf und der Stimmung des Heiligen Abends im bürgerlichen Haus. „Risiko für Weihnachtsmänner" von S. Lenz erzählt, wie in der Nachkriegszeit der Aushilfsjob eines Weihnachtsmannes zur Begegnung mit der Vergangenheit wird, in der Gestalt des Obersten von der Ostfront, an der auch zu Weihnachten das Sterben nicht aufgehört hatte. Thomas Mann beschreibt in „Hannos Weihnacht" das Fest im Hause der Konsulin Buddenbrook mit seinem ganzen „weihevollen Programm", das auch nach dem Tod des Konsuls ungebrochen aufrecht erhalten bleiben mußte und das in die Bescherung für Hanno mündet. Hesses „Weihnacht" schließlich ist, aus Anlaß der Kriegsweihnacht 1917, eine Abrechnung mit der „verstaubten Sentimentalität" hergebrachter Weihnachtsfeiern, die nur noch Talmi-Gefühle zulassen.

Bei dem Versuch einer kritschen Würdigung im anschließenden Gespräch ließen die Schüler ihre deutliche Präferenz für die Erzählungen von Lenz und Hesse erkennen. Meine Vorliebe galt gerade den beiden anderen Texten. Aber vielleicht kommt die subtile Ironie beim Zuhören nicht so deutlich zur Wirkung wie die überraschende Wendung bei Lenz oder der forcierte Appell bei Hesse. Vielleicht haben die Schüler auch gar keine Erfahrungen mit den Ritualen bürgerlicher Weihnacht mehr, die man braucht, um die Ironie ohne Hilfen zu verstehen.

* Alle Texte in: Weihnachten. Erzählungen aus alter und neuer Zeit. Hg. v. G. Natalis. Frankfurt/Main 1980.

VI. Modelle in der Sprach- und Literaturtheorie

Im Verlauf der Darstellungen ist mehrfach angeklungen, daß das Ziel des Unterrichts nicht sein konnte, möglichst viel Stoff aus dem Fach zu vermitteln, wenn nicht zugleich Orientierungspunkte, an die das neue Wissen anknüpfbar ist, geschaffen wurden. Es sollte auch keine Einführung in die Germanistik, ihre Gegenstände und Methoden stattfinden, die sich an den Einführungsübungen des Grundstudiums orientierte. Es ging und geht noch vor allem um die Prinzipien, Kategorien, nachvollziehbaren Verfahren der Erkenntnisgewinnung in den Geisteswissenschaften am Beispiel des Gegenstandsbereiches Literatur und Sprache. Mehr als die Ergebnisse der Wissenschaften müssen den Unterricht, der zu Studierfähigkeit führen will, Fragen der Hypothesenbildung, Anlage von Untersuchungen, Überprüfbarkeit der Ergebnisse, Reichweite der Methoden, Nutzen der Erkenntnis für das Leben außerhalb der Wissenschaften bestimmen. So sind bei der Behandlung der Aufklärung nicht eine Vielfalt von Aspekten, Autoren, Werken zu lernen, auch nicht die unterschiedlichen wissenschaftlichen Zugänge von der Religionsgeschichte über die National- bis hin zur Sozialgeschichte zu studieren, sondern die Auseinandersetzung mit solcher Literatur zu suchen, die Lebensauffassung, Kunstanschauung, Formbewußtsein und die besondere Leistung des Ästhetischen in ihrer jeweiligen Zeit zum Ausdruck bringt, und dies auf eine Weise, die nach der besonderen geschichtlichen Situation und zugleich nach den zeitüberdauernden Elementen der Werke fragt. Die methodische Vorgehensweise, die applikative Hermeneutik, die die Schüler bisher ausschließlich kennengelernt hatten, sollte im letzten Schulhalbjahr (das allerdings nur noch sechs Wochen dauerte) bewußt gemacht und in seiner Reichweite diskutiert werden.

Zu diesem Zweck mußte das Verfahren mit ganz anderen Methoden der Erkenntnisgewinnung konfrontiert werden; dazu dienten uns die Beschreibungssysteme der Sprachwissenschaft. Aber auch in diesem Fall konnte es nicht darum gehen, in die verschiedenen Ansätze, Verfahren, Ergebnisse linguistischer Schulen einzuführen, die Lehrpläne oder Lehrbücher anregen, sondern an einem linguistischen Beschreibungsmodell zu zeigen, welches das leitende Interesse ist, in welcher Tradition der Ansatz steht, welche Operationen üblich sind, wie vollständig es eine Sprache zu beschreiben vermag, was es leistet. Diese Fragen waren für mich am leichtesten am dependenzgrammatischen Beschreibungsmodell zu beantworten.

1. Erklären und Verstehen

In der ersten Doppelstunde des Halbjahres habe ich die beiden Methoden Erklären und Verstehen mit den Schülern voneinander abzugrenzen versucht, indem ich einerseits an das in den naturwissenschaftlichen Fächern entwickelte Methodenbewußtsein, andererseits an das im Deutschunterricht gebrauchte hermeneutische Interpretationsverfahren anschloß. Ziel sollte nicht so sehr sein, Natur- und Geisteswissenschaften voneinander zu trennen, sondern Erkenntniswege nachzuzeichnen und in ihrer Leistungsfähigkeit zu diskutieren. Dabei lag mir auch daran, das Erklären als Methode der Geisteswissenschaften einzuführen und damit erkenntnistheoretisch auf die linguistischen Beschreibungsverfahren vorzubereiten.

Den Gesprächsverlauf habe ich in einem Tafelbild festgehalten, das von den unterschiedlichen Situationen (Experiment vs. Gespräch) ausging, im Zentrum die Beschreibung von Tatsachen bzw. Handlungen festmachte und bei der methodischen Strenge endete:

Methoden	
Erklären (im Experiment)	Verstehen (im hemeneutischen Gespräch)
eine Lösung Ergebnis nachvollziehbar	n Lösungen Ergebnis an Voraussetzungen gebunden
Gesetze	Regeln
Tatsachen	Handlungen
Determination	freie Assoziation
Modelle	

Erklärung von Tatsachen als das Hauptgeschäft der Wissenschaften zu verstehen machte den Schülern kaum Mühe. In Gesetzen wird formuliert, war wir erwarten können, wenn ganz bestimmte Voraussetzungen erfüllt sind: das Auto auf regennasser Fahrbahn in der Kurve, der anfällige Mensch in einem Seuchengebiet, das Paarungsverhalten von Tieren; aber auch: das Wahlverhalten von Bürgern bei einer politischen Wahl. Schon die wenigen Beispiele machen deutlich, daß zur adäquaten *Erklärung* von Tatsachen allgemeine Gesetze gehören, daß diese Gesetze auf für jedermann beobachtbare Erfahrungen anwendbar sein müssen und daß die Ergebnisse wahr oder falsch sein können.

Schwieriger wird es beim *Verstehen,* bei dem nicht nur nach den Gesetzmäßigkeiten menschlicher Handlungen, sondern nach den Motiven dieses Tuns gefragt wird: Warum er auf regennasser Fahrbahn so schnell fuhr, warum er ins Seuchengebiet ging oder eine bestimmte Partei gewählt hat. In bezug auf die Literatur heißt das, sich die Frage zu stellen, warum der Autor den Text verfaßt, die bestimmten Ausdrucksmittel gewählt und das Problem aufgegriffen hat. Aber für uns heißt es weiter, zu fragen, warum das Werk weiterwirkt, Leser noch immer anspricht, ja auch: noch immer erklärt (oder auch nicht).

G. Patzig (1980) hat in seinem für die Zwecke des Unterrichts sehr gut verwendbaren, weil zum Mitdenken einladenden Aufsatz zu dem Thema „Erklären und Verstehen" den Unterschied von *Ausdrucksverstehen* und *einfühlendem Verstehen (kritisches* wäre wohl noch hinzuzufügen) eingeführt, der deshalb so wichtig ist, weil es neben der Fahndung nach den eigenen Verstehensvoraussetzungen, den fremden Motiven, der Beurteilung der Intention sowie der Eignung der Mittel für diese Zwecke auch die sachadäquate Beschreibung des literarischen Ausdrucks und seines Sinns gibt, auf die im Unterricht soviel Gewicht gelegt werden muß. Durch Sacherläuterungen werden auch zeitlich und räumlich fernliegende Texte so nahe gebracht (verständlich gemacht), daß Verstehen als Übernahme und Bewertung der Perspektive möglich wird. Schillers „Kabale und Liebe" war uns das Beispiel für den zweifachen Verstehensbegriff, der einmal die Textgestalt erläutert, kommentiert, übersetzt und der zum andern die Fragen nach den Motiven für die Handlungen der Figuren, des Autors, der Rezipienten zu stellen erlaubt.

2. Dependenzgrammatik – ein Modell der Sprachwissenschaft

Das Erklären von Tatsachen des Sprachgebrauchs wird in Grammatiken versucht; sie bilden daher das Paradigma für Erklärungen innerhalb der Geisteswissenschaften. Wie sehr es zusätzlich bei der Frage nach Absichten, Motiven, Zielen von Sprachäußerungen immer auch auf Verstehen ankommt, wird gerade in der dialogischen Kommunikation des Unterrichts wie selbstverständlich deutlich. Eine Grammatik als reines Beschreibungsmodell zu formulieren ist ebenso abwegig wie auf die Formulierung von Regeln des Sprachgebrauchs zu verzichten. Ein plausibles Modell von Erklärungen aus Regeln, mit einem nachvollziehbaren Inventar an Operationen, mit deutlichem Bezug zum alltäglichen Sprachgebrauch, dennoch zugleich mit ganzheitlichem (und nicht nur partialem) Zugriff auf möglichst viele Probleme ist für mich immer noch die Dependenzgrammatik; dies ist sie vor allem auch deshalb, weil sie den Modellcharakter der Beschreibung und damit das Konstrukthafte des Erklärungsansatzes betont. In einem auch als Einführung in wissenschaftliche Modellbildung brauchbaren Beitrag hat Wolfgang Herrlitz (1981) Modelle über Sprache beschrieben als „*erklärende* Stellvertreter, die uns bestimmte ausgewählte Eigenschaften der sprachlichen Verständigung genauer vor Augen führen" (S. 29).

Zur Einführung in das Modell der Dependenzgrammatik wähle ich die ersten acht Kapitel aus Hans Jürgen Heringers „Wort für Wort" (1978), das schon im Untertitel auf Verstehen und Erklären verweist: „Interpretation und Grammatik". Der Unterricht in den sieben Stunden war so angelegt, daß ich zunächst eine *Einführung* (über die ersten drei Kapitel) gegeben habe, wir dann ausführlicher gemeinsam *erläutert* und Sätze und Operationen zur Beschreibung von Elementen und Beziehungen in ihnen (Kap. 4–8) besprochen, dann die Regeln an eigenen Beispielen *überprüft* und die Analyseverfahren auf kleinere Texte *angewendet* haben.

In dem einleitenden Referat ging es um die Erläuterung des Charakters der menschlichen *Sprache als System* vereinbarter Regeln der Verständigung. Bei dem Beispiel der instinktgeleiteten Verständigung der Bienen griffen die Biologen im Kurs mit dem Hinweis ein, daß auch die Verständigungsmittel der Bienen nicht angeboren, sondern erlernt seien, daß menschliche Sprache in diesem Punkt also nichts Besonderes sei. Unterschiede von menschlicher gegenüber tierischer Sprache wurden eher in der Variabilität von Äußerungen (bis hin zur poetischen Überformung), in der Bindung an Traditionen und damit in der Veränderbarkeit von Regeln und in der Möglichkeit, sich über die Verständigung zu verständigen, gesehen.

Warum es solche Regelsysteme in Grammatiken geben muß, war den Schülern kein Problem, denn das Erlernen von Fremdsprachen war immer von Regelformulierungen und -anwendungen begleitet. Außerdem interessiere einen doch auch das Funktionieren der Sprache, die man täglich und vielfältig gebrauche. Daß man auch bei Mißlingen der Verständigung sich über Regeln des Gebrauchs selbst verständigen muß, leuchtet ebenso ein. Gerade auch weil sich die Regeln des Gebrauchs immer wieder ändern, muß man sie sehr genau kennen, um die Notwendigkeit einer Änderung beurteilen zu können.

Die Definition: „Ein Satz ist die kürzeste sprachliche Einheit, mit deren Äußern wir eine vollständige sprachliche Handlung nachvollziehen können" wurde ohne erkennbares Engagement mitgeschrieben und nicht problematisiert. Auch mögliche Sprachhandlungen (Auffordern, Antworten, Fragen, Feststellen, Bestreiten) waren aus dem SI-Unterricht vertraut. Die produktiven Aktivitäten nahmen erst wieder zu, als wir über syntaktische und semantische Abweichungen sowie über Falschheit in Äußerungen sprachen. Vor allem abweichende syntaktische Bezüge hatten es den Schülern angetan („Eisenbahnen fahren schneller als auf Schienen"). Sie forderten zu immer neuen spitzfindigen Formulierungen heraus, die man schließlich, wegen des Gelächters, vorne nicht mehr verstand.

Für die Erläuterung der *Satzstruktur* und der *Operation* zu ihrer Entdeckung hatten die Schüler Auszüge aus den Kapiteln 4–8 der Grammatik vor sich liegen. Wir sind alle wichtigen Punkte durchgegangen: das Segmentieren als Grundlage zur Beschreibung von Sätzen und ihrer Elemente („syntaktische Kategorien"), das Kommutieren und Permutieren als syntaktische Operationen, die Dependenz und Interdependenz als Formen syntagmatischer Beziehungen in einem Satz, schließlich die Satzglieder als Kernstücke der Dependenzgrammatik mit Prädikaten, Ergänzungen und Angaben. Das Prädikat wird als zentraler Teil des Satzes angesehen, dessen Wertigkeit die Struktur der Sätze bestimmt. Das System der Wertigkeiten ergibt die Regeln der richtigen Bildung und des akzeptablen Gebrauchs der Sätze. Die Behandlung der fünf Ergänzungen und sechs Angabentypen vervollständigten die Beschreibung des Systems. Diesen Ansatz gilt es zu verstehen, um mit seiner Hilfe die sprachlichen Handlungen erklären zu können.

Segmentieren, Kommutieren und Permutieren überprüfen wir an dem Eugen Gomringer: („3 variationen zu ‚kein fehler im system'") nachempfundenen Satz:

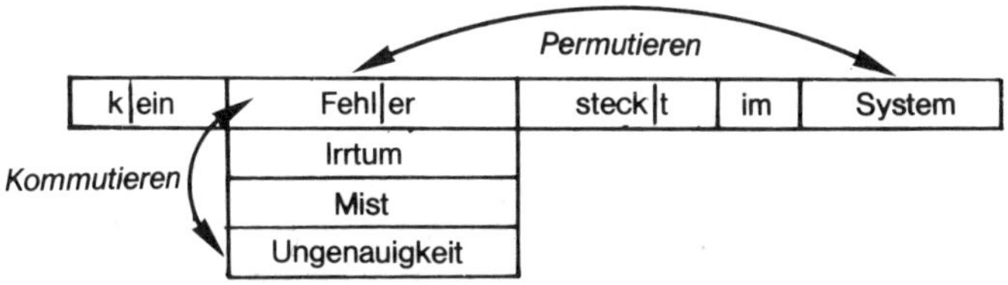

Die Suche nach stilistischen Varianten führte die Schüler ständig zu Kommutationen in der paradigmatischen Dimension; die Permutation wird vor allem im Sprachspiel verwendet (vgl. Konkrete Poesie). Das Prinzip macht auch Adalbert von Chamissos „Kanon" deutlich:

Das ist die Not der schweren Zeit!
Das ist die schwere Zeit der Not!
Das ist die schwere Not der Zeit!
Das ist die Zeit der schweren Not!

Wie grundlegend die Operationen etwa auch für das Verständnis von Bildern in der Lyrik sind, mache ich noch einmal mit Hinweis auf Jakobson deutlich: Metapher als Similaritätsrelation, in der ein Bild oder Begriff für ein anderes/einen anderen ausgetauscht (substituiert) wird und Metonymie als Kontiguitätsrelation, in der ein Bild/Begriff durch ein anderes/einen anderen ersetzt wird, der mit ihm in direkter Beziehung steht (kommutiert). Ein Grammatik-Modell ist dann besonders plausibel, wenn es auch hochkomplexe Sprachäußerungen, wie es die Bildlichkeit in der Lyrik ist, zu erklären vermag. Genau dies aber leisten sehr wenige linguistische Ansätze.

Um die gelernten Operationen *anzuwenden* und die Häufigkeit der nach der Wertigkeit der Verben unterschiedenen Satzmuster festzustellen, haben wir vier Keunergeschichten von Brecht näher untersucht. Die Klarheit der grammatischen Konstruktion wird deutlich, wenn wir feststellen, daß „Herr K. fährt Auto" nur aus dem Satzmuster 14 (K. fährt es) besteht, „Das Wiedersehen" ebenfalls – außer der Pointe „erbleichte" (P1), „Mühsal der Besten" die etwas kompliziertere Folge zeigt: P 15/P 13/P 14.

Die meisten Verben in den Geschichten sind zweiwertig, nur wenige einwertig (erbleichen, kommen, schluchzen, lächeln) oder dreiwertig (reißen, geben, nehmen). Solche Beobachtungen, die im Fall der auf Pointen angelegten Kurzprosa zu Deutungen herangezogen werden können, zeigen, wie auch Erklärungen in Erläuterungen und Interpretationen eingebunden werden können und die Plausibilität von Beweisführungen im Detail erhöhen. Auch dies ist eine Funktion grammatischer Analysen.

Das Modell war damit in seinen Prämissen, Operationen, Gliederungen und Leistungen verständlich geworden, ohne daß die Einzelheiten zu diesem Zweck weiter auszufalten waren. Für Vertiefungen habe ich auch auf die ganze Grammatik und auf die leichter zugängliche „Deutsche Grammatik" von J. Erben (1968) hingewiesen. Soweit ich sehe, gibt es keinen anderen theoretischen Ansatz einer Sprachbeschreibung, der nicht nur möglichst viele Erscheinungsformen der Sprache zu erfassen in der Lage ist, sondern auch noch eine Auswahl aus verschiedenen Grammatiken erlaubt.

3. Epochen der deutschen Lyrik – ein Modell der Literaturwissenschaft

a) Epochengliederung als Ordnungshilfe

Neben die Modellbildung in der Linguistik sollte die Modellbildung in der Literaturwissenschaft exemplarisch und einführend, neben den systematischen der historische Aspekt einer Ordnung der Erscheinungen treten. Seit sie sich in der Jahrgangsstufe 11 die Literaturgeschichte anschaffen mußten, in den folgenden Kursen immer einmal wieder nachgelesen haben, andere Literaturgeschichten in der Schulbibliothek zu Rate gezogen haben, war den Schülern klar, daß im Zentrum der Beschäftigung mit Literatur Versuche mit Zuordnungen zu bestimmten historischen Epochen stehen: Inwieweit drückt das jeweils besprochene Werk typische Zeiterfahrungen aus, in welcher Verbindung steht es zu anderen Werken der Zeit, in welcher Weise hat es Einfluß auf das Epochenbewußtsein der Zeitgenossen gehabt, in welchem Umfang hat es über seinen Stoff oder sein Genre Werke früherer Epochen zitiert? Dies waren einige der Fragen, die sich bei der Einschätzung der Bedeutung einzelner Werke ergaben. Dabei wurde die Zuordnung gerade „bedeutender" Literatur immer wieder problematisch: Ist „Faust" ein Drama der Klassik, „Woyzeck" ein Drama des Vormärz, „Effi Briest" ein Roman des Realismus oder der Jahrhundertwende?

Epochengliederungen sind theoretische Konstrukte, um die Vielfalt literarischer Werke, von Autoren, Gattungen, Medien, des literarischen Lebens und Marktes zu ordnen. Wie alle Modelle sind sie Konstrukte auf Widerruf, die jederzeit, bei neuen Erkenntnissen der Forschung, neu formuliert werden können. Wichtig ist, daß die Prinzipien deutlich werden, nach denen die Konstruktionen vorgenommen werden; denn nur dadurch wird das Modell plausibel, durchschaubar und korrigierbar. Die Literaturgeschichten begründen leider selten die Prinzipien, nach denen ihr Modell der Ordnung gestaltet wurde und von welchen alternativen Modellen es sich abzugrenzen gedenkt.

In einer kurzen Studie über „Literaturgeschichte im Literaturunterricht" habe ich am Beispiel von Rilkes „Aufzeichnungen des Malte Laurids Brigge" Prinzipien erläutert, die heute als Grundlage der Modellbildung in der Literaturgeschichtsschreibung dienen können; im Schnittpunkt möglichst vieler dieser Kategorien liegt das für die Epoche exemplarische Werk. Als Kategorien für die Gliederung von Geschichte literarischer Ideen und Werke habe ich (im Anschluß an Stolpe 1976) erläutert: geschichtliche Zusammenhänge von Literatur und Gesellschaft, Gattungspräferenz, Stilprofil, Themen-/Stoffwahl, Funktion und Gebrauch der Literatur. Die komplexe Modellbildung aufgrund dieser konstitutiven Elemente auch nur ansatzweise zu verdeutlichen, kann erst Aufgabe des Germanistikstudiums sein. Wiederum geht es mehr darum, *ein* Prinzip der Modellkonstruktion in der Literaturwissenschaft vorzuführen, das Entstehung, Gliederung, Reichweite, Anwendbarkeit *eines* Ordnungsversuchs veranschaulicht; nach wie vor sollte er im Grundkurs nicht zu kleinräumig sein.

Ich habe mich für das Prinzip *Themenwahl* entschieden, weil das stofflich-inhaltliche Interesse an Literatur bei den Schülern der Grundkurse immer noch am deutlichsten ausgeprägt ist. 24 Gedichte vom Mittelalter bis zur Gegenwart habe ich nach Epochen gegliedert, die die Schüler aus ihrer Literaturgeschichte kannten, mit thematischen Überschriften versehen und den Kursteilnehmern kopiert ausgehändigt. Eine Stunde lang habe ich die Sammlung, Gliederung, thematischen und formalen Auffälligkeiten und Bedeutsamkeiten erläutert, bevor wir mit der Einzelbesprechung begannen. Gerade auch um in die historisch ferner liegenden Epochen Mittelalter und Barock einzuführen, hätte ich für die Sequenz mindestens 12 Stunden benötigt, ich hatte aber nur noch, Klausur und Rückgabe abgerechnet, sieben Stunden zur Verfügung, die, bis auf die restlichen drei Stunden nach den Osterferien, die letzten der Schullaufbahn waren; in ihnen galt es daher auch, auf die einzige Klausur in 13/2 Mitte März und die Abiturarbeiten Ende April vorzubereiten.

Nach dem *Überblick* über die Epochen folgten daher *Einzelanalysen* zu den historischen Abschnitten, die für die Bearbeitung der Klausuraufgaben wichtig wurden. Die dabei herausgearbeiteten thematischen Schwerpunkte, formalen Auffälligkeiten und erkennbaren Absichten wurden anschließend in den Literaturgeschichten wiedergesucht und dabei zugleich die Aussagekraft der eigenen Ergebnisse und die Relevanz der Aussagen in der Literaturgeschichte *überprüft*.

b) Die thematischen Reihen

Den thematischen Schwerpunkt der Gedichte des frühen und hohen Mittelalters bildete die *„minne"*, eher in der „nideren" als in der „hôhen" Variante:

MITTELALTER (1050–1350)
Minnelied und Minnedienst
Anonym: Dû bist mîn, ich bin dîn
Dietmar von Eist: Es stuont ein frouwe alleine
Walther von der Vogelweide: Under der linden
Walther von der Vogelweide: Ich hân mîn lêhen

Mit den Gedichten soll einmal die Entdeckung des Ich im Rahmen höfischer Geselligkeit zum Ausdruck kommen, zum anderen aber auch die Akzentuierung von Dienst, Lohn, Entsagung in der Gesellschaft. Eindrucksvolle Bilder sollen die Situation deutlich zeichnen und doch den Widerspruch von individueller Erfahrung und gesellschaftlicher Stilisierung der Liebe zum Ausdruck bringen. Die Dichter von ritterlichem Stand formulieren mit ihren Liedern ihre Verehrung für die Frauen am Hofe, drücken oft aber zugleich ihre persönliche Zuneigung aus. Wird diese Liebe übermächtig, werden die Wünsche ganz konkret, bleibt dem Sänger die Möglichkeit, sie der geliebten Frau in den Mund zu legen: Solche Frauenstrophen haben wir in den Liedern „Es stuont ein frouwe alleine" und „Under der linden" vor uns. Es gibt von der Gruppe „Ougenweide" eine moderne musikalische Fassung [1973] des Liedes von Dietmar von Eist, die mit dem Refrain der 1. Strophe des Waltherliedes kombiniert ist; sie eignet sich zur Einführung in die Lieddichtung des Mittelalters besonders. Die Verse „Dû bist mîn" sind wirklich Verse einer Frau: sie finden sich am Schluß des lateinisch abgefaßten Liebesbriefes einer Nonne (12. Jahrhundert). „Ich hân mîn lêhen" [1220] soll die persönliche Situation und die gesellschaftliche Stellung der Minnesänger anschaulich machen: sie gehören zum Hofgesinde der Herrscher auf der Burg, auf Reisen und Kreuzzügen und haben selten Gelegenheit, ein ihrem Stand entsprechendes Leben zu führen; Walther gelingt das erst, als er über 50 Jahre alt ist.

Die vier Barock-Gedichte versuchen, über die Grunderfahrung der *vanitas* die Einheit des 17. Jahrhunderts zu vermessen, gleichzeitig aber die Vielfalt der Formen (Spruch, Sonett, romanische Vorbilder und neue Strophen) sowie die Variation des zentralen Themas anzudeuten:

BAROCK (17. Jh.)
Vergänglichkeit und Schönheit
Friedrich von Logau: Krieg und Friede
Andreas Gryphius: Es ist alles eitel
Christian Hofmann von Hofmannswaldau: Die Welt
Johann Christian Günther: Als er der Phyllis einen Ring mit einem Totenkopf überreichte

Wie stark der Gedanke der Vergänglichkeit mit der realen Erfahrung des Dreißigjährigen Krieges verknüpft ist, macht der Spruch von Logau klar; aber auch bei Gryphius (z. B.

„reißt jener morgen ein") und Hofmannswaldau (Verse 3–8) werden die Kriegserfahrungen verarbeitet. Dies geschieht nun aber nicht in der Weise der Erlebnislyrik, in der individuelle Erfahrungen zum allgemeinen Symbol erhoben werden, sondern in der Reihung von Bildern, die die Vielfalt von Eindrücken zum Ausdruck bringen, die von jedem gemacht werden können. Angesichts der Übermacht des Krieges, der Unerklärbarkeit des Todes, der Zufälligkeit des Sterbens ist das Einzelschicksal völlig uninteressant. Was zählt, sind die allgemeinen Erfahrungen, der Weltzustand, die Gesetzmäßigkeiten des Lebens, Einsicht und Umkehr möglichst vieler Einzelner. Aber gerade Grauen, Schrecken, Kummer im „Zirkel dieser Welt" lassen den Augenblick besonders intensiv erleben und den Wunsch nach Dauer von Glück, Annehmlichkeiten, Lust, Liebe und Frieden unterstreichen. Inwieweit der „Port [...], da Ewigkeit und Schönheit sich umfaßt" schon hier auf Erden erreichbar ist und Spiegel des Ewigen im Vergänglichen wird, bleibt, zumindest seit Hofmannswaldau, offen.

Bei der Auswahl der Gedichte bin ich davon ausgegangen, daß die additive Form des Sehens und Erlebens, die allgemeine Gültigkeit der Bilder, der Gedanke an die Vergeblichkeit der Taten des einzelnen Menschen, der Traum von anderen Leben in Liebe, Frieden, Glück im Anspruchshorizont der Achtzehnjährigen des Jahres 1983 liegen. Auch die allegorische Form anschaulichen Denkens, das Bildern deutende Texte und Texten veranschaulichende Bilder zuordnet, ist der Generation, die über das Fernsehen im Sehen und Zuordnen von Bildern im Übermaß geübt worden ist, wieder näher als noch den Eltern. Die 2. Strophe des Günther-Gedichts macht anschaulich, was allegorische Deutung heißt: die Elemente des Ringes werden einzeln in ihrer symbolischen Kraft gedeutet.

Eine ganz andere Erfahrung wird zum Kerngedanken der Klassik: daß der künstlerische Mensch der Welt voller Nichtigkeit eine eigene, selbst gestaltete, *autonome Welt* gegenüberstellt, die nach der Natur verwandten Gesetzen geschaffen wird. Dabei scheint im einzelnen das Ganze, in den „greiflichen Gestalten" das „Wesen der Dinge" durch (Goethe in: „Einfache Nachahmung der Natur, Manier, Stil"):

KLASSIK (ca. 1775–1805)
Natur und Kunst
Johann Wolfgang Goethe: Künstlers Abendlied
Johann Wolfgang Goethe: Natur und Kunst
Friedrich Schiller: Nänie
Friedrich Hölderlin: An die Parzen

Wie der Künstler der Natur gleich schafft, macht Goethes frühes Gedicht „Künstlers Abendlied" [1774] auch begrifflich klar: Er ist Schöpfer, der, von der Natur angeregt, das „enge Dasein hier/Zur Ewigkeit" erweitert. Der Gestus des Genies im Sturm und Drang erscheint gemäßigt im Sonett „Natur und Kunst" [1800], insofern Natur und Kunst nicht mehr ins Unbedingte strömen, sondern im Bedingten, „gebunden", die Harmonie vollenden. Freiheit und Bindung an das Gesetz (bei Schiller: Sinnlichkeit und Vernunft) sind nicht nur Grundlage des Schaffens großer menschlicher Werke, sondern auch der ganzheitlichen Bildung des Menschen (vgl. Goethes „Wilhelm Meister"). Kunst ist schließlich auch (vgl. „Nänie") das einzige Mittel, um die Macht des Todes zu bannen: wenigstens im Klagelied unsterblich zu bleiben. Wie flüchtig, vergänglich auch die Wirkung der Kunst sein kann, machen die Orpheus-Anspielungen bei Schiller und Hölderlin sinnfällig: „einmal nur erweichte die Liebe den Schattenbeherrscher", „Doch ist mir einst [...] das Gedicht gelungen". Solchermaßen eingeschränkte Macht der Kunst ist schon weit entfernt von dem Traum des Genies im Sturm und Drang, er ist aber auch schon ein Stück weg von Schillers Entwurf einer ästhetischen Erziehung des Menschen knapp zehn Jahre zuvor, der an dem Reich der Freiheit zwischen Stoff- und Formtrieb des Menschen gebaut hatte.

Ungewöhnlich ist sicher die Zusammenbindung von Romantik und Biedermeier zu einer Epoche, aber motivlich-thematische Strukturierungsversuche sind so ungenau wie andere eindimensionale Ansätze. Auch im Blick auf das Motiv *„Sehnsucht"* ist wie bei dem Motiv „Kunst" eine zunehmende resignative Gestaltung erkennbar:

ROMANTIK UND BIEDERMEIER (ca. 1800–1848)
Sehnsucht
Novalis: Wenn nicht mehr Zahlen und Figuren
Clemens Brentano: Sprich aus der Ferne
Joseph von Eichendorff: Abschied
Georg Weerth: Der Abschied
Heinrich Heine: Nachtgedanken

Die Zeilen von Novalis sind ins Gedicht gesetztes Programm der Romantik: Entgrenzung der Erkenntnis- und Erlebnishorizonte durch das „geheime Wort" der Dichtung und damit Vorstoß in die eigentlich humane, unentfremdete Dimension des Lebens. Einher mit der Kritik an der falschen Aufklärung geht die Entdeckung der Kunst als neuer ganzheitlicher Erkenntnisform, die Realität nicht nur nachzugestalten, sondern zu potenzieren weiß. Die von Goethe formulierten Grenzen werden in die Tiefe der Seele hinein und in die Weite des Kosmos hinaus aufgehoben, die Sehnsucht aber gelangt dennoch nicht ans Ziel: Weder das „Eine geheime Wort" (Novalis) ist gefunden noch die „unheimliche Welt" (Brentano) entschlüsselt. Entgrenzung der Erfahrung, Aufschließen einer Zauberwelt, unmittelbare Erregung des Gefühls bei Novalis gefordert, wird dies alles bei Brentano eingelöst. Das Gedicht ist Evokation einer anderen Welt, für die in unserer Erfahrung bisher keine Anschauung vorhanden ist, die gleichwohl aber Unanschauliches anschaulich werden läßt: Sehnsucht zum Beispiel. Das Gedicht ist, was es gestaltet: „Glänzender Lieder klingender Lauf".

Ist die Sehnsucht in den Gedichten von Novalis und Brentano Ausdruck unbegrenzten Strebens, so ist sie bei Eichendorff und Weerth Eingeständnis von Verlust. Das lyrische Ich Eichendorffs steht vor dem Abschied aus dem Einssein mit der Natur, das Weerths vor dem Abschied aus der häuslichen Geborgenheit des Emigranten. Die Sehnsucht gilt im Vormärz nicht mehr dem Streben nach dem „ganzen Wesen", sondern ganz konkreten gesellschaftlichen Zuständen, in denen Not, Unterdrückung, Verrat nicht mehr die Auswanderung erzwingen. Bei Heine schließlich verbinden sich subjektive Sehnsucht nach Heimat und der Mutter mit der allgemeinen politischen Hoffnung auf Beseitigung der Anlässe für die „deutschen Sorgen".

Als Herbst der Neuzeit empfinden die Autoren der Jahrhundertwende ihre Schaffenszeit. Der *Herbst* als Metapher für das Leben tritt daher nicht zufällig gehäuft auf:

JAHRHUNDERTWENDE (ca. 1880–1914)
Verfall
Rainer Maria Rilke: Herbsttag
Georg Trakl: Verklärter Herbst
Else Lasker-Schüler: Weltende

Fin de siècle-Stimmung, die Erfahrungen mit einer Gesellschaft im Umbruch, von einem durch rasches industrielles Wachstum beschleunigten Wandel, das Bewußtsein vom Verfall geltender Normen und Werte, die Einsicht in die wachsende Bedeutung der Wissenschaften, oft auf Kosten der Künste, einigt alle Autoren der so unterschiedlichen Stilrichtungen vom Naturalismus bis hin zum Expressionismus. Der Metapher vom Herbst ist aber auch die Bedeutung der Reife, der Vollendung, der Fülle des Lebens immanent. Da die Gewißheiten des Glaubens an jegliche Transzendenz verlorengegangen sind, bleibt nur eine emphatische Diesseitsbejahung. Und in seiner ganzen Fülle wird das Leben greifbar im Augenblick vor dem Verfall. Aber auch im Häßlichen, im Verfall selbst also, wird noch das Leben in seinen Möglichkeiten erinnerbar.

In den Gedichten ist viel von Einsamkeit, Alleinsein, Fremde, Trauer, Tod, Niederlage die Rede, aber auch von Vollendung, reifer Süße, Wundern, Liebe, Schönheit. Die Stunde des Verfalls ist zugleich die einzige Stunde ganzer Daseinsfülle. Das ist in der Lyrik nicht anders als im Drama und Roman (vgl. etwa den Untertitel von Thomas Manns „Buddenbrooks": „Verfall einer Familie"). Der Widerspruch wird in den vorliegenden Gedichten immer wieder deutlich:

„Wie schön sich Bild an Bildchen reiht –
Das geht in Ruh und Schweigen unter"
(Trakl)

„Das Leben liegt in aller Herzen
Wie in Särgen"
(Lasker-Schüler)

Der noch vor dem ersten Weltkrieg vorgedachte Verfall kann nach dem zweiten Weltkrieg nur noch nachgedacht werden. Dabei wird schnell klar, daß *Vernichtung* von Menschen, von Natur und Gesellschaft, Entwertung humaner Normen nicht unvermeidbares Schicksal, sondern Werke des Menschen sind. Und so wird in der Lyrik nach 1945 mit aller Deutlichkeit vom Töten, von Mördern, Verbrechen, Kriegen, Haß, Unrecht, gefällten Bäumen, Spekulantentum, aber auch von Empörung über das Unrecht, Erinnerung, Anklage, schließlich auch von Nachsicht, Glück, Weisheit, zumindest als Möglichkeiten in neuer Zeit, gesprochen:

GEGENWART (nach 1945)
Gespräch über Bäume
Nelly Sachs: Ihr Zuschauenden
Bertolt Brecht: An die Nachgeborenen
Paul Celan: Ein Blatt, baumlos
Erich Fried: Neue Naturdichtung

Die Verse „Was sind das für Zeiten, wo / Ein Gespräch über Bäume fast ein Verbrechen ist / Weil es ein Schweigen über so viele Untaten einschließt" formulieren das neue Programm der Lyrik: von den Untaten reden, Spuren der Unmenschlichkeit suchen, Not bemerken, Schuld benennen, Ich sagen; nicht aber: sich in Esoterik verlieren, den Alltag vergessen, über Untaten schweigen. Der Ton der Lyrik nach 1945 bleibt sehr variabel: hermetisch, lakonisch, ausschweifend-erzählend, engagiert, entschieden subjektiv, aber immer verwickelt das Gedicht in Gespräche: Das Ich bei Nelly Sachs wendet sich an die Zuschauenden, bei Brecht an die Nachgeborenen, bei Celan und Fried an Brecht und seine Leser. Es ist von Auschwitz die Rede, von Unterdrückung und Exil zur Zeit des Faschismus, von der Naturzerstörung und von Widersprüchen der Gesellschaft, aber es werden auch Bilder geprägt, die keine einfache Lösung, keinen eindeutigen Schuldzuspruch, keine schnellfertigen Urteile enthalten, sondern gerade in der Offenheit Gespräche immer wieder herausfordern: der Blick der Toten im Rücken der Zuschauenden, die Weisheit der alten Bücher, die Flucht durch die Länder, das baumlose Blatt, der gefällte Tannenwald. Die Tendenz verändert sich deutlich: Der Appell zu einem Verzicht auf Gespräche über Bäume führt zur Skepsis gegenüber dieser Verpflichtung, alles aussprechen zu müssen, denn das Gespräch allein ändert nichts und schwebt wie ein vom Baum gelöstes Blatt, bis hin zur Aufforderung, das Gespräch über Bäume wieder aufzunehmen, weil dann erst alle Widersprüche sichtbar werden. Dennoch ist in allen Gedichten die Absicht spürbar, nicht nur die gesellschaftliche und natürliche Wirklichkeit mit all ihren Zerstörungen, Entfremdungen, Widersprüchen, aber auch Hoffnungen zu zeigen, sondern Ursachen, Gründe, Motive unterschiedlichen Handelns und Leidens aufscheinen zu lassen.

So etwa verlief mein Kommentar zu den ausgewählten Gedichten. Die Aufmerksamkeit war trotz der Anstrengung nicht auffällig schlecht, denn das Referat entlastete die Schüler von eigenen Aufgabenlösungen, suchte nach Verständigung, wenn Unruhe Verstehensschwierigkeiten signalisierte, und überdies waren die Schüler darauf aus, mögliche Hinweise auf die bevorstehenden Klausuren nicht zu überhören.

c) Die Einzelanalysen

Die Einzelanalysen in den folgenden Stunden führten allerdings auch nicht mehr weit über das Referierte hinaus. Wir sind die Ebenen der Interpretation noch einmal durchgegangen: Bei der Besprechung von Heines „Nachtgedanken“ vor allem die Elemente des „vertieften Verstehens“ und die dazu notwendigen Voraussetzungen in der Einzelanalyse.

- die *historische Situation* der Entstehung des Gedichts:
  Zustände in Deutschland und Frankreich 1843, Heines persönliche Beziehung zu seiner Mutter (vgl. dazu die Briefe vom 23. Mai oder 18. September 1843).
- Damit in Verbindung: die Erläuterung von einzelnen Anspielungen auf *Figuren* der Zeitgeschichte („So viele sanken dort ins Grab“: z. B. Hegel, Cotta, Arnim u. a.) oder *Ereignisse* (Flucht aus Deutschland, Heirat, Besuch in Hamburg, etc.).
- Vorkommen und Wirkung *sprachlicher Mittel*, z. B. Metaphern (Tagesanbruch als Bild der Freiheit, Eichen als Bild konservativer Beharrung), *Ironie* („kerngesundes Land“, „hat mich behext“).
- Dominante *Intention*, die auf das Weiterdenken der Leser zielt: Der Widerspruch zwischen traurigen Träumen bei Nacht und schönem Erlebnis am Morgen wird nicht aufgelöst, sondern wirkt als Taggedanke weiter fort.

Bei der Besprechung von Nelly Sachs' „Ihr Zuschauenden“ waren es dann eher die Gewinnung eines Gesamteindrucks von der dargestellten Situation und die Kommentierung der einzelnen Bilder, die uns schwerpunktmäßig beschäftigten:

- Der *erste Eindruck* eines Appells an die Zeitgenossen von Auschwitz, die, wenn sie schon untätig den Mördern zugesehen haben, sich doch heute zur Sehnsucht nach einem befreiten Leben bekennen und die Märtyrer dieser neuen Humanität nicht vergessen sollen.
- Die *Bilder*, die nicht auflösbare Chiffren bleiben, dennoch aber verstanden werden können: die Blicke im Rücken der Zeitzeugen, die brechenden Augen und Blumen, die flehend erhobenen Hände und Zweige, das Blut der Abendsonne, die nicht gesungenen Wiegenlieder, die ausgebliebenen Träume und der nicht abgeschüttelte, dafür aber erleuchtete Staub. Solcherart Dechiffrierbarkeit, bei der niemand ganz irren kann, weil es keine ganz falsche Assoziation gibt, wird mit Ernst und Anteilnahme betrieben.
- Die *Aktualität* der Verse ist unverändert: Auch wenn es bald immer weniger wirkliche Zeitzeugen geben wird, bleibt mit dem Wissen der Nachgeborenen immer noch der Blick im Rücken der Geschichte, der nicht nur an die Vergangenheit bindet, sondern auch zur humanen Zukunft ermahnt.

Der Vergleich der beiden Abschieds-Gedichte von Eichendorff und Weerth zielte vor allem auf

- die Bestimmung der *Gesamtsituation* des lyrischen Ich und die *Gliederung* seiner Eindrücke,
- die unterschiedlichen Tätigkeiten der *Figuren*,
- die verschiedenen *Stilebenen* („Da steht im Wald geschrieben / Ein stilles, ernstes Wort / Von rechtem Tun und Lieben [...]“ versus „Meine treue Mutter meint / Sie sähe mich nimmermehr“),
- den *historischen* Abstand, der zwischen der andächtigen Naturverehrung und dem ökonomischen Zwang zum Exil besteht, und der sich auch in der unterschiedlichen Bewertung des Stadtlebens (was für den einen Fremde, ist für den anderen Heimat) und der Natur (was für den einen der unberührte Wald, ist für den anderen das bearbeitete Weizenfeld) ausdrückt.

In einer Stunde vor der Klausur in 13/2 behandelten wir für die Erläuterung in den einzelnen Analysen zusammenfassend die *Formelemente* der Lyrik: Metrik, Reim, Gedichtform und rhetorische Figuren. Zusammenstellungen der wichtigsten Formelemente finden sich in fast allen Lehrbüchern für die Oberstufe (ich habe die Zusammenstellung in Text + Dialog, Düsseldorf 1979, benutzt).

Da in den Analysen der Klausuren kaum rhetorische Figuren entdeckt wurden, haben wir nach den Ferien zur Vorbereitung auf die Abiturklausur noch eine weitere Stunde darauf verwendet, *rhetorische Figuren* in Christa Wolfs „Tabula rasa" zu entdecken. Das gab zumindest Gelegenheit, den für das Verständnis von Aufgaben und Wirkungen von Literatur zentralen Text nicht nur mit den Kursteilnehmern, die ihn in der Klausur gewählt hatten, sondern mit allen in der vorletzten Stunde der Schulzeit (18. 4. 1983) zu besprechen: „Leisten wir uns ein Gedankenexperiment. Eine Kraft, nicht näher zu bezeichnen, lösche durch Zauberschlag jede Spur aus, die sich durch Lesen von Prosabüchern in meinem Kopf eingegraben hat. Was würde mir fehlen?" Dieses Experiment lasse ich gelegentlich auch mit gleichbleibendem Erfolg Studenten ausführen.

d) Test

Als Abschluß der Reihe über die historische Ordnung der 24 Gedichte und auch als Vorbereitung auf die Abiturklausur sollten die Schüler das Romantik-Kapitel in der Literaturgeschichte lesen und die Fragen beantworten:
a) Wie ist die zeitliche Abgrenzung der Epoche?
b) Wie ist die genaue Bezeichnung und wie sind die Nachbarepochen definiert?
c) Ist das Prinzip der Epochenbestimmung erkennbar?

Die Ergebnisse waren leicht zusammenzutragen: In der Literaturgeschichte von Beutin u. a. (1979) kommt die Romantik als eigene Epoche gar nicht vor: Die klassisch-romantische Lyrik (von Klopstock bis Eichendorff) wird auf knapp drei Seiten abgehandelt, Darstellungen fehlen, dafür gibt es Zensuren für politische Progressivität bzw. Rückständigkeit für die Autoren. Prinzip der Auswahl ist allein die *sozialgeschichtliche* Bedeutung der Werke.

Bei Grabert u. a. (1979) umfaßt die Darstellung der Romantik zwanzig Seiten und ist sowohl zeitlich wie auch regional gegliedert. Das leitende Prinzip aber ist das der Bedeutung der *Dichter,* die nacheinander mit Leben und Wirken vorgestellt werden. Beide Prinzipien, für sich allein, so ist leicht zu erkennen, sind heute nicht mehr für Schul-Literaturgeschichten hinreichend: das sozialgeschichtlich orientierte insofern nicht, als es Literatur allzu leichthändig funktionalisiert, das dichterorientierte nicht, weil es Autoren und ihre Werke abgehoben von der ganzen historischen Entwicklung (die, ohne Zusammenhang mit dem folgenden, meistens in einem Exkurs vorgeschaltet wird) betrachtet. Dennoch leisten Literaturgeschichten mit solchen eng umgrenzten Ansätzen für die Vorbereitung auf die Abiturprüfung die notwendige Zuordnung der einzelnen Werke in größere Zusammenhänge. Und da würden komplexere Darstellungen Schüler der Grundkurse eher irritieren, weil sie ohnehin Schwierigkeiten haben, in kulturgeschichtlichen Zusammenhängen denken zu lernen. Die reduktionistischen Konzepte helfen überdies auch, die Einsicht zu wecken, daß Theorien und Modelle nur unter bestimmten Prämissen gültig sind, daß sie nach überprüfbaren Prinzipien gebildet werden und nur begrenzte Reichweiten haben. Es wäre schon viel erreicht, wenn Literaturgeschichten für die Schule nicht nur Fakten mit dem Anspruch aneinanderreihten, als seien sie unverrückbare Wahrheiten, sondern zugleich einen Einblick in die Art und Weise der Erkenntnisgewinnung, die leitende(n) Beobachtungskategorie(n) und die Aussagekraft der Ergebnisse vermitteln würden. Mehr als das Wissen selber zählt, wie es gewonnen und abgesichert werden kann. Eine solche Literaturgeschichte, die die Prozeduren der Entdeckung mit entfaltet, wäre noch zu schreiben.

C. NOTEN UND BEURTEILUNGEN

1. Vorbemerkungen

Die umfängliche Literatur zum Problem der Leistungsüberprüfungen im Untericht, die die Arbeit des Lehrers kontrapunktisch begleitet, suggeriert ihm ständig, daß dies sein schwierigstes, problemgeladenstes und kaum zu bewältigendes Geschäft ist. Aus dem Zusammenhang der gesamten unterrichtlichen Praxis herausgelöst und theoretisch traktiert, mag es einem auch tatsächlich so scheinen: Woher gewinnt der Deutschlehrer seine Kriterien für eine gerechte Aufsatzzensur? Wie steht es mit der Vergleichbarkeit der Urteile? Sind Noten nicht doch letztlich, trotz aller guten Absichten der Lehrer zur individuellen Förderung seiner Schüler, ein Selektionsinstrument? Ich will und kann in diesem Zusammenhang zu diesen allgemeinen theoretischen Fragen nichts Neues sagen, weil gerade in diesem Punkt Theorie und Praxis weit auseinanderklaffen: Die, die über Noten und Beurteilungen schreiben, haben lange keinen Aufsatz selber mehr korrigiert, und die, die korrigieren, schreiben selten über das Problem.

Im Lehrerzimmer, in dem selbstverständlich auch viel über Klausuren, Noten, Urteilsfindung, Versetzungsmöglichkeiten einzelner Schüler gesprochen wird, macht sich wohl das schlechte Gewissen breit, die theoretisch geführte Diskussion nicht immer verfolgen, geschweige denn für die eigene Praxis auswerten zu können, aber von der suggerierten Not habe ich in der ganzen Zeit wenig gespürt. Wie die Unterrichtsvorbereitung, die Bereitstellung von Materialien, die Gesprächsabläufe im Klassenraum sind Beurteilungen Elemente der Praxis, die jeder Lehrer nach bestem Wissen und Gewissen zu lösen versucht, wobei er ständig Kontakt zu den Kollegen sucht, die in der gleichen Jahrgangsstufe unterrichten. Dabei ist entscheidend, daß die Korrekturen und das Erteilen von Noten mit den anderen didaktischen Handlungen verknüpft und zur gleichen Selbstverständlichkeit wie diese geworden sind. Es ist zwar den wenigsten Lehrern angenehm, schlechte Noten zu erteilen, im Unterricht Aufmerksamkeit einzuklagen, Urteile auch noch bis in die Pausen hinein (meist vor der Lehrerzimmertür) den Schülern gegenüber zu begründen, aber dies gehört eben zu Aufgaben, denen sich stellt, wer Lehrer geworden ist. Entscheidend ist die leitende Absicht, in der die einzelne Beurteilung eingebunden wird: den Schülern bei ihrem Lernen zu helfen und Aussagen über Leistungsstand, -fähigkeiten und -bereitschaft in der Absicht zu machen, ihnen Auskünfte über ihr Wissens- und Handlungsprofil in dem einzelnen Fach zu geben, die die richtige Selbsteinschätzung fördern. Wichtig ist auch die Form, in der Mitteilungen über den Leistungsstand gemacht werden: Die öffentliche Verkündigung von Noten ist da ebenso problematisch, wie die Note als Disziplinierungsinstrument einzusetzen. Erst in solchen Zusammenhängen von Wohlwollen, Behutsamkeit, Gerechtigkeit und Konsequenz gewinnen Noten und Beurteilungen ihre Bedeutsamkeit; aus diesem Gesprächszusammenhang herausgenommen, theoretisch und praktisch isoliert, werden sie leicht zu einem Instrument der Disziplinierung und Entfremdung von den Zwecken des Lernens.

Daß gerade die wenig erfreulichen Auskünfte über den schwachen Leistungsstand von Schülern nicht zu den angenehmsten Aufgaben eines Lehrers gehörten, ist ebenso klar wie das Unbehagen, mit dem Urteil niemals absolut gerecht sein zu können. Aber jeder besonnene Lehrer weiß, daß es vorläufige Auskünfte sind, die auf dem Vergleichsmaßstab der Klasse (des Kurses), der voraufgehenden Arbeiten des Schülers/der Schülerin und des Erfahrungswissens des Lehrers beruhen. Daß bei der Zusammenfassung einer Beurteilung mit „mangelhaft“ die vorläufigen Leistungsfeststellungen zum endgültigen Ausschluß vom weiteren Lernen in der Klasse oder Schule führen können, gehört zu den Widersprüchen, die immer wieder erneut Anlaß sind, die Auskünfte an die Schüler so gut begründet wie irgend möglich zu gestalten. Auch für die Schüler ist das Noten- und Beurteilungsproblem in der

Regel nicht von einer solchen Bedeutung, wie es von außen gesehen erscheinen mag; es gehört eben zur Schule wie Unterricht und Ferien.

Mehrmals war es eher so, daß mich die endgültige Notenfeststellung mehr beschäftigt hat als den Schüler: Kam jemand kurz vor den Zeugnissen und bat vergeblich um einen bis zwei Punkte mehr für seine „Sonstige Mitarbeit“, dann kam es vor, daß ich ihn nach der nächsten Stunde noch einmal ansprach, mein Votum aufgrund meiner Aufzeichnungen noch besser begründete, er aber abwinkte: „Machen Sie sich nicht so viel Gedanken – es war ja nur eine Frage.“

Wenn weder Schüler noch Lehrer der Notengebung die herausragende Stelle im Unterrichtsalltag einräumen, wie Kultusministerien mit ihren Erlassen zur ständigen Notenverkündigung und -legitimierung fordern oder wie theoretische Untersuchungen unterstellen, dann könnte das Problem vielleicht doch auch erst durch die aufgebläht werden, die angetreten sind, um die angebliche Not zu lindern. Überspitzt formuliert: Das Notenproblem entsteht überhaupt erst durch die, die permanent und in falscher Dimensionierung zu seiner Lösung beitragen möchten. Weniger pointiert ausgedrückt: Schafft nicht ein Unterricht, in dem von der ersten Stunde an Kriterien für Notengebung erläutert werden, in dem ständig vor dem ganzen Kurs über den Leistungsstand der einzelnen Schüler Auskünfte erteilt werden, in dem Schüler Gelegenheit bekommen, zu Korrekturen und Noten Stellung zu nehmen, in dem der Lehrer ständig bedauert, überhaupt Noten erteilen zu müssen, erst das Klima, in dem Leistungsbeurteilung zu einem herausragenden Problem wird?

Die Frage soll nicht davon ablenken, daß Beurteilungen, noch dazu in Ziffernnoten ausgedrückt, ungerecht sein können, extrem subjektiv sind, die tatsächliche Leistungsfähigkeit eines Schülers selten genau erfassen. Dennoch wird ihnen das Gewicht genommen, wenn die Schüler das Gefühl haben, daß Urteile und Noten ohne Vorurteil, im Bemühen um Objektivität und Gleichbehandlung ausgesprochen und mit individuellen Ermunterungen in kurzen Gesprächen verbunden werden.

Dies wird, gerade in den Fällen, in denen ein Schüler an seine Leistungsgrenze in den Feldern des schulischen Wissens geraten ist, nicht seine persönlichen Nöte und Sorgen beseitigen, nur: dies sind keine Nöte, die durch Schulnoten verursacht sind, sondern im wesentlichen durch Erwartungen, die die Eltern, die Umgebung, aber auch der Jugendliche an sich selbst gestellt hatten und ein Nachdenken über den eigenen Platz in der Gesellschaft auslösen, das auf die anderen Schüler erst nach dem Schulabschluß zukommen wird. Hier kann und sollte der Lehrer aufgrund seiner Kenntnis von den Fähigkeiten im Gespräch helfen, die Umorientierung rechtzeitig zu leisten. In der Schule sind solche Gespräche noch möglich, im Studium bleibt der über sein tatsächliches Leistungsvermögen im Blick auf die speziellen Anforderungen nicht aufgeklärte Schüler meistens ganz allein und hält für Versagen, was nur eine falsche Einschätzung seiner Möglichkeiten war. Die richtige Einschätzung – auch wenn sie schmerzlich ist – zu fördern ist auch Aufgabe eines Unterrichts, der zu Studierfähigkeit führen will.

Mit der Abwehr einer überdimensionierten theoretischen Einschätzung der Beurteilungsproblematik sollen die tatsächlichen Probleme nicht verharmlost werden:

- Der immense *Zeitaufwand*, den die Formulierung gerechter Urteile fordert. Nur in Ausnahmen (meist bei guten Arbeiten) kam ich bei der Durchsicht der Klausuren mit weniger als einer Stunde aus.
- Die *Intensität* der Korrekturarbeit, die ständige Abstimmung von Maßstäben, die aus dem Vergleich mit den anderen Arbeiten der Klasse, den früheren Arbeiten des zu beurteilenden Schülers und mit den abstrakten Anforderungen an die für ein Studium qualifizierenden Fähigkeiten resultiert.
- Der Druck von außen zu *ständigen Leistungskontrollen*, der dem Lehrer laufend neue Arbeiten auf den Tisch bringt und zum regelmäßigen Verkünden des Leistungsstandes der Schüler veranlaßt. Antworten und Mitarbeit im Unterricht werden dadurch weniger zum Element eines Diskurses als vielmehr zum Versatzstück einer Notenbegründung. Ich habe mir mehrmals erlaubt, die Auskunft über den Notenstand mit dem Hinweis zu

verweigern, daß mein Bild noch nicht für eine Notenformulierung reiche. Außerdem habe ich bewußt Beurteilungsfreiräume geschaffen, in denen auch unbewertet gesprochen werden konnte. Es waren dies Phasen der Verständigungsgespräche, in denen wir uns und den Unterricht selber zum Thema gemacht haben; es waren auch die Phasen der Gruppenarbeit, der Einstudierung und vor allem der Versuche mit Textformen der produktiven Rezeption. Noch in der Jahrgangsstufe 12 war ich mit den Schülern übereingekommen, diese Arbeiten als freiwillige einzustufen und nur zur Verbesserung des Punktstandes zu verwenden. Nach meiner Beobachtung waren dies neben den verständigungsbezogenen Diskussionen kleine Beiträge zur Verbesserung des humanen Lernklimas.

- Der Ärger über die doch im Verhältnis zum Aufwand *bescheidenen Leistungen* der Schüler, über die vielen unnötigen Fehler, die Nachlässigkeiten und die unzureichende Verarbeitung des im Unterricht Vermittelten, die manchmal den Eindruck der Vergeblichkeit des Bemühens im Unterricht als durchaus berechtigt erscheinen ließen. Auf dem Prüfstand waren jeweils nicht nur die Schüler und ihre Lernfähigkeit zu lernen, sondern auch der Lehrer und sein Lehrgeschick.

Von mir kann ich nur sagen, daß das vielfältige Unbehagen immer wieder kompensiert wurde durch die Neugier auf das, was die Schüler tatsächlich im Unterricht verstanden haben und wie sie die Lösung der Aufgaben immer neu angehen. Klausuren waren für mich zunächst und vor allem Element des Dialogs über ein konkretes Problem; statt meine Fragen, Anregungen, Vermutungen ungezielt in den Kurs hineinzusprechen, hat mir in den Klausuren jeder geantwortet und die Richtung angegeben, in der weiter gefragt werden kann. Immer wieder hat der Klausurzeitplan, der für die ganze Stufe gemacht werden muß, sich mitten in den Unterrichtsablauf hineingeschnitten, so daß wir mehrmals kurz nach Beginn von Gesprächen über neue literarische Werke die Klausuren einschieben mußten. In diesen Fällen war die Klausur dann unvermeidbar Element des Dialogs, der nach der Rückgabe und Besprechung der Arbeiten fortgesetzt werden konnte.

2. Klausur-Korrekturen

Wenn in dieser Weise die Klausuren als Element des Lehrer-Schüler-Gesprächs angesehen werden, dann sind auch die Korrekturen und die Noten nicht aus diesem Kontext ablösbar. Die zahlreichen Untersuchungen zur „objektiven" Aufsatzzensur, die Aufsätze von verschiedenen Lehrern anonym beurteilen ließen, um dann die waltende Ungerechtigkeit bei der Notengebung zu beklagen, fand ich schon immer reichlich naiv; heute weiß ich, daß eine falsche Versuchsanordnung auch falsche Ergebnisse liefern muß. Aussagekraft könnten solche Untersuchungen nur erreichen, wenn mindestens

a) die Vorgeschichte der Themenstellung und des Unterrichts,
b) die bisherigen leitenden Kriterien der Beurteilung,
c) die Lernvoraussetzungen der einzelnen Schüler
d) und die Erwartungen an die Lösungen der gestellten Aufgaben mitgeliefert würden.

Denn daß jeder Lehrer in seinem Unterricht, bei der Korrektur, bei seiner Bereitschaft, auch pädagogische, d. h. ermunternde Noten zu geben, bei seinen Erwartungen und leitenden Bewertungskriterien unterschiedliche Akzente setzt, ist eine Selbstverständlichkeit, solange wir einen Unterricht durch wissenschaftlich qualifizierte Persönlichkeiten wirklich wollen. Man stelle sich nur einmal einen Moment lang vor, es würden die Aufsätze aller Jugendlichen nach denselben Gesichtspunkten, in identischer hierarchischer Ordnung schematisch überprüft – es wäre das Ende einer Bildung von individuell geprägten Subjekten. Aus dieser einfachen Feststellung folgt mit Konsequenz, daß dort, wo die Vergleichbarkeit der Leistung objektiv gesichert werden soll, die eigenständige sprachliche Leistung eliminiert werden muß. Dies ist etwa in den Prüfungen des Medizinstudiums der Fall, wo Multiple-choice-Kreuzchen die Sprache ersetzen. Und diese verklemmte, sprachlose Art von Objektivität leistet man sich ausgerechnet in der Ausbildung für einen Beruf, bei dem es auf sprachliche Sensibilität bei der Anamnese und Therapie entscheidend ankommt. Um einer Schein-Objektivität willen mißt man einfach die falschen Fähigkeiten. Dies kann sich aber ein Sprachunterricht, der zu komplexen Sprachäußerungen und -wahrnehmungen anleiten will, nicht leisten. Daher muß an die Stelle absoluter Vergleichbarkeit der Leistungen die Beurteilung nach bestem Wissen und Gewissen treten.

Da es unterschiedliche Kriterien der Aufsatzbeurteilung gibt (vgl. dazu die Erläuterungen bei Weber 1973) und weil sie jedem Lehrer unterschiedlich wichtig sind, muß er seine Prioritäten den Schülern unmißverständlich mitteilen: daß er eher auf gedankliche Klarheit beim Aufbau als auf Vielfalt und Lebendigkeit der Darstellung Wert legt, daß er eher methodische Sicherheit als viele verschiedene Einzelaspekte der Analyse oder Argumentation honoriert, daß ihm mehr an Genauigkeit der Lösung der gestellten Aufgaben als an vielen eigenen Ideen liegt, daß wichtiger als die Flüssigkeit des Stils die Sicherung von Ergebnissen ist, daß der Verstoß gegen Sprachnormen schwerer wiegt als die freie Assoziation etc. Spätestens bei den ersten Korrekturen müssen die leitenden Maßstäbe klar sein.

Wenn die Klausuren Element des Unterrichtsgesprächs sind, dann muß auch selbstverständlich sein, daß die Schüler für gelungene Ansätze, für Einlösung der Ansprüche, für abgesicherte Ergebnisse gelobt und nicht nur auf ihre Fehler hingewiesen werden. Ich habe mich daher immer wieder verpflichtet gesehen, wenigstens einen positiv wertenden Satz in die Beurteilung zu schreiben. Selbst bei „mangelhaften" Arbeiten stand dann: „Den Inhalt des Stückes haben Sie wohl verstanden und die epische Distanz herausgestellt, aber..." oder: „Der zentrale Konflikt und die Ausweglosigkeit der Hauptfiguren werden richtig dargestellt". Wenn der Lehrer die Einlösung bestimmter Aspekte fordert, dann kann er deren Erfüllung bei der Beurteilung auch vermerken. Er hilft damit dem Schüler, Sicherheit in dem von ihm Leistbaren zu gewinnen und sich in bisher vernachlässigten Aspekten zu versuchen.

Da die Benotung von schriftlichen Arbeiten sich stärker an den Möglichkeiten des Kurses unter den bestimmten Lernvoraussetzungen und Kriterienpräferenzen als an abstrakten Größen (z. B. der eines idealen Interpretationsaufsatzes) orientiert, sind Noten *relational.* „Gut" ist eine Arbeit zunächst und vor allem im Vergleich zu den anderen Arbeiten, dann erst in bezug auf die Einlösung abstrakter Kriterien, wie z. B. Klarheit, Aufbau, Originalität, stilistische Genauigkeit, sprachliche Richtigkeit. Selbst wo von „Klarheit der Gedankenführung" gesprochen wird, geschieht das im Vergleich zu weniger klaren Darstellungen bei der Einlösung derselben Aufgabe in demselben Kurs. Aus der Einsicht, daß es abstrakte Kriterien ohne ein Mehr oder Weniger ihrer Einlösung nicht gibt, habe ich die Konsequenz gezogen, wo immer vertretbar, die beste Arbeit mindestens „sehr gut (–)" oder „gut (+)" zu nennen. Vertretbar erschien mir das immer dann, wenn im Blick auf die Aufgabenstellung möglichst viele Aspekte behandelt wurden; dann konnte die relative Klarheit und Stringenz den Ausschlag geben.

Wer Genaueres über die Frage: Was Lehrer über das ‚Korrigieren' berichten und die argumentative Stützung einer alternativen ‚Korrektur' wissen möchte, sei auf die Studie von Hubert Ivo „Lehrer korrigieren Aufsätze" (1982) verwiesen. Auf Anregung von wissenschaftsdidaktischen Seminaren mit Deutschlehrern führt er den Begriff der „mäeutischen Korrektur" ein und versteht darunter ein Konzept, das sich an dem Ziel orientiert, durch Korrektur Lernen zu befördern:

> „Dies alles – Auffälligkeiten begründen und typisieren, die Lernthemen einschränken, Aufgaben und Anregungen formulieren – findet in diesem mäeutischen seinen steuernden, richtungsweisenden Punkt." (Ivo 1982, S. 138)

Indem dem Schüler durch die Korrekturen dazu verholfen wird, das, was er sagen wollte, auch tatsächlich sagen zu lernen, ist auch dieses Konzept dialogisch und wird gegen die exekutierende Korrektur, die vor allem an der Einhaltung von Normen interessiert ist, abgegrenzt. In diesem allgemeinen Sinne waren sicher auch meine Korrekturen mäeutisch. In einem anderen Sinne aber waren sie es nicht, denn ich habe die Äußerungen so zu verstehen versucht, wie sie in den Klausuren standen, um dem Schüler auch zu zeigen, welcher Abstand noch zwischen seiner Aussageabsicht und deren Darstellung besteht. Was geschrieben stand, galt; es konnte erst beim nächsten Mal in anderem Zusammenhang korrigiert werden. Klar ist also einerseits, daß es für mich zu den Aufgaben der Korrektur gehört, daß der Lehrer die leitenden Intentionen des Schülers zu erfassen versucht (wie ja auch die Schüler gehalten sind, die Intentionen des Lehrers in der Aufgabenstellung zu ergründen), allerdings auch andererseits, daß die Aussagen in der Klausur gelten und nicht nachträglich kommentiert und revidiert oder umgebogen werden können. Dies förderte allenfalls das Darauflosreden; eine Begründung wird jedem Schüler schon dazu einfallen. So könnte man meine Korrektur allenfalls prospektiv mäeutisch nennen, weil sie auf die zukünftige adäquate Ausdrucksgestalt für die Absichten und Ideen abhebt und nicht auf Hilfen bei der Lösung gegenwärtiger Aufgaben. Vielleicht sind das aber Nuancen, die mit den verschiedenen Alters- und Schulstufen zusammenhängen.

Statt allgemeine Prinzipien und leitende Kriterien meiner Korrekturen vorzustellen und zu diskutieren, will ich, dem prozessualen Charakter dieser didaktischen Handlung entsprechend, an einem Beispiel den Korrekturvorgang beschreiben und an zwei Schülerarbeiten erläutern. Ich wähle zu diesem Zweck die letzte Klausur aus der Jahrgangsstufe 13/1.

Bezeichneten die *Aufgabenstellungen* zu Klausuren in der Jahrgangsstufe 11 noch genau die zu lösenden Aufgaben in der richtigen Reihenfolge, so wurden die Formulierungen in dem Maße, wie die Aspekte der Untersuchungen vertraut wurden, immer allgemeiner. In 11/1 wurden noch die wichtigsten Elemente der Analyse benannt:

Johann Wolfgang von Goethe (1749–1832):
Faust I, V. 1064–1125

1. Erläutern Sie den Inhalt der Verse aus der Szene „Vor dem Tor".
2. Charakterisieren Sie Fausts Wünsche und die Sprache, in der er sie zum Ausdruck bringt.
3. Stellen Sie Verbindungen her:
   a) zur Wette in der Szene „Studierzimmer II",
   b) zu Gedanken der Epoche der Aufklärung.

In 11/2 wird durch Aufgaben auf die historische und systematische Zuordnung des Gedichts im letzten Abschnitt der einfachen hermeneutischen Reflexion verwiesen:

1. Analysieren Sie das Gedicht „Die schlesischen Weber" von Heinrich Heine.
2. Geben Sie kurz an,
   a) welche Absicht Heine damit 1844 verfolgt hat,
   b) ob dieses Gedicht auch heute noch aktuell sein kann.
3. Inwiefern unterscheidet sich das Gedicht Heines im einzelnen und im ganzen von dem Bericht Wolfs? Begründen Sie den Unterschied der Literaturarten.

In 12/1 kommt zur Interpretation die selbständige Wertung, auch die Beurteilung eines fremden Deutungsansatzes, hinzu. Im Anschluß an Peter Härtlings Bewertung von Fontanes „Effi Briest" folgt die Aufgabenstellung:

Erläutern Sie durch die Charakterisierung von Hauptpersonen und Orten die Aussage Härtlings und erörtern Sie dabei, inwieweit Sie sich seinem Urteil über Effi Briest anschließen können oder nicht.

In 12/2 wird die Aufforderung zu selbständigem Urteil und Anwendung der Aussage des philosophischen Textes „Wir alle leben in Bildern" ausgebaut:

a) Analysieren Sie den Text von Karl Jaspers, indem Sie auf möglichst viele Aspekte eingehen. Erläutern Sie dabei auch Begriff und Funktion des Mythos.
b) Haben auch Sie in einem Mythos Wahrheit gefunden? Oder steht auch bei Ihnen Mythos gegen Mythos? Erläutern Sie ihre Auffassung an einem Beispiel.

In der ersten Klausur von 13/1 wird, im Zusammenhang mit der Erläuterung der einfachen hermeneutischen Methode, der geforderte Dreischritt in der Formulierung des Themas in Erinnerung gerufen:

1. Analysieren Sie den 11. Auftritt des Lustspiels „Der zerbrochne Krug“ von Heinrich von Kleist, indem Sie
   a) die Szene kurz in den Zusammenhang des Dramas stellen;
   b) auf Einzelheiten, z. B. Merkmale der Sprache, Charakteristik der Figuren und des Grundkonflikts eingehen;
   c) die Absichten Kleists erklären und bewerten.

Die Vielfalt der Aspekte wird dann schließlich in der zweiten Klausur von 13/1 in dem einen Begriff der „Analyse“ gebündelt:

Analysieren Sie den Schluß des 4. Aktes (Auftritt Simon Chachava, S. 72–76) von Bertolt Brechts „Der kaukasische Kreidekreis“.
Gehen Sie auch auf die epischen Mittel der Darstellung in dieser Szene ein, indem Sie sich auf Brechts Aussagen zum „epischen Theater“ (Theorie des Dramas, S. 71–73) beziehen.

Immer war mehr die methodische Sicherheit als der jeweilige Wissensbestand gefragt, so daß auch bei der Beurteilung eher das Wie der Gedankenführung als das Was der Kenntnisse und Einstellungen im Mittelpunkt stand. Bei Meinungsäußerungen, Problemlösungen, Wertungen ist es ohnehin äußerst fragwürdig, das Was zu zensieren, weil das nahe an eine Gesinnungszensur heranführt. Aus dem Grunde rangiert die Plausibilität der Argumentation, des Deutungsansatzes, seiner Belege in den einzelnen Abschnitten sowie die logische Struktur der Beweisführung höher als das mitgeteilte Wissen. Hier geht es vor allem um eine wachsende methodische Sicherheit, die auch bei unbekannten Gegenständen Kommentierungen und Verstehen erleichtert.

Gerade auch um die Urteilsfähigkeit zu stärken, habe ich mehrmals gegen die Forderung der Richtlinien: „Geprüft wird nur, was auch unterrichtet wurde“ verstoßen. Was besagt das Nachbeten von gelerntem Wissen über Selbständigkeit, Anwendung des Gelernten, Phantasie, Urteilssicherheit, das doch die Heranwachsenden besonders brauchen, die studieren wollen? Derartige Richtlinienforderungen sind zwar redlich und schutzen die Schüler vor Überforderungen, aber sie stehen im Widerspruch zu der Behauptung, die Oberstufe des Gymnasiums sichere Studierfähigkeit.

Bei dem kleinen Verstoß gegen den ministeriellen Erlaß kam mir häufiger der starre Klausurplan zu Hilfe, der es unmöglich machte, gerade bei der Behandlung umfänglicher literarischer Werke, alles vorzubereiten, was auch geprüft werden sollte. Bei der Besprechung von Brechts „Kaukasischen Kreidekreis“ hatten wir das Vorspiel, den 2. Akt einschließlich der epischen Mittel, gerade analysiert, und die Schüler hatten die Aufgabe, Grusches Stationen der Flucht bis zum Ende des 4. Aktes zu verfolgen, als der Klausurtermin bevorstand. Die Analysegesichtspunkte mußten auf eine bisher nicht behandelte Textstelle selbständig angewendet und der Gebrauch der epischen Mittel aus ser Sicht des Autors überprüft werden. Zu schematischer Wiedergabe des Gelernten war damit wenig Gelegenheit gegeben.

Der Korrekturvorgang. Um die Klausuren als wichtigen Schritt bei dem Gespräch über Literatur und Sprache zu nutzen, mußten sie schnell zurückgegeben werden; die langfristig geplanten Klausurwochen schaffen die notwendigen Voraussetzungen, um das folgende Wochenende für die Korrekturen frei zu halten. So bekamen die Schüler die am Mittwoch geschriebene Klausur in der Regel am Montag zurück. Hin und wieder kam der Oberstufenkoordinator den Fachlehrern sogar in der Weise entgegen, daß er die Klausurwoche unmittelbar vor die Ferien legte; dann war die Korrektur bis zur nächsten Stunde überhaupt kein Problem.

Bei der Korrektur waren drei Druchgänge nötig: die erste Durchsicht auf das Spektrum der Lösungen (I), die genaue Analyse der Verständnis- und Darstellungsleistungen in der einzelnen Arbeit- mit Vorformulierungen in Kladde für die Urteilsbegründungen (II), Vergleich der Arbeiten, Klärung der Zweifelsfälle durch Herstellung von Relationen und Festsetzungen der Zensuren (III). Mit wachsender Routine bei einfachen Aufgabenstellungen oder klaren Arbeiten konnten die Durchgänge (I) und (II) miteinander verbunden werden. Die drei Durchgänge waren selbst wieder so strukturiert, daß die Aufmerksamkeit verschiedenen Gesichtspunkten galt.

(I) Lösungsspektrum

Schon während die Schüler ihre Klausuren abgaben und ich sie auf die beiden Stapel zu den verschiedenen Aufgaben sortierte (mit zwei Ausnahmen standen immer zwei – in 13/2 drei – Aufgaben zur Auswahl), habe ich aufgrund des flüchtigen Durchblätterns und meiner Kenntnis vom allgemeinen Leistungsvermögen der einzelnen Schüler je eine vermutlich gelungene Arbeit herausgezogen und oben auf den Stapel gelegt. Mit diesen Klausuren habe ich die Korrektur begonnen, um gleich einen Eindruck von dem, was zu der Aufgabenstellung leistbar war, zu bekommen.

(1) Um die Klausur nicht nur allgemein, sondern im Blick auf die Einlösung des Selbstanspruchs zu bewerten, war es nötig, zunächst die *Intention* und die *Schwerpunkte* der einzelnen Lösungen zu ermitteln. Jürgen will in seiner Arbeit vor allem den Aufbau von Szene und Stück („folgende Struktur") erklären und weniger auf den Inhalt der Szene eingehen. Markus dagegen will den Inhalt klären, um der Absicht der Geschichte von Grusche auf die Spur zu kommen, was ihm nur ansatzweise gelingt.

(2) Bei der ersten Lektüre werden schon *Fehler* und *richtige Beobachtungen* angestrichen und am Rand markiert. In den beiden Klausuren ist das schon sehr unterschiedlich aufwendig.

(3) Neben die Ermittlung der Intention der Schüler tritt die Frage nach dem Grad der Einlösung der *Aufgabenstellung*. In der Analyse versucht Jürgen möglichst viele Aspekte der Deutung für den Nachweis der epischen Grundstruktur anzusprechen; in b) erläutert er daher auch mehr das Gesamtanliegen und verzichtet dafür auf den Nachweis einzelner epischer Mittel. Markus geht auf die Aufgabe b) überhaupt nicht ein; Ansätze zur Deutung sprachlicher Mittel fallen im wahrsten Sinne des Wortes aus der Analyse heraus (d. h. sie werden am Schluß angehängt). Da die Erläuterung der epischen Mittel und der Versuch, sie für die eigene Analyse zu verwenden, offenbar zu stark von dem zentralen Analyseauftrag ablenkte, wurde die Zusatzaufgabe nirgends ganz zufriedenstellend gelöst; sie sollte daher bei der endgültigen Beurteilung nicht allzu sehr ins Gewicht fallen.

(II) Würdigung der Einzelleistungen

Vor dem Hintergrund des gesamten Lösungsspektrums konnte die genaue Durchsicht der einzelnen Arbeiten unter dem Aspekt, ein erstes Urteil zu gewinnen, folgen. Wiederum wurden mindestens drei Kategorien der Beurteilung gleichzeitig beachtet:

(4) Wichtiger Beurteilungsmaßstab war der Grad der Verwendung der besprochenen *Analyseaspekte,* wenn möglich in der einfachen hermeneutischen Struktur. Als Leitlinie für die Urteilsfindung war aber wiederum nicht nur die Anzahl der theoretisch bekannten Aspekte, sondern auch die Summe der in allen Klausuren berücksichtigten Analyseelemente. Im Vergleich zu dieser relativen Vollständigkeit konnten manche Klausuren besser benotet werden als nach der Aufzählung aller theoretisch denkbaren Deutungsaspekte. Jürgen hat mit seiner Note im dritten Durchgang von dieser relationalen Ordnung profitiert. Im übrigen hält er sich bei seiner Darstellung streng an den erarbeiteten methodischen Ablaufplan, indem er zunächst die Szene dem Gesamtaufbau des Dramas zuordnet, dann in der Einzelanalyse auf Ort, Personenkonstellation, Konflikt der Hauptfigur, den Sprachstil und seine Wirkung sowie auf die Absicht des epischen Theaters eingeht und schließlich auf Struktur und Aussage des gesamten Dramas, die Intentionen und Wirkungen des Autors zu sprechen kommt. Die Lösung der Zusatzaufgabe wird an die Analyse angehängt. Markus hingegen erzählt den Inhalt der Szene sowie die Vorgschichte, geht dann über zur Beschreibung der

beiden Handlungsebenen und ist gleich wieder bei dem Inhalt. Eine gute Beobachtung zur Sprachlosigkeit der Figuren leitet schon über zur Absicht des Sängers und des Stückes, in die durch ein Sternchen die Bedeutung der Szene im 4. Akt eingebunden wird. Aspekte der Einzelanalyse fehlen, der Gesamteindruck wird am Anfang nur am Vordergründig-Inhaltlichen und am Schluß an der Intention des epischen Theaters festgemacht. Auffällig ist die eigenständige Beobachtung zur Sprachlosigkeit, „durch den Bach symbolisiert. Der Steg, der herüberführt, ist die Aussprache". Hier wird in den Bildern des literarischen Textes selbständig gedacht und ein Aspekt selbst entdeckt.

(5) Mit der methodischen Genauigkeit ist meist schon ein *gedanklicher Zusammenhang* erkennbar, der die Abfolge der Beobachtungen strukturiert. Die Fähigkeit zur Gliederung der eigenen Gedanken ist nach meiner Ansicht für die Urteilsfindung entscheidend wichtig. Zur Plausibilität der Beweisführung gehört dann auch die Überzeugungskraft des Urteils. Es gelingt nur in ganz seltenen Fällen, daß Schüler einen eigenen Zugang oder Deutungsansatz finden, dem sie ihre Beobachtungen dann zuordnen und für eine Interpretation nutzen können. Meist orientieren sie sich an dem im Unterricht besprochenen Ansatz und der erarbeiteten Beobachtungsfolge.

Für Jürgen ist der Ausgangspunkt der Streit um das Tal im Vorspiel, für den „das in den Aufzügen 2–6 aufgeführte Schauspiel [...] eine Parabel" ist. Der Gedankengang führt von dem Ganzen des Stückes über die Einzelheiten der ausgewählten Szene hin zum Ganzen der Intention zurück. Auch die Einzelbeobachtungen sind deutlich gegliedert, wenn etwa die Figuren in der aufsteigenden Linie ihrer Bedeutung besprochen werden: Panzerreiter, Simon, Grusche und deren Konflikt. Auch Markus sucht den Zugang bei den zwei Zeitebenen des Stückes, die auch bei der Frage nach der Intention am Schluß aufgegriffen wird. Allerdings schieben sich immer wieder Angaben zum Inhalt von Stück und Szene dazwischen, so daß die Darstellung eher kreisend als zielgerichtet und strukturiert erscheint. Der rote Faden jedenfalls, wenn er überhaupt vorhanden ist, wird immer wieder von Inhaltsphrasen verdeckt.

(6) Wichtig wie die strukturierte Abfolge der Gedanken und Beobachtungen ist deren Präzision, Dichte, Anschaulichkeit, Originalität, Lebendigkeit. Man könnte es *Stilebene* nennen, was hier überprüft wird, zumal es auch darum geht, den individuellen Sprachstil zu fördern und nicht nur Fähigkeiten zu abstrakter Gliederung der eigenen Gedanken und deren logischer Darstellung zu unterstützen. Der Stil von Jürgen ist einerseits sehr abstrakt, dafür präzise in der Erfassung des Wesentlichen (z. B. Zwiespalt der Grusche, Zentralproblem von Mitmenschlichkeit versus Besitz, Funktion des Sängers), andererseits sehr lakonisch und unanschaulich (so werden die Beobachtungen selten erläutert oder mit Beispielen versehen). Markus strebt demgegenüber mit den Originalzitaten nach größerer Anschaulichkeit und kommt dabei zu mindestens einem guten Einfall. Auf der anderen Seite fehlt seiner Darstellung jede Präzision (z. B. „Dieser Konflikt...") oder gedankliche Tiefe, so daß die Arbeit oberflächlich assoziativ wirkt.

(III) Formulierung der Urteile

Solcherart Beurteilungselemente habe ich beim zweiten Durchgang der Durchsicht der Klausuren schon notiert, so daß für den letzten Durchgang bereits Vorformulierungen für die Notenbegründungen vorlagen. Unter diese Vorgutachten habe ich Noten gesetzt, die Hefte bzw. Blätter in die Reihenfolge der Notenskala gelegt. Im Fall der Brecht-Klausur vom 8. 12. 1982 habe ich festgestellt, daß die beste Note nur „gut" sein würde, und habe daher die Urteilsskala um einen Punkt nach oben verschoben, so daß die beiden relativ besten Arbeiten nunmehr „voll gut" (12 Punkte) erreichten. Bevor ich Urteil und Note unter die Arbeiten gesetzt habe, wurde jede Klausur noch einmal durchgesehen, nachkorrigiert, wurden die Textbeobachtungen nachgezählt und gewichtet, der Gesamteindruck mit den „Nachbararbeiten" auf der Notenskala verglichen. Zweifelsfälle wurden herausgenommen und nach dem Durchgang abermals durchgesehen.

(7) Ziel dieses Durchgangs ist der *Vergleich des Gesamteindrucks* der Klausuren unter

dem Gesichtspunkt der Einlösung der gestellten Aufgabe und der leitenden Intention der Schülerarbeiten. Jürgen hat sein Vorhaben konsequent, plausibel und aspektreich in die Darstellung umgesetzt. Zwar ist die historische Zuordnung nicht genau genug gelungen, die Frage nach der Aktualität gar nicht beantwortet, der Nachweis der epischen Mittel zu knapp geraten, dennoch hat er vergleichsweise viele Aspekte der Aufgabenstellung behandelt. So kommt es denn doch zu den 12 Punkten (voll gut). Markus hat demgegenüber wenige Einzelheiten, und die noch in keiner erkennbaren Ordnung, ausgeführt und ist Aufgabe b) ganz ausgewichen. Auch in der Sprachrichtigkeit zeigen sich Mängel. Die notwendigen fünf Punkte (ausreichend) erreicht er trotzdem, weil der Ansatz nicht falsch ist, der Inhalt von Szene und Stück richtig erfaßt wurde und er zu guten Beobachtungen durchaus fähig ist.

Insgesamt stehen bei dieser Klausur drei Zweien vier Fünfen gegenüber; der Durchschnitt liegt bei 3,59, der Median (Note des mittleren Schülers in der Skala von 1–17) bei 3,75 (voll ausreichend). Der Durchschnitt aller Klausurnoten, die ich seit 12/1 gegeben habe, ergibt die Note 3,43. Die Durchschnittsabiturnote war, da die schriftlich schwächeren Schüler eher die mündliche Prüfung gewählt haben, etwas besser, lag bei 3,23 und damit bei knapp befriedigend (7 Punkten).

Ging ich in 12/1 noch davon aus, daß die Schüler für den Grad ihrer mündlichen Beteiligung selbst verantwortlich sind, so bin ich später von dieser Position abgerückt; Lehrer reden oft von der „Bringschuld" der Schüler der Oberstufe und meinen häufig damit nichts anderes als die eigene mangelnde Bereitschaft, sich darüber Gedanken zu machen, welchen Beitrag wohl jeder einzelne Schüler zu den diskutierten Problemen leisten könnte; was allerdings zugegebenermaßen bei 25–30 Schülern im Kurs auch nicht immer einfach ist. Nachdem ich mit der falschen didaktischen Maxime gebrochen hatte, wurden die Gesamtnoten auf den Zeugnissen besser als die Klausurnoten:

	12/1	12/2	13/1	13/2
Anzahl der Schüler im Kurs	25	24	20	17
Klausur	3,29	3,56	3,53	3,29
Gesamtnote	3,35	3,48	3,19	3,10

Mit dem Durchschnitt aller Gesamtnoten von 3,28 liege ich in der Nähe jener Marke, die von Hans Messelken aufgrund einer Leserumfrage unter Deutschlehrern 1979 errechnet worden ist: 3,15. Die Schüler müssen die Noten eher als gerecht denn als ungerecht empfunden haben, denn von 20 Kursteilnehmern hatten sich 17 dazu entschlossen, Deutsch als 3. oder 4. Prüfungsfach ins Abitur zu nehmen. Unsinnigerweise steht das Fach Deutsch bei der Fächerwahl in Konkurrenz zu den Fremdsprachen, so daß das Wahlergebnis nicht nur ein Votum für meinen Kurs, sondern zugleich gegen eine Prüfung in den Fremdsprachen bedeutete.

Die Rückgabe. Entsprechend meinem Verständnis von den Interpretationen in Klausuren als Schritte der Behandlung literarischer Werke stand bei der Rückgabe immer die angemessene Antwort auf die im Thema gestellte Frage im Mittelpunkt. Ich habe verschiedene Lösungsansätze vorgelesen, die unterschiedlichen Aspekte einer Interpretation, die in den Arbeiten vorgekommen sind, in Erinnerung gerufen, die richtige historische Zuordnung vorgetragen, Applikationsversuche gewürdigt. Dann bin ich auch auf die Aspekte eingegangen, die in keiner Arbeit erwähnt wurden: Konflikte der Figuren etwa, Stilebenen, topische oder metaphorische Redeweise. Immer mußte auch wieder an Regeln der Rechtschreibung (z. B. daß- versus das-Schreibung, Komma vor eingekleidetem Infinitiv) und Konventionen für die Abfassung schriftlicher Arbeiten (z. B. Begriffserläuterungen, Kennzeichnung von Zitaten) erinnert werden.

Einen breiten Raum nahm auch jeweils die Besprechung des geeigneten methodischen Vorgehens ein, denn viele Schüler haben bis zum Schluß Inhaltsparaphrasen schon für Interpretation gehalten. Richtige gedankliche Gliederungen habe ich daher abgekürzt vorgetragen, wobei niemals nur eine Lösung favorisiert wurde und nicht immer nur aus guten Arbeiten zitiert wurde. Mehrmals habe ich erläutert, warum und wie man sich vor Niederschriften ein Konzept macht: Aufgabenstellung strukturieren, Untersuchungsfolge festlegen, Zitate heraussuchen, Aspekte notieren, Einfälle zuordnen, Anfangs- und Schlußsatz überlegen, Ergebnisse sichern. Nach der 1. Klausur in 13/1 habe ich folgenden Entwurf für ein Konzept an der Tafel entworfen:

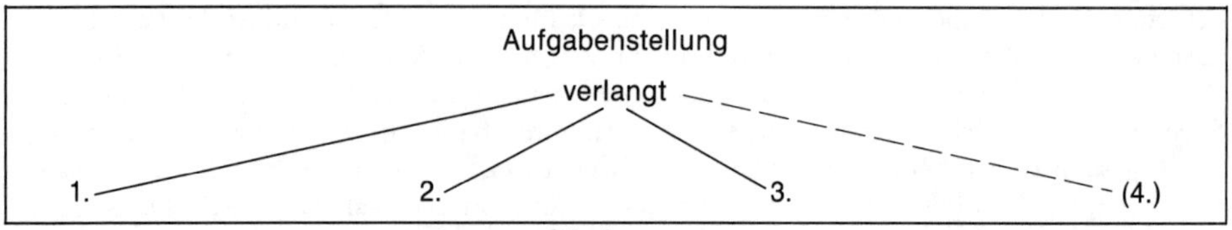

Gliederung

I	1. Satz:		
	Aspekte	Beobachtungen Einfälle	Beispiele
	1. 2. etc.		
II	1. 2. 3. 4. etc.		
III	1. 2. etc.		
	Schlußsatz:		

Derartige Konzeptentwürfe hat man allerdings selten in den Klausuren; die meisten Schüler hielten an ihrer gewohnten assoziativen Schreibweise fest. Offenbar waren sie mit dem damit erzielten Ergebnis ohnehin zufrieden.

3. Mündliche Mitarbeit

Es passiert hin und wieder, wenn Schüler mit ihren Klausurnoten in Gefahrenzonen kommen, daß sie sich in einer Stunde zwei- bis dreimal melden, meist Belangloses sagen und nach der Stunde zum Lehrer mit der Frage kommen:

„Wie viele Punkte habe ich jetzt in ‚Sonstige Mitarbeit'?"

„Das ist noch nicht besser als im letzten Quartal."

„Das ist doch unmöglich; allein heute habe ich mich mehrmals beteiligt."

„Ja, machen Sie bitte weiter so!"

Obwohl Schüler ein untrügliches Gefühl auch für die Qualität von Unterrichtsbeiträgen haben, versuchen sie auch immer mal wieder, mit der allein meßbaren Quantität zu argumentieren. Dies tun sie übrigens auch, wenn man eine öffentliche Diskussion über Noten führt: Allein aus Solidarität rühmen sie ihre gefährdeten Mitschüler für deren regelmäßige und gute Beteiligung. Dieselben Schüler scheuen sich aber nicht, bei unverständlichen, oberflächlichen Beiträgen in den Kurs zu rufen: „Mensch, laber nicht so rum, komm doch mal zum Punkt.“ Ich habe auf die öffentliche Diskussion von Noten, vor allem mit Rücksicht auf die vielen schwächeren Schüler verzichtet und dafür Gelegenheit für Einzeldiskussionen gegeben; die dafür anberaumten 15 Minuten wurden aber selten ausgeschöpft.

Der Bereich der mündlichen Mitarbeit ist sicher der problematischste Teil der gesamten Beurteilung. Dies wissen auch die Schüler und versuchen in Grenz- und Notfällen, über erhöhten Legitimationsdruck eine bessere Einschätzung ihrer Leistungen zu erreichen. Zur Begründung der Note für mündliche Mitarbeit reicht auf keinen Fall die Messung der Anzahl der Äußerungen eines Schülers aus. Ich habe daher eine Schätzskala entwickelt, mit deren Hilfe ich nach Abschluß eines Themenkomplexes die Mitarbeit eines jeden Schülers im Unterricht eingetragen habe. Grundlage für die Differenzierung auf dieser Skala ist die Verschiedenartigkeit der Mitarbeit:

- Beteiligung durch Aufmerksamkeit, lapidare Einwürfe, Konzentration oder Mitschrift,
- Reproduktion durch Antworten auf Fragen, Paraphrasen, Beiträge im Horizont des Erlernten, Kurzreferate,
- Produktivität durch eigene Initiative, Gesprächslenkung, kreative Einfälle, unerwartete, Richtung lenkende Fragen, Urteile über Gelesenes, Referiertes.

Diese drei Ebenen der Einstellung, des Wissens und des Urteilsvermögens werden so mit der Häufigkeit der Äußerungen korreliert, daß sich eine Skala mit fünf Werten ergibt:

teilnahmslos bis unproduktive Aktivitäten (stricken, albern etc.)	punktuelle Mitarbeit ohne Erträge	punktuelle Mitarbeit rezeptiv bis produktiv	regelmäßige Mitarbeit reproduktiv	regelmäßige Mitarbeit produktiv und problembewußt	
0	1	2	3	4	5

Multipliziert man die Werte mit 3, so ist man nicht nur bei 15 Punkten (voll sehr gut), sondern hat zugleich zwischen den Werten Abstufungsmöglichkeiten. Daß die Bewegungen der einzelnen Schüler auf dieser Schätzskala geringer ist als die Abweichungen in ihren einzelnen schriftlichen Leistungen, mag mit dem gewonnenen Vorurteil des Lehrers zusammenhängen, das sich, als Pygmalioneffekt, auf die Schüler zurückprojiziert. Fest steht nur, daß auch bei Versuchen, bisher allein durch Aufmerksamkeit beteiligte Schüler intensiver in das Unterrichtsgespräch einzubinden, zu keiner dauerhaften Veränderung ihrer mündlichen Mitarbeit führte. Nur bei Neuzusammensetzungen der Kurse, wenn die Positionen im Gruppenspiel neu ausgehandelt werden mußten, zeigten sich erkennbare Bewegungen auf der Schätzskala.

4. Schriftliche Mitarbeit

Verläßlichere Indikatoren für die Intensität des Verstehens, für das Mitdenken in den Unterrichtsgesprächen, für die Selbständigkeit von Beobachtungen, für die Aufgeschlossenheit gegenüber dem behandelten Thema sind allemal die schriftlichen Äußerungen. Alle schriftlichen Arbeiten, Exzerpte bzw. Kopien aus Büchern und Zeitschriften, Zeitungsausschnitte wurden in einer Kursmappe gesammelt, die ich vor jedem Quartalsende durchgesehen habe. Schon die Anlage der Mappe bewies etwas über die Fähigkeiten zur Planung von Arbeit, zur Ordnung von Informationen und über das Interesse und Engagement am Gegenstand sowie an den problematischen Fragen. In 11/2 zeigten die fünf Schülerinnen aus der Realschule in diesem Leistungsbereich einen deutlichen Vorsprung vor den Schülern, die aus der Sekundarstufe I des Gymnasiums kamen.

Drei verschiedene Aufgabenstellungen waren jeweils von den Schülern zu lösen.

Zunächst die normalen *Hausaufgaben,* bei denen ich den Schülern gleich von Anfang an freigestellt hatte, sie schriftlich oder mündlich zu erledigen. D. h. bei der Besprechung von Aufgaben (z. B. Charakterisierung von Effi Briest, Übersicht über die Netziger Gesellschaft im „Untertan", Begründung der überzeugendsten These der eidgenössischen Kommission zu den Jugendprotesten) war es mir gleichgültig, ob die aufgerufenen Schüler sie mit Hilfe von Notizen oder frei beantworteten. Alle sollten nur ab 12/1 in ihren Mappen mindestens eine der Aufgaben pro Monat schriftlich erledigen. Ich halte dies nach wie vor für eine geeignete Maßnahme, um die Schüler zur Selbständigkeit der Arbeit und zu Eigenverantwortlichkeit in der Wahl der Interessenschwerpunkte anzuleiten; dennoch war dieses Experiment nicht sehr erfolgreich. Die meisten Schüler hatten immer noch weniger Aufgaben gelöst, als sie unbedingt mußten; wenn, dann hatten sie die leichtesten, d. h. die im Unterricht am weitesten vorbereitet waren, bearbeitet oder sie ganz oberflächlich abgehakt. Wenn dieses System besser funktionieren soll, müßte der Lehrer auch Formen der Aufgabenlösung besprechen, bei schwierigen Aufgaben Hilfestellungen geben und regelmäßiger die Mappen durchsehen und angeregte Verbesserungen überprüfen. Im übrigen müßte aber auch in den anderen Fächern von der aus der S I übernommenen Art der Aufgabenstellung und deren Überprüfung zugunsten freierer und selbstverantworteter Arbeit abgerückt werden, um Selbständigkeit auch praktisch werden zu lassen.

Entscheidender für die Beurteilung der schriftlichen Mitarbeit war für mich die Lösung der etwas umfangreicheren *Halbjahresaufgaben.* Erst mit diesen komplexeren Aufgabenstellungen lernen Schüler der gymnasialen Oberstufe eine Arbeitsweise, die selbständige Planung, geeignete Materialbeschaffung, Urteilskraft und plausible Anlage der eigenen Antworten verlangt. Mehr als durch die Lösung vorher besprochener Hausaufgaben können Fähigkeiten entwickelt werden, die für das Studium später gebraucht werden. Die Lösung solcher begrenzt umfangreichen Arbeitsaufträge sollte zum selbstverständlichen Problem einer Oberstufe werden, die für sich in Anspruch nimmt, zu Studierfähigkeit zu führen.

Die von mir gewählten Aufgabenformen sind eng mit dem Unterrichtsablauf verknüpft und auf die beschränkten Fähigkeiten der Schüler, selbständig zu planen und zu arbeiten, abgestellt. Bei systematischer Übung dieser Arbeitsform, auch und vor allem in den Leistungskursen, sind auch ganz andere Aufgaben denkbar. Vor allem könnten sie auch arbeitsteilig, und nicht wie in diesem Kurs arbeitsgleich, angelegt sein. Auf keinen Fall aber ist an die Wiedereinführung der Facharbeit gedacht, die ja doch nur, mit unzulänglichen Mitteln, die Proseminararbeit des Studiums vorwegnimmt, statt Arbeitsweisen und Methoden zu üben, die diese Arbeit besser vorbereiten hilft.

Die Aufgabenstellungen waren so, daß sie einerseits die erworbenen Kenntnisse abfragten, andererseits aber eine Anwendung in neuerer Fragestellung forderten:

11/2 Im Zusammenhang mit der Einführung in die Formen der Literatur eine dreigeteilte Aufgabe:
- a) Inhaltsangabe zu einem literarischen Werk eines Autors zum Thema „Krieg";
- b) Nachrichten zu diesem Bereich aus der Zeitung eines Tages;
- c) Erzählung von Verwandten/Bekannten: Erzähle ein Ereignis aus dem letzten Krieg und sage, warum es Dir im Gedächtnis geblieben ist.

12/1 Nach der Behandlung der wichtigsten Textsorten der expositorischen Literatur eine Aufgabe zur Abfassung eines primär referierenden Textes nach dem Muster von Wissenschaftsreportagen:
Report aus der Wissenschaft – Bericht über ein neues wissenschaftliches Ergebnis aus Ihrem Leistungsfach oder Hobbybereich.

12/2 Bei der Besprechung der historischen Varianten literarisch gestalteter Mythen die Abfassung einer eigenen Geschichte:
Meine Version vom Prometheus-/Sisyphos-Mythos.

13/1 Nach sporadischen Versuchen und ausführlicher Analyse einer Rezension die literarische Kritik zu einem selbst gewählten (epischen) Werk:

Das gemeinsame Werk – Rezensionen zu 19 aus 100 Büchern der ZEIT-Bibliothek.

Einige Lösungen zu den einzelnen Aufgaben sind jeweils – meist im Abschnitt über Methoden – in den Kapiteln abgedruckt.

Vom Umfang und der Intensität der Arbeit her erfüllen die Aufgaben in 12/1 und 13/1 am ehesten die Anforderungen, die an solche kurzen selbständigen Arbeiten zu stellen sind. Sie sollten vielleicht an einigen Punkten noch deutlicher Materialbeschaffung, -ordnung und -auswertung fordern.

Am wichtigsten für die Bestätigung meiner Hypothese von der Notwendigkeit der Applikation für wirkliches Verstehen waren die freien Produktionen in der Form der *Rezeptionshandlungen*, die bei Besprechung umfangreicherer Werke den Schülern immer wieder abverlangt wurden. Da bei dem Abfassen doch eine gewisse Lust zum Schreiben, wenigstens ein Interesse an literarischer Arbeit, vorhanden sein muß, da ich überdies diese produktive Rezeption von dem normalen Notendruck soweit wie möglich frei halten wollte, habe ich mich mit der Zeit (im Laufe der Jahrgangsstufe 12) von den Schülern überreden lassen, die abgelieferten Arbeiten nur noch positiv zu bewerten: Waren die Lösungen gelungen, sollte das Punktekonto unter „Sonstiger Mitarbeit" verbessert, aber bei schnell hingeworfenen oder gar nicht abgelieferten Schreibversuchen nicht verschlechtert werden können. Ich hätte das Einverständnis widerrufen, wenn nur noch wenige (wie im Fall des Urteilsspruchs gegen den Dorfrichter Adam geschehen) sich überhaupt an die Arbeit herangemacht hätten.

Die Aufgaben waren selten ganz freie Schöpfungen, vielmehr in den meisten Fällen Formen produktiver Rezeption eines literarischen Werkes, vielfach Gestaltungen stofflicher Einzelheiten aus veränderter Perspektive. Beispiele aus den einzelnen Jahrgangsstufen waren etwa:

Erzählung von Geschichten zu einem bestimmten Problem (11/1),
Umschreiben von Tagebuchaufzeichnungen in eine dramatische Szene (11/2),
Vermutungen über den Handlungsverlauf in „Effi Briest" (12/1),
Sammlung von Mythenzitaten aus Zeitungen und Zeitschriften (12/2),
Urteilsspruch gegen den Dorfrichter Adam (13/1).

Aufgaben dieser Art nötigen zur kreativen Auseinandersetzung mit dem Gelernten und Besprochenen. Deutlicher als in den Klausuren läßt sich erkennen, inwieweit der Unterrichtsstoff nicht nur schematisch gelernt, sondern gedanklich und mit ästhetischer Anschaulichkeit verarbeitet worden ist. Zu meiner Überraschung zeigten immer wieder auch Schüler, die weder in der mündlichen Mitarbeit auffielen noch in den Klausuren über den Durchschnitt von „noch befriedigend" hinauskamen, überraschende Leistungen in diesem produktiven Aufgabenbereich. Diese Beobachtung möchte ich gern noch klarer interpretieren: Meine stille Prognose über die Studierfähigkeit der einzelnen Schüler stützte sich am meisten auf die überzeugenden Versuche in diesen kreativen Übungen. Nicht derjenige, der das Gelernte gut reproduzieren kann, wird ein Studium erfolgreich durchstehen, sondern der, der das Gelernte mit wechselndem Interesse verfolgt, wer Sinn dafür entwickelt, den Gegenstand aus neuer Perspektive zu betrachten, wer mit dem erworbenen Wissen und Können frei operiert, wer nicht nur schematisch, sondern kreativ zu denken wagt.

Um es in Zahlen konkret auf meinen Kurs in der Zusammensetzung von 13/1 zu beziehen:

Von den 20 Schülern haben 11 unter „schriftlicher Mitarbeit" die Note „voll befriedigend (3+)" und besser erhalten, darunter waren zwei oder drei Schüler/innen, die nicht Deutsch, sondern eine Fremdsprache für den Abiturbereich gewählt und in Deutsch daher keine Klausuren mehr schrieben. Von den verbleibenden neun Schülern waren sechs auch in den Klausuren 3+ und besser. Auch den verbleibenden drei Schülern, die in den schriftlichen Arbeiten selten über „ausreichend" hinauskamen, würde ich aus den Gründen, die mit der oben erläuterten geistigen und sprachlichen Beweglichkeit zusammenhängen, eine Studierfähigkeit bescheinigen können. Die relativ hohe Korrelation zwischen Klausur- und Mitarbeitsnote hängt sicher auch damit zusammen, daß alle Schüler seit 11/2 die Bedeutsamkeit kannten, die ich der produktiven Rezeption zugemessen habe.

5. Das Abitur

Im Vergleich zu den vorangehenden Klausuren in der Jahrgangsstufe 13 stellte das schriftliche Abitur kaum noch ein Risiko dar. Die Abiturzulassung war erreicht, die Typen der Aufgabenstellung waren in der Klausur von 13/2 geübt, wer in seinen schriftlichen Leistungen ein Risiko sah, hat Deutsch als viertes (d. h. mündliches) Abiturfach gewählt, mit dem Wohlwollen der Fachlehrer konnte man nach 12 1/2 Jahren Schule durchaus rechnen, und überdies konnte man selbst bescheidene Punktzahlen im Abiturbereich mit 4 multiplizieren. Abweichungen von mehr als zwei Punkten bei den Noten für die schriftlichen Leistungen in 13/2 und im Abitur hat es denn auch nur in einem Fall gegeben – und da war die Arbeit in 13/2 ein Ausrutscher.

Entgegen den teilweise sehr überzeugenden Verlautbarungen in der Ordnung für die Abiturprüfung und in den Richtlinien Deutsch kann nur geprüft werden, was auch gelehrt wurde. Eine neue Form des Umgangs mit dem Gelernten, eine fachübergreifende Aufgabenstellung, eine essayistische Bearbeitung eines Themas werden nicht zugelassen. Eine Argumentation über das Thema „Rettet die mathematisch-naturwissenschaftliche Bildung" in einem Kurs, in dem die meisten ein naturwissenschaftliches Fach als Leistungskurs gewählt haben, haben mir die Kollegen mit dem Hinweis auf die Forderung nach „fachspezifischen Textvorlagen" bei Erörterungen schon im Vorfeld der Themenwahl ausreden müssen. Das Thema „Jugendprotest – Ausdruck des Widerstandsgeistes oder neuer Wertvorstellungen" brauchte ich aus demselben Grunde gar nicht bis zur Formulierungsreife kommen zu lassen. Autobiographische Texte mit der Aufforderung zu Analyse und Stellungnahme zur dargestellten Lebensauffassung sind im Aufgabenkatalog erst gar nicht vorgesehen. Dabei wäre die Fähigkeit, sich mit fremden Erfahrungen auseinanderzusetzen, sie für das eigene Leben zu nutzen, sich von ihnen für eigene Beobachtungen der Lebenswelt anregen zu lassen, ein wichtiges Indiz für Reife und Bildung. Die einzige Aufgabenstellung mit einer Anforderung zur andeutungsweise kreativen Leistung wurde von der Schulaufsichtsbehörde, die eines von vier eingereichten Themen streicht, herausgenommen:

a) Analysieren Sie „Literatur und Mythos" von Günter Grass.
b) Überprüfen Sie die Aussage, indem Sie auf einen literarischen Mythos nach eigener Wahl eingehen (Quelle: L'80, Heft 19: August 1981, S. 127–130).

Nun habe ich, bei den wachsenden Ansprüchen an das Abitur als Rechtsgrundlage für die Numerus-clausus-Entscheidungen, durchaus Verständnis für die stoffliche und methodische Einengung der Abituraufgaben entwickeln müssen. Denn unter dem Gesichtspunkt der Vergleichbarkeit von Leistungen kann nur etwas überprüft werden, zu dem alle Schüler gleichermaßen Zugang haben: das im Unterricht erworbene Wissen und Können. Kreative Schöpfungen, freie Produktionen, einmalige Perspektiven, Fähigkeit zu divergierendem Denken und Schlußfolgern sind nur schwer quantitativ vergleichbar. Insofern steckt im Abprüfen des Bekannten im Rahmen von Fächergrenzen durchaus ein Stück Gerechtigkeit. Nur mit der Hochschulreife, mit Studierfähigkeit und Allgemeinbildung hat das nicht mehr viel zu tun.

Diese Feststellung wird vielleicht anschaulicher, wenn man sich erinnert, daß die meisten Schüler, die sich aufgrund der sehr guten Rekapitulation erworbener Kenntnisse verpflichtet sehen, Medizin zu studieren, und diese Fähigkeit in dem übermäßig verschulten Studium auch noch gut weiter ausbauen können, in ihrem Beruf plötzlich zum Zusammendenken verschiedener Symptome, zur Interpretation von rudimentären Sprachäußerungen in der Anamnese, zu einfallsreichen Durchblick in der Diagnose und zu einer individuellen Therapie genötigt sind. Sie müssen schon wirklich begabt sein, wenn sie gegen die in Schule und Studium geförderten Fähigkeiten in der Praxis bestehen wollen.

Kann man die Vernachlässigung produktiven Denkens in den Abituraufgaben noch zur Not verstehen, weil das Prinzip der Vergleichbarkeit von Leistungen offenbar fordert, daß nur noch geprüft werden darf, was sich nach demselben Maßstab messen läßt, so ist das Mißverständnis über die Bedeutung von Wissenschaftspropädeutik folgenreicher. Wenn der

Typ der Aufgabenstellung im Abitur mit dem im Staatsexamen der Germanistik identisch ist („Analysieren und vergleichen Sie", „Kennzeichnen Sie den Interpretationsansatz", „Analysieren Sie das vorliegende Gedicht unter besonderer Berücksichtigung der Metaphorik", etc.), dann wird schon offenkundig, daß eine falsche Einschätzung des Auftrags von Schule vorliegen muß. Sie fixiert offenbar ihr Verständnis von Wissenschaftspropädeutik auf den ersten Teil der Wortzusammensetzung und versteht unter Propädeutik nur „auf niedrigem Niveau". Gemeint ist aber doch wohl, am Beispiel des Faches Deutsch in Prinzipien wissenschaftlichen Denkens, Problemfindens, Schlußfolgerns, Ordnens von affinen Gegenständen einzuführen. Und das Fach Deutsch hat im Kanon der Oberstufenfächer insofern eine Sonderstellung, als die Erkenntnisse zu den Gegenständen des Faches immer, und bei fiktionalen Texten in besonderem Maße, an Verstehensvoraussetzungen und -prämissen des Deutenden gebunden bleibt. Über sie gilt es, mit den Interpretationen zusammen, gleichzeitig nachzudenken. Dies ist nach meiner Vorstellung die Aufgabe der Reflexion über die Applikation bzw. deren Abweisungen.

Aufgabenstellungen, die Wissenschaftspropädeutik nicht vordergründig als Nachahmung von Wissenschaft verstehen, sondern zu Lösungen nach Prinzipien auch in Themenstellungen übernehmen: z. B. Prämissen klären, Erkenntnisschritte markieren, neue Sichtweise begründen, Analogien finden, Thesen zu Ende denken, Argumente sichern. Beispiele für die freien Argumentationsthemen habe ich schon genannt, bei denen die Prämissen aufzudekken, These oder Gegenthese zu Ende zu denken (eventuell eine davon ad absurdum zu führen), die eigene These zu bewerten wäre. Eine denkbare Aufgabenstellung zu expositorischen Texten enthält der Anfang des Auszugs aus Christa Wolfs „Tabula rasa":

„Leisten wir uns ein Gedankenexperiment. Eine Kraft, nicht näher zu bezeichnen, lösche durch Zauberschlag jede Spur aus, die sich durch Lesen von Prosabüchern in meinen Kopf eingegraben hat. Was würde mir fehlen?"

Was würde Ihnen fehlen?

Erläutern sie einzelne literarische Werke und begründen Sie, warum sie sich in Ihrem „Kopf eingegraben" haben.

Eine andere Aufgabe wäre die Auseinandersetzung mit der Aussage von Günter Grass:

„Die Literatur lebt vom Mythos. Sie schafft und zerstört Mythen. Sie erzählt die Wahrheit jedesmal anders. Ihr Gedächtnis speichert, was wir erinnern sollten."

Erläutern und bewerten Sie diese Aussage, indem Sie auch auf selbst gewählte Beispiele eingehen.

Diese Aufgabe habe ich dem Aufgabentyp I der Abiturordnung anzupassen versucht, dennoch wurde sie, wie bereits erwähnt, nicht akzeptiert.

Zu fiktionalen Texten sollten die Themen mehr auf ästhetische Sensibilität, auf die Fähigkeit zu Koproduktionen, auf produktive Rezeptionen abgestellt werden:

Antworten Sie Frau von Briest auf den Brief an ihre Tochter (31. Kapitel). Erläutern Sie dabei auch, wie sie zu der Verurteilung Effis kommen konnte und warum sie ihre Ansicht später ändert.

Kommentieren Sie das Kreidekreisurteil des Azdak aus den Voraussetzungen des Dramas vom „Kaukasischen Kreidekreis" von Bertolt Brecht und skizzieren Sie eine Situation, in der das Urteil hätte ausfallen können.

Texte in der Ich-Form (Ich-Roman bis zur Autobiographie) ließen sich noch enger als fiktionale und expositorische mit der eigenen Erfahrung der Schüler verknüpfen. So etwa die Erinnerung des Grünen Heinrich von Gottfried Keller an die geschickte Erfindung eines Vergehens von ungeliebten Schülern, die ihn zu der Freilassung verleitet:

„So viel ich mich dunkel erinnere, war mir das angerichtete Unheil nicht nur gleichgültig, sondern ich fühlte eher noch die Befriedigung in mir, daß die poetische Gerechtigkeit meine Erfindung so schön und sichtbarlich abrundete, daß etwas Auffallendes geschah, gehandelt und gelitten wurde, und das infolge meines schöpferischen Wortes. Ich begriff gar nicht, wie die mißhandelten Jungen so lamentieren und erbost sein konnten gegen mich, da der treffliche Verlauf der Geschichte sich von selbst verstand und ich hieran so wenig etwas ändern konnte wie die alten Götter am Fatum."

Deuten Sie die Darstellunge des „Kinderverbrechens" und skizzieren Sie eine Situation, in der auch ein „schöpferisches Wort" von Ihnen gewirkt hat.

Ähnliche Episoden werden auch in „Anton Reiser" von Karl Philipp Moritz (3. Teil) mit Reisers Gedicht über den Tod des jungen Marquard oder auch von Manès Sperber in „Die Wasserträger Gottes", in der der Autor sich der Lügen bezichtigt, „weil ich oft der Neigung nachgab, das Unausgesprochene, nicht das Phantastische, sondern das Wahrscheinliche, das hätte geschehen können und nicht geschehen war, mir selbst und anderen so darzustellen, als hätte ich davon aus sicherer Quelle gehört, oder viel seltener, als hätte ich es selbst erlebt."

Solche Quellen fassen auch noch einmal den Status von Fiktionen, ihre Möglichkeiten und Grenzen und sind nach langem Unterricht über sie ein geeigneter Prüfungsgegenstand als die Imitation einer Staatsexamensklausur. Aber von all den Möglichkeiten zur Anregung zu produktivem Denken war in meinen Aufgabenstellungen nicht mehr viel enthalten, nachdem ich sie den strengen Maßstäben für die Formulierung von Abituraufgaben angepaßt hatte. Die Aufgabenstellungen lauteten (mit den Beschreibungen meiner Erwartungen an die Lösungen der Schüler):

1. Analyse nichtfiktionaler Texte (Aufgabenart I)
   a) Analysieren Sie „Literatur und Mythos" von Günter Grass
   b) Überprüfen Sie die Aussage, indem sie auf einen literarischen Mythos nach eigener Wahl eingehen (Quelle: L'80, Heft 19: August 1981, S. 127–130)

   Der vorliegende Text ist einer der wenigen zur Mythenproblematik, der anschaulich über Inhalte und Funktionen literarischer Mythen spricht und nicht so abstrakt wie in den bekannten Abhandlungen von C. G. Jung, Karl Jaspers oder Ernst Topitsch. Der Verstehensleistung werden damit keine terminologischen Barrieren in den Weg gestellt.

   Für das Verstehen müssen besonders die folgenden Aspekte beachtet werden:
   - die Gliederung der Gedankenführung
   - der Problemzusammenhang (Gebrauch von Mythen im Leben und Werk von Grass)
   - die Aussageabsicht (die richtigen literarischen Mythen schaffen eine „die menschliche Existenz erweiternde Wirklichkeit")
   - der Gegnerbezug (übertriebene Vernunftgläubigkeit und Mißbrauch falscher Mythen)
   - Sprache und Stil (bewußt vorwissenschaftlich-feuilletonistisch, leicht polemisch, Gebrauch von Bildern und Übertreibungen (als Ironie gegen die Vernunftgläubigkeit)).

   Die Schüler, die fast alle naturwissenschaftliche Leistungskurse belegt haben, würden sich durch diese Polemik herausgefordert fühlen.

   Obwohl in dem Begriff „Analyse" auch die Aufgabe der Bewertung der Aussage von Grass enthalten ist, werden durch die Aufgabe b) ausdrücklich auf die Anforderungsbereiche I und III (Anwenden und Werten) hingewiesen und die produktive Anwendung auf ein selbst gewähltes Beispiel sowie eine selbständige Bewertung gefordert. Die konstruktive Auseinandersetzung mit Grass' Aussage führt über die methodischen Fähigkeiten hinaus zur inhaltlichen Problemdiskussion.

   Die Darstellungsleistung besteht vor allem in einer gegliederten Entfaltung der angesprochenen Probleme, ihrer sprachlichen Darstellung und ihrer Bewertung. Eine kurze Skizzierung des Inhalts des gewählten Mythos-Beispiels kann erwartet werden. Bei ausführlicher Behandlung von b) können einzelne Untersuchungsaspekte unter a) kürzer ausgeführt sein.
2. Erörterung im Anschluß an eine fachspezifische Textvorlage (Aufgabenart III)
   a) Analysieren Sie den Text „Lest, Leute! Lest weiter!" mit Hilfe des Modells der Argumenttypen und gehen Sie auch auf die rhetorischen Mittel ein
   b) Erörtern Sie die im Text enthaltene Kernthese

   (Quelle: Süddeutsche Zeitung Nr. 236 vom 14. 10. 1981)

   Die Möglichkeit zu einer Argumentation ohne Textvorlage, die in den „einheitlichen Prüfungsanforderungen in der Abiturprüfung" der KMK vom 1. 6. 1979 eröffnet ist, soll es in NRW nach den geltenden Bestimmungen nicht geben. Die daher gebotene Auseinandersetzung mit einem vorgelegten Text schränkt dem Spielraum für eine umfassendere produktive Argumentationsleistung ein.

   Von den Schülern kann daher neben der Analyse unter dem aufgabenspezifischen Aspekt der Argumenttypen und rhetorischen Mittel nur eine eingegrenzte Argumentation pro-aut-contra erwartet werden. Die Aufgabe legt eine Verteidigung der pro-Thesen nahe.

   Die Verstehensleistung verlangt
   - eine Beschreibung der Gedankenfolge

- eine Identifizierung der Fakten (Lesefreude), Grundsätze (Erfahrungen sammeln, Menschen kennen lernen durch Literatur), Stützen (Literaturtheorie und eigene Erfahrung), Thesen (Lesen ist kommunikativ, verschafft Glück und neue Gedanken, Ideen...)
- den Nachweis einzelner rhetorischer Mittel (u.a. Hyperfabeln, Emphase, Anrede, Ellipsen, rhetorische Frage, Parenthesen, Metaphern, Parallelismus)
- sowie ihrer Funktionen (Schwärmen und Betroffenheit zu unterstreichen, Handlung auszulösen)

Die Darstellungsleistung besteht vor allem in dem
- richtigen Gebrauch der Argumenttypen
- und ihrer logischen Verknüpfung
- zur Entfaltung einer contra-Argumentation fehlt die Zeit, da mindestens alternative Grundsätze eingeführt werden müßten. Die Argumentationstheorie kennt aber auch die Einfügung von Modalen Operationen, die die Geltung der Thesen einschränken. So können die Schüler durchaus Bedenken gegen die überspitzte thematische These vortragen.

Eine schematische Vorstellung der Argumentation Härtlings reicht schon aus, wenn sie richtig ist. Für eine gute Beurteilung ist aber eine ausformulierte Analyse nötig.

3. Analyse fiktionaler Texte (Aufgabenart II)

Interpretieren Sie die Szene II.2 aus „Kabale und Liebe“ von Friedrich Schiller, skizzieren Sie den Zusammenhang mit der weiteren Handlung des Dramas und mit Schillers Vorstellung von der Aufgabe der Tragödie

Die Aufgabenstellung stellt drei Leistungen besonders heraus:
- Skizzieren des inhaltlichen Zusammenhangs der Szene mit der Gesamthandlung (besonders mit dem Strang der Lady-Milford-Handlung)
- Interpretieren der Szene, ausgehend vom Vorverständnis über die Darstellung von Einzelelementen (Figuren, Handlung, Konflikt, Sprache, Aussage) bis hin zum vertieften Verständnis (Intention, historische Grundlagen, Aktualität und Beurteilung)
  Dabei ist insgesamt wichtig, daß die Schüler erkennen, wie Lady Milford zwischen der Welt des Hofes und der Welt des Bürgertums Werte einer natürlichen Ordnung vertritt, nach denen auch Ferdinand und Luise vergeblich streben, und die ihr gegen die Kabale eine autonome Entscheidung ermöglichen. (Vgl. IV. 7–9) Deshalb ist sie auch die Figur, die zeigt, was Schiller als Wirkung seines Theaters insgesamt erwartet: Mitleid
- Übertragen der Beobachtungen aus der Ebene des Geschehens in die der Wirkungstheorie: Schillers Theater als Theater des Mitleids gegen Brechts Theater der Verfremdung.

In der Darstellung können diese Verstehensleistungen in den hermeneutischen Zirkel integriert werden: Skizze des inhaltlichen Zusammenhangs der Szene in das Vorverständnis und der Transfer der Beobachtung aus der Ebene des Geschehens in die der Theater-Theorie in das vertiefte Verständnis. In dem Sinne sollen die Schüler erwähnen, daß die vorgelegte Szene eine der wenigen im Trauerspiel ist, in denen eine Figur aus Anlaß der Darstellung menschlichen Leidens das Mitleid zeigt, das auch vom Zuschauer des Dramas erwartet wird.

4. Analyse fiktionaler Texte (Aufgabenart II)

Interpretieren und vergleichen Sie die Geschichte „Sehnsucht“ von Eichendorff und „Der Augenblick des Fensters“ von Krolow; bewerten Sie kurz die beiden Fenster-Perspektiven

An Verstehensleistungen kann in dem Vergleich erwartet werden, daß die Schüler
- wichtige Formelemente benennen (Metrum, Reim, rhetorische Figuren, Haltung des lyrischen Ich)
- Bilder identifizieren und deren Bedeutungsspielraum abtasten
- die Gegenüberstellung zweier Welten (drinnen und draußen) in beiden Gedichten erkennen und die jeweils verschiedene Perspektive entdecken
- die unterschiedlichen Ideengehalte der Gedichte und Werthaltungen der beiden lyrischen Sprecher herausarbeiten können.
- Die Aufgabe b) lenkt die Aufmerksamkeit auf die Bewertung der verschiedenen Perspektiven, die die Autoren gewählt haben, und ihre Konfrontation mit heutiger Erfahrung (fast 30 Jahre nach Krolows Fassung).

Die Darstellung sollte sich an der Struktur des einfachen hermeneutischen Zirkels orientieren, ein Vorverständis artikulieren, zur Einzelanalyse der beiden Gedichte führen, ein vertieftes Verständnis suchen, in dem Vergleich wichtige Gemeinsamkeiten und Unterschiede herausstellen und die angebotenen Aussagen bewerten. Die Wertung der Perspektiven der beiden lyrischen Ich's zielt auf den Anforderungsbereich III gem. den fachspezifischen Regelungen in den Richtlinien für die Fächer der Oberstufe des Gymnasiums.

Reste produktiver Phantasie werden in den Aufgabenstellungen immer noch gefordert, wenn ein Mythos erzählt, eine Argumentation strukturiert, Mitleid zugleich als Handlungsantrieb von Figuren und als Intention des Autors Schiller nachgewiesen und die Fenster-Perspektive der Gedichte vor dem Hintergrund eigener Erfahrungen bewertet werden sollen. Um die Fähigkeiten zu produktivem Denken herauszufordern, wäre aber eine andere Akzentuierung nötig: die produktive Rezeption in den Mittelpunkt zu stellen und die Ergebnisse mit dem Interpretationsansatz zu vergleichen. Dann würde ein Mythos erzählt, um die zentrale These von Grass zu überprüfen, eine freie Argumentation zum Thema „Glück des Lesens" versucht, um sie mit Härtlings Apologie zu vergleichen, eine Skizze von den Ursachen und Folgen des Mitleids der Lady Milford entworfen, um auch die Frage zu diskutieren, ob das Drama den Zuschauer heute noch in dem Maße rühren kann, wie die Lady die Erzählung des Kammerdieners, und Fenstersituationen nachzuzeichnen, sie in Beziehung zu bringen mit denen in den Gedichten und deren sprachliche Gestalt beschreiben. Ein solchermaßen unverstellter Zugang zu Problemen und zur Literatur, der im Studium und Staatsexamen nicht mehr möglich ist, gleichwohl aber die Voraussetzung für eine professionelle Beschäftigung darstellt, wäre eine genuine Aufgabe wissenschaftspropädeutischer Bildung.

Konventionell wie die Aufgabenstellungen waren auch die Arbeiten der Abiturienten: Der Gedichtvergleich wurde einmal, die Interpretation der Szene aus „Kabale und Liebe" fünfmal und die Argumentation sechsmal gewählt. Dabei fiel die Erörterung am schlechtesten aus, weil über die Hälfte der Bearbeiter dieses Themas den Aufgabentyp nicht richtig eingeschätzt hatten; sie funktionierten sie in die Analyse eines expositorischen Textes um, der durch die Streichung der Schulaufsichtsbehörde im Angebot fehlte.

Wenn man von den Leistungen im Abitur so etwas wie ein Fazit von 13 Jahren Schule erwartete, wie ich es tat, dann waren die mündlichen Prüfungen noch enttäuschender als die Ergebnisse der Klausuren. Das lag nur zum Teil daran, daß sich nur solche Schüler gemeldet hatten, bei denen es letztlich nur um die Frage von sechs oder sieben Punkten in der Abschlußnote ging. Das lag wiederum auch an der Art der Aufgabenstellungen, die denen des Germanistikstudiums eher nachgeahmt als auf Ziele der Allgemeinbildung ausgerichtet zu sein haben: Den Schülern wurden Auszüge aus dem 33. Kapitel von Fontanes „Effi Briest" und aus der 7. Szene von Kleists „Der zerbrochne Krug" vorgelegt. Fragen wie: Erläutern Sie den Aufbau einer Rezension zu einem selbst gewählten Werk (1. Prüfung), Schließen sich abstraktes (Argumentationslogik) und anschauliches Denken (in Mythen) gegeneinander aus? (2.), Erläutern Sie den Unterschied von Erklärungen und Rechtfertigungen an Beispielen aus Ihrem Leistungskurs und dem Deutschunterricht (3.) wirkten wie Fremdkörper in den Frage- und Antwortspielen zur Charakteristik von Figuren, Formtypen des Dramas, des Romans, der sprachlichen Gestaltung, den rhetorischen Mitteln, der Peripetie, Schuld und Sühne im Drama und Roman.

Das lag vor allem aber an einem überformalisierten Prüfungsablauf: Vier Lehrer sitzen im Fachprüfungsausschuß, mit den Schülern wird auf den Wegen zum Vorbereitungs- und Prüfungsraum kein persönliches Wort gesprochen, auch der Prüfung in den Klassenräumen fehlt jede Freundlichkeit, als ob sie der Gerechtigkeit der Notenfindung schadete, die Festsetzung der Note aufgrund von Vorschlägen, die nicht vom Prüfer kommen, täuschen eine Objektivität vor, die von der irrigen Annahme ausgeht, die Beisitzer kennten die Schüler nicht genau aus früheren Klassenstufen und anderen Fächern und hätten sich nicht längst ihr Vorurteil gebildet. Wenn die Kultusminister tatsächlich immer noch glauben, daß die größere Anzahl an Prüfern die Gerechtigkeit vergrößere, dann sollten wirklich fremde Mitglieder dem Fachausschuß angehören; z. B. der Schriftführer aus einem anderen Gymnasium und der Beisitzer aus der Universität, die beide über Leistungsspektrum im Bereich Allgemeinbildung und Wissenschaftspropädeutik etwas sagen könnten.

D. AUSWERTUNG DES VERSUCHS

1. Problemkreise

Es gehört zu einer Darstellung, die Motive des Handelns aufdecken, Gründe für Entscheidungen erläutern, Vermutungen über Ursachen von überraschenden Beobachtungen äußern, Folgen von Entscheidungen bedenken, Bewertung von Ergebnissen und Erfahrungen an Ort und Stelle vornehmen will, daß Auswertungsdiskussion, Ergebnissicherung, auch in Form von Zwischenergebnissen, Beurteilungen, Spekulationen mit den Beschreibungen, Dokumentationen, Analysen verknüpft wird. Diese Einsichten in der Zusammenfassung noch einmal alle zu wiederholen, erscheint unnötig, zumal sie dann aus den Zusammenhängen genommen werden, in denen sie begründet sind. Dennoch sollen, bevor die Ergebnisse systematisch unter drei Aspekten zusammengefaßt werden, einzelne dieser Vorauswertungen hier genannt sein, soweit sie Probleme betreffen, die weiterer Untersuchung bedürfen.

Die Lesekultur der Schüler zu Beginn der Oberstufe unterscheidet sich wenig von der des Durchschnitts der Gesamtbevölkerung der Bundesrepublik, vor allem was die Ablehnungen des Lesens angeht. Nur der Informations- und Unterhaltungswert von Büchern wird signifikant höher eingeschätzt. Wenn man die Lesewünsche für die Zeit nach dem Abitur (vgl. die Auswertung der Befragung) damit vergleicht, hat hier eine Einstellungsänderung stattgefunden. Um das zu beweisen, hätte ich die Befragung allerdings wiederholen müssen.

Gegen das ideale Bild von der Veränderbarkeit des Menschen durch Umgang mit literarisch geformter Menschlichkeit einerseits, gegen die Plausibilität des eigenen didaktischen Konzepts andererseits war die unterrichtliche Arbeit immer wieder durchsetzt von Enttäuschungen über mangelndes (vor allem historisches) Wissen, mangelnde Merkfähigkeit, fehlendes Interesse am Gegenstand, an Erkenntnisgewinnung überhaupt, unzureichende Initiativen und Kooperationen, vor allem bei den Schülern untereinander. Selten wirkten die Mühen des Lehrers ansteckend, meistens dienten sie nur als willkommener Ersatz für eigene Anstrengung.

Auf der anderen Seite wuchs die Einsatzfreude mit der Größe der Herausforderung: wurden umfangreiche Aufgaben gestellt und deren Lösung unausweichlich, dann machten sich auf einmal alle an die Arbeit, opferten sogar Nachtstunden, in denen es „so schön ruhig ist“, wie ein Schüler gestand. Offenbar vermitteln gerade die aufwendigen Aufgaben, die geschafft sind, das Gefühl, daß es sich gelohnt hat. Die Befragung zu den beliebtesten Methoden jedenfalls hat dieses Ergebnis gebracht. Mit dem Widerstand, den eine Bearbeitung erzeugt, wächst die Freude an ihrer Lösung. Eine Bildung, die ständig nach den Bedürfnissen der Schüler fragt, bedarf dringend der Korrektur durch eine solche, die Herausforderungen stellt, denen die Jugendlichen normalerweise und freiwillig nicht begegnen.

Fähigkeiten und Wissen entwickeln sich dann, wenn sie in unterschiedlichen Zusammenhängen immer wieder erprobt werden. Nicht nur daß Übung Meister machte, vielmehr werden Anknüpfungspunkte für Kenntnisse und Methoden geschaffen, von denen aus die Schüler selbständig weiter im Gegenstandsfeld des Faches entdecken können. Dies hat sich vor allem immer wieder bei den Formen der produktiven Rezeption gezeigt, die an Ort und Stelle einzeln (z. B. S. 225) oder insgesamt in ihrer Wirksamkeit ausgewertet werden (S. 261). Ob die Fähigkeit zum Gebrauch produktiver Vernunft tatsächlich als Aussage über Studierfähigkeit zu werten ist, ist zunächst nicht mehr als eine begründete Vermutung. In jedem Fall aber haben sie das Gespräch über Literatur aus den Fesseln ritualisierter Deutungsmuster herausgenommen und den Mut zur Nutzung von Bedeutungsspielräumen gestärkt. Auch die allmähliche Verfertigung einer Interpretationsspirale hat Punkte geschaffen, von denen aus das Wissen und Können stetig erweitert werden konnte, auch wenn es in der Tendenz gegenläufig zur produktiven Rezeption gerichtet war. Auch die Entwicklung von

Systemen der expositorischen Literatur, Erzählertypologien und von Formen des Dramas hatte die Funktion, Felder des Wissens abzustecken, denen neue Werke selbständig zugeordnet und die dadurch leichter gedeutet werden können. Lernen heißt, Beziehungen herzustellen, das neue mit dem alten Wissen zu verbinden, so daß das alte Wissen erweitert und das neue produktiv wird.

Immer wieder klingt die Kritik an dem fehlenden Allgemeinbildungsauftrag der gymnasialen Oberstufe und dem falschen Verständnis von Wissenschaftspropädeutik in der Darstellung an. Die eingangs formulierten Bedenken sind durch die Erfahrungen im Unterricht massiv verstärkt worden. Ohne Änderung in diesen Punkten landet die gesamte Oberstufe endgültig in einer Sackgasse. Notwendig ist zunächst ein öffentliches Expertengespräch über das Wissen, das in unserer Gesellschaft für wichtig gehalten wird, um es an die nachwachsende Generation weiterzugeben. Die angebliche Freiheit der Fächerwahl, mit vielen Wenns und Abers, die kaum noch einer durchschaut, ist doch in Wahrheit nichts anderes als Ausdruck der Hilflosigkeit der Erwachsenen in der Frage, worüber sie denn mit ihren Jugendlichen sprechen sollen. Wo alles gleich gültig ist, wird die Einstellung dazu alsbald gleichgültig.

Ich habe immer wieder versucht, die ausgewählten Gegenstände von ihrer Bedeutung (für die vergangene Zeit oder die Gegenwart) her zu begründen und damit den Zusammenhang herzustellen, in dem das Erarbeitete wichtig werden könnte. Ein solches Gespräch gilt es auch auf der Ebene der Lehrpläne und des Fächerkanons der Oberstufe zu führen.

Fast noch schwerwiegender als das Fehlen einer Vorstellung von Allgemeinbildung in den Fächern und über ihre Grenzen hinweg ist das falsche Verständnis von Wissenschaftspropädeutik. Immer wieder, in den Anweisungen für Aufgabenstellungen bei Klausuren, in neuen Richtlinien und in der Praxis des Unterrichts setzt sich eine Auffassung von Propädeutik durch, die nur als „wissenschaftsgleich, aber auf niedrigerem Niveau" bestimmt werden kann. Wie in den Ausführungen an verschiedenen Stellen angedeutet (z. B. S. 32ff., 145ff., 238ff.), wäre es aber entscheidend wichtig, anstelle der Nachbildung von Wissenschaft, ihren Methoden und Ergebnissen, Prinzipien für wissenschaftliches Arbeiten zu vermitteln, die das Studium tatsächlich angemessen vorbereiten. Genannt habe ich Hypothesenbildung, Anlage von Untersuchungen, Überprüfung von Ergebnissen, Reichweite von Methoden, Nutzen der Erkenntnisse. Die Antwort auf die Frage, was die einzelnen Fächer für die Studierfähigkeit generell (und nicht nur in dem eigenen Fach) leisten können, bedarf dringend weitergehender Klärung.

Am leichtesten gelingt Lernen wohl, wenn nach der Lösung eines dringenden eigenen Problems gesucht wird. Wodurch aber wird bei fremdgesteuerten Lernprozessen, wie bei der Vermittlung fernerliegender Probleme, unbekannten Wissens, unvertrauter Methoden gelernt? Zunächst habe ich gemeint, wenn die Bedeutsamkeit des Gegenstands nur hinreichend erklärt wird, ist Motivation geschaffen. Dann habe ich deutlich gespürt, daß es mit verbaler Erklärung oft nicht getan, sondern daß es viel wichtiger ist, selber von dem Gegenstand angerührt zu sein, um Interesse dafür zu wecken und Deutungsarbeit anzuregen (etwa bei der Behandlung des „Kohlhaas" und des „Malte"). Seit der Kontroverse über die Interpretation des „Sisyphos" von Camus war mir schließlich auch klar, wie wichtig der Widerspruch zur geltenden, meist durch den Lehrer vorgetragenen Deutung für das Lernen ist. Nach dieser Erfahrung in 12/2 habe ich immer wieder nach Widersprüchen gesucht, die den Schülern erlaubten, einen eigenen Standpunkt zu gewinnen, ihn zu verteidigen und argumentativ auszubauen. Erst in diesem dialogischen Prozeß wird Mündigkeit zur Realität, insofern sie sich im Widerspruch zu behaupten lernt. Wahrscheinlich schließen sich aber Lernen nach Vorbild und Lernen im Widerspruch gar nicht grundsätzlich gegenseitig aus, denn das einmal geweckte Interesse kann der Suche nach einem eigenen Deutungsansatz die notwendige Hartnäckigkeit verleihen. Allerdings müssen beide Impulse des Lernens nicht miteinander verbunden sein: Unsere eigene Erfahrung lehrt, daß auch reiner Widerspruch heftiges Interesse wecken kann. David Cornwell, Lehrer in Eton, hat diese Einsicht auf den aphoristischen Punkt gebracht: „Es ist ganz egal, was die Kinder lernen. Hauptsache, sie hassen es."

2. Entfaltung allgemeiner Verstehensleistungen

In den zahlreichen Übungen zur Textauslegung ist den Schülern klar und einsichtig geworden, daß Verstehen mehr bedeutet als das Aufspüren von Inhalten, Motiven, Strukturen, Perspektiven, historischen Situierungen: Es setzt voraus, daß der Deutende sich auf den Text, seine Aussage und deren besondere Gestaltung einläßt. Anspruch der Literatur hat mit Ansprechen zu tun, dem zu antworten ist – und sei es auch im Widerspruch. Verstehen von Texten heißt also nicht unbedingt nur Übernahme der Deutungen von Lebenswelten und deren Perspektiven in ihnen, sondern auch Konfrontationen mit neuen und eigenen Bedeutungen der Interpreten. Literatur, die auf geschlossene Verstehenshorizonte trifft, kann zu deren Erweiterung nichts beitragen. Daher war es immer wieder Aufgabe der Behandlung, die Deutungshorizonte zu öffnen, um den Dialog zwischen Text und Leser zu ermöglichen, in deren Verlauf beide eine Bereicherung erfahren: die Texte durch neue Deutungsansätze und Sinnzuweisungen, die Leser durch neue ästhetische Einsichten und Erfahrungen. Ganz entsprechend diesem Bild vom Dialog brachten die Schüler ihre Verstehensschwierigkeiten auf die Formel: „Das sagt mir alles nichts" (z. B. Eva im Blick auf den Sisyphos-Mythos).

Damit der Text dem Leser, aber auch der Leser dem Text etwas sagen kann, können in genauer Textanalyse und in Versuchen zu seiner historischen Zuordnung Voraussetzungen geschaffen werden, um Verstehensprozesse zu sichern; aber nicht in jedem Fall stellt sich Verstehen danach ein. Umgekehrt aber gelangen Analysen leichter, wo Anknüpfungen an Wissens- und Erfahrungsfundamente erfolgten. Aus dieser Beobachtung heraus sehe ich meine These bestätigt, daß im Verstehensakt zwei Bezugsrahmen eröffnet werden: zunächst die Bedeutung des Textes für die Gegenwart des Deutenden und dann für die Vergangenheit der ersten Rezeption sowie der folgenden Deutungen. Analytisch aufgeschlüsselt, bedeutet Verstehen in unserem Experiment:

- den Versuch, aus dem eigenen Erfahrungshorizont mit dem Horizont des Textes in einen Dialog zu gelangen,
- in dessen Verlauf zu einem Austausch von Grunderfahrungen, Gedanken, Empfindungen, Utopien zu kommen,
- den fremden Sinn in den eigenen Horizont zu arbeiten,
- um so die Tradition mit ihren bedeutungsvollen Werken anzueignen, lebendig zu erhalten und weiterzugeben,
- und damit zugleich den eigenen Horizont zu erweitern, sich zu verändern, sich umzubilden.

Am Anfang des Langzeitversuchs bin ich im Blick auf diese Hypothese nur halbherzig verfahren, indem ich bei der Behandlung von Werken der Aufklärung und Klassik zunächst durch Lektüre von theoretischen Texten zur Aufklärung und von Literaturgeschichten einen Wissenshorizont habe schaffen wollen, in dessen Rahmen das Einzelwerk seine historische Bedeutung gewinnen sollte. Dahinter steckte die heute verbreitete These, daß in der Erfassung der geschichtlichen Bedeutung von Kunstwerken eine hinreichende Voraussetzung für die Bildung des gegenwärtigen Verständnisses geschaffen sei; der zeitüberdauernde Bedeutungsüberschuß wirke dann schon von allein. Dies erwies sich als Irrtum, denn die Schüler behandelten Literatur als rationales Kalkül, das um so eher erledigt ist, je schneller eine einzige Deutung ermittelt wurde. Das besondere Wirkungspotential fiktionaler Literatur, die selber eine besondere Form von Lebensdeutung ist, ging bei den rationalistischen Auflösungen und Zuordnungen verloren. Erst nach dieser Erfahrung habe ich ab 11/2 die Applikation, die Auslegung aus dem gegenwärtigen Horizont, zum Ausgangspunkt der Explikation gemacht.

Den Ablauf des Versuchs habe ich an anderer Stelle beschrieben, die einzelnen Schritte erläutert und mit Auszügen aus Unterrichtsgesprächen versehen (Jahrbuch 1983/84, Müller-Michaels 1984a). Ich gehe hier daher nur noch auf das Gerüst des Versuchs ein, Bezugsrahmen für die Einzeldeutungen zu schaffen:

In 11/1 der Rahmen der zeitgenössischen Wirkung,

in 11/2 die Wertung aus der eigenen, individuellen Perspektive (vgl. den Unterricht mit Literatur zum Thema „Krieg"),

in 12/1 im Vergleich der denkbaren Lösungen von Konflikten (Dreiecksgeschichte in „Effi Briest") um 1900 und um 1980,

ab 12/1 die konsequente Aufgabenstellung zum Nachweis von Aktualität der behandelten Literatur in allen Klausuren,

in 12/2 in der Vermittlung von unterschiedlichen Deutungsansätzen von Schülern im Unterrichtsgespräch,

in 12/2 die Produktion einer aktuellen Version eines antiken Mythos,

in 13/1 die Begründung des eigenen Deutungsansatzes, von dem die Explikationen ausgehen und in die sie münden.

Wenn Verstehen immer heißt, aus der fremden Perspektive denken zu lernen, nicht aber diese Perspektive auch zu akzeptieren oder auch nur zu begreifen, dann muß Verstehen nicht immer im Akzeptieren der fremden Sehweise und Erfahrung, in Mitgefühl oder Miterregung münden, sondern kann auch im Widerspruch („das sieht man/sehe ich heute anders") stehen bleiben. Gerade tragische und grausame Gestaltungen/Gestalten hinterließen im Unterricht den Eindruck: „Ich verstehe das nun besser, aber begreife nicht, wie das möglich wurde" (z. B. bei „König Oidipus", auch beim „Untertan"). Gerade der unaufgelöste Rest ist es, der das Bedürfnis wecken kann, sich dem literarischen Werk später erneut zuzuwenden. Insofern ist es kein Zufall, daß von den Schülern in der Abschlußbefragung „Der Untertan" an die Spitze der Texte gesetzt wurde, die ihnen am meisten zugesagt hatten.

3. Entwicklung individueller Analyse- und Darstellungsfähigkeiten

Drängender noch als die Frage nach der Entfaltung allgemeiner Fähigkeiten ganzer Kurse, die sich etwa im Gesamt der Einzelbeobachtungen in einer Klausur oder in Unterrichtsgesprächen zeigen läßt, ist die nach den Lernfortschritten einzelner Schüler. Was leistet eigentlich der Unterricht für die Förderung der Leistungsfähigkeit der Schüler? Hat der Unterricht Einfluß – wenn ja: welchen – auf die Analyse- und Gestaltungskraft der Einzelnen? Lassen sich über die drei Jahre Oberstufenunterricht Fortschritte nachweisen? Solche Fragen zielen in einen absolut dunklen Raum der Unterrichtsforschung. Das liegt nicht nur an der herrschenden Konjunktur der Konjunktiv-Didaktik, die diese Probleme der Folgen von Konzepten nicht mehr berühren. Das liegt auch an dem Mangel an methodischen Instrumentarien, mit deren Hilfe der tatsächliche Einfluß des Unterrichts auf die einzelnen Lernleistungen ermittelt werden könnte. Und das liegt natürlich auch an der mangelnden Bereitschaft der Lehrer, den eigenen Anteil an der Entfaltung von Fähigkeiten der Schüler genauer zu ermitteln. Die Ergebnisse wären möglicherweise allzu ernüchternd und der Motivation für die eigene Arbeit nicht gerade zuträglich.

Ich kann die Dunkelheit des Problemraumes am Schluß meiner Studie auch nicht mehr aufhellen, will aber doch kurz andeuten, in welche Richtungen ich mir Aufklärungen über Einflüsse des Lehrens auf das Lernen vorstellen kann. Die Klausuren etwa bieten genügend Material, um an ihnen über einen längeren Zeitraum hinweg Fortschritte in der Darstellungsfähigkeit zu überprüfen. Bezieht man den unmittelbar voraufgehenden Unterricht und die Hinweise und Impulse in den Beurteilungen der zuvor geschriebenen Klausuren mit ein, dann ergeben sich Indikatoren für die veränderte Darstellungsform in den Klausuren.

Es ist Aufgabe einer gesonderten Arbeit, alle 12 Klausuren eines Schülers/einer Schülerin unter diesen Aspekten genauer zu untersuchen. Als Vorausstudie zu diesem Thema notiere ich nur die Schlußsätze je einer Klausur einer Schülerin aus einem Halbjahr der gesamten Oberstufe. Die Wahl des letzten Satzes liegt vor allem darin begründet, daß in ihm die Zusammenfassung kulminiert und, wenn überhaupt, die Applikation vollzogen wird.

Renate, deren Klausurschlüsse zitiert werden, lag mit ihrer Note mit 3+ in 13/2 etwas über dem Durchschnitt. Die Kommentierung der sprachlichen und analytischen Fähigkeiten notiere ich jeweils am Rand. Wegen der Wahl der letzten Sätze kommen dabei die Beurteilungen der Explikationsfähigkeiten zu kurz.

11/1 (8. 10. 1980):
Interpretation von Gottfried August Bürgers Gedicht „Der Bauer an seinen durchlauchtigen Tyrannen"

klar, aber einfach, nur Hauptsätze
Bezug auf den literaturgeschichtlichen Kontext

> Das Gedicht wurde in der Zeit der Aufklärung (18. Jahrhundert) geschrieben. In dieser Epoche strebte man nach Mündigkeit, besonders die unteren Bevölkerungsschichten. Mündigkeit hieß Streben nach Wahrheit, nach einer eigenen Meinung, Freiheit usw. Kant prägte dazu die Definition. Aufklärung ist der Ausgang des Menschen aus seiner selbstverschuldeten Unmündigkeit.

11/2 (24. 6. 1981):
Interpretation des Schlusses von Kleists „Michael Kohlhaas"

komplex, aber ungrammatisch
Ansatz, die Gegenwärtigkeit der Erzählung zu behaupten

> Eine Aktualität ist meiner Meinung vorzufinden: Wenn es passiert, daß Menschen, die meinen, das Gesetz könne ihnen nicht weiterhelfen und so zur Selbsthelfergestalt werden, wie Kohlhaas es wurde.

12/1 (9. 12. 1981):
Interpretation des Plädoyers von Wolfgang Buck im Majestätsbeleidigungsprozeß aus Heinrich Manns „Der Untertan"

Beginn zunehmender Komplexität, nun grammatisch korrekt
Ansatz, die Gegenwärtigkeit auch zu begründen

> Die Aktualität ist, meiner Meinung nach, immer noch vorhanden. Denn immer wieder kann so ein Charakter „Diederich Heßlings" auftauchen und eine Gefahr bilden, wird sie nicht früh genug erkannt. Deshalb kann man auch sagen, daß Heinrich Manns „Untertan" einen Lehrcharakter hat.

12/2 (9. 6. 1982):
Analyse von Karl Jaspers Darstellung zur Lebendigkeit von Mythen

komplexer Satzbau
auch lexikalisch differenziert
erfolgreicher Versuch, eine Geltungsaussage selbständig zu begründen

> Ich sträube mich jedoch, die Wahrheiten von diversen Mythen als notwendig oder gar existentiell zu erachten, da mir wissenschaftliche Wahrheiten, Gedanken, Erklärungen eine größere Perspektive eröffnen als die Mythologie.

13/1 (8. 12. 1982):
Interpretation einer Szene aus dem 4. Akt von Bertolt Brechts „der kaukasische Kreidekreis"

komplex
etwas schablonenhaft
plakatives Urteil ohne Substanz und Anteilnahme

> Abschließend läßt sich sagen, daß Brechts „Kaukasischer Kreidekreis" ein hervorragend inszeniertes Lehrstück ist, das den Leser oder Zuschauer aktiv in die Geschehnisse einbezieht. Brechts Drama ist ein Drama der Veränderung.

sehr, fast zu sehr komplex
lexikalisch nicht immer ganz passend
Geltungsaussage wird nicht mehr in subjektiver, sondern objektiver, wenn auch spekulativer Form begründet.

13/2 (16. 3. 1983):

> Abschließend kann man sagen, daß Christa Wolf ihre Intentionen a) die Bedeutung von Literatur darzustellen und b) vielleicht zum Lesen anzuregen, erreicht hat. Sie wendet sich mit ihrem Text an eine breite Masse, die sich aber im Verlauf ihrer Ausführungen immer weiter verringern wird, da, meiner Meinung nach, viele „Leser" von Büchern Erfahrungen in dem Ausmaß, in dem sie geschildert werden, selten erleben und so Wolfs Ausführungen nicht ganz nachvollziehen können.

Lernfortschritte sind also erkennbar, sie sind teilweise auch auf den vorangehenden Unterricht zu beziehen; dies ließe sich an den einzelnen Analyseschritten in den Texterklärungen noch weiter belegen.

So zeigt sich bei der Auszählung der einzelnen Sätze der Arbeiten eine deutliche Zunahme an Komplexität.

War die Relation
einfache Sätze zu Sätzen mit einem Nebensatz zu Sätzen mit zwei oder mehr Nebensätzen in den Arbeiten von Renate
am 8. 10. 1980 26 : 13 : 5, so änderte sich das in den folgenden Jahren signifikant:
am 9. 6. 1982 4 : 6 : 10 und
am 16. 3. 1983 18 : 18 : 15.

Allerdings dürfte es fast unmöglich sein, den Anteil der Anregungen aus dem einen Unterrichtsfach Deutsch gegenüber den durch andere Unterrichtsfächer, durch die Schule insgesamt und durch die sozialen Umfelder außerhalb der Schule initiieren oder verstärkten Impulse für die Entwicklung der Persönlichkeit, der allgemeinen kognitiven und speziellen Analyse- und Urteilsfähigkeiten zu ermitteln. Trotzdem sollte jede Lehrerin und jeder Lehrer sich bei jedem Schüler/jeder Schülerin immer wieder fragen, welchen Beitrag zur Entfaltung von Fähigkeiten, Einstellungen, Urteilskräften sie/er denn wohl geleistet hat. Dann könnte es zumindest sein, daß der Unmut über mangelnde Lernfortschritte sich nicht immer nur gegen die Schüler richtet.

4. Rückblick auf die Unterrichtsarbeit: Der Fragebogen

In der letzten Doppelstunde am 20. 4. 1983, eine Woche vor der Abiturklausur, habe ich einen Fragebogen mit zehn Fragen zum Deutschunterricht der vergangenen zweieinhalb Jahre ausgeteilt, in dessen Zeitraum die Beurteilung der wichtigsten Werke und Methoden des Unterrichts standen. Beachtlich ist vielleicht weniger das Ergebnis als der Eifer und die Gründlichkeit, mit der noch einmal, ohne Blick auf Noten und Beurteilungen, gearbeitet wurde.

1. Gehört Deutsch zu den Fächern, die Sie während der Schulzeit gern gemacht haben?

a)	gern	11
	weniger gern	6
	gar nicht	–
b)	Hat der Deutschunterricht in der Oberstufe an der Einstellung etwas geändert:	
	einiges	8
	wenig	5
	gar nicht	3
	(davon zwei, die unter 1a „gern" gesagt hatten)	
	keine Antwort	1

2. Unabhängig davon, ob Sie gern am Deutschunterricht teilgenommen haben:
   a) Haben Sie das Gefühl, daß Sie in den drei Jahren Oberstufe etwas gelernt haben?

ja	15
ein wenig	2
nein	–

   b) Können Sie kurz sagen, was Sie meinen, besonders gelernt zu haben?
   In den 14 Äußerungen gab es Mehrfachnennungen:

Literatur analysieren (auch: bearbeiten, sich kritisch auseinandersetzen, Textverständnis)	9
Argumentation (auch: mich verbal ausdrücken, diskutieren, Erörterung, frei reden)	6
Interesse für Literatur (auch: an neue Literaturgebiete herangeführt, Romane, Mythen, Spaß an Klassikern)	5
Extrafunktionale Fähigkeiten: Pünktlichkeit, Toleranz, Konzentrationsfähigkeit	1

   c) Was haben Sie vermißt?
   Bei den 9 Äußerungen waren zwei, die betonten, in Deutsch nichts vermißt zu haben, einer davon hätte gern mehr Arbeit mit modernen Medien gehabt.
   Ansonsten wurden vermißt (jeweils einfache Nennung):
   bei den Gegenständen:
      Trivialliteratur
      utopische Literatur
      science fiction
      politische Reden
      Absichten und
      Wirkungen von Literatur
   bei den Methoden:
      Rückbezug auf das Analyseverfahren der Mittelstufe
   bei den extrafunktionalen Fähigkeiten
      Spontaneität
      bei Lehrer und Schülern
      gute Zusammenarbeit
      zwischen den Schülern

3. War die Verteilung der Unterrichtsinhalte nach Ihrer Ansicht angemessen?

angemessen	8
nein	9
Verstärkt gewünscht wurden in diesen Fällen (Mehrfachnennungen waren möglich):	
Literatur aus der Moderne (hatten auch 3 angekreuzt, die sich für „angemessen" entschieden)	10
Memoiren	3
Schreibversuche	2
Texte aus der Geschichte	1
Grammatik-Modelle	1

Unter 4. wurde noch einmal genauer gefragt:
Folgende Literatur habe ich vermißt. Da gab es denn auch konkretere Hinweise:
   Gedichte von Goethe und Schiller
   Faust II
   Romane von Hesse, Grass, Böll
   politische Literatur nach 1945
   Reden (z.B. von Cicero und Goebbels)

4. Im folgenden werden die wichtigsten Werke aufgeführt, die in den vergangenen drei Schuljahren besprochen wurden. Suchen Sie die sechs Texte (Textgruppen) heraus, die Ihnen am ehesten zugesagt haben und vergeben Sie die Noten
   6 (hat mir am besten gefallen) bis 1:
   [wegen genauerer Trennschärfe hätte ich besser 13 Punkte vergeben lassen sollen, aber im Augenblick der Befragung kam es mir mehr auf die eindrücklichsten Leseerinnerungen an]

Einige Wochen später habe ich dieselbe Befragung mit Studenten wiederholt; die Ergebnisse stehen zum Vergleich neben denen der Schülerbefragung:

	Studenten (37) Punkte	Nennungen	Ø	Schüler (17) Punkte	Nennungen	Ø
Goethe Faust	109	30	2,94	34	8	2,0
Grass Katz und Maus	58	17	1,65	22	6	1,29
Brecht Furcht und Elend des Dritten Reiches	29	10	0,78	15	5	0,88
Kleist Michael Kohlhaas	79	21	2,13	32	9	1,88
Gedichte v. Heine, Logau, Fried, Brecht / v. Heine, Eichendorff, Weerth, Sachs, Brecht	62	17	1,67	5	2	0,29
Fontane Effi Briest	73	19	1,97	24	7	1,41
H. Mann Der Untertan	94	22	2,54	54	13	3,17
Rilke Malte Laurids Brigge	35	10	0,94	19	6	1,11
Mythen vom verlorenen Sohn, Sisyphos, Prometheus, Odysseus, Herakles	28	9	0,75	21	6	1,23
Sophokles König Ödipus	25	8	0,67	23	8	1,35
Kleist Der zerbrochene Krug	47	17	1,27	32	9	1,88
Schiller Kabale und Liebe	62	20	1,67	19	8	1,11
Brecht Der kaukasische Kreidekreis	74	22	2,0	57	15	3,35

In dem Vergleich ist, betrachtet man nur die ersten sechs Plätze, auffällig, daß die Schüler Literatur des 20. Jahrhunderts bevorzugen (Brecht, H. Mann), gefolgt von Werken der Klassik am Beginn des 19. Jahrhunderts (Goethe, Kleist) und an deren Ende im kritischen Realismus (Fontane), schließlich das antike Drama (Sophokles). Hingegen scheinen die Studenten eher die Klassiker der Literatur- und Formgeschichte zu Beginn des 19. und 20. Jahrhunderts hervorzuheben: Goethes „Faust", H. Manns „Der Untertan", Kleists Erzählung, Brechts episches Theater. Die Grenzen zwischen Präferenzen für Moderne vs. Klassik werden aber wieder undeutlicher, wenn man die Werke betrachtet, denen von den Schülern 6 Punkte gegeben wurden:

Heinrich Mann, Der Untertan	5
Goethe, Faust	3
Sophokles, König Oidipus und Brecht, Der kaukasische Kreidekreis	2
Werke von Grass, Kleist, Fontane, Rilke	1

5. Anstelle regelmäßiger Hausaufgaben hatten sie unregelmäßig etwas größere Aufgaben zu lösen. Hat Ihnen das Verfahren
   besser gefallen? 15 genau so 1 schlechter 1

6. Es waren Aufgabenstellungen, wie z. B.
[16 Schüler haben geantwortet]

Schüler Nr.	1	2	3	4	5	6	7	8	9	10	11	12	13	14	15	16	17	Pkt.	∅	Nenn.	davon 6 Pkt.
Erzählen von Geschichten zu einem Problem (11/1)	3	–	–	–	–	5	–	–	–	–	–	–	–	–	–	–	6	14	0,87	3	1
Niederschrift von persönlichen Dokumenten aus dem Dritten Reich (11/2)	–	5	–	–	2	–	–	–	–	1	–	–	–	–	–	–	–	8	0,5	3	
Umschreiben von Berichten in eine dramatische Szene (z. B. Cato Bontjes van Beek)	–	–	–	1	6	–	4	–	–	5	–	–	–	–	–	–	–	16	1,0	4	1
Briefe an fiktive Personen (z. B. Martina, aus: Hildburg Kargerer, In der Schule tobt das Leben)	2	–	–	–	–	–	–	–	–	–	–	1	–	2	–	–	–	5	0,31	3	
Erörterung (zum Thema Jugendprotest) (12/1)	–	–	3	2	1	6	–	4	5	3	4	–	1	–	–	4	–	33	2,06	10	1
Vermutungen über den Handlungsverlauf in größeren Werken (z. B. Effi Briest)	–	–	1	3	–	–	5	2	2	–	1	–	–	3	–	–	–	17	1,06	7	
Wissenschaftsreportagen	5	–	2	6	–	–	1	3	3	6	–	3	6	5	–	3	–	43	2,68	11	3
Schreiben einer eigenen Version eines Mythos (12/2)	1	4	4	–	3	3	3	–	–	4	–	4	2	–	–	5	4	37	2,31	11	
Urteilsspruch gegen den Dorfrichter Adam (13/1)	–	3	–	4	–	–	2	5	1	2	2	5	–	6	–	–	–	30	1,87	9	1
Filmrezension (z. B. Pasolini)	–	6	5	–	5	1	–	1	–	–	5	6	5	–	–	1	–	35	2,18	9	2
Rezension eines Romans	6	1	6	5	4	4	6	6	4	–	6	2	4	1	–	6	5	66	4,12	15	6
Referat über wissenschaftliche Literatur	4	2	–	–	–	2	–	–	6	–	3	–	3	4	–	2	–	26	1,62	8	1

Die deutliche Präferenz für die Rezension eines der 100 Bücher der ZEIT hat mehrere Gründe: zum einen handelt es sich um eine andere, freiere Form der Deutung, zum anderen hat sie vergleichsweise viel Mühe bereitet, was das Erfolgsgefühl nur verstärkt hat, und schließlich lagen die gesammelten Rezensionen inzwischen als geheftetes Werk vor, das den Erfolg auf andere Weise als durch Noten dokumentierte.

Auch bei den anderen Nennungen mit relativ hohen Quotienten ist der Arbeitsaufwand ein Indikator für den hohen Grad der Einschätzung. Bei Arbeiten, die sinnvoll erscheinen, eine neue Einsicht vermitteln, Zusammenhänge sichtbar machen oder im Prozeß des Schreibens Freude bereiten, nimmt jeder Mühen gern auf sich. Von genereller Arbeitsunlust kann also keine Rede sein.

Auffällig ist allerdings auch, daß der Einsatz der besonders geschätzten Methoden kaum länger als ein bis 1½ Jahre zurücklag; der Kurs war in dieser Form aber auch erst seit zwei Jahren zusammen. Die Reihenfolge der ersten sechs Methoden wird mit dem Zusatz von Monat und Jahr der Behandlung versehen:

1. Rezension eines Romans (1/83),
2. Wissenschaftsreportagen (1/82),
3. Mythenversion (5/82),
4. Filmrezension (11/82),
5. Erörterung zum Thema Jugendprotest (10/81),
6. Urteilsspruch (9/82).

Präferenzen und Arbeitsbereitschaft bestärken meine Auffassung, die Methoden des Deutschunterrichts um die vielfältigen Formen produktiver Rezeption zu erweitern.

7. Klausuren
   a) Fanden Sie die Themenstellung in der Regel
      eher zu schwer –
      angemessen 17
      eher zu leicht –
   b) Haben Sie aus den Klausuren mehr gelernt als aus dem normalen Unterricht?
      mehr 5
      genau so viel/wenig 6
      weniger 5
      keine Antwort 1
   c) Waren die Beurteilungen
      eine Hilfe 7
      ein wenig hilfreich 6
      kaum eine Hilfe 4
   d) Worauf müßten die Lehrerkommentare noch stärker eingehen?
      In den 7 Äußerungen ging es immer wieder um konkretere, detailliertere Lösungsvorschläge, um Aufdeckung einzelner, individueller Schwierigkeiten, um den Versuch, die Fehler den Schülern auch einsichtig zu machen. Einer notierte: SAUBERER SCHREIBEN.
8. Die mündliche Mitarbeit gezählt
   a) hat insgesamt
      zu wenig 4
      genug 10
      zu viel 3
   b) Lehrer sollten auch die Schüler aufrufen, die sich nicht melden
      ja 3
      gelegentlich 10
      nein 4
9. Wenn Deutsch wieder abwählbar wäre und Sie wären noch einmal in der Jahrgangsstufe 11: würden Sie das Fach
      abwählen –
      wieder als Grundkurs wählen 16
      als Leistungskurs wählen 1
      (mit dem Zusatz: kommt auf den Lehrer an!)

10. Sie haben bald sehr viel Zeit:
welches größere Werk lesen Sie als nächstes?
Die 17 Angaben in den 13 Antworten lassen kaum eine Tendenz erkennen; ich will sie trotzdem zu gliedern versuchen:
Deutsche Literatur (in der Regel 20. Jahrhundert):
Thomas Mann, Doktor Faustus
Hesse, Erzählungen
Frisch, Stiller
Autor, der mir zugesagt hat (in der Präferenzliste stehen Grass und Kleist vorn)
Weltliteratur:
eines aus der Liste der 100 Bücher
Turgeniew, Väter und Söhne
Poe, Der Untergang des Hauses Usher
Orwell, 1984 (2×)
Huxley, Brave New World
Philosophische Werke:
Stirner, Der Einzige und sein Eigentum
Marx, Das Kapital
Bakunin, Gott und der Staat
Sachbücher:
Biographien von Caesar und Nero
Ditfurth, Am Anfang war der Wasserstoff
Bradbury, Die Mars-Chroniken
Unterhaltung:
Jong, Angst vorm Fliegen

Nachdem das Ausfüllen der Fragebögen nach einer Stunde getan war, blieb noch eine halbe Stunde Rest-Schulzeit: Nach der 2. Stunde waren die Abiturienten bis zur ersten Abitur-Klausur eine Woche später entlassen. Ich hatte mich entschieden, das Kapitel über die Klassenarbeit zu „Das dritte Gebet des Dauphins" in Schillers „Jungfrau von Orleans" aus „Professor Unrat" von Heinrich Mann vorzulesen. Es war ein guter Griff. So viel gespannte Aufmerksamkeit, den Leser ermunternde Heiterkeit, eine Konzentration, die das Schellen zur großen Pause ignorierte, habe ich selten in den vergangenen drei Jahren erfahren. Angesichts dessen, was den Schülern unmittelbar bevorstand, war es immerhin auch verständlich, daß sie die angenehmen Stunden der Schulzeit festzuhalten versuchten.

Der Abschnitt endet mit der Arbeit Lehmanns, von dem es im Text heißt: „Durch die Erwerbung einer literarischen Bildung in Anspruch genommen, konnte er der Schule nur wenige Aufmerksamkeit schenken." Ich selbst hoffte am Schluß eines Unterrichts zu sein, der der Förderung beider Ziele: Vermittlung von allgemeinem und speziellem Wissen sowie literarischer Bildung förderlich gewesen ist.

Das müssen einige Schüler auch so sehen. Einer von ihnen kam nach der Stunde noch zu mir, um zu erläutern, warum er sich unter der Frage 9 für Deutsch als Grundkurs entschieden habe. Das habe nichts mit der Abwertung meines Deutschunterrichts zu tun. Im Gegenteil. Ihm schiene es jetzt mehr noch als vor drei Jahren undenkbar, sechs Stunden lang in der Woche Literarur zu analysieren und sich dabei auf objektivierbare Leistungen einzustellen. Deutsch sei ein ideales Fach für den Grundkurs, weil man dann auch etwas anderes tun könne als das, was in den anderen Fächern dauernd gefordert werde. Ich konnte ihm nur Recht geben; offensichtlich beruhigt zog er von dannen.

Anhang 1

Fragen: „Auf dieser Liste stehen verschiedene Beschäftigungen. Könnten Sie mir sagen, was davon Sie in Ihrer Freizeit manchmal tun, ich meine so durchschnittlich wenigstens einmal in der Woche?"
„Würden Sie jetzt für jede der Beschäftigungen noch sagen, wieviel Zeit Sie pro Woche etwa darauf verwenden – so ganz grob geschätzt?"
(Falls: „Kommt auf die Jahreszeit an": „Ich meine jetzt, um diese Jahreszeit!")

	Zeitanteile, die auf das Medium pro Woche entfallen
Fernsehen	______
Radio hören	______
Zeitung lesen	______
Illustrierte, Zeitschriften lesen	______
Ein Buch zur Unterhaltung lesen	______
Ein Buch lesen, das zur Weiterbildung beiträgt	______
Schallplatten hören	______
Mache nichts davon	______
	======

Frage an Bücherleser:
„Was würden Sie ungefähr schätzen, wie oft Sie dazu kommen, ein Buch zur Hand zu nehmen – würden Sie sagen: –"

Täglich	______
Mehrmals in der Woche	______
Etwa einmal in der Woche	______
So alle 14 Tage	______
Ungefähr einmal im Monat	______
Seltener, nicht jeden Monat	______
In den letzten 12 Monaten kein Buch gelesen	______

Frage: "Bücher haben ja für die Menschen, für ihr Leben eine recht unterschiedliche Bedeutung. Was würden Sie sagen, wie wichtig in Ihrem Leben Bücher sind?"
„Es geht so: 10 würde bedeuten, Bücher sind für Sie sehr wichtig, ohne Bücher könnten Sie nicht leben. Null würde bedeuten, Bücher sind für Sie nicht so wichtig, ohne Bücher wäre ihr Leben kaum anders. Welche Stufe würden Sie sagen?"

Stufen 9, 10:	Bücher sind für mich sehr wichtig, ohne Bücher könnte ich nicht leben	______
Stufen 7, 8:	....	______
Stufen 5, 6:	....	______
Stufen 2–4:	....	______
Stufen 0, 1:	Bücher sind für mich nicht so wichtig, ohne Bücher wäre mein Leben kaum anders	______

Frage: „Über das Bücherlesen gibt es ja unterschiedliche Meinungen – zustimmende und ablehnende. Wie denken Sie darüber? Könnten Sie mir nach dieser Liste hier sagen, was auf Sie alles zutrifft?“

Zustimmende Meinungen:

Bücherlesen bringt Lebenserfahrung	______
Bücherlesen bringt einen auf neue Gedanken, man erfährt viel Neues	______
Bücherlesen ist für mich eine Erholung	______
Ich mache mir manchmal Vorwürfe, daß ich nicht genug Bücher lese	______
Wenn ich ein Buch lese, habe ich das Gefühl, so richtig zu mir selbst zu kommen	______
Ohne Bücherlesen käme mir mein Leben ganz armselig vor	______
Ich bin eine richtige Leseratte, lese sehr gern Bücher	______

Ablehnende Meinungen:

Im Fernsehen kommen soviel interessante Sachen, daß man nicht mehr soviel Bücher zu lesen braucht wie früher	______
Ein Mensch, der seine Arbeit hat, kommt ja heutzutage kaum zum Lesen	______
Mir fehlt einfach die Geduld, um lange zu lesen	______
Es gibt vieles, was spannender und interessanter ist als Bücherlesen	______
Ich lese lieber Romanhefte als Bücher	______
Bücherlesen ist anstrengend	______
Zum Bücherlesen ist mir meine Freizeit zu schade	______
Keine Angabe	______

Drang nach fließendem Blut und fliegenden Fäusten

In einer selbst durchgeführten Untersuchung stellen Jugendliche fest, daß ihr Fernsehkonsum über dem offiziell angegebenen Durchschnitt liegt

Schüler sitzen wesentlich länger vorm Fernsehgerät, als die Ergebnisse professioneller Meinungsumfragen bisher vermuten ließen. Pennäler selbst fanden heraus, daß sie und ihresgleichen im Alter zwischen acht und 16 Jahren durchschnittlich zwei Stunden und 27 Minuten am Tag oder knapp 17½ Stunden wöchentlich vor der heimischen Flimmerkiste verbringen – ein Resultat, das engagierten Jugend- und Familienpolitikern einen Schock versetzen dürfte.

Angefangen hatte alles mit einer Zeitungsmeldung, die Rektor Geert Platner im März der damaligen Klasse 8a der Carl-Schomburg-Schule in Kassel zur Besprechung im Unterricht vorlegte: ein Meinungsforschungs-Institut (Infratest) wollte herausgefunden haben, daß Acht- bis 13jährige nur noch fünf Stunden in der Woche in die Flimmerkiste starren. Die Mädchen und Jungen der 8a kontrollierten dies am eigenen Verhalten und begannen am Wahrheitsgehalt der Meldung zu zweifeln. Auf Anregung Platners beschlossen sie, nicht den Eltern die Antworten über den Fernsehkonsum ihrer Kinder zu überlassen, sondern die Kinder selbst zu befragen. Für moralischen Auftrieb sorgte ein Brief von Bildungsminister Jürgen Schmude, der Interesse an der Untersuchung bekundete und sich ein Exemplar des Abschlußberichts erbat.

Die Antworten von insgesamt 1997 Schülerinnen und Schülern aus 26 Schulen aller Arten in und um Kassel, zusammengetragen meist an Samstagen in der Freizeit, übertrafen denn auch alle Befürchtungen: Nur 4,9 Prozent der Schüler sehen täglich bis zu 30 Minuten fern, 61,8 Prozent verbringen zwischen zwei und drei Stunden vor der Bildröhre.

Weitere Ergebnisse der Aktion „Schüler fragen Schüler“: 82,6 Prozent der Pennäler von acht bis 16 Jahren sitzen auch noch nach der Tagesschau vorm Fernseher, 25,7 Prozent sogar noch nach 22 Uhr. Die Frage nach den Lieblingssendungen (Mehrfachnennungen waren erlaubt) ergab mit 62,3 Prozent Abenteuerfilme als Spitzenreiter, gefolgt von Western (58,6 Prozent), Gruselfilmen (40,7 Prozent) und Krimis (34 Prozent). Filme über Probleme Jugendlicher interessieren nur 14,3 Prozent, politische Sendungen sind mit 2,4 Prozent Schlußlicht. Nur eine knappe Mehrheit von 0,3 Prozent (43,6:43,3 Prozent) ist gegen die Darstellung brutaler Gewalt im Fernsehen, wobei sich bei den Acht- bis Zehnjährigen eine deutliche Mehrheit dagegen fand, während umgekehrt die überwiegende Zahl der 14- bis 16jährigen lieber Blut fließen und Fäuste und Fetzen fliegen sieht.

Erstaunlich bleibt bei soviel Lust an fremdvermitteltem Abenteuer, daß das Fernsehen in der Liste von 14 „liebsten Freizeitbeschäftigungen“ mit 9,6 Prozent der – mehrfach möglichen – Nennungen nur auf den drittletzten Platz kam. Fast jeder zweite gab Sport als Lieblingsbeschäftigung an.

Erstaunlich auch, daß immerhin 45 Prozent der Interviewten innerhalb der letzten fünf Tage vor der Befragung in einem Buch gelesen hatten – bei 7,7 Prozent war dies bereits mehr als ein Jahr her.

Anfang dieser Woche konnte eine Delegation der Klasse – mittlerweile 9b – Minister Schmude in Bonn stolz das erste Exemplar der Untersuchung übergeben. Gemeinsam sinnierten Schmude, Platner, die 14jährige Elfi Müller und ihr zwei Jahre älterer Bruder Manfred erst im Ministerzimmer und später beim gemeinsamen Kantinenessen darüber, was denn die Ursache für den immensen Fernseh-Hunger von Pennälern sein könne. Des Ministers Vermutung: Es habe sich herumgesprochen, daß Eltern ihre Kinder schon gern einmal vor dem Fernseher „abstellten“. Nur gäben sie dies in Umfragen nicht gern zu. Auch die Gestaltung von Wohngegenden und das Freizeitangebot für Jugendliche habe offenbar Einfluß auf das Fernsehverhalten.

Elfi und Manfred bestätigen dies. Auf die Frage, warum sie, statt sich Abenteuer vorführen zu lassen, nicht selbst Räuber und Gendarm spiele, sagte Elfi: „Dann schimpfen doch die Leute aus dem Fenster heraus“, und Manfred ergänzt: „Die wollen doch alle nur ihre Ruhe haben. Außerdem – wenn man auf Grünflächen nicht laufen darf, ist das doch langweilig.“

Detlef Rudel

Süddeutsche Zeitung 218 v. 20. 9. 80

Heine-Feiern – und Denkmäler

Ein Bekenntnis zum gemeinsamen und in Jahrhunderten gewachsenen deutsch-französischen Kulturerbe legte Frankreichs Außenminister Jean François-Poncet bei der Heine-Feier in Düsseldorf ab. In Gegenwart von Bundespräsident Karl Carstens gedachten Historiker und Politiker der Wiederkehr des 125. Todestags von Heinrich Heine, der sich „als unermüdlicher Verfechter für die Verständigung der beiden Nachbarvölker hervorgetan hatte“. Zuvor war bereits ein Bronze-Monument zu Ehren des in Düsseldorf geborenen Dichters der Öffentlichkeit übergeben worden, das der Totenmaske Heines nachgebildet ist.

Für die Umbenennung der Düsseldorfer Hochschule in „Heinrich-Heine-Universität“ haben sich am Mittwoch spontan beide Fraktionen des nordrhein-westfälischen Landtags ausgesprochen. Die Empfehlung ging auf Initiative des CDU-Oppositionsführers Kurt Biedenkopf zurück. Das Parlament unterstützte damit einen Vorstoß, den Düsseldorfs Oberbürgermeister Josef Kürten (CDU) am Vorabend bei der Feier zum 125. Todestag des Dichters unternommen hatte.

*

Die Hansestadt Hamburg will Heinrich Heine jetzt ebenfalls ein Denkmal setzen. Wie Kultursenator Wolfgang Tarnowski vor der Landespressekonferenz mitteilte, soll eine Nachschöpfung eines bereits 1926 im Stadtpark aufgestellten und später von den Nationalsozialisten wegen Heines jüdischer Herkunft vernichteten Denkmals im Frühjahr 1982 auf dem neugestalteten Rathausmarkt einen Platz finden. Die Wiederherstellung des alten Denkmals, das auf eine private Initiative des Publizisten und Theaterkritikers Alfred Kerr von dem Künstler Hugo Lederer geschaffen worden war, bereitet keine Schwierigkeiten, weil sowohl die originale Entwurfszeichnung als auch eine Tonskizze noch erhalten sind. In der Nachschöpfung, mit deren Entwurf der Bremer Bildhauer Waldemar Otto beauftragt wurde, soll die Geschichte des Denkmals auf dem Sockel als Relief dargestellt werden.

*

Als „Poet und kämpferischer Humanist“ wurde in der DDR Heinrich Heine geehrt. Aus Anlaß seines 125. Todestages legte der stellvertretende DDR-Kultusminister Klaus Hoepcke einen Kranz am Heine-Denkmal im Ostberliner Volkspark nieder. An der Ehrung nahmen Abordnungen teil von Ministerien, Akademien, Parteien, des Schriftstellerverbandes, der Akademie der Künste sowie des Aufbau-Verlags und des Akademie-Verlages, „die sich der Pflege von Heines Erbe in besonderem Maße verpflichtet fühlen“, wie die amtliche DDR-Nachrichtenagentur ADN dazu anmerkte. (Siehe auch *Das Streiflicht.*)

dpa/ddp

Das Streiflicht

(SZ) Als kontaktschwache Intellektuelle unter der Unverständlichkeit ihrer eigenen Sprache zu leiden begannen, kritisierten sie die „Verkopftheit“ der Zeit, machten gegen „Berührungsängste“ mobil und gingen zur Selbstverwirklichung ins sensitivity training. Inzwischen ist das haptische Zeitalter ausgebrochen. Es wird angefaßt, berührt, sinnlich erfahren, man verwirklicht sich, indem man sich in Gruppenprozesse einbringt, weniger in überfüllte Verkehrsmittel, wo sich das Volk drängt, dem es an Berührung nicht mangelt.

Seit dem 125. Todestag Heinrich Heines am 17. Februar findet sich in Düsseldorf ein Denkmal für den Dichter, dessen Betrachter eine „physiognomische Landschaft des in Fragmente aufgebrochenen Lazarusgesichts *tastend* erleben können“. Die bisher verbreiteten Bilder geben nur einen unvollständigen Eindruck, aber die umfangreiche Begleitliteratur erläutert, was der Bildhauer Bert Gerresheim hat ausdrücken wollen: das zerrissene Leben und die vielfach gebrochene Existenz des leidenden Heine, versinnbildlicht durch Bruchstücke eines großen, der Totenmaske nachempfundenen Bronzegusses; zwischen ihnen sind Requisiten angeordnet, ein Frauenschuh als Symbol für Heines Beziehung zu Frauen, und eine Trommel, wie sie der sterbende Tambourmajor im Buch Le Grand trug. Auch die „Matratzengruft“ ist symbolisiert, ein unsterblicher Begriff, mit dem Heine ebenso nachdrücklich an sein Elend erinnerte, wie er sich als romantischer Dichter mit der Loreley einprägte. Gerresheim hat sich — im Auftrag eines Münchner Bankiers — redlich geplagt, der Stadt Düsseldorf, die seit 1888 unter den Augen der Welt um ein Heine-Denkmal ringt, etwas zu liefern, was weder Abbild noch Allegorie ist und in eine Zeit paßt, die von Denkmälern nichts hält. Letzteres hat der Künstler gleich zu Anfang seiner Arbeit vorbeugend festgestellt. Er nennt das Werk deshalb ein „Fragemal“.

Daß der Volksmund alsbald „Ich weiß nicht, was soll es bedeuten“ darüber singen wird, versteht sich. Nach dem Preis dürfen die Düsseldorfer nicht fragen, den trägt der Mäzen. Die Stadt hat nur den Aufstellungsplatz geben müssen. Heine wäre dazu einiges eingefallen, was den Rahmen eines Streiflichts sprengt. — Aber warum muß das Publikum auf den Trümmern des Lazarus-Gesichts herumlaufen dürfen? Bleibt Heine, der doch wahrlich sinnlich zu schreiben wußte, uns nur nahe, indem er einem flüchtigen Bedürfnis nach modischer Berührung ausgesetzt wird? „Die Geschichte der Heine-Denkmäler verlief in Düsseldorf so unglücklich wie kaum eine andere Kultur-Angelegenheit“, heißt es melancholisch in einem Prospekt des städtischen Presseamtes. So kommt es, wenn man einem großen, aber verlorenen Sohn nicht rechtzeitig ein Fest gibt, sondern wartet, bis er als Lazarus vor dem Stadttor liegt.

Süddeutsche Zeitung v. 19. 2. 1981

Anhang 4

FRAGEBOGEN

Was ist für Sie das größte Unglück?
Wo möchten Sie leben?
Was ist für Sie das vollkommene irdische Glück?
Welche Fehler entschuldigen Sie am ehesten?
Ihre liebsten Romanhelden?
Ihre Lieblingsgestalt in der Geschichte?
Ihre Lieblingsheldinnen in der Wirklichkeit?
Ihre Lieblingsheldinnen in der Dichtung?
Ihre Lieblingsmaler?
Ihr Lieblingskomponist?
Welche Eigenschaften schätzen Sie bei einem Mann am meisten?
Welche Eigenschaften schätzen Sie bei einer Frau am meisten?
Ihre Lieblingstugend?
Ihre Lieblingsbeschäftigung?
Wer oder was hätten Sie sein mögen?
Ihr Hauptcharakterzug?
Was schätzen Sie bei Ihren Freunden am meisten?
Ihr größter Fehler?
Ihr Traum vom Glück?
Was wäre für Sie das größte Unglück?
Was möchten Sie sein?
Ihre Lieblingsfarbe?
Ihre Lieblingsblume?
Ihr Lieblingsvogel?
Ihr Lieblingsschriftsteller?
Ihr Lieblingslyriker?
Ihre Helden in der Wirklichkeit?
Ihre Heldinnen in der Geschichte?
Ihre Lieblingsnamen?
Was verabscheuen Sie am meisten?
Welche geschichtliche Gestalten verachten Sie am meisten?
Welche militärischen Leistungen bewundern Sie am meisten?
Welche Reform bewundern Sie am meisten?
Welche natürliche Gabe möchten Sie besitzen?
Ihre gegenwärtige Geistesverfassung?
Ihr Motto?

Anhang 5

Harro Müller-Michaels 26. 6. 1983
Sisyphos verläßt seinen Stein
Bemerkungen anläßlich der Verabschiedung der Abiturienten 1983

Mit dem Reifezeugnis in der Hand ist wieder einem Jahrgang von Abiturienten, mitsamt ihren Eltern und Lehrern, ein Stein vom Herzen gefallen. Diesen Stein haben Schüler des Grundkurses Deutsch des Heinrich-von-Kleist-Gymnasiums in Bochum schon in der 12. Klasse vor einem Jahr als den Stein des Sisyphos identifiziert. Ein Schüler schrieb sehr pointiert:

„7 Uhr morgens. Der Wecker schrillt. Irgendein Schüler steht auf und frühstückt. Es folgen Zähneputzen, Waschen, Anziehen, alles stereotype Handlungen. Schließlich der Gang oder die Fahrt zur

Schule. Hier beginnt endlich etwas Neues. Der Unterrichtsstoff wechselt von Stunde zu Stunde, von Wiederholungen abgesehen. Er wird natürlich im Laufe der Jahre immer schwerer, da ein Thema auf das vorherige aufbaut. Tatsächlich liegt das Stereotype hier nicht in dem zu erlernenden Wissen, sondern im Lernvorgang, vor allem jedoch in der Tatsache, daß man lernt, verborgen. Der Quotient: Lerngeschwindigkeit/Alter des Schülers bleiben konstant, und diese Konstante bedeutet für den Schüler in der Praxis: Arbeit, überwiegend in Form von Hausaufgaben. Während der gesamten Schullaufbahn ändert sich daran nichts. Immer wieder wird ein neues Thema begonnen, durchgearbeitet und meistens mit einer Klassenarbeit oder „Klausur" abgeschlossen. Hat der Schüler hier endlich sein Ziel, eine bestimmte Note, erreicht, darf er nun gleich wieder von vorn anfangen und sich in ein neues Stoffgebiet hineindenken. Dieser Schüler, stellvertretend für eine bestimmte Gruppe und darüber hinaus für alle anderen Menschen, ist, so behaupte ich, ein moderner Sisyphos." (A. S.)

Wir alle kennen den Mythos und versuchen, mit ihm unsere Erfahrungen in Worte zu fassen. Mythen und Erzählungen sind eine anschauliche Form des Denkens, deren sich die Menschen immer dann bedienen, wenn sie etwas zum Ausdruck bringen wollen, das sich nicht in Gesetzmäßigkeiten fassen läßt. Auch ich will versuchen, meine Erfahrungen aus den vergangenen drei Jahren weniger systematisch als vielmehr anschaulich um einige Elemente des Sisyphos-Mythos zu bündeln.

Der Kreislauf der Verdrießlichkeit

Das uns allen vertraute Bild des Sisyphos zeigt ihn als den bekanntesten Büßer der Unterwelt. Er muß einen schweren Stein mit aller Kraftanstrengung auf einen Berg hinaufwälzen, der, sobald oben angekommen, wieder herunterrollt, so daß Sisyphos seine fruchtlose Arbeit von neuem beginnen muß. Das Bedrückende an dem Bild ist die Vergeblichkeit, Ausweglosigkeit und Nutzlosigkeit seines Handelns. Und die Vorstellung der Sinnlosigkeit dessen, was sie in der Schule tun müssen, um jeweils den Stein am Ende des Schuljahres oben liegen zu haben, verbinden Schüler mit der Arbeit des Sisyphos. Sie schleppen den Stein Jahr für Jahr nach oben, ohne den Sinn ihres Tuns zu erkennen oder anzuerkennen. Aber ich muß auch sagen, daß diese Vorstellung mich beschleicht, wenn ich an meinen Einsatz, meine Vorstellungen von dem, was ich in den drei Jahren erreichen wollte mit dem vergleiche, was wirklich am Ende herausgekommen ist. Und nimmt man die Klagen vieler Lehrer hinzu über die mangelnde Lernbereitschaft und -fähigkeit der Schüler, die fehlende Neugier auf das Wissen, das man selbst für bedeutsam hält, dann gewinnt der Mythos bedrückende Aktualität. Mit der wachsenden Gewißheit, daß die initiierten Lernprozesse ins Leere stoßen, jedenfalls nicht sichtbar greifen, die Anerkennung der eigenen Mühen ausbleiben, zieht man sich auf die Position zurück, nicht mehr als die Pflicht tun zu können und zu wollen. Damit wächst die Resignation, die den Eindruck der Vergeblichkeit wiederum bestärkt. Das ist ein Kreislauf: die Schüler versuchen, die Mühen der Schularbeit gering zu halten, die Lehrer erfahren diese Minimalisierung des Einsatzes als Interesselosigkeit, ziehen sich auf die Position des Wissensvermittlers zurück, worauf die Schüler ihr vielleicht latent vorhandenes Interesse ganz verlieren. So schiebt bald jeder unter wachsender Verdrossenheit den Stein nach oben und verlagert sein Interesse auf die außerunterrichtlichen Aktivitäten. Was dem Lehrer sein Engagement und seinen Spaß zusätzlich verleidet, sind die zahllosen Vorschriften, die seine Tätigkeiten immer genauer einzugrenzen und zu regeln versuchen. Unter dem Vorwand, die Vergleichbarkeit der Schülerleistungen sicherzustellen, ist die Regelungsdichte für die Durchführung des Abiturs besonders groß. Da bewacht ein Lehrer den anderen, ein dritter die Schüler und ein vierter alle zusammen. Nun kann niemand etwas dagegen haben, daß die Prüfungen nach einheitlichem Muster und kontrolliert verlaufen, aber wohl gegen die Illusion, daß mit der formalen Vergleichbarkeit des Ablaufs schon etwas über die Vergleichbarkeit der Leistungen gesagt ist. Die Frage, wieso sich geistige Reife der Schüler besonders gut in einer Atmosphäre des Mißtrauens zeigt, wird nicht einmal gestellt. Erste Bedingung, um aus dem Kreislauf der Verdrießlichkeiten herauszukommen, wäre, die unmittelbare Beziehung zwischen Lehrern und Schülern über den Stoff zunächst im alltäglichen Unterricht zu ermöglichen und nicht durch detaillierte Regelungen zur Notengebung, Fächerwahl und Stoffverplanung zu erschweren.

Der Ausweg in die allgemeine Bildung

Das zweite Element des Sisyphos ist erfreulicher. Es erzählt Versionen, weshalb Sisyphos dazu verurteilt wurde, die nutzlose Arbeit zu tun: so z. B. daß er den Tod gefesselt habe, so daß niemand mehr sterben konnte, bis Ares den Tod wieder befreit hat, oder daß er, als er sterben soll, seiner Frau verbietet, ihn zu bestatten. Als er merkt, daß sie seinem Befehl tatsächlich folgt, erbittet er Urlaub aus der Unterwelt, um sie zur Rechenschaft darüber zu ziehen, daß sie Gebote höher achtet als Menschlichkeit. Von dem Urlaub kommt er natürlich nicht wieder zurück, sondern genießt lieber das geschenkte Leben in vollen Zügen. Sisyphos ist also auch das Vorbild für Schlauheit, List und Lebensfreude. Vielen Schülern ist klar, daß die Kehrseite ihrer Mühen mit dem Stein ein hohes Maß an Freiheit, an Ausbruchsangeboten und an Gestaltungsmöglichkeiten ist. Auch wenn sie immer wieder Ausbruchsversuche machen, kehren sie ohne großes Murren zu ihrem Stein zurück. Anders als bei Sisyphos liegt ihre Freiheit allerdings nicht vor dem Steinewälzen, sondern hinterher, und dafür lohnt es schon, Arbeit zu tun, die man subjektiv als Strafe empfindet. Anders als bei Sisyphos finden die Mühen mit dem Abitur hier ein Ende. Mich haben natürlich die Gründe interessiert, warum Schüler heute noch das Abitur anstreben und als Thema für eine Argumentation das Sprichwort gegeben: „Nicht für die Schule, sondern für das Leben lernen wir". Was antworteten Schüler im Jahre 1982 auf diese alte Frage? Vor allem hat mich der Pragmatismus überrascht, mit dem die Schüler der Schule eine unmittelbare Bedeutung für ihr Berufsleben zumessen:

„Das Ziel in einer hochentwickelten Industrienation wie der BRD muß es sein, Fachkräfte auszubilden. Dies fängt schon in der Schule an (z. B. naturwissenschaftliche Leistungskurse in der gymnasialen Oberstufe). ... Die Berufsorientierung der Institution Schule ist also eindeutig, und da der Beruf das Leben des einzelnen zum größten Teil ausmacht, lernen wir nicht für die Schule, sondern für das Leben." (A. K.)

Hin und wieder wird auch Kritik an den Formen des Lernens deutlich, die als Mahnung an die Änderung des Lernklimas verstanden werden kann und den Weg aus dem Kreislauf der Verdrießlichkeit zeigen soll:

„Die eigentlichen Aufgaben der Schule sind jedoch, den Schüler zu einem kritischen Bürger und einer selbständigen, autonomen Persönlichkeit zu erziehen und ihn konkret auf die Berufswelt vorzubereiten. Diese Ziele sind jedoch nur durch ein angstfreies Lernen möglich. Denn angstfreie, gesunde Jugendliche haben es im Leben leichter als psychisch kranke Streber. Aber ‚Leistung um jeden Preis' ist ein Prinzip unserer Gesellschaft." (M. W.)

Besonders schmerzlich wird diese Erfahrung für die Schüler, die an dem System scheitern, obwohl ihnen doch versprochen worden ist, daß jeder es schaffen kann. Der Schüler, der nicht bis ins Abitur gekommen ist, nimmt Allgemeinbildung nur in ihrer entstellten Form wahr. Die Karikatur von Bildung muß uns nachdenklich stimmen, weil die Ursachen der verzerrten Wahrnehmung nicht nur bei dem Schüler liegen können:

„Außerdem vermittelt die Schule allgemeine Bildung. Mit Hilfe dieser Fähigkeiten kann man seine Ängste und Vorurteile in sinnvolle logische Wortgespinste verpacken. Die Folgen dieser Bildung sind aber beträchtlich: durch Zensuren und andere Übelheiten werden unübersehbare Schäden bei den Schülern hervorgerufen, z. B. Schüler-Selbstmorde. Anstatt zu einem selbstbewußten Menschen herangezogen zu werden, der zwar keine besondere Bildung, aber dafür ein fröhliches Naturell hat, wird man zu einem ‚intelligenten' Wesen herangezüchtet, das die meiste Zeit seines Daseins höchst unglücklich ist. Das alles soll uns aber nicht bekümmern. Da das Leben auch voller Zufälle, Grausamkeiten, Enttäuschungen und verpaßter Chancen ist, stellt die Schule eine gute Vorbereitung auf das spätere Leben dar." (O. B.)

Nur selten leuchtet die Bedeutung der Allgemeinbildung auf, die wir Lehrer mit der Schule verbinden:

„‚Wissen ist Macht', sagte schon ein großer Philosoph. Je größer unser Wissen ist, um so gefrager sind wir, und unsere Chancen für einen gut bezahlten Arbeitsplatz steigen. Und, ist es nicht nur der Wissensdurst, der unsere Wissenschaft und Forschung vorantreibt? Würde in den Schulen unseren

Nachkommen nicht beigebracht werden, was wir entdeckt, erforscht oder herausgefunden haben, kämen wir in unserer Entwicklung nicht weiter, sondern würden auf der Stelle treten. Stetiges Lernen und Anwenden ist der einzige Garant für das Weiterentwicklen unserer Menschheit." (A. M.)

Aus den geäußerten Argumenten wird deutlich, daß es uns nur ansatzweise gelungen ist, den Schülern die Bedeutung von Allgemeinbildung zu vermitteln. Sie sehen doch eher die Berufsvorbereitung durch die Schule, insbesondere durch die Leistungskurse, als die Erfordernis einer möglichst breit angelegten allgemeinen Bildung, die allein es ihnen später ermöglicht, sinnvolle Tätigkeiten außerhalb der Berufsarbeit zu entwickeln und auszuüben oder gar nach der Ausbildung den Beruf noch einmal zu wechseln. Die gymnasiale Oberstufe sollte den Aspekt der Allgemeinbildung wieder stärker betonen; nicht einfach in der Weise, daß man zum alten Gymnasium zurückkehrt, sondern in der Weise, daß die Schüler lernen, mit dem Fundus an Wissen und Können produktiv umzugehen, in vorstellbare Situationen der Zukunft hineinzudenken, auf die Lösung von Problemen hin zu reflektieren. Eine solche neugefaßte Allgemeinbildung hätte mehreres zu leisten:

– eine *Orientierung* über die Wissensbestände eines Faches (im Fall des Deutschunterrichts: Überblick über die Literatur und über Grammatik)
– Verdeutlichung von Zusammenhängen der einzelnen Gegenstände eines Faches und von wissenschaftlichen Versuchen zur *Ordnung* der Gegenstände (im Deutschunterricht: System der Literaturarten, Untersuchungskategorien für Sprachanalysen, Epochen der Literatur etc.)
– Übungen im Gebrauch wichtiger *Methoden* zur Analyse von Gegenständen und zu ihrer produktiven Anwendung in neuen Zusammenhängen (hier wären zu erarbeiten: die zentralen wissenschaftlichen Methoden des Erklärens von Tatsachen und des Verstehens von Handlungen; aber auch das Denken in Begriffen und logische Operationen sowie das Denken in Bildern und assoziative Gedankenführung)
– Ausbildung der *Urteilskraft* zur Bewertung von Erkenntnissen und Werken vor dem Hintergrund ihres systematischen Ortes und der persönlichen Erfahrung (bei der Beurteilung von Methoden haben die Schüler in einer Befragung die Rezension besonders favorisiert)

Diese mehr generalisierenden Aspekte der Bildung haben auch Vorrang in den Leistungskursen, um nicht auch hier schon den sogenannten Tunnelblick einzuüben, von dem man in den Universitäten spricht, wenn man die Überspezialisierung in den Disziplinen kritisch treffen will. Je stärker die Spezialisierung in den Wissenschaften voranschreitet (ja, voranschreiten muß), um so größer wird die Verpflichtung des Gymnasiums, die Zusammenhänge der Einzeleinsichten zu betonen und damit den Schülern eine selbständige Einschätzung von der Bedeutung des Wissens zu ermöglichen. An der Harvard University ist man dabei, die Allgemeinbildung wieder neu zu entdecken und sie nicht länger als die beliebige Austauschbarkeit von Kursen und Fächern mißzuverstehen, die die Unverbindlichkeit des Wissens und seine Zerstückelung in parzellierte Einsichten befördert hat. Man setzt vielmehr wieder Akzente, indem man das unverzichtbare Wissen durch fünf Lernbereiche, die von jedem Schüler gewählt werden müssen, betont: Literatur und Kunst, Geschichte, soziale Analysen und ethische Reflexionen, Mathematik und Naturwissenschaften, fremde Sprachen und Kulturen.

Wir sollten über das, was bis in den Abiturbereich hinein zu vermitteln wir als notwendig erachten, auch bei uns rechtzeitig zu diskutieren anfangen, damit wir mir unserer Auffassung von Allgemeinbildung, wie wir sie seit der Formulierung von Humboldts Ideen vor fast 175 Jahren geschärft haben, nicht wieder zu spät kommen, wie bei der Reform der Gymnasien 1972, die eine verspätete Antwort auf das erste Allgemeinbildungsprogramm von Harvard nach Kriegsende gewesen ist.

Erst nachdenken, dann zupacken

Ein drittes Element des Sisyphos-Mythos konzentriert sich auf die Frage, was in Sisyphos während des Abstiegs zum Stein vor sich geht. Im antiken Mythos wird dazu nichts gesagt, wohl aber in der meiner Generation wohlbekannten Version von Albert Camus. Für Camus verschafft der Abstieg dem Sisyphos nicht nur die Pause vor der neuen Arbeit, sondern vor allem die Gelegenheit, über sein Schicksal nachzudenken. In dieser Reflexion wird die Distanzierung von der auferlegten Qual möglich, aber auch die bewußte Annahme des Schicksals, das damit zu einem selbst gewählten (und nicht mehr von den Göttern verordneten) wird. Indem der Mensch sich der Arbeit am Stein bewußt wird und er sich ihm willentlich zuwendet, wird diese Arbeit zur Freude. Indem man die Mühsal angenommen hat, mag man auf sie nicht mehr verzichten; nicht auszudenken, wenn der Stein oben liegen bliebe. Dies ist die Philosophie meiner Generation, und ich war froh, den Schülern unser Ethos auf anschauliche Weise vermittelt zu haben: die gesellschaftlichen Arbeiten anzupacken und dann erst darüber nachzudenken, ob sie denn auch sinnvoll sind („Erst die Arbeit, dann das Vergnügen"). Zu meiner großen Überraschung kam meine Begeisterung und engagiert vorgetragene Überzeugung bei den Schülern nicht an. In dem Augenblick gab es für mich zwei Möglichkeiten: entweder über einen Leistungsnachweis die Schüler zur Annahme der Camusschen Thesen zu zwingen oder erst einmal zuzuhören, was denn die Schüler an dieser mir vertrauten Version stört. Ich habe mich, weil ich auch in der Schule bin um zu lernen, mit etwas bitterer Miene (wie immer, wenn liebgewonnene Vorstellungen durch andere in Frage gestellt werden) die Schüler zu Wort kommen lassen. Sinngemäß haben sie gegen diese Mythos-Version eingewandt: Arbeit könne doch niemals Selbstzweck sein, sondern Zweck für etwas anderes, erst einmal müsse über das Ziel der Arbeit geredet werden, dann erst könne man damit anfangen; Glück sei nicht nur das Ergebnis von Bewußtheit des Handelns, sondern von erlebtem Fortschritt. ... Ih will die weitere Kontroverse nicht nachzeichnen. Im Verlauf der Diskussionen habe ich aber etwas Wichtiges gelernt, daß es darauf ankommt, den Schülern einerseits die Bedeutung des vermittelten Wissens, so wie sie sich dem Lehrer darstellt, klar zu machen und andererseits ihnen aber auch die Chance zu geben, die Bedeutsamkeit für sich selber, auch gegen die Auffassungen des Lehrers, so unzulänglich sie auch immer aus unserer Sicht sein mag, zu formulieren. Die Bereitschaft zu lernen nimmt in dem Maße zu, wie die Schüler Gelegenheit haben, das neue Wissen der schon erworbenen Erfahrung und Kenntnis zuzuordnen. Dabei muß über die Bedeutung geredet werden. Neben der Vermittlung von Wissen und Können kommt den Gesprächen über den Sinn des gemeinsamen Tuns entscheidende Bedeutung zu. Dabei ist es dann eher hilfreich, wenn nicht gleich ein Konsens über die Sinnzuweisung besteht, sondern sie Schüler sich an der fremden Sichtweise abarbeiten können. Sie sehen: ich versuche, meine Deutung der Mythen-Version auch im Zusammenhang der Unterrichtsarbeit noch durchzusetzen, indem ich deutlich zu machen versuche, daß wir im Unterricht über dem Tun das Reflektieren über das Tun nicht vergessen dürfen.

Auf meine provozierende Frage, welches denn das Ziel von Arbeit sein soll, über das erst Einverständnis hergestellt sein muß, bevor man beginnt, bekam ich kaum zufriedenstellende Antworten. Die Schüler konnten nur vage andeuten, daß die Arbeit sinnvoll sein soll und dem menschlichen Fortschritt dienen muß. Eine Schülerin meinte offen, daß sie für die Antwort auf solche Fragen wohl noch zu jung sei. Die Neigung zur Zieldiskussion ist vielleicht Ausdruck der Tatsache, daß für die Generation der Abiturienten dieser Jahre Arbeit nicht mehr unmittelbar bereit zu liegen scheint: wird ihnen doch der Eindruck vermittelt, überall zu spät zu kommen. Sie leben im Windschatten einer Generation auf die fest umrissene Aufgaben warteten. Sie müssen diese sinnvolle Arbeit überhaupt erst suchen und definieren.

Ihnen, die Sie jetzt ihren neun Jahre lang gehegten Stein verlassen, weiß ich daher nur den Rat: Möglichst lange in dem Windschatten zu bleiben, in dem sie leben, um genau zu sondieren, wohin die Wege (gerade auch die wenig befahrenen) gehen und dann erst, sehr spät, entschlossen aus dem Windschatten zu treten. Sie werden Gelegenheit haben, sehr viel über das Ziel von Arbeit, Freizeit und Leben nachzudenken; unsere Generation wird eine

Menge dabei lernen können. Um noch einmal auf unser Bild zurückzukommen: Sehen Sie sich die Steine, die Ihnen vor die Füße geworfen werden, sehr genau an, wägen Sie sie einzeln, lassen Sie den einen oder anderen wieder fallen, vermessen Sie den Weg zum Gipfel, gehen Sie vielleicht zu einem anderen Berg, und wenn Sie Ihren Stein und Ihren Gipfel gefunden haben, dann fangen Sie beherzt an, beherzter als Sie es die meiste Zeit in der Schule getan haben, denn das ist dann eine Arbeit, die Sie frei gewählt haben. Um es am Schluß auch noch einmal ganz ohne Bild zu sagen: Versuchen Sie, ganz gleich, welches Fach oder welche Tätigkeit Sie wählen, sich breit zu qualifizieren und erst dann mit der Spezialisierung zu beginnen, wenn Sie, gemäß Ihrer eigenen Maxime, ein sinnvolles Tätigkeitsfeld gefunden haben.

Literaturverzeichnis

Zu Teil A

Arbeitsgruppe Bielefelder Soziologen (Hg.) (1973): Alltagswissen, Interaktion und gesellschaftliche Wirklichkeit. Bd. 2. Reinbek 1973.

Bachelard, Gaston (1978): Die Bildung des wissenschaftlichen Geistes [1938]. Frankfurt/Main 1978.

Boeckh, August (1966): Enzyklopädie und Methodenlehre der philosophischen Wissenschaften. Darmstadt 1966 [Repr. d. Ausg. Leipzig 1886].

Bubner, Rüdiger (1976): Handlung, Sprache und Vernunft. Grundbegriffe praktischer Philosophie. Frankfurt/Main 1976.

Diskussion Deutsch 13 (1982), H. 64: Über Kanon sprechen.

Eggert, Hartmut / Berg, Hans Christoph / Rutschky, Michael (1975): Schüler im Literaturunterricht. Ein Erfahrungsbericht. Köln 1975.

Gadamer, Hans Georg (1972): Wahrheit und Methode. Tübingen ³1972.

Gallas, Helga (1981): Das Textbegehren des „Michael Kohlhaas". Die Sprache des Unbewußten und der Sinn der Literatur. Reinbek 1981.

Habermas, Jürgen (1971): Zu Gadamers „Wahrheit und Methode". In: K.-O. Apel u. a. (Hg.): Hermeneutik und Ideologiekritik. Frankfurt/Main 1971, S. 45–56.

Hamburger, Käte (1968): Die Logik der Dichtung. 2., stark veränderte Aufl. Stuttgart 1968.

Heinrich-von-Kleist-Schule Bochum (Hg.) (1952): 25 Jahre Höhere Schule in Gerthe. Bochum 1952.

Heinrich-von-Kleist-Schule Bochum (Hg.) (1982): Information – Tradition – Reflexion. H. 7: Im Blickpunkt: Unser Kollegium. Bochum 1982, darin Rudolf Demmer: Die Musik macht das Orchester, S. 5–7.

Heinrich-von-Kleist-Schule Bochum (Hg.) (1983): Information – Tradition – Reflexion. H. 9: Im Blickpunkt: Schulfest-HvK. Bochum 1983, darin H. M.-M: Sisyphos verläßt seinen Stein. Bemerkungen anläßlich der Verabschiedung der Abiturienten 1983, S. 25–33 [s. Anh. 5].

Hentig, Hartmut von (1980): Die Krise des Abiturs und eine Alternative. Stuttgart 1980.

Heuermann, Hartmut / Hühn, Peter / Röttger, Brigitte (1982): Werkstruktur und Rezeptionsverhalten. Empirische Untersuchungen über den Zusammenhang von Text-, Leser- und Kontextmerkmalen. Göttingen 1982.

Humboldt, Wilhelm von (1968): Gesammelte Schriften 10: Politische Denkschriften I. Hg. v. Bruno Gebhardt. Berlin 1968 [Photomech. Nachdr. d. Ausg. Berlin 1903].

Iser, Wolfgang (1983): Akte des Fingierens oder Was ist das Fiktive im fiktionalen Text? In: D. Henrich / W. Iser (Hg.): Funktionen des Fiktiven. München 1983 (= Poetik u. Hermeneutik; X), S. 121–151.

Ivo, Hubert (1982): Lehrer korrigieren Aufsätze. Beschreibung eines Zustands und Überlegungen zu Alternativen. Frankfurt/Main 1982.

Jakobson, Roman (1971): Studies on Child Language and Aphasia. The Hague/Paris 1971.

Kästner, Erich (1969): Resignation ist kein Gesichtspunkt [1953]. In: E. K.: Gesammelte Schriften für Erwachsene. Bd. 8. Zürich 1969, S. 208–210.

Kemper, Hans-Georg (1974): Angewandte Germanistik. Materialien zu einer kasuistischen Didaktik. München 1974.

Mittelstraß, Jürgen (1981): Was heißt: sich im Denken orientieren? In: Oswald Schwemmer (Hg.): Vernunft, Handlung und Erfahrung. Über die Grundlagen und Ziele der Wissenschaften. München 1981, S. 117–132.

Müller-Michaels, Harro (1978): Literatur im Alltag und Unterricht. Ansätze zu einer Rezeptionspragmatik. Kronberg 1978.

Müller-Michaels, Harro (1980): Positionen der Deutschdidaktik seit 1949. Königstein 1980.

Müller-Michaels, Harro (1981): Didaktische Wertung. Anmerkungen zur Kanon-Diskussion. In: Jahrbuch der Deutschdidaktik 1980. Königstein 1981, S. 136–148.

Müller-Michaels, Harro (1982): Wie lächerlich wollen wir denn aussehen? Anmerkungen zum Kanon-Heft (DD 64, 1982). In: Diskussion Deutsch 13 (1982), H. 68, S. 598–602.

Müller-Michaels, Harro (1984a): Entfaltung des Verstehens – Ein Handlungsforschungsprojekt auf der S II. In: Jahrbuch der Deutschdidaktik 1983/84. Tübingen 1984, S. 84–94.

Paulsen, Friedrich (1921): Geschichte des gelehrten Unterrichts. Zweiter Band. Berlin/Leipzig 1921.

Reichwein, Adolf (1964): Schaffendes Schulvolk [1937]. Braunschweig ³1964.

Richtlinien für die gymnasiale Oberstufe in Nordrhein-Westfalen. Deutsch (1982). Hg. v. Kultusminister des Landes Nordrhein-Westfalen. Köln 1982.

Rupp, Gerhard (1986): Rezeptionshandlungen im Literaturunterricht. Fallstudien aus dem Schulalltag. Paderborn 1986 [in Druck].

Ständige Konferenz der Kultusminister der Länder in der Bundesrepublik Deutschland (1982): Die allgemeine Studierfähigkeit im Konzept der neugestalteten gymnasialen Oberstufe. Bonn 1982.

Stern, Clara / Stern, William (1965): Die Kindersprache. Eine psychologische und sprachtheoretische Untersuchung. Darmstadt 1965 [Repr. d. Ausg. Leipzig 1928].

Wilhelm, Theodor (1969): Theorie der Schule. Hauptschule und Gymnasium im Zeitalter der Wissenschaften. Stuttgart ²1969.

Willenberg, Heiner (Hg.) (1986): Zur Psychologie des Literaturunterrichts. Frankfurt/Main 1986 [in Druck].

Zu Teil B I

Barner, Wilfried, u. a. (1977): Lessing. Epoche – Werk – Wirkung. München [3]1977.

Beutin, Wolfgang, u. a. (1979): Deutsche Literaturgeschichte. Von den Anfängen bis zur Gegenwart. Stuttgart 1979.

Conrady, Karl Otto (Hg.) (1977): Deutsche Literatur zur Zeit der Klassik. Stuttgart 1977.

Conrady, Karl Otto (1982): Goethe. Leben und Werk I. Königstein 1982.

Eibl, Karl (1981): Gotthold Ephraim Lessing: „Nathan der Weise". In: H. Müller-Michaels (Hg.): Deutsche Dramen. Interpretationen zu Werken von der Aufklärung bis zur Gegenwart. Bd. 1: Von Lessing bis Grillparzer. Königstein 1981, S. 3–30.

Eichler, Wolfgang (1978): Rechtschreibung und Rechtschreibunterricht. Ein Handbuch für den Deutschlehrer. Königstein 1978.

Fingerhut, Karlheinz (1981): Neuere Literaturgeschichten für die Schule. In: Jahrbuch der Deutschdidaktik 1980. Königstein 1981, S. 171–188.

Frisch, Max (1976): Gesammelte Werke in zeitlicher Folge. (Werkausgabe edition suhrkamp in 12 Bdn.). Bd. 4. Frankfurt/Main 1976.

Frisch, Max (1976): Gesammelte Werke in zeitlicher Folge. (Werkausgabe edition suhrkamp in 12 Bdn.). Bd. 7. Frankfurt/Main 1976.

Funke, Gerhard (1963): Die Aufklärung in ausgewählten Texten dargestellt und eingeleitet. Stuttgart 1963.

Funk-Kolleg Literatur 1 (1977): Hg. v. H. Brakkert und E. Lämmert. Frankfurt/Main 1977.

Hartmann, Horst (1973): Probleme der „Faust" Dichtung in der sozialistischen Schule der DDR. 2 Tle. In: Deutschunterricht 26 (1973), H. 7/8, S. 422–435 (Teil 1); H. 9, S. 488–495 (Teil 2).

Horkheimer, Max / Adorno, Theodor W. (1947): Dialektik der Aufklärung. Amsterdam 1947.

Kammler, Clemens (1985): Literaturunterricht als Arbeit am Fragment. Ein Reihenkonzept zu Georg Büchners „Woyzeck". In: Jahrbuch der Deutschdidaktik 1985. Tübingen 1985, S. 76–91.

Kemper, Hans-Georg (1980): Barock. In: J. Janota u. a.: Deutsche Literaturgeschichte. Vom Mittelalter bis zum Barock. Düsseldorf 1980, S. 75–122.

Müller-Michaels, Harro (1986): Aktualität oder Historizität? Zur Kontroverse überleitende Prinzipien der Kanonbildung. In: K. Grubmüller/G. Hess (Hg.): Bildungsexklusivität und volkssprachliche Literatur/Literatur vor Lessing – nur für Experten? Tübingen: 1986 (Kontroversen, alte und neue: Akten des VII. Internationalen Germanisten-Kongresses, Göttingen 1985; Bd. 7).

Oelmüller, Willi (1969): Die unbefriedigte Aufklärung. Beiträge zu einer Theorie der Moderne von Lessing, Kant und Hegel. Frankfurt/M. 1969.

Popper, Karl R. (1973): Die offene Gesellschaft und ihre Feinde. Bd. 2: Falsche Propheten. Hegel, Marx und die Folgen. Bern/München [3]1973.

Pütz, Peter (1978): Die deutsche Aufklärung. Darmstadt 1978.

Requadt, Paul (1972): Goethes Faust I. Leitmotivik und Architektur. München 1972.

Sauder, Gerhard (1974): Empfindsamkeit. Bd. I: Voraussetzungen und Elemente. Stuttgart 1974.

Scheuer, Helmut, u. a. (1981): Deutsche Literaturgeschichte. Einführung in die Literaturgeschichte. Düsseldorf 1981.

Schmidtchen, Gerhard (1974): Lesekultur in Deutschland 1974. In: Börsenblatt für den deutschen Buchhandel 39, 17. Mai 1974, S. 896.

Schöne, Albrecht (1982): Aufklärung aus dem Geist der Experimentalphysik. Lichtenbergsche Konjunktive. München 1982.

Schrimpf, Hans-Joachim (1981): Johann Wolfgang Goethe: „Faust". In: H. Müller-Michaels (Hg.): Deutsche Dramen. Interpretationen zu Werken von der Aufklärung bis zur Gegenwart. Bd. 1: Von Lessing bis Grillparzer. Königstein 1981, S. 88–127.

Schulte-Sasse, Jochen (1975): Literarische Struktur und historisch-sozialer Kontext. Zum Beispiel Lessings „Emilia Galotti". Paderborn 1975.

Siegrist, Christoph (1978): Aufklärung und Sturm und Drang: Gegeneinander oder nebeneinander? In: W. Hinck (Hg.): Sturm und Drang. Ein literaturwissenschaftliches Studienbuch. Kronberg 1978. S. 1–13.

Thomé, Horst (1983): Tätigkeit und Reflexion in Goethes „Prometheus". Umrisse einer Interpretation. In: Gedichte und Interpretationen, Bd. 2: Aufklärung und Sturm und Drang. Hg. v. K. Richter. Stuttgart 1983, S. 427–435.

Tiesler, Ingrid (1975): Günter Grass: „Katz und Maus". Interpretationen für Schule und Studium. München [2]1975.

Weber, Albrecht (1978f.): Deutsche Literatur in ihrer Zeit. Literaturgeschichte im Überblick. 2 Bde. Freiburg 1978/79.

Wieder, D. Lawrence / Zimmermann, Don H. (1976): Regeln im Erklärungsprozeß. In: Seminar: Ethnomethodologie. Beiträge zu einer phänomenologischen Soziologie des Alltagslebens. Hg. v. F. Sack u. a. Frankfurt/Main 1976, S. 105–108.

Zu Teil B II

Bogdal, Klaus-Michael (1981): Heinrich von Kleist: „Michael Kohlhaas". München 1981.

Brecht, Bertolt (1967): Gesammelte Werke in 20 Bdn. (Werkausgabe edition suhrkamp). Bd. 15: Schriften zum Theater 1. Frankfurt/Main 1967.

Brecht, Bertolt (1967): Gesammelte Werke in 20 Bdn. (Werkausgabe edition suhrkamp). Bd. 16: Schriften zum Theater 2. Frankfurt/Main 1967.

Funk-Kolleg Literatur 1 (1977). Hg. v. H. Brakkert und E. Lämmert. Frankfurt/Main 1977.

Gallas, Helga (1981): Das Textbegehren des „Michael Kohlhaas". Die Sprache des Unbewußten und der Sinn der Literatur. Reinbek 1981.

Hamburger, Käte (1968): Die Logik der Dichtung. 2., stark veränderte Aufl. Stuttgart 1968.

Iser, Wolfgang (1970): Die Appellstruktur der Texte. Konstanz 1970.

Iser, Wolfgang (1983): Akte des Fingierens oder Was ist das Fiktive im fiktionalen Text? In: D. Henrich / W. Iser (Hg.): Funktionen des Fiktiven. München 1983 (= Poetik u. Hermeneutik; X), S. 121–151.

Jakobson, Roman (1972): Grundlagen der Sprache. In: J. Ihwe (Hg.): Literaturwissenschaft und Linguistik I. Frankfurt/Main ²1972, S. 323–333.
Jauß, Hans Robert (1983): Das Vollkommene als Faszinosum des Imaginären. In: D. Henrich / W. Iser (Hg.): Funktionen des Fiktiven. München 1983 (= Poetik u. Hermeneutik; X), S. 443–461.
Literaturmagazin 11 (1979): Schreiben oder Literatur. Reinbek 1979.
Müller, Richard Matthias (1970): Kleists „Michael Kohlhaas". In: DVjs 44 (1970), S. 99–119.
Müller-Michaels, Harro (1983): Dialog der Perspektiven. Ein Unterrichtsversuch mit Texten über das Dritte Reich. In: Der Deutschunterricht 35 (1983), H. 5, S. 21–31.
[Wiederabgedruckt in: J. Kolkenbrock-Netz u. a. (Hg.): Wege der Literaturwissenschaft. Bonn 1985, S. 320–330.]
Richtlinien für die gymnasiale Oberstufe in Nordrhein-Westfalen. Deutsch (1982). Hg. v. Kultusminister des Landes Nordrhein-Westfalen. Köln 1982.
Schmidt, Jochen (1974): Heinrich von Kleist. Studien zu seiner poetischen Verfahrensweise. Tübingen 1974.
Weinrich, Harald (1967): Semantik der Metapher. In: Folia linguistica I (1967), S. 3–17.

Zu Teil B III

Dovifat, Ernst (1962): Zeitungslehre I. Theoretische und rechtliche Grundlagen – Nachricht und Meinung – Sprache und Form. Berlin ⁴1962 [neubearb. Aufl.]
Eggert, Hartmut (1971): Das persönliche Regiment. Zur Quellen- und Entstehungsgeschichte von Heinrich Manns „Der Untertan". In: Neophilologus 55 (1971), H. 3, S. 298–316.
Emmerich, Wolfgang (1980): Heinrich Mann „Der Untertan". München 1980.
Erläuterungen und Dokumente. Theodor Fontane: „Effi Briest" (1977). Hg. v. W. Schafarschik. Stuttgart 1977.
Fülleborn, Ulrich (1968): Form und Sinn der Aufzeichnungen des Malte Laurids Brigge. Rilkes Prosabuch und der moderne Roman. In: R. Grimm (Hg.): Deutsche Romantheorien. Frankfurt/Main 1968. S. 251–273.
Hoffmann, Ernst Fedor (1968): Zum dichterischen Verfahren in Rilkes „Aufzeichnungen des Malte Laurids Brigge". In: DVjs 42 (1968), S. 202–230.
Müller-Michaels, Harro (1985 a): Historisches Wissen oder produktive Vernunft. Wege des Verstehens im Literaturunterricht. In: Germanistik – Forschungsstand und Perspektiven. Vorträge des Deutschen Germanistentages 1984. Hg. v. G. Stötzel. Berlin/New York 1985, S. 409–417.
Müller-Michaels, Harro (1985 b): Daß man erzählte, das muß nach meiner Zeit gewesen sein – zur Funktion des Erzählens in Rilkes „Die Aufzeichnungen des Malte Laurids Brigge". In: literatur für leser (1985), H. 1, S. 16–26.
Müller-Seidel, Walter (1975): Theodor Fontane. Soziale Romankunst in Deutschland. Stuttgart 1975.
Nägele, Rainer (1973): Theater und kein gutes. Rollenpsychologie und Theatersymbolik in Heinrich Manns Roman „Der Untertan". In: Colloquia Germanica 7 (1973), H. 1, S. 28–49.
Rasch, Wolfdietrich (1967): Aspekte der deutschen Literatur um 1900. In: W. R.: Zur deutschen Literatur seit der Jahrhundertwende. Stuttgart 1967, S. 1–48.
Scheibe, Friedrich Carl (1967): Rolle und Wahrheit in Heinrich Manns Roman „Der Untertan". In: Literaturwissenschaftliches Jahrbuch 1966. Neue Folge/Siebenter Band. Berlin 1967, S. 209–227.
Schuller, Marianne / Brackert, Helmut (1977): Theodor Fontane, Effi Briest. In: Funk-Kolleg Literatur 1. Hg. v. H. Brackert und E. Lämmert. Frankfurt/Main 1977, S. 325–336.
Seifert, Walter (1969): Das epische Werk Rainer Maria Rilkes. Bonn 1969.
Siefer, Claus (1980): Heinrich Mann: Der Untertan. Projektband. Text + Dialog. Düsseldorf 1980.
Stahl, August (1979): Rilke-Kommentar zu den „Aufzeichnungen des Malte Laurids Brigge". München 1979.
Stanzel, Franz K. (1964): Typische Formen des Romans. Göttingen 1964.
Stanzel, Franz K. (1979): Theorie des Erzählens. Göttingen 1979.
Stierle, Karlheinz (1975): Text als Handlung. Perspektiven einer systematischen Literaturwissenschaft. München 1975.
Ueding, Gert (1976): Einführung in die Rhetorik. Geschichte. Technik. Methode. Stuttgart 1976.
Vogt, Jochen (1972): Aspekte erzählender Prosa. Düsseldorf 1972.
Wehler, Hans-Ulrich (1977): Das Deutsche Kaiserreich 1871–1918. Göttingen ³1977.
Weisstein, Ulrich (1973): Satire und Parodie in Heinrich Manns Roman „Der Untertan". In: Heinrich Mann 1871/1971. Bestandsaufnahme und Untersuchung. Ergebnisse der Heinrich-Mann-Tagung in Lübeck. Hg. v. Klaus Matthias. München 1973, S. 125–146.
Žmegač, Victor (Hg.) (1980): Geschichte der deutschen Literatur vom 18. Jahrhundert bis zur Gegenwart. Bd. 2. Königstein 1980.

Zu Teil B IV

Bloch, Ernst (1970): Utopie in Archetypen und Werken. In: E. B.: Gesamtausgabe. Bd. 13: Tübinger Einleitung in die Philosphie. Frankfurt/Main 1970, S. 99–104.
Blumenberg, Hans (1979): Arbeit am Mythos. Frankfurt/Main 1979.
Frank, Manfred (1983): Die Dichtung als „Neue Mythologie". In: Karl Heinz Bohrer (Hg.): Mythos und Moderne. Begriff und Bild einer Rekonstruktion. Frankfurt/Main 1983, S. 15–40.
Freud, Sigmund (1972): Studienausgabe. Bd. II: Die Traumdeutung [1900]. Frankfurt/Main 1972.
Geißner, Hellmut (1968): Der Fünfsatz. Ein Kapitel Redetheorie und Redepädagogik. In: Wirkendes Wort 18 (1968), H. 4, S. 258–278.

Göttert, Karl-Heinz (1978): Argumentation. Grundzüge ihrer Theorie im Bereich theoretischen Wissens und praktischen Handelns. Tübingen 1978.
Habermas, Jürgen (1983): Die Verschlingung von Mythos und Aufklärung. Bemerkungen zur „Dialektik der Aufklärung" – nach einer erneuten Lektüre. In: Karl Heinz Bohrer (Hg.): Mythos und Moderne. Begriff und Bild einer Rekonstruktion. Frankfurt/Main 1983, S. 405–431.
Horkheimer, Max/Adorno, Theodor W. (1947): Dialektik der Aufklärung. Amsterdam 1947.
Ivo, Hubert (1977): Zur Wissenschaftlichkeit der Didaktik der deutschen Sprache und Literatur. Vorüberlegungen zu einer „Fachunterrichtswissenschaft". Frankfurt/Main 1977.
Mann, Thomas (1960): Freud und die Zukunft [1936]. In: T. M.: Gesammelte Werke in 12 Bdn. Bd. IX: Reden und Aufsätze 1. Frankfurt/Main 1960, S. 478–501.
Müller-Michaels, Harro (1984a): Entfaltung des Verstehens – Ein Handlungsforschungsprojekt auf der S II. In: Jahrbuch der Deutschdidaktik 1983/84. Tübingen 1984, S. 84–94.
Müller-Michaels, Harro (1984 b): Ist alles gleich gültig? Gegen Berufsvorbereitung auf der Oberstufe. In: FAZ v. 11. 1. 1984.
Schlegel, Friedrich (1972): Schriften zur Literatur. Hg. v. W. Rasch. München 1972.
Seifert, Walter (1969): Das epische Werk Rainer Maria Rilkes. Bonn 1969.
Serres, Michel (1981): Der Parasit. Frankfurt/Main 1981.
Toulmin, Stephen (1975): Der Gebrauch von Argumenten. Kronberg 1975.

Zu Teil B V

Barner, Wilfried, u. a. (1977): Lessing. Epoche – Werk – Wirkung. München [3]1977.
Guthke, Karl S. (1979): „Kabale und Liebe". In: W. Hinderer (Hg.): Schillers Dramen. Neue Interpretationen. Stuttgart 1979, S. 58–86.
Hecht, Werner (Hg.) (1976): Materialien zu Brechts „Der kaukasische Kreidekreis". Frankfurt/Main [7]1976.
Kesting, Marianne (1959): Das epische Theater. Zur Struktur des modernen Dramas. Stuttgart [2]1959.
Müller-Michaels, Harro (1975): Dramatische Werke im Deutschunterricht. Stuttgart [2]1975; bes. S. 163–170 [zu „Komödie als analytisches Drama"].
Müller-Michaels, Harro (1981): Bertolt Brecht: „Der kaukasische Kreidekreis". In: Ders. (Hg.): Deutsche Dramen. Bd. 2. Königstein 1981, S. 68–84.
Pfister, Manfred (1977): Das Drama. Theorie und Analyse. München 1977.
Schadewaldt, Wolfgang (1980): Der „Zerbrochne Krug" von Heinrich von Kleist und Sophokles' „König Ödipus" [1957/58]. In: W. Müller-Seidel (Hg.): Heinrich von Kleist. Aufsätze und Essays. Darmstadt 1980, S. 317–325.
Schneider, Karl Ludwig (1968): Heinrich von Kleists Lustspiel „Der zerbrochne Krug". In: H. Steffen (Hg.): Das deutsche Lustspiel I. Göttingen 1968, S. 166–180.
Schrimpf, Hans-Joachim (1958): Kleist: „Der zerbrochne Krug". In: B. v. Wiese (Hg.): Das deutsche Drama I. Düsseldorf 1958, S. 339–362.
Schulte-Sasse, Jochen (1975): Literarische Struktur und historisch-sozialer Kontext. Zum Beispiel Lessings „Emilia Galotti". Paderborn 1975.
Schulte-Sasse, Jochen (1976): Literarische Wertung. Stuttgart [2]1976.
Sembdner, Helmut (Hg.) (1979): Heinrich von Kleist. Der zerbrochne Krug. Erläuterungen und Dokumente. Stuttgart 1979.
Sträßner, Manfred (1980): Analytisches Drama. München 1980.

Zu Teil B VI

Beutin, Wolfgang, u. a. (1979): Deutsche Literaturgeschichte. Von den Anfängen bis zur Gegenwart. Stuttgart 1979.
Erben, Johannes (1968): Deutsche Grammatik. Frankfurt/Main 1968.
Grabert, Willi, u. a. (1979): Geschichte der deutschen Literatur. München [20]1979.
Herrlitz, Wolfgang (1981): Modelle. Modell für die Sekundarstufe II. In: Der Deutschunterricht 33 (1981), H. 6, S. 20–37.
Patzig, Günter (1980): Tatsachen, Normen, Sätze. Stuttgart 1980.
Stolpe, Heinz (1976): Kriterien, nach denen eine literarische Periodisierung zu geschehen hat. In: W. Bahner (Hg.): Renaissance Barock Aufklärung. Epochen- und Periodisierungsfragen. Kronberg 1976, S. 54–59.

Zu Teil C

Ivo, Hubert (1982): Lehrer korrigieren Aufsätze. Beschreibung eines Zustands und Überlegungen zu Alternativen. Frankfurt/Main 1982.
Messelken, Hans (1979): Kollege Durchschnitt. Auswertung der PD-Leser-Umfrage. In: Praxis Deutsch (1979), Sonderheft, S. 9–18.
Weber, Albrecht (1973): Dialektik der Aufsatzbeurteilung. Donauwörth 1973.

Zu Teil D

Müller-Michaels, Harro (1984a): Entfaltung des Verstehens – Ein Handlungsforschungsprojekt auf der S II. In: Jahrbuch der Deutschdidaktik 1983/84. Tübingen 1984, S. 84–94.

Verzeichnis der im Unterricht benutzten Materialien

Zu Teil B I

Arbeitsbuch Deutsch Sekundarstufe II (1979). Hg. v. R. Ulshöfer. 2 Bde. (Neubearbeitung). Hannover: Schroedel/Crüwell, 1979.

Eichler, Wolfgang (1978): Rechtschreibung und Rechtschreibunterricht. Ein Handbuch für den Deutschlehrer. Königstein: Scriptor, 1978.

Frisch, Max (1976): Gesammelte Werke in zeitlicher Folge. (Werkausgabe edition suhrkamp in 12 Bdn.). Bd. 4. Frankfurt/Main: Suhrkamp, 1976.

Frisch, Max (1976): Gesammelte Werke in zeitlicher Folge. (Werkausgabe edition suhrkamp in 12 Bdn.). Bd. 7. Frankfurt/Main: Suhrkamp, 1976.

Grass, Günter (1974): Katz und Maus. Eine Novelle. Neuwied u. Darmstadt: Luchterhand, 1974 (= Sammlung Luchterhand 148).

Grass, Günter (1980): Vom mangelnden Selbstvertrauen der schreibenden Hofnarren unter Berücksichtigung nicht vorhandener Höfe. In: G. G.: Aufsätze zur Literatur. Darmstadt u. Neuwied: Luchterhand, 1980, S. 59–66.

Jansen, Hans (1980): Mord im Monsterzelt. [Besprechung der Bochumer Woyzeck-Inszenierung von Karge/Langhoff.] In: WAZ v. 17. 1. 1980.

Kreutzer, Leo/Peters, Jürgen (1977): Vom Lesen. In: Funk-Kolleg 1. Hg. v. H. Brackert u. E. Lämmert. Frankfurt/Main: Fischer, 1977 (= Fischer Tb. 6326), S. 18–68.

Lessing, Gotthold Ephraim (1968 a): Eine Duplik [1778]. In: Gesammelte Werke. Achter Band: Philosophische und theologische Schriften II. Berlin/Weimar: Aufbau, 1968, S. 24–107.

Lessing, Gotthold Ephraim (1968 b): Axiomata, wenn es deren in dergleichen Dingen gibt. Wider den Herrn Pastor Goeze, in Hamburg [1778]. In: Gesammelte Werke. Achter Band: Philosophische und theologische Schriften II. Berlin/Weimar: Aufbau, 1968, S. 164–200.

Schmidtchen, Gerhard (1974): Lesekultur in Deutschland 1974. In: Börsenblatt für den deutschen Buchhandel 39, 17. 5. 1974, S. 896 [s. Anh. 1].

Was ist Aufklärung? (1978). Thesen und Definition. Hg. E. Bahr. Stuttgart: Reclam, 1978 (= Reclam UB 9714).

Zu Teil B II

Beck, Johannes u. a. (Hg.) (1980): Terror und Hoffnung in Deutschland 1933–1945. Leben im Faschismus. Reinbek: Rowohlt, 1980 (= rororo 7381).

Brecht, Bertolt (1967): Gesammelte Werke in 20 Bdn. (Werkausgabe edition suhrkamp). Bd. 15: Schriften zum Theater 1. Frankfurt/Main: Suhrkamp, 1967.

Brecht, Bertolt (1967): Gesammelte Werk in 120 Bdn. (Werkausgabe edition suhrkamp). Bd. 16. Schriften zum Theater 2. Frankfurt/Main: Suhrkamp, 1967.

Drews, Jörg (1981): Bekenntnis zum Kritiker Lessing. In: SZ v. 14. 2. 1981.

F., Christiane (1979): Wir Kinder vom Bahnhof Zoo. Nach Tonbandprotokollen aufgeschr. v. K. Herrmann u. H. Rieck. Mit e. Vorw. v. H. E. Richter. Hamburg: Gruner + Jahr, [10]1979

Kagerer, Hildburg (1978): In der Schule tobt das Leben. Eine 10. Hauptschulklasse und ihre Lehrerin machen sich selbst zum Thema. Berlin: Basis, 1978 (= Basis Unterricht 11).

Kleist, Heinrich von (1979): Michael Kohlhaas. Editionen für den Literaturunterricht. Hg. v. R. Siegle. Stuttgart: Klett, 1979.

Lämmert, Eberhard (1977): Auslegung von Gesetzestexten. In: Funk-Kolleg Literatur 1. Hg. v. H. Brackert u. E. Lämmert. Frankfurt/Main: Fischer, 1977 (= Fischer Tb. 6326), S. 271–284.

Lesen. Darstellen. Begreifen (1980): Lese- und Arbeitsbuch für den Literatur- und Sprachunterricht. Hg. v. F. Hebel. Frankfurt/Main: Hirschgraben, [7]1980.

Niesbach, Petra (1981): Würmer im Stall. Kuhmist als Quelle für hochwertiges Futter. [Ursprüngl. Titel: Kuhmist – ein Schlaraffenland für Regenwürmer]. In: DIE ZEIT v. 19. 6. 1981.

Q., Karin (1978): Wahnsinn, das ganze Leben ist Wahnsinn. Ein Schülertagebuch. Hg. u. interpret. v. d. Projektgruppe Jugendbüro. Frankfurt/Main: päd. extra, 1978.

Schwab, Dieter (1981): In Basel wird nur noch selten gebohrt. [Ursprüngl. Titel: Gebohrt wird in Basel nur noch selten]. In: DIE ZEIT v. 19. 6. 1981.

Wochenschau II (1979) H. 11/12, S. 238–242.

Zorn, Fritz (1980): Mars. Mit e. Vorw. v. A. Muschg. Frankfurt/Main: Fischer, [3]1980 (= Fischer Tb. 2202).

Zu Teil B III

Bahr, Hans-Eckehard (1981): Leistungsideologie produziert Packeis. In: DIE ZEIT v. 17. 7. 1981.

Bucerius, Gerd (1981): Die Alten und die Jungen. In: DIE ZEIT v. 15. 5. 1981.

Eidgenössische Kommission für Jugendfragen (1981): Nichts zu verlieren außer der Angst: Die Toleranz ist Schein, der Druck ist echt – eine Dokumentation. In: DIE ZEIT v. 13. 2. 1981.

Erläuterungen und Dokumente. Theodor Fontane: „Effi Briest" (1977). Hg. v. W. Schafarschick. Stuttgart: Reclam, 1977 (= Reclam UB 8191).

Fontane, Theodor (1980): Werke und Schriften. Hg. v. W. Keitel u. H. Nürnberger. Bd. 17: Effi Briest. Frankfurt/Main: Ullstein, 1980 (= Ullstein Tb. 4524).

Härtling, Peter (1981): Lest, Leute! Lest weiter! In: SZ v. 14. 10. 1981.
Kindlers Hauptwerke der deutschen Literatur (1974). München: Kindler, 1974.
Mann, Heinrich (1981): Der Untertan. München: dtv, [22]1981 (= dtv 256).
Rilke, Rainer Maria (1981): Die Aufzeichnungen des Malte Laurids Brigge. Frankfurt/Main: Suhrkamp, 1981 (= Bibliothek Suhrkamp 343).
Schuster, Hans (1981): Die verwünschte Gesellschaft. In: SZ v. 9. 6. 1981.
Sprachbuch 10 (1979). Sekundarstufe I. Hg. v. D. Homberger u. F. Wippich. Frankfurt/Main: Diesterweg, 1979.

Zu Teil B IV

Auburtin, Victor (1970): Das Ende des Odysseus [1921]. In: lesen 10 (1970), S. 83–87.
Berghöfer, Erika (1982): Abwandlung der Geschichte vom verlorenen Sohn. In: SZ v. 30. 4. 1982.
Bloch, Ernst (1959): Odysseus starb nicht in Ithaka, er fuhr zur unbewohnten Welt. In: E. B.: Gesamtausgabe. Bd. 5: Das Prinzip Hoffnung. Frankfurt/Main: Suhrkamp, 1959, S. 1201–1206 [s. auch fragen (1972), S. 15–18].
Camus, Albert (1983): Der Mythos von Sisyphos. Ein Versuch über das Absurde [1942]. Reinbek: Rowohlt, 1983 (= rowohlts deutsche enzyklopädie 90). [s. auch: fragen (1972), S. 12–14].
fragen (1972). Kritische Texte für den Deutschunterricht. Oberstufe. Hg. v. G. Burkholz u. a. München: Bayrischer Schulbuch-Verlag, [3]1972.
Freud, Sigmund (1972): Studienausgabe. Bd. II: Die Traumdeutung [1900]. Frankfurt/Main: Fischer, 1972.
Hunger, Herbert (1981): Lexikon der griechischen und römischen Mythologie – mit Hinweisen auf das Fortwirken antiker Stoffe und Motive in der bildenden Kunst, Literatur und Musik des Abendlandes bis zur Gegenwart. Reinbek: Rowohlt, [5]1981 (= rororo 6178).
Jaspers, Karl (1977): [Wir alle leben in Bildern]. [1954]. In: J. Wermke (1977), S. 24/25.
Kafka, Franz (1972): Prometheus [1918]. In: fragen (1972), S. 12.
lesen 10 (1970). Texte für den Deutschunterricht. 10. Schuljahr. Hg. v. W. Brandsch u. H. Koehler. München: Bayrischer Schulbuch-Verlag, 1970.
Schiller, Friedrich (1977): Schillers Werke. Nationalausgabe. Neunundzwanzigster Band: Schillers Briefe 1796–1798. Weimar: Böhlaus Nachf., 1977.
Schlegel, Friedrich (1972): Schriften zur Literatur. Hg. v. W. Rasch. München: dtv, 1972 (= dtv 2148).
Stein, Guido (1979): Argumentieren. Kursbuch. Text + Dialog. Düsseldorf: Bagel, 1979.
Walser, Robert: Die Geschichte vom verlorenen Sohn [1917]. In: R. W.: Das Gesamtwerk. Hg. v. J. Greven. Bd. VI: Phantasieren. Prosa aus der Berliner und Bieler Zeit. Genf u. Hamburg: Kossodo, 1966, S. 258–261 [s. auch lesen 10 (1970), S. 9–11].
Werkstatt Sprache (1980). Lehrgänge im Deutschunterricht der Sekundarstufe II. Hg. v. W. Dehn. Frankfurt/Main: Hirschgraben, 1980.
Wermke, Jutta (Hg.) (1977): Moderne Mythen und Mythenkritik. Arbeitsbuch für den Deutschunterricht. Frankfurt/Main: Diesterweg, 1977.

Zu Teil B V

Ayren, Armin (1982: Madame Bovary im Wohnblock. [Über Gisela Elsner „Abseits"]. In: FAZ v. 6. 3. 1982.
Brecht Bertolt (1957): Der kaukasische Kreidekreis. In: B. B.: Stücke Bd. X: Stücke aus dem Exil 5. Frankfurt/Main: Suhrkamp, 1957, S. 133–301.
Brecht, Bertolt (1967): Gesammelte Werke in 20 Bdn. (Werkausgabe edition suhrkamp). Bd. 15: Schriften zum Theater 1. Frankfurt/Main: Suhrkamp, 1967.
du. Die Kunstzeitschrift (1982) H. 6, S. 18 u. 30.
Henscheid, Eckhard (1982): Vom Selbstmord Lilo Bessleins. [Über Gisela Elsner „Abseits"]. In: FR v. 12. 6. 1982.
Karasek, Hellmuth (1982): Madame Bovary auf Wohnungssuche. [Über Gisela Elsner „Abseits"]. In: DER SPIEGEL v. 29. 3. 1982.
Schiller, Friedrich (1980): Kabale und Liebe. Ein bürgerliches Trauerspiel. Stuttgart: Reclam, 1980 (= Reclam UB 33).
Staehle, Ulrich (Hg.) (1973): Arbeitstexte für den Unterricht. Theorie des Dramas. Stuttgart: Reclam, 1973 (= Reclam UB 9503/03 a).
Vormweg, Heinrich (1982): Die Bovary aus der Trabantenstadt. [Über Gisela Elsner „Abseits"]. In: SZ v. 1. 4. 1982.
Weihnachten. Erzählungen aus alter und neuer Zeit (1980). Hg. v. G. Natalis. Frankfurt/Main: Insel, 1980.
Zink, Norbert (1972): Sophokles. „König Ödipus". Grundlagen und Gedanken zum Verständnis des Dramas. Frankfurt/Main: Diesterweg, 1972.

Zu Teil B VI

Heringer, Hans Jürgen (1978): Wort für Wort. Interpretation und Grammatik. Stuttgart: Klett, 1978.
Text + Dialog (1979). Deutschunterricht auf der Sekundarstufe II. Hg. v. N. Heinze u. B. Schurf. Düsseldorf: Bagel, 1979.

Zu Teil C

Grass, Günter (1981): Literatur und Mythos. In: L'80 (1981) H. 19, S. 127–130.

Personenregister